황극편皇極編 3

이 책은 2022년도 정부(교육부)의 재원으로
한국고전번역원의 지원을 받아 수행된 특수고전협동번역사업의 결과물임

황극편皇極編 3

번역과 주해

김용흠·원재린·김정신 역주

혜안

책머리에

조선후기 정치사는 흔히 당쟁사로 인식되었다. 조선왕조 국가의 멸망 원인으로서 지금까지도 당쟁망국론이 거론될 정도로 당쟁은 조선후기 정치사를 부정적으로 묘사하는 개념이 되었다. 16세기에 붕당이 형성된 이후 이를 기반으로 삼아서 전개된 정치적 대립과 갈등을 17세기 붕당정치, 18세기 탕평정치, 19세기 세도정치로 유형화하여 이해하는 시각이 제시되기도 하였지만 당쟁에 대한 부정적 인식이 크게 불식되지는 못하였다.

조선후기 정치사에서 개인의 권력욕이나 사리사욕, 당리당략에 의한 모략과 음모 등이 난무한 것은 사실이지만 이것만으로 모든 정치적 갈등을 설명할 수는 없다. 여기에는 개인의 권력욕이나 당리당략을 합리화하는 논리와 이에 의거하여 기득권을 유지 고수하려는 세력만이 있었던 것이 아니라 민생을 안정시켜 국가를 유지 보존하려는 세력과 논리도 역시 존재하였다. 이들은 현실 정치 속에서 서로 대립 갈등할 수밖에 없었는데, 당론서에는 바로 이러한 배경 속에서 발생한 다양한 사건들과 갈등 당사자들의 현실인식, 사유형태 등이 풍부하게 담겨 있다. 당론서를 통해서 표출된 주장과 논리는 이처럼 정책과도 긴밀하게 연관되어 있었다.

조선후기에는 당쟁이 격렬하였던 것만큼이나 각 당파의 정당성을 주장하는 수많은 당론서가 생산되고 필사를 통해 전파되었다. '당론서(黨論書)'란 17세기 이후 서인과 남인의 대립 갈등이 격화되는 가운데 생성되어, 이후 노론과 소론, 시파와 벽파의 갈등을 거치면서 각 정파의 행적과 논리의

정당성을 천명하기 위해 의도적으로 편찬된 자료를 지칭한다. 당론서는 국가의 공식 기록인 《조선왕조실록》이나 《승정원일기》와 같은 연대기, 또는 개인이나 문중에서 편찬하는 문집이나 전기류 등과는 구별되는 독특한 체제와 내용을 담고 있다.

여기에는 해당 시기 정계와 학계를 주도했던 인물들의 정치 행적뿐만 아니라 그들의 현실인식과 세계관, 이에 입각하여 정치적 과제를 설정하고 대처해 나가는 모습 등이 구체적으로 담겨있다. 이에 대해서 당대의 사회경제적 제반 조건과 관련지어 체계적이고 과학적으로 분석해야만 조선후기 정치적 갈등이 정책과 어떻게 관련되어 있는지를 드러낼 수 있을 것이다. 따라서 당론서는 조선후기 정치사를 과학적으로 인식하는 관건이 되는 자료라고 말할 수 있다.

조선후기 당론서는 현재 확인되는 것만도 그 규모가 방대하고 대부분이 한문 원자료 상태로 남아 있어 일반인의 접근이 어려운 것이 현실이다. 그리고 일부 번역된 것도 있지만 원문 번역에 그쳐서 일반인이 이해하기는 쉽지 않다는 문제가 있었다. 그리하여 관련 연구자가 전공 지식에 바탕을 두고 정밀한 역주를 통해서 친절하게 안내할 필요가 있다는 지적이 있어왔다.

본서의 번역에 참여한 세 사람의 전임연구원들은 모두 조선시대 정치사, 정치사상사 전공자들로서 다년간에 걸쳐서 당론서 번역 사업을 수행해왔다. 2006년에는 한국연구재단의 지원을 받아서 '당론서 3종 번역과 주석 및 표점 작업'을 진행하여 《갑을록(甲乙錄)》(소론), 《아아록(我我錄)》(노론), 《동소만록(桐巢漫錄)》(남인)을 번역하는 사업을 완료하고, 《동소만록》은 2017년에 간행하였다. 이어서 2013년과 2014년에는 '신규장각 자료구축사업'의 일환으로 서울대 규장각 한국학연구원의 지원을 받아 한국학자료총서로서 『사도세자의 죽음과 그 후의 기억－《현고기(玄皐記)》 번역(飜譯)과 주해(註解)』(2015), 『충역의 시비를 정하다－《정변록(定辨錄)》 역주』(2016)를 간행하였다. 이와 병행하여 2011년에는 한국역사연구회, 2016년에는 한국사상사학회 주관으로 학술대회를 통해서 연구 성과를 발표하기도 하였다. 또한 한국고전번역원의 '특수고전 정치사분야 협동번역사업'의 일환으로 2015년 《형감(衡鑑)》, 2016년 《족징록(足徵錄)》과 《진감(震鑑)》, 2017년 《유문변록(酉門辨錄)》과 《대백록(待百錄)》 등의 번역이 완료되었고, 2019년 《형감》(혜안)을, 2020년 《대백록》(혜안)을 각각 출간한 바 있다.

현재 본 번역팀에서는 2018년부터 2단계 사업에 착수하여 대상서목 3종인 《동남소사(東南小史)》와 《수문록(隨聞錄)》, 《황극편(皇極編)》의 번역과 주해 작업을 완료하였다. 그 중에서 《동남소사》와 《수문록 1》은 2020년 특수고전협동번역사업(정치사) 1차년도 우수성과 원고 출판지원을 받아 2021년 출간을 완료하였고, 《수문록 2》와 《황극편 1》은 2021년도 우수성과 원고 출판지원을 받아서 2022년에 출간되었다. 올해에는 2022년도 우수성과 원고 출판지원을 받아서 《황극편 2》와 《황극편 3》을 출간하게 되었다.

《황극편》은 정조가 탕평책을 추진하는 과정에서 붕당으로 분열되어 있던 신료들을 설득하여 정치에서 타협과 공존을 모색하기 위해 편찬한 당론서이다. 그 궁극적인 목적은 국가의 유지 발전을 위한 정책 마련이라는 정치의 본령을 회복하려는 것에 있었으므로, 그 가장 큰 걸림돌이 되었던 붕당은 타파되어야 한다는 시각에서 이전의 당쟁을 정리하였다. 이를 통해서 독자들은 선조부터 영조대까지 진행된 조선후기 당쟁에 대해 당대인의 시각으로 정리한 가장 객관적인 내용을 살펴볼 수 있을 것이다.

현존하는 《황극편》은 전체가 13권으로 구성되어 있는데, 본 팀은 전체를 4책으로 나누어 《황극편》 권1~3을 《황극편 1》로 출간한 것에 이어서, 《황극편》 권4~6을 《황극편 2》로, 《황극편》 권7~9를 《황극편 3》으로 출간하게 되었다. 《황극편 2》에서는 1601년(선조34)부터 1694년(숙종20)까지 17세기의 거의 전 시기에 걸쳐서 정치적 갈등 양상을 정리하였고, 《황극편 3》에서는 1696년(숙종22)부터 1721년(경종1)까지의 양상을 제시하였다.

《황극편 1》에서는 사림(士林)이 동인과 서인으로, 그리고 동인이 남인과 북인으로, 다시 북인이 대북·소북, 골북·육북으로 분열되기에 이른 과정을 보여주었다면, 《황극편 2》에서는 서인과 남인의 대립에 초점을 맞추어서, 예송(禮訟)과 환국(換局) 등 17세기 약 100년에 이르는 기간에 걸쳐서 정치적 갈등이 격화되어 가는 과정과 이를 극복하기 위해 탕평론(蕩平論)이 등장한 것을 보여주었다. 이어서 《황극편 3》에서는 노론과 소론의 대립에 초점을 맞추어서 숙종대 후반과 경종 원년에 이르는 약 25년이라는, 상대적으로 짧은 기간에 걸쳐서 진행된 정치적 갈등이 왕위 계승과 관련되어 전개되고 있음을 볼 수 있다. 이것이 노론과 소론이 본격적으로 대립한 1단계라면 내년에 출간될 《황극편》 권10~13에서는 노론과 소론이 대립한 2단계와 이를 극복하려는 영조대 탕평책의 전개 양상을 보게 될 것이다.

본 사업을 진행하면서 많은 분들의 도움을 받았다. 한국고전번역원의 신승운 원장님 이하 권경열 기획처장, 장미경 평가실장 등 관련 임직원 여러분들이 당론서의 사료 가치를 공유하고 적극적으로 지원하여 이 사업이 완수될 수 있었다. 《황극편》 역주본의 출간을 앞두고 진심으로 감사를 표하는 바이다. 또한 한국고전번역원 출범의 산파 역할을 했던 유기홍 국회의원의 적극적인 후원에도 감사드린다. 연세대학교 국학연구원의 김성보 원장님 이하 임직원 여러분들의 도움에도 감사드린다.

그리고 세 사람의 전임연구원과 함께 20년이 넘는 기간 같이 전공 세미나를 전개하며 물심양면으로 도움을 준 정호훈, 구만옥, 정두영 선생 등과도 출간의 기쁨을 함께 나누고 싶다. 당론서를 비롯한 국학 자료 출판에 애정을 갖고 더딘 번역 작업을 인내심을 갖고 기다려 주신 혜안 출판사 오일주 사장님과 난삽한 원고를 깔끔하게 정리해주신 김현숙, 김태규 선생께도 감사드린다.

2023년 2월

김 용 흠

차례

번 역

皇極編三 校勘·標點

《황극편 3》 해제

《황극편 3》은 《황극편(皇極編)》 권7~9까지를 번역하고 주해한 책이다. 권7은 1696년(숙종22)부터 1715년(숙종41)까지, 권8은 1716년(숙종42)부터 1720년(경종 즉위)까지, 권9는 1721년 1년을 각각 대상으로 삼았다. 《황극편 2》가 시기적으로 약 100년에 걸친 사건을 다루고 있는 것에 비하면 《황극편 3》은 25년이라는 짧은 시기를 대상으로 하면서도 《황극편 2》와 거의 비슷한 분량을 보여주는데, 이것은 이 시기에 당쟁이 격렬해져서 점차 극단으로 치닫고 있다는 것을 시사하고 있다.

권7~9까지 모두 부제는 노소(老少)로 되어 있어 노론과 소론의 본격적인 다툼이 본서를 관통하는 주요 내용임을 보여주었다. 특히 숙종이 서거하고 경종이 즉위하였는데, 자식이 없고 병치레가 잦아서 그 후계구도를 어떻게 마련할 것인가, 즉 왕위계승 문제가 당쟁과 결부되어 전개되는 파국적 양상이 포함되었다.

권7에서는 소론 탕평파의 노력과 숙종의 탕평책에도 불구하고 그것이 좌절되는 과정을 보여준다. 먼저 회니시비(懷尼是非)가 결국 탕평책의 중요한 바로미터였음을 드러냈다. 1696년 진사 이제억(李濟億) 등은 송시열(宋時烈)의 도봉서원(道峯書院) 병향(幷享)에 반대하는 상소를 올렸다. 유학(幼學) 박해(朴觧) 등도 이에 동조하자 숙종은 모두 유배 보내면서 당색간 갈등이 고질적인 폐단이 되었다고 노소 갈등이 심각해지는 상황에 대해 깊은 우려를 표시하였다. 이에 지평 이언경(李彦經)은 소융(消融)을 이룰 방도로 탕평(蕩平)의 방식을 취할 것을 촉구하여 소론 탕평론을 대변하였다.

그는 당쟁을 억제하기 위해서는 조정(調停)하고 보합(保合)하는 노력이 필요하다고 보았다. 특히 당대 거듭되는 환국으로 인해 매번 특정 당파를 등용하는 날이면 나라의 반이 되는 사람을 들어서 버리는 지경에 이르렀다고 비판하였다. 그 결과 인물의 취사뿐만 아니라 정령(政令)을 경장(更張)할 때도 호오(好惡)와 애증이 한결같이 당시 권력자의 의중을 따르게 되었다는 것이다.

그가 제시한 대안은 공정한 인재등용이었다. 각각의 능력에 알맞게 등용하여 세상에 나서지 못하고 파묻혀 있는 자를 진작시키고, 억울함을 널리 알려서, 조정에서 보합하여 크게 조화롭게 할 뜻을 보여야 한다는 것이다. 또한 치우침이 없고 편당(偏黨)이 없는 지극함을 세우고, 지극히 크고 공정한 마음을 넓히기를 촉구하였다. 이어서 그는 송시열 병향 문제에 대한 국왕의 일관된 처결을 촉구하였다.

그런데 그해 여름에 올라온 생원 강오장(姜五章)의 상소는 갑술환국 이래 정계에서 축출된 남인을 완전히 제압하는 사건으로 비화되었다. 일명 연서(延曙)의 옥사로 불리는 이 사건은 장희빈(張禧嬪)의 선조(先祖) 묘에 발생한 변고를 고발하면서 시작되었다. 서인의 소행으로 확신하며 올린 상소는 그 처결 과정에서 희빈은 물론 세자 지위까지 동요시킬 정치적 문제로 비화되었다.

이에 남구만(南九萬) 등은 혹 사안이 희빈과 연관될 것을 염려하여 국문하지 말고 처결할 것을 청하였다. 사헌부에서 올린 보고에 따르면 해당 사건은 장씨 집안의 노비 업동(業同)이 벌인 자작극으로 판명 났기 때문이었다.

1698년 기사에는 전방위로 확산되어 가는 노소간 갈등이 회니시비를 중심으로 소개되었다. 충청도 유생 이봉서(李鳳瑞) 등은 그간 윤선거(尹宣擧) 부자에게 덧씌워진 각종 혐의를 노론의 정치 공세라고 하면서 일일이 반박하였다. 먼저 윤선거에게 가해졌던 '오랑캐의 포로가 된 노예[俘奴]', '잔인한 사람[忍人]'이라는 표현은 매우 악의적이며, 악인과 같은 당이 되었다는 죄과에 몰아넣기 위해 조작한 것이라고 주장하였다. 아울러 이러한 논의를 주도한 인물로 최신(崔愼)·정호(鄭澔)·권상유(權尙游) 등을 구체적으로 지목하였다.

연이어 정언 박태창(朴泰昌)이 윤증(尹拯)을 업신여긴 권상유와 김진규(金鎭圭)를 배척하였는데, 숙종은 작년 비망기에서 '아비와 스승은 경중이 있다.[父師輕重]'고 유시(諭示)한 것을 상기시켰다. 숙종의 '부사경중론'은 노론이 윤증을 스승인 송시열을 배반하였다고 비판한 것을 완곡하게 부정한 언설이었다.

1701년에는 장희빈이 사사(賜死)되기에 이르는 옥사와 그 처결 과정에서 발생한 노소간 갈등을 소개하였다. 그해 가을 인현왕후(仁顯王后)가 죽자 그 원인이 장희빈이 신당(神堂)을 차려놓고 저주한 일과 관련이 깊다는 것이었다. 이에 숙종은 희빈을 자진(自盡)케 하고, 장희재(張希載)도 처형하도록 하였다.

그러자 영의정 최석정(崔錫鼎)이 적극 반대하였다. 즉 희빈이 설령 용서하기 어려운 죄를 저질렀다고 해도, 동궁이 걱정하고 마음 상할 것을 염려하여 용서할 것을 청하였다. 그 뒤로도 판부사 윤지선(尹趾善)을 필두로 장령 윤홍리(尹弘离), 판부사 유상운(柳尙運)과 서문중(徐文重), 우의정 신완(申琓), 이조판서 이여(李畬) 등이 힘껏 온전히 은혜를 베풀 것을 청하였다. 특히 부호군(副護軍) 강세귀(姜世龜)는 장희빈 구호의 목적이 세자 때문이라고 분명히 밝혔다.

소론의 세자 보호 노력은 장희재 구호로까지 이어졌다. 이는 남구만을 논박한 집의 유명웅(兪命雄) 등의 상소에 잘 나타났다. 당시 남구만은 사면을 요청하면서 '장희재가 법에 따라 복주(伏誅)되면 희빈이 불안해지고, 희빈이 불안해지면 세자가 불안해지며, 세자가 불안해지면 종사(宗社)가 불안해진다.'고 했다는 것이다.

1702년 유학 임창(任敞)·박규서(朴奎瑞) 등은 '희빈이 인현왕후를 시해한 것'을 종묘에 고해야 한다고 주장하면서 남구만 등 소론 탕평파 대신을 처벌하라고 요구하였다. 1703년에는 김보택(金普澤)이 상소하여 최석정(崔錫鼎)을 극단적으로 공격하였다. 장희재와 장희빈에 대한 노론의 부정적 인식은 필연적으로 세자의 지위를 위협하면서 왕위계승 문제와 결부되어 갈 수밖에 없었다.

1706년에는 실제로 세자를 위협하는 시도가 있었다는 고발이 올라왔다. 충청도 유생 임부(林溥) 등은 윤증을 초치(招致)할 것을 청하면서 신사년(辛巳年) 옥사에서 '동궁을 모해한다.[謀害東宮]'는 말이 죄인 윤순명(尹順命)의 공초(供招)에서 나온 사실을 거론하였다. 여기에 더해 모해의 배후와 정황이 유학 이잠(李潛)의 상소를 통해 고발되었다.

그는 모해의 연원으로 송시열을 지목하였다. 1688년 송시열이 원자 책봉을 미루라고 상소한 것은 권세를 좋아하는 마음에서 비롯되었다는 것이다. 그는 춘궁을 보호하는 일을 명의(名義)로 규정하면서 이에 맞선 김춘택(金春澤)을 비난하였다. 상소 말미에는 군주의 위상이 김춘택만 못하여 신하들이 전하의 허물을 말하면서 감히 김춘택의 죄를 말하지 못한다고 폭로하였다. 이로 인해 이잠은 장살(杖殺)되었지만 그 여파는 쉽게 가라앉을 수 없었다.

1707년 우의정 이이명(李頤命)은 배후설과 함께 일종의 형편없는 인간들이 '모해'라는 말을 날조하여 일망타진하려는 계책으로 삼았다고 음모론을 제기하였다. 좌의정 김창집(金昌集) 역시 '모해' 두 글자는 위아래의 문자를 짜맞추어 억지로 만든 말이라고 주장하였다. 반면 최석정은 그의 주장에 신빙성이 떨어진다고 하면서 배후로 자신을 지목한 것에 대한 불쾌감을 드러냈다.

1710년에는 최석정에 대한 노론의 공세가 사상투쟁의 양상으로 확대되었다. 충청도 유생 홍주형(洪胄亨)이 역적 윤휴(尹鑴)가 힘껏 정자(程子)와 주자의 정론(正論)을 배척하더니 그것이 최석정이 편찬한 《예기유편(禮記類編)》에 이르러 극에 달했다고 주장하였다. 남인 축출에 동원되었던 반주자학(反朱子學)의 혐의가 소론에게도 본격적으로 적용되었던 것이다.

심지어 《예기유편》을 매개로 윤증을 함께 얽어 넣으려 시도하였다. 유생 곽경두(郭景斗)는 윤증이 주자를 배반한 책에 이름을 올린 점을 지적하면서 윤황(尹煌)까지 비난의 화살을 돌렸다.

1714년에는 황상로(黃尙老) 등이 최석정이 지은 윤증의 제문(祭文)을 문제 삼으면서 노소론의 갈등이 더욱 격화되었다. 송시열에 대해 '겉을 꾸미는 것만 힘쓰고 명예만을 구하였다.'고 한 구절을 문제 삼아 이는 곧 효종을 무시하는 것이라고 주장하였다.

1715년에는 공격의 화살이 윤선거 부자를 직접 겨냥하였다. 유상기(兪相基)가 《가례원류(家禮源流)》를 조부(祖父) 유계(兪棨)가 지은 것이라 주장하자 호남 유생 유규(柳奎) 등이 윤선거가 지은 것이라고 반박하였다. 그러자 유상기가 윤선거 등은 유계의 부탁으로 《가례원류》를 수정하고 윤색한 것에 불과하다고 하면서 송시열이 지은 유계의 묘표를 근거로 제시하였다.

이로 인해 양측의 논란이 가중되자 숙종은 관련 상소를 더 이상 봉입하지 말라고 하였지만 노론의 공세는 계속되었으며, 1681년 윤증이 송시열에게 보내려고 작성했던 〈신유의서(辛酉擬書)〉가 패악하고 오만하다며 비판하는 성균관 유생 이시정(李蓍定) 등의 상소가 올라왔다.

이처럼 노론의 집요한 공격에 직면하자 숙종이 결국 〈신유의서〉와 송시열이 찬술한 윤선거 묘문을 직접 보고, 송시열 편을 들어 준 사실을 기록하였다. 이로써 1694년 갑술환국 이후 추진되었던 탕평책은 좌절되고, 이후 노론이 전제적으로 권력을 행사하는 국면이 전개되었다.

권8에서는 병신처분(丙申處分, 1716)을 기점으로 소론이 패퇴하고, 노론이 우위에 서면 무슨 일이 발생하는지를 잘 보여주었다. 1716년 성균관 유생 오명윤(吳命尹) 등이 윤증을 변무(辨誣)하는 상소를 올리자 경기 유생 신구(申球)가 윤선거 문집에 실린 편지 속에 효종을 비방한 내용이 있다고 지적하였다. 이에 숙종은 좌의정 김창집의 청에 따라 윤증에 대한 선정(先正) 칭호를 금지하라고 명하고, 시호를 내린 것과 서원 설립을 중지시켰다.

1717년에는 김보택의 상소에 따라서 윤선거와 윤증의 관작을 추탈하였다. 그리고 그해 가을에는 정유독대(丁酉獨對, 1717)를 통해 세자의 대리청정을 관철시켰다. 당시 숙종은 승지와 사관이 동석하지 않은 상태에서 좌의정 이이명을 불러 독대하였고, 그 직후 세자에게 대리청정하게 하라는 명이 나오자 조정 안팎에서 논의가 분분하였다.

소론이 절차상 하자를 들어 이이명을 공격하자, 그는 급박한 상황에서 취해진 불가피한 조처였다고 변명하였다. 영부사 윤지완은 대리청정 철회를 위해 상여(喪輿)를 매고 올라와 그간 동궁을 위협한 각종 시도와 남구만의 보호 노력을 거론하면서 강력히 반발하였다.

이어서 사과 이세덕(李世德)이 원정(原情) 형식으로 장문의 상소문을 제출하여 회니시비의 전말을 정치적 맥락에서 하나하나 해명하면서 스승 윤증 부자를 변론하였다. 먼저 윤증의 〈신유의서〉가 윤선거의 묘문(墓文)에 대한 불만에서 비롯된 것이 아님을 분명히 하였다. 오히려 윤선거의 〈기유의서(己酉擬書, 1669)〉에 대한 송시열의 불만이 윤선거 묘문을 불성실하게 작성한 원인이 되었다고 보았다. 그 중심에는 윤휴가 있었고, 예송(禮訟)을 기점으로 적수로 인식하면서 격화되었다고 주장하였다. 반주자학적 학문 경향에 대한 공격은 정치적 빌미에 불과하다고 평가절하 하였다. 이 같은 공세가 무위로 돌아가자 들고나온 모함이 '오랑캐의 포로[俘虜]', '잔인한 사람[忍人]'이라는 모략이라는 것이다. 이때 드러난 송시열의 심술(心術)이 투영된 또 다른 사례로 이유태(李惟泰)의 예설(禮說) 관련 논란을 추가하였다.

한편 송시열의 정치행태와 관련해서는 경신년(1680) 이후 훈척(勳戚)과 표리가 되어 조정의 권력을 독점한 사실을 거론하면서 이 문제를 지적한 글이 〈신유의서〉라고 주장하였다. 해당 편지에서 문제가 된 구절로 송시열의 정치 행태를 함축한 왕패(王霸)와 의리(義利)의 설을 꼽았다.

이밖에도 이세덕은 김창집·김치후(金致垕)·김보택(金普澤) 등 노론 주요 인사가 제기한 각종 논란에 대해서도 조목조목 반론하였다. 그는 회니시비에 대해 조금이라도 다른 의견을 보이면 곧 시기하여 배척하려는 노론의 전략으로 간주하였다. 이러한 이세덕 원정은 권8의 거의 3분의 2 이상의 분량을 차지할 정도로 방대한 내용이었으며, 《황극편 2》에 실린, 1687년에 나온 나양좌 상소문과 함께 소론측 입장을 상세하게 보여주는 대표적인 자료가 되었다.

1720년 기사에는 숙종이 서거하고 경종이 즉위한 이후 노소간 갈등상황이 기술되었다. 그 발단은 용인 유학 조중우(趙重遇)가 폐서인(廢庶人)이 된 장희빈의 작위를 회복시켜 달라는 상소로부터 시작되었다. 이에 경종이 조중우를 유배 보냈지만 그 뒤로도 엄중히 처벌해야 한다는 주장이 빗발쳤다. 이에 승지 김일경(金一鏡)이 숙종대 세자보호에 힘썼던 남구만과 이잠의 사례를 들어 노론의 공세에 맞대응 하였다. 곧바로 지평 정택하(鄭宅河)가 김일경에 대한 파직을 청하였지만 경종이 허락하지 않았다.

다음 기사에는 인사문제를 둘러싼 갈등이 소개되었다. 승지 송성명(宋成明)은 홍문록(弘文錄) 작성을 주도한 노론측의 무리한 행태를 꼬집어 나열하면서 공격하였다. 우의정 이건명(李健命)이 즉각 반박하였으나, 경종이 별다른 반응을 보이지 않자 승지 윤양래(尹陽來)와 정언 김용경(金龍慶)이 연이어 상소하여 송성명을 파직하게 만들었다.

노론내 강경파는 인현왕후에 대한 의리론에 입각하여 숙종의 지문(誌文) 내용을 비판하였다. 당시 성균관 장의(掌議) 윤지술(尹志述)은 장희빈을 죽인 처분이 정도(正道)를 호위한 것이라는 내용을 지문에 넣어야 한다고 주장하면서 이이명이 지은 지문에 대한 불만을 드러냈다. 즉 이미 신사년 변고에 대한 선대왕의 결단이 밝게 드러났음에도 불구하고 이이명이 여기저기 눈치를 보면서 제대로 기술하지 않았다는 것이다.

헌납 송필항은 이러한 발언을 중대한 일로 규정하였고, 판부사 조태구(趙泰耉)는 기휘(忌諱)를 완전히 무시한 죄로써 윤지술을 배척하였다. 정언 조최수(趙最壽)는 군부를 위하여 그 어버이에 관한 일을 숨기는 것은 곧 신하의 의리라고 주장하면서 윤지술 처벌에 반대하는 인사 모두를 파직할 것을 촉구하였다. 이에 맞서 신방(申昉)·조명겸·홍용조(洪龍祚) 등이 조최수의 삭출을 청하였지만 경종은 파직하라고만 명하였다.

중앙에서 비롯된 갈등은 점차 지방으로까지 확산되었다. 경기도 유생 김행진(金行進) 등이 윤지술을 적신(賊臣)으로 규정하고 사친 추보(追報)의

정당성을 주장하였다. 반면 영광 유생 김무당(金無黨)은 윤지술을 구원하였고, 지평 정택하 등도 동조하였다. 이때 승지 이진검(李眞儉)이 즉위를 전후하여 벌어진 노론의 정치공세를 사안별로 나열하면서 반박하였다.

그는 먼저 흉패한 윤지술을 신구하는 신료들의 발언을 소개하면서 이를 군부를 무시하는 처사로 단정하여 엄벌에 처하라고 주장하였다. 다음으로 정유독대의 절차적 하자를 지적하면서 이이명의 죄를 묻는 동시에 사행(使行) 시 은화(銀貨) 6만 냥을 가져간 의도를 따져 물었다. 또한 김춘택 일문에서 권력을 농단한 사례로 홍문록 문제를 거론하면서 새롭게 고쳐 쓸 것을 주장하였다.

여기에 더해 우의정 조태구가 숙종의 치제(致祭)를 위해 방문한 청나라 사신들이 조문 과정에서 세자와 그 아우 및 종실의 자질(子侄)을 만나 보기를 요구한 사안을 제기하였다. 그는 이것이 전례가 없는 일이라고 하면서 배신(陪臣)으로 함께 참여하는 것은 차기 왕위를 노린다는 혐의를 무릅쓰는 일이라고 경고하였다.

이에 영접 도감(迎接都監)에서 황제의 명령이라 거절할 수 없었다고 변명하였지만 조태구는 황지(皇旨)의 등본(謄本)에는 그 같은 구절이 없다고 부정하였다. 상황이 점차 불리하게 돌아가자 영의정 김창집과 좌의정 이건명이 청나라 사신의 협박 때문에 어쩔 수 없는 상황이었음을 재차 강조하였다.

이어지는 기사에서는 충청도 유학 이몽인(李夢寅) 등이 노론을 압박하는 내용이 담겨 있다. 그 실마리로 신사년 변고와 윤지술의 징벌 건을 언급하면서 김창집과 이이명을 공개적으로 탄핵하였다. 상소가 받아들여지지 않자 그는 작도(斫刀)를 몸에 지니고 곧장 궁궐로 들어가는 소란을 일으키기까지 하였다.

권9는 1721년(경종1) 한 해의 기록으로서, 경종의 후계 문제가 본격적으로 거론되어 연잉군(延礽君)이 세제(世弟)로 확정되고, 이어서 대리청정 논의가 전개되는 파행적 국면을 기록하였다. 이로 인해 병신처분 이후 정국 주도권을 쥐었던 노론이 몰락하고 소론이 다시 집권하는 신축년 환국이 전개되는 과정을 보여주었다.

겸 집의(兼執義) 박성로(朴聖輅)는 지난해부터 이어져 온 소론의 공세, 그중에서도 이진검이 제기한 은화의 사용처에 대해 해명하였고, 수찬 김민택(金民澤)은 홍문록에 대한 이진검의 비난을 모함이라고 평가절하 하였다. 형조에서는 이몽인 등의 행동에 책임을 물어 형추(刑推)할 것을 청하였다.

특히 은화와 관련해서는 지평 이정소(李廷熽)가, 온전히 반납한 사실을 들어 반좌(反坐, 위증죄)의 형률을 시행할 것을 촉구하였다. 아울러 청나라 사신이 방문하였을 때 배신(陪臣)에 대한 논란과 관련하여 우의정 조태구가 '혐의를 무릅쓴다.[冒嫌]'고 한 말의 저의가 무엇인지 반문하였다.

이처럼 노·소론 간에 정쟁이 격화되자 교리 조문명(趙文命)이 탕평을 촉구하는 상소를 올렸다. 그는 국가가 병들게 된 근원으로 붕당을 지목하면서 나라를 살리기 위해서는 붕당을 타파해야 한다고 강력히 주장하였다.

그는 붕당으로 인한 문제점을, 첫째 시비(是非)가 참되지 않은 것, 둘째 용인(用人)이 넓지 않은 것, 셋째 기강이 확립되지 않은 것, 넷째 언로(言路)가 열리지 않은 것, 다섯째 염치가 모두 없어진 것 등 다섯 가지로 요약하고, 이 모든 것을 극복하기 위해서는 무엇보다 임금이 나라 다스리는 기준을 세워야 한다[皇建其有極]고 강력하게 주장하면서, 소론 탕평론을 재차 천명하였다.

이에 대해 김창집은 대체(大體)는 좋다고 하면서도 나라를 다스리는 방도는 간사함과 올바름을 분별하고 옳고 그름을 밝히는 데 있다고 하면서 분별하지 않고 밝히지 않으면 더 큰 혼란을 초래할 뿐이라고 반박하였다. 집의 조성복(趙聖復)은 아예 탕평을 부정하면서 양편 모두를 등용하여 그들에게 보합(保合)을 책임지운다면 형세가 서로를 용납하지 못하여 조정이 무너질 것이라고 하였다. 오직 필요한 것은 군주의 '공명하며 굳세고 과감한[公明剛果]' 태도라고 하였다.

노론이 군주에게 요구한 과단성이 무엇인지 그 일단을 이정소의 상소에서 찾을 수 있다. 그는 미리 저위(儲位, 세자 지위)를 세우는 일을 급선무로 삼아야 한다고 주장하였다. 경종은 노론의 요구를 받아들여 대신들과 의논하여 품의(稟議)해서 처리하도록 명하였다.

이러한 국왕의 명을 받자 곧바로 노론 4대신이 전면에 나서 종사의 안위를 빌미로 저사(儲嗣)를 확정할 것을 요구하였고, 호조판서 민진원(閔鎭遠), 공조판서 이관명(李觀命) 등이 거듭 촉구하였다. 경종의 허락이 떨어지자 이번에는 김창집이 자전(慈殿)의 수필(手筆)을 받아 결정할 것을 요구하였고, 마침내 연잉군으로 확정되기에 이르렀다.

이에 대한 소론의 격렬한 반응은 사직(司直) 유봉휘(柳鳳輝)의 상소를 통해 확인할 수 있다. 일단 그는 절차상 문제점을 들었다. 후계자 확정이라는 중대 사안을 결정하는데, 이것을 통보받지 못한 시임(時任) 대신이 있는 등 중론을 모으는데 하자가 있었다고 비판하였다. 아울러 중전의 가임(可妊) 가능성을 무시하고 갑자기 후사를 결정하려는 의도의 불순함을 지적하였다. 이는 군주를 섬기는 도리에 어긋나는 행위라는 것이다.

이에 대해 노론 대신과 삼사는 '우롱하고 협박하였다.' 등의 말을 지적하면서 조정을 일망타진할 계략이라고 비난하고, 거꾸로 유봉휘의 행동을 난신적자(亂臣賊子)와 같다고 공격하였다. 이것은 당대인들 사이에서도 세제를 확정하는 일이 이미 환국 가능성을 각오하고 추진할 수밖에 없다고 인식하고 있음을 보여준다.

세제 확정의 목표를 달성한 노론은 다음 수순으로 대리청정을 요구하기에 이르렀다. 그해 겨울 집의 조성복이 세제의 대리청정을 요청하는 상소를 올렸다. 그는 경종의 동궁시절 전례를 거론하며 장성한 세제로 하여금 서정(庶政)을 다스리게 할 것을 요구하였다. 이에 경종은 재차 자신의 기이한 질병을 거론하면서 크고 작은 정령(政令)을 모두 세제로 하여금 결정하게 하라고 명하여, 노론측 요구를 덥석 받아들였다.

그러자 한밤중에 좌참찬 최석항이 입시하여 아직 젊은 나이와 1년이 못된 재위 기간, 그리고 병증의 여부를 언급하며 대리청정은 불가하다고 주장하니, 경종은 또 기다렸다는 듯이 대리청정의 명을 환수하였다. 이어서 사직(司直) 박필정(朴弼正) 등은 조성복이 화심(禍心)을 품었다고 비난하면서 그를 처벌하라고 청하였고, 부사직 박태항(朴泰恒)과 사직 홍만조(洪萬朝)를 소두로 한 연명 상소가 쇄도하였다. 이들은 조성복의 배후에 특정 세력이 있으며, 임금을 업신여기는 마음을 품고 있다고 주장하면서 조성복과 그에게 동조하여 대리청정을 주장한 대신들을 처벌하라고 청하였다.

이처럼 논란이 지속되자 경종은 특별히 비망기를 내려 대리청정을 강행할 의지를 다시 표명하였다. 그런데 이번엔 영의정 김창집 등이 결코 명령을 받들지 못하겠다고 표명하였고, 호군 심수현 등은 연명 상소를 올려 비망기를 거둬주기를 청하였다. 세제 역시 굳게 사양했지만 경종의 뜻을 꺾지 못하였다. 이에 노론 4대신 등이 연명 차자를 올려 나흘 동안 복합(伏閤)하였지만 무위에 그쳤고, 예닐곱 차례 면대를 청하였지만 모두 거절당하였다.

그러자 노론 4대신이 당초 비망기 가운데 '크고 작은 국사를 모두 결정[裁斷]하게 하라.'는 하교는 전례를 찾을 수 없다고 하면서 정유년(1717, 숙종43) 절목에 의거할 것을 촉구하였다. 이때 절목은 연잉군에게 모든 대소사를 대리청정하도록 명한 것에 비하면 결정권을 다소 제한한 것이었지만, 결국 대리청정을 수용한 것이었다.

반면 소론은 전면 철회를 주장하였다. 우의정 조태구는 선인문(宣仁門)을 통해 궁궐로 들어가 내리청정의 명을 거두기를 간청하였고, 최석항은 정유년 절목에 의거한 대리청정에 의아함을 표시하였다. 이에 이건명은 정유년의 일에 의거하여 거행할 뜻으로 차자를 올린 것은 부득이한 데에서 나온 것이라고 변명하였지만 최석항은 끝까지 주상의 마음을 되돌려야 한다고 반박하였다.

영의정 김창집 이하 중신들이 모두 입시하여 이번에는 대리청정을 철회하라고 요구하자 경종은 다시 자신의 하교를 번복하고 대리청정을 철회하였다. 결국 소론측에서는 대리청정을 일관되게 반대하면서 철회하라고 요구하였지만 노론측에서는 대리청정을 주장하였다가 그것을 철회하라고 정청하고, 비록 정유년 절목에 의거하여 제한적이기는 하지만 다시 대리청정을 수용하였다가 이것을 다시 철회하여, 일관성을 잃고 왔다갔다 하는 모습을 보였다.

이런 상황에서 김일경을 소두로 하여, 이진유(李眞儒)·이명의(李明誼)·박필몽(朴弼夢)·윤성시(尹聖時)·서종하(徐宗廈)·정해(鄭楷) 등이 연명상소를 올려서 김창집·이이명·이건명·조태채 등 노론 4대신과 이에 부화뇌동한 노론 인사들을 처벌하라고 요구하였다. 그는 겨우 사흘간 대궐 뜰에서 호소한 일을 가지고 책임을 회피하려 하였다고 이들의 행태를 비판하면서 대리청정을 만류하지 않은 자들을 조성복과 표리를 이루었다고 비난하였다. 이들은 김창집·이이명·이건명·조태채를 임금을 저버린 사흉(四凶)으로 규정하고 그 죄목을 한명 한명씩 낱낱이 거론하였다.

승정원에서는 김일경 등의 상소가 흉악하고 참혹하다고 논박하였지만, 경종은 이들을 모두 파직하고 삼사의 신하들을 문외출송(門外出送)하라고 명하였다. 그 빈자리는 이진유 등으로 채우고 이조판서에 심단(沈檀)을, 참판에 김일경을 임명하였다. 아울러 영돈녕부사(領敦寧府事) 어유귀(魚有龜)로 하여금 훈련대장을 겸직하도록 하였다. 결국 세제 대리청정 문제를 계기로 하여 노론에서 소론으로 정국 주도세력이 교체된 것이었다.

이에 필연적으로 노론에 대한 처벌 요구가 이어지니, 경종은 이에 적극 부응하였다. 지평 윤성시가 조성복과 노론 4대신의 죄를 논하자, 경종은 사친을 모욕한 죄를 물어 윤지술에 대한 처벌을 명하고, 이어서 노론 4대신을 유배 보냈다. 정언 서종하는 노론 4대신 이외에 민진원을 위시한 대리청정에 찬성한 사람들과 당일 복합(伏閤)한 삼사 관원을 삭출하라고 주장하자 경종은 이를 수용하였다. 아울러 경종은 국청을 설치하여 조성복을 엄히 국문하게 하였다.

그런데 문제는 소론 우위의 정국을 틈타서 소론 일각에서 세제를 제거하려는 시도가 있었다는 것이었다. 12월 22일 기사에 따르면 동궁이 신료들을 모아놓고 그간 자신을 제거하기 위한 시도를 구체적으로 진술하였다. 내시들이 문침(問寢)과 시선(視膳)하는 길을 가로막아서, 이를 자성(慈聖)에게 울면서 사정을 고했다는 것이다. 이에 경종은 승전색 문유도(文有道)와 장번 내관 박상검(朴尙儉) 등에게 국본을 동요시킨 죄를 물어 부대시 처참(不待時處斬)하라고 명하였다. 대비전에서도 다시 한번 선대왕에게서 '동궁을 저사(儲嗣)로 삼는다.'라는 말이 있었다고 확인하였다.

이런 상황에서 임인년 옥사의 서막을 알리는 상소가 올라왔다. 장령 이제(李濟) 등이 김운택을 위시한 노론 주요 가문의 친인척이 다수 연루된 역모를 언급하면서 처벌을 촉구하였다. 김운택과 김민택 등이 이기지(李器之), 이천기(李天紀) 등과 한밤중에 모여서 모의한 정상(情狀)이 치밀하니, 모두 먼 변경으로 유배 보내라고 청하였던 것이다.

이것을 경종이 모두 받아들이지 않았지만, 왕위 계승과 관련된 정치적 갈등이 상대방의 존재를 부정하는 옥사로 확대되는 것은 시간문제였다. 이어지는 《황극편》 권10~13에서 이러한 배경 위에서 전개된 임인년 옥사의 실상과 이처럼 극단적으로 대립하는 정치적 상황 위에서 영조 탕평책이 어떻게 추진되었는지를 보게 될 것이다.

《황극편 3》에서는 이전의 반복되는 환국을 극복하려는 시도가 탕평책 추진으로 나타났지만 그것이 어떻게 좌절되었는지를 보여주었다. 회니시비와 《예기유편》 시비, 《가례원류》 시비 등은 결국 소론측에서 추진하는 탕평책을 가로막으려는 노론측 의도를 반영하여 발생한 일들이었다. 그와 함께 인현왕후에 대한 의리를 절대화하면서 장희빈과 경종을 부정하려는 그들의 시도는 탕평책에 대한 반발과 동일한 맥락에서 나온 것이었다.

1716년 병신처분으로 탕평책은 부정되었으며, 노론 우위의 정국에서 숙종이 1717년의 이이명과 독대하여[정유독대] 세자 교체 가능성을 시사한 것이 임인년 옥사의 배경이 되고 말았다. 경종이 즉위한 뒤 노론측에서 후계자를 연잉군으로 결정한 것은 불가피한 일이었지만 그에 이어서 대리청정까지 추진하다가 결국 경종의 반발을 받고 정국 주도권을 내주게 되었다.

1721년 정국 주도권을 쥐게 된 소론 일각에서 세제를 부정하는 시도가 나타난 것 역시 노론과 유사한 잘못을 반복한 사례였다. 이로 인해 노론과 소론 양측에서 서로에 대한 불신이 극단에 이른 상황에서 영조는 탕평책을 추진해야 하는 어려운 임무를 떠안게 되었다. 이어지는 《황극편》 권10~13은 경종대 소론이 정국을 주도하면서 발생한 사건들과 함께 우여곡절을 거쳐서 즉위한 영조가 이러한 난국을 어떻게 해쳐 나갔는지를 보여주는 내용으로 구성되어 있다.

* 《황극편 3 번역과 주해》의 底本은 서울대학교 규장각 한국학연구원 소장 《皇極編》(奎古 4250-34)이며, 對校本으로서 국립중앙도서관 소장 《御製皇極編》(한古朝56-나105)과 전남대학교 중앙도서관 소장 《皇極編》(OC 2A5 황18ㅈ)을 사용하였다.

** 《皇極編》 刊本에 대한 자세한 해제는 《황극편1 번역과 주해》에 실린 「《황극편(皇極編)》과 《황극편 1》 해제」를 참고할 수 있다.

번역

황극편(皇極編) 권7

노소(老少)

병자년(1696, 숙종[1]22) 봄, 진사 이제억(李濟億) 등이 상소하여 대략 다음과 같이 말하였다.

"송시열(宋時烈)[2]을 도봉서원(道峯書院)[3]에 병향(幷享)[4]하신다는데, 이게 무

---

1) 숙종(肅宗) : 1661~1720. 조선 제19대 왕(1674~1720)이다. 본관은 전주(全州), 이름은 이순(李焞), 자는 명보(明普)이다. 현종의 외아들이며, 어머니는 청풍부원군(淸風府院君) 김우명(金佑明)의 딸인 명성왕후(明聖王后)이다. 비(妃)는 영돈녕부사(領敦寧府事) 김만기(金萬基)의 딸인 인경왕후(仁敬王后)이고, 계비(繼妃)는 영돈녕부사 민유중(閔維重)의 딸인 인현왕후(仁顯王后)이며, 제2계비는 경은부원군(慶恩府院君) 김주신(金柱臣)의 딸인 인원왕후(仁元王后)이다. 1661년에 태어나 1667년 왕세자에 책봉되고, 1674년 즉위하였다. 이후 1680년 경신환국, 1689년 기사환국, 1694년 갑술환국 등 여러 차례의 환국으로 정국이 혼란에 빠지자 박세채의 탕평론을 수용하여 탕평책을 추진하였지만 1716년 병신처분(丙申處分)으로 실패로 돌아갔다. 그 와중에 인현왕후와 장희빈이 교대로 왕비가 되면서 세자의 지위가 위태로워지고, 당쟁이 왕위 계승과 결부되어 더욱 심화되는 결과를 낳았다. 재위 46년 되던 해인 1720년 승하하였다. 시호는 현의광륜예성영렬장문헌무경명원효대왕(顯義光倫睿聖英烈章文憲武敬明元孝大王), 묘호는 숙종(肅宗)이고, 능호는 명릉(明陵)으로 경기도 고양시 덕양구 서오릉로 334-32의 서오릉(西五陵)에 있다.

2) 송시열(宋時烈) : 1607~1689. 본관은 은진(恩津), 자는 영보(英甫), 호는 우암(尤菴)·우재(尤齋), 시호는 문정(文正)이다. 사옹원 봉사 갑조(甲祚)의 아들이며, 김장생(金長生)·김집(金集)의 문인이다. 1633년(인조11) 생원시에 장원 급제하여 1635년에 봉림대군의 사부가 되었다. 1636년 병자호란과 이듬해 삼전도의 치욕으로 낙향하여 호서(湖西) 산림(山林)의 일원이 되었다. 1649년 효종이 즉위하자 청요직에 진출하여 〈기축봉사(己丑封事)〉를, 1657년(효종8) 〈정유봉사(丁酉封事)〉를 올렸다. 1658년(효종9) 효종은 호서산림(湖西山林) 세력을 재등용하는 일환으로 송시열을 이조판서에 특서(特敍)하였다. 이 조치는 산림의 영수인 송시열에게 인사의 대권을 맡기고 그를 중심으로 한 산림의 지지기반 위에서 난항에 빠진 북벌군 육성책의 실효를 거두려는 시도에서 비롯되었다. 이후 송시열은 현종대 두 차례 예송(禮訟)에 깊이 간여했다가 1674년 서인들이 패배하자 파직·삭출되었

은 일입니까? 송시열이 평생토록 지은 죄와 악업은 이미 전하께서 통촉하고 있으므로 신 등이 두루 지적하여 입을 더럽히고 싶지 않습니다만, 남은 당여들을 길러서 세력을 끼고 기회를 틈타서 종적이 닿은 곳마다 사당을 세우니, 이미 지극히 한심스러웠습니다. 그런데 이제는 선현(先賢)의 제사를 모시는 곳까지 이런 모욕을 끼쳤으니, 사림(士林)의 분개함이 어떠하겠습니까? 신 등이 사문(斯文)의 변고를 보고 듣고서 서로 이끌고 대궐 문에서 부르짖으니, 속히 유사(有司)에게 명하여 이미 내린 성명(成名)[5]을 거두어 그치십시오."

유학(幼學) 박해(朴解) 등이 송시열을 함부로 선현의 서원에 올리지 말게 하여 공의(公議)를 펴고 사림을 위로할 것을 청하였다. -이제억은 남인이고, 박해는 소북(小北)[6]이다. 같은 날 상소하였는데, 한 사람은 돈화문(敦化門, 창덕궁 정문)으로 들어왔고, 다른 한 사람은 금호문(金虎門)[7]으로 들어왔다.-

승정원에서 -승지 윤세기(尹世紀)[8]·박세준(朴世儁)[9]- 아뢰기를,

다. 1680년(숙종6) 경신환국으로 다시 조정에 돌아와서, 서인이 노론과 소론으로 분열하는 과정에서 노론의 종장(宗匠)이 되었다. 1689년(숙종15) 기사환국으로 남인이 재집권했는데, 이때 세자 책봉에 반대하는 소를 올렸다가 유배되었고, 그 해 6월 정읍에서 사약을 받고 죽었다.

3) 도봉서원(道峰書院) : 1573년(선조6) 조광조(趙光祖)의 학문과 덕행을 추모하기 위해 창건하여 위패를 봉안하였다. 창건 때 '도봉'이라는 사액(賜額)을 받았고, 1696년(숙종22)에는 송시열을 배향하였다. 1871년(고종8) 서원철폐령으로 헐리게 되었고 위패는 땅에 묻혔다.

4) 병향(幷享) : 사당이나 서원 등에서 여러 위패를 나란히 봉안하여 놓고 함께 제향하는 일이다.

5) 성명(成名) : 이미 내려진 명령이거나 신하의 신상에 관하여 결정적으로 내리는 명령을 가리킨다.

6) 소북(小北) : 선조 때 실각한 서인들에 대한 처벌 수위를 두고 동인내에 온건파인 남인과 강경파인 북인(北人)으로 나뉘어졌다. 유성룡(柳成龍)의 남인세력이 실세하자 북인이 정권을 잡았다. 1599년(선조32) 홍여순(洪如諄)의 대사헌 임명을 둘러싸고 이에 반대한 김신국(金藎國)·남이공(南以恭)이 영수가 되어 소북을 형성하고, 대북은 이산해(李山海)·홍여순을 영수로 하였다.

7) 금호문(金虎門) : 창덕궁에 있는 궁문(宮門)이다. 창덕궁 돈화문의 서쪽에 있던 문으로, 대신들이 창덕궁으로 들어올 때 주로 이 문으로 출입하였다.

"이제억과 박해 등이 올린 두 상소는 모두 선정신 송시열을 도봉서원에 합향(合享)하는 일이 부당하다고 말하면서, 서원에 배향하는 것을 빙자하여 공공연하게 제멋대로 올바른 사람을 헐뜯었는데, 이제억의 상소가 더욱 흉악하고 참혹합니다. 성심께서 깨달은 뒤에 남김없이 밝게 원통함을 씻었는데, 지금 이와 같이 어진 이를 죽이고 정도(正道)를 해치는 말을 가지고 다시 상청(上聽)[10]을 어지럽히고 의혹스럽게 만들려는 계략을 시도하고 있습니다. 감히 이 상소를 봉입하면서 아울러 소회(所懷)를 아뢰니다."

하였다. 다음과 같이 전교하였다.

"비록 가볍고 무거움의 구별이 있지만, 바른 사람을 해치는 말을 주워 모은 것은 대개 알 수 있다. 이제억은 멀리 유배보내고, 박해는 정배(定配)하고 이 상소는 도로 내어주거라."

○ 교리 정호(鄭澔)[11]가 상소하여 이제억 등이 선정을 무고한 정상(情狀)에

8) 윤세기(尹世紀) : 1647~1712. 본관은 해평(海平), 자는 중강(仲綱), 호는 용포(龍浦)이다. 윤두수(尹斗壽)의 현손이고 호조판서 윤계(尹堦)의 아들이다. 1675년(숙종1) 진사가 되고, 같은 해 증광문과에 급제하여 청요직을 두루 거쳐 좌참찬·예조판서 등을 역임하였다. 기사환국 당시 유배되었다가 갑술환국으로 풀려나와 병조판서 등을 역임하였다. 시호는 효헌(孝獻)이다.

9) 박세준(朴世儁) : 1634~1700. 본관은 반남(潘南), 자는 회중(晦仲), 호는 구호(鷗湖)·나옹(懶翁)이다. 1678년(숙종4) 문과에 급제하여 1683년 정언이 되었다. 이후 소론의 논객으로 활약하였으며, 1695년 승지가 되었다.

10) 상청(上聽) : 임금의 귀에 들어가다. 임금이 들어서 알게 하다.

11) 정호(鄭澔) : 1648~1736. 본관은 연일(延日), 자는 중순(仲淳), 호는 장암(丈巖)이다. 정철(鄭澈)의 현손, 정종명(鄭宗溟)의 증손으로, 송시열 문인이다. 1682년(숙종8) 진사가 되고, 1684년 정시문과에 급제하여 청요직을 두루 거쳤다. 1688년 정언이 되어 오도일(吳道一)이 붕당을 키우고 권세를 부린다고 탄핵하였다. 1689년 기사환국으로 유배되었다가 갑술환국(1694) 때 풀려나 수찬·교리 등을 역임하고, 1696년 이사상(李師尙)을 논핵하는 등 과격한 발언으로 파직되었다. 이후 동래부사 등을 거쳐 대사헌 등을 지냈다. 1713년 대사성 재직 시 송시열의 묘정배향을 건의하였고, 1715년에 유계의 유저(遺著)인 《가례원류》의 발문을 썼는데, 윤증이 송시열을 배반했다는 내용이 문제되어 파직되었다. 이듬해 대사헌 재직시 《노서유고(魯西遺稿)》가 간행되자, 효종에게 불손한 내용으로 썼다 하여 훼판(毁板)하고 윤선거 부자의 관작도 추탈하게 하였다. 1717년 소론의 반대에도 불구하

대해서 변론하니, 부수찬 민진형(閔震炯)[12]이 상소하여 대략 말하기를,

"고 상신 송시열의 일은 지금 반드시 제기할 필요가 없지만, 선정신 조광조의 제사를 모시는 곳에서 함께 제사하는 것이 적합지 않다는 것은 실로 아녀자나 어린아이도 모두 아는 일입니다. 지금 여러 유생들의 상소는 실로 조야의 공공(共公)의 논의인데, 전하께서는 윤허하여 따른다고 하지 않았을 뿐만 아니라 도리어 특별히 유배의 벌을 내리시니, 이것은 결코 사문을 중히 여기고 사기를 진작시키는 도리가 아닙니다."

하니, 주상이 그 상소를 돌려주었다.

○ 다음과 같은 비망기를 내렸다.

"아! 동인과 서인의 색목이 이미 구하기 어려운 고질적인 폐단이 되어서 사류(士類) 가운데에서 각각 한 편을 이루었으니, 그 불행함을 이루 말할 수 있겠는가? 지금의 도리는 위에 있는 자는 지극히 공정하게 아랫사람을 부리고, 아래에 있는 자는 또한 충성심으로 위를 섬겨서 소융(消融)하기를 기대할 뿐인데, 어떻게 감히 붓을 휘둘러 표방(標榜)하는 당색을 장주(章奏)에 쓰는가? 일전에 초야의 상소에서 '노론과 소론이 숭상하는 것이 각각 다르다.'는 등의 말을 멋대로 삽입하여 마치 전례대로 늘 하던 말처럼 하였는데, 임금에게 아뢰는 체모가 이미 마땅하지 못함이 이와 같다.

아! 오늘날의 폐단은 바로 소융할 수 없는 것을 걱정하는 데 있을 뿐 어찌 그것을 알지 못하는 것을 걱정하겠는가? 이것은 반드시 깊이 생각하지 못했기 때문일 것이므로 이에 개진하여 보인다."

고 세자 대리청정을 강행하였다. 그 뒤 이조판서에 올랐다가 1721년(경종1) 신임옥사로 노론 4대신과 함께 파직되어 유배되었다. 1725년(영조1) 풀려나와 우의정에 올라 노론 4대신의 신원(伸寃)을 위해 노력하였으며, 좌의정·영의정을 지냈다. 저서로 《장암집》 26권이 전해지고, 편서로 《문의통고(文義通攷)》가 있다. 시호는 문경(文敬)이다.

12) 민진형(閔震炯) : 1662~1699. 본관은 여흥, 자는 중명(仲明)이다. 1686년(숙종12) 춘당대문과(春塘臺文科)에 급제하여 1694년 도당록에 올랐다. 1696년 부수찬으로서 상소하여 송시열을 도봉서원에 합사하는 것에 반대하였다.

○ 이조판서 윤지선(尹趾善)[13]이 상소하여 대략 다음과 같이 말하였다.

"선정신 송시열의 도학(道學)·행의(行誼, 의리에 맞는 행동)는 사람들이 함께 존경하고 사모하는 바이나, 도봉서원에 배향하는 일에 대해서는, 신도 또한 불가하다고 생각합니다. 도봉서원을 설치한 이래 그 앞뒤로 도덕에서 함께 존경할만한 자가 진실로 하나둘이 아니었지만 선배 장로(長老)들이 일찍이 다른 사람을 서원에 올려 배향하자는 의논이 없었던 것은 그 뜻이 참으로 우연한 것이 아닙니다.

그런데 나이 어린 선비들이 사리를 생각하지 않고 경솔하게 중요한 논의를 내어 도리어 욕이 되게 하였으니, 신은 실로 개탄스럽게 여깁니다. 이제억 등의 상소는 곧 거짓을 꾸며 욕보이려는 데에 힘썼으니 진실로 죄가 있습니다만, 박해의 상소는 주된 의도가 오로지 병향되는 것이 불가하다는 데에 있으므로, 오직 유벌(儒罰)[14]만 시행해도 마땅한데, 어찌하여 편배(編配)[15]까지 하시는 것입니까?

민진형의 시비는 장차 자연스럽게 성감(聖鑑)[16] 아래에서 벗어날 수 없을 것인데, 후사(喉司, 승정원)에서 논열(論列)하여 봉입하였으니, 이것이 과연 신실하게 출납하는 뜻이라 할 수 있겠습니까?"

주상이 답하기를,

"합향(合享)하는 일이 비록 사림을 존경하고 사모하는 정성에서 나온 것이라

---

13) 윤지선(尹趾善) : 1627~1704. 본관은 파평(坡平), 자는 중린(仲麟), 호는 두포(杜浦)이다. 이조판서 윤강(尹絳)의 아들이고, 우의정 윤지완(尹趾完)의 형이다. 1660년(현종1) 진사가 되고, 1662년 증광문과에 급제하여 청요직을 두루 거쳤다. 1688년 도승지까지 올랐는데, 1689년 기사환국으로 사직하였다. 1694년 갑술환국 이후 각조의 판서를 거쳐서 1696년 우의정을 거쳐 좌의정에 올랐다. 1698년 기로소(耆老所)에 들어갔고, 영중추부사를 거쳐, 행판중추부사(行判中樞府事)에 이르러 77세로 죽었다.

14) 유벌(儒罰) : 성균관 유생이 유가(儒家)의 규범에 어긋나는 행위를 하였을 때, 그 유생에 대하여 자치적으로 제재를 가하는 징벌이다.

15) 편배(編配) : 유배 죄인을 배치하는 것이다. 곧 귀양 갈 사람의 이름을 도형(徒刑)과 유형(流刑)에 처해진 자의 명단인 도류안(徒流案)에 기입하는 것이다.

16) 성감(聖鑑) : 사물을 분별하는 임금의 안목을 가리킨다.

하더라도 논의가 한결같지 않으니, 우선 멈추어도 무방하겠다. 박해에게는 정거의 벌을 시행하는 것이 마땅하다."

하였다.

○ 승정원에서 -승지는 위와 같다.- 아뢰기를,

"이조판서 윤지선의 상소에 대한 비답에서 합향을 일단 멈추는 것이 무방하다는 하교가 있어서, 즉시 해조(該曹)에 분부하였습니다. 그런데 들으니, 서원에서 합향하는 예를 이미 이번 달 12일에 거행했다고 하는데 어떻게 해야 하겠습니까?"

하니, 전교하기를, "그렇다면 분부하지 말도록 하라." 하였다.

○ 성균관 유생 임선(任敾) 등이 상소하여 대략 말하기를,

"이전에 민진형이 논사(論思)[17]하는 자리에 있으면서 갑자기 흉악한 무리들을 구원하는 글을 올렸고, 윤지선은 그 몸이 재상의 반열에 있으면서 또 성명(成命)을 방해하는 일을 아뢰었습니다. 이현령은 양현(兩賢)을 거짓으로 무고하여 욕보인 간특한 수괴인데 전에 이미 용서하기를 아뢰었고, 박해는 선정(先正)을 헐뜯은 요얼(妖孽)인데 지금 또 풀어주기를 청하니, 신 등은 적이 괴이하게 여깁니다.

삼가 바라건대, 전하께서 시비를 통찰하여 분별하시고, 치우친 말에 흔들리지 말고 우선 멈추라 하신 전지를 특별히 삭제하여, 바른 논의를 붙들어 세우는 분명한 유시(諭示)를 다시 선포하십시오."

하였다. 주상이 답하기를,

"이조판서는 단지 합향하는 일만을 아뢰었을 뿐인데, 멋대로 침해하여 공격하니 참으로 괴이하다."

17) 논사(論思) : 학사(學士)가 경악(經幄)에서 임금과 학문을 논하고 계책을 건의하는 것이다. 일반적으로 홍문관의 기능을 가리킨다.

하였다.

○ 유학 이익환(李益煥) 등이 상소하여 송시열을 함께 배향하는 것은 불가한 정상을 말하고, 우선 그만두라고 한 명을 따르기를 기대한다고 아뢰었다.

○ 생원 강유(姜楡)와 남유(南儒) 등이 상소하여 대략 말하기를,

"이제억과 박해 등이 송시열을 도봉서원에 병향하는 것은 불가하다고 상소하여 아뢰었다가 승정원에서 이에 대해 아뢴 것으로 인해 이들에게 죄를 주어 처벌하라는 명이 있어서 사림들이 서로 돌아보고 한탄하였습니다. 이어서 듣건대, 정호와 임선의 무리들이 앞뒤로 화응하여 서로 이어서 상소하여 흉괴(凶魁)인 송시열을 참람되게 대현(大賢)의 도덕에 견주고, 송시열이 죄를 지어 죽은 것을 감히 기묘년의 사화[18]에 비견하였으니, 이는 더욱 신 등이 가슴 아파하면서 분해하는 것입니다."

하자, 지평 조태채(趙泰采)[19]가 아뢰어 강유 등을 멀리 유배보낼 것을 청하였지만 윤허하지 않았다.

○ 성균관 유생 이수현(李秀賢) 등이 상소하여 대략 말하기를,

"선정신 송시열이 이제억과 권유 등에게 연이어 무한한 모욕을 받는 것을

18) 기묘년의 사화 : 1519년(중종14) 조광조가 사약을 받고 죽은 일을 가리킨다. 이때 그와 함께 신진 사림인 김정(金淨)·기준(奇遵)·한충(韓忠)·김식(金湜), 김구(金絿)·박세희(朴世熹)·박훈(朴薰)·이자(李耔)·유인숙(柳仁淑)·홍언필(洪彦弼), 안당(安瑭)·김정국(金正國)·김안국(金安國) 등이 화를 당하였다.

19) 조태채(趙泰采) : 1660~1722. 본관은 양주(楊州), 자는 유량(幼亮), 호는 이우당(二憂堂)이다. 조태구(趙泰耉)의 종제이고, 조태억(趙泰億)의 종형이다. 1686년(숙종12) 별시문과에 급제하여 청요직을 두루 거쳐 1717년(숙종43) 좌의정에 올랐다. 1721년(경종1) 신축환국으로 유배되었다가 이듬해 사사되었다. 숙종 말년부터 노론 청류로 자처였는데, 그가 낙동(駱洞)에 살았으므로 그와 교류하는 인물들을 낙당(駱黨)이라고 칭하였다. 과천의 사충서원(四忠書院)과 진도의 봉암사(鳳巖祠)에 제향되었다. 저서로 《이우당집》이 있고, 시호는 충익(忠翼)이다.

보고서 이에 감히 한 목소리로 호소합니다. 삼가 바라옵건대 성명께서 현사(賢邪)의 구분을 분명히 살피셔서 속히 호오(好惡)의 전칙(典則)[20]을 시행하시되, 일단 정지하라는 전지를 삭제하시어 사림이 크게 우러러 바라는 것을 위로하십시오."

하니, 주상이 이미 유시(諭示)하였다고 답하였다.

○ 지평 이언경(李彥經)[21]이 상소하여 대략 다음과 같이 말하였다.

"동인과 서인이 각립(角立)하여 서로 갈등한 지 백여 년이 지났지만 열성조(列聖朝)가 조정(調停)하고 보합(保合)하는 것에 힘입어 아직 서로 크게 겨루는 데에는 이르지 않았습니다. 그런데 전하께서 왕위를 계승한 이래로 조정의 벼슬아치를 내쫓고 올리며, 국면을 바꾼 것이 여러 번 일어나서, 한 번 나아가고 한 번 물러나는 사이에 귀양 보내거나 죽여서 죄인을 처벌하는 것을 면하지 못함이 한결같았습니다. 그리하여 매번 한쪽 편 사람을 등용하는 날이면 문득 나라의 반이 되는 사람을 들어서 버리면서도, 많은 신하들이 밀어내어 물리치는 것을 기다리지도 않았으니, 전하가 그들을 보는 것도 또한 교화 밖의 일물(一物)과 다름이 없었습니다.

그리하여 이르면 하루아침이 가지도 않았는데 물리치고 내쳐서, 처분이 많은 경우 한밤중에 나오니, 마치 두 진영이 서로 대립하는데, 미리 예측하지 못하는 틈을 타서 습격하여 취하는 것과 같았습니다. 비록 평일 대우받는 지위에 있어서 총애가 남다른 신하일지라도 곧바로 큰 죄로 몰아가면서도 어찌하여 조금도 애석하게 여기지 않으니, 이와 같이 하고도 위아래가 서로 편안하기를 구한다면 그것이 가능하겠습니까?

---

20) 전칙(典則) : 반드시 지켜야 할 규범이다.

21) 이언경(李彥經) : 1653~1710. 본관은 전주, 자는 사상(士常), 호는 천유(天遊)이다. 남구만 문인이다. 1677년(숙종3) 사마시, 1691년(숙종17) 알성문과에 급제하였다. 1695년(숙종21) 설서·정언을 거쳐, 이듬해 지평이 되어 만언소(萬言疏)를 올려 붕당의 폐해 등 시정을 극론하였다. 대사간·충청도관찰사 등을 역임하였다.

인물의 취사뿐만 아니라 아울러 그 정령(政令)을 경장(更張)할 때도 호오(好惡)와 애증(愛憎)을 하나같이 당시 권력을 부리는 자의 의중을 따릅니다. 이리하여 갑자(甲者)는 '바로 경화(更化)[22]이다.' 하고, 을자(乙者)는 '이는 개기(改紀)[23]이다.' 하여, 왕직(枉直)에 항상적인 형태가 없고, 사정(邪正)에는 정명(定名)이 없으니, 이와 같이 하고도 그 법제가 조리를 갖추고 기강이 문란하지 않게 되기를 구한다면 그것이 가능하겠습니까?

무릇 조정에 있는 신하들이 조정[位著][24]을 여관처럼 여기고, 항상 굳은 마음이 없어서 모두가 스스로 편안할 생각만 하고 있으니, 오히려 어떻게 마음을 다해 충성을 바치며 국가를 위해 깊고 길게 염려하기를 바랄 수 있겠습니까? 간간이 불령(不逞)한 무리가 있어서 외람되게 사사로운 길을 엿보아 교묘하게 농락하며 기관(機關)[25]을 부리고, 거짓말을 유포하여 여러 사람들의 판단을 흐리게 하는가 하면, 시골의 미천한 사람의 자식이 다른 사람의 사주를 받아 감히 유소(儒疏)에 가탁하여 당시의 재상을 헐뜯고 국정을 조롱하기도 합니다.

이 같은 간사한 소인들의 기량은 진실로 성감(聖鑑) 아래에서 도망칠 곳이 없음을 알지만, 말세의 풍습이 소란스럽고 고질적인 습관은 고치기 어려워서, 전하가 작년에 처분한 것이 푸른 하늘과 밝은 달과 같았는데도, 귀신과 물여우 같은 무리들이 이것을 핑계 대면서 구실로 삼아서 아무렇지도 않게 떠드는 말이 없는 곳이 없습니다. 이것이 식자(識者)가 눈을 부릅뜨고 용맹을 떨쳐서 반드시 전하를 위해 통렬히 배척하여 '왕(王)을 바로 하여 그 일을 바로 잡는다.'[26]는 것으로써 오늘의 첫 번째 의리로 삼는 이유입니다.

---

22) 경화(更化) : 정치를 개혁하고 다시 교화를 시작하다.

23) 개기(改紀) : 정치의 국면이 바뀌다.

24) 조정[位著] : 위(位)는 중정(中庭)의 좌우로서 군신(群臣)이 나열해 서는 곳이고, 저(著)는 병문(屛門) 안으로 임금이 정사를 보는 곳, 즉 조정을 말한다.

25) 기관(機關) : 계략을 꾸미는 속마음을 가리키는 말로, 권모술수를 부린다는 뜻이다.

26) 왕(王)을 …… 바로 잡는다 : 원문은 "格王正事"이다. 《서경(書經)》 상서편(商書篇) 고종융

지난번 조정의 정치를 어지럽히고 이륜(彛倫)에 죄를 얻은 무리는 진실로 이미 사형당하거나 쫓겨나 귀양을 떠났습니다. 그 가운데 시세를 따라서 무리를 좇아 아첨하고 화응(和應)한 무리는 오직 당연히 대성인(大聖人)이 더러움을 용납하고 독충을 끌어안는 관용[27] 가운데 두어야 하는데, 처치하는 날 징토(懲討)하는 데에 급급하여 유형(流刑)과 도형(徒刑)[28]의 법이 지나침을 면치 못하였습니다.

그러나 1년에 두 차례 사면한 것은 비록 착한 사람이 입을 다무는 한탄이 있지만 점차 풀어주어서 스스로 새로워질 길을 열어준 것은 또한 포용하여 더불어 서는 방도가 될 수 있었습니다. 죄가 심하지 않고 현저히 재주와 슬기가 있는 자는 또한 마땅히 조금 더 거두어 써서 각각의 능력에 알맞게 등용하여 세상에 나서지 못하고 파묻혀 있는 자를 진작시키고, 억울함을 널리 펴 알려서, 조정에서 보합하여 크게 조화롭게 할 뜻을 보이시어, 치우침이 없고 편당이 없는 지극함을 세우시고, 지극히 크고 지극히 공정한 마음을 넓히십시오.

사람을 쓰고 버릴 때 그 사람의 현부(賢否)는 따르거나 어기는 사이에 그 말이 공손한지 거역하는지를 살피고, 반드시 좋아하고 싫어하는 것이 치우치지 않으며, 처치하는 것이 마땅함을 얻기를 빈 거울이나 평평한 저울과 같은 사람을 구하여 그사이에 한 터럭의 사사로운 뜻도 끼어들지 못하게 한 뒤에야 베푸는 모든 조치가 순수하게 올바름에서 한결같이 나올 것입니다. 그렇게 하면 여러 갈래로 나누어진 논의가 저절로 풀려서 정해진 범위 가운데

일(高宗肜日)에 보인다. 고종이 융제(肜祭)를 지내는 날 우는 꿩이 나타나자, 조기(祖己)가 말하기를, "먼저 왕을 바르게 하고서 이 일을 바르게 하겠다.[先格王, 正厥事.]" 하였다.

27) 더러움을 …… 관용 : 원문은 "納汚藏疾"이다. 《춘추좌씨전》 선공(宣公) 15년에서, "내와 못은 오물을 받아들이고, 산과 숲은 독충을 끌어안으며, 훌륭한 옥도 하자를 품고 있다. 마찬가지로 나라의 임금이 더러운 것을 포용하는 것은 하늘의 도이다.[川澤納汙, 山藪藏疾, 瑾瑜匿瑕. 國君含垢, 天之道也.]" 하였다.

28) 도형(徒刑) : 다섯 가지 형벌 가운데 하나로 일정한 기간 지정된 장소에서 노역에 종사하게 하던 형벌이다.

에서 소융할 수 있을 것입니다.

또한 근래의 일은 또 처분이 지나치게 갑자기 내려진 일이 있었습니다. 유궁(儒宮, 서원)의 제사는 실로 방국(邦國)의 성대한 의식에 관계되는데, 도봉서원에 합향(合享)하는 일은 처음에 해조(該曹)에서 복계(覆啓)하여 그 배식(配食, 배향)을 허락하였었습니다.

이어서 강관(講官)[29]의 상소로 인하여 병향(並享)으로 고쳐서 명하였다가, 중신(重臣)[30]이 불가하다고 간언하기에 이르자 즉시 우선 멈추라고 명하였습니다. 그런데 승지[承宣]가 이미 거행했다고 아뢰니, 분부하지 말라고 명하여, 철회하였다가 거행했다가 하는 일을 일찍이 어렵게 여기지 않는 것이 마치 인장을 새기듯[31] 하였으니 그 사체가 손상됨이 어떠하겠습니까?

대개 이 일은 비록 평소에 존경하고 우러러 높이는 일일지라도 또한 반드시 그만둘 수 없는 일이었는지는 알지 못하겠는데, 온 세상 사람들이 입을 다물고 한 사람도 전하의 곁에서 경해(謦欬)[32]하는 자가 없었으므로 이 중신이 언급하여 스스로 숨기지 않는 의리[33]를 실천한 것이었습니다.

다만 그 말이 일찍 나오지 않은 것이 애석할 뿐이니, 마침 배향의 일이 이미 이루어지고, 이제억의 상소가 나온 뒤에야 비로소 이견이 있는 자는

---

29) 강관(講官) : 시강관(侍講官)으로서, 경연청(經筵廳)에 속하여 임금에게 경서(經書)를 강론하는 일을 맡은 문관이다. 여기서는 정호(鄭澔)를 가리킨다.

30) 중신(重臣) : 윤지선을 가리킨다.

31) 인장을 새기듯 : 원문은 "刻印"이다. B.C. 204년 항우(項羽)가 한왕(漢王, 유방)을 형양(滎陽)에서 포위하자, 한왕은 역이기(酈食其)의 계책을 따라 육국(六國)의 후손을 세우고 봉인(封印)을 주어서 초(楚)나라의 권세를 뒤흔들고자 하였다. 인장을 새기라고 명하고 얼마 되지 않아 장량(張良)이 밖에서 들어왔다가 이 계책이 불가한 이유를 여덟 가지로 들어 반대하자, 한왕은 먹고 있던 밥을 뱉으며 어리석은 유생 놈 때문에 대사를 그르칠 뻔했다고 욕하고는 새긴 인장을 빨리 녹이라고 명하였다. 즉 각인(刻印)과 소인(銷印)을 반복하여 정령(政令)이 조변석개(朝變夕改)하는 것을 말한 것에서 인용한 것이다. 《史記 留侯世家》《古今事文類聚 續集 璽印部 印綬 刻印銷印》

32) 경해(謦欬) : 인기척으로 내는 헛기침이다.

33) 숨기지 않는 의리 : 원문은 "無隱"이다. 《예기》〈단궁 상〉에서, "임금을 섬길 때는 범안(犯顔)하여 직간하면서 숨김이 없어야 한다.[事君, 有犯而無隱.]" 하였다.

그것이 방해하려는 것이라고 의심하고, 바른 사람을 미워하는 자들은 이것을 빙자하여 합향을 반대하는 구실로 삼게 하였으니 한탄스러움을 견딜 수 있겠습니까?"

○ 경기 유생 이인하(李仁夏) 등이 상소하여 대략 다음과 같이 말하였다.

"중신과 대신(臺臣) 또한 상도(常道)를 굳게 지키려는 마음을 가지고 있을 것이니, 어찌 선정을 존경해야 하고 간얼(奸孽)을 미워해야 한다는 것을 알지 못하였겠습니까? 그런데 지금 철향(腏享, 배향)의 논의를 방해하고 흉악한 상소를 올린 무리들을 비호한 것은 대개 평소 기뻐하지 않는 마음이 있어서 훗날 복을 구하려고 도모한 것입니다.

그러니 또한 마땅히 다시 밝은 교지를 내려서 중신과 대신의 저지하려는 정상을 통렬히 배척하시고, 중간의 비지(批旨)[34]가 착오였다는 뜻을 쾌히 보여주시어, 송시열의 영령(英靈)을 편안하게 하시고, 성조(聖朝)[35]의 사전(祀典)[36]을 중(重)하게 하십시오."

○ 승정원 -승지 이사영(李思永)[37]과 김세익(金世翊)[38]- 에서 다음과 같이 아뢰었다.

"어제저녁 양주(楊州)에 거주하는 이정직(李廷稷) 등 다섯 명이 상소 하나를 올렸는데, 그 내용을 보니 대개 선정신 송시열을 있는 힘을 다하여 헐뜯으며,

---

34) 비지(批旨) : 신하가 올린 상소에 대하여 임금이 내리는 비답의 말이다.

35) 성조(聖朝) : 어진 임금이 다스리는 조정을 가리킨다.

36) 사전(祀典) : 나라의 제사를 지내는 예전(禮典)이다.

37) 이사영(李思永) : 1634~1710. 본관은 전주, 자는 신보(愼甫)이다. 송준길 문인이다. 1675년(숙종1) 증광문과에 급제하여 청요직을 두루 지냈다. 1689년 기사환국 이후 송시열·김익훈의 당으로 지목되어 유배되었다가 이듬해 풀려났다. 1694년 갑술환국 이후 다시 승지가 되고 강화유수 등을 역임하였다.

38) 김세익(金世翊) : 1634~1698. 본관은 안동, 자는 양경(亮卿)이다. 아버지 김언(金琂)이 병자호란 때 적병과 싸우다가 순절하자 중림찰방(重林察訪)에 기용되었다. 1686년(숙종12) 전주판관으로 재임시 53세의 나이로 정시문과에 급제하여 청요직을 두루 지냈다. 1698년 경상도관찰사로 재임시 도내를 순시하던 중 청송에서 죽었다.

적통(嫡統)을 어지럽힌 죄괴(罪魁, 주범)로 지목하였는데,[39] 그 어의(語意)가 지극히 흉패(凶悖)하였으므로, 그 상소를 돌려주었습니다.

그런데 오늘 또 와서 상소하여 본원이 봉입하지 않고 옹폐(壅蔽, 임금의 총명을 가림)한다고 공격하였습니다. 며칠 전 하교로 인하여 결코 봉입할 수 없다는 뜻을 거듭 말하면서 물러가게 하였는데, 이정직 등 다섯 명이 본원의 문안으로 돌입하여 큰 소리로 떠들며 포효하고 시끄럽게 굴면서 오시(午時, 오후 12시 전후)로부터 지금에 이르기까지 작폐[作挐]가 그치지 않으니 이는 일찍이 없었던 변고입니다.

오늘날 기강은 비록 '엄하지 않다.' 하더라도 저들은 시골의 하찮은 부정(不正)한 무리들로서 다른 사람의 사주를 받아서 감히 유명(儒名)을 거짓으로 빌려서 군상(君上)의 명령을 무시하고 반드시 흉악한 상소를 올리려고 하니 이것은 참으로 놀라운 일입니다. 본원은 바로 계판(啓版)[40]을 올리는 자리로서 체면이 엄중한데, 종일토록 핍박하면서 물러가지 않을 형상이라 더욱 지극히 놀랍습니다. 이와 같은 부류를 만약 엄중히 구핵(究覈)[41]하지 않는다면 장차 군명(君命)을 지엄하게 하고 조정의 기강을 엄숙하게 할 방법이 없을 것입니다만, 이미 스스로 유명에 가탁하였으므로 본원에는 다른 처치할 방도가 없으니 어떻게 해야 할까요? 감히 아룁니다."

전교하기를,

"사안이 매우 놀랍다. 기강과 관련되었으니 그대로 둘 수 없다. 앞장서서 난동을 일으킨 사람은 유사(攸司)로 하여금 죄를 정하게 하라."

하였다.

---

39) 적통(嫡統)을 …… 지목하였는데 : 예송에서 송시열의 예론이 효종의 적통을 부정하였다고 지적한 것이다. 이것은 남인의 당론이었다.

40) 계판(啓版) : "계(啓)"자를 새긴 판이다. 승정원에 걸어두고 주의(主義)해야 할 사항을 써 놓고, 그 앞에서 임금에게 보일 서류를 처리하였다.

41) 구핵(究覈) : 죄인의 죄상을 깊이 규명하다. 또는 어떤 일의 실상을 따져서 밝히는 것이다.

○ **여름**, 생원 강오장(姜五章)이 상소하여 대략 다음과 같이 말하였다.

“작년 사이에 홀연히 장씨의 묘도(墓道, 무덤으로 통하는 굴길)에 변고가 발생했는데, 그 갈(碣)[42]을 쳐서 깨뜨리고, 몰래 더러운 물건을 묻었다고 합니다. 신은 어떤 사람의 소행인지를 알지 못하지만 여러 사람들이 떠드는 말은 귀가 있는 사람이라면 모두 들을 수 있는데도 본가(本家)에서는 지금까지 침묵하고 있으니, 또한 무슨 뜻이란 말입니까?

지금 우리 중궁 전하는 비록 세자를 맡아서 자기 자식처럼 여기지만 낳아서 기른 자는 장씨입니다. 장씨 아비의 묘에 변고를 저지른 자가 비록 혹 사사로운 원한이 있는 자라고 하더라도 본가에 화를 끼치려고 꾸민 계략이 드러나지 않게 몰래 빚어낸 화가 유독 그 집에만 돌아갈지 어떻게 알겠습니까? 신은 근심스럽고 분개한 마음을 견딜 수 없기에 이에 감히 대궐 문 앞에서 당돌하게 호소합니다.”

다음의 비망기를 내렸다.

“지금 강오장의 상소를 보니, 지난해 겨울 사이에 표석(標石)을 쳐서 깨뜨리는 변고가 과연 있었고, 봄 사이에 또 흉물을 파묻은 변고가 있어서 나무를 조각해서 사람을 만들어 놓고 환도(環刀)를 꽂아두었으며, 또 문자가 있는 것이 매우 명백하였다.

아! 세자의 외조(外祖)의 묘소에 이런 방자하게 저주한 변고가 있었으니, 이것이 어찌 단지 그 무덤만을 욕되게 하려는 뜻이겠는가? 먼저 본가의 사람을 추국하여 심문해서 변고를 일으킨 사람을 찾아내서 빨리 왕법(王法)을 바르게 하라.”

○ **가을**, 연서(延曙, 서울 은평구 소재)의 옥사에 관련된 사람[干連人] 응선(應

---

42) 갈(碣) : 묘갈(墓碣)이다. 머리 부분을 둥글게 다듬어 무덤 앞에 세우는 비석이다. 묘갈과 묘비(墓碑)는 본래 묘소 앞에 세우는 비석으로 본래는 구분되었으나 후대에 와서 서로 통용되었다.

先)은 신여철(申汝哲)[43] 집 노자(奴子)인데, 거듭 신문하였으나 자복하지 않았다. 장씨 집안의 노(奴) 업동(業同) 또한 체포되었지만 단서를 찾지 못하였다. 대신 남구만(南九萬)[44] 등이 혹 사안이 희빈과 연관될 것을 염려하여 국문하지 말고 처결할 것을 청하였다. 주상이 특별히 업동을 작처(酌處)[45]하라고 명하였다.

○ 사헌부에서 다음과 같이 아뢰었다.

"지금 이 국옥(鞫獄)[46]은 실로 의심스러워 물어볼 단서가 많은데 구핵하는 것이 끝나기도 전에 갑자기 죄인 등을 분간(分揀)[47]하는 조치가 있으니 신은 적이 해괴하고 통탄스러움을 이길 수 없습니다. 업동의 정상은 의심스럽지 않는 것이 없는데, 우선 그 대략적인 내용을 정리하여 말하면 박일봉(朴一奉),[48] 성시준(成時俊), 옥례(玉醴), 명월(明月) 등이 모두 업동과 같이 양반에 딸린

43) 신여철(申汝哲) : 1634~1701. 본관은 평산, 자는 계명(季明), 호는 지족당(知足堂)이다. 영의정 신경진(申景禛)의 손자이다. 현종 초기에 선전관을 지낸 뒤 무과에 급제하여, 1680년 경신환국 당시 총융사가 되어 서인 편에서 활동하였다. 1688년 형조판서로 훈련대장을 겸하였다. 1694년(숙종20) 갑술환국 당시 장희재 등의 처벌을 주장하였다. 1695년 형조판서, 1700년 호조판서, 이듬해 다시 훈련대장이 되고 공조판서를 지냈다. 시호는 장무(莊武)이다.

44) 남구만(南九萬) : 1629~1711. 본관은 의령(宜寧), 자는 운로(雲路), 호는 약천(藥泉)·미재(美齋)이다. 개국공신 남재(南在)의 후손이고, 송준길(宋浚吉) 문인이며, 박세당(朴世堂)의 처남이다. 효종대 문과에 급제하여 현종대 함경도관찰사, 숙종대 영의정 등을 역임하였다. 1694년 갑술환국 이후 숙종의 탕평책을 적극 협찬하다가 노론의 집요한 공격을 받았다. 특히 세자를 보호하기 위해 생모인 장희빈 가문에 대한 처벌을 늦추려고 노력하다가 자주 처벌을 받았다. 숙종 묘정(廟庭)에 배향되었고, 시호는 문충(文忠)이다.

45) 작처(酌處) : 죄의 무겁고 가벼움을 헤아려 처단하다.

46) 국옥(鞫獄) : 임금의 명령을 받아 반란이나 강상죄(綱常罪) 등에 관련된 중죄인을 국문하는 옥사이다.

47) 분간(分揀) : 죄지은 형편을 보아서 용서하는 일이다.

48) 박일봉(朴一奉) : 장현(張炫, 장희빈의 숙부)의 묘노(墓奴) 차지일(車枝一)의 사위이다. 장가(張家)의 묘소에서 10리 떨어진 곳에 살고 있었는데, 차지일의 집에 갔다가 산소에 변고가 있다는 말을 들었다. 그 사실을 묘노 성시준(成時俊)의 아내에게 물어서 업동(業同)이 사전에 묘소에 와서 반드시 변고가 있을 것이라고 말하였고, 묘소에 올라가 어떤 물건을 뽑아서 소매 안에 감춘 사실을 공초하였다. 《肅宗實錄 22年 6月 1日》

사노비(私奴婢)로서 묘소 아래 거주하였습니다.

개별 사람들의 공초에서 모두 말하기를,

'업동이 일찍이 묘소를 지키러 온 일은 없었는데, 홀연히 3월 10일 즈음에 쌀 1두(斗)를 가지고 와서 이유 없이 머물렀습니다. 그래서 온 연유를 물었지만 업동이 명확히 말하지 않다가 이내 말하기를,

「14, 5일에 이르면 저절로 알 수 있는 일이 있을 것이니, 나는 여기 머물러 기다려야 한다.」라 하였습니다.'

라고 하였습니다. 흉물을 파묻은 것은 미리 예상하여 알 수 있는 일이 아닌데, 업동이 먼저 이런 말을 하였으니, 이것은 이미 의심할 만합니다.

또한 묘비를 깨뜨린 일은 지난 겨울에 일어났는데, 그 사이에 한 번도 가지 않다가 단지 파묻기 며칠 전에 나가서 수직(守直)하였습니다. 흉물을 파묻은 변고는 또 마침 업동이 서울로 돌아간 날에 일어났으니, 이 또한 크게 의심스러운 것입니다. 하물며 옥례와 명월을 업동과 면질(面質)시켰을 때 옥례와 명월이 모두 업동에게 말하기를,

'네가 「14, 5일에 반드시 변고가 있을 것이니, 뒤에 알게 될 것이다.」라고 하지 않았는가?'

하니, 업동이 할 말이 없자 감히 명확하게 말하지 못하고 단지 말하기를,

'가지고 간 양식이 14일이면 다 떨어질 것이기 때문에 내가 답하기를, 「이 날이 지나면 돌아갈 것이다.」 말한 것이다.'

하였는데, 이것은 실로 회피하는 말이니, 의심스러운 단서가 이와 같아서 숨기고 방치해서는 안 됩니다. 그런데 증거가 없다는 이유로 엄한 형신을 가하지 않고 급히 먼저 풀어주었으니, 이것이 신이 오늘의 처분에 대해서 적이 의혹스럽게 여기는 점입니다. 업동이 만약 의심할 만한 일이 없었다면 그와 같은 반열에 있던 여러 사람들이 어찌 이놈에 대해서 의심하지 않았는데, 박일봉이 궁궐에 나아가서 고변하려 했겠습니까?

흉물을 파묻는 일은 본래 몰래 매장해야 하니 혼자서 하는 일이므로 범죄를

저지른 자 이외에 누가 보고 알겠습니까? 묘소에서 변고가 발생한 날 과연 목격하여 입증할 수 있는 자가 있었다면 마땅히 곧장 처단해야 할 것이니 또한 형추(刑推)할 필요가 어디에 있단 말입니까?

의심스러운 단서가 이미 많고 국옥은 지엄한데, 지금 만약 증거가 없다는 핑계로 형추하지 않는다면 음흉한 정절(情節, 사건의 내용과 경위)을 구핵하여 얻어낼 수 없으며, 신인(神人)의 분하고 아픈 마음을 또한 조금도 풀 수 없을 것입니다. 청컨대 죄인 업동을 분간하여 풀어주라는 명을 거두시고, 엄하게 형신을 가하여 실정을 얻기를 기약하소서."

국청죄인 방찬(方燦)이 다음과 같이 공초하였다.

"제가 어려서 대장 이의징(李義徵)[49]으로부터 수업을 받아서 서로 사귀는 정이 친밀하였는데, 이의징이 죄를 지어 죽은 뒤 항상 그 아들 이홍발(李弘渤)의 집에 왕래하였습니다. 연서 묘소의 석물 건은 최국헌(崔國憲)이 이상식(李尙植)의 아들로 이름은 알지 못하지만 새문 바깥[新門外][50]에 거주하는 자와 함께 가서 쳐서 깨뜨려 놓고는 마치 여러 사람들이 그런 것처럼 하였으며, 목인(木人)의 일[51]은 제가 마침 최국헌의 집에 갔을 때 과연 목격한 것이었습니다.

---

49) 이의징(李義徵) : ?~1695. 본관은 전주, 자는 대숙(大叔)이다. 판서 이응시(李應蓍)의 아들이다. 숙종대 음관으로 진안현감이 되었다가 기사환국 이후 공조판서·훈련대장 등을 역임하였다. 1694년 김춘택 등이 폐비 민씨(閔氏)를 복위하려 한다는 고변이 있자 훈련대장으로서 민암과 함께 옥사를 일으켰다가 유배되어, 이듬해 사사되었다.

50) 새문 바깥[新門外] : 새문은 사대문 가운데 서대문에 해당하는 돈의문(敦義門)이다. 새로 세워졌다고 해서 새문이라고 불렀다.

51) 목인(木人)의 일 : 김시관(金是梡, 장희재의 처조카)의 공초에 따르면 다음과 같다. 이의징의 아들 이홍발이 성두방(成斗方)을 묘소에 내보내어 목인을 만들어 묻어두게 하였는데, 이때 방찬(方燦)이 왕세자의 나이와 장희재의 나이를 물었다고 했다. 또한 이홍발에게 목면(木面)에 쓴 "이위화(离爲火)"의 뜻을 묻자 모른다고 했다는 것이다. 국청이 진행되면서 "이위화"의 뜻은 "남인이 화가 된다." 뜻으로 밝혀졌다. 즉 이(离)는 남(南)이고, 화(火)는 화(禍)이니, 남인이 화가 된다는 뜻이라는 것이었다. 목인의 일은 서인에게 화를 떠넘기면 남인에게서 이득을 얻을 수 있다고 생각한 자들이 꾸민 일이라는 것이다. 이에 목인을 만들고 내간(內間)과 왕세자의 나이를 써서 묘소에 묻었다는 공초였다. 한편 이동엽(李東燁)은 목인을 묻게 지시한 사람으로 최국헌을 지목하였다. 최국헌이 목인 두 개를 선자갑(扇子匣)에 넣어 3월 어느날 밤에 이동량과 천학선(千鶴仙) 등과

지금에 이르러 묘소에서 흉물을 캐낸 뒤 가서 최국헌을 보니 문득 손을 잡고 말하기를,

'내가 그대에게 말하려고 했는데 그렇게 하지 못하였다. 흉물을 파묻을 계획을 세운 것은 바로 환국의 계책으로서 서인에게 화를 전가하면 남인에게 공을 인정받을 수 있을 것이니, 나와 그대는 마땅히 좋은 관직을 얻을 것이다.'

하였으므로, 저 또한 그 말을 듣고 즐거워하였습니다.

당초 성두방(成斗方)이 제게 말하기를,

'이홍발이 나에게 대장 신여철 노비의 호패를 얻어 달라고 여러 차례 재촉하였지만 얻을 수가 없었다.'

하였습니다. 그래서 제가 성두방을 지휘하여 먼저 응선과 서로 사귀게 하고, 응선을 술집으로 유인하여 그가 술에 취한 틈을 타서 그 호패를 빼었습니다. 그리하여 성두방을 시켜서 이홍발에게 가져다 바친 것은 사실입니다. 이홍발이 저와 서로 상의하여 말하기를,

'석물을 쳐서 깨뜨리는 변고는 서인에게 돌려놓았다. 그러니 지금 만약 다시 묘소에 흉물을 파묻어 놓고 무덤 위에 호패를 떨어뜨려 두고서 장씨 집안 사람으로 하여금 가서 흉물을 파서 얻게 하고, 그 호패를 주워서 보게 하면 반드시 이르기를, 「서인이 한 짓이다.」할 것이니, 반드시 좋은 일이 있을 것이다. 너희들의 공 또한 클 것이다.'

하였습니다. 그리하여 이홍발이 최국헌으로 하여금 묘소에 가서 목인을 파묻게 할 즈음에 제가 나가는 것을 목격하였습니다. 이홍발이 매번 저로 하여금 장씨 집에 가서 살피게 하였으므로, 제가 과연 김시관(金是梡, 장희재의 처조카)에게 말하여 업동을 내보내 파내어 오게 하였습니다.

저는 처음에 혹시라도 궁궐 안에 변통할 일이 생기면 이에 대비하려고 하였으므로, 윤선도의 손자 윤 진사(尹進士)를 가서 보았는데, 그가 말하기를,

'강오장이 흉물을 묻은 변고를 듣고서 상소하여 아뢰려 하니 너는 모름지기

함께 두 분묘 앞에 묻어두게 하였다. 《肅宗實錄 22年 7月 24日》

본가에 가서 염탐하라.'

하여, 제가 왕래하며 소식을 전달하고 그를 권하여 상소하게 하였습니다. 제가 전에 왕세자 집안의 연서 묘소에 흉물을 파묻는 변고가 있을 때 함께 참여하여 모의한 것은 모두 사실이며 죄를 지은 것이 확실합니다."

무인년(1698, 숙종24) 봄, 충청도 유생 이봉서(李鳳瑞) 등이 상소하여 대략 다음과 같이 말하였다.

"윤선거(尹宣擧)[52]는 송시열에게 잘못을 바로잡는 경계의 말로 질책하였는데, 이것이 참으로 분노를 쌓고 원한을 품는 자료가 되어서, 시골 유생의 말을 가탁하여 '오랑캐의 포로가 된 노예[俘奴]'[53]라고 지목하고, 죽은 친구의

52) 윤선거(尹宣擧) : 1610~1669. 본관은 파평(坡平), 자는 길보(吉甫), 호는 미촌(美村)·노서(魯西)·산천재(山泉齋)이다. 아버지는 대사간 윤황(尹煌)이며, 어머니는 창녕성씨(昌寧成氏)로 성혼(成渾)의 딸이다. 윤문거(尹文擧)의 아우이며, 윤증(尹拯)의 아버지이고, 김집(金集)의 문인이다. 1633년(인조11) 증광시에서 생원·진사에 모두 급제하여 성균관에 들어갔다. 1636년 청나라의 사신이 입국하자 성균관의 유생들을 규합, 사신의 목을 베어 대의를 밝힐 것을 주청하였다. 그 해 12월 병자호란이 일어나자 가족과 함께 강화도로 피신하였다. 이듬해 강화도가 함락되자 처 이씨가 자결하였으나 자신은 탈출하였다. 1651년(효종2) 이래 사헌부지평·장령 등이 제수되었으나, 강화도에서 대의를 지켜 죽지 못한 것을 자책하고 끝내 취임하지 않았다. 유계(兪棨)와 함께 저술한 《가례원류(家禮源流)》·《후천도설(後天圖說)》 및 이에 관하여 유계와 논변한 편지를 비롯한 많은 저술을 남겼다. 영의정에 추증되었으며, 영춘(永春)의 송파서원(松坡書院), 영광(靈光)의 용암사(龍巖祠), 노성(魯城)의 노강서원(魯岡書院) 등에 제향되었다. 저서로 《노서유고(魯西遺稿)》가 있고, 시호는 문경(文敬)이다.

53) 오랑캐의 포로가 된 노예[俘奴] : 충청도 목천(木川)에서 윤선거를 이산서원(尼山書院)에 배향(配享)하는 일을 두고 이에 반대하는 통문(通文)에서 나온 표현이었다. 그 내용 가운데 "강화도에서 오랑캐의 포로가 된 노예[俘奴]를 어떻게 함께 배향하여 제사할 수 있겠는가."라는 말이 있었다. 원래는 오랑캐에게 붙잡힌 포로라는 의미에서 '부로(俘虜)'라고 하였는데, 송시열과 노론은 윤선거가 노비가 되어 강화도를 빠져나왔다는 의미를 첨가하여 '부노(俘奴)'라고 말하였다. 윤증이 송시열에게 그 말의 출처를 캐물으니 송시열이 유수방(柳壽芳)이라는 선비가 말한 것이라고 말하였다. 여기서 말한 '시골 유생'이란 유수방을 가리킨다.

말을 날조하여 윤선거를 '잔인한 사람[忍人]'으로 만들었습니다.[54] 혹은 사설(邪說)이라고 배척하며 악인과 당이 되었다는 죄과에 몰아넣어서 헐뜯는 말이 끝이 없었습니다.[55] 아울러 윤증(尹拯)[56]의 어미조차도 함께 해치려 하였으니 이것이 송시열과 더불어 저절로 서로 절교하기에 이른 이유였습니다.

이런 일을 당하였는데도 오히려 서로 절교한 것만을 비난하며, 단지 스승과 제자의 의리만을 알 뿐 부자의 윤리는 모르고 있으니, 인심이 함닉(陷溺)되고 당의(黨議, 당파에서 주장하는 의론)가 제멋대로 생겨나서 최신, 조정만(趙正萬),[57] 이진안(李震顔), 이경화(李景華),[58] 정진(鄭津)[59] 등에 이르러 극에 달하였

---

54) 죽은 친구의 …… 만들었습니다 : 송시열은 평소 김익희가 윤선거를 '잔인한 사람[忍人]'이라고 말하였다고 하였다. 그리고 이는 곧 윤선거가 그의 부인 이씨를 압박하여 자결하게 한 것을 가리킨 말이라는 것이다. 이에 대해 소론측은, 김익희는 윤선거를 추천하는 상소를 올릴 만큼 윤선거와의 관계가 친밀하였으므로 그가 그러한 말을 했을 리 없고, 따라서 윤선거와 관련한 추문의 진원지는 모두 송시열 및 그 측근이 틀림없으며, 그들이 윤선거를 모함하며 근거 없는 말들을 날조한 책임을 모두 김익희에게 돌린 것이라고 보았다. 《宋子大全·答尹拯甲子七月二日》《肅宗實錄 42年 3月 3日》 이것은 결국 송시열이 이미 죽은 김익희의 말을 근거로 윤선거의 부인, 즉 윤증의 모친을 모욕한 것이라는 것이 소론의 시각이다.

55) 혹은 …… 없었습니다 : 송시열은 남인 윤휴(尹鑴)가 주자를 부정한 사문난적(斯文亂賊)이라고 비난하였는데, 이것을 윤선거는 인정하지 않았다. 오히려 윤선거는 당시의 시대적 과제인 북벌(北伐)을 완수하기 위해서는 윤휴가 주장하는 제도 개혁을 함께 추진해야 할 것으로 보았다. 즉 윤휴가 유교 경전 이해에서 주자와 다른 입장을 취한 것을 비판하는 것보다 북벌을 실질적으로 추진하는 것이 더 중요한 일이라는 입장이었다. 이에 대해 송시열은 윤선거가 사문난적인 윤휴를 옹호한다고 몰아갔다. 결국 송시열이 윤휴를 사문난적이라고 몰아간 것은 실질적으로 북벌을 추진할 의사가 없다는 것을 감추기 위한 것이라는 것이 소론의 주장이다. 여기서 말한 '사설(邪說)'이란 사문난적 논란을 가리키고, '악인'은 윤휴를 지칭한다.

56) 윤증(尹拯) : 1629~1714. 본관은 파평(坡平), 자는 자인(子仁), 호는 명재(明齋)이다. 성혼의 외증손이자 윤선거의 아들이며, 장인은 남인 권시(權諰)이다. 1657년(효종8) 김집의 권유로 회덕으로 가서 송시열을 스승으로 섬겼다. 그렇지만 송시열과 정치·사상적으로 대립하여 서인이 노·소론으로 분당되는 계기가 되었다. 송시열은 회덕(懷德)에 살았고 윤증은 니산(尼山)에 살았으므로 이들 사이의 갈등을 회니시비(懷尼是非)라고 칭하였다. 갑술환국 이후 1709년 우의정에 제수되었으나 나가지 않았다.

57) 조정만(趙正萬) : 1656~1739. 본관은 임천(林川), 자는 정이(定而), 호는 오재(寤齋)이다. 1681년(숙종7) 진사시에 장원급제, 1684년(숙종10) 8월 성균관 유생으로서 상소하여

습니다.

다른 사람의 사사로운 편지를 들추어낸 것은 이미 아름다운 일이 아니므로, 최신의 무리들이 그것을 끄집어내어 올려서 조정에서 보게 한 일은 이미 지극히 무고하여 어지럽힌 일인데, 대신이 된 자가 어찌 배척하여 끊어내지 않고 도리어 이를 위로 밀어 올려 무한한 풍랑을 야기하였습니까?[60]

정호(鄭澔)가 상소하여 거짓으로 꾸며 모욕했지만 성명(聖明)의 배척을 받았는데, 서용(敍用)하라는 명이 내려지자마자 청현(淸顯)[61]의 직책에 의망(擬望)하였고, 권상유(權尙游)[62]가 뒤이어 나와 거짓을 꾸며서 헐뜯는 정태(情態)가

윤증이 스승 송시열을 배반한 행위에 대해 낱낱이 아뢴 일이 있었다. 《肅宗實錄 10年 8月 21日》 1694년에 인현왕후가 복위되자 금오랑(金吾郞)이 되었고, 1699년에 강서 현령(江西縣令)을 지냈다. 1722년(경종2)에 일어난 임인옥사로 벽동(碧潼)과 영변(寧邊)으로 유배되었다. 영조가 즉위한 후에 호조참판·공조판서·형조판서 등을 역임하였다. 김창협(金昌協)·김창흡(金昌翕)·이희조(李喜朝) 등과 친교가 깊었다. 저서로 《오재집(寤齋集)》이 있다.

58) 이경화(李景華) : 《현종실록(顯宗實錄)》을 개수(改修)할 때에 이단하(李端夏)가 병자호란 당시 강화에서 있었던 일의 시말(始末)을 윤증에게 물었는데, 이에 대해 윤증은 "율곡(栗谷)은 참으로 입산한 잘못이 있었지만 선인은 죽어야 할 이유가 없었으며, 권순장과 김익겸이 남문에 없었다면 역시 죽어야 할 이유가 없었을 것이다."라는 취지로 답서(答書)를 보냈다. 1685년(숙종11)에 이르러 이 편지의 내용이 알려지자 보은(報恩)의 유생(儒生) 이진안(李震顔)과 옥천(沃川)의 유생 이경화 등이 윤증이 자신의 아비를 비호하기 위해 선현(先賢)을 끌어다 모욕했다고 윤증을 공박하는 상소를 올렸다.

59) 정진(鄭津) : 1650~1707. 본관은 영일(迎日), 자는 중즙(仲楫), 호는 사암(思庵)이고, 영의정 정호(鄭澔)의 아우이다. 1683년(숙종9) 증광시에 합격하여 진사가 되었다. 1687년(숙종13) 2월에 송시열이 윤선거와 명재에 대해 논했다가 윤선거의 문인들에 의해 공박을 받자 송시열의 문인인 우윤(右尹) 이수언(李秀彦), 전 참판 이상(李翔), 전 부사 한성보(韓聖甫)에 이어서 태학생으로서 송시열을 두둔하는 상소를 올렸다. 《肅宗實錄 13年 4月 15日》

60) 대신이 …… 야기하였습니까 : 이것은 1684년 회니시비를 조정으로 끌고 간 최신 상소를 당시 영의정이었던 김수항이 비호한 일을 가리킨다.

61) 청현(淸顯) : 학식과 문벌이 있으며, 인품이 청렴하여 높은 지위에 있는 것, 혹은 그러한 관직을 가리킨다.

62) 권상유(權尙游) : 1656~1724. 본관은 안동, 자는 계문(季文)·유도(有道), 호는 구계(癯溪)이다. 권상하의 동생으로 송시열의 문하에서 수학하였다. 1694년(숙종20) 알성문과에 급제하여 청현직을 두루 거쳤다. 1703년(숙종29) 박세당의 《사변록(思辨錄)》을 비판하는 글을 지어 김창협의 칭찬을 받았다. 1709년 대사성을 거쳐 도승지가 되었다. 대사헌

사악하였는데, 그가 제멋대로 날뛰는 것을 방치하고 오랫동안 대관(臺官)의 직책에 두었으니, 전조(銓曹)를 맡은 관원은 온 세상의 공의를 두려워하지 않는 것입니다."

주상이 여러 신하를 침해하고 배척하여 편치 못하게 만드는 단서를 야기하였다고 질책하였다.

○ 승지 김진규(金鎭圭)[63]는 이봉서의 상소가 유현을 비방하고 헐뜯는 것이라고 상소하여 논하였다. 주상이 답하기를,

"이봉서 등의 상소 내용이 과격한 것은 내가 이미 알고 있지만, 어찌 반드시 죄를 주어야 하겠는가?"

하였다.

○ 정언 박태창(朴泰昌)[64]이 상소하여 권상유와 김진규가 윤증을 침해하고 업신여긴 것을 논척하니, 주상이 다음과 같이 답하였다.

"작년의 비망기에서 '아비와 스승은 경중(輕重)이 있다.[父師輕重]'[65]고 유시

정호가 윤증을 논핵한 일에 관련되어 면직되기도 했다. 그 뒤 이조판서 등을 역임하는데, 1721년(경종1) 신축환국으로 탄핵을 받아 문외출송 되었다가 이듬해 풀려났다. 시호는 정헌(正獻)이다.

63) 김진규(金鎭圭) : 1658~1716. 본관은 광산, 자는 달보(達甫), 호는 죽천(竹泉)이다. 김익겸의 손자, 김만기의 아들이고, 누이동생이 숙종비 인경왕후(仁敬王后)이며, 송시열 문인이다. 1682년(숙종8) 진사시에 수석으로 합격하고, 1686년 정시문과에 갑과로 급제하여 청요직을 두루 거쳤다. 1689년 이조좌랑 재직 시 기사환국으로 유배되었다가 갑술환국으로 다시 청요직에 진출하였다. 1699년 스승을 배반했다는 명목으로 윤증을 공격하였다. 그 뒤 대제학을 거쳐 공조판서 등을 역임하였다.

64) 박태창(朴泰昌) : 1653~1705. 본관은 반남(潘南), 자는 성보(盛甫), 호는 운계(雲溪)이다. 1695년(숙종21) 별시문과에 급제하여 청요직을 두루 역임하였다.

65) 아비와 …… 다르다 : 숙종은 '부사경중론(父師輕重論)'을 내세우면서 윤증을 옹호하였다. 이것은 노론이 윤증을 스승인 송시열을 배반하였다고 비판한 것을 완곡하게 부정한 것이다. 즉 윤증이 스승인 송시열을 비판한 것은 송시열이 부친인 윤선거를 욕하였기 때문이라는 것을 인정한 것이었다. 아비와 스승은 그 경중이 다르다고 말한 것은 결국 아비가 스승보다 더 중요하다는 것을 인정한 것이었기 때문이다. 갑술환국 이후의

(諭示)한 것은 스스로 바꿀 수 없는 공론(公論)이라고 믿고 있으니, 처분이 정해진 지 이미 오래되었다. 그러니 이봉서의 무리가 대로(大老, 송시열)를 침해하여 배척하고, 권상유 등이 좨주(祭酒)[66]를 꾸짖어 욕한 것은 모두 잘못된 일인데, 그대의 상소가 마침 나왔으니, 사람들이 보고서 '서로 모의하지 않았는데도 합하였다.' 할 것이다."

신사년(1701, 숙종27) 가을, 중전 민씨(閔氏, 인현왕후)[67]가 승하(昇遐)하였다. 사직 이봉징(李鳳徵)[68]이 상소하여 대략 말하기를,

"대행왕비(大行王妃)[69]께서 담종(痰腫, 담으로 인해 생긴 종기)이 몇 년 동안 더욱 악화되어 약물이 아무런 효험이 없다가, 갑자기 승하[禮陟][70]하시어

탕평 국면에서 회니시비는 숙종의 탕평책 성공 여부를 가늠하는 기준이 되었다. 회니시비는 최석정의 《예기유편(禮記類編)》 시비와 함께 탕평책에 반대하는 노론측 공세의 일환으로서 전개되었다. 처음에는 숙종이 윤증을 옹호하였지만 이들의 집요한 공세에 의해 결국 이를 뒤집은 병신처분(1716)이 내려져서 송시열 편을 들어주자 노론 일당 전제가 실현되어 탕평책은 파탄되기에 이르렀다.

66) 좨주(祭主) : 성균관에 두었던 종3품의 관직이다. 좨주는 옛날 여러 사람들이 일을 논의하기 위하여 회동하거나 마을에서 경사를 축하하기 위하여 향연을 베풀 때 그것을 하늘과 땅에 알리는 의식에서 비롯되었다. 여기서는 윤증을 가리킨다.

67) 중전 민씨(閔氏) : 인현왕후(仁顯王后, 1667~1701) 민씨이다. 여양부원군(驪陽府院君) 민유중(閔維重)의 딸로, 1681년(숙종7) 계비(繼妃)가 되었으나 1689년 폐위되었다가 1694년 갑술환국으로 다시 복위되었는데, 1701년 35세의 젊은 나이에 요절하였다. 시호는 효경숙성장순의열정목인현왕후(孝敬淑聖莊純懿烈貞穆仁顯王后)이고, 능호는 명릉(明陵)으로 경기도 고양시 덕양구 서오릉로 334-32 서오릉(西五陵) 묘역 내에 있다.

68) 이봉징(李鳳徵) : 1640~1705. 본관은 연안(延安), 자는 명서(鳴瑞), 호는 은봉(隱峰)이다. 1675년 증광문과에 장원 급제하여 청요직을 두루 지내고 1694년 대사헌이 되었다가 갑술환국으로 파직되었다. 1698년 형조참판으로 복직되고, 1701년 부사직(副司直)으로 희빈 장씨(禧嬪張氏)의 사사(賜死)를 반대하다가 지도(智島)에 위리안치 되었다.

69) 대행왕비(大行王妃) : 왕비가 죽은 뒤 시호(諡號)를 올리기 전에 높여 이르던 말이다.

70) 승하[禮陟] : 원문 "예척(禮陟)"은 제왕의 죽음을 가리키는 말이다. 《서경》 〈군석(君奭)〉에서, "은나라 선왕(先王)이 예로써 올라가 하늘에 짝하여 나라를 향유한 세월이 오래였다. [殷禮陟配天, 多歷年所.]" 하였다.

적의(翟儀, 왕비 자리)가 마침내 비게 되었습니다.”

하였다. 또 말하기를,

“해조(該曹)에서 희빈의 복제로서 마련한 자최(齊衰)[71] 기년복(朞年服, 1년복)은 다른 궁인들과 다름이 없으니 다시 전례(典禮)를 참작하여 처리하십시오.”

하니, 주상이 매우 온당치 못하다고 배척하였다.

이윽고 무고(巫蠱)의 옥사[72]가 일어났는데, 장씨가 죄인의 공초(供招)에 연루되어 역절(逆節)이 낭자하였다. 주상이 친림(親臨)하여 형신하고 국문하여 그 사건의 실상을 알아내고, 특별히 비망기를 내렸다.

“대행왕비가 병에 걸린 2년 동안에 희빈 장씨는 비단 한 번도 기거(起居, 문병과 문안)하지 않았을 뿐만 아니라, ‘중전’이라고 말하지 않고 반드시 ‘민씨’라고 불렀으니 실로 요사스러운 사람이다. 이뿐만 아니라 취선당(就善堂, 창경궁 소재) 서쪽에 몰래 신당(神堂)을 설치하고, 늘 한두 명의 비복(婢僕)들과 함께 다른 사람들을 물리치고 기도하였으니 이것을 참는다면 무엇인들 참지 못하겠는가? 희빈 장씨로 하여금 자진(自盡)하게 하고, 천극 죄인 장희재에게 우선 빨리 나라의 형벌을 바로잡도록 하라.”

영의정 최석정(崔錫鼎)[73] -좌의정 이세백(李世白),[74] 우의정 신완(申琓),[75] 이조판서

---

71) 자최(齊衰) : 상례(喪禮)에서 규정한 오복제(五服制) 중의 하나이다. 거친 생마포로 아랫단을 접어서 지은 상복, 곧 자최복(齊衰服)이다.

72) 무고(巫蠱)의 옥사 : 1701년(숙종27) 희빈 장씨가 취선당(就善堂) 서쪽에 신당(神堂)을 차려놓고 인현왕후를 저주해 죽게 했다는 혐의를 받아 사사(賜死)된 사건을 가리킨다. 당시 소론은 세자를 위하여 희빈을 용서할 것을 청하였지만 숙종은 사약을 내리고 그 오라비 희재도 사형에 처하였다. 아울러 남구만·유상운·최석정 등 소론 대신들을 귀양 또는 파면시켰다. 이 사건으로 소론세력은 약화된 반면, 노론이 조정에 크게 진출하는 계기가 되었다.

73) 최석정(崔錫鼎) : 1646~1715. 본관은 전주, 자 여시(汝時)·여화(汝和), 호 존와(存窩)·명곡(明谷)이다. 영의정 최명길(崔鳴吉)의 손자이다. 남구만·박세채의 문인이고, 이경억(李慶億)의 사위이다. 갑술환국 이후 1699년 좌의정을 거쳐 1701년 영의정이 되었다. 그해 인현왕후가 죽고 장희빈에 의한 무고(巫蠱)의 변이 일어나자 세자 보호를 위해 생모인 장희빈 사사에 극력 반대하였다. 1710년까지 모두 열 차례 입상(入相)하였다.

74) 이세백(李世白) : 1635~1703. 본관은 용인(龍仁), 자는 중경(仲庚), 호는 우사(雩沙)·북계(北

이여(李畬),[76] 병조판서 김구(金構),[77] 호조판서 김창집(金昌集)[78]- 등이 연명(聯名) 차자를 올려 사사(賜死)하라는 명을 거두어 주기를 청하려고 회의를 열었지만 주상에게는 올리지 못하였다.

최석정이 다시 수차(手箚)를 올려 대략 말하기를,

"옛날 한나라 전숙(田叔)[79]이 양왕(梁王)의 옥사(獄事)[80]를 모조리 불태워버

溪)이다. 1657년(효종8) 진사시, 1675년(숙종1) 증광문과에 급제하여 청요직을 두루 거쳤다. 1689년(숙종15) 도승지 재직 시 송시열을 유배시키라는 전지(傳旨)를 쓰지 않아서 파직되었다. 1694년 갑술환국 이후 좌의정에까지 올랐다. 문집으로 《우사집》이 있고, 시호는 충정(忠正)이다.

75) 신완(申琓) : 1646~1707. 본관은 평산, 자는 공헌(公獻), 호는 경암(絅菴)이다. 박세채 문인이다. 1672년(현종13) 별시문과에 급제하여 청요직을 두루 지냈다. 1680년(숙종6) 경신환국 때 권대운 등의 죄과를 논박하였다. 그 뒤 이조판서 등을 거쳐 1700년 우의정에 올랐다. 이때 소론으로 희빈 장씨의 처벌에 온건론을 폈다. 1706년 영의정 재직 시 세자 모해설을 제대로 규명하지 못한 책임을 지고 파직되었다.

76) 이여(李畬) : 1645~1718. 본관은 덕수(德水), 자는 자삼(子三)·치보(治甫), 호는 포음(浦陰)·수곡(睡谷)이다. 택당(澤堂) 이식(李植)의 손자이고, 송시열 문인이다. 1680년 춘당대문과에 급제하여 청요직을 두루 지냈다. 1689년 기사환국 당시 송시열과 함께 면직되었으나, 1694년 형조참판으로 발탁되어 이조판서 등을 거쳐, 1703년 좌의정, 1710년 영의정에 올랐다.

77) 김구(金構) : 1649~1704. 본관은 청풍(淸風), 자는 사긍(士肯), 호는 관복재(觀復齋)이다. 1669년(현종10) 사마시에 합격하고, 1682년(숙종8) 춘당대 문과에 장원하여 청요직을 두루 지냈다. 육조의 판서를 거쳐 1703년 우의정에 올랐다. 시호는 충헌(忠憲)이다.

78) 김창집(金昌集) : 1648~1722. 본관은 안동, 자는 여성(汝成), 호는 몽와(夢窩)이다. 김상헌의 증손, 김수항의 아들, 김창협·창흡의 형이다. 1672년(현종13) 진사, 1684년 정시문과에 급제하여 청요직을 두루 역임하다가 1689년 기사환국 때 아버지가 사사되자 은거하였다. 그 뒤 예조참판·개성유수 등을 거쳐 1717년 영의정에 올랐다. 경종이 즉위한 뒤 이이명·조태채·이건명 등과 함께 소론의 강렬한 반대에도 불구하고 연잉군(延礽君, 영조)을 세제로 세웠다. 1721년(경종1) 다시 세제의 대리청정을 상소하였으나 실패하고, 김일경(金一鏡)·목호룡(睦虎龍) 등이 일으킨 신임옥사로 사사되었다.

79) 전숙(田叔) : 한(漢)나라 때 관리로 의옥(疑獄)을 잘 다스렸다. 이에 경제(景帝)가 양 효왕(梁孝王)이 원앙(袁盎)을 살해한 역모 사건을 조사하게 하였다. 전숙이 조사를 마치고 돌아오는 길에 역모에 관련된 공사(供辭)를 모두 불태우고는 빈손으로 돌아와 보고하기를 "양왕의 일은 묻지 마소서. 지금 양왕을 죽이지 않는다면 한나라의 법이 시행되지 못할 것이고, 법에 따라 죽인다면 태후께서 음식을 맛있게 드시지 못하고 잠을 편히 주무시지 못할 것이니, 이러한 근심이 바로 폐하에게 있게 될 것입니다."라고 하니, 경제가 그 말에 따랐다. 이로 인해 양왕이 무사하게 되어 모자간의 정의(情誼)가 온전할

리고, 단지 총애 받던 신하 양승(羊勝)과 공손궤(公孫詭)만을 베어 죽였는데, 선유(先儒)의 사단(史斷)[81]이 또한 아름다웠습니다. 지금 희빈이 설령 용서하기 어려운 죄를 저질렀다고 해도, 춘궁(春宮, 동궁)이 걱정하고 마음 상할 것을 염려하여 조금 너그럽게 용서하여 주십시오.[82] 주변의 불령한 무리들은 형률에 따라 법대로 처리하시어 왕법을 폄으로써 춘궁을 안심시키십시오."

하였다. 세 차례나 차자를 올려 다투었지만 주상이 적이 질책하며 특별히 명하여 중도부처(中途付處) 하였다. 판부사 윤지선이 또 차자를 올려 희빈을 용서해 줄 것을 청하였으나 주상이 모두 따르지 않았다.

○ 장령 윤홍리(尹弘离)[83]가 아뢰기를,

수 있게 되었다. 《資治通鑑 卷16 漢紀8》《史記 卷104 田叔列傳》

80) 양왕(梁王)의 옥사(獄事) : 양 효왕(梁孝王) 유무(劉武)는 경제(景帝)의 친동생으로 두태후(竇太后)의 소생이다. 두태후는 양 효왕을 극진히 사랑하여 경제의 후사로 세우려 하였으나, 원앙(袁盎) 등에 의해 저지되자 양 효왕이 자객을 보내 원앙을 살해하였다. 조사 결과 양 효왕의 음모가 드러나자 두태후가 식음을 전폐하므로, 이 문제를 해결하기 위해 전숙과 여계주(呂季主)를 파견하였다. 이들은 사건을 조사한 뒤 양 효왕이 모반에 관련되었다는 공술서를 모두 소각하고는 빈손으로 돌아와, 양 효왕은 몰랐고 그의 총신(寵臣)들인 양승(羊勝)·공손궤(公孫詭) 등이 저지른 일이라고 경제에게 보고하여 사건을 원만하게 해결하였다. 《史記 卷58 梁孝王世家》

81) 사단(史斷) : 역사책에서 어떤 사건의 말미에 비평하는 글을 쓴 것이다.

82) 희빈이 …… 주십시오 : 최석정은 희빈 장씨의 죄가 아무리 커도 세자를 위해서 덮어주는 것은 경전의 교훈에 어긋나지 않는다고 권도론(權道論)을 내세웠다. 즉 국가를 도모하는 의리는 종사를 지키는 것이 중요하므로 사리와 형세를 헤아려서 경(經)과 권(權)을 절충해야 한다면서 법을 굽혀서라도 세자를 보호하는 도리를 다해야 한다는 상황론이자 현실론이었다. 국왕과 세자의 계승관계를 튼튼하게 만들어 국왕권을 강화시켜야 한다는 왕권 중심 정치론의 한 형태였다. 반면 이문정(李聞政)은 《수문록(隨聞錄)》에서 숙종대 주요 환국의 원인으로 희빈 장씨를 꼽았다. 희빈의 재앙이 매우 커서 한번 바뀌어 기사년(己巳年)의 변고가 되었고, 두 번 바뀌어 신사년(辛巳年)의 흉변에 이르렀다. 세 번 바뀌어 신축년과 임인년의 화(禍)가 일어나 조정의 선류(善類)들이 일망타진되고, 종사(宗社)의 위기가 아침저녁으로 임박하였다. 근본 원인을 살펴보면 오로지 희빈 때문이라는 것이다. 따라서 희빈을 부호한 것은 온전히 주상의 사사로운 정에 영합하여 조정의 권력을 빼앗기 위한 계략에서 나온 것으로 규정하였다.

83) 윤홍리(尹弘离) : 1641~1708. 본관은 파평, 자는 거경(巨卿)이다. 1678년(숙종4) 증광문과

"친림하여 국청을 설치하고 역절이 밝게 드러났는데, 대신이 연이어 세 차례 차자를 올려서 끝까지 추궁하지 말라고 말한 것은 《춘추》의리를 생각하지 않은 것입니다. 그런데 신이 즉시 논하지 못하여 엄한 하교를 받게 되었으니, 사직을 청합니다."

하니, 주상이 또한 물러나지 말라고 유시(諭示)하였다.

○ 지평 박휘등(朴彙登)[84]이 아뢰어 최석정을 부처하는 명을 거두어 달라고 청하였다. 승지 이야(李壄)[85] 또한 희빈에게 온전하게 은혜를 베풀어야 한다는 말[86]을 아뢰었지만 주상이 모두 허락하지 않았다.

○ **겨울**, 부사직 강선(姜銑)[87]이 상소하여 대신에게는 다른 의도가 없다는

에 급제하여 1684년 정언이 되었는데, 1682년에 김익훈과 김환을 두둔한 일로 탄핵받고 파직되었다. 1694년 갑술환국으로 정언·장령 등을 지냈다. 장령 재직 시 김춘택을 두둔하다가 소론의 비난을 받았다. 1701년 집의 재직 시 장희재를 구원하던 최석정·남구만 등을 비판하였다. 이후 승지 등을 역임하였다.

84) 박휘등(朴彙登) : 1653~1726. 본관은 반남(潘南), 자는 내경(來卿)이다. 1683년(숙종9) 진사가 되고, 1694년 별시문과에 급제하여 청요직을 두루 지냈다. 1705년(숙종31) 도성 축조에 반대하면서 좌의정 이여를 탄핵했다가 경성판관(鏡城判官)으로 출보되었다. 이듬해 다시 사헌부 장령이 되었으며, 1713년 승지에까지 올랐으나 1716년 병신처분 이후 원주·상주 목사로 나갔다. 경종 즉위 후 다시 승지가 되어 이진유(李眞儒) 등이 주장한 장희빈 추보(追報)에 찬성하였다. 영조 즉위 후 다시 승지가 되었는데, 김일경(金一鏡) 일파로 몰려 1726년(영조2) 내내 노론의 집요한 공격을 받았지만 영조가 들어주지 않아서 처벌은 면하였다.

85) 이야(李壄) : 1648~1719. 본관은 완산(完山), 자는 중선(仲先)이다. 종실 풍산군(豊山君) 이종린(李宗麟)의 증손으로, 할아버지는 구천군(龜川君) 이수(李晬), 아버지는 봉산군(蓬山君) 이형신(李炯信)이다. 1691년(숙종17) 알성문과에 장원 급제하여 1694년 승지가 되었다. 1713년(숙종39) 숙종 재위 40주년 기념 존호를 올리는 것에 반대하였다. 이후 도승지·경기도관찰사 등을 역임하였다.

86) 온전하게 …… 말 : 원문은 "全恩之說"이다. 부자나 동기간 등 가까운 사이에는 설령 죄가 있다 하더라도 생명을 해치지 않음으로써 은혜를 온전히 해야 한다는 말이다.

87) 강선(姜銑) : 1645~1710. 본관은 진주, 자는 자화(子和)이다. 강백년(姜柏年)의 아들이다. 1675년(숙종1) 증광문과에 급제하여 1679년 도당록에 올랐다. 1680년 경신환국으로 지평에서 파직되었다가 기사환국으로 교리에 등용되어 송시열을 처벌하라고 청하였다.

것을 논하였다. 정언 유명웅(兪命雄[88])은 윤홍리가 갑자기 임금에게 승순(承順)할 마음을 내어서 잘못을 바로잡는 도리를 생각하지 않았으므로 장차 논핵하려고 하였지만 동료들의 의견이 하나로 모아지지 않아서 인혐(引嫌[89])하고 체직을 청하니, 주상이 허락하였다.

정언 황일하(黃一夏[90])가 말하기를,

"윤홍리는 여러 사람들의 의논이 한곳으로 쏠리는 가운데에서도 홀로 대의를 지켰습니다. 이러한 의논(議論)은 추켜세워 주고 칭찬할 만한 것인데, 논핵하자는 의논이 대각에서 일어났으니, 형세 상 따라서 참여하기 어렵습니다."

하고 인피하니, 주상이 모두 사직하지 말라고 답하였다.

○ 판부사 유상운(柳尙運[91])과 서문중(徐文重,[92]) 그리고 우의정 신완, 이조판

갑술환국으로 다시 파직되었다가 1698년 다시 등용되어 도승지 등을 역임하였다.

88) 유명웅(兪命雄) : 1653~1721. 본관은 기계(杞溪), 자는 중영(仲英), 호는 만휴정(晩休亭)이다. 1677년(숙종3)에 사마시를 거쳐 1682년 춘당대문과(春塘臺文科)에 급제하여 청요직을 두루 지내다가 1689년 기사환국으로 풍기군수로 나갔는데, 1692년 삭판(削版) 당하였다. 1694년 갑술환국으로 다시 청요직에 진출하여 1701년 희빈 장씨 사사를 반대하는 소론 숙청에 앞장섰다. 1713년 도승지, 1718년 형조판서, 1721년 공조판서 등을 역임하였다. 시호는 온간(溫簡)이다.

89) 인혐(引嫌) : 혐의 있는 일에 잘못을 깨달아 뉘우치다. 또는 책임을 지고 사퇴하는 일이다.

90) 황일하(黃一夏) : 1644~1726. 본관은 창원, 자는 자우(子羽)이다. 1696년(숙종22) 정시문과에 급제하여 청요직을 두루 거쳐 1717년 도승지가 되었고, 1722년(경종2) 한성좌윤을 거쳐 1725년(영조1) 공조판서·좌참찬 등을 역임하였다.

91) 유상운(柳尙運) : 1636~1707. 본관은 문화(文化), 자는 유구(悠久), 호는 약재(約齋)·누실(陋室)이다. 1666년(현종7) 별시문과에 급제하여 청요직을 두루 역임하였다. 1680년 경신환국으로 대사간이 되어 남인 탄핵에 앞장섰다. 1683년 이후에는 김석주에 대항하여 소론으로 좌정하였다. 1685년 이조판서 등을 지내고, 1694년 갑술환국 이후에는 세자 보호를 이유로 장희재의 처벌에 반대하였다. 그후 숙종의 탕평책에 적극 부응하여 1696년 영의정에 올랐다. 1701년 장희빈의 사사에 반대하다가 노론의 공격을 받고 파직되었다. 이듬해 충청도 직산에 부처(付處)되었다가 1704년 석방되어 돌아와 판중추부사에 복귀하였다. 나주의 죽봉사(竹峰祠)에 제향되었고, 시호는 충간(忠簡)이다.

92) 서문중(徐文重) : 1634~1709. 본관은 달성(達城), 자는 도윤(道潤), 호는 몽어정(夢漁亭)이다. 1657년(효종8) 생원시에 합격하고, 1680년(숙종6) 정시문과에 장원 급제하여 도승지를 거쳐 형조판서에 올랐으나, 1689년 기사환국으로 조정에서 물러났다. 1694년 갑술환국

서 이여 등이 혹 차자로 혹은 청대하여 힘껏 온전히 은혜를 베풀 것을 청하였다. 전 교리 권상유와 부수찬 이관명(李觀命)[93] 역시 소회를 써서 올리면서 사사(賜死)의 명을 거두어 줄 것을 청하였지만 주상이 모두 따르지 않았다.

○ 지평 이동언(李東彦)[94]이 대략 아뢰기를,

"이봉징이 지난번 올린 흉악한 상소에는 모질고 사나운 말이 많이 있는데, '적의(翟儀, 왕비 자리)가 비었다.'고 한 아래에 한 글자도 비통한 말이 전혀 없었습니다. '담종(痰腫)'이라는 두 글자에 이르러서는 음험하고 흉악스러운 정절을 더욱 차마 말할 수 없는 점이 있습니다. 오늘에 이르러 저주의 옥사가 낭자하게 드러나서 이봉징이 먼저 기미를 알아차리고 미리 차단하려는 정상을 용서할 수 없으니, 청컨대 우선 멀리 유배 보내십시오. -위리(圍籬)를 더하였다.-

장희재(張希載)[95]의 복첩(僕妾)[96]이 모두 이미 자백[承款]하고 죽었는데, 그

으로 병조판서에 기용되었지만 희빈 장씨에 대한 온건론을 펼쳤다가 다시 물러났다. 그 뒤 박세채의 건의로 병조판서 등을 거쳐 1696년 우의정, 1699년 좌의정, 1702년 영의정이 되었다. 저서로 《군국총부(軍國摠簿)》·《조야기문(朝野記聞)》·《상제례가범(喪祭禮家範)》·《역대재상연표(歷代宰相年表)》·《국조대신연표(國朝大臣年表)》·《병가승산(兵家勝算)》·《동인시화(東人詩話)》 등을 남겼다. 시호는 공숙(恭肅)이다.

93) 이관명(李觀命) : 1661~1733. 본관은 전주, 자는 자빈(子賓), 호는 병산(屛山)이다. 영의정 이경여(李敬輿)의 손자, 이조판서 이민서(李敏敍)의 아들이다. 1687년(숙종13) 사마시, 1698년 알성문과에 급제하여 이조·병조·예조참판 등을 거쳐 대제학을 지냈다. 1721년(경종1) 관작을 삭탈 당하였으며, 이듬해 동생 이건명이 노론 4대신으로서 사사되자 자신도 유배되었다. 1725년(영조1) 풀려나 우의정을 거쳐 이듬해 좌의정에 이르렀다. 홍덕 동산서원(東山書院)에 봉향되었다. 저서로 《병산집(屛山集)》이 있으며, 시호는 문정(文靖)이다.

94) 이동언(李東彦) : 1662~1708. 본관은 전주, 자는 국미(國美), 호는 삼복재(三復齋)이다. 1693년(숙종19) 사마시에 합격하고, 같은 해 알성문과에 급제하여 청요직을 두루 지냈다. 1701년 사헌부 지평으로서, 장희재와 희빈 장씨를 비호한 남구만과 최석정을 처벌하라고 주장하였다. 1706년 아비가 죽었을 때 노비에게 반함(飯含)을 대신하게 한 죄로 감옥에 갇혀 옥사하였다.

95) 장희재(張希載) : ?~1701. 본관은 인동(仁同)이다. 역관 장현(張炫)의 종질이며, 희빈 장씨의 오빠이다. 희빈이 숙종의 총애를 받게 되자 그 덕으로 금군별장이 되었으며, 이어 1692년(숙종18) 총융사가 되었다. 1694년 인현왕후가 복위한 뒤로 희빈과 함께 인현왕후

친밀한 무리들 가운데 연하(輦下, 임금이 있는 곳)에 살고 있는 자는 그대로 둘 수 없으니 청컨대 장천한(張天漢) 등을 극변에 정배시키십시오.

전 가주서 이명세(李命世)[97]가 자리를 벗어나 진달하여 곤성을 핍박하는 말을 하였으니 청컨대 극변으로 멀리 귀양보내십시오. 이명세가 분수를 범하고 도리를 어긴 죄는 여론[輿情]이 모두 분하게 여기고 있으므로, 오늘날 신자(臣子)된 자라면 준엄하게 배척하는 것이 마땅한데, 전 사서 이태좌(李台佐)[98]는 감히 '소박하고 고지식하여 숭상할 만하다.' 등의 말로써 제멋대로 변명하여 구원하였으니 청컨대 삭탈관작 하십시오."

하였다. 주상이 모두 아뢴 대로 하라고 하였다. -주상이 장씨에게 자진(自盡)하라고 하교하였다. 승정원과 홍문관[玉堂]이 청대하여 환수하라고 청하였는데, 이명세가 붓을 잡고 글씨를 쓰면서 말하기를, "전하께서 기사년의 일을 곧 후회하셨는데, 지금 어찌 다시 이와 같은 일을 하려고 하십니까?" 하였다고 한다.-

---

를 해하려는 음모를 꾸미다가 발각되어 사형을 받게 되었으나, 후환이 세자에게 미칠 것을 염려한 남구만 등 소론의 주장으로 사형은 면하고 제주도에 유배되었다. 1701년 인현왕후가 죽은 뒤 희빈 장씨가 앞서 인현왕후를 저주한 사실이 발각되어 장희재를 극형에 처할 것을 요구하는 상소가 있자, 왕은 처음에는 거절하였으나 마침내 제주도 유배지에서 잡아 올려 사형에 처하고, 희빈은 자결하게 하였다.

96) 복첩(僕妾) : 남자 종과 여자 종을 아울러 이르는 말이다.

97) 이명세(李命世) : 1673~1727. 본관은 전주, 자는 천보(天保)이다. 1697년(숙종23) 정시문과에 급제하여 청요직을 두루 거쳤다. 1701년(숙종27) 가주서 재직 시 장희빈 처벌을 비판하다가 유배되었다. 1710년 지평으로 다시 등용되었고, 1713년 홍천현감이 되었으나 노론의 공격을 받고 파직 당했다.

98) 이태좌(李台佐) : 1660~1739. 본관은 경주(慶州), 자는 국언(國彦), 호는 아곡(鵝谷)이다. 영의정 이항복(李恒福)의 현손이고, 참판 이세필(李世弼)의 아들이며, 영의정 이광좌의 재종형이다. 1684년(숙종10) 진사가 되고, 1699년 정시문과에 급제하여 청요직을 두루 거쳤다. 1701년 지평 재직 시 희빈 장씨 처벌에 반대했던 최석정·이명세를 옹호하다가 유배되었다. 1705년 풀려나 정언을 거쳐 공조판서 등을 역임하였다. 1721년(경종1) 세제 대리청정 시행에 반대하였고, 신임옥사 당시 형조판서로서 노론 숙청에 참여하였다. 영조 즉위 뒤에 병조·이조판서 등을 거쳐 1728년(영조4) 우의정, 1729년 좌의정에 올랐으며, 1736년 봉조하가 되었다. 시호는 충정(忠定)이다.

○ 부호군(副護軍) 강세귀(姜世龜[99])가 상소하여 대략 다음과 같이 말하였다.

"왕세자께서 당하신 정리(情理, 인정과 도리)를 엎드려 생각해 보건대, 비통하여 가슴을 치는 것을 깨닫지 못하였습니다. 어린 나이에 아름다운 자질일지라도 끓는 물과 타오르는 불로 마음을 태우는 일이 하루하루 반복되면 근심이 쌓이고 두려움이 더할 터인데 어떻게 착한 본성을 잘 보존할 수 있겠습니까? 신은 진실로 전하께서 노심초사하며 자식을 키운 사랑[100]으로 위안하고 보호하심이 평일보다 더하다고 알고 있었습니다.

그런데 번개와 천둥 같은 노여움이 그치지 않으니, 조야(朝野)의 의혹은 더욱 심해져서, 나라 사람들이 장차 말하기를, '우리 임금이 천륜의 지엄함과 종사를 맡길 일을 또한 돌아보지 않는다.' 할 것입니다. 또한 조예(曹叡)의 어미 사슴과 새끼 사슴의 일[101]을 인용하여, 말하기를, '이 같은 일을 성명의 세상에서 보리라고는 생각지도 못하였다.' 할 것입니다."

○ 헌납 윤홍리가 대략 아뢰기를,

"삼가 강세귀의 상소를 보건대, '번개와 천둥 같은 노여움이 그치지 않으니, 조야의 의혹은 더욱 심해졌습니다.' 한 것은 은연중에 오늘의 옥사를 의심스러운 곳으로 귀결시키려는 것입니다. 또 말하기를, '우리 임금이 천륜의 지엄함과 종사를 맡길 일을 또한 돌아보지 않는다.' 한 것은 전하에 대해서 마땅히

---

99) 강세귀(姜世龜) : 1632~1703. 본관은 진주, 자는 중보(重寶), 호는 삼휴당(三休堂)이고, 강학년(姜鶴年)의 손자이다. 1660년(현종1) 진사, 1678년(숙종4) 증광문과에 급제하여 정언·수찬을 거쳐 대사간·공조참판 등을 지냈다. 1701년 희빈 장씨 사사에 반대하다가 홍원에 유배되어 그곳에서 죽었다. 뒤에 복관되고, 회덕의 용호서원(龍湖書院)에 제향되었으며, 시호는 문안(文安)이다.

100) 노심초사하며 …… 사랑 : 원문은 "恩斯勤斯"이다. 《시경》〈치효(鴟鴞)〉에서, "사랑하고 애쓰면서 자식들을 키우느라 노심초사 했느니라.[恩斯勤斯, 鬻子之閔斯.]" 하였다.

101) 조예(曹叡) …… 일 : 삼국시대 위나라 조비(曹丕)가 사냥을 하다가 어미 사슴을 쏘아 죽이고 아들 조예에게 새끼를 쏘라고 명하였다. 조예가 울면서 말하기를, "폐하께서 어미 사슴을 쏘아 죽였으니, 저는 차마 새끼를 쏘아 죽일 수 없습니다." 하면서 활을 버리고 측은하게 여겼다 한다.

의심하지 말아야 할 것을 의심한 것입니다.

그 말미에 또한 위나라 조비의 아들이 어미 사슴과 새끼 사슴을 언급한 말을 끌어다가 결론짓기를, '이 같은 일을 곧 성명의 세상에서 보리라고는 생각지도 못하였습니다.' 하여, 마치 지금 바로 이와 같이 차마 말할 수 없는 일이 있는 것처럼 말하여, 그 말이 더욱 간악하고 그 뜻이 더욱 흉악하여, 이런 말이 한 번 전파되면 보고 듣는 자들이 모두 놀라서 미혹될 것이니, 청컨대 강세귀를 멀리 유배 보내십시오."

하였다. 주상이 답하기를, "아뢴 대로 하라." 하였다.

○ 장령 유명웅이 대략 아뢰기를,

"전 보덕 박만정(朴萬鼎)[102]과 전 교리 박정(朴涏)[103]은 갑술년(1684, 숙종20) 이후로 서로 이어서 상소하여 혹은 말하기를,

'별도로 거처하는 궁궐의 이름을 지어주고, 받들어 모시는 의절(儀節, 예절)을 조금이라도 갖추어 주십시오.'

하거나 혹은 말하기를,

'두 왕후의 상제(常制)만을 어찌 고집스레 지키려 하십니까?'[104]

---

102) 박만정(朴萬鼎) : 1648~1717. 본관은 밀양(密陽), 자는 사중(士重), 호는 동계(東溪)·설정(雪汀)이다. 윤휴(尹鑴)에게 수학하였다. 1683년(숙종9) 증광문과에 급제하여, 1689년 기사환국 이후 청요직을 두루 역임하였다. 1694년 갑술환국으로 중전에서 희빈으로 강등된 장씨를 따로 명호를 세워서 예우할 것을 주장하였다가 1701년 희빈이 사사된 뒤 중도부처 되었다. 저서로 《동계집》이 있다.

103) 박정(朴涏) : 1653~1725. 본관은 무안(務安), 자는 거원(巨源), 호는 정소헌(淨疎軒)이다. 1682년(숙종8) 생원이 되고, 1686년(숙종12) 알성문과에 급제하여 청요직을 두루 역임하였다. 1694년 박만정과 함께 장희빈을 비호한 일로 1701년 중도부처 되었다. 1723년(경종3) 재등용되어 청요직에 진출하였으며, 영조 즉위 직후 승지가 되었다.

104) 두 왕후의 …… 하십니까 : 이 부분은 원래의 상소문이 심하게 축약되어 내용 파악이 어렵다. 실록에 따르면 "두 왕후가 지존(至尊)을 핍박하는 혐의가 있다는 것은 평상시에 상경(常經)을 지키는 논의이니 어찌 상제(常制)만을 고집스레 지켜, 처변(處變)하는 도리를 생각하지 아니할 수 있겠는가?[竝后逼尊之嫌, 乃是常時守經之論, 安可膠守常制, 不思處變之道?]"라고 되어 있다. 《肅宗實錄 27年 10月 21日》

하면서 따로 명호(名號)를 세우자고 청하기에 이르렀습니다. 마침내 이봉징의 상소에서 복제를 가탁하여 받들어 모시자는 이전의 말을 다시 제기하였으니, 청컨대 중도부처 하십시오."

하였다. 주상이 답하기를, "아뢴 대로 하라." 하였다. -박만정은 음성(陰城, 충청도 소재)에, 박정은 홍산(鴻山, 충청도 소재)에 유배되었다.-

○ 국청에서 아뢰기를,

"윤순명(尹順命)[105]이 이미 승복하여 결안(結案)[106]하였는데, 민언량(閔彦良)[107]이 다시 공초한 것은 앞선 공초와 다름없이 이른바 '환국을 몰래 도모하고, 복제(服制)를 밀탐(密探)하였다.'는 것을 한결같이 모두 실토하였습니다. 비록 역모와는 차이가 있지만 궁금(宮禁)을 몰래 살펴 알아내서 국가를 패란(敗亂)에 빠뜨리고 함께 부도(不道)를 범하였으니, 이는 용서받지 못할 죄이므로 또한 결안하고, 형률에 따라서 시행하는 것이 어떻습니까?"

하였다. 주상이 답하기를,

"기사년의 일은 갑술년 비망기 안에 이미 다 갖추어져 있다. 민언량 등이 장희재의 무리와 사사롭게 서로 모의하고 반드시 임금의 뜻이라고 미루었으니, 매우 마음이 아프다. 지금 계사(啓辭)를 보건대, 말이 분명하지 못하여 민언량이 이른바 '털끝만큼이라도 근사'한 것이 있어서, 갑술년의 하교를

---

105) 윤순명(尹順命) : 희빈 장씨의 외사촌 동생이다. 1696년 업동옥에 관련된 것이 1701년에 드러나 처형되었다. 심문 당시 장희재의 언문 편지 안에서 김춘택이 세자를 모해(謀害)하려 한다는 말이 있었다고 공초하여 이것이 노·소론 사이에서 심각하게 논란되었다.

106) 결안(結案) : 사형에 해당하는 죄인에 대한 국왕의 최종결재에 따라 사형집행 전에 형을 확정짓기 위한 형식적인 절차 및 그 문서를 가리킨다.

107) 민언량(閔彦良) : 1657~1701. 본관은 여흥(驪興), 자 뇌중(賚仲)이다. 아버지는 병조판서 민종도(閔宗道)이다. 1675년(숙종1) 사마시, 1689년(숙종15) 증광문과에 급제하여 청요직을 두루 지내다가 1694년 갑술환국으로 아버지와 함께 유배되었다. 1699년 풀려나 장희재와 교유하며 재기를 노렸다. 그러나 1701년 인현왕후의 사망으로 희빈 장씨에 대한 처벌 요청이 고조되면서 장희재와 교분을 맺은 민언량은 아버지와 함께 처형되었다.

족히 믿을 수 없다는 것인가? 내가 비록 덕이 없으나 결코 장희재 무리의 지시를 받지는 않았다. 실로 군신(群臣)의 위에 군림할 면목이 없도다."

하였다. 좌의정 이세백 -우의정 신완, 판의금 이여, 지사(知事) 김창집, 동지(同知) 이광적(李光迪)[108]·유지발(柳之發)[109]- 등이 연명하여 올린 차자에서 대략 말하기를,

"민언량은 민종도의 아들이자, 민장도의 조카입니다. 갑술년 주토(誅討)하는 형전(刑典)의 법망에서 빠져나가 성의(聖意)를 속이고 현혹시킨 부도(不道)한 정상이 매우 비통하였습니다. 신 등이 반드시 그 실정(實情)을 자세히 살펴서 왕법(王法)을 바로잡고자 한 것은 의심스럽고 혼란스러운 말에 가탁하여 그 죄가 용서할 수 없는 데 있기 때문입니다. 어찌 감히 털끝만큼이라도 음과 양이 변하듯이 기쁨과 슬픔이 바뀐 것[110]을 의심하였겠습니까? 단지 신 등의 말이 뜻을 제대로 전달하지 못하였기 때문에 주상의 지엄한 하교를 받게 되었습니다."

하였다. 주상이 대죄(待罪)하지 말라고 유시하였다.

○ 집의 유명웅 -사간 어사휘(魚史徽), 헌납 윤홍리, 장령 윤헌주(尹憲柱)[111], 정언

---

108) 이광적(李光迪) : 1628~1717. 본관은 성주(星州), 자는 휘고(輝古), 호는 은암(隱巖)이다. 1650년(효종1) 생원·진사가 되고, 1656년 별시문과에 급제하여 현종대 승지를 거쳐 공조판서 등을 지냈다. 1706년 유학 임부(林溥)가 세자 모해설을 주장했을 때 제대로 처리하지 못했다는 지적을 받아 파직되기도 하였다. 이듬해 80세로 지중추부사가 되어 치사하였다. 시호는 정헌(靖憲)이다.

109) 유지발(柳之發) : 1633~1705. 본관은 진주(晉州), 자는 기지(起之), 호는 석촌(石村)이다. 1654년(효종5) 생원이 되고, 1662년(현종3) 증광문과에 급제하여 청요직을 두루 지냈다. 1674년(현종15) 갑인예송 당시 김수흥을 두둔했다가 파직되었다. 이후 장령을 거쳐 도승지에까지 올랐다.

110) 음과 …… 것 : 원문은 "陰陽舒慘"이다. 봄과 여름을 양(陽), 가을과 겨울을 음(陰)이라 하였다. 본래 《문선(文選)》에 실려 있는 장형(張衡)의 서경부(西京賦)에 "대저 사람은 양(陽)의 때에는 서(舒)하고, 음(陰)의 때에는 참(慘)한다."는 대목에서 나온 말로, 서는 즐거움 또는 좋음을, 참은 괴로움 또는 나쁨을 뜻한다.

111) 윤헌주(尹憲柱) : 1661~1729. 본관은 파평, 자는 길보(吉甫), 호는 이지당(二知堂)이다. 1683년(숙종9) 사마시, 1698년 알성문과에 장원 급제하여 청요직을 두루 지내고 병조·호조참판을 거쳐 도승지를 여러 차례 역임하였다. 경종대에 대간의 탄핵을 받고 용천부에

황일하·김재(金裁), 지평 이동언·김상직(金相稷)[112]- 등이 아뢰기를,

“아! 국적(國賊) 장희재가 흉적(凶賊) 민암(閔黯)[113]과 체결하여 불령(不逞)한 무리가 감히 국모에게 망극한 화에 얽어 넣으려고 하였으니, 무릇 전하의 신자(臣子)가 되어서 국모로서 우리 곤전(坤殿)을 섬겼던 자라면, 간담(肝膽)을 두드리며 살점을 뜯어먹으려 하지 않는 자가 없을 것입니다.

그런데 남구만은 의친(議親)의 법을 끌어다 천청(天聽)을 헛갈리게 만들고 면 장래를 깊이 염려한다고 핑계대고 여러 사람들의 눈을 가리려 하였습니다. 심지어 ‘장희재가 법에 따라 복주(伏誅)되면 희빈이 불안해지고, 희빈이 불안해지면 세자가 불안해지며, 세자가 불안해지면 종사(宗社)가 불안해진다.’ 등의 말은 전적으로 장희재를 날개로 품듯 감싸주고 군부(君父)를 현혹시키려는 계략에서 나온 것으로서, 되지도 않는 말을 하나로 모아 앞뒤로 형세를 살펴서 농간을 부리는 모습이었습니다.

이 뒤로 흉악한 음모가 멈추지 않고 변괴(變怪)가 끝없이 일어나더니, 오늘이와 같이 요망한 무고(巫蠱)의 독살스러운 화가 과연 궁금의 엄밀한 곳에서 일어나서 성모께서 저승 가운데서 한을 머금게 하였습니다.

만약 장희재를 일찍 나라의 법대로 복주하여 그 근원을 베어서 없애버렸다면 허리를 자르고 목을 베어 죽여야 할 요망하고 악한 자들이 어찌 감히 흉악한 계책을 마음대로 부려서 흉악한 변고를 오늘날처럼 참혹하게 빚어내었겠습니까? 청컨대 판부사 남구만을 우선 먼저 파직하십시오.

정배되었다가 영조대 들어서 평안감사 등을 역임하였다. 무신란을 토평한 공으로 분무원종공신(奮武原從功臣)에 추록되고 영의정을 추증받았다. 시호는 익헌(翼獻)이다.

112) 김상직(金相稷) : 1661~1721. 본관은 연안(延安), 자는 여시(汝時)이다. 1695년(숙종21) 별시문과에 급제하여 청요직을 두루 지내고 형조참판·도승지 등을 역임하였다.

113) 민암(閔黯) : 1636~1694. 본관은 여흥(驪興), 자는 장유(長孺), 호는 차호(叉湖)이다. 좌의정 민희(閔熙)의 아우이다. 1668년(현종9) 별시문과에 급제하여 청요직을 두루 거쳤다. 1680년 대사헌으로 있다가 경신환국으로 파직되었다. 1689년 기사환국으로 다시 대사헌이 되고, 1691년 우의정에 올랐다. 1694년 갑술환국으로 제주 대정(大靜)에 위리안치되었다가 이의징과 함께 사사되었다.

업동이 무고(巫蠱)한 옥사의 변고는 옛날에도 없었던 일인데 국청 대신 유상운의 무리가 천총(天聰)을 가리고, 옥정(獄情)을 교묘히 농락하였습니다. 여러 역적들이 혹 그 실정을 털어놓으려고 하면 먼저 그 근본이 반드시 드러날 만한 단서를 차단하고, 증거가 자주 공초에서 나오면 문득 '심문하지 말자.'는 주장을 인용하고, 급급하게 청대(請對)하여, '의심스런 죄는 오로지 가볍게 다스린다.'는 말로 앞장서서 구원하니 끝내 조금도 벌을 받지 않고 풀려나게 되었습니다.

업동은 정국(廷鞫)이 끝나자마자 바로 그때 감사의 말을 하면서 심지어 '감격스럽습니다.'고까지 하였으니, 이것은 훗날 화복(禍福)의 기미를 돌아보고 자기 한 몸을 위한 장구한 계책에서 나온 것이므로 《춘추》의리로써 논한다면 어찌 유상운을 죄인의 괴수로 삼지 않을 수 있겠습니까? 갑술년 국청에서 '깊이 먼 장래를 염려한다.[深長慮]'는 세 글자를 제창하며 시종일관 주장한 자는 남구만이었는데, 그 뒤 대간의 소장(疏章)과 유생의 상소가 번갈아 엄하게 배척하였으나, 유상운은 목을 움츠리고 입을 다물어서 녹봉과 직위가 이전과 같았습니다.

그런데 대행왕비께서 승하하신 날에 이르러서는 시골 유생의 이미 오래된 상소를 억지로 끌어다가 스스로 '깊이 먼 장래를 염려하는 의리를 신은 실로 힘써 주장하였습니다.' 하였습니다. 장희재의 죽음을 용서한 것이 과연 자기의 손에서 나왔다면, 8년 동안 어찌하여 혼자 몰래 참고 입을 다문 채 거짓으로 알지 못한 체하였다가 지금 갑자기 자수하여 현저하게 요행을 바라는 뜻을 드러내는 것입니까? 청컨대 판부사 유상운을 우선 파직하십시오.

지난 기사년 곤성이 궁궐에서 쫓겨난 뒤 온 나라의 신민들은 이리 뛰고 저리 뛰지 않은 사람이 없었는데, 목내선(睦來善)[114]과 이현일(李玄逸)[115] 등은

114) 목내선(睦來善) : 1617~1704. 본관은 사천(泗川), 자는 내지(來之), 호는 수옹(睡翁)·수헌(睡軒)이다. 1646년(인조24) 사마시, 1650년(효종1) 증광문과에 급제하여 청요직을 두루 거치고 숙종대 예조·호조판서를 역임하였다. 1680년(숙종6) 경신환국 때 삭직되었다가 1689년 우의정이 되었다. 그해 기사환국이 일어나 서인을 제거하는 데 앞장서 좌의정에

화를 일으킬 불순한 생각을 품고서 조금도 거리낌 없이 혹 '불경(不敬)하다.'거나 '불공(不恭)하다.'는 말을 전석(前席)[116]에서 돌아가며 아뢰고, 혹은 '스스로 하늘을 끊었다.'[117]는 말을 소장에 썼습니다.

만일 평소 국모를 섬기는 마음이 있었다면 차마 이와 같이 흉악하기 그지없고 너무나도 도리에 어긋나는 말을 마음속에 싹틔우고 입으로 뱉어낼 수 있겠습니까? 그런데도 가볍게 귀양 보냈다가 갑자기 은혜로운 용서를 받았으니 신인(神人)의 울분이 어찌 지극하지 않을 수 있겠습니까? 청컨대 방귀전리(放歸田里)[118]한 죄인 목내선과 이현일을 극변에 위리안치하십시오."

하였다. 주상이 모두 윤허하지 않았다.

○ 대사간 이익수(李益壽)[119]가 상소하여 대략 말하기를,

올랐다. 1694년 갑술환국으로 유배되었다가 1699년에 풀려났다.

115) 이현일(李玄逸) : 1627~1704. 본관은 재령(載寧), 자는 익승(翼升), 호는 갈암(葛庵)이다. 1646년(인조24)과 1648년에 초시에 모두 합격했으나 벼슬에 뜻이 없어 복시를 단념하였다. 1666년(현종7)에는 영남 유생을 대표해 송시열(宋時烈)의 기년예설(朞年禮說)을 비판하는 소를 올렸다. 1689년 기사환국 이후 산림(山林)으로 인정받아 사업(司業)·좨주(祭酒)가 되었고, 대사헌·이조판서 등을 역임하였다. 퇴계 학풍을 계승한 대표적인 영남 산림이었다. 1694년 인현왕후가 복위된 뒤 조사기를 구원하다가 유배되었다. 저서로 《갈암집(葛庵集)》, 편서로 《홍범연의(洪範衍義)》가 있다.

116) 전석(前席) : 자리를 앞당긴다는 뜻으로, 임금과 신하가 의기투합하는 것을 가리킨다. 한(漢)나라 가의(賈誼)가 좌천되어 장사왕(長沙王)의 태부(太傅)로 있다가 일 년 만에 소명(召命)을 받고 조정으로 돌아오니, 문제(文帝)가 선실(宣室)에 있다가 그에게 귀신의 본원(本源)에 대해 물었다. 이에 가의가 귀신의 유래와 변화 등을 자세히 말하였다. 한밤중이 다 되었는데도 문제가 그와의 대화에 빠져서 자기도 모르게 자리를 앞으로 당겨 가까이 다가갔다고 한다. 《史記 賈生列傳》

117) 스스로 …… 끊었다 : 이현일이 올린 상소에 나온 말이다. 당시 이현일은 폐비에 대한 예우를 촉구하는 상소를 올리면서 "폐비 민씨는 궁중의 법도를 따르지 않아 스스로 하늘을 끊었지만 ……"이라는 표현을 사용하였다. 이에 안세휘(安世徽)가 이현일이 말한 '스스로 하늘을 끊었다.'고 한 말과 '조심스럽게 단속한다.[糾禁]' 등의 말을 집어내어 국문할 것을 청하였다. 반면 남구만 등은 "이현일의 본래 의도가 국모를 해치려는 데 있지 않았다." 하면서 변론하였다. 《肅宗實錄 15年 9月 24日, 20年 7月 4日》

118) 방귀전리(放歸田里) : 벼슬을 빼앗고 고향으로 내쫓는 형벌이다.

119) 이익수(李益壽) : 1653~1708. 본관은 전주(全州), 자는 구이(久而), 호는 백묵당(白默堂)이

"남구만은 장희재에 대하여 염려가 너무 지나치고 근심이 너무 깊었지만, 그의 본정(本情)을 자세히 살펴보면, 국본(國本, 세자)으로 하여금 편안하고 굳건하게 하여 근심이 없게 하고자 한 것일 뿐이지, 어찌 털끝만큼이라도 사사로운 뜻이 그 사이에 있었겠습니까?

전후에 올린 유소(儒疏)는 성상께서 모두 엄하게 물리쳤으니, 또한 대신의 충심[忠赤]을 통촉하신 것입니다. 선정신 박세채(朴世采)[120]도 이 일에 대하여 언급하면서 '깊은 근심'이라거나 '다가올 일을 헤아리는 깊은 생각' 등의 말을 차자 가운데 사용하였는데, 다른 사람을 논하는 도리는 다만 이와 같이 공평하고 진실되어야 하지 않겠습니까?

병자년(1696, 숙종22) 옥사[121]의 경우 장희재를 용서해 주자고 청했던

다. 이목(李楘)의 증손, 이지항(李之恒)의 손자, 이원구(李元龜)의 아들이다. 1682년(숙종8) 진사가 되고, 그해 증광문과에 급제하여 청요직을 두루 거쳤다. 1687년 나양좌를 변호하다가 삭직 당했다가 1688년 정언으로 복직되었다. 1697년 승지가 되고, 이어서 대사간·판의금부사·이조판서를 거쳐 좌찬성에 이르렀다. 시호는 문간(文簡)이다.

120) 박세채(朴世采) : 1631~1695. 본관은 반남(潘南), 호는 현석(玄石), 자는 화숙(和叔)이다. 신흠(申欽)의 외손이며 박세당(朴世堂)과는 당내간의 친족이고, 송시열의 손자 송순석(宋淳錫)의 장인이다. 1659년(현종 즉위년) 예송이 일어나자 송시열·송준길(宋浚吉)의 기년설(朞年說)을 지지하며 서인 측의 이론가로서 활약하였다. 이 일로 1674년 숙종이 즉위하면서 관작을 삭탈 당하고 양근(楊根) 등지에서 유배생활을 하였다. 경신환국(1680) 이후 이조판서·우참찬 등을 역임하였다. 1683년 '황극탕평(皇極蕩平)'을 주장하여 거듭되는 환국으로 인한 파행적 정국을 수습하려고 했으나, 1684년 회니(懷尼) 시비의 분쟁 속에서 노론과 소론이 대립하자 소론의 입장을 지지하였다. 박세채는 윤선거 사후 윤증의 부탁을 받고 그 행장을 지었는데, 송시열이 묘갈명을 지으면서 이를 인용하여 윤선거에 대한 불만을 드러냈다. 기사환국(1689) 이후 조정에서 물러났다가 갑술환국(1694) 이후 좌의정까지 지내며 남구만·최석정 등과 함께 숙종의 탕평책에 적극 부응하였다. 시호는 문순(文純)이다.

121) 병자년의 옥사 : 1696년(숙종22)에 장희재가 서인을 축출하고 남인의 세상을 만들기 위해, 자신의 가노(家奴) 업동(業同) 등을 시켜 서인들이 세자(후일의 경종)를 저주하는 것처럼 일을 꾸미게 하였다가 중간에 그 일이 발각되어 국옥(鞫獄)이 열리게 되었다. 당시 소론의 영수였던 영의정 남구만(南九萬)은 희빈 장씨의 소생인 세자에게 후환이 미칠 것을 염려하여 숙종에게 '깊이 먼 미래를 생각해야 한다[深長慮]'고 하면서 국문(鞫問)을 중지할 것을 청하여 마침내 국문이 중지되고 장희재의 국문으로까지 확대되지 않았다. 이에 이건명을 비롯한 노론계 인사들은 남구만이 사심을 품고 역적을 비호한다

일도 똑같이 지나친 걱정이었지만, 결단코 다른 속셈은 없었습니다. 하찮은 간얼(奸孽)이 혹 살고 혹 죽는 것이 대신의 몸에 무슨 이익이 있다고, 갑자기 화를 입을까 두려워하는 마음을 내어 법을 굽혀 시은(市恩)[122]하려는 계책으로 삼았겠습니까?

그리고 저 대계(臺啓) 가운데 있는 한 가지 말의 경우 더욱 실정에서 벗어난 것입니다. 유상운은 애초 서로 가부를 결정하는 논의에 참여한 사람으로서 남구만이 끝없는 곤경에 빠진 것을 보고 정적(情迹)이 편안하기 어려워서 거취를 마땅히 같이하려고 부득불 한 번 상소하여 실정을 드러냈던 것입니다. 이것을 만약 몹시도 궁하고 절박한 심정에서 나온 것이라고 한다면 옳겠지만, '은연중에 가로채려고 했다.'는 등의 제목을 붙인다면 이것이 어찌 만분의 일이라도 이치에 가까운 말이겠습니까?

그런데 오랫동안 소식이 끊겨 의심이 생겨서 온갖 방법으로 허물을 들추어 내어, 혹은 그들이 무고(巫蠱)로 저주하는 옥사를 빚어내었다 하기도 하고, 혹은 요행을 바라고 기회를 엿보려는 뜻이 현저하였다고 하기도 하여, 억지로 죄목을 끌어다가 이리저리 맞추어서 죄안을 만들어내니 사람들이 말하는 것이 어찌 이렇게 극단적인 지경에까지 이르렀단 말입니까?"

하니, 주상이 좋은 말로 비답하였다.

○ 집의 유명웅 등이 배척을 받았다고 하면서 합계(合啓)[123]를 올려 인피하자, 주상이 물러가 기다리라고 유시하였다.

○ 교리 권상유 등이 처치하여 양사(兩司)는 출사(出仕)하고, 이익수는 파직

고 비난하였다. 《肅宗實錄 22年 4月 29日, 6月 2日, 7月 29日》

122) 시은(市恩) : 다른 사람에게 은혜를 베풀어서 자신의 이익을 챙기고자 하는 일이다.

123) 합계(合啓) : 홍문관·사헌부·사간원 중 세 관사 또는 두 관사가 합동으로 올리는 계사(啓辭)이다.

하라고 청하였다.

○ 영부사 윤지완(尹趾完)[124]이 상소하여 대략 다음과 같이 말하였다. "일찍이 갑술년에 애초 (희빈을) 예로써 대우하고 받들어 모셔야 한다는 논의를 당시 영의정[首相][125]에게 편지로 보냈는데, 지금 직명이 그대로이니 실로 사사로운 의리가 편안치 못합니다. 청컨대 유사(有司)에게 명하여 신의 죄도 함께 감죄(勘罪)해 주십시오."

○ 지평 이동언이 영부사 윤지완을 처벌해야 한다는 논의를 내었는데, 동료들과 논의가 일치하지 않자 인피하였다. 주상이 "모든 일을 한결같이 통쾌하게 처리하려고 하면 마침내 과격한 데로 귀결된다."고 질책하였다. 사간 어사휘, 장령 윤헌주, 지평 김상직, 정언 황일하와 김재 등이 대신을 탄핵하는 것은 사체가 가볍지 않으니 우선 자세히 살펴볼 때까지 기다려야 한다고 말하자 헌신(憲臣)[126]이 먼저 인피하여 형세가 평온하지 않았으므로 모두 사직하였다.

○ 양사에서 연이어 남구만과 유상운을 삭출하고, 윤지완의 파직을 청하였으나 주상이 윤허하지 않았다. -그 뒤에도 연이어 아뢰니 남구만과 유상운은 단지

124) 윤지완(尹趾完) : 1635~1718. 본관은 파평(坡平), 자는 숙린(叔麟), 호는 동산(東山)이다. 좌의정 윤지선(尹趾善)의 아우이다. 1657년(효종8) 사마시, 1662년(현종3) 증광문과에 급제해 청요직을 두루 지냈다. 1675년(숙종1) 송시열을 구원하다가 관직을 박탈당하였다. 1680년 경신환국 이후 병조판서까지 올랐다가 1689년 기사환국으로 유배 되었다. 1694년(숙종20) 갑술환국 직후 우의정에 올랐다가 1695년 영돈녕부사가 되었다. 1717년 숙종이 좌의정 이이명(李頤命)과 독대(獨對)한 후 세자[景宗]에게 청정(聽政)을 명하자 청정을 반대하고 이이명을 논척하였다. 숙종 묘정에 배향되었고, 시호는 충정(忠正)이다.

125) 영의정[首相] : 남구만을 가리킨다.

126) 헌신(憲臣) : 풍헌(風憲)에 관계되는 일을 맡은 신하이다. 곧 금오대(金吾臺)·어사대(御史臺)·사헌부 등의 관원을 이른다. 여기서는 윤지완을 처벌하자고 발론한 사헌부 지평 이동언을 지칭한다.

부처하라고 명하고 윤지완은 파직하였다.-

○ 국청에서 입시하였을 때, 지평 이동언이 대략 아뢰기를,

"전 판서 이언강(李彦綱)[127]은 자신이 경재(卿宰)의 반열에 있으면서 스스로를 다스리지 못하여 역적 집안과 교통하였다는 말이 잇따라 여러 역적의 입에서 나오게 하였으니, 청컨대 관작을 삭탈하십시오.

유명견(柳命堅)[128] 형제는 지난번 흉악한 반란을 모의하면서 은밀히 주도하지 않은 것이 없었는데, 지금 민언량의 공초에 이르러서 민암 무리들과 화응하여 함께 일을 도모한 자취가 남김없이 드러났습니다. 다만 여러 역적을 이미 베어 죽여 조사하여 밝히기가 쉽지 않기 때문에 일단 천천히 체포하기를 청하였습니다. 그러나 흉악하고 교활한 괴수를 하루도 그 집에서 편히 쉬게 할 수 없으니, 청컨대 전 참판 유명견과 전 판서 유명천(柳命天)[129]을 모두 외딴 섬에 안치하십시오."

---

127) 이언강(李彦綱) : 1648~1716. 본관은 전주, 자는 계심(季心)이다. 1678년(숙종4) 증광문과, 이듬해 문과 중시(重試)에 급제하여 청요직을 두루 거쳤다. 1680년 정언 재직 시 윤휴·오정위·허견 등의 처벌을 주장하였다. 그 뒤 승지를 거쳐 충청감사를 지냈으며, 기사환국(1689) 당시 유배되었다가 갑술환국으로 도승지에 기용되었다. 1701년 형조판서 재직 시 장희재 처와 윤순명의 공초(供招)에서 이름이 거론되어 관작을 삭탈 당하였다. 이후 무고임이 밝혀져 형조판서를 거쳐 좌참찬 등을 지냈다.

128) 유명견(柳命堅) : 1628~1707. 본관은 진주(晉州), 자는 사고(士固), 호는 모산(茅山)이다. 1672년(현종13) 별시문과에 급제하여, 1675년(숙종1) 도당록(都堂錄)에 들고, 같은 해 수찬(修撰)이 되었다. 숙종 초년에 남인의 논의가 갈라졌을 때, 윤휴(尹鑴)와 대립하였다. 1680년 경신환국으로 파직당하였다. 1682년 김석주(金錫胄)·김익훈(金益勳)의 무고를 받아 투옥되었으나, 혐의가 없다는 것이 밝혀져 석방되었다. 1689년 기사환국으로 승지, 부제학 등을 역임하였다. 1701년 장희재(張希載) 등과 인현왕후(仁顯王后)를 살해하려 하였다는 죄로 위도(蝟島)에 안치되었다가 1704년 풀려나왔다.

129) 유명천(柳命天) : 1633~1705. 본관은 진주(晉州), 자는 사원(士元), 호는 퇴당(退堂)이다. 1651년(효종2) 사마시, 1672년(현종13) 별시문과에 급제하여 청요직을 두루 역임하였다. 1680년 이조참판으로 재직 중 경신환국으로 음성에 유배되었다가 1683년 풀려나 1688년 강계부사로 기용되었다. 이듬해 기사환국으로 이조판서 등을 역임하였다. 1694년 갑술환국 이후 흑산도에 위리안치되었다가 풀려났으나 1701년 장희재와 공모하여 인현왕후를 모해했다는 탄핵을 받고 나주 지도(智島)에 안치되었다가 1704년 풀려났다.

하였다. 또 말하기를,

"죄인 윤순명의 공초에서 김춘택(金春澤)[130]이 장희재의 처와 간통하였다[131]는 말이 있는데, 김춘택은 세상에서 지목받는 나이 어린 선비로서, 앞뒤로 간사한 역적들의 입에 거듭 오르니 청컨대 먼 곳에 정배하십시오."

하니, 주상이 모두 아뢴 대로 하라고 했다.

○ 정언 황일하가 다음과 같이 아뢰었다.

"목임일(睦林一)[132]과 심단(沈檀)[133] 등은 곤성이 승하하시던 날, 오시복(吳始

---

130) 김춘택(金春澤) : 1670~1717. 본관은 광산(光山), 자는 백우(伯雨), 호는 북헌(北軒)이다. 생원 김익겸(金益兼)의 증손으로, 숙종의 장인인 김만기(金萬基)의 손자이며, 호조판서 김진귀(金鎭龜)의 아들이다. 종조부 김만중(金萬重)에게 문장을 배웠다. 1694년 재물로 궁중에 내통하여 폐비 민씨를 복위하게 하고, 정국을 뒤엎으려 한 혐의로 체포되고 심문받았으나, 갑술환국으로 남인이 축출되면서 풀려났다. 그 뒤 노론에 의해서는 환국의 공로자로 칭송받았으나, 남구만(南九萬) 등의 소론으로부터는 음모를 이용한 파행적 정치활동을 자행하였다고 공격받았다. 1701년 소론의 탄핵을 받아 부안(扶安)에 유배되었으며, 희빈 장씨 소생인 세자를 모해하였다는 혐의를 입어 서울로 잡혀가 심문을 받고, 1706년 제주로 옮겨졌다. 김만중의 소설 《구운몽(九雲夢)》과 《사씨남정기(謝氏南征記)》를 한문으로 번역하였다. 이조판서를 추증받았으며, 시호는 충문(忠文)이고, 저서로 《북헌집(北軒集)》과 《만필(漫筆)》이 있다.

131) 김춘택…… 하였다 : 1706년(숙종32) 5월 29일에 충청도 유생 임부(林溥) 등이 상소하여, 신사년(1701, 숙종27)에 희빈 장씨가 인현왕후를 저주한 사건을 조사하기 위해 열었던 국청에서 죄인 윤순명(尹順命)이 "장희재가 준 편지에 '김춘택이 곧 동궁을 모해하고 장씨(張氏) 일족을 다 죽이려 한다.'고 말하였는데 국청을 주관하는 자가 이 말을 일부러 공초(供招)에 기록하지 않고 은폐하였다고 아뢰었다. 《肅宗實錄 32年 5月 29日》 《동소만록》에서는 "장희재가 귀양을 간 뒤에 김춘택이 사사롭게 장희재의 처 작은아기[者斤阿只]와 간통하여 그녀를 부추겨서 신사년 옥사를 만들었다. 장희재가 죽은 뒤 여러 장씨들도 모두 죽었다." 하였다.

132) 목임일(睦林一) : 1646~1716. 본관은 사천(泗川), 자는 사백(士伯), 호는 청헌(靑軒)이다. 좌의정 목내선(睦來善)의 아들이다. 1675년(숙종1) 사마시, 1678년 증광문과에 급제하여 청요직을 두루 거치고, 1689년 기사환국 이후 도승지·대사헌 등을 역임하였다. 갑술환국(1694)으로 유배되었다가 이듬해 풀려났다. 1701년(숙종27) 인현왕후 사후 희빈 장씨를 중궁으로 올리자고 상소했다가 다시 유배되었는데 1704년 방귀전리(放歸田里)되었다.

133) 심단(沈檀) : 1645~1730. 본관은 청송, 자는 덕여(德輿), 호는 약현(藥峴)·추우당(追尤堂)이다. 어머니는 윤선도의 딸이어서 외조부 윤선도에게서 교육을 받았다. 1662년(현종3)

復)[134]과 함께 상소를 모의했다는 말이 민언량의 공초에서 나왔으니, 청컨대 모두 극변으로 멀리 유배 보내십시오. (희빈의) 지위를 올리자는 상소를 서인 가운데 오도일(吳道一)[135]이 또한 권면하여 이루었다고 하는데, 오도일이 무슨 마음을 먹고 심하게 종용하여 저들이 구실을 삼는 밑천이 되게 한단 말입니까? 청컨대 오도일을 멀리 유배 보내십시오." - 주상이 목임일과 심단의 일에 대해서는 아뢴 대로 하라고 했다.-

○ 대사간 윤덕준(尹德駿)[136]이 상소하여 대략 다음과 같이 말하였다.

"강세귀의 상소는 그 말을 가려서 하지 않은 것이 진실로 성교(聖敎)에서 이른바 '비답을 내릴 가치가 없다.' 하신 것과 같으나, 나이가 70이 지나 벼슬을 그만두고 시골에 사는 사람이니 어찌 이해관계를 염두에 두고 스스로

진사가 되고, 1673년 정시문과에 급제하여 청요직을 두루 거쳤다. 1680년 경신환국으로 양덕에 10년간 유배되었다가 1689년 기사환국 이후 형조·예조판서 등을 역임하였는데, 1694년 갑술환국 이후 파직 당하였다. 경종대 이조판서를 지냈는데 1728년(영조4) 노론의 탄핵을 받고 삭주에 유배되었다. 1729년 영조 탕평책으로 풀려나 1730년 봉조하가 되었다.

134) 오시복(吳始復) : 1637~1716. 본관은 동복(同福), 자는 중초(仲初), 호는 휴곡(休谷)이다. 우참찬 오억령(吳億齡)의 증손이고, 오정규(吳挺奎)의 아들이다. 1662년 증광문과에 급제하여 청요직을 두루 역임하다가 1680년 경신환국 당시 파직되었다. 1689년 기사환국 이후 각 조의 판서를 두루 거쳤는데, 1694년 갑술환국으로 유배되었다가 1697년 풀려나 우빈객을 지냈다. 1701년 장희빈 옥사에 연루되어 대정현(大靜縣)에 안치되고, 1712년 함평·강진 등지로 이배되었다가 이듬해에 영해부(寧海府)에 이배되어, 1716년 그곳에서 죽었다.

135) 오도일(吳道一) : 1645~1703. 본관은 해주(海州), 자는 관지(貫之), 호는 서파(西坡)이다. 오희문(吳希文)의 증손이고, 영의정 오윤겸(吳允謙)의 손자이다. 1673년(현종14) 춘당대문과에 급제하여 청요직을 두루 지냈다. 1687년(숙종13) 승지가 되어 나양좌(羅良佐) 등을 옹호하다가 파직되었다. 이후 한성부판윤 등을 역임하고 병조판서에 이르렀다. 1702년 민언량(閔彦良)의 옥사에 연루되어 장성으로 유배 가서 죽었다. 죽은 뒤 복관되고 울산의 고산서원(孤山書院)에 제향되었다. 저서로 《서파집》이 있다.

136) 윤덕준(尹德駿) : 1658~1717. 본관은 남원(南原), 자는 방서(邦瑞), 호는 일암(逸庵)이다. 1679년(숙종5) 정시문과에 급제하여 청요직을 두루 거쳤다. 1701년(숙종27) 대사간 재직 시 장희재의 죄를 다스리게 하였다. 이후 이조판서 등을 역임하였다. 시호는 효정(孝靖)이다.

음험한 음모를 꾸몄겠습니까? 그러니 영해(嶺海)[137] 밖으로 귀양 보낸 것은 지나친 처사입니다.

장희재를 용서하고 업동을 느슨하게 다스린 것은 당시 대신이 참으로 일을 그르친 책임을 면치 못한 것이나, 그 심사(心事)에 단연코 다른 뜻은 없었습니다. 윤지완이 당초 사사로이 보낸 편지를 문제 삼아서 죄주는 것은 부당한 일인데, 끝내 스스로 덮으려 하지 않고 끌어다가 허물로 삼았을 뿐입니다. 대신은 일반 관료와는 달리 대우해야 하는데, 합계한 말은 함부로 헐뜯고 욕하며 조금만 이견(異見)이 있으면 문득 모두 꾸짖고 배척하여, 모름지기 부화뇌동하기를 바라다가 도리어 깨지고 부서진 것을 깨닫게 되었으니, 실로 한 나라의 공공(共公)된 의논이 과연 이와 같습니까?

오도일의 경우 (민언량의) 영향이 미치지도 않았는데 단지 누적된 미움이 빌미가 되어 망측한 죄과(罪科)에 뒤섞어 놓고, 민언량이 형벌을 받기 전에는 끝까지 밝혀낼 수도 없는데도 오늘날 귀양 보내기를 청한 것은 또한 무엇에 근거한 것입니까?"

○ 장령 박태창은 상소하여 세 대신과 강세귀, 오도일을 구원하였는데, 사간 최중태(崔重泰)[138]는 상소하여 윤덕준 등이 강세귀, 오도일 등의 죄를 구원한 것을 배척하였다.

○ 헌납 윤홍리가 대략 아뢰기를,

"윤덕준과 박태창이 대론(大論)에 대해서 다른 견해를 내세우며, 앞장서서 상소하였으니 청컨대 모두 파직하십시오. 영남유생 유원(柳沅)이 상소 하나를 올렸는데, 비록 물리쳐 봉입하지 않았지만 그 상소의 뜻을 대략 들어보니

---

137) 영해(嶺海) : 고개 너머 바닷가의 궁벽한 지방을 가리킨다.

138) 최중태(崔重泰) : 1656~1712. 본관은 경주(慶州), 자는 중여(重汝)이다. 1686년(숙종12) 별시문과에 급제하여 청요직을 두루 거치고, 승지·강원도관찰사 등을 역임하였다.

작년에 역적을 토벌한 것을 무옥(誣獄)으로 돌리고, 궁궐에서 저주한 물건을 파낸 일을 사리에 어둡다고 하였으니, 청컨대 국문하십시오."

하였으나, 주상이 모두 윤허하지 않았다.

○ 사헌부에서 전라 병사 유성추(柳星樞)와 제주 목사 남지훈(南至薰)[139] 등 16인이 장희재에게 뇌물을 보낸 일을 아뢰고, 모두 삭판(削版)할 것을 청하였다. -장희재가 유배지에 있을 때 안부를 물은 사람들의 성명을 나열하여 적고서는 이름하기를, "보은조(報恩條)"라고 하였는데, 압수한 문서 가운데서 나왔다.-

임오년(1702, 숙종28) 봄, 유학 임창(任敞)[140]이 상소하여 대략 다음과 같이 말하였다.

"한때의 권력을 오로지 하고 국면을 주도하면서 국가의 불행을 다행으로 여긴 사람은 결코 사군자(士君子)의 마음 씀씀이를 지닌 사람이 아닐 것인데, 어찌 전하께서는 깊이 믿으시고 오로지 등용하십니까? 이것이 기사년(1689)의 화가 일어난 까닭입니다. 병자년(1686)의 변고[141]를 반드시 덮으려고 한 것은 대신의 말이었는데, 그 대신의 말을 받아들인 사람은 누구입니까? 희빈이 중궁을 시해한 것이 어떤 큰 변고인데, 조종(祖宗)에 고하고, 신민(臣民)에게 반포하지 않으십니까?"

○ 유학 박규서(朴奎瑞)[142]가 상소하여 대략 말하기를,

---

139) 남지훈(南至薰) : ?~? 본관 의령(宜寧), 자는 훈숙(薰叔)이다. 제주 목사, 경주 부윤 등을 역임하였다.

140) 임창(任敞) : 1652~1723. 본관은 풍천, 자는 회이(晦而), 호는 강개옹(慷慨翁)이다. 김춘택의 매제인 임징하(任徵夏)의 족숙(族叔)이다. 1701년 인현왕후가 죽자 역적을 벌주고 왕후의 원수를 갚아야 한다고 상소하였다. 1723년(경종3) 흉언을 일삼았다는 이유로 참형되었다.

141) 병자년의 변고 : 희빈 장씨 아버지 묘소에 변고가 일어난 사건으로 생긴 옥사이다.

"조정에서 공의가 통쾌하게 나왔지만 죄인을 법에 따라 처벌하는 일은 오히려 미진한데, 지금 신이 아뢴 것 또한 의리에 관한 것입니다."

하니, 주상이 돌려주라고 명하였다.

○ 수찬 이탄(李坦)[143]이 아뢰기를,

"지금 이 임창이라는 자가 괴상한 상소 하나를 올려 전하의 처분이 오히려 미진하다고 하며 전혀 거리끼는 뜻이 없으니, 매우 원통하고 한탄스럽습니다. 마땅히 이 사람에게 죄를 내려 뒷날 어지러운 말로 인한 폐단을 막으십시오."

하니, 주상이 정배를 명하였다.

○ 대사헌 서종태(徐宗泰)[144]가 대략 다음과 같이 아뢰었다.

"신은 합계에 대해서 적이 몹시 개탄스럽게 여기는 점이 있습니다. 국가가 불행하여 화변(禍變)이 뜻밖에서 나왔으나, 이로 인해 그 죄를 거슬러 올라가 따지면서도 조금도 그 근원을 찾아보지 않아서 처음 논계(論啓)한 것이 사람들을 놀라게 하더니, 죄율(罪律)을 점점 더하여 지금 귀양 보내기를 청하는데 이르렀습니다. 이것이 과연 온전히 의리를 지키면서 평심(平心)으로 일을 논하는 공평함에서 나온 것이겠습니까?

---

142) 박규서(朴奎瑞) : 1669~1707. 본관은 고령(高靈), 자는 휴문(休文), 호는 연경당(連經堂)이다. 1701년 인현왕후가 죽자 상소하여 장희재와 남구만 등을 규탄하였다. 이로 인해 장흥(長興)에서 귀양살이를 하였다. 1705년 생원이 되었는데, 1707년 사망하였다.

143) 이탄(李坦) : 1669~? 본관은 덕수(德水), 자는 군평(君平)이다. 박세당 문인이다. 1695년(숙종21) 문과 별시에 장원하여 청요직을 두루 역임하고, 1700년(숙종26)에는 홍문록에 선발되었다. 1703년 《사변록(思辨錄)》시비에서 박세당을 구원하였다. 승지를 거쳐서 경상도와 함경도 관찰사를 지냈다. 종실 밀풍군(密豐君) 이탄과는 다른 인물이다.

144) 서종태(徐宗泰) : 1652~1719. 본관은 대구, 자는 노망(魯望), 호는 만정(晩靜)·서곡(瑞谷)·송애(松厓)이다. 1675년(숙종1) 생원시에 장원하고, 1680년 문과별시에 급제하여 청요직을 두루 지냈다. 1689년 기사환국으로 물러났다가 갑술환국(1694)으로 대제학·이조판서 등을 거쳐 1705년 우의정, 1706년 좌의정, 1712년 영의정에 올랐다. 갑술환국 이후 남구만·최석정을 이어서 소론 탕평파 대신으로 활약하였다.

영부사 윤지완은 애초부터 죄목을 이룬 요긴한 말이 이미 실정(實情)을 잃은 데로 귀결되었는데도, 오히려 논핵을 그치지 않아 반드시 죄를 완성하려 하니, 오늘날 대각(臺閣)은 오직 뜻대로만 하고자 할 뿐이라고 할 수 있습니다. 유상운은 신의 5촌이어서 신의 사사로운 뜻을 어찌 더불어 아뢸 수 있겠습니까만 지난해 스스로 인책하는 상소는 비록 결과적으로 올리지는 않았으나, 경재(卿宰) 가운데 그 상소의 초본을 본 자가 있었으니, 어찌 오늘날 그 심적(心跡)을 의심받을 줄 알았겠습니까? 세도가 험하고도 각박하다고 할 수 있습니다."

이것으로 인하여 체직을 청하였다.

○ 지평 김상직이 아뢰기를,[145]

"이번 세 대신을 논죄(論罪)하여 아뢴 것은 의리를 지키려는 것인데, 당론(黨論)이 풍속을 이루어 사의(私意)가 마구 흘러넘쳐 구원하려는 상소가 앞뒤로 번갈아 나와서 혹은 '말이 지나쳤을 뿐이다.' 하거나, 혹은 '본심은 다른 뜻이 없었다.' 하고, 혹은 '형률이 지나치게 과중하다.'고 핑계대며 구차하게 교묘히 회피하기를 조금도 거리낌이 없습니다. 신진(新進)의 들뜨고 경박한 무리들은 본래 책망할 것도 없지만, 직위가 사헌부[風憲]의 수장인 사람에 이르기까지도 또한 따라서 서로 이어서 대론(大論)을 막고 뒤흔들었습니다. 청컨대 서문유(徐文裕)[146]·조상우(趙相愚)[147]·서종태를 모두 파직하라고 명하십시오."

---

145) 지평 김상직이 아뢰기를 : 《숙종실록 28년 5월 13일》 기사에는 사간 윤홍리 등이 아뢴 것으로 되어 있다.

146) 서문유(徐文裕) : 1651~1707. 본관은 달성(達城), 자는 계용(季容)이다. 1673년(현종14) 사마시, 1684년(숙종10) 정시문과(庭試文科)에 급제하여 청요직을 두루 지냈다. 1689년 기사환국으로 죽산부사에 좌천되었다가, 갑술환국(1694)으로 대사간에 발탁되었다. 이후 형조·예조판서 등을 역임하였다. 저서에 《만산유고(晩山遺稿)》가 있다.

147) 조상우(趙相愚) : 1640~1718. 본관은 풍양, 자는 자직(子直), 호는 동강(東岡)이다. 이경석(李景奭)·송준길(宋浚吉)의 문인이다. 현종대 연천현감 등을 지냈고, 1675년(숙종1) 송준길이 삭직 당하자 반대 상소를 올렸다가 유배되었다가 이듬해 풀려났다. 1682년 증광문과에 급제하여 청요직을 두루 지냈다. 1689년 기사환국 이후 서산군수 등을 지내다가 1694년 갑술환국 이후 대사간·대사성 등을 거쳐 1706년 병조판서, 1708년 이조판서를

하니, 주상이 아뢴 대로 따랐다.

○ 영부사 윤지완이 상소하여 남구만과 유상운을 구원하였다.

○ 수찬 윤성준(尹星駿)[148]이 상소하여 대략 말하기를,

"신은 세 대신이 파직당한 것에 대해서 마음속으로 분개하고 있습니다. 합계가 처음 나왔을 때 적이 비지(批旨)를 보건대, 세 정승의 심사(心事)를 밝게 살피셨는데, 논의를 주워 모아 법률 조문을 억지로 끌어다 맞추어서 헌신(憲臣) 등이 실정을 하소연한 논의를 끝내 역시 처벌하도록 하고야 말았습니다. 체임(遞任)이나 파직은 가벼운 벌이므로 진실로 죄의 가볍고 무거움과 관계가 없지만, 어찌 대성인(大聖人)의 아랫사람을 이해하고 만물을 용납하는 도리에 부족함이 없단 말입니까?

강세귀의 석방은 특별히 하교한 데에서 나왔으니, 여러 사람들이 흠송(欽誦)하여 모두 성덕(聖德)의 일이라고 하였는데, 도로 거두라는 청이 대각에서 나왔으니, 아! 심합니다. 과격한 의논은 실로 공평하고 진실한 방도가 아닙니다." -강세귀는 늙어서 나이가 많다고 하여 특별히 풀어주었다.-

하였다. 사간 윤홍리가 다음과 같이 아뢰었다.

"세 대신이 국사를 그르친 죄는 이미 밝게 드러났으므로 중론(重論)에 이의를 제기한 세 헌신(憲臣, 사헌부 관원)이 아첨한다는 질책을 받은 것은 그에 합당한 일인데, 지금 윤성준이 장황하게 상소한 것은 오직 당여를 옹호하는 것이 큰 절의인 줄로만 알 뿐, 주상[天日]을 속일 수 없음을 깨닫지 못한

지내고, 1711년 우의정에 올랐다. 1717년 세자 대리청정의 명령이 내렸을 때 반대하는 상소를 올렸다. 남구만·최석정 등과 함께 소론으로 활동하였다.

148) 윤성준(尹星駿) : 1655~1716. 본관은 남원, 자는 군방(君房)이다. 1683년(숙종9) 증광문과에 급제하여 청요직을 두루 지내다가 1689년 기사환국 이후 폐고되었다. 1694년 갑술환국으로 지평·정언을 역임하면서 장희재의 처벌을 주장하였다. 1702년 과거(科擧)의 부정문제로 탄핵된 오도일을 옹호하였고, 세자 보호를 주장하던 강세귀를 두둔하다가 파직되었다. 그 뒤 충청도관찰사 등을 거쳐 대사성·이조참의 등을 역임하였다.

것이니, 인심이 타락한 것이 한결같이 이 지경에까지 이르렀단 말입니까?"

○ 대사간 박권(朴權)[149]이 다음과 같이 아뢰었다.

"오도일이 이미 다른 죄로 인하여 부처(付處)의 형률이 시행되었으니, 멀리 유배 보내라는 논의는 서로 고집할 필요가 없습니다. 그리하여 마침 상참(常參)[150]의 반열에 참여했다가 양사가 모인 자리에서 사간원의 계사를 멈추는 것이 타당하다고 힘써 말하였습니다. 그런데 지금에 이르러 이전에 아뢴 것을 다시 발의하였으므로 구차하게 연명할 수 없으니, 청컨대 신을 체직하여 주십시오."

○ 장령 윤홍리가 전 수찬 윤성준을 파직하라고 청하자, 주상이 아뢴 대로 하라고 하였다.

○ 주상이 특별히 명하여 남구만과 최석정을 모두 풀어주었으며, 직첩(職牒)을 주고 서용(敍用)하여, 최석정은 영의정이 되었다.

계미년(1703, 숙종29) 여름, 정언 김보택(金普澤)[151]이 상소하여 대략

---

149) 박권(朴權) : 1658~1715. 본관은 밀양(密陽), 자는 형성(衡聖), 호는 귀암(歸菴)이다. 1686년(숙종12) 별시문과에 급제하여 전적(典籍)으로 재직 시 윤하제(尹夏濟)·조사기 등의 잘못을 상소하였다가 유배되었다. 갑술환국(1694) 이후 병조좌랑을 거쳐 정언이 되었다. 이때 장희재를 처벌할 것과 남구만을 공격하다 정거(停擧)된 유생의 처벌을 완화해줄 것을 청하다가 체직되었다. 이후 이조판서 등을 역임하였다.

150) 상참(常參) : 매일 아침 국왕을 배알하던 약식 조회(朝會)이다. 대신과 중신 및 중요 아문의 참상관 이상 관인 등이 편전(便殿)에서 국왕을 배알하던 약식 조회이다.

151) 김보택(金普澤) : 1672~1717. 본관은 광산(光山), 자는 중시(仲施), 호는 척재(惕齋)이다. 김익겸의 증손으로, 할아버지는 김만기, 아버지는 김진귀이다. 김진귀의 아들이 여덟이었는데, 김춘택·김보택·김운택(金雲澤)·김민택(金民澤)·김조택(金祖澤)·김복택(金福澤)·김정택(金廷澤)·김연택(金延澤)이다. 이사명(李師命)의 사위이고, 이희지(李喜之)와는

다음과 같이 말하였다.

"남구만은 곧 머리가 허연 나이에 영의정[上台]의 지위에 있으면서 맨 먼저 성모(聖母)를 배반하고, 법을 굽혀 흉악한 역적을 비호하여 장희재를 살려주어 전날의 남은 계략을 실현하게 하자 화변(禍變)이 반복해서 일어나 곤축(坤軸, 지축(地軸))이 무너져 내리고 말았습니다.[152)]

다행히 성상께서 친히 그 일을 꺼내어 직접 숙문(淑問, 심문)하신 덕을 볼 수 있었는데, 오직 괴이하게도 저 당일의 영의정 최석정은 처음에는 흉비(凶婢)의 원사(爰辭)[153)]를 깎아 지워버려서 사람들의 눈을 가리고 귀를 막았으며, 계속해서 또 세 차례 차자를 올려 옥사를 저지하려고 하였습니다. 이것은 차라리 모후의 원수에게 원한을 풀지 못할지언정 차마 역적의 옥안이 혹 드러나고 국청의 죄안이 혹 완성되는 것은 보지 못하겠다는 것이니, 군신과 모자의 분수가 과연 어디에 있단 말입니까?

저 최석정이 기꺼이 요신(妖臣)과 흉비(兇婢)를 달갑게 여기는 것은 길들여진 바가 있습니다. 무엇인가 하면 최석정은 남구만이 예로부터 이른바 '법을 전한 사문(沙門)'으로서, 일찍이 오시복 등 흉당을 등용하자고 건의하여 주청한 자입니다. 성후(聖后)께서 승하하신 처음에 오시복·권중경(權重經)[154)]·이봉징

동서간이다. 1695년 별시문과에 급제하여 청요직을 두루 거쳤다. 1701년 희빈 장씨의 처벌을 놓고 노론과 소론이 대립할 때 소론 영수 남구만·최석정을 호역죄(護逆罪)로 탄핵했다. 또한 윤증을 배사죄(背師罪)로 논핵하였다. 시호는 익헌(翼獻)이다.

152) 남구만은 …… 말았습니다 : 김보택과 같은 노론 주류의 관점과는 다른 평가가 《수문록》에 실려 있다. 이문정은 남구만에 대한 논평을 통해, "업동(業同)의 옥사를 담당하였을 때 철저히 조사하여 다스려서는 안 된다고 아뢴 것은 결코 다른 뜻이 없이 실로 춘궁(春宮, 경종)의 처지를 위한 것이었고, 또한 충성스러운 마음에서 나온 것이었다." 하였다. 경종의 안위(安危)가 당대뿐만 아니라 즉위 이후 연잉군 처지와도 직결된 사안이라는 점에서 남구만의 동궁(東宮) 보호 노력을 높이 평가했던 것이다. 흥미로운 점은 남하정 역시 남구만에 대해 긍정적으로 평가했다는 사실이다. 《동소만록》에 따르면, "정승 남구만이 사람들의 비방을 무릅쓰면서까지 살리려 했던 것은 장희재가 죽으면 희빈이 위험해지고, 희빈이 위험해지면 동궁이 불안해지기 때문이었다. 남구만을 공격하는 자는 뒷날 복을 기대하기 때문이라고 했다." 하였다.

153) 원사(爰辭) : 죄인이 진술한 범죄 사실을 적어 놓은 문서이다.

등이 머뭇거리고 뒤돌아보면서[155] 틈을 엿보다가 스스로 '때를 잃을 수 없다.' 고 생각하고 있었으니, 법을 굽혀 장희재를 비호한 남구만과 오시복을 쓰기를 청한 최석정은 그 마음이 어디에 있는지 알 수 있습니다.

그렇지만 이미 성상의 처분이 천둥 치듯 바람에 날리듯 하여 이륜(彛倫)이 특히 이로 말미암아 밝아지고 장차 시비가 이로 말미암아 정해질 것이므로, 남구만이 당일 지은 죄는 반드시 징토될 것이었습니다. 이에 최석정이 경영하여 도모한 일은 다만 옥사가 이루어지지 않아서 천토(天討)[156]를 거행하지 못하게 하여, 남구만을 편안하게 보존하고, 흉당에게 아첨하여 야합하는 것이었습니다.

당시 성교 가운데 '역적을 비호한다.[護逆]'는 두 글자는 진실로 천고(千古)의 단안(斷案)이었으므로, 부처(付處)의 처벌은 이미 여론을 따르고 왕법을 펴기에는 부족했는데, 하물며 부처한 지 얼마 안 되어 갑자기 풀어주어 돌아오게 하고, 이것도 부족하여 뒤따라 거두어 서용하였으며, 뒤이어 거듭 복상(卜相)[157]하였으니, 신은 알 수 없습니다만, 전하께서는 역적을 비호한 대신에게

---

154) 권중경(權重經) : 1658~1728. 본관은 안동, 자는 도일(道一), 호는 정묵당(靜默堂)·손재(巽齋)이다. 영의정 권대운의 손자이다. 1689년(숙종15) 증광문과에 급제하여 청요직을 두루 지냈다. 1694년 갑술환국으로 유배되었다가 1721년(경종1) 풀려났다. 이듬해 전라도 관찰사를 거쳐 호조참의 등을 역임하였다. 1728년(영조4) 척질(戚姪) 이인좌(李麟佐)가 난을 일으키자 자살하였다. 저서로 《정묵당집》이 있다.

155) 머뭇거리며 뒤돌아보면서 : 원문은 "跼顧"이다. 국고(跼顧)는 권국고(蜷跼顧)의 준말로, 머뭇거리며 뒤돌아본다는 뜻이다. '蜷跼'은 보통 '蜷局'으로 쓴다. 굴원(屈原)의 《이소(離騷)》 말미에, 굴원이 고국인 초(楚)나라를 그리워하면서 "하늘 위 눈부시게 빛나는 세계에 올라와서, 홀연히 옛 고향을 아래로 굽어보노라니, 마부도 슬퍼하고 내 말도 생각에 잠겨, 머뭇머뭇 뒤돌아보며 앞으로 나아가지 않네.[陟升皇之赫戲兮, 忽臨睨夫舊鄉, 僕夫悲余馬懷兮, 蜷局顧而不行.]" 한 것에서 나왔다.

156) 천토(天討) : 하늘이 악인(惡人)을 토벌하다. 혹은 유덕한 사람이 하늘을 대신하여 행하는 정벌을 이른다는 뜻이다.

157) 복상(卜相) : 의정(議政)급 관원의 선발 방식으로, 집정관(執政官)을 점쳐서 선발하는 방식에서 유래하였다. 시임(時任) 의정이 작성한 복상단자에 국왕이 낙점하는 방식으로 운영되었으나, 복상단자에 기록된 인물 이외 후보자를 추가 낙점하는 가복(加卜)이 행해지기도 했다. 의정의 선발은 복상 방식이 아닌 중비(中批)로 제수되는 경우도

서 무엇을 취하려 하십니까?

관자(管子)[158]가 말하기를, '사유(四維)[159]가 펴지지 않으면 나라가 곧 멸망한다.' 하였으니, 지금 최석정이 염치를 저버린 것이 이 지경에 이르렀는데도 그로 하여금 백료(百僚)의 가장 앞자리에 앉힌다면 관자의 논의에 대해서는 어찌하시렵니까? 황비(黃扉)[160]를 보니 형불(珩芾)[161]이 새로운데, 명릉(明陵)[162]을 되돌아 바라보니 송백(松柏)이 처량합니다. 성상의 생각이 만약 여기에 미치시면 신의 말을 망령되게 여기지 않고 처분하는 방도가 있을 것입니다."

병술년(1706, 숙종32) 여름, 충청도 유생 임부(林溥) 등이 상소하여 윤증을 초치(招致)할 것을 청하였으며, 또 다음과 같이 말하였다.

"황천(皇天)이 돌보시고 조종(祖宗)이 몰래 도우시어 만년(晩年)에 원자(元子)를 얻으시니, 신민의 큰 경사인데, 한 종류의 음험하고 사특한 무리가 은연중 불리하게 할 마음을 갖고 있었습니다. 신사년에 이르러서 '동궁을 모해한다.[謀害東宮]'는 말이 죄인 윤성(尹姓)[163]의 공초(供招)에서 나왔는데, 그때 국청에서

있었다.

158) 관자(管子) : ?~B.C 645. 춘추시대 제나라 정치가 관중(管仲)이다. 포숙아(鮑叔牙)의 천거로 환공(桓公)을 도와 패업(霸業)을 이루었다. 저서로는 《관자》가 있다.

159) 사유(四維) : 예(禮)·의(義)·염(廉)·치(恥)이다. 《管子 牧民》

160) 황비(黃扉) : 정승을 뜻한다. 옛날 승상이나 삼공(三公) 등 고관의 집 문에는 황색 칠을 하였다.

161) 형불(珩芾) : 선비 이상의 옷차림으로, 형(珩, 패옥)을 차고 불(芾, 가죽옷)을 입었다. 하찮은 사람들이 복식만을 하고 있다는 뜻으로 인용하였다.

162) 명릉(明陵) : 숙종과 계비 인현왕후, 두 번째 계비 인원왕후(仁元王后)를 모신 능이다. 숙종과 인현왕후의 능이 쌍릉으로 나란히 놓여 있고, 인원왕후의 능은 다른 쪽 언덕에 단릉(單陵)으로 모셔져 있는 동원이강릉(同原異岡陵) 형식이다.

163) 윤성(尹姓) : 윤순명(尹順命)을 가리킨다. 희빈 장씨의 외사촌 동생으로 1696년 업동옥을 모의한 사실이 1701년 탄로 나서 처형되었다.

'동궁을 모해한다.[謀害東宮]', 네 글자를 빼버리고 몰래 숨기고 아뢰지 않았으니, 이것은 진실로 무슨 의도입니까? 어찌 처음에 모해한 자가 끝내 멋대로 흉악한 짓을 하지 않을 것이라고 알겠으며, 어찌 이전에 몰래 숨기던 자가 뒤에 몰래 발설하지 않을 것이라고 알겠습니까?

아! 통탄스럽습니다. 이것이 무슨 세도입니까? 잇따라 임창의 패악한 상소가 재차 들어오고 박규서의 흉악한 상소가 또 올려졌으며, 최중태는 음흉하게 간특하였고 김진규가 오만하게 경멸한 것이 앞에서 부르면 뒤에서 화답하듯 이어져 그 끝이 없었으니, 이러한 오늘의 시세(時勢)로써 이 세상의 유현(儒賢)을 이르게 할 수 있겠습니까?

만약 능히 흉악한 것을 조사해 제거하고 이륜을 바로잡고 의리를 밝혀서 국본을 영원토록 공고하게 하여 나라의 기틀이 편안해진다면 비록 초야의 미천한 선비일지라도 오히려 동료와 함께 관직에 나아갈[164] 뜻이 생길 것인데, 하물며 조정에서 예우하는 어진 사람이 유독 군주를 도와서 성취하게 할 뜻이 없겠습니까?"

주상이 특별히 명하여 임부를 정배하였다. 이에 안옥(按獄) 대신 김창집과 신완, 이여, 판의금 조태채 등이 모두 상소하여 대죄하였다. 주상이 명하여 당시 국청에 참여했던 여러 문랑(問郎)[165]들을 잡아다 심문하게 하였는데 -여필중(呂必重),[166] 강이상(姜履相),[167] 박태춘(朴泰春) 등이다.- 한쪽 편 사람들[168]이

---

164) 동료와 …… 나아갈 : 원문은 "彙征"이다. 여럿이 함께 나아간다는 뜻이다. 《주역(周易)》 태괘(泰卦) 초구(初九)에서, "잔디 풀을 뽑아서 그 유로써 함께 가니 길하다.[拔茅茹, 以其彙征, 吉.]" 하였다. 군자가 등용되면 혼자만 가는 것이 아니라 동료들까지 함께 데리고 간다는 뜻이다.

165) 문랑(問郎) : 문사낭청(問事郎廳)을 말하는데, 죄인을 심문할 때 기록을 담당하는 낭관(郎官)이다.

166) 여필중(呂必重) : 1657~? 본관은 함양(咸陽), 자는 대이(大而)이다. 1677년(숙종3) 진사가 되고, 1696년 문과 정시에 급제하여 청요직을 두루 지냈다. 1706년에 임부의 상소로 인해 1701년 당시 문사낭청 당시의 일로 1707년 유배되었다가 1711년 풀려났다.

167) 강이상(姜履相) : 1657~1719. 본관은 진주(晉州), 자는 예경(禮卿)이다. 1696년(숙종22) 정시문과에 급제하여 청요직을 두루 지냈다. 1701년(숙종27) 임부의 상소에 나오는 '모해동

흉흉해 하며 모두 말하기를,

"국청을 설치하여 속속들이 캐어낸 뒤에야 우리 무리들이 조정에 발붙일 수 있고 다른 날 화를 면할 수 있을 것이다. 소론이 만약 국문을 청하지 않는다면 이것은 노론을 위태로운 화에 몰아넣는 것이다."

하며, 여론[群情]이 끓어 올랐다.

이에 지평 정식(鄭栻)[169]이 발계(發啓)[170]하여 국청을 설치할 것을 청하니, 주상이 허락하였다. 판의금 이이명(李頤命)[171]이 아뢰기를,

"임부를 잡아들일 때 주머니 속에 원정 초본이 세 개 있었는데, 그 내용은 비록 큰 차이 없이 거의 유사하였지만, 또한 각각 다른 사람의 글씨체였습니다. 갑작스러운 사이에 이 어찌 모두 그자가 스스로 지은 것이겠습니까? 반드시 지어서 준 자가 있을 것이니 당시 잡아 온 도사를 체포하여 심문하지 않을 수 없습니다."

하였다.

궁' 네 글자가 당시 문사낭청이었던 강이상과 여필중에게서 나왔다. 두 사람은 "모해란 말은 듣지 못하고 다만 좋지 못한 일이 있다는 말을 들었다."고 하며 네 글자를 삭제하였다가 발각되어 유배되었다.

168) 한쪽 편 사람들 : 노론을 가리킨다.

169) 정식(鄭栻) : 1664~1719. 본관은 연일(延日), 자는 경숙(敬叔), 호는 명암(明庵)이다. 1687년(숙종13) 진사가 되고, 1699년 정시문과에 장원하여 청요직을 두루 거쳤다. 1704년 정언으로 노론의 거두인 조태채(趙泰采)·이이명(李頤命)을 탄핵하다가 파직되었다. 1716년(숙종42) 《가례원류》 서문에서 윤증을 비난한 권상하를 논척하였다가 1719년 현신(賢臣)들을 무고한 혐의로 원주에 유배되어 죽었다.

170) 발계(發啓) : 의금부에서 처결한 사건에 미심쩍은 점이 있을 때 사간원이나 사헌부에서 다시 사실을 조사한 후 그 연유를 밝혀 임금에게 보고하던 일이다.

171) 이이명(李頤命) : 1658~1722. 본관은 전주, 자 지인(智仁)·양숙(養叔), 호 소재(疎齋)이다. 세종의 아들 밀성군(密城君)의 6대손이다. 이경여(李敬輿)의 손자, 이민적(李敏迪)의 아들, 이사명(李師命)의 동생이다. 1680년 별시문과에 급제하여 지평·이조좌랑 등을 거쳐 승지를 지냈다. 1689년 기사환국으로 유배되었다가 1694년 갑술환국으로 승지에 임명되고 이조판서 등을 거쳐 1706년 우의정, 1708년 좌의정에 올랐다. 1717년 정유독대(丁酉獨對)를 통해 세자[경종]의 대리청정을 주청하였다가 유배되었다. 1721년(경종1) 세제[영조]의 대리청정을 추진하다가 김창집 등과 함께 유배된 상태에서 목호룡의 고변으로 이듬해 사사되었다.

○ 판부사 이여가 주상의 돈유(敦諭)[172]에 회계(回啓)[173]하면서 다음과 같이 말하였다.

"삼가 거조(擧條, 임금에게 아뢴 조항)를 보니 영의정이 아뢴 것은 그 허실(虛實)과 정위(情僞, 진정과 거짓)를 캐어 보지도 않고 오직 일에 전념하다가 소홀히 하여 우연히 살피지 못한 점이 있는 것처럼 간주하고 내버려 두고 논하지 않으려고 하니, 이에 신이 더욱 마음 아프고 뼈가 오싹해지는 것을 이길 수 없습니다."

○ 영의정 최석정이 차자를 올려 다음과 같이 말하였다.

"판부사 이여의 서계(書啓)[174]를 얻어 보니, 신이 탑전(榻前, 왕의 자리 앞)에서 진달한 일을 거론하면서, '마음 아프고 뼈가 오싹해지는 것을 이길수 없다.' 운운하였습니다. '동궁을 모해한다.[謀害東宮]'는 네 글자는 문사랑(問事郎) 두 사람의 공초에서 모두 듣지 못했습니다.

다만 '좋지 못한 일이 있다.[不好底事]'는 등의 말은 있었으니, 당시 정황의 허실은 이에 의거하여도 알 수가 있었으므로, 그곳에서 나온 말은 마땅히 기록해야 하는데 쓰지 않은 것은 비록 그 실수가 있지만 우연히 살피지 못한 데서 나온 것이었습니다. 신이 연석(筵席)에서 아뢴 본뜻은 다만 스스로 이와 같았을 뿐인데 대신이 '내버려 두고 논하지 않았다.'는 것을 신의 죄라고 하니, 신은 진실루 우매하여 그 이유를 이해하지 못하겠습니다."

○ **겨울**, 집의 이덕영(李德英)[175]이 상소하여 대략 다음과 같이 말하였다.

---

172) 돈유(敦諭) : 임금이 평소에 의정(議政)에 참여하는 신하들에게 위로하며 면려(勉勵)를 권하는 말이다.

173) 회계(回啓) : 임금의 물음에 대하여 심의하여 상주(上奏)하다.

174) 서계(書啓) : 임금의 명령을 받은 관원이 결과를 보고하기 위해서 작성한 문서이다.

175) 이덕영(李德英) : 1659~1721. 본관은 전주, 자는 계형(季馨), 호는 서은(鋤隱)이다. 1695년(숙종21) 진사로 절제(節製)에 일등하여 전시에 직부(直赴)되었으며, 그 해 별시문과에

“지난번 여필중과 강이상, 박태춘 등이 비록 사사로이 서로 화응한 일이 있었지만, 처음 공초한 말에는 별도로 지적할 만한 어긋난 단서가 없었는데도 갑자기 형추(刑推)를 청하였으니, 저들 세 사람이 진실로 이미 국청의 의향을 미루어 헤아려 알았던 것입니다. 하물며 엄형(嚴刑)을 가하면서 반드시 살려 주겠다고 유도한다면 누군들 쏠려서 승복하지 않겠습니까? 이는 법례를 따르지 않은 것입니다.

국청의 규례는 무릇 사단이 있으면 즉각 반드시 계품(啓稟, 아뢰어 올림)해야 하는데, 강이상이 형추 받을 때에 거짓으로 승복하겠다고 하니 다시 보고하여 청하지도 않고, 즉시 묶은 것을 풀어주어 그로 하여금 앞으로 나오게 하고서는 말하는 대로 기록하였는데, 모두 이전처럼 스스로 변명하는 말이었습니다. 국청에서는 이 실상을 아뢰어 판부를 기다려야 마땅할 터인데도 그렇게 하지 않고 곧 잡아내려 형추하게 하였습니다. 강이상이 두려워하며 슬피 울고 다시 승복하겠다고 말하니 또 곧 묶은 것을 풀어주고 공초를 받았는데, 첫 번째 공초는 그대로 둔 채 입계(入啓)하지 않고 두 번째 공초는 의거하여 믿을만하다고 여겼으니, 이는 법례를 따르지 않은 것입니다.

임부가 재차 형추 받은 것은 특별한 분부에서 나온 것이었는데, 마지못해 봉행(奉行)하며 억지로 형신(刑訊)하였습니다. 임부가 비록 스스로 자백한다고 말했지만 전혀 실토하지 않았는데, 품처(稟處)한다는 핑계로 서둘러 청대(請對)하였습니다. 형신을 가한 뒤에 또 형신을 더 가하라고 명하였다가, 이내 죄인의 병이 위중하다면서 곧바로 형신을 멈추기를 청하였습니다. 대저 엄형을 가하고도 병이 나지 않기를 바라고 그 병이 위중한 것을 염려하여 더 형신하지 않는다면, 세상에 어찌 형신하여 자백을 받아낼 죄수가 있겠습니까? 이 또한 법례를 따르지 않은 것입니다.

임부가 두 번 자백한 것도 또한 말이 되지 않는데, 또다시 청대하여 구차하게

급제하여 청요직을 두루 역임하였다. 1712년 승지에 올랐으며, 1721년 대사간이 되어 죽었다.

끝맺었습니다. 그런데 죄인을 구원하는 말은 모두 한결같이 '전문(傳聞)의 착오였다.'고까지 하였으니, 아! 흉악한 말로써 다른 사람을 무함하였는데 그 정상이 드러난 뒤 문득 전문의 착오로 돌려서 용서한다면, 세상에 어찌 무고의 형률이 있겠습니까? 또 죄인이 자백하면서 옳은 듯하다거나, 그럴 듯하다고 납초(納招, 공초를 받침)하고, 국청에서 죄의 경중을 의논하여 정할 때에도 또 마땅한 듯하다고 말하였습니다. 죄인도 '듯하다.' 하고, 국청도 '듯하다.' 하니, 어찌 이렇게도 모호한 것이 심합니까? 이 또한 법례를 따르지 않은 것입니다.

임부가 상소에서 한 흉악한 말은 대개 두 가지인데, 하나는 윤순명이 형신받을 때에 공초한 것을 증거로 삼고, 다른 하나는 기사년 정호(定號) 때를 증거로 삼았는데, 그 말의 흉악함과 속인 것이 피차 무엇이 다르겠습니까? 저것에 대해서는 '속인다.' 하거나 '흉패(凶悖)하다.' 하고, 이것에 대해서는 '근거 없이 지어낸 것이 아니다.' 하면서 억지로 구별하며 뚜렷하게 가벼운 형벌을 적용하였으니, 이것이 어찌 옥사를 지극히 공정하게 의논하는 모습이겠습니까?

임부에 대해서 이미 국청을 설치하였다면 국옥(鞫獄)의 법례로 다스려야만 하는데, 의논하는 자들이 감히 유위한(柳緯漢)[176]을 사례로 삼아 살려주자는 의논[177]에 부치는 것은 이미 상정(常情)에서 벗어난 것이었고, 심지어 본정(本情)이 '유위한과 같지 않다.'고 한 것에 이르러서는 더욱 지극히 의심스럽습니다.

---

176) 유위한(柳緯漢) : 1688년(숙종14) 10월 27일에 희빈(禧嬪) 장씨(張氏)에게서 훗날의 경종이 태어났는데, 이듬해 1월 10일 숙종이 왕자의 명호(名號)를 정하고자 하였으나 신하들은 임금의 춘추가 아직 한창이고 또 왕자가 태어난 지 두 달밖에 되지 않았다는 것을 이유로 반대하였다. 같은 달 14일 유학 유위한이 상소하여 왕자의 명호를 정하는 일을 반대한 신하들을 비난하고 속히 세자로 삼을 것을 청하였는데, 이 일로 저사(儲嗣)를 세우는 문제를 둘러싸고 간사한 자들이 사적인 목적을 이루고 국가에 화(禍)를 끼치게 한다는 비판을 받고 1월 16일에 남해(南海)로 유배되었다가 2월 3일에 방면되었다. 《肅宗實錄 14年 10月 27日, 15年 1月 10日·14日·16日, 2月 3日》

177) 살려주자고 의논 : 원문은 "生議"이다. 생의는 아직 판결이 나지 않은 죄수에 대하여 되도록 죽이지 않기 위해서 죽을 죄 이하로 논죄(論罪)하는 것을 가리킨다.

임부가 이미 화(禍)를 전가하였다고 자백하였고, 국청에서 또 자백한 것으로 간주하여 시행하였다면, 그 본정이 유위한과 같지 않다는 것을 여러 신하들이 어떻게 분명하게 보증할 수 있다고 감히 이런 말을 꺼낸단 말입니까?"

◯ 계복(啓覆)[178]하려고 입시했을 때 우의정 이이명이 말하기를,

"강이상과 여필중, 두 사람은 지금 이미 하나로 귀결되었는데, 강이상의 공초에서 지난여름 사이에 동궁을 모해한다고 공초한 것은 거짓 자백한 것으로 돌아갔으니, 우선 그대로 가두었다가 임부의 결말을 기다려야 할 것입니다."

하였다. 의금부 당상 민진후(閔鎭厚)[179]가 말하기를,

"저 무리들이 이미 '모해라고 한 것은 거짓 자백입니다.' 하였으나, 이후 다시 심문하는 일이 있다면 오늘의 공초를 또 거짓 자백으로 돌리지 않을지 어떻게 알겠습니까?"

하였다. 주상이 말하기를, "여필중의 말은 지금까지 여러 차례 바뀌었다." 하니, 이이명이 말하기를,

"두 사람은 일찍이 근시(近侍)를 지낸 자이니, 참작하는 방도가 있어야 할 듯합니다."

하였다. 승지 남취명(南就明)[180]이 말하기를,

---

178) 계복(啓覆) : 사형수에 대한 최종심리 및 판결을 위하여 국왕에게 세 번 아뢰는 제도이다.

179) 민진후(閔鎭厚) : 1659~1720. 본관 여흥(驪興), 자는 정순(靜純), 호는 지재(趾齋)이다. 민유중의 아들로, 인현왕후의 오빠이고, 민진원의 형이며, 송시열 문인이다. 1681년(숙종7) 생원이 되고, 1686년(숙종12) 별시문과에 급제하여 청요직을 두루 지냈다. 1689년 기사환국으로 관작을 삭탈 당하고 유배 갔다가 1694년 갑술환국으로 다시 청요직에 복귀하였다. 1706년 의금부 지사(知事)로서, 임부가 동궁모해설(東宮謀害說)을 발설하여 일어난 옥사 때 논죄하다가 파직되었다. 예조판서·한성부 판윤 등을 역임하였다. 경종의 묘정(廟庭)에 배향되었고, 시호는 충문(忠文)이다. 저서로 《지재집(趾齋集)》이 있다.

180) 남취명(南就明) : 1661~1741. 본관은 의령(宜寧), 자는 계량(季良), 호는 약파(藥坡)이다. 1694년(숙종20) 별시문과에 급제하여 청요직을 두루 지냈다. 1704년(숙종30) 수찬으로 재직하면서 박세당의 《사변록(思辨錄)》을 불태우자는 의견에 반대하는 상소를 올렸다.

"강이상과 여필중은 지금까지 여러 차례 그 말을 바꾸었으니, 그 말을 믿을 수 없습니다. 저들이 근거 없는 사실을 꾸며서 말하였다면 비록 죽인다고 해도 무엇이 애석하겠습니까? 그러나 지금 비록 형신하더라도 실정을 얻는 것이 쉽지 않고, 임부는 지극히 흉악하게 사주한 실정을 끝내 바르게 공초하지 않고 있는데, 한결같이 엄하게 형신하여 고문을 받다 죽는다면 어떨지 모르겠습니다."

하였다. 민진후가 말하였다.

"임부가 말 타는 심부름꾼을 구해 얻어 여러 사람들을 권해서 상소에 참여하게 한 것은 숨겨둔 정상(情狀)이 있는 듯하였습니다. 그래서 당초 부득불 형신을 청하였지만, 형신을 정지하라는 명이 살리기를 좋아하시는 뜻에서 나왔으니, 누구라도 공경하여 우러러보지 않겠습니까?"

○ 다음과 같이 전교하였다.

"임부의 일로 청대하였을 때 전 집의 이사상(李師尙)[181]이 임창과 박규서는 잡아다 심문하지 않고, 유독 임부만을 국문하여 편중됨을 면치 못하였다고 말하여 현저히 구원하려는 뜻이 있었다. 관작을 삭탈하라."

이듬해에는 남구만·유상운의 신원(伸寃)을 위하여 노력하였다. 1722년(경종2) 노론(老論) 4대신의 사사(賜死)를 감형하려 하자 승지로서 불가하다고 동료들과 함께 역설하였다. 그 뒤 대사간으로 있으면서 소론의 거두 김일경(金一鏡)을 변명하는 한편, 노론 축출에 일익을 담당하였다. 영조가 즉위하면서 노론이 집권하자 한때 관작을 삭탈당하고 문외출송(門外黜送)되었으나, 1727년(영조3)에 다시 서용되어 경기도관찰사 등을 지내고 기로소(耆老所)에 들어갔다.

181) 이사상(李師尙) : 1656~1725. 본관은 전주, 자는 성망(聖望)이다. 1689년(숙종15) 증광문과에 장원 급제하여 청요직을 두루 거치고, 광주부윤을 지내면서 김일경 등과 교유하였다. 1711년 대간의 탄핵을 받아 유배되었다가 1721년(경종1) 전라도관찰사에 부임하였고, 이듬해 대사간으로서 목호룡 고변에 따라 이이명 등 노론 4대신의 단죄를 주장하며 신임옥사에서 주요 역할을 하였다. 이후 도승지를 거쳐 대사헌·부제학 등을 역임하였다. 1725년(영조1) 노론의 탄핵을 받아 김일경·목호룡 등과 함께 처형되었다.

○ 유학 이잠(李潛)[182]이 상소하여 대략 말하기를,

“무진년(1688, 숙종14)에 원량(元良)이 탄생하였는데, 송시열이 (원자 책봉을) 우선 천천히 하자고 말한 것은 권세를 좋아하는 마음으로 인해 다른 사람에게 휘둘렸기 때문입니다.”

하였다. 또 말하기를,

“곤위(坤位)가 이미 회복되었는데, 한낱 김춘택이라는 자가 감히 스스로의 공(功)으로 삼아서 일월(日月)과 같은 (성상의) 총명을 더럽혔으므로, 사람들이 모두 ‘죽여야 한다.’ 하였으나, 김춘택은 일찍이 조금도 징계되지 않았으니, 장희재의 아내를 간음한 것은 과연 무슨 의도에서이겠습니까?”

하였다. 또 다음과 같이 말하였다.

“춘궁을 보호하는 것이 오늘날의 명의(名義)입니다.[183] 그런데 김춘택의 당류가 종사를 돌아보지 않고 저군(儲君)과 맞서서, 지난해 김진규가 상소하여

---

182) 이잠(李潛) : 1660~1706. 본관은 여주(驪州), 자는 중연(仲淵), 호는 섬계(剡溪)·서산(西山)이다. 실학자 성호(星湖) 이익(李瀷)의 형이다. 1706년 김춘택 등 노론 일파가 세자를 위협하는 현실을 통렬하게 비판하는 상소를 올렸다가 장살되었다. 이잠과 그의 상소는 남인계 당론서에서 숙종대 관련하여 주요하게 다루는 소재이다. 이는 기사환국 이래 인현왕후 복위 과정에서 씌워진 명의죄인(名義罪人)의 혐의로부터 벗어나기 위한 의지를 반영한 것이었다. 이에 이잠과 같이 동궁[경종]보호에 힘쓰다가 죽은 인물과 사건은 남인의 충정을 보여줄 대표적인 사례였던 것이다. 《동소만록》에서는 “이잠이 흉악한 무리들을 베어 버릴 것을 청하는 상소를 올려서 명의의 실상을 명확히 분석하여 드러내고 소인의 마음을 파헤쳐서 바르고 공평하며 엄정하고 조화롭게 만들었다.”고 평가하였다.

183) 춘궁을 …… 명의(名義)입니다 : 해당 대목은 이잠 상소가 갖는 정치사적 의미를 잘 반영하는 내용이다. 이잠은 춘궁보호를 통해 기사환국 이후 서인들이 내세웠던 명의의 내용을 남인에게 유리한 사안으로 전환시켰던 것이다. 기왕의 서인이 주장했던 명의는 인현왕후 복위와 관련된 것이었는데, 이잠은 이것을 동궁보호로 전환시켜 그간 남인들에게 덧씌워진 죄목을 부정하고 일거에 정국의 주도권을 회복하려 했다. 이잠은 자신이 주장하는 명의 개념을 부연 설명하였다. 명의란 군신·부자·부부 사이에 임금·아버지·남편이 강(綱)이 되고 신하·아들·부인이 기(紀)가 되어 위에서 아래를 제어하되, 아래에서는 위를 업신여기지 못하는 것을 의미한다고 했다. 이에 비춰볼 때 갑술환국 당시 군주가 위엄으로써 중궁을 복위시켰기 때문에 서인들이 말하는 명의는 이미 확립되었고, 이제 시급한 과제는 동궁보호라고 역설하였다. 이잠이 장살되면서까지 이처럼 역통론(逆統論)을 극복할 논리를 제공했다는 점에서 이후 정국에 중요한 영향을 끼쳤다.

진연(進宴)하는 것이 그르다고 논하였는데[184], 과연 공론이라고 할 수 있겠습니까?

지난겨울 전위(傳位)하겠다는 명이 있었으니, 세자가 찬선(饌膳)을 보살피는 여가에 서무(庶務)를 결정하는 데 참여한 것은 예(禮)의 뜻에 어긋나지 않습니다. 그런데 복합(伏閤)[185]하는 날에 이르러 군문(軍門)의 전령(傳令)과 경조(京兆, 서울)의 감결(甘結, 하급 관청에 보내는 공문서), 팔도의 행회(行會, 공문서를 보내 알림)가 밤마다 분주히 어지러워서 마치 예전의 이른바 '병간(兵諫)[186]'이라는 것과 같았습니다.

이이명이라는 자는 감히 '이합(離合)' 등의 말로[187] 겁을 주고 위협하면서 민심을 혼란스럽게 만들었는데, 오히려 전하의 신하라고 할 수 있겠습니까? 갑술년 이래로 임창과 박규서의 무리들이 대의에 가탁하여 춘궁에게 어떻게 하려고 하였는데 김춘택의 무리는 감싸고 막아 주었으며, 강세귀처럼 충성하는 사람을 아주 먼 지방에서 원통한 마음을 품게 만든 자는 누구입니까?

어찌 전하께서 춘궁을 사랑하는 것이 난적(亂賊)을 사랑하는 것만 같지 못해서 그렇겠습니까? 전후좌우에서 춘궁에게 칼날을 겨누지 않는 사람이 없는데도, 전하께서는 홀로 깨닫지 못하십니까? 여러 신하들이 전하의 허물을 말하면서 감히 김춘택의 죄를 말하지 못하니, 이것은 전하를 두려워하는 것입니까? 김춘택을 두려워하는 것입니까?

---

184) 김진규가 …… 논하였는데 : 진연(進宴)은 국가에 경사가 있을 때 대궐 안에서 베푸는 잔치이다. 1705년 병조판서 김진규가 재이(災異)를 이유로 존호를 올리고 진연하는 것이 옳지 못하다고 상소하였다. 《肅宗實錄 31年 2月 30日》

185) 복합(伏閤) : 나라에 중요한 일이 있을 때 조신(朝臣)이나 유생이 대궐 문 앞에 엎드려 상소하던 일이다.

186) 병간(兵諫) : 춘추시대에 초왕(楚王)이 정치를 잘못하자, 육권(鬻拳)이 간언하였지만 듣지 않았다. 이에 군사를 일으켜 궁성을 포위하고 임금을 협박하여 바로잡은 일을 가리킨다. 《春秋左氏傳 莊公19年》

187) 이이명 …… 말로 : 이이명이 전위(傳位)에 반대하여 복합하면서 '인심이합(人心離合)'이라는 말로써 임금을 현혹시켰다고 하였는데, 이이명은 이것을 부인하였다. 《肅宗實錄 32年 10月 10日》

임부의 상소는 종사의 대계(大計)를 논한 것인데, 조태채는 앞장서서 거꾸로 공격하고, 민진후는 뒤를 이어서 죄를 청하였으니, 모두 사의(私意)에 가리어진 것입니다. 임부는 이미 사로잡혔으나 옥사[188]를 주관한 신하들은 끝내 사로잡아 오라고 청하지 않아서 멋대로 국안(鞫案)을 삭제한 죄 또한 추궁하지 못하였으니 국가에서 관부(官府)를 설치한 뜻이 과연 어디에 있습니까?

춘궁을 보호하라고 진언한 자[189]는 혹독한 형벌을 받고 섬으로 유배되었는데, 김춘택은 세자를 해치려고 모의하였는데도 사로잡으라고 청하는 것을 지연시키고 스스로 해명하는 것에 의거하여 아주 벗어나게 허용하였으니, 알 수 없습니다만, 감히 누가 이 같은 논의를 고집하여 이처럼 올렸다 내렸다 하는 것입니까?"

상소가 들어가자 주상이 친국을 명하여 연달아 엄혹한 형문이 가해졌다.[190]

정해년(1707, 숙종33) 봄, 국청 대신이 입시하였을 때 우의정 이이명이 다음과 같이 말하였다.

"임부가 물고(物故)[191]된 뒤 상소한 일에 연관된 사람에 대해 등대하여 품처하라는 명이 있었습니다. 그 가운데 '모해(謀害)'라는 두 글자에 대해서

---

188) 옥사 : 신사년(1701, 숙종27)에 발생한 옥사를 가리킨다.

189) 춘궁을 …… 자 : 임부를 가리킨다.

190) 주상이 …… 가해졌다 : 《동소만록》에서는 당시 형문 상황을 정재륜(鄭載崙)의 증언을 통해 소개하였다. 이잠의 국문현장을 보기 전까지는 1689년(숙종15) 박태보를 잡아들여 국문할 때 입시한 남인 대신들이 저지하지 않은 것을 원망스럽게 생각했다. 그런데 1706년 이잠을 친국하는 광경을 보고서는 아주 담대한 사람이 아니라면 한 마디 글과 한 마디 말도 올릴 수 없었다. 그제야 비로소 기사남인이 이와 같았을 것임을 알게 되었다고 하면서 너무 심하게 허물해서는 안 된다는 소감을 내놓았다. 즉 서인 측에서 박태보를 자파 의리의 상징으로 상정했다면 남인에서는 이잠을 부각시켰던 것이다. 숙종대 세자를 보호하다가 죽음에 이른 이잠의 사례를 통해 서인이 설정해 놓은 명의죄인의 혐의에서 벗어나 출사 가능한 정파로서의 면모를 회복하려 했던 것이다.

191) 물고(物故) : 죄인이 죽음을 당하는 일, 또는 죄지은 사람을 죽이다.

스스로 여필중에게서 들었다고 하였는데, 여필중이 그 동생에게 보낸 태지(苔紙)[192]에 쓴 서찰을 그 또한 보았다고 하였으니, 여필중이 그에게 말하지 않았다는 것을 알 수 있습니다. 또 임완(林浣, 임부의 형)이 박태춘에게 들었다고 하였는데, 친히 역적의 공초에서 들은 자의 말은 믿지 않고 돌고 돌아서 전해들은 말을 중요하다고 간주하는 것은 사리(事理)에 맞지 않습니다.

이른바 '불리(不利)'[193]라고 한 것은 이미 말하기를, '원자(元子)가 태어난 처음에 이미 불리하게 할 마음이 있었다.' 하였고, 또 십 수 년이 지난 뒤에 나온 여러 사람의 상소를 지목하여 고하였다가, 그 말이 궁해지고 실정이 드러나자 '모해라고 하였으니 어찌 불리하게 할 마음이 없었겠습니까?' 한 것은 궤변으로서 이전의 공초와 현격한 차이가 나서 말이 되지 않습니다.

이른바 '무진년(1688, 숙종14) 대신과 예관'[194] 등의 말은 그가 비록 바깥에서 전해들은 말에 속아서 그릇되게 납초(納招)한 것이라고 말하였지만 이것으로 보건대 흉악한 상소는 애초 자기에게서 나오지 않은 것임을 알 수 있습니다.

상소문 원본을 베껴 쓴 사람에 대해서는 임완의 공초에서 나왔으므로 임부도 자신이 쓴 것이 아니라고 자백하였고, 그 형 임홍(林泓)이 상소를 지었다는 말이 또한 임완의 공초에서 나왔으므로 스스로 지은 것도 아니고, 자신이 베끼지도 않았다는 사실이 남김없이 탄로 났는데도, 형장(刑杖)을 참아내며 단단히 숨겨서 끝내 형정(刑政)을 바르게 하지 못하였으니 매우 원통하고 한스럽습니다.

이 일은 결코 임부 등 삼형제가 감당할 수 있는 일이 아니므로 반드시 뜻을 같이하는 자가 있을 것인데, 명사(名士) 몇 사람이 있었다는 말로 강이상이

---

192) 태지(苔紙) : 가는 털과 같은 이끼를 섞어서 뜬 질긴 종이를 가리킨다.

193) 불리(不利) : 1706년 올린 임부의 상소에서 나온 말이다. 임부는 세자가 탄생한 처음부터 한 종류의 음사(陰邪)한 무리가 은연중 불리하게 할 마음을 갖고 신사년에 이르러서 동궁을 모해하려 했다는 윤순명의 공초를 인용하였다. 《肅宗實錄 32年 5月 29日》

194) 무진년 대신과 예관 : 이것은 강이징(姜以徵)의 공초에서 나온 말로서, 임부의 형인 임홍(林泓)이 무진년 대신과 예관의 일을 손수 써서 주었다고 하였다. 대신이란 김수흥(金壽興)이고, 예관은 윤계(尹堦)라고 그 편지의 뒤에 적혀 있었다고 한다.

단지 그 단서만을 말하였을 뿐입니다. 임연은 상소에 참여할 사람을 구하여 권해서 보냈고, 신보(申潽)는 임부의 지친(至親)으로서 직접 흉악한 상소를 보고, 손수 써 줄 수 있는 사람을 공급하려고 시도하였으니[195] 뜻을 같이한 죄를 면하기 어렵습니다.

김니(金柅)는 따라서 궁궐 안으로 들어가 함께 그 상소를 올렸으니[196] 어찌 죄가 없다고 하겠습니까? 그렇지만 흉악한 임부가 이미 죽었으니 지금 우선 참작하여 처분하십시오."

주상이 말하기를,

"김니는 함께 궁궐에 들어왔고, 임연은 상소를 베껴서 보내도록 권하였으며, 신보는 베껴 쓸 사람을 구해주었으니, 모두 극변으로 정배하라."

하였다. 이이명이 말하기를,

"윤순명을 여러 차례 엄하게 형신 하였는데, 앞서 초사(招辭) 가운데 한글 편지의 글 뜻이 '모해'라는 말과 비슷한 것은 끝내 한 마디도 없었습니다. 장희재를 잡아 온 뒤에 또 한글 편지의 일로써 추국하여 심문하였지만 장희재도 끝내 다른 말이 없었으니, 한글 편지 가운데 본래 '모해'라는 말은 없었음을 또한 알 수 있습니다.

일종의 형편없는 인간들이 (한글 편지를) 빙자해서 (모해라는 말을) 날조하여 일망타진하려 한 계책이었음이 명백하여 의심할 것이 없습니다. 당시 날조하여 전파한 것은 강이상과 여필중, 두 사람에게서 벗어나지 않는데, 형벌을 받고 거짓으로 자백할 때 '언뜻 들었다.' 하였고, 또 '자신할 수 없다.' 하였으며, 또 '모해인 듯하다.' 한 것은 진실로 어쩔 수 없어서 억지로 대답한

---

195) 신보(申潽)는 …… 시도하였으니 : 당시 사건에 연루된 장두행(張斗行)의 공초에 따르면 신보가 자신을 속여 상소를 베끼게 하였다고 했다. 즉 신보가 자신의 손을 빌릴 일이 있다고 하면서 접근하여 베끼게 하였는데, 베낄 내용에 대해서는 자신의 사촌이 그 스승 윤증을 초치(招致)하려고 쓴 상소라고 했다는 것이다.《肅宗實錄 32年 12月 2日》

196) 김니(金柅) …… 올렸으니 : 임부의 상소에 연명한 22인 중 한 사람이다. 특히 김니는 임부가 상소를 처음 바치던 날 임완과 함께 대궐 안에 따라 들어갔다.《肅宗實錄 32年 10月 10日》

말입니다. 과연 여필중이 윤순명에게 그 말을 직접 듣고서 강이상에게 그 말을 직접 전한 것이라면 김춘택과 국청의 여러 신하들을 돌아보고 거리낄 것이 무엇이 있다고 명백히 통렬하게 말하지 않겠습니까?

여필중은 말을 퍼뜨린 장본인으로서 지금 윤순명에게 듣지 않았고, 강이상에게 전하지도 않았다고 두세 차례나 공초를 바쳤으니 강이상이 박태순(朴泰淳)에게 전했다는 것은 저절로 날조한 것으로 돌아갔습니다. (여필중은) 이미 성교를 받았으니 마땅히 지난날 거짓으로 공초한 죄로써 유배지로 돌려보냈지만, 강이상은 어떻게 처리할까요?"

하니, 주상이 명하여 극변으로 정배하였다. 이이명이 말하기를,

"박태춘은 근거하여 밝힐 방도가 끊어졌지만 흉악한 말이 흉악한 사람에게서 전해져서 진신에게 화를 전가한 일까지 있으니 그 죄가 또한 가볍지 않습니다."

하였다.

○ 좌의정 김창집이 상소하여 대략 다음과 같이 말하였다.

"지난해 임부의 상소가 과연 나왔는데, 국청을 설치하여 구핵(究覈)할 즈음에, 흉언(凶言)이란 두 글자[197]는 위아래의 문자를 짜 맞추어 억지로 만든 것이고, '다시 물었다.[更問]'는 한 구절은 전후의 날짜와 달을 뒤섞어서 (증거를) 없애버리려고 한 것이었으니, 만약 성상의 지극히 어질고 지극히 밝으심이 아니었다면 침질(椹鑕)[198]의 귀신이 됨을 면하지 못한 지 또한 이미 오래되었을 것입니다.

임부의 상소 하나가 빚어지게 된 것은 대개 오래되었는데, 그 사주하고 종용(慫慂)한 것은 진흙탕 속에서 싸우는 짐승일 뿐만이 아닙니다. 인심이 위험해진 것이 한결같이 이에 이르렀으니 신이 매우 마음이 아픕니다."

197) 흉언(凶言)이란 두 글자 : "모해(謀害)"를 가리킨다.
198) 침질(椹鑕) : 도끼의 바탕으로서, 참형(斬刑)을 하는 데 쓰이는 형구이다.

○ 영의정 최석정이 상소하여 대략 다음과 같이 말하였다.

"지금 좌의정의 상소는 대간의 상소에 비하여 매우 심각할 뿐만이 아닙니다. 신은 죄수들이 만들어 낸 말에 대하여 도리어 믿을 수가 없다고 하였는데, 사람들은 신이 억지로 흉언을 완성하고 죄를 얽어 사람들을 모함한다고 의심하니, 이것이 진실로 무슨 뜻입니까?

신은 진실로 '다시 물었다.'는 일절에 의거하여 명백하게 밝히는 바탕으로 삼았는데, 사람들은 신이 그 실제의 자취를 가려서 스스로 변명할 수 없게 만들었다고 하니, 이것은 진실로 무슨 마음입니까?

바라건대, 신을 사패(司敗)[199]에게 회부하고, 전후의 상소와 차자, 국청(鞫廳)에서의 의계(議啓)[200]와 연주(筵奏), 대신(臺臣)의 상소와 피사(避辭), 대신(大臣)의 상소 등을 특별히 조당(朝堂, 조정)에 내리시어 모두 함께 논의하라고 거듭 명하십시오."

○ 지평 심상윤(沈尙尹)이 아뢰기를,

"전 집의 이덕영이 지난 가을 옥사를 조사할 때, 자신이 문사랑의 직임에 차출되어 수십 일 동안 시종일관 자리에 참여하였는데, 의계(議啓)할 때 대신이 곧 여러 문사랑을 불러 두루 물어보면 이덕영은 한 번도 위복(違覆)[201]하지 않고 오로지 순종하는 것을 일삼았습니다.

그런데 그 사정이 조금 바뀌고 국옥(鞫獄)을 다시 안치(按治)한 뒤에[202] 홀연히 상소하여 오로지 자신의 뜻대로 거짓을 꾸며내고 날조하여 대신과

---

199) 사패(司敗) : 사구(司寇)로서, 형(刑)을 맡은 관직이다. 진(陳)·초(楚)나라에 두었던 형관(刑官)이다.

200) 의계(議啓) : 임금이 명령한 일을 신하들이 의논하여 아뢰다. 임금의 물음이나 의논하라는 명이 있을 때 쓰인다.

201) 위복(違覆) : 어떤 사안에 부당함이 있으면 반대 의견을 제시해 논변(論辯)하고, 그래도 시정되지 않으면 다시 와서 반복해 논쟁하는 것을 가리킨다.

202) 그 사정 …… 뒤에 : 임부 상소를 다스렸던 최석정 등 소론 대신들이 이잠의 상소를 계기로 쫓겨나고 이이명 등 노론 대신들이 옥사를 주도한 일을 말한다.

여러 신하들을 곧장 망측한 죄과에 몰아넣었습니다. 마음 씀씀이가 음험하고 교묘하며, 표현한 말이 음험하고 참혹한 것이 차마 똑바로 바라볼 수 없으니, 청컨대 이덕영을 삭판하십시오."

하였으나, 주상이 윤허하지 않았다.

경인년(1710, 숙종36) 여름, 충청도 유생 홍주형(洪冑亨) 등이 상소하여 대략 다음과 같이 말하였다.

"아! 세상의 운세가 양구(陽九)[203]인데 사문(斯文)이 재앙을 만났습니다. 역적 윤휴(尹鑴)[204]의 남은 단서를 조술(祖述)[205]하여 힘껏 정자(程子)[206]와 주자의 정론(正論)을 배척한 것이 최석정의 《예기유편(禮記類編)》[207]의 일에

203) 양구(陽九) : 군자가 득세(得勢)하는 태평한 시대를 뜻한다. 《주역(周易)》에서 양은 군자를 음은 소인을 뜻하는데, 양의 수(數)는 구(九)이고 음의 수는 육(六)이다.

204) 윤휴(尹鑴) : 1617~1680. 본관은 남원(南原), 자는 희중(希仲), 호는 백호(白湖)이다. 현종·숙종 연간에 북인계(北人系) 남인으로 활동하면서 현종대 예송(禮訟) 이래 주요 현안을 둘러싸고 서인과 대립·갈등하였다. 그는 또한 학문적으로 주자의 경전 해석을 비판하고 《논어》, 《맹자》, 《중용》, 《대학》, 《효경》 등에 대해 독자적인 해석을 내놓아 주자의 장구(章句)와 주(註)를 수정하였는데, 이 때문에 송시열에 의해 사문난적(斯文亂賊)으로 몰렸다. 1680년(숙종6) 경신환국으로 서인이 집권하자 숙종의 모후인 명성대비를 배척하고 숙종의 정비인 인경왕후를 동요시켜 광성부원군 김만기(金萬基)를 제거하려 한 역모의 모주로 몰려 사사되었다.

205) 조술(祖述) : 선인(先人)의 설을 근본으로 하여 그 뜻을 펴 서술하다.

206) 정자(程子) : 송나라 성리학자 정이천(程伊川, 1033~1107)을 가리킨다. 주염계(周濂溪)에게서 배우고 '이(理)'를 최고의 범주로 삼아 도학(道學)을 체계화하고 발전시켰다. 특히 '성즉리(性卽理)'의 명제를 세워 성선설을 천리로 삼아 절대화하고, 성을 천명(天命)의 성과 기질(氣質)의 성으로 나누고 또한 성과 정(情)을 구별하였다.

207) 예기유편(禮記類編) : 1693년(숙종19) 최석정이 간행한 예서이다. 원문의 장구(章句)가 혼돈을 주거나 일탈된 것을 세밀하게 바로잡아 놓았다. 편찬 규모는 주자의 《의례경전통해(儀禮經傳通解)》를 모방했으며, 편차와 장의 단락을 각각 한데 모아 분류하였다. 《예기》의 주설(註說)은 모두 진호(陳澔)의 《예기집설(禮記集說)》을 종지(宗旨)로 삼고 있다. 그러나 진호는 의리에 관한 대목에서 경문(經文)의 취지를 잘못 풀이한 것이 있는데, 저자는 이것을 모두 없애지 않고 편목 아래 추가해 훗날의 참고로 삼았다. 따라서 이 책은 중국의 학자들도 소홀히 넘긴 문제들을 면밀히 따져 올바르게 밝혀 놓았다는

이르러 극에 달하였습니다.[208] 정문(正文, 본문)을 변역(變易)하고 멋대로 장구를 고쳐서 완성된 책 가운데 거만하게 끼워 넣었으니 참람되고 외람되며 무엄하기가 자못 역적 윤휴보다 심하였습니다. 다행스럽게도 성명께서 깨달아서 이미 그 사람을 배척하고, 또한 그 책을 훼판하였으니, 신 등이 공경하여 우러러 사모하고 소리 높여 외우다가 눈물이 흐르는 것을 깨닫지 못하였습니다.

《예경(禮經)》[209] 여러 편은 비록 주자의 감파(勘破)[210]를 거치지 않았지만, 이미 선유들의 주해(註解)가 있으니, 진실로 최석정이 손을 댈 수 있는 책이 아닙니다. 그런데 글자를 나누고 문단을 잘라내어 문의(文義)를 이루지 못하였는데도, 감히 멋대로 간행을 청하여 법연(法筵)[211]에서 강론하였으며, 또한 과장(科場)에서 첩괄(帖括)[212]하는 용도로 삼고자 하였으니, 그 성인을 모욕하고 경전을 훼손한 죄는 진실로 용서하기 어려운데 그것을 징토하는 처벌이 삭출에 그쳤으니, 신은 매우 개탄스럽습니다.

점에서 예학사(禮學史) 연구에 귀중한 자료가 된다.

208) 최석정의 …… 달하였습니다 : 1694년 갑술환국 이후 노론측에서 소론을 공격하는 수단으로서 경전 해석을 문제 삼은 주요 저술이 《예기유편》과 《사변록(思辨錄)》이었다. 당쟁이 격화되어 기존 정파간 반목이 심화될 때 혹은 자파 내부에서 이해관계 상충으로 분기할 때 상대를 제압하는 수단으로서 주자(朱子) 절대주의에 입각한 사상 검증이 유효하게 활용된 사례였다.

209) 예경(禮經) : 중국 고대 유가(儒家)의 경전인 오경(五經)의 하나이다. 공자(孔子)와 그 제자들이 지은 책을 한나라 때 정현(鄭玄)이 정리하여 엮었다. 정현은 《예기(禮記)》를 주석하면서 엄밀한 학문적 자세를 취해 원전을 존중하였고, 잘못임이 분명한 대목일지라도 원문의 글자를 고치지 않고 대신 주석으로 지적하였다. 당나라에 이르러 공영달(孔穎達)이 태종의 명을 받아 《오경정의(五經正義)》의 편수에 참여하였다. 《예기정의(禮記正義)》 편찬시 정현의 주를 바탕으로 웅안생(熊安生)·황간(皇侃)의 《의소(義疏)》를 참작해 독자적으로 정리하였다. 이후로 《예기》는 '정주공소(鄭注孔疏)'라 해서 정현의 주와 공영달의 소가 원전 못지않게 존중되었다.

210) 감파(勘破) : 자세히 따지어 분석하다. 또는 내용을 파헤쳐 단정하다.

211) 법연(法筵) : 예식을 갖추고 임금이 신하를 만나보는 자리이다. 경연(經筵)을 지칭한다.

212) 첩괄(帖括) : 당(唐)나라 때 첩경(帖經)의 응시자가 경문(經文)을 모두 노래로 만들어 기억하기에 편리하도록 만든 것을 말한다. 첩경은 경서의 양쪽을 덮고 중간에 한 줄만 보인 뒤에 총괄하여 답안을 쓰게 하는 암기 시험으로, 당나라 명경과(明經科)에서 보이던 시험의 한 방법이다. 《新唐書 選擧志》

최석정의 책이 참람되고 망녕됨을 알면서도 강론하여 확정하는 일에 참여했던 사람들 가운데 또한 초야에 거처하면서 융성한 예우를 받는 사람이 있어서 이름하여 '산림 숙덕(宿德)[213]'이라고 하는데, 주자를 배반하고 이론(異論)을 제기하는 것이 놀라운 일이라는 것을 알지 못하고 즐거운 마음으로 참석하여 입증하였으니, 도대체 도학을 어떻게 한 것입니까? 몸소 막중한 명성을 짊어지고 이처럼 성문(聖門)의 반졸(叛卒, 반역자)을 지지[214]하였으니 사문의 근심이 된 것이 어찌 다른 사람에 비할 수 있겠습니까?

신 등이 안시상(安時相)의 일[215]에 대해서 더욱 원통하고 한탄스러우니, 권문(權門)에 아첨하여 붙어서 힘껏 공의(公議)와 싸우면서 맨 먼저 통문을 전한 유생을 논핵하고, 이어서 상소하여 여러 도의 장보(章甫, 유생)를 헐뜯고 무함하였으니, 그가 범한 죄는 실로 베어 죽여도 용납할 수 없습니다. 그런데 대간이 서둘러 아뢰었지만 오히려 감히 직접 찬극(竄棘)[216]을 청하지 못하였으니, 실로 개탄스러움을 금할 수가 없습니다. 우선 먼저 최석정을 먼 변방으로 내치십시오."

주상이 답하기를,

"삭출·삭판한 것으로도 죄를 다스리는 데 충분하니, 지금 이 상소에서 청한 것은 지극히 지나치다."

하였다.

---

213) 숙덕(宿德) : 오래도록 학식과 덕망을 쌓은 선비를 가리킨다.

214) 지지 : 원문 "右袒"은 오른쪽 어깨를 벗어 지지함을 표시하는 것이다. 이것은 윤증이 최석정의 《예기유편》 강확자 명단에 들어 있는 것을 비판한 것이다.

215) 안시상(安時相)의 일 : 안시상(1657~1722)의 본관은 순흥(順興), 자는 군필(君弼)이다. 1687년(숙종13) 생원이 되고, 1705년 알성문과에 급제하였다. 장령 재직 시 최석정의 《예기유편》 문제로 각지의 유생들이 상소를 올라오자 이들의 행위를 비난하는 상소를 올렸다. 심지어 경향(京鄉)을 막론하고 유생들의 상소가 있으면 단지 대궐에 나온 사람의 성명만 기록하게 하여 허장(虛張)하여 현혹하는 짓을 하는 폐단이 없어지게 해야 한다고 주장하였다. 이에 임금이 유생들이 《예기유편》과 관련된 상소를 받지 말도록 명하였다. 《肅宗實錄 35年 5月 12日》

216) 찬극(竄棘) : 귀양 보내서 달아나지 못하게 가시나무로 울타리를 치는 형벌이다.

○ 진사 박필기(朴弼琦)[217] 등이 상소하여 대략 다음과 같이 말하였다.

"지금 무슨 물건처럼 괴귀한 홍주형 등이 함부로 장보(章甫)를 칭하며 《예기유편》을 논변하다고 가탁하여 상소 하나를 올려서 공공연히 멋대로 속이고 꾸짖었습니다. 한편으로는 말하기를,

'이름하여 「산림 숙덕」이라고 하는데, 주자를 배반하고 이론을 제기하는 것이 놀라운 일이라는 것을 알지 못한다.'

하고, 다른 한편으로 말하기를,

'몸소 막중한 명성을 짊어지고 성문(聖門)의 반졸(叛卒)을 지지하였다.'

하면서 지극히 더러운 욕을 입에 담는 것이 도대체 거리낌이 없었습니다.

유상(儒相, 윤증)[218]은 징소(徵召)[219]받은 것이 지금 거의 50년이 되어 지위는 삼정승[三事]에 올랐지만, 나이가 80세를 넘도록 몸소 속세에 나가지 않았고, 시사(時事)를 입에 담지 않았습니다. 그러므로 비록 평소에 서로 좋아하지 않는 자라도 당론을 한다고 말한 적이 없는데, 지금 홍주형 등이 이처럼 멋대로 욕하니 어찌 절통하지 않겠습니까?

다른 사람에게 답장으로 편지를 보낸 일은 모두 곡절(曲折)이 있습니다. 정의(情誼)가 두터운 한 친족이 있어서 《예기유편》의 일로 장차 상소하여

---

217) 박필기(朴弼琦) : 1677~1757. 본관은 반남(潘南), 자는 치규(稚圭), 호는 무취옹(無臭翁)이다. 박태창(朴泰昌)의 아들이다. 1702년(숙종28) 진사가 되고, 1727년(영조3) 증광문과에 급제하여 청요직을 두루 지내고, 1746년 통정대부(通政大夫)로 치사(致仕)하였다.

218) 유상(儒相) : 유현(儒賢)으로서 삼공(三公)의 직책에 오른 사람을 지칭하는 말이다. 여기에서는 윤증을 가리킨다. 그는 숙종대 호조참의에 제수된 이래 대사헌·우참찬·좌찬성·우의정·판돈녕부사 등에 제수되었지만 모두 사퇴하고 나가지 않았기 때문이다. 1710년 충청도 유학(幼學) 홍주형 등이 최석정이 《예기유편》을 지은 것에 대해 논핵하고, 아울러 윤증이 《예기유편》을 공척(攻斥)하는 논의를 편당(偏黨)으로 귀결시켰다며 공격하였다. 《肅宗實錄 36年 4月 20日》 여기에 곽경두(郭景斗) 등이 가세하였다. 이에 대해서 강석붕(姜錫朋)이 윤증에게 편지로 묻자 윤증이 답변하였는데, 이 편지가 중간에 유출되어 일이 확대되자, 관학 유생 박필기(朴弼琦) 등이 상소하여 홍주형 등을 정거하게 하였다. 《肅宗實錄 36年 5月 12日》

219) 징소(徵召) : 임금이 초야에 있는 사람을 예(禮)를 갖추어 불러서 벼슬을 내리는 일을 말한다.

변론하려고 편지를 보내 정성스럽게 물어왔으므로 대략 변론할 필요가 없다는 뜻으로 바로잡아서 권면하였습니다. 어찌 일찍이 만촉(蠻觸)[220]이 서로 싸우는 마당에서 한 터럭이라도 치우쳐서 도운 일이 있었겠습니까? 그런데 이것을 가지고 유현을 더럽히는 무기[資斧][221]로 삼으려 하다니, 아! 또한 참담합니다.

과연 예설의 한두 조목에 대해서 의문점을 문답한 일은 있었으므로 강론하여 확정한 사람들 가운데에 이름을 나열한 것이었습니다. 그런데 시론(時論)에서 꼬집어 말한 것은 오로지 《중용(中庸)》과 《대학(大學)》,[222] 두 책에 있고, 유상(儒相)은 애초부터 이 일에 대하여 참여하여 간섭한 적이 없는데,[223] 홍주형 등이 이른바 '주자를 배반하고 이론을 제기하는 것이 해괴하다는 것을 알지 못한다.' 한 것은 무엇에 근거하여 말한 것입니까?

성명(聖明)의 세상에서 양조(兩朝, 현종과 숙종)에 예우받던 유현(儒賢)이

220) 만촉(蠻觸) : 달팽이의 양쪽 뿔에 있다고 하는 아주 작은 나라이다. 《장자(莊子)》 〈칙양(則陽)〉에 이르기를 "달팽이의 왼쪽 뿔 위에 있는 나라를 촉씨(觸氏)라 하고, 달팽이의 오른쪽 뿔 위에 있는 나라를 만씨(蠻氏)라 하는데, 서로 영토를 다투어 전쟁을 한다." 하였다.

221) 무기 : 원문은 "資斧"이다. 《주역》 〈여괘 구사(九四)〉의 효사에서, '나그네로 거처하면서 재물과 도끼도 얻었으나 자신의 마음은 불쾌하다.[旅于處, 得其資斧, 我心不快.]' 하였다. 이때 도끼는 자기를 지켜 주는 병기를 가리킨다.

222) 중용(中庸)과 대학(大學) : 《논어》·《맹자》와 함께 유학의 경전인 사서(四書)이다. 《대학》은 본래 《예기》의 제42편이었던 것을 주자가 《대학장구(大學章句)》를 만들어 경(經) 1장(章), 전(傳) 10장으로 구별하여 주석(註釋)을 더했다. 이때 주자는 본문에 착간(錯簡)과 오탈(誤脫)이 있다 하여 교정하고, 또 '격물(格物)'의 전을 보충하였다. 명나라 때 왕양명(王陽明)이 주자학을 비판하면서부터 주자의 《대학장구》, 특히 그 보전(補傳)은 유학자 간의 논쟁이 되었다. 왕양명은 《대학고본(大學古本)》에 의거하여 《대학고본방석(大學古本旁釋)》을 지었다. 《중용》은 공자 손자인 자사(子思)의 저작이라 알려졌다. 《예기》에 있는 〈중용편(中庸篇)〉이 송나라 때 단행본이 되었다. 주자가 《중용장구(中庸章句)》를 지어 자사(子思)가 도학의 전통을 위해 《중용》을 지었다고 말하였다.

223) 중용(中庸)과 대학(大學) …… 없는데도 : 최석정은 《예기유편》에서 본래 《예기》에 수록되어 있다가 주자에 의해 별도로 독립된 《중용》과 《대학》을 다시 《예기》에 포함시켜 분류하였다. 이로 말미암아 최석정은 주자의 학설을 무시하고 경전의 편목을 자의적으로 편집했다는 공격을 받았다.

끝없는 모욕을 받게 만들 줄은 생각지도 못하였으니, 이것을 그대로 두고 엄하게 방지하지 않는다면 바른 사람을 미워하는 무리가 반드시 장차 잇따라 일어날 것입니다."

주상이 답하기를,

"홍주형 등이 사실을 똑똑히 밝히지 않고 한 말은 매우 명백하지 못하기 때문에 문제 삼아 의논하지 않았는데, 지금 그대들의 상소를 살펴보니 참으로 해괴하다. 홍주형은 특별히 명하여 정거하라."

하였다. 대사헌 정호 -장령 정필동(鄭必東)[224]과 지평 윤봉조(尹鳳朝)[225]- 등이 홍주형을 정거하라는 명을 거두어 줄 것을 청하였지만, 주상이 듣지 않았다.

○ **가을**, 경상도와 전라도 유생 곽경두(郭景斗) 등이 상소하여 대략 다음과 같이 말하였다.

"최석정의 책은 참람하고 외람되며 사리에 어긋난다는 것을 한번 보면 알 수 있는데, 강론하여 확정하는 반열에 참여하여 입증한 사람이 수십 인에 이르도록 많으니, 어찌 세도의 변고가 아니겠습니까? 판부사 윤증은 자임(自任)하는 것이 어떠하고, 성조(聖朝)의 예우를 받은 것이 어떠하며, 사림이 우러러 존경하는 것이 어떠한데, 주자를 배반한 책에 대해서 강론하여 확정하는[226] 명단의 세 번째에 이름을 올렸으니 명백하게 변론하지 않을

---

224) 정필동(鄭必東) : 1653~1718. 본관은 동래(東萊), 자는 종지(宗之)이다. 민정중의 문인이다. 1684년(숙종10) 정시문과에 급제하여 우부승지 등을 역임하였다.

225) 윤봉조(尹鳳朝) : 1680~1761. 본관은 파평, 자는 명숙(鳴叔), 호는 포암(圃巖)이다. 호조참판 윤비경(尹飛卿)의 손자이다. 1699년(숙종25) 생원이 되고, 1705년(숙종31) 증광문과에 급제하여 청요직을 두루 거쳐 승지에까지 올랐다. 영조대에 탕평책을 반대한 방만규(方萬規) 상소 사건에 관련되어 삭주에 유배되었다가 석방되었다. 1727년(영조3) 이광좌(李光佐)가 정권을 획득한 다음 해에 정의현(旌義縣)에 귀양가서 오랫동안 안치되었다. 1735년 전리(田里)에 방귀(放歸)되었다가 1741년 관직이 복구되어 공조참판이 되었다. 1743년 지중추부사로 기로소(耆老所)에 들어갔으며, 1758년 대제학이 되었다. 저서로 《포암집》이 있다.

226) 주자를 …… 확정하는 : 서명(書名)은 《예기유편》을 가리킨다. 강확은 책을 엮을 때

수 없습니다.

윤증의 할아버지 고 대사간 윤황(尹煌)[227]은 일찍이 인조(仁祖) 조에 상소하여 최석정의 할아버지 고 상신 최명길(崔鳴吉)[228]을 베어 죽이라고 청하였는데, 이것이 어찌 책을 읽으며 서로 물어보는 사이겠습니까? 하물며 윤증의 아비증 참의 윤선거가 일찍이 《가례원류(家禮源流)》[229]를 편찬하면서 스스로 주자의 유지(遺旨)를 받들었다고 자부하였는데, 윤증은 어찌 그 가학(家學)을 버리고 주자를 배반하는 논의를 서로 강론하여 확정하였습니까?

성균관 유생 박필기 등은 스스로 유상(儒相)을 위해 거짓을 변론한다고 칭하면서 오직 공의(公議)에 맞서 힘껏 공격하는 것을 능사로 삼아서, 유상이

의심나는 부분에 대한 의견을 물어서 확정한 것이다. 즉 《예기유편》 부록에 강확한 사람 7명과 참정(參訂)한 사람 14명의 이름이 실려 있는 것을 두고 한 말이다.

227) 윤황(尹煌) : 1572~1639. 본관은 파평, 자는 덕요(德耀), 호는 팔송(八松)·노곡(魯谷)이다. 성혼(成渾)의 사위이고, 윤선거의 부친으로, 대사간·이조참의 등을 역임하였다. 정묘호란 때 주화론자의 유배를 청하고, 항장(降將)은 참할 것을 주장하였다. 당시 주화(主和)는 항복이라고 했다가 왕의 노여움을 받아 삭탈관작되어 유배의 명을 받았으나 삼사의 구원으로 화를 면하였다. 이듬해 다시 사간을 거쳐 이조참의에 임명되었다. 병자호란(1636)이 일어나자 또다시 척화를 주장하다가 탄핵을 받았다. 이로 인해 유배되었다가 풀려났으나 병들어 죽었다.

228) 최명길(崔鳴吉) : 1586~1647. 본관은 전주(全州), 자는 자겸(子謙), 호는 지천(遲川)이다. 이항복 문하에서 이시백(李時白)·장유 등과 교유하였다. 선조대 전적 등을 거쳐 광해군대 병조좌랑을 지냈으며, 인조반정(1623)에 참여하여 정사공신(靖社功臣) 1등이 되어 완성부원군(完城府院君)에 봉해졌다. 이조참판에 오른 뒤 대사헌·이조판서 등을 지냈다. 정묘호란(1627)과 병자호란(1636) 당시 주화론(主和論)을 주도하여 청나라와 강화를 맺었다. 이후 영의정까지 지내면서 삼전도의 치욕으로 혼란에 빠진 국정을 수습하는데 힘을 쏟았다. 저서로 《지천집》·《지천주차(遲川奏箚)》 등이 있고, 시호는 문충(文忠)이다.

229) 가례원류(家禮源流) : 유계(兪棨)가 《가례》에 관한 여러 글을 분류, 정리한 책이다. 이를 통해 유계는 가례의 연원과 그 발달을 비교·고찰하여 가례의 본질과 그 전개과정을 이해하는 데 참고가 되기를 기대하였다. 원래 이 책은 유계가 단독으로 엮은 것이 아니라 윤선거와 같이 엮은 것이고, 그 뒤 윤선거의 아들이자 유계의 문인이기도 한 윤증도 증보에 참여하였다. 그런데 유계와 윤선거가 죽고 난 이후 노·소론의 대립이 격화되는 가운데 1711년(숙종37) 좌의정 이이명이 품신하여 용담현령(龍潭縣令)으로 있던 유계의 손자 유상기(兪相基)가 유계의 독자적인 저술인 것처럼 간행하였다. 이를 계기로 노론과 소론 간 주요 분쟁 요인 중 하나가 되었다.

강론하여 확정한 여부에 대해서 일찍이 한마디 말, 한 조각 글로도 그 마음을 밝히지 않았으니 또한 어찌 매우 가소롭지 않겠습니까? 박필기 등이 과연 유상을 추존하고자 했다면 먼저 원래 강학한 일이 없었다고 명백히 한 뒤에야 후세에 할 말이 있었을 것입니다.

전 참봉 강석붕(姜錫朋)이 장차 강학에 불참한 실상을 신변(伸辨)하려고 유상에게 편지로 물었는데, 답장에서 이르기를,

'여러 현인들이 매우 놀라서 동요하는 것은 서계(西溪)[230]의 일에서 징계받은 것이 없어서 그런 것인가? 그들이 했던 참소는 전후가 한결같아서 당인(黨人, 편당짓는 사람)이나 하는 짓이다.'[231]

하였습니다. 서계는 바로 박세당(朴世堂)의 호입니다. 《사변록(思辨錄)》[232]은 한결같이 주자를 배신하였기에 성명께서 간파하여 준엄한 말로 배척하였

---

230) 서계(西溪) : 박세당(朴世堂, 1629~1703)의 호이다. 윤증을 비롯하여 박세채, 처숙부 남이성(南二星), 처남 남구만, 최석정 등과 교유하였다. 박세채는 박세당의 8촌 아우였고, 박세당의 셋째 형인 박세후(朴世垕)는 윤선거의 사위였다. 둘째 아들 박태보(朴泰輔)는 윤증의 대표적인 제자가 되면서 윤선거 집안과의 두터운 교분을 이어갔다. 현종대 전적을 거쳐 교리·함경도 병마평사 등을 역임하였다. 1668년 관직을 그만두고 양주 석천동에 은거하였다. 맏아들 박태유(朴泰維)와 둘째 아들 박태보를 잃자 출사 권유에도 불구하고 학문 연구와 제자 양성에만 힘썼다. 1702년(숙종28)에 지은 이경석(李景奭)의 신도비명(神道碑銘)에서 송시열을 풍자했다 하여 1703년 노론의 공격을 받았으며, 아울러 《사변록(思辨錄)》까지도 주자를 모욕하였다고 공격당하였다.

231) 강석붕(姜錫朋)이 …… 짓이다 : 1710년 충청도 유학 홍주형 등이 최석정이 지은 《예기유편》을 논핵하고, 아울러 윤증이 《예기유편》을 공척(攻斥)하는 논의를 편당(偏黨)으로 귀결시켰다며 공격하였다. 《肅宗實錄 36年 4月 20日》 이에 대해서 강석붕이 윤증에게 편지로 물었고 윤증 역시 편지로 답하였다. 그런데 이 편지가 중간에 유출되어 일이 확대되면서 관학 유생 박필기 등이 상소하여 홍주형 등을 정거하게 하였다. 《明齋遺稿 與庶弟拙書》

232) 사변록(思辨錄) : 박세당이 《대학》·《중용》·《논어》·《맹자》, 《상서》·《시경》을 주해한 저술이다. 이 중에서 문제가 된 것은 사서(四書), 그 중에서도 《대학》과 《중용》이었다. 그는 주자 성리학의 중심 개념인 '이일분수(理一分殊)'와 '성즉리(性卽理)'를 부정하였다. 그리고 '활연관통(豁然貫通)'으로 표현되는 주자의 인식론을 부정하고 '행원필자이(行遠必自邇)'를 강조하였다. 이처럼 주자 학설을 비판하는 동시에 독자적인 주석을 내놓았는데, 이에 노론 당인들이 사문난적(斯文亂賊)이라고 배척하였다.

는데, 어떻게 당론이 간여할 수 있겠습니까? 그런데 지금 최석정의 거짓된 서책을 공격하여 논척하는 자를 함께 한결같이 당인이라고 한다면 이것이 과연 지극히 공정하고 편당이 없는 마음이라고 하겠습니까? 홍주형을 정거한 것에 대해서 대각이 쟁집한 것에서 공의(公議)를 볼 수 있었는데, 일찍이 거듭 아뢰지 않고 갑자기 정지하였으니, 신 등은 개탄스러움을 이길 수 없습니다."

주상이 다음과 같이 답하였다.

"윤 판부사는 산림에서 덕을 닦아 일찍부터 중망(重望)을 지니고 있는데, 너희들이 어찌 감히 멋대로 비난하여 헐뜯는가? 예전에 '유신(儒臣)으로 대우하지 말라.'라고 말한 것을 이 기회를 틈타 반드시 다시 행하려고 하나, 나는 결코 그 술수 가운데 빠져들지 않을 것이다. 아! 이런 논의는 국사(國事)에 이로움이 없으니, 비록 조정에 있는 신하라도 논의를 좋아하는 사람은 내가 결코 취하지 않을 것이다."

◯ 홍문관 -부교리 홍우서(洪禹瑞),[233] 부수찬 이택(李澤),[234] 수찬 이교악(李喬岳)[235]-

233) 홍우서(洪禹瑞) : 1662~1716. 본관은 남양(南陽), 자는 중웅(仲熊), 호는 서암(西巖)이다. 1702년(숙종28) 알성문과에 급제하여 가주서를 거쳐 교리 등을 지냈다. 1710년 박세당의 손자 박필기(朴弼基)가 조석 상식(朝夕上食)의 폐지에 대해 변명하자 논박하는 차자를 올렸다. 1715년 《가례원류》 발문에서 스승 송시열을 배반하였다고 윤증을 비난한 정호를 변호하다가, 소론의 탄핵을 받고 서주 현감(西州縣監)으로 좌천되었다.

234) 이택(李澤) : 1661~1721. 본관은 한산(韓山), 자는 광중(光仲), 호는 운곡(雲谷)이다. 1705년(숙종31) 식년문과에 급제하여 1708년 홍문록에 올랐다. 1710년 곽경두를 구원하다가 나주에 유배되었는데, 3개월 뒤 석방되어 1712년 다시 청요직에 등용되었다. 1716년 승지가 되고 이후 이조참의·대사헌 등을 역임하였다.

235) 이교악(李喬岳) : 1653~1728. 본관은 용인(龍仁), 자는 백첨(伯瞻), 호는 석음와(惜陰窩)이다. 송시열 문인이다. 1696년(숙종22) 사마시를 거쳐 1705년 알성문과에 장원하여 청요직을 두루 지냈다. 1710년 지평 이방언(李邦彦)과 함께 최석정을 논척하여 《예기유편》을 불사르게 하였다. 유생 곽경두가 최석정의 유배를 상소하였다가 왕의 노여움을 사자, 홍우서·이택 등과 함께 그를 옹호하다가 유배되었지만 곧 풀려났다. 경종대 신임옥사가 일어나자 다시 유배되었다. 1725년(영조1) 이후 노론이 득세할 때 도승지 등을 역임하였지만 1727년 정미환국으로 관작을 삭탈 당하였다.

에서 차자를 올려 대략 다음과 같이 말하였다.

"곽경두의 상소에 대한 비답에서 '유신(儒臣)으로 대우하지 말라.'고 한 것은 곧 고(故) 상신 김수항(金壽恒)[236]과 민정중(閔鼎重)[237]이 건백(建白)[238]한 것입니다. 지금 수십 년이 지난 뒤 유생의 상소 하나로 인해 심지어 '이 기회를 틈타 반드시 다시 행하려고 한다.' 등의 말을 단서도 없이 제기하여 조금도 돌아보며 애석하게 여기지 않으니, 비록 유상의 입장을 위로[慰藉]하기 위해 나왔다 하더라도 유독 두 신하를 추념하여 시종 예우한 의리에 부족한 점이 있지 않습니까?"

소대(召對)하여 입시(入侍)하니, 주상이 다음과 같이 말하였다.

"홍문관의 차자는 진실로 놀랍다. 곽경두의 상소는 지극히 간사하고 사특한데 홍문관이 시골 유생을 편들고 비지(批旨)를 배척하다니 지극히 형편없는 일이다. 세도가 날마다 떨어지고 당습(黨習)이 점점 고질병이 되어서 인군을 제재하고 억누르는 데 겨를이 없는데, 어떻게 그것을 따라서 널리 숭장(崇奬)한단 말인가?

인조와 효종, 두 조정에서는 당의(黨議)를 통렬히 배척하고, 처분이 엄정하

236) 김수항(金壽恒) : 1629~1689. 본관은 안동(安東), 자는 구지(久之), 호는 문곡(文谷)이다. 현종대 육조판서를 거쳐 우의정에 올랐다. 1674년(숙종 즉위년) 갑인예송에서 영의정이었던 형 김수흥(金壽興)이 쫓겨나자, 대신 좌의정으로 다시 임명되었다. 숙종 즉위 후 허적(許積)·윤휴(尹鑴)를 배척하고, 종실 복창군·복선군 형제의 처벌을 주장하다가 유배되기도 했다. 1680년 경신환국으로 영의정이 되어 남인의 죄를 다스리는 한편 송시열·박세채 등을 불러들였다. 기사환국(1689)이 일어나 남인이 재집권하자, 탄핵받고 유배된 뒤 사사되었다.

237) 민정중(閔鼎重) : 1628~1692. 본관은 여흥(驪興), 자는 대수(大受), 호는 노봉(老峯)이다. 송시열 문인이며 민유중의 형이다. 1649년 정시문과에 급제하여 청요직을 두루 거치고 현종대 각 조의 판서를 역임하였다. 1675년 남인이 집권하자 1679년 장흥으로 귀양갔다가 1680년 경신환국으로 풀려나 우의정, 좌의정을 지냈다. 1689년 기사환국으로 다시 벽동에 유배되어 그곳에서 죽었다. 1694년 갑술환국으로 관작이 회복되고 현종 묘정에 배향되었다. 저서로 《노봉집》이 있고, 시호는 문충(文忠)이다.

238) 건백(建白) : 임금이나 조정에 의견을 말하다. 1684년(숙종10) 최신(崔愼)의 상소로 인해 회니시비(懷尼是非)가 조정으로 비화되자 김수항 등이 건의하여 윤증에 대한 국가 차원의 예우를 철회한 일을 가리킨다.

였기 때문에 신하들이 혹시라도 방자한 일이 없었다. 내가 비록 유약하지만 홍문관이 어찌 감히 이와 같이 하는가? 차자를 올린 여러 신하들을 모두 삭출하라."

승지 김흥경(金興慶)[239]이 말하기를,

"만약 차자의 아래 부분을 보시면 유신의 본뜻이 있는데, 어찌하여 살펴 알지 못하십니까?"

하니, 주상이 목이 메여 혀를 차며 말하기를,

"논의의 폐단으로 반드시 장차 나라가 망할 것이다."

하였다. 김흥경이 말하기를,

"여러 신하들이 어찌 감히 논의로써 군상(君上)을 권면하여 인도하겠습니까? 삭출의 벌은 거두어들이는 것이 어떻습니까?"

하니, 주상이 말하기를,

"인조와 효종, 두 조정에서 대계(臺啓)가 당론에 관계되면, 비록 몇 해를 지나더라도 윤허하지 않았다. 그런데 지금 이와 같이 논하는 것은 전적으로 당론에서 나온 것이다."

하였다. 김흥경이 말하기를,

"홍문관에서는 곽경두를 구원한 것이 아닌데, 상소에 대한 비답에서,

'예전에 「유신(儒臣)으로 대우하지 말라.」라고 말한 것을 반드시 다시 행하려고 한다.'

하교하셨습니다. 곽경두의 상소 가운데는 이미 이와 같은 말이 없는데 갑자기 제기하시어 말씀의 취지가 엄절(嚴截)하시기에 홍문관의 차자가 이로 말미암아 나온 것입니다."

하니, 주상이 말하기를,

---

239) 김흥경(金興慶) : 1677~1750. 본관 경주, 자는 자유(子有)·숙기(叔起), 호는 급류정(急流亭)이다. 1699년(숙종25) 정시문과에 급제하여 대사간 등을 거쳐, 경종대 한성부 우윤이 되었다가 신임옥사로 파직되었다. 1724년 영조 즉위로 도승지가 되었고, 이조판서를 거쳐 우의정·영의정을 역임하였다.

"어찌 감히 구해(救解)[240]하려 하는가? 마땅히 멀리 유배 보낼 것을 청해야 하는데, 이와 같이 거둬들일 것을 청하다니, 승지를 파직하라."

하였다.

○ **가을**, 생원 이태우(李泰宇)가 상소하여 대략 다음과 같이 말하였다.

"지난번 홍주형(洪胄亨)이 상소한 것에 대하여 온 세상이 떠들썩하게 모두 말하기를 이것은 '정호로부터 나왔다.'고 하였는데, 주상의 밝음으로 귀신과 물여우 같은 실정을 간파하여 마침내 정호의 교묘한 계략을 멈추게 할 수 있었습니다. 그런데 이내 그 자식을 보내 곽경두를 꼬드겨서 그 집에 데려다 두고 유상(儒相)을 꾸짖고 욕하는 상소문을 지어 주고, 이어서 홍주형을 정거한 벌을 거두어들이라고 청하였습니다.[241] 그렇지만 정호가 터무니없는 말로 남을 속이고 교묘한 꾀를 부려 농락하는 정상은 성명께서 남김없이 밝게 살펴 알았습니다.

또한 태학(太學, 성균관)의 공천(公薦)은 한결같이 조정의 정식(定式)을 따랐고, 권점(圈點)[242]할 때 모든 의논이 진실로 동일하였는데, 대간의 상소가 졸지에 나와서 불공정하다고 지목하였습니다. 어떤 사람이 편지를 써서 발론(發論)한 대관(臺官)에게 물었더니 대답하기를, '부제학의 뜻이다.'고 하였는데, 부제학은 곧 정호였습니다.

관유(館儒)[243]가 이미 그에게 배척받았으므로 부득불 유생들을 거느리고

---

240) 구해(救解) : 죄에서 벗어나기 위해 잘 변호하거나 증거를 제시하여 감죄(減罪)되거나 면죄되게 하는 것이다.

241) 홍주형을 …… 청하였습니다 : 《숙종실록 36년 5월 21일》 기사에 따르면 사헌부에서 홍주형을 정거하라는 명을 거두라고 청하였는데, 당시 정호는 사헌부 대사헌이었다.

242) 권점(圈點) : 중요관서의 관원을 임명할 때 추천권자들이 한자리에 모여 대상자들의 명단 위에 각기 권점을 하고, 그 수를 집계하여 일정한 점수에 도달한 사람을 이조에 추천하여 임명하게 하던 예비선거제도였다. 성균관 역시 대표를 뽑거나 의사를 결정할 때 이러한 방식을 준용하였다.

243) 관유(館儒) : 박필기(朴弼琦)를 가리킨다.

권당(捲堂)[244]하였더니, 정호가 명을 받들어 반촌(泮村)[245]에 도착해서 권당의 연유는 묻지 않고 3백 년 동안 없던 규정을 창출하여 이주명(李柱明) 등이 몰래 바친 소회(所懷)는 특별히 기록하였지만, 권당한 유생의 소회는 물리쳐 배척하여 기록하지 않았습니다. 다행히 성명(聖明)께서 거듭 개유(開諭)한 것에 힘입어 여러 유생들이 감히 자신의 주장을 고집하지 못하고 애써 도로 들어왔습니다.

정호는 또 그 계략이 이루어지지 않은 것에 분노하여 반촌에 머물며 이주명 등을 불러 모아서, 그 정적(情迹)이 은밀하고 괴이하였습니다. 그 뒤 재임(齋任)[246]이 이주명 등이 애초 공천(公薦)에 대해 다른 의견이 없다가 몰래 소회를 올려 반궁(泮宮, 성균관)의 법규를 무너뜨렸다 하여 처벌을 논의하였는데, 이주명 등 예닐곱 명이 재회 도중에 능욕하고 벌지(罰紙)를 빼앗아 손수 찢어버리면서, 장차 재임을 구타할 것 같았으므로 무뢰배와 함께 서로 다투고 싶지 않아서 즉시 일어나서 나오니, 정호는 시비를 묻지 않고, 재임을 억지로 갈아버리고 이내 정거하였습니다.

그리고 그의 조카 남편인 강계부(姜啓溥)[247]와 천청(天聽)을 기망(欺罔)한 김재로(金在魯)[248] 등이 서로 이어서 이차(移差)[249]하면서, 거조(擧措)가 패란(悖亂)

---

244) 권당(捲堂) : 성균관 유생(儒生)들이 행하던 일종의 동맹휴학이다. 공관(空館)이라고도 한다. 자신들의 주장이 관철되지 않을 때, 또는 재회(齋會, 자치기관)에서 결정된 사론(士論)에 대하여 부당한 처분을 받게 될 때, 유생들이 식당에 들어가는 것을 거부하거나 아니면 성균관을 비워두고 나가 버렸다.

245) 반촌(泮村) : 성균관의 사역인들이 거주하던 성균관 동·서편에 있던 동네이다.

246) 재임(齋任) : 성균관 등에 거재(居齋)하는 유생 가운데 유생들의 의견 등을 대표하거나 거재할 때의 여러 일들을 처리하기 위해 뽑힌 임원이다.

247) 강계부(姜啓溥) : 1675~? 본관은 진주(晉州), 자는 사함(士咸)이다. 정호(鄭澔)의 동생인 정온(鄭溫)의 사위이다. 1696년(숙종22) 진사가 되어 성균관에 들어갔다. 경종 연간에 유배 갔다가 1725년(영조1) 풀려나 전설사(典設司) 별제(別提)·장성부사(長城府使) 등을 역임하였다.

248) 김재로(金在魯) : 1682~1759. 본관은 청풍, 자는 중례(仲禮), 호는 청사(淸沙)·허주자(虛舟子)이다. 우의정 김구(金構)의 아들이다. 1702년(숙종28) 진사시에 합격하고, 1710년 춘당대문과(春塘臺文科)에 급제하여 청요직을 두루 지냈다. 1716년 부수찬 재직시 유봉휘

하였으므로 많은 선비들이 분주히 회피하여 병란[兵燹]과 다름이 없었습니다.

그리하여 입장이 조금 다른 자는 정호가 이미 모두 배제하였고, 지론(持論)이 조금 바른 사람은 정호가 이미 모두 쫓아냈는데도 오히려 또한 부족하게 여겨서 홍주형과 곽경두 같은 자들을 뒤섞어서 가려내지 않았으니, 한 글자도 알지 못하는 부류를 어디서 얻어 와서 유현(儒賢)을 침탈하게 하였단 말입니까? 전하께서 조정을 맑게 하고 태학을 편안하게 하고자 하신다면 정호와 같은 자는 먼 변방으로 투비(投畀)[250]해야 할 것입니다."

주상이 다음과 같이 답하였다.

"지금 그대들의 상소를 보건대, 정호가 시골 유생을 사주하여 유현을 헐뜯어 욕보이고, 현관(賢關, 성균관)에서 소란을 일으키며 흉악한 생각을 제멋대로 실행한 형상이 매우 원통하고 한탄스러우니, 극변으로 멀리 귀양보내라.

홍주형·곽경두 등은 다른 사람의 은밀한 사주를 받아 유현을 무함(誣陷)하여 욕보였으니 극변으로 정배하라.

몸이 논사(論思)하는 지위에 있는 자가 시골 유자를 도와 비지(批旨)를 배척하여 나로 하여금 당론을 따라서 감히 거역하지 못하게 하려 하였으니, 이와 같이 하고도 나라가 망하지 않을 것인가? 내가 진실로 마음이 아팠는데, 너희들이 이러한 정론(正論)을 내니, 내가 매우 가상하게 여겨 감탄하는 바이다."

·정식(鄭栻)을 탄핵해 물러나게 하였다. 1720년 경종이 즉위하자 이조참의 등을 거쳐 개성유수를 지내다가 1722년 신임옥사로 파직되었다. 1724년 영조가 즉위하자 풀려나 이듬해 대사간에 기용되었다. 부제학 재직시 유봉휘·이광좌 등 5인을 죄주도록 청하고, 김일경의 무고 사실을 상소해 사형에 처하게 하였다. 신임옥사로 죽은 노론 4대신의 복관(復官)을 상소해 이를 달성시켰다. 그 뒤 우의정을 거쳐 1740년(영조16) 영의정에 올라 1758년 관직을 떠나기까지 네 차례에 걸쳐 10여 년간 영의정을 지냈다. 저서로는 《천의소감언해(闡義昭鑑諺解)》와 《난여(爛餘)》가 있고, 시호는 충정(忠靖)이다.

249) 이차(移差) : 일정한 사무를 맡기지 아니하고, 사무가 번잡하거나 시급할 때 협조하도록 하는 것이다. 혹은 임시로 일을 맡아보게 하는 것이다.

250) 투비(投畀) : 왕명으로 죄인을 지정한 곳에 귀양을 보내다.

갑오년(1714, 숙종40) 가을, 관유 황상로(黃尙老)[251] 등이 상소하여 대략 말하기를,

"최석정이 여러 유생을 대신하여 지은 판부사 윤증의 제문을 얻어 보니, 이르기를,

'가문에 원수진 것이 이미 깊고 국가의 수치도 씻지 못하였으니 「끝내 잊었다.」 하지 않은 것은 결백을 지켰다고 해도 될 것이네. 어찌 저 사람처럼 겉으로 꾸미는 것만 힘쓰고 명예만을 구해서 공언(空言)을 실천하지도 못하고 고상한 말을 이루지도 못한 것과 같겠는가? ……'

하였습니다. 그 의도는 생각건대, 국치(國恥)를 당한 후에는 오직 종신토록 폐인(廢人)을 자처하며 세상과 관계를 끊는 것이 의(義)에 합당한데, 세무(世務)를 담당하여 오랑캐를 토벌하고 복수하는 것을 일삼은 자는 도리어 '겉을 꾸미는 것만 힘쓰고 명예만을 구한 것이다.' 여긴 것입니다. 저 담당한 자란 송시열이 아니면 누구이겠습니까? 신 등은 저절로 눈을 부릅뜨고서 속이 썩는 것을 깨닫지 못하였습니다.

아! 효종[孝廟]께서 와신상담(臥薪嘗膽)[252]의 의지를 다지며 초야(草野)에 있는 송시열을 불러서, 비밀리에 함께 경영한 것은 첫째도 '복수하여 부끄러움을 씻는 것이다.[復讎雪恥]' 하고, 둘째도 '복수하여 부끄러움을 씻는 것이다.' 하였습니다. 그렇다면 효종의 의지는 곧 송시열의 의지이며, 송시열의 일은 곧 효종의 일이었습니다. 그런데 이제 송시열을 겉으로 꾸미는 것에만 힘쓰며 명예를 구하였다고 한다면 효종에 대해서는 장차 어떻게 하려는 것입니까? 이들이 대의(大義)를 배척한 것은 유래와 맥락이 있으니[253] 이 사람에게서

---

251) 황상로(黃尙老) : 1683~1739. 본관은 창원(昌原), 자는 인득(仁得)이다. 황일호(黃一皓)의 증손이다. 1711년(숙종37) 진사가 되고, 1733년(영조9) 식년문과에 급제하여 사헌부 지평 등을 지냈다. 1714년 8월 12일에 관학 유생들이 당시 최석정이 대신 지은 윤증의 제문에서 송시열을 비판한 내용을 반박하고, 또한 최석정을 비난하였다.

252) 와신상담(臥薪嘗膽) : 섶에 눕고 쓸개를 씹는다는 뜻이다. 복수하기 위해 온갖 괴로움을 참고 견딤을 이르는 말이다.

253) 이들이 …… 있으니 : 송시열을 위시한 노론 측에서는 그 대표적인 사례로서 윤선거가

이런 말이 나온 것은 괴이하게 여길 것이 없습니다.

또 들으니, 당초 여러 유생들이 다른 사람을 시켜 제문을 짓게 하고, 최석정에게 보였는데, 최석정은 그 내용이 송시열을 무함하지 않았기 때문에 쓰지 못하게 하고 드디어 스스로 찬술해 내었습니다. 그것이 전파되어 사론(士論)이 일제히 분노하기에 이르자 최석정이 가리어 숨기지 못하고, 이에 말하기를, '내가 다른 사람의 글 여러 본을 받아서 형편에 따라서 한 편을 완성한 것이다.' 하였으니 매우 구차하고 군색하다는 것을 알 수 있습니다.

또 '허세와 교만에다 시기심이 넘치면서도 겉으로 근엄한 표정을 지은 것은 온 나라에 파다하다.'는 등의 말로써 송시열을 비난하고 배척하였으니, 아! 또한 참혹합니다. 신 등이 여러 말로써 변명할 겨를도 없습니다만, 유독 '겉으로 꾸미는 것에만 힘썼다,'거나 '공언(空言)'이라고 한 것은 단지 송시열만 무함을 받았을 뿐이 아닙니다. 지난번 간흉(奸兇, 남인)이 송시열에게 화를 더해 죄상을 나열하여 터무니없이 모함한 것이 어찌 끝이 있었겠습니까만 또한 감히 굳게 잡고 지킨 대의를 무함하지 못한 것은 마땅히 돌아보고 꺼려야 할 것이 있었기 때문인데, 최석정의 무엄함이 자못 심합니다."

하니, 주상이 이런 일을 조정에까지 올리는 것은 부당하다고 답하였다.

○ 관유 이영보(李英輔)254)등이 또 상소하여 제문에서 속이고 꾸짖은 것을 논척하니, 사사로운 개인 제문의 문자는 공조(公朝)와 관계가 없으니 결코 죄에 해당하지 않는다고 답하였다.

강화도에서 당한 일을 거론하였다. 이른바 '회니시비'에는 그에 대한 논란도 포함되어 있는데, 상세한 내용이 앞에 보인다.

254) 이영보(李英輔) : 1687~1747. 본관은 연안(延安), 자는 몽여(夢輿), 호는 동계(東溪)이다. 1714년(숙종40) 진사시에 장원 급제하여 1717년 정릉참봉(靖陵參奉), 1743년(영조19) 금성현령(金城縣令) 등을 역임하였다.

을미년(1715, 숙종41) 봄, 광흥 주부(廣興主簿) 유상기(兪相基)[255]가 상소하여 대략 다음과 같이 말하였다.

"신이 계사년(1713, 숙종39) 간에 용담 현령(龍潭縣鈴)으로 재직하고 있을 때 좌의정 이이명이 신의 조부(祖父) 부제학 유계(兪棨)[256]가 지은 《가례원류(家禮源流)》라는 책을 경연(經筵)에서 내린 분부에 따라 전라 감영에 보내고 신으로 하여금 교정(校正)하여 간행하게 하였습니다. 그런데 마침 신이 파직되어 돌아왔는데, 진실로 이 일을 이루지 못하면 임금의 영예로운 은총을 받고도 그것을 받들어 선양하지 못할까 두려워서 이에 집안의 재력(財力)으로 사사로이 자금을 조달하여, 간행하는 일을 모두 마쳤으므로 삼가 상소와 함께 올립니다.

생각건대 신의 조부가 이 책을 지을 때 실로 공부한 것을 충분히 활용하였지만 죽은 뒤 50여 년이 지나도록 아직도 오래된 상자 안에 두고 있다가 오늘날 대신의 말로 인해 성명께서 특별히 간행하라고 명하는 은혜를 받았으니, 삼가 백 번 절하고 전하[宸嚴]께 공경히 바칩니다."

-이보다 앞서 유계와 윤선거가 도의(道義)로써 교분을 허여하여 우호를 맺은 것이 범상치 않아서, 마침내 함께 《가례원류》를 편집하였다. 책이 완성되고 나서 두 사람은 이미 죽었는데, 유계의 손자 상기가 이때 이르러 비로소 간행하고는 오로지 말하기를,

---

255) 유상기(兪相基) : 1651 1718. 본관은 기계(杞溪), 자는 공좌(公佐), 호는 기초재(祈招齋)이다. 유계(兪棨)의 손자이며 송시열 문인이고 유명윤(兪命胤)의 아들이다. 1701년(숙종27) 경릉참봉(敬陵參奉)으로 출사하여 벼슬이 용담현령에 이르렀다. 《가례원류》에 권상하의 서문, 정호의 발문을 붙여 간행하였다. 발문에서 윤증을 공격한 대목이 있어, 소론의 배척을 받고 유배되었다가 풀려났다.

256) 유계(兪棨) : 1607~1664. 본관은 기계(杞溪), 자는 무중(武仲)이다. 예학과 사학에 정통하였으며, 송시열·송준길·윤선거·이유태 등과 더불어 충청도 유림의 오현(五賢)으로 일컬어졌다. 인조대 출사하여 병자호란(1636) 당시 설서로 재직하며 척화를 주장하다가 화의가 성립되자 유배되었다. 효종대 송시열 등의 추천으로 시강원 문학에 등용되어 부제학·부승지 등을 역임하였다. 1659년 효종이 죽고 복상 문제가 일어나자 서인으로서 기년설(朞年說)을 지지하여 3년설을 주장한 윤휴·윤선도 등의 남인을 논박하였다. 1663년 이조참판에 올랐다가 병으로 사직하였다.

"조부가 혼자 편찬하였고 윤선거는 참여하지 않았다."

하고, 또 말하기를,

"조부가 원본을 문인 윤증에게 부탁하여 산삭(刪削)하고 윤색하였는데, 윤증이 이로 인해 그 집안에서 만든 책이라고 하였다."

하였다. 정호와 권상하(權尙夏)[257]가 또 책의 말미에 발문을 썼는데, 정호가 말하기를,

"선생이 깊은 공력을 들여서 이 책을 썼는데, 불행하게도 그 마땅치 못한 사람에게 부탁하였더니 그가 도리어 완전히 그 실상을 감추고 있으니, 이것은 매우 말이 안 되는 짓이다."

하였다. 권상하가 말하기를,

"선생이 이 책을 편집할 때 미촌(美村, 윤선거의 호)이 참여하여 도운 단서가 없지 않고, 만년에 문인 윤증에게 부탁하였는데 지금 윤증이 곧 말하기를, '스승께서 그렇게 말씀하셨는지 기억이 나지 않는다.' 하였으니, 이는 소진(蘇秦)·장의(張儀)[258]와 같은 권모술수를 쓴 것이다."

하였다. 또 "형칠(邢七)과 같이 낭패한 것[259]은 본래 이들의 기량(技倆, 수완)이다."

---

257) 권상하(權尙夏) : 1641~1721. 본관은 안동(安東), 자는 치도(致道), 호는 수암(遂菴)·한수재(寒水齋)이다. 송준길·송시열의 문인이다. 1660년(현종1)에 진사가 되고, 성균관에 들어가 수학 중, 1668년에 스승 송시열이 좌의정 허적(許積)과의 불화로 우의정을 사직하자 유임시키라고 상소하였다. 1689년 기사환국으로 송시열이 제주에 위리안치 되고 이어 정읍에서 사약을 받게 되자, 유배지에 달려가 스승의 임종을 지키고 의복과 서적 등 유품을 가지고 돌아왔다. 송시열의 유언에 따라 괴산 화양동(華陽洞)에 만동묘(萬東廟)와 대보단(大報壇)을 세워 명나라 신종(神宗)과 의종(毅宗)을 제향하였다. 1703년 찬선, 이듬해 호조참판에 이어 1716년까지 13년 간 해마다 대사헌에 임명되었으며, 그밖에도 1705년 이조참판과 찬선, 1712년 판윤과 이조판서, 1717년 우의정·좌의정, 1721년(경종1) 판중추부사에 임명되었으나, 사직소를 올리고 나가지 않았다. 시호는 문순(文純)이다.

258) 소진(蘇秦)·장의(張儀) : 소진과 장의(張儀)는 전국시대에 합종설(合從說)과 연횡설(連橫說)을 주장하였던 유세가이다. 여기서는 권모술수로 자신의 정치적 야심을 달성하려 했던 두 사람에게 명재 윤증을 비유한 것이다.

259) 형칠(邢七)과 …… 낭패한 것 : 형칠은 송나라 철종(哲宗) 때 간신 형서(邢恕)로, 칠(七)은 그의 자이다. 낭패는 언사(言事)가 도리에 어그러진 것이다. 형서는 본래 정호(程顥)의 제자로서 사마광(司馬光)과 여공저(呂公著) 등의 문하에 출입하여 명성이 자자했으나, 뒤에 장돈(章惇) 등 소인과 손잡고 사마광과 여공저 등 원우(元祐) 구신(舊臣)들을 모함하

하는 등의 말로 극단적으로 윤증을 배척하였다. 미촌은 윤선거의 호이다.-

주상이 보고를 받고, 발문에서 유현을 헐뜯어 배척하였다 하여 특별히 정호를 파직하였다.

○ 호남 유생 유규(柳奎) 등이 상소하여 대략 다음과 같이 말하였다.

"선정신 문경공(文敬公) 윤선거가 임오년(1642, 인조20) 사이에 고 부제학 유계와 함께 아침저녁으로 서로 친하게 지내면서, 《가례》 한 질을 취해서 연역(演繹)하여 원고를 모으고 정리하여 책을 만들었는데, 대문(大文)을 강(綱)으로 삼고 주(註)를 목(目)으로 삼았으며, 고경(古經)의 문자를, '원(源)'이라 하고, 당(唐)·송(宋) 이하 우리 동방 유현(儒賢)의 말을 '유(流)'라 하고는 책 이름을 '《가례원류》'라 지었으며, 윤선거가 또 짧은 서문을 썼습니다.

대개 윤선거와 유계가 교대로 붓을 돌려 서로 필사한 것이 무릇 365개 구절인데, 250개 구절은 윤선거가 필사한 것이고, 109개 구절은 유계가 필사한 것이었습니다. 초본(草本)의 수적(手跡)이 모두 윤증의 집에 갖추어져 있으니, 어떻게 속이겠습니까?

요컨대 모두 두 신하가 함께 편찬한 책이므로 윤선거가 지은 유계의 행장(行狀)에 '《가례원류》를 찬성(纂成)했다.'는 말이 있었는데, 이는 겸손하게 자기를 낮추고 아름다움을 남에게 돌리는 뜻에서 나온 것입니다. 문정공(文正公) 송시열이 지은 윤선거와 유계의 묘문(墓文)에서도 모두 이 일을 칭찬하여 말하였으니, 함께 닦고 함께 편집한 것이 여기에서 명백합니다.

지금 유상기가 간행하고자 한다면 마땅히 그 조부와 윤선거가 함께 편찬한 실상을 조정에 아뢰고 간행을 청해야 할 것입니다. 그런데 지금 이러한 사실을 전부 숨기고 마치 그 할아비가 혼자 편찬한 것처럼 하고는 좌의정

여 궁지에 빠뜨렸던 자이다. 정이(程頤)의 제자가 스승에게 "형칠이 오랫동안 선생을 모셨으나, 전혀 지식이 없기 때문에 뒤에 크게 낭패한 것입니다." 하자, 정이가 "지식이 전혀 없다고 할 수는 없다. 다만 의리(義理)가 이욕(利欲)의 마음을 이기지 못해서 이런 지경에까지 이른 것이다."라고 대답한 데서 나온 말이다. 《宋史 姦臣列傳 邢恕》

이이명에게 속여 부탁하였으니 이미 상정(常情)으로는 헤아릴 수 있는 일이 아니었습니다.

유상기가 유봉(酉峰) -윤증의 별호(別號)- 을 찾아보고서 대신이《가례원류》의 간행을 청한 일을 말하고 이로 인하여 유봉이 소장하고 있는 원본을 빌리려고 하였는데, 대개 유상기가 이이명에게 보내서 보여준 것은 단지 4권뿐이었기 때문입니다.

그런데 윤증이 경연에서 무슨 말을 했는지 묻자 자세히 듣지 못하였다고 대답하였는데, 이것은 그가 경연에서는 함께 편찬한 일을 전혀 언급하지 않았다고 생각하였기 때문에 이처럼 모호하게 말을 한 것이니 그 태도와 마음씨가 미워할 만합니다. 얼마 지나지 않아 경연에서 간행을 청한 자가 단지 시남(市南) -유계의 호- 만을 거론하여 말한 것을 듣고는 이내 경연에서 아뢴 대신에게 물어보았는데, 대신은 바로 윤증의 지친(至親)260)이었습니다.

그 답장에서 말하기를,

'이 책을 처음 무오년(1678, 숙종3) 간에 보고, 마음속으로 항상 잊지 않고 있었는데, 그 당시에는 다른 집 책인 줄 몰랐었습니다. 얼마 전에 유공좌(兪公佐) -유상기- 가 책을 가지고 와서 만나 제가 물어보았더니, 대답하기를,

「미촌 선생이 과연 강론하여 정한 것이 없지 않으나, 미촌 어른이 지은 우리 조부 행장을 보면, 그것이 오로지 우리 조부에게서 나온 것임을 알 수 있습니다.」

하였습니다. 그래서 경연 석상에서 진달하였는데, 널리 묻지 않아서 이와 같이 난처한 단서가 생겼으니 경솔하게 행동한 것이 매우 부끄럽습니다.'

하였습니다. 윤행교(尹行敎)261) -윤증의 아들- 가 그 편지를 베껴서 유상기에게

---

260) 윤증의 지친(至親) : 유상기의 부탁을 받고 연석에서 아뢴 이이명은 영의정 이경여(李敬輿)의 손자로 부친은 이민적(李敏迪)이다. 이민적이 숙부 이정여(李正輿)에게 입양되었는데 이정여는 윤황의 사위였다. 그러므로 이이명에게 윤증은 호적상 고모부이다. 그러므로 윤증에게 보낸 편지에서 자신을 '생질[姪]'이라고 지칭한 것이다.《童土集 續卷2 祭姊氏李大家文, 續卷4 鑪隱李公墓誌銘》

보여주었더니, 그가 공공연히 몹시 화를 내면서 갑자기 패악한 말로 답장하였는데, 욕하고 헐뜯은 것이 윤증에게까지 미쳤습니다.

윤증은 유계의 문인이었는데, 유계가 죽을 즈음에 유상기를 부탁하였고, 그때 그의 나이가 겨우 14살이었으므로 정성껏 기르고 가르쳐서 은혜와 사랑이 독실하고 지극하였었습니다. 그런데 그 편지의 말이 사리에 어긋나 일을 그르친 것을 보고서 '이것은 후생이 두 할아버지의 일을 알지 못해서 그런 것이다.' 여기고, 윤증이 간곡히 타일러 훈계하였으나, 유상기의 말이 갈수록 더욱 도리에 어긋나서, 말하기를,

'강(綱)을 세우고 목(目)을 나눈 것은 모두 우리 할아버지 필체이고, 소주(小註)만 비로소 두 분이 나누어 썼습니다.'

하였습니다.

이에 윤증이 사실을 근거로 그렇지 않음을 분명히 밝히자, 유상기가 또 말하기를, '칼로 잘라낸 나머지 본래 모습이 전혀 남아 있지 않습니다.' 하였습니다. 이것은 수정하고 윤색할 때 혹 증보하거나 혹은 구절을 산삭(刪削)했기 때문에 이것을 꼬투리 삼아서 말한 것입니다.

그래서 윤증이 말하기를,

'책은 비록 진면목이 없지만 글씨는 진짜 필적이 남아 있고, 비록 산삭하려 해도 《가례》의 대문을 산삭할 수 있겠느냐?'

하자, 유상기가 궁색해져서 어조를 누그러뜨리며 말하기를,

'비록 이것이 노선생의 필체라고 하더라도 끝내 함께 편찬했다는 증거가 될 수 없습니다.'

---

261) 윤행교(尹行敎) : 1661~1725. 본관은 파평(坡平), 자는 장문(長文)이다. 윤증의 아들이다. 1694년(숙종20) 별시문과에 급제하고 홍문록에 선발되었으며, 정언·헌납 등을 지냈다. 1702년(숙종28) 최석정·윤지완·강세구 등의 억울함을 논변하고, 송시열·김수항 등이 화를 자초했다고 상소하여 김창집 등의 공격을 받았다. 1710년 유계 후손들이 《가례원류》를 단독으로 간행하자 상소해 논란하였다. 경종대 부제학·이조참의 등을 거쳐 영조대 부제학 등을 역임하였다.

하였습니다.

어떤 사람에게 준 편지에서는 윤선거가 서문 지은 일을 마구 꾸짖어 말하기를, '이는 남전 여씨(藍田呂氏)[262]에게 죄를 짓는 일이다.' 하고, 또 스스로 주해(註解)하기를, '남전 여씨의 말은 무초설(毋勦說)[263] 주에 보인다.' 하였습니다. 아! 유상기도 또한 사람일 뿐인데 어찌 차마 이렇게 윤리가 없는 말을 마음에 싹 틔우고 입에 담을 수 있단 말입니까?

또한 무술년(1658, 효종8) 뒤 윤선거가 수정하고 윤색할 때 윤증도 역시 책을 베껴 쓰는 일을 맡았기 때문에 유계가 이를 듣고 빨리 작업을 마치라고 권면하였는데, 유상기가 이로 인해 유계가 혼자 편찬한 것이고, 윤증이 부탁받은 증거로 삼았습니다.

또한 유계가 임종할 때 편지를 써서 윤선거와 윤문거(尹文擧)[264]에게 영결(永訣)[265]을 고하면서 말미에 윤증과 윤단(尹摶)[266]에 대해 언급하였는데, 그

---

262) 남전 여씨(藍田呂氏) : 북송 성리학자 여대림(呂大臨, 1040~1092)이다. 자는 여숙(與叔), 호 남전(藍田)이다. 장재(張載)·정호(程顥)의 학문을 계승하여 주자의 성리학 성립에 영향을 주었다.

263) 무초설(毋勦說) : 《예기(禮記)》 〈곡례 상(曲禮上)〉에서, "남의 말을 제 말인 것처럼 하지 말아야 한다.[毋勦說]" 하였다. 그 소주(小註)에, "남의 재물을 훔친다는 것은 도둑이라는 말과 같다. 남의 말을 제 말인 것처럼 하는 것은 사사로움[私]이다."라는 남전 여씨의 언설이 실려 있다. 《禮記集說 曲禮上》 유상기가 윤증 쪽에서 《가례원류》를 윤선거와 유계의 공동 저술로 주장하는 것이 남전 여씨가 말한 '초설'에 해당된다고 비판한 말이다.

264) 윤문거(尹文擧) : 1606~1672. 본관은 파평(坡平), 자는 여망(汝望), 호는 석호(石湖)이다. 아버지는 대사간 윤황(尹煌), 어머니는 성혼(成渾)의 딸이고, 윤선거의 형이다. 김집(金集)의 문인으로 송시열·송준길 등과 교유하였으며, 조익(趙翼)·김상헌(金尙憲) 등에게 배웠다. 1630년(인조8) 생원시에 합격하고, 1633년 식년문과에 급제하여 청요직을 두루 지냈다. 1636년 병자호란 때 사간원 정언으로 척화의(斥和議)를 진계(陳啓)하였고, 그해 12월 청나라가 침입하자 아버지를 따라 인조를 남한산성으로 호가(扈駕)하였다. 삼전도의 치욕 이후로는 출사하지 않았다. 좌찬성에 추증되었으며, 연산(連山)의 구산서원(龜山書院), 노성(魯城)의 노강서원(魯岡書院), 석성(石城)의 봉호서원(蓬湖書院) 등에 제향되었다. 저서로 《석호유고(石湖遺稿)》가 있고, 시호는 충경(忠敬)이다.

265) 영결(永訣) : 죽은 사람과 살아있는 사람이 서로 영원히 이별하는 것이다. 산 사람이 죽은 사람을 저승으로 보내는 일이다.

내용 가운데 '부탁한 일에 대해서는 비록 죽은 뒤라도 반드시 알려주게.'라고 한 말이 있었습니다.

대개 두 집안의 정리(情理)가 골육과 같았기 때문에 자신이 죽은 뒤 여러 가지 일들을 부탁하였는데, 위에서 말한 '유상기를 부탁한다.'는 말도 바로 그 가운데 하나였을 뿐이었습니다. 유상기가 '부탁을 받았다.[奉托]'는 두 글자를 가져다가 억지로 《가례원류》를 부탁받은 증거로 삼았는데, 이와 같다면 윤증의 종형제[從昆季]들이 모두 이 책을 부탁받았단 말입니까?

대개 유상기는 내용을 첨가하여 보충하였다는 명목을 전적으로 윤증에게 돌리고 (윤선거가) 수정하고 윤색한 실상은 반드시 완전하게 없애버리려고 하였으니, 그 계책이 지극히 교묘하고도 치밀합니다. 이것은 그가 다른 사람의 지휘를 받아서 시의(時議)에 영합한 것으로서, 또 대현(大賢)과 배치되는 사람들을 찾아서 서문과 발문을 구하여 공안(公案)으로 삼으려 하였으니 이 또한 교묘합니다. 지금 정호가 벌을 받았는데, 유상기가 어찌 혼자 면할 수 있겠습니까?

권상하가 지은 소서(小序)에 이르기를, '소진·장의의 권모술수를 사용했다.' 거나, 또 '형칠처럼 낭패하게 될 것'이라고 하였습니다. 정호처럼 편벽되고 괴팍한 사람은 노여워하기에 부족하지만, 저 권상하는 전하께서 징소한 선비로서, 괴이하게도 다시 소진과 장의, 형칠에 비유하여 정호의 발문보다 몇 배나 디할 뿐만이 아닌데, 한 사람은 쫓아냈지만 또 한 사람은 자리를 보존하고 있으니 신은 매우 의혹스럽습니다."

또한 권상하가 찬술한 송시열의 비문에서 기사년의 화를 빚어냈다는 등의 말로 윤증을 배척한 것에 대하여 그 무함을 힘써 변론하였다.

주상이 현인을 존경하는 정성을 깊이 가상하게 여기며, 《가례원류》의

---

266) 윤단(尹摶) : 1628~1675. 본관은 파평, 자는 자상(子上), 호는 매촌(梅村)이다. 윤문거(尹文擧)의 아들이다. 할아버지인 윤황에게 글을 배우다가 17세에 송시열의 문인이 되었고, 뒤에 그의 사위가 되었다.

곡절에 대해서 비로소 상세히 알았다고 답하였다.

○ 헌납 이홍(李弘)[267]이 정호를 변론하여 구제하고 유규를 헐뜯어 배척하고서는 인피하였고, 대사간 이관명 역시 인피하였다.

○ 수찬 어유귀(魚有龜)[268]와 정언 김재로, 팔도[八路]의 유생 박광세(朴光世) 등과 성균관 유생[泮儒] 윤지술(尹志述)[269]이 모두 유규가 거짓으로 꾸며 속였다고 상소하여 변론하였다. 주상이 유규의 상소는 본래 선정(先正)을 변무(辨誣)하기 위해 올린 것이기 때문에 반드시 죄를 주어 배척할 필요가 없다고 답하였다.

○ 전 주부 유상기가 상소하여 대략 다음과 같이 말하였다.

"신의 할아비는 어릴 적부터 예서(禮書)를 공부하여 처음에는 '《가례집해(家禮集解)》'라고 이름 지었는데, 고 장령 정양(鄭瀁)[270]이 베껴 가서 그 원본은

267) 이홍(李弘) : 1657~? 본관은 경주(慶州), 자는 대유(大猷)이다. 1687년(숙종13) 진사가 되고, 1699년 증광문과에 급제하여 승지·충청도관찰사 등을 역임하였다.

268) 어유귀(魚有龜) : 1675~1740. 본관은 함종(咸從), 자는 성칙(聖則), 호는 긍재(兢齋)이다. 1699년(숙종25) 사마시, 1707년 별시문과에 급제하여 청요직을 두루 거쳤다. 1718년 딸이 세자빈[선의왕후(宣懿王后)]이 되었고, 1720년 경종이 즉위하자 함원부원군(咸原府院君)에 봉해졌다. 1721년 노론 4대신이 세제 대리청정 문제로 파직되자 무고라고 주장하였다. 신임옥사 이후 김일경이 원훈(元勳)에 오를 것을 청했으나 사양하였다. 1728년(영조4) 분무원종공신(奮武原從功臣) 1등에 책록되고, 1735년 훈련대장, 이듬해 수어사로 임명되었으나 모두 사퇴하였다. 영의정에 추증되었으며, 시호는 익헌(翼獻)이다.

269) 윤지술(尹志述) : 1697~1721. 본관은 칠원(漆原), 자는 노팽(老彭), 호는 북정(北汀)이다. 1720년(경종 즉위년) 이이명이 편찬한 숙종의 지문(誌文)에 희빈 장씨의 죄목을 기록하지 않은 일을 지적하는 상소를 올렸다. 이는 경종을 역적의 아들로 간주하고 국왕을 모욕하는 처사로 볼 수 있었다. 이에 이듬해 신축환국 이후 김일경 등 소론의 탄핵으로 사형에 처해져서, 임창(任敞)·이의연(李義淵) 등과 함께 신임(辛壬)의 삼포의(三布衣)라고 불렸다. 1725년(영조1) 노론이 집권하자 신원되고, 1802년(순조2) 사현사(四賢祠)에 제향되었다. 1841년(헌종7) 이조판서에 추증되었으며, 시호는 정민(正愍)이다.

270) 정양(鄭瀁) : 1600~1668. 본관은 연일(延日), 자는 안숙(晏叔), 호는 부익자(孚翼子)·포옹(抱

아직 정랑 정천(鄭洊)[271]의 집에 있습니다. 그것을 '《가례원류》'라고 한 것은 뒤에 고친 것입니다.

계미년(1643, 인조21) 간에 신의 할아비가 비로소 윤선거 -이름과 직명은 쓰지 않았다.- 와 이웃하면서, 다시 수정을 더 했지만 오히려 상세함을 다하지 못하였습니다. 무술년(1658, 효종9) 조정으로 돌아왔을 때 윤증에게 부탁하였는데, 그해 겨울 신의 할아비가 윤증의 편지에 답하여 말하기를,

'《가례원류》를 편찬하는 일을 시작하였다니 더욱 기쁘다. 힘을 들여 완성하여 죽기 전에 얻어 볼 수 있다면 매우 다행이겠다.'

하였는데, 같은 날 윤선거에게 답한 편지에는 《가례원류》에 대한 언급이 없었습니다. 두 편지가 모두 남아 있으므로, 이 책을 윤증에게 부탁했지 윤선거에게 부탁한 것이 아니라는 사실을 알 수 있습니다.

계사년(1713) 윤증이 신에게 답한 편지에 이르기를,

'당시 선생께서 부탁하신 것은 아니고, 단지 선인(先人, 윤선거)이 본 책에 보충한 것이 있는데, 불초한 제가 필사의 일을 맡았으므로 선생께 수정하겠다는 뜻을 우러러 아뢰었더니, 선생께서 책을 마무리하라고 권면하셨던 것입니다.'

하였습니다.

아! 신 할아비의 편지 가운데 이미 그 성취를 재촉하고 또한 죽기 전에 볼 수 있기를 바랐으니, 이것이 어찌 단지 그 책을 필사하겠다고 아뢴 것만을 기쁘게 듣고서 한 말이겠습니까? 또 하물며 같은 날 그 부자에게 각각 편지를 보내면서 어찌하여 수정하는 친구는 놔두고, 유독 일을 시킨 소년에게만 언급하였겠습니까?

翁)이다. 정철(鄭澈)의 손자, 정종명(鄭宗溟)의 아들이다. 1618년(광해군10) 진사시에 합격하였지만 1636년 병자호란 이후 은거하다가 동몽교관 등을 지냈다. 1650년(효종1) 용안현감, 1661년(현종2) 지평, 1668년 장령 등을 역임하였다.

271) 정천(鄭洊) : 1659~1724. 본관은 연일, 자는 장원(長源), 호는 첨의당(瞻依堂)이다. 정철의 현손이고, 정보연(鄭普衍)의 아들이다. 외숙인 민정중으로부터 학문을 배웠다. 1684년(숙종10) 사마시에 합격하였지만 1689년 기사환국으로 인현왕후가 폐위되자 문과를 단념하고 송시열 문하에 들어가 그를 유배지까지 따라갔다. 공조정랑 등을 역임하였다.

신의 할아비가 죽을 당시 신의 나이가 14세였는데, 기억하기에 신의 할아비가 병을 무릅쓰고 무리하여 영결하는 편지를 써서 여러 친구들에게 보냈는데, 인경(仁卿) -윤증의 자(字)이다.- 과 자상(子上) -윤단의 자이다.- 의 제종(諸從, 여러 형제 항렬의 일가붙이) 앞으로는 기운이 없어서 두루 언급할 수 없었지만, 부탁을 받은 것은 비록 죽은 뒤라도 반드시 들었을 것입니다.

신은 신의 할아비가 임종을 앞두고 한 말을 영결하는 편지에서 보았으므로, 그 부탁한 것이 《가례원류》를 수정하고 윤색하는 것이라는 것을 알았습니다. 윤증이 신의 편지에 답하면서 말하기를, '이른바 「부탁을 받았다.」는 말을 나는 끝내 기억할 수 없습니다.' 하였는데, 지금 유규 등이 말하기를, '죽은 뒤 여러 가지 일들을 부탁하였다.' 하였으니, 윤증이 알지 못하는 것을, 유규가 어떻게 알았단 말입니까?

선정신 송시열이 찬술한 신 할아비 묘표에 이르기를,

'공이 저술한 《가례원류》와 《여사제강(麗史提綱)》[272]이 집안에 소장되어 있다.'

하였으니 더욱 신의 할아비가 전적으로 이 책을 저술했다고 믿었던 것입니다. 윤선거가 고 참판 이정기(李廷夔)[273]에게 말하기를,

'《가례원류》는 정본이 아니므로, 그대가 고쳐도 된다. 이것을 사람들에게 돌린 것은 유 정언(兪正言)의 뜻이 아니다.'

하였습니다. 유 정언은 즉 신의 아비 유명윤(兪命胤)[274]입니다. 신의 아비는

272) 여사제강(麗史提綱) : 유계가 지은 고려시대 사서(史書)로, 1667년(현종8)에 간행되었다. 태조기(太祖紀)에서 신창기(辛昌紀)까지 실려 있다. 주자(朱子)의 《자치통감강목(資治通鑑綱目)》의 체재를 모방한 것이다. 정인지(鄭麟趾) 등이 편찬한 《고려사》가 너무 방대하여 요점을 파악하기 어려우므로 이를 요령 있게 개관하였다. 송시열의 서(序)가 있다.

273) 이정기(李廷夔) : 1612~1671. 본관은 한산(韓山), 자는 일경(一卿), 호는 귀천(歸川)이다. 1639년(인조17) 진사가 되고, 1648년 정시문과에 장원 급제하여 청요직을 두루 거쳐 이조참판을 지냈다. 저서로 《월파만록(月坡漫錄)》·《순외편(順外編)》이 있다.

274) 유명윤(兪命胤) : 1629~1669. 본관은 기계(杞溪), 자는 윤보(胤甫)이고, 유계의 아들이다. 1657년(효종8) 식년문과에 급제하여 정언·지평 등을 역임하였다.

윤색을 마치지 못하였으므로, 빨리 출간하려고 하지 않았기 때문에 윤선거의 말과 의도가 이와 같았던 것이니, 어찌 하나의 큰 밝은 증거가 아니겠습니까? 이것은 윤선거가 손으로 쓴 것이 아주 뚜렷한데, 생전에 질문하지 못한 것이 한스럽습니다.

송시열과 윤선거, 두 집안의 불화는 세상이 모두 알고 있는데, 지금 송시열에 근거하여 입증하려고 하였으니, 속담에서 이른바 '급하면 와서 부처의 다리를 끌어안는다.'는 것과 같습니다. 신이 서울에 들어와 대신을 뵙고, 간행하고자 하나 힘이 달린다고 말한 것은 과연 조정에 아뢰어 청하게 하려 한 것이었습니다. 신이 또 윤증을 만나보고 수정하고 윤색한 책을 청하니, 즉시 수정하여 증보한 책을 꺼내 주었다가 얼마 지나지 않아서 빼앗아갔습니다.

신사년(1701, 숙종27) 윤증이 신의 숙부 유명흥(兪命興)의 편지에 답하여 말하기를, '여기에 있는 《가례원류》는 뒤에 첨삭하여 수정한 것입니다.' 하였고, 계사년(1713) 대신에게 보낸 편지에서는 '선인과 시옹(市翁)이 손수 쓴 초본이 아직 여기에 있습니다.' 하였으니, 이것이 어떻게 과거에는 없다가 지금은 있단 말입니까?

유규 등이 이른바 '200이니, 100이니'라고 한 것은 본래 윤증의 뜻에서 나온 것인데, 진실로 필사한 내용의 많고 적음으로써 책을 편찬하는데 기여한 경중(輕重)으로 삼는다면, 이유태(李惟泰)[275] 역시 마땅히 함께 참여한 한 사람이라고 해야 할 것입니다."

---

275) 이유태(李惟泰) : 1607~1684. 본관은 경주(慶州), 자는 태지(泰之), 호는 초려(草廬)이다. 처음에 민재문(閔在汶)에게 배우다가 김장생(金長生)·김집(金集) 부자를 사사하고, 그 문하의 송시열·송준길·윤선거·유계와 더불어 호서산림 5현(五賢)의 한 사람으로 손꼽혔다. 1658년(효종9) 송시열과 송준길의 천거로 관직에 나아갔고, 1660년(현종1) 복제시비 때 송시열의 기년설(朞年說)을 옹호하였다. 1674년(현종15)의 갑인예송(甲寅禮訟) 때 복제를 잘못 정했다는 윤휴(尹鑴) 등의 탄핵을 받아 유배되었지만, 남인 오시수(吳始壽)가 '이유태는 의례(儀禮)의 잘못을 깨달았다'고 사면을 청하여 1679년 석방되었다. 이 과정에서 송시열은 이유태가 예설을 고쳐서 처벌을 면하려 했다고 의심하였고, 이후 양자 간의 갈등이 표면화되었다.

판부사 이유(李濡)[276]가 입시하였을 때 주상이 다음과 같이 말하였다. "사가(私家)의 문자는 조정에서 미리 알 수 없는데, 이 한 가지 일로 인하여 저자가 이자를 공격하고, 이자가 저자를 공격하여 주객이 서로 다투며 분란이 갈수록 심해져 한 층에 한 층이 더해져서 장차 머물 곳이 없으니 이 뒤로 《가례원류》와 관계된 일은 봉입하지 말라."

○ 유생 박광세 등이 《가례원류》의 일로 상소하여 윤증을 논척하자, 유생 유태원(柳太垣) 등이 또 상소하여 박광세를 논척하였다. 관학 유생 윤봉오(尹鳳五) 등이 유규와 유태원 등에게 벌을 시행하려고 하니, 승지 오명항(吳命恒)[277]이 상소하여 구원하였다.

○ 정언 조상건(趙尙健)[278]과 헌납 조명봉(趙鳴鳳)[279]이 상소하여 윤증을

276) 이유(李濡) : 1645~1721. 본관은 전주, 자는 자우(子雨), 호는 녹천(鹿川)이다. 세종의 다섯째 아들 광평대군(廣平大君) 이여(李璵)의 후손이고, 송시열 문인이다. 1668년(현종9) 별시문과에 급제, 헌납·정언 등을 거쳐 1680년(숙종6) 경신환국 직후 승지·대사헌 등을 지내고, 1694년 갑술환국 이후 호조판서가 되었으며, 1704년 우의정에 이어서 좌의정·영의정 등을 역임하였다. 1718년 영중추부사가 되고 기로소(耆老所)에 들어갔다. 1726년(영조2) 민진후와 함께 경종 묘정에 배향되었고, 시호는 혜정(惠定)이다.

277) 오명항(吳命恒) : 1673~1728. 본관은 해주(海州), 자는 사상(士常), 호는 모암(慕菴)·영모당(永慕堂)이다. 오윤겸(吳允謙)의 현손이다. 1705년(숙종31) 식년문과에 급제하여 청요직을 두루 역임하고, 1716년 승지를 거쳐 평안도관찰사 등을 지냈다. 1724년(영조 즉위년)에 소론이 실각하자 사직하였다가 정미환국(1727) 때 등용되어 이조·병조판서를 역임하였다. 1728년 이인좌(李麟佐)의 난 당시 토벌에 참여하여 분무공신(奮武功臣) 1등이 되고 해은부원군(海恩府院君)에 봉해졌다.

278) 조상건(趙尙健) : 1672~1721. 본관은 풍양(豊壤), 자는 자이(子以)이다. 1713년(숙종39) 증광문과에 급제하여 1714년 지평이 되었다. 1716년 정언 재직 시 《가례원류》문제로 윤증을 배척하고 송시열을 옹호하는 상소를 올렸다가 관작을 삭탈 당하였다. 1717년 다시 지평이 되고 홍문록에도 올랐다.

279) 조명봉(趙鳴鳳) : 1666~1737. 본관은 양주(楊州), 자는 택지(擇之)이다. 1693년(숙종19) 진사가 되고, 1710년 증광문과에 급제하여 청요직을 두루 거쳐 경종대 도승지에 올랐으나 김창집과의 친분 때문에 탄핵을 받아서 사판(仕版)에서 삭제되었다. 영조가 즉위하자 병조참지에 제수되었으나, 부제학 정호를 비호하다 파직되었다.

논척하자, 주상이 특별히 명하여 체차하였다. 승지 이재(李縡)[280]가 이에 구원하려고 홀로 아뢰었는데, 주상이 당을 비호한다고 배척하였다.

승지 이교악과 홍호인(洪好人)[281] 등이 "당을 비호한다.[護黨]"는 두 글자를 거두어 줄 것을 청하였지만 주상이 듣지 않았다. 홍문관 -교리 홍석보(洪錫輔)[282]와 수찬 어유귀- 또한 차자를 올려 구원하였지만 주상이 듣지 않았다.

○ 정언 조상건이 상소하여 "아비와 스승은 경중이 있다."는 설에 대해 아뢰었는데, 주상이 엄한 비답을 내리고 질책하였다. 사간원에서 처치하여 출사(出仕)를 청하였으나, 주상이 선정(先正)을 헐뜯어 욕하였다 하여 특별히 체차하였다. 승지 이재·이교악 등과 교리 홍석보 등이 힘써 구원하고, 좌의정 김창집과 대사성 민진원(閔鎭遠)[283]이 또 상소하여 변론하였으나 주상이 모두

280) 이재(李縡) : 1680~1746. 본관은 우봉(牛峰), 자는 희경(熙卿), 호는 도암(陶菴)·한천(寒泉)이다. 이유겸(李有謙)의 증손으로, 아버지는 이만창(李晩昌), 어머니는 민유중(閔維重)의 딸이고, 김창협 문인이다. 1702년(숙종28) 알성문과, 1707년 문과 중시에 급제하여 청요직을 두루 지냈다. 1716년 부제학 재직 시 《가례원류》 편찬자를 둘러싸고 시비가 일자, 노론의 입장에서 소론을 공격하였다. 1721년(경종1) 도승지가 되었으나 삭직하고, 이듬해 임인옥사 때 중부 이만성(李晩成)이 옥사하자 은거하며 성리학 연구에 전념하였다. 영조대 다시 등용되어 대제학 등을 지내다가 1727년(영조3) 정미환국 이후 용인 한천(寒泉)에 거주하면서 제자 교육에 힘썼다. 준론(峻論)을 표방하며 의리론(義理論)을 들어 영조의 탕평책을 부정하였다. 당대 호락논쟁(湖洛論爭)에서는 이간(李柬)의 학설을 계승해 한원진(韓元震) 등의 심성설(心性)을 반박하는 낙론의 입장에 섰다. 저서로 《도암집(陶菴集)》·《도암과시(陶菴科詩)》·《사례편람(四禮便覽)》·《어류초절(語類抄節)》 등이 있고, 시호는 문정(文正)이다.

281) 홍호인(洪好人) : 1674~? 본관은 남양(南陽), 자는 유재(有哉), 호는 노포(老圃)이다. 1706년(숙종32) 정시문과에 장원 급제하여 청요직을 두루 역임하다가 1721년(경종1) 삭직되었다. 영조대 좌부승지를 거쳐 한성부 판윤 등을 지냈다.

282) 홍석보(洪錫輔) : 1672~1729. 본관은 풍산(豊山), 자는 양신(良臣), 호는 수은(睡隱)이다. 김창협의 문하에서 수학하였다. 1696년(숙종22) 사마시를 거쳐, 1699년 증광문과에 급제했으나 삭방(削榜)되었는데, 1706년 정시문과에 다시 급제하였다. 1716년(숙종42) 수찬 재직 시 《가례원류》 사건으로 조정이 시비에 휘말렸을 때, 윤증을 강력히 비난하였다. 1721년 동부승지로 재직 시 노론 4대신과 함께 세제 책봉을 주장했다가 유배되었다. 영조대 도승지·평안도관찰사 등을 역임하였다.

283) 민진원(閔鎭遠) : 1664~1736. 본관은 여흥(驪興), 자는 성유(聖猷), 호는 단암(丹巖)·세심(洗

듣지 않았다.

○ 사학(四學)[284] 유생 윤득화(尹得和)[285] 등과 태학생 김순행(金純行) 등이 모두 상소하여 윤증을 논척하였지만 주상이 엄히 질책하였다.

○ 판부사 이여가 차자를 올려 논하기를,

"전후 성교가 한 쪽 편에 치우쳤는데 이것을 국시(國是)로 정하려고 하면 스승과 제자의 윤리가 장차 이로부터 폐해질 것입니다."

하니, 주상이 답하기를, "의리가 명백하니 내가 매우 감탄한다." 하였다.

○ 장령 황이장(黃爾章)[286]과 헌납 박희진(朴熙晉) 등이 정호와 조상건을 유배보낼 것을 청하였다. 부제학 유봉휘(柳鳳輝)[287]와 응교 정식이 차자를

心)이다. 민유중(閔維重)의 아들이며, 인현왕후의 오빠이자 민진후(閔鎭厚)의 동생이고, 송시열 문인이다. 1691년(숙종17) 증광문과에 급제하여, 1694년 갑술환국 이후 청요직을 두루 거치고 1697년 홍문록에 올랐다. 1715년 《가례원류》 간행을 둘러싸고 노·소론간에 당론이 치열해지자 정호(鄭澔)를 두둔하다가 파직되었다. 1721년(경종1) 공조판서가 되었다가 신임옥사로 유배되었다. 1724년 영조가 즉위하자 우의정에 오르고, 1725년 좌의정이 되었다. 노론을 대표하여 영조 탕평책을 거부하고 끝까지 소론을 배척하였다. 1730년 기로소에 들고 1733년 봉조하(奉朝賀)가 되었다. 저서로 《단암주의(丹巖奏議)》·《연행록(燕行錄)》·《단암만록(丹巖漫錄)》·《민문충공주의(閔文忠公奏議)》 등이 전한다. 영조의 묘정에 배향되었으며, 시호는 문충(文忠)이다.

284) 사학(四學) : 서울에 두었던 중학(中學)·동학(東學)·남학(南學)·서학(西學) 등이다.

285) 윤득화(尹得和) : 1688~1759. 본관은 해평(海平), 자는 덕휘(德輝)이다. 1725년(영조1) 생원시에 합격하고, 이 해 증광문과에 급제하여 도승지 등을 역임하면서, 조문명(趙文命)·이광좌(李光佐) 등 소론 탕평파를 공격하는데 앞장섰다.

286) 황이장(黃爾章) : 1653~1728. 본관은 장수(長水), 자는 자경(子蹩)이다. 1712년(숙종38) 정시문과에 급제하여 청요직을 두루 거쳤다. 1715년 장령 재직 시 논의가 준열하다 하여 '오색대간(五色臺諫)'이라는 별명을 얻었다. 그 뒤 승지·대사간 등을 지냈으며, 영조대 강화유수 등을 역임하였다.

287) 유봉휘(柳鳳輝) : 1659~1727. 본관은 문화(文化), 자는 계창(季昌), 호는 만암(晩庵)이다. 영의정 유상운(柳尙運)의 아들이다. 1684년(숙종10) 진사가 되고, 1699년 식년문과에 급제하여 청요직을 두루 지냈다. 1721년(경종1) 노론이 세제(世弟, 영조) 책봉을 주장하자

올려 사문(斯文)의 시비를 아뢰고, 이어서 권상하를 배척하면서 파직하라고 청하자 주상이 모두 따랐다.

부교리 홍계적(洪啓迪)[288]이 상소하여 구원하였으나, 주상이 배척하였다. 판부사 이여와 좌의정 김창집 등이 번갈아 가며 상소하여 구원하였으나, 주상이 따르지 않았다. 이여 등이 도성을 나가 대죄하자, 대사간 이세최(李世最),[289] 사간 이정제(李廷濟),[290] 정언 김시혁(金始爀),[291] 지평 홍우행(洪禹行) 등이 합계하여 이여 등의 파직을 청하니, 주상이 윤허하였다.

이를 반대하였다. 이어 세제의 대리청정이 실현되자 소론의 대표로서 대리청정의 부당함을 간언하여 이를 철회시키고 노론을 실각시켰다. 영조가 즉위한 뒤인 1725년 탕평책으로 노론·소론의 연립정권이 수립될 때 우의정에 올랐다. 이어 소론 4대신의 한 사람으로 좌의정에 제수되었으나 신임옥사(辛壬換局)를 일으킨 주동자라는 노론의 탄핵으로 함경북도 경흥(慶興)에 유배되어 그곳에서 세상을 떠났다.

288) 홍계적(洪啓迪) : 1680~1722. 본관은 남양(南陽), 자는 혜백(惠伯), 호는 수허재(守虛齋)이다. 1702년(숙종28) 진사가 되어 1703년 성균관 유생들과 함께 박세당을 성토하는 상소를 올렸다. 그 해 6월 박세당의 《사변록(思辨錄)》과 이경석의 비문을 태워 없애도록 상소하였다. 1708년 식년문과에 급제하여 청요직을 두루 거쳤다. 경종대 대사헌 재직 시 세제의 대리청정을 주장하여 소론과 대립하였다. 1722년 노론 4대신의 당인이라는 죄목으로 투옥되어 옥중에서 죽었다. 저서로 《수허재유고》가 있고, 시호는 의간(毅簡)으로, 뒤에 충간(忠簡)으로 개시되었다.

289) 이세최(李世最) : 1664~1726. 본관은 용인(龍仁), 자는 유량(幼良)이다. 아버지는 이순악(李舜岳)이며, 어머니는 윤문거(尹文擧)의 딸이고, 부인은 유상운의 딸이다. 1699년(숙종25) 정시문과에 급제하여 청요직을 두루 거쳤다. 1704년(숙종30) 정언 재직 시 호조판서 조태채(趙泰采)의 불법을 논죄하였고, 그 뒤 사간 등을 거쳐 이조참판 등을 역임하였다. 1724년(영조 즉위년) 김일경이 지은 애책문(哀冊文)을 둘러싸고 옥사가 발생하자 적극 비호하다가 유배 가서 유배지에서 죽었다.

290) 이정제(李廷濟) : 1670~1737. 본관은 부평(富平), 자는 중협(仲協), 호는 죽호(竹湖)이다. 1699년(숙종25) 사마시를 거쳐 이듬해 춘당대문과에 급제하여 청요직을 두루 역임하였는데, 이유·김창집 등 노론계 중신(重臣)을 탄핵하다가 파직되기도 하였다. 경종대 노론 축출에 가담했다가 1725년(영조1) 삭직되었다. 그 뒤 형조판서·호조판서 등을 역임하였다. 시호는 효정(孝貞)이다.

291) 김시혁(金始爀) : 1676~1750. 본관 강릉, 자는 회이(晦而), 호는 매곡(梅谷)이다. 1708년(숙종34) 식년문과에 급제하여 청요직을 두루 지냈다. 영조 즉위 후 물러났다가 1727년(영조3) 정미환국 이후 황해도관찰사에 등용되었다. 그 뒤 대사헌을 거쳐 공조판서·좌참찬 등을 역임하였다.

성균관 유생 이시정(李蓍定) 등이 상소하여 〈의서(擬書)〉[292]가 패악하고 오만하다고 논척하자, 주상이 엄한 비답을 내렸다. 이시정 등이 권당하고 소회를 써서 아뢰면서 앞서 주장한 말을 되풀이하였다.

승문원 정자 김홍석(金弘錫)[293]이 장차 상소한 유생을 모두 처벌하려고 사관(四館)[294]에 통문(通文)을 돌렸는데, 강박(姜樸)[295] 등이 송시열을 무욕(誣

---

292) 의서(擬書) : 윤증이 신유년(1681, 숙종7)에 송시열에게 쓴 〈신유의서(辛酉擬書)〉를 가리킨다. 의서란 편지를 써두었지만 여러 가지 사정으로 보내지는 않은 편지를 말한다. 박세채의 만류로 보내지 않았는데, 박세채의 사위 송순석(宋淳錫, 송시열의 손자)이 몰래 베껴서 송시열에게 전하면서 사제 간의 갈등이 확대되었다. 윤증이 〈신유의서〉를 지은 이유는 흔히 알려져 있듯이 윤선거 묘갈명을 둘러싼 갈등 때문만은 아니었다. 오히려 경신환국(1680) 이후 서인 내부에서 조성된 남인에 대한 강경 기류를 의식하고 나왔다고 보는 것이 보다 사실에 가까워 보인다. 서인 내부에서 윤휴를 사사하고 난 이후에도 남인을 도태시키려는 시도가 멈추지 않는 것을 보고 윤증은 부친 윤선거가 〈기유의서(己酉擬書)〉에서 표방한 대남인 포용책의 연장선상에서 송시열에게 이의를 제기하기 위해 이 편지를 쓴 것이다. 〈기유의서〉와 〈신유의서〉 두 편지는 윤선거·윤증 부자가 송시열을 비판하는 결정적 내용을 담은 편지가 되었다. 특히 〈신유의서〉는 1684년 회니시비가 조정으로 비화된 직접적 계기가 되었다. 이 편지가 쓰여진 1681년에는 윤증과 송시열 사이에 묘갈명을 둘러싼 시비가 멈춘 이후였다. 그리고 경신환국으로 서인이 집권하여 윤휴를 사사하는 등 남인 1백여 명을 처벌하고 난 뒤였다. 〈신유의서〉에서 윤증은 송시열의 문제점을 기질지용(氣質之用)이 아닌 송시열 학문의 본원[本源之地]에 대해 의문을 제기하였다. 이른바 "왕패병용(王霸竝用)·의리쌍행(義利雙行)"은 이것을 집약한 표현이었다.

293) 김홍석(金弘錫) : 1676~? 본관은 광산, 자는 윤보(胤甫)이다. 김진규(金震煃)의 아들이고, 박세당의 사위이다. 1702년(숙종28) 생원시에 장원하고, 1714년 증광문과에 급제하였다. 1716년(숙종42) 승문원 정자 재직 시 경신환국 때 송시열을 비판하는 성균관 유생들과 내응했다는 이유로 파직되었다. 이듬해에는 사직 이대성(李大成) 등과 세자 대리청정을 반대하는 상소를 올렸다. 1722년(경종2) 지평이 되어 세제 연잉군의 대리청정을 주장하는 노론 4대신을 논척하였다. 영조대 교리가 되었으나 신임옥사와 관련하여 관작을 삭탈당하였다. 1755년 손자 김정리(金正履)가 김일경의 당여로 죽자, 이에 연루되어 추율(追律)당하였다.

294) 사관(四館) : 성균관·예문관·승문원(承文院)·교서관(校書館)이다.

295) 강박(姜樸) : 1690~1742. 본관은 진주, 자는 자순(子淳), 호는 국포(菊圃)이다. 1714년(숙종40) 절일제(節日製)에 장원하고, 이듬해 식년문과에 급제하여 민진원·어유귀를 탄핵하여 유배되었다. 1723년(경종3) 풀려나 홍문록에 오르고, 수찬이 되었다. 1727년(영조3) 윤지술을 탄핵하여 다시 유배되었다가 정미환국(丁未換局)으로 다시 청요직에 나아갔는데 1728년 이인좌의 난에 연루되어 출사가 막히게 되었다. 저서로 《국포집》·《국포쇄록(菊

辱)하는 말을 처벌하는 항목 가운데 집어넣자, 정언 송진명(宋眞明)[296]이 그 답통(答通, 통문에 대한 화답)을 처음 발의한 자를 적발하여 파직하라고 청하였다. 주상이 말하기를,

"답통 가운데 '고묘(告廟)'나 '왕법(王法)' 등의 말[297]은 지극히 놀랍고 한탄스러우니 특별히 명하여 멀리 유배보내라."

하였다.

김홍석은 강박 등의 추악한 말과 패악한 주장이 간통(簡通)[298] 가운데 낭자하여 함께 승문원에 있을 수 없다고 하며 소장을 올려 스스로 밝혔다. 정자 강륜(姜綸)과 강필경(姜必慶)[299] 등이 또 상소하여 김홍석이 반복(反覆)하는 태도를 말하자 정언 김계환(金啓煥)이 존현(尊賢)의 논의에 슬쩍 붙어서 협잡하려 한다면서 강륜 등의 파직을 청하였다.

장령 권세항(權世恒)[300]이 상소하여 논하기를,

"강박이 바로 〈의서〉에서 공격한 자인데, 저 〈의서〉의 내용을 조술한

圃瑣錄)》 등이 있다.

296) 송진명(宋眞明) : 1688~1738. 본관은 여산, 자는 여유(汝儒), 호는 소정(疎亭)이다. 대사성 송정명(宋正明)과 예조판서 송성명(宋成明)의 동생이고, 송인명(宋寅明)의 종형이다. 1714년(숙종40) 증광문과에 급제하여 청요직을 두루 지내고 이조참판 등을 거쳐 1735년(영조11) 공조·형조판서, 1736년 이조판서에 올랐으며, 1738년 호조판서로 재직 중 서거하였다.

297) 고묘(告廟)나 왕법(王法)의 말 : 《동소만록》에 따르면 당시 정자 강박 등이 "왕법으로써 죽인 것을 '현자를 해친다.'고 하고, 종묘에 고하자는 정론을 흉당이라고 했으니, 이들을 넌서 과서를 보지 못하게 해야 한다."라고 주장하였다. 여기서 '현자를 해친다.'는 표현은 1689년(숙종15) 기사환국 때 송시열을 죽인 일을 가리킨다.

298) 간통(簡通) : 사헌부나 사간원의 벼슬아치가 글로써 서로의 의견을 통하던 일이다.

299) 강필경(姜必慶) : 1680~? 본관은 진주(晉州), 자는 선경(善慶)이다. 1713년(숙종39) 증광문과에 급제하여, 1723년(경종3) 교리가 되고, 영조대 보덕·집의 등을 역임하였다. 1730년(영조6) 소론이 국문을 당할 때 그의 이름이 연좌되었으므로 그 뒤 오랫동안 금고(禁錮) 당했다가 1738년 좌의정 송인명(宋寅明)의 건의로 해금되어, 첨지중추부사·오위장 등을 역임하였다.

300) 권세항(權世恒) : 1665~1725. 본관은 안동, 자는 여구(汝久)이다. 정랑 권이경(權以經)의 아들이다. 1693년(숙종19) 알성문과에 급제하여 1705년 홍문록에 올랐고, 1717년 문과 중시에 장원하여 승지가 되었다. 1722년(경종2) 경주부윤이 되어 경주에 있는 송시열의 영당(影堂)을 철거하도록 하고, 이를 반대하는 선비들을 감옥에 가두었다.

자가 도리어 강박을 죄주자고 주장하니 어떻게 인심을 납득시킬 수 있겠습니까?"

하니, 주상이 명하여 〈신유의서(辛酉擬書)〉와 송시열이 찬술한 윤선거의 묘문을 들이게 하였다. 하교하기를,

"이번에 〈의서〉를 상세히 보니, 남을 단속하는 말이 많지만, 묘문 가운데는 윤선거를 모욕한 일이 원래 없으니, 한쪽에서 떠드는 말은 저절로 사실과 어긋나는 데로 돌아갔다."

하고, 이어서 전후로 송시열의 억울함을 변명하여 호소하다가 죄를 받은 유생의 벌을 모두 풀어주라고 명하였다.

황극편(皇極編) 권8

노소(老少)

병신년(1716, 숙종42) 봄, 성균관 유생[泮儒] 오명윤(吳命尹) 등이 윤증을 위하여 상소[陳疏]하여 변무(辨誣)하였다. 주상이 하교하기를,

"예전의 하교는 〈의서(擬書)〉와 묘문(墓文)을 보기 전에 있었고, 오늘날의 처분은 〈의서〉와 묘문을 이미 본 뒤에 나온 것이다. 내 마음이 한 번 깨달아서 시비가 저절로 밝아졌는데, 오명윤 등이 선정(先正)을 헐뜯는 논의를 주워 모아 조금도 자중(自重)하는 뜻이 없으니, 우선 정거하라."

하였다. 대간이 다시 아뢰어서 정배되었다.

○ 경기 유생 신구(申球)[1]가 상소하여 윤선거 문집 가운데 어떤 사람에게 보낸 편지에서 효종을 비방한 죄가 있다고 논하였다. 주상이 본집을 들이게 하여 살펴보고 다음과 같이 하교하였다.

"지금 본집을 살펴보니, 유생의 상소에서 말한 것과 같지 않으므로, 내가 이미 가벼이 논할 수 없다는 것을 알았다. 신구가 비록 지극히 놀랍고 한탄스럽지만 허물을 꾸짖어 처벌하지 않은 것도 또한 지키는 바가 있다."

---

1) 신구(申球) : 1666~1734. 본관은 평산(平山), 초명은 신관(申綰), 자는 군미(君美)이다. 고려 개국공신 신숭겸(申崇謙)의 후손이고, 송시열 문인이다. 1689년(숙종15) 기사환국으로 제주에 안치된 송시열을 위하여 상소하였고, 1716년 7월 경기도·충청도·전라도의 유생 60명이 연명하여 소를 올릴 때 그 소두(疏頭)가 되어 윤선거(尹宣擧)와 아들 윤증(尹拯)을 논핵하여 그들의 관작을 추탈하고 윤선거의 문집을 훼판하게 하였다. 1722년 신임옥사로 거제에 유배되었다가 영조 즉위후 방환되어 영릉(英陵)·희릉(禧陵)의 참봉을 지냈으나 1727년(영조3) 정미환국으로 다시 쫓겨나 고향으로 은퇴하였다.

○ 주상이 좌의정 김창집의 차자에서 청한 것을 따라서 윤증에 대한 선정(先正) 칭호를 금지할 것을 명하고, 시호를 내린 것과 서원[2]을 세우라는 명을 거두었다.

정유년(1717, 숙종43) 봄, 승지 김보택이 상소하여 윤선거 부자의 관작을 삭탈하라고 청하자, 주상이 "바로 내 뜻에 맞다." 답하면서 모두 관작을 추탈하라고 명하였다. 지평 김진상(金鎭商)[3]이 상소하여 윤선거를 배향한 서원을 허물고 문집 목판을 부숴버리라고 청하였으나, 주상이 허락하지 않았다.[4]

---

2) 서원 : 충남 논산에 소재한 노강서원(魯岡書院)을 가리킨다. 1675년(숙종 원년)에 김수항의 발의로 윤황(尹煌)의 학문과 덕행을 추모하기 위하여 창건하고 위패를 모셨다. 1682년(숙종8)에 '노강'이라는 사액(賜額)을 받아 사액서원으로 승격되었는데, 1717년(숙종43) 사액 현판이 철거되었다가 1722년(경종2)에 회복되었다. 이듬해 윤증과 윤선거를 추가 배향하였다. 흥선대원군의 서원 철폐령 때 훼철되지 않고 보존되었던 전국 47개 서원 중 하나이다.

3) 김진상(金鎭商) : 1684~1755. 본관은 광산(光山), 자는 여익(汝翼), 호는 퇴어(退漁)이다. 김익훈(金益勳)의 손자, 김만채(金萬埰)의 아들이다. 1699년(숙종25) 진사가 되고 1712년 정시문과에 급제하여 청요직을 두루 거쳐 1720년 홍문록에 올랐다. 1716년 병신처분(丙申處分) 뒤 윤선거를 봉안한 서원과 문집 목판을 훼철하라고 청하였다. 1719년 장희빈의 묘를 이장할 때 동궁이 망곡(望哭)하려는 것을 저지하였다. 1722년(경종2) 신임옥사로 유배되었다가 영조가 즉위하자 이조정랑에 등용되었다. 1729년 탕평책의 일환으로 단행된 기유처분(己酉處分)에 반발하여 사직하였다가 대사헌·좌참찬 등을 역임하였다. 문집으로 《퇴어당유고(退漁堂遺稿)》가 전한다.

4) 지평 김진상(金鎭商)이 …… 않았다 : 윤선거 문집은 1716년 신구 상소에 이어서 김창집이 건의하여 이미 훼판되었다.《肅宗實錄 42年 8月 24日》 그런데 당시에 훼판한 것은 노론측에서 문제 삼은 몇 구절에 그쳤으므로 김진상은 그 문집 판본 전체를 헐어버리라고 주장한 것이다.《退漁堂遺稿 卷6 辭職兼請尹宣擧書院毁撤文集毁板書》 이것은 세자에게 올린 것이므로 여기서 '주상'은 세자로 보아야 할 것이다. 윤선거에 대한 증시(贈諡)와 사전(祀典)은 1717년 3월에 삭제되었다.《肅宗實錄 43年 3月 2日》 이어서 김보택의 상소로 윤선거·윤증의 관작을 추탈하였다.《肅宗實錄 43年 5月 29日》

○ **가을**, 좌의정 이이명이 약방제조로서 입시하였는데, 주상이 승지와 사관[承史]을 물리치고 독대하였다.[5] 이윽고 주상이 비망기를 내려 동궁(東宮)으로 하여금 대리청정하게 하라는 명이 있었다.[6]

이에 조정 밖에서 논의가 떠들썩하였는데, 모두 독대를 허물로 삼으니, 대신(臺臣) -박성로(朴聖輅)와 조명겸(趙鳴謙)[7]- 이 상소하여 독대가 이미 전례가 아니며, 또한 뒷날의 폐단에도 관계된다고 아뢰고, 이어서 승지와 사관이 제대로 직무를 수행하지 않았다고 하여 탄핵하였다.

이이명이 상소하여 자백하였는데, 대략 말하기를,

"어제 간관이 독대의 일로써 상소하여 신이 경솔하였다고 질책하고, 또 말하기를, '군신이 서로 체통을 잃어버렸다.' 하였습니다. 신의 형편없음으로 인하여 위로는 성덕에 누를 끼치고, 아래로는 다른 사람이 처벌받게 하여, 신은 진실로 황공하고도 놀랍습니다.

그날 궁궐에 들어간 뒤 중관(中官)[8]이 와서 성교(聖敎)를 전하면서 신을

---

5) 주상이 …… 독대하였다 : 정유독대(丁酉獨對)를 가리킨다. 정유년(1717, 숙종43) 숙종이 좌의정 이이명을 불러 독대한 것을 말하는데, 사관이 동석하지 않았기 때문에 그 자세한 내용은 알 수 없다. 다만 그 직후 세자의 대리청정을 명하자 당시 소론 측에서는 이를 세자를 폐하기 위한 수순으로 보았다. 영조대에 김복택 옥사를 계기로 그 내용의 일부가 드러났는데, 하나는 연잉군(延礽君, 영조)과 연령군(延齡君), 두 왕자를 부탁한 것이고, 다른 하나는 김용택 등에게 만일의 사태에 대비할 것을 명한 것이다. 이것은 후일 경종대 임인년 옥사의 빌미가 되었다.

6) 동궁(東宮)으로 …… 있었다. : 1717년(숙종43) 국왕과 우의정 이이명 사이에 이루어진 정유독대 결과 단행되었다. 이 사건을 계기로 왕위 계승 문제를 두고 노론과 소론의 갈등이 첨예화되었다. 경종을 후원했던 소론의 입장에서는 아직 정무 능력을 갖추지 못한 세자를 조기에 등판시켜 실수를 기대함으로써 후계구도를 흔들려는 음모로 파악하였다. 노론은 독대를 근거로 연잉군과 연령군, 두 왕자에 대한 보호를 자처하여, 기회를 엿보아 세자를 바꾸려 한다는 의심을 받았다.

7) 조명겸(趙鳴謙) : 1663~1722. 본관은 양주(楊州), 자는 익지(益之)이다. 이조판서 조상우(趙相愚)의 손자이다. 1713년(숙종39) 증광문과에 급제하여 장령·집의를 거쳐 1719년(숙종45) 집의 재직 시 윤선거 서원을 허물라는 계청(啓請)을 정지하였다 하여 체임되기도 했다. 그 뒤 승지 등을 역임하였다.

8) 중관(中官) : 내시부(內侍府)의 관원을 두루 이르는 말이다.

먼저 들어오라고 하였습니다. 신이 승선(承宣)에게 말하기를,

'이는 상규(常規)와 다르니 승지와 사관이 나를 따라서 들어가지 않을 수 없다.'

하고, 신은 앞에서 빠른 걸음으로 가서 중정(中庭)에 이르러 뒤를 돌아보니 아무도 없어서, 비로소 승지와 사관이 합문(閤門)[9]에서 저지당하여 입시하지 못한 것을 알았습니다. 그런데 보좌(黼座, 옥좌)가 멀지 않고 신을 재촉하여 편전(便殿)에 오르게 하였으므로 신이 당황하여 주저하면서 감히 되돌아 나오지 못하였습니다.[10]

곡배(曲拜, 임금에게 하는 절)한 뒤에 먼저 승지와 사관을 불러들일 것을 청하였으나, 성상(聖上)께서 이내 효종[孝廟] 때의 일[11]을 인용하여 말씀하시면서 두세 차례 앞으로 나오라고 분부하셨습니다. 신은 황공하고 위축되어 몸 둘 바를 몰랐으므로, 매번 말의 단서가 바뀔 때마다 거듭 저들을 불러들이라고 청하여, 끝내 허락을 받았습니다.[12]

---

9) 합문(閤門) : 편전(便殿)의 앞문이다. 당시 숙종이 이이명과 독대한 곳은 희정당(熙政堂, 창덕궁 소재)이었는데, 조선후기에는 이곳을 편전으로 사용하였다.

10) 신이 당황하여 …… 못하였습니다. : 이는 정유독대를 바라보는 노론의 당론이었다. 당시 소론과 남인이 정유독대를 세자의 지위를 흔들기 위한 술책으로 본 것과는 정반대의 주장이다. 즉 대리청정은 숙종의 강력한 요청에 의해 이루어진 것이고, 이이명은 오히려 신중하게 대처했음을 부각시켰던 것이다. 반면 《동소만록》에서는 숙종이 눈병을 이유로 대리청정을 명하자 이이명이 "목소리가 또렷한 자를 시켜 주상에게 올린 문서를 읽게 하고, 세자로 하여금 옆에 두고 보게 하면 어떻겠습니까?" 하면서 적극적으로 거들었다고 기술하였다.

11) 효종[孝廟] 때의 일 : 1659년(효종10) 효종이 송시열을 독대하여 북벌 추진 방안을 논의한 일을 가리킨다.

12) 신은 …… 받았습니다 : 이이명의 변명과는 달리 《조야신필(朝野信筆)》에서는 독대의 절차상 문제를 노론 4대신에 대한 〈토역교문(討逆敎文)〉을 근거로 비난하였다. 기본적으로 남인은 대리청정은 동궁을 궁지로 몰려는 의도가 담겨있다고 판단하였다. 따라서 이이명은 독대를 통해 임부의 상소에 연명한 자들에 대한 나문(拿問)을 요청했던 사실을 근거로 동궁보호 의지가 없는 자로 간주하였다. 이같은 부정적 관점에서 인용된 〈토역교문〉에서 이이명은 독대시기를 미리 알아차리고 충훈부에서 비밀 모의를 결정했다는 혐의가 있다고 하였고, 김창집은 상궁과 내통하고 궁중의 인척과 연계하여 동정을 살핀 혐의를, 이건명은 동생 이이명과 서로 의지하며 거짓말을 꾸민 혐의를 두었으며,

대개 역대 군신이 서로 접견(接見)하는 예절은 대부분 간이(簡易)한 경우가 많아서, 광명하고 엄정하기가 우리 조정과 같은 경우는 있지 않았습니다. 그런데 지금 신의 경우는 상전(常典)에서 벗어났고, 또한 뒷날의 폐단에도 관계가 되니 간관이 신을 책망한 것이 옳습니다. 어떻게 스스로 벗어날 수가 있겠습니까?"

하였다. 주상이 독대의 규정은 어제오늘의 일이 아니니 안심하고 사직하지 말라고 답하였다.

○ 세자가 상소하여 대리청정하라는 명을 사양하니, 주상이 다음과 같이 답하였다.

"근일의 일은 처분이 올바르고 시비가 분명하여 백세 뒤에도 의혹스러울 것이 없다. 일이 사문(斯文)에 관계되니, 돌아보건대 중대하지 않은가? 그래서 특별히 말하는 것이다. 나의 뜻을 네가 그대로 따라서 혹시라도 동요되는 일이 없도록 하라."

○ 영부사 윤지완은 늙고 병들어 오랫동안 고향에 거처하였는데, 이때 이르러 상여(喪輿)를 매고 서울로 올라와서 상소하여 소회를 대략 말하기를,

"신이 삼가 듣건대, 경연(經筵)에서 동궁에 대해 언급하신 하교가 있었다고 하는데, 노신(老臣)이 죽지 못하고 이 말을 듣게 되니 심담(心膽)이 떨려 곧장 단지(丹墀)13)에 나아가 머리를 부수고자 하지만 할 수 없었습니다.

우리 동궁께서는 예질(睿質, 세자 자질)을 타고나시어 성후(聖后)를 받들어 섬긴 것이 지극한 효성과 차이가 없어서, 살아계실 때 기쁘게 모시는 예절과

조태채는 찬역을 도모하는 흉당에 비밀리에 붙은 죄를 지었다고 보았다. 그리고 한발 더 나아가 정유독대를 전후한 시점에서 일어난 갑술환국과 신사옥사, 삼수역모(三手逆謀)는 반드시 일어날 형세로서 서인 집권을 공고히 하기 위한 정치적 의도가 반영된 사건으로 규정하였다.

13) 단지(丹墀) : 붉은 칠을 한 궁전 앞의 섬돌이다. 궁궐이나 국왕을 뜻하기도 한다.

복상(服喪)할 때의 의절을 신료들이 눈으로 직접 보고 감격하여 우는 사람들이 많았습니다. 중간에 변고를 만났을 적에도[14] 털끝만큼도 난처한 기미를 밖으로 드러내지 않았습니다. 덕에 힘써 온 지 30년 동안 온 나라 사람들이 목을 길게 빼고 몹시 기대하면서 세자를 위하여 죽기를 원하지 않는 사람이 없는데, 어찌 오늘날 이런 일이 있을 줄 생각했겠습니까?

예로부터 쇠망하는 말세에는 음험하고 사특하며 불령(不逞)스러운 무리들이 그 사이에 자라나서 남의 집과 나라를 패망시켜 왔습니다. 지난 갑술년(1694, 숙종20) 대신 남구만이 곡진한 마음으로 막아 지켰고 정성을 다하여 조호(調護)하였으니, 진실로 종사의 안위(安危)가 오로지 여기에 있었기 때문이었습니다. 그런데 지금 남구만은 이미 죽었고, 단지 나이 많고 거의 죽어가는 미천한 신만이 남아 있을 뿐인데, 지위와 명망이 가볍고 얕아서 인심을 진정시킬 수가 없습니다. 이 일을 언급하려고 하니 심골(心骨)이 모두 떨립니다."

하였다. 또 말하기를,

"독대한 일은 상하(上下)가 서로 잘못한 것이니, 전하께서 어떻게 상신(相臣)을 사인(私人)으로 삼을 수 있으며, 상신 또한 어떻게 임금의 사신(私臣)이 될 수가 있겠습니까? 중외(中外)가 놀라 의혹하고 온 나라 사람들이 시끄럽게 떠드는 것은 당연한 일입니다. 청컨대 명명(明命, 임금의 명령)을 내려 온 나라의 신하와 백성들이 성심(聖心)을 의심할 것이 없다는 것을 환히 알게 하여 주시면 국본이 영원히 공고해질 것입니다."

하였다. 주상이 다음과 같이 답하였다.

"나의 병이 이 지경에 이르렀으니 변통하는 것 이외에 다른 도리가 없다. 세자에게 대리청정하게 하라는 하교는 내가 먼저 말하고 대신들이 받들어 이은 것이어서 조종조(祖宗朝)의 고사와 자연스럽게 서로 부합된다. 그 당시에도 간쟁하는 사람이 있다는 말을 듣지 못했는데, 이제 와서 간쟁하지 않았다고 대신(大臣)을 책망하는 것은 내가 이해할 수 없다.

14) 중간에 …… 적에도 : 1701년 생모인 장희빈이 사사된 일을 말한다.

독대에 이르러서는 지금 새로 만들어 행한 것이 아닌데 경이 좌의정[左揆]을 지목하여 논척한 것은 어의(語意)가 정상이 아니다. 특별히 비망기를 내려 명백하게 풀어주었는데도 경은 다시 명령을 내리라고 청하니, 더욱 이해할 수 없는 일이다."

○ 좌의정 이이명이 사직하며 올린 상소에서 대략 말하기를,

"독대의 명은 갑작스럽게 나와서 이미 신이 꿈에도 생각할 수 없었으며, 또한 신이 종용하여 이룬 것도 아닙니다. 만약 신이 의연하게 명을 받들지 않고 진실로 합문 밖에서 굳게 사양하였더라면 잘 대처했다고 할 수 있었겠습니다. 그러나 어찌할 겨를이 없이 매우 급한 가운데 엎어지고 자빠져서 미처 신의 생각대로 하지 못하여 이렇게 소란스러운 말이 나오기에 이르렀습니다. 효종 때 일찍이 이런 일이 있어서[15] 그때에도 이미 잘못이라는 말이 있었는데, 하물며 지금 세상에서는 어떻겠습니까? 하물며 신 자신이 당사자가 되었으니 어떻겠습니까?

다만 그때는 '사인(私人)'이니 '사신(私臣)'이니 하는 말로 상하를 의심했다는 말은 듣지 못했습니다. 신하된 사람으로서 이런 지목을 받고도 도끼로 베임을 당하지 않으면 마땅히 사방의 먼 변방으로 쫓겨나야만 하는 것입니다."

하였다. 주상이 다음과 같이 답하였다.

"아! 독대는 옛날에도 또한 있었는데, 사인이니 사신이니 하는 악명(惡名)을 지금처럼 억지로 덧붙였다는 말은 듣지 못하였다. 더구나 독대할 때 경이 정성을 다하여 광구(匡救)한 것은 신명(神明)에게 질정(質正)할 수 있으니,

15) 효종 때 …… 있어서 : 기해년(1659, 효종10)에 있었던 송시열과의 독대를 가리킨다. 1658년(효종9) 효종은 호서산림(湖西山林) 세력을 재등용하는 일환으로 송시열을 이조판서에 특서(特敍)하였다. 이 조치는 산림의 영수인 송시열에게 인사의 대권을 맡기고 그를 중심으로 한 산림의 지지기반 위에서 난항에 빠진 북벌 정책의 실효를 거두려는 시도에서 비롯되었다. 그리고 기해년 송시열과의 독대를 통해 자신의 북벌 정책을 반대하는 양반 지배층 일반을 설득하려고 했다. 그러나 그해 5월 4일 효종이 41세를 일기로 죽자, 북벌 정책은 정치의 중심에서 사라졌다.

대신의 말에 대해 경이 어찌 지극히 원통해하지 않을 수 있겠는가?"

○ 다음과 같이 비망기를 내렸다.

"영부사 윤지완은 병이 위독한 사람으로서 경황없이 서울에 들어와 마치 국가의 안위(安危)가 순식간에 결판날 것처럼 하였으니, 거조가 이미 극도로 이상하였다. 좌의정에 대해서는 곧바로 '사신(私臣)'이라고 한 번 붓질로 단정하여 헤아릴 수 없는 죄과로 몰아넣었으니, 이것이 진실로 무슨 마음이란 말인가?"

○ 사직 이대성(李大成)[16]이 상소하여 독대의 잘못을 논척하자, 주상이 위험한 말이라고 질책하였다.

○ 사과 이세덕(李世德)[17]이 원정(原情)[18]을 올렸는데 대략 다음과 같이 말하였다.

"오늘날 윤증을 협박하고 무함하여 해치려고 하는 자들은, 하나는 이르기를 '〈신유의서〉는 묘문(墓文)에 불만을 품은 뜻에서 나온 것이다.' 하며, 또 다른

---

16) 이대성(李大成) : 1651~1718. 본관은 전주, 자는 시숙(時叔), 호는 삼취헌(三翠軒)이다. 이경직(李景稷)의 손자이고 판중추부사 이정영(李正英)의 아들이다. 1682년(숙종8) 진사시, 1699년 정시문과에 급제하여 청요직을 두루 거쳤다. 1702년 정언으로서 붕당의 폐단을 논하였고, 1717년 이이명이 숙종을 독대한 일을 비판하였다.

17) 이세덕(李世德) : 1662~1724. 본관은 용인(龍仁), 자는 백소(伯邵)이다. 1705년(숙종38) 증광문과에 급제하여 청요직을 두루 지냈다. 1717년(숙종43) 스승 윤증 부자의 신원(伸寃)을 1만여 마디나 되는 장문으로 상소했다가, 금령을 어긴 죄로 강진현 고금도에 유배되었다. 그 뒤 1722년(경종2)에 다시 상소하여 아무 근거 없이 윤증 부자의 죄를 날조하여 위판(位版)을 철훼하고 끝내 추삭 당하였다고 주장하였다. 이 같은 상소가 있고 난 뒤 노론 집권하에서 아들 이구응(李龜應)은 특별히 등용되었다. 그러나 손자 이재신(李在臣)은 섭기주(攝記注)에 수망(首望)되었으면서도 사문난적의 후손이라 하여 배척당하였다.

18) 원정(原情) : 사인이 원통한 일, 억울한 일 또는 딱한 사정을 국왕 또는 관부에 호소하는 문서이다.

하나는 이르기를, '묘문에 욕한 것이 없는데도 갑자기 서로 절교하기에 이르렀다.' 합니다. 아! 묘문과 의서를 동시에 들이라는 명령을 내리신 이후로 이 두 건의 일을 뽑아내어 스승과 제자가 서로 절교한 단안으로 삼고 장차 시비를 굳게 정하려고 하였습니다.

그런데 묘문도 그 자체로 한 가지 일이고, 의서도 그 자체로 한 가지 일이며, 서로 절교한 것도 그 자체로 한 가지 일입니다. 조건이 각기 다르고 사적(事蹟)이 환히 존재하니, 한 번만 더 살펴보면 분별할 수 있습니다.

무릇 윤증이 송시열과 서로 절교한 것은, 진실로 맨 마지막에 보낸 편지에서 그 아비를 욕보인 것이 낭자한 데서 말미암은 것인데, 이것이 묘문과 무슨 관계가 있겠습니까? 그런데도 말하는 자들은 도리어 맨 마지막 편지에서 욕보인 일은 그대로 두고, 반드시 묘문에서는 욕한 것이 없다고 칭하면서 이것으로 서로 절교한 것이 의리가 없는 일임을 증명하려고 하니, 이것은 진실로 가소롭습니다.

대개 송시열이 지은 묘문에서 그때까지 쌓아 두었던 편치 않은 마음을 밖으로 뚜렷이 드러낸 것에 대해서 윤증이 흡족하게 여기지 않았던 것은 진실로 사람의 아들이라면 가질 수 있는 상정(常情)이었습니다. 이것이 비록 사사로운 일에 관계되지만 공심(公心)으로 보자면 과연 의심이 없을 수 있겠습니까?

송시열이 윤선거에 대해 평소 허여한 것이 어떠하였고, 그가 죽은 후 찬양한 것이 어떠했습니까? 그러나 윤선거의 〈기유의서〉[19]를 본 뒤로 추가로 화를 내며 불평하는 말을 편지에 여러 차례 표현하였는데, 이윽고 비문(碑文)이

---

19) 기유의서(己酉擬書) : 기유년(1669, 현종10) 윤선거가 죽기 직전에 송시열에게 보내려 했던 편지이다. 의서란 편지를 써두었지만 여러 가지 사정으로 보내지는 않은 편지를 말한다. 여기에는 송시열의 정치 행태를 비판하는 내용이 다수 담겨 있다. 윤선거의 사후 아들 윤증은 송시열에게 부친의 묘갈명을 청하면서 관련 자료와 함께 이 〈기유의서〉도 보냈다. 소론 측에서는 이 편지가, 송시열이 윤선거에게 원한을 품고 묘갈명을 부정적으로 지은 주요한 원인이 되었다고 보았다.

나오니 실상은 완전히 무시하여, 제문 중에 '일성(日星)', '지주(砥柱)[20]'라고 비유한 것과는 전혀 달라서 마치 다른 사람의 손에서 나온 듯 했습니다. 그 끝부분의 말은 완전히 문순공(文純公) 박세채가 지은 행장의 내용을 차중(借重)[21]한 것이었는데, 그에 앞서 말하기를,

'덕을 형용하는 글을 지으려 하니 더욱 아득하여 어떻게 말을 엮어야 할지 모르겠다.'

하였습니다. 그 묘지명에서 이르기를, '나는 서술할 뿐 짓지 않았다.' 하여 자기 손으로 짓고 싶지 않은 기색을 현저하게 드러내었습니다.

윤증이 그 문장을 지은 의도가 성실하지 않은 것을 괴이하게 여겨 편지로 질문하니, 송시열이 이에 답하기를, '나는 화숙(和叔) -박세채의 자- 을 교악(喬岳)처럼 우러러본다.' 하였는데, 그 말은 마치 박세채의 권위에 의지하는 듯했습니다. 그렇지만 박세채에게 보낸 답장에서 말하기를,

'태산 교악이라는 말을 집사(執事)가 쓸 곳에 썼기 때문에 내가 주제넘게 빌려서 썼다.'

하였습니다. 대개 박세채가 지은 행장에서 '우뚝 솟은 교악' 등의 말로 윤선거를 찬양했기 때문에 송시열이 마음속으로 기뻐하지 않고 있다가 마침내 비웃고 헐뜯는 흔적을 스스로 드러낸 것이었습니다.

또한 병진년(1676, 숙종2) 유배 중일 때 송시열이 먼저 스스로 고치겠다고 했는데 그 후에 단지 몇 글자만 고치고 말하기를, '화숙이 지은 것에 의거해서 뽑았다.' 하였습니다. 무오년(1678) 봄에 또다시 고쳐서 보내 달라고 요청하자 역시 다만 몇 구절만 고치고 말하기를, '보내준 말대로 찬정(撰定)하였다.' 하고, 심지어 다시 말하기를, '약한 자가 강한 자에게 대적할 수 없기에 고쳤다.' 하였으니, 그 전후로 취한 조치와 말뜻이 실로 정상적인 마음에서

20) 지주(砥柱) : 격류 속에도 움직이지 않는다고 하여 어려운 시기에도 지조를 굳세게 지키는 사람을 비유적으로 이른다.

21) 차중(借重) : 남의 이름이나 역량을 빌어 자기의 위세를 더하다.

나온 것이 아니었습니다.

윤증이 이에 대해서 어떻게 마음이 편안할 수 있으며, 또한 어떻게 그의 마음 씀씀이가 이상하다고 의심하지 않을 수 있겠습니까? 이것은 윤증이 자신의 사사로움에 가리어 그런 것이 아닙니다. 비록 박세채가 보아도 또한 항상 그렇지 않아서, 송시열에게 보낸 편지에서 이른바,

'누르고 올리기를 반복하니, 말을 많이 하면 할수록 인심이 더욱 승복하지 않을 것입니다.'

한 것이 바로 이것입니다.

대개 윤선거가 송시열에게 일생동안 절실히 경계한 말은 간절하여 진실로 한 조각의 참된 마음에서 나왔습니다. 이른바 '《주역(周易)》을 잘 아는 사람은 《주역》을 말하지 않는다.'[22]거나 '말을 앞세우고 실사(實事)는 뒤로 한다.[先聲後實]'[23]는 등의 말은 송시열의 약점과 병통을 그대로 적중시킨 것이 아님이 없었습니다. 〈기유의서〉의 경우에는 더욱 송시열이 꺼리는 것을 꼬집어서 지적한 내용이 많이 있었는데, 송시열이 생전의 경계하는 말에 대해 분노를 쌓아 두었다가 죽은 뒤에 남긴 편지를 가지고 마구 원한을 풀었으니, 또한 어떻게 상정(常情)으로 헤아릴 수 있는 일이겠습니까?

대개 그 편지가 자신의 병통을 절실하게 맞추어서 스스로 벗어날 수 없었으므로, 이 일을 가지고는 도저히 이길 수가 없었습니다. 이에 윤휴의 일을 제기하고, 연이어 강화도에서의 일에까지 미쳐서 윤선기를 비난하는 자료로 삼았으며, 윤증이 윤휴의 전의(奠儀, 부의(賻儀))를 거절하지 않은 것을 집요하

22) 주역을 …… 않으니 : 주자의 말이다. 〈무신봉사(戊申封事)〉에서, "《주역》을 잘 아는 사람은 《주역》을 말하지 않는 법입니다. 정말로 나라를 회복하는 데 뜻을 둔 사람은 칼을 어루만지거나 손뼉을 치지 않습니다.[蓋所謂善易者不言易. 而眞有志於恢復者, 果不在於撫劒抵掌之間也.]" 하였다.

23) 말을 …… 한다[先聲後實] : 한신(韓信)이 말한 병법의 요결(要訣)이다. 즉 먼저 소문을 내어 성세(聲勢)를 과장하고 뒤이어 실제의 병력을 보낸다. 《史記 淮陰侯列傳》 그런데 여기서는 송시열이 북벌을 말로만 내세우고 실제로 그것을 추진하는 실체가 없다는 것을 윤선거가 비판하는 말로 사용되었다.

게 문제 삼았습니다.

송시열이 박세채에게 보낸 편지에서 말하기를,

'초려(草廬) -이유태의 호- 가 말하기를,

「여윤(驪尹, 윤휴)[24]이 미촌(美村) -윤선거의 호- 이 절교를 선언했다는 말을 듣고 크게 노하여 말하기를,

『내가 (강화도에서의 일로) 먼저 이미 떳떳하지 못하게 여겼으나 억지로 상종(相從)했었다. ……』

하였다.」 하였으니, 혹 그 집에서 이것을 아프게 여겨서 미봉하고 보합하려 했던 것이 아니겠습니까? ……'

하였습니다. '먼저 이미 떳떳하지 못하게 여겼다.'는 앞에 '강화도에서의 일[於江都事]' 네 글자를 옆에 이미 썼다가 도로 지웠고, 지웠지만 보이게 하였으니, 이것도 또 송시열의 의도를 보여주는 곳입니다.

송시열이 처음 윤휴를 보고 송준길에게 보낸 편지에서 말하기를,

'삼산(三山, 충청도 보은 소재)에 가서 윤갱(尹鍹) -윤휴의 초명(初名)- 을 만나보고, 그와 함께 학문을 논하였는데, 우리들의 학문은 참으로 가소로운 것이었다.'

하였습니다. 송시열이 당초 윤휴를 칭찬한 것이 이와 같았는데, 계사년(1653, 효종4) 간에 송시열과 윤선거가 황산(黃山, 충청도 논산 소재)에서 모였을 때[25] 비로소 윤휴를 이단이라고 배척하였습니다. 대개 윤휴가 《중용(中庸)》의 장절(章節)을 나눈 것[26]이 주자 장구(章句)를 따르지 않았기 때문이었

24) 여윤(驪尹) : 윤휴가 거처했던 곳이 여호(驪湖)·여강(驪江)이어서 이렇게 말한 것이었다. 여호는 남한강을 가리킨다.

25) 황산에서 모였을 때 : 1653년(효종4) 송시열이 황산서원에서 유계·윤선거 등과 모여 벗들을 초청, 화산(花山)에서 뱃놀이하면서 술 마시고 시를 읊은 일이 있었다.

26) 윤휴가 …… 나눈 것 : 윤휴의 《중용》 관련 저술로는 〈공자달도달덕구경지도(孔子達道達德九經之圖)〉·〈중용지도(中庸之圖)〉와 〈중용장구차제(中庸章句次第)〉·〈분장대지(分章大旨)〉·〈중용주자장구보록(中庸朱子章句補錄)〉 등이 전해진다. 이를 통해서 윤휴는 주자의 《중용장구》의 4대절 33장 체재를 따르지 않고 10장 28절 체재를 주장하였다. 이로 인해 윤휴는 사문난적(斯文亂賊)으로 몰리게 되었다.

습니다. 윤선거가 말하기를,

'이것은 진실로 윤휴가 젊은 나이에 지나치게 뛰어났기 때문에 일어난 일이니, 포용하고 꾸짖어 깨우쳐서 선으로써 인도하는 것이 군자가 사람을 아끼는 도리입니다.'

하였습니다. 그 뒤 4년이 지난 병신년(1656)에 윤휴가 자의(諮議)에 임명되었는데 고신(告身)[27]을 돌려 바치자 송시열이 칭찬하기를, '오늘날의 백이(伯夷)[28]입니다.' 하였습니다.

무술년(1658)에 송시열이 전조(銓曹)를 맡고 있었을 때, 윤휴를 발탁하여 진선(進善)으로 삼았는데, 여덟 자급을 뛰어넘는 것이어서 정례(政例, 인사행정의 준례)를 어겼다고 하여 체직되자, 송시열이 탑전(榻前)에서 아뢰기를, '이런 사람은 마땅히 격식을 넘어서 등용해야 합니다.' 하고는 다시 진선에 임명할 것을 청하였습니다.

또 기해년(1659) 봄에 윤휴가 산송(山訟)[29]의 일로 사직하자 송시열이 말하기를,

'조정에서 부른 학덕(學德)이 높은 선비를 소송의 당사자로 대우해서는 안 됩니다.'

하면서 조사하지 말고 바로 판결해 달라고 특별히 청하였습니다. 윤선거가 이것은 사리를 크게 해친다고 여겨서 편지로 송시열을 경계하고 책망하였습니다. 이것으로 보건대 계사년 이후 송시열이 일마다 곡진히 윤휴의 처지를 옹호한 것이 이와 같았는데, 어디에 그가 윤휴를 이단으로 배척하여 절교한 일이 있습니까?

무릇 예송(禮訟) 이후에 윤휴가 '임금을 낮추고 종통을 둘로 했다.[卑主貳宗]'는

27) 고신(告身) : 관원에게 품계와 관직을 수여할 때 발급하던 임명장이다.

28) 백이(伯夷) : 은(殷)나라 말 현자이다. 주나라 무왕이 은나라를 정벌하려 할 때 아우 숙제(叔齊)와 함께 간하였으나 받아들여지지 않자 수양산으로 들어가 굶어 죽었다.

29) 산송(山訟) : 이른바 묘지 소송으로, 분묘 및 분묘 주변의 산지를 대상으로 하는 소송이다.

설로써 공격하고 배척하자 송시열은 윤휴가 장차 자신을 죽일 것이라고 여겨 비로소 윤휴를 적수(敵讎)로 삼은 것입니다.[30] 그래서 윤선거가 윤휴를 너무 심하게 미워하면 혼란을 초래할 것이라는 뜻으로 송시열을 경계하면서, 윤휴가 스스로 새로워질 수 있는 길을 막지 말라고 하였습니다.

또 윤휴에게도 편지를 보내어 질책하였으니, 전후 편지가 모두 본집에 실려 있어서 살펴보면 알 수 있습니다. 윤휴가 마지막 편지를 보고 노하여 답장을 보내지 않았으므로, 윤선거는 마침내 다시는 친구의 도리로 윤휴를 대우하지 않아서, 그와 더불어 왕래하지 않은 지 거의 10년이나 되었습니다.

윤선거가 죽자 윤휴가 그 아들을 보내어 제전(祭奠)을 올렸는데,[31] 윤증은 생각하기를,

'선인이 윤휴에 대해 친구의 도리는 비록 끊어졌지만, 일찍이 상사(喪事)가 있으면 의례적인 조문을 없애지 않았다. 지금 상을 당한 뒤에 옛 정의로써 와서 조문하는데, 진실로 받지 않아야 할 의리가 없다.'

하고, 마침내 거절하지 않았던 것입니다. 그런데 송시열은 이 한 가지를 화두(話頭)로 고집하며 마침내 이미 절교하고 나서 다시 교제한 증거라고 말하고 있습니다.

아! 예송이 일어난 이래로 윤휴는 송시열을 지극하게 비판하였으며, 송시열도 윤휴를 공격하고 배척하는 데에 있는 힘을 다했습니다. 윤선거도 비록 엄하게 배척하였지만 송시열처럼 너무 극심한 데에 이르지 않았으니, 바로 이것은 공심(公心)에서 나온 것이요, 저것은 사사로운 원한에서 나온 것이었기

---

30) 예송(禮訟) 이후에 …… 것입니다 : 기해년(1659, 현종 즉위년) 효종의 상(喪)에서 조대비가 입을 상복에 대해 송시열은 기년복을, 윤휴는 참최 3년복을 각각 주장하였다. 이때 윤휴는 효종에 대해 왕실의 종통을 계승한 적자(嫡子)로 인정하여 조대비가 3년복을 입어야 한다고 주장하는 한편 기년설에 대해서는 '군주를 낮추고 종통을 둘로 만들었다. [卑主貳宗]'라고 비판하였다. 이를 두고 송시열은 윤휴가 자신의 주장을 효종의 정통성을 부정하는 것으로 몰아 서인을 일망타진하려는 계책을 꾸민다고 간주하였다.

31) 제전(祭奠)을 올렸는데 : 원문은 "致奠"이다. 애도를 표하는 제식(祭式)으로, 사람이 죽으면 친척이나 스승 또는 벗이 제물과 제문을 가지고 문상하는 일이다.

때문입니다.

송시열은 그 뒤로 윤휴를 배척한 것이 예송 때문이라는 사실을 감추려고 하여, 이에 예송의 일은 버려두고, 《중용》의 주(註)를 고친 것을 추죄(追罪)함으로써 마치 자신이 윤휴와 절교한 것이 예송이 있기 이전 주(註)를 고치고 난 뒤에 있었던 것처럼 하면서 곧 말하기를,

'윤휴가 주부자(朱夫子)를 모욕하고 비난하였으니, 흉악한 짓을 저지른 것을 기다릴 것도 없이 터럭 하나하나가 모두가 죄역(罪逆) 아닌 것이 없다.'

하였습니다.

아! 윤휴의 품계를 올려 발탁하고 칭찬하며 지극히 장려한 것이 이미 황산에서의 수작(酬酢)[32]이 있은 지 여러 해 뒤에 있었던 일이니, 흉악한 일을 저지르기 이전에도 과연 터럭 하나도 죄역이 아닌 것이 없다고 보았단 말입니까?

그의 무리 이상(李翔) 등이 윤휴를 발탁한 일을 감추려고 또 이르기를, '송시열이 윤휴를 발탁한 것은 윤선거가 힘써 권면(勸勉)하였기 때문이다.' 하였습니다. 아! 진실로 터럭 하나하나 모두 죄역 아닌 것이 없다고 여겼는데, 친구의 권면 때문에 이처럼 자급을 뛰어넘어 발탁하고 칭찬하여 장려한 것이 여기에 이를 수 있단 말입니까? '격식을 넘어서 등용해야 한다.'고 청한 것은 실제로 의망(擬望)한 사흘 뒤에 있었는데, 이것도 윤선거가 권면한 것입니까? '오늘날의 백이(伯夷)'라고 기리고, '산송을 바로 판결하라.'고 청한 것도 또한 윤선거 때문이라고 핑계 댈 수 있겠습니까?

또한 윤선거는 기유년(1669, 현종10)에 죽었으므로 갑인년(1674) 이후의 윤휴는 보지도 못했는데, 윤선거가 윤휴를 배척한 것이 비록 송시열처럼 매우 심하지 않았다는 것이 어떻게 윤선거의 허물이 될 수 있겠습니까? 기해년(1659) 이전에는 송시열과 윤휴가 우호적으로 교유하였으니, 윤선거와

32) 수작(酬酢) : 황산 모임에서 송시열이 윤선거와 함께 윤휴의 《중용》 개주(改註)에 대해 극렬히 논쟁했던 일을 가리킨다.

도 피차에게 무슨 틈이 있었겠습니까? 그런데 스스로 이르기를,

'나는 몸을 잊고 윤휴를 배척하였으므로, 윤선거를 《춘추》에서 「먼저 당여(黨輿)를 다스린다.」는 형률(刑律)에 의거하여 다스리고자 한다.'

하였으니, 이것이 과연 말이 되는 소리입니까? 어찌 이른바 〈기유의서〉가 거듭 그의 분노를 촉발하였기 때문에 그런 것이 아니겠습니까?

송시열 또한 스스로 윤휴의 일이 윤선거에게 누(累)가 될 수 없다는 것을 알고 있었기 때문에 강화도의 일을 가지고 꾸짖어 욕하는 자료로 만들려고 하여 또 윤휴의 말이라고 핑계대고 네 글자[33]를 삽입하여 헐뜯어 비방하는 토대로 삼고자 했던 것입니다. 그 뒤에 나온 '오랑캐의 포로[俘虜]'[34]라든가 '잔인한 사람[忍人][35]' 등의 말은 이로부터 날조되어 나오지 않은 것이 없었으니, 그 마음 씀씀이가, 아! 또한 위태롭고 음험합니다.

강화도에서의 일에 대한 전말(顚末)은 몇 해 전 고(故) 장령 나양좌(羅良佐)[36]가 올린 상소에 갖추어 실려 있으니, 성상께서는 아마도 이미 통촉하셨을 것입니다. 송시열이 애초 윤선거의 제문에서 강화도에서 죽지 않은 것에

---

33) 네 글자 : 앞서 인용한 송시열이 박세채에게 보낸 편지에 보이는 "於江都事"를 가리킨다.

34) 오랑캐의 포로[俘虜] : 충청도 목천(木川)에서 윤선거를 이산서원(尼山書院)에 배향(配享)하는 일을 두고 이에 반대하는 통문에서 나온 표현이었다. 그 내용 가운데 "강화도에서 오랑캐의 포로[俘虜]가 되었던 사람을 어찌 함께 배향하여 제사할 수 있겠는가." 말이 있었다. 소론측에서는 윤선거가 강화도에서 청나라 군대에게 붙잡혔던 적이 없었다고 당시의 사실관계를 상세하게 나열하며 반박하고, 이것을 송시열이 만들어낸 말로 간주하였다.

35) 잔인한 사람[忍人] : 강화도에서 윤선거가 그의 부인 이씨를 압박하여 자결하게 한 것을 가리켜 김익희가 했다는 말이다. 이에 대해 소론은, 김익희는 윤선거를 추천하는 상소를 올릴 만큼 윤선거와의 관계가 친밀하였으므로 김익희가 그러한 말을 했을 리 없고, 따라서 윤선거와 관련한 추문의 진원지는 모두 송시열과 그 측근이 틀림없고, 그들이 윤선거를 모함하며 근거 없는 말들을 날조하고, 그 근거를 이미 죽은 김익희에게 돌린 것이라고 보았다. 《宋子大全 答尹拯 甲子七月二日》《肅宗實錄 42年 3月 3日》

36) 나양좌(羅良佐) : 1638~1710. 본관은 안정(安定), 자는 현도(顯道), 호는 명촌(明村)이다. 나만갑(羅萬甲)의 손자이고, 김창협의 외삼촌이다. 윤선거의 문인으로 1687년(숙종13) 상소하여 스승의 억울함을 호소했다가 유배되었으나, 이듬해 풀려났다. 기사환국(1689)으로 이사명(李師命)이 죽자 그의 초상을 치르고 돌아왔다. 1706년 장령을 지냈다.

대한 뜻을 밝히기를,

'중도에 큰 난리를 겪었으나 구차스럽게 목숨만 보전하려는 것이 아니었습니다. 문산(文山)[37]도 당황하여 뇌자(腦子, 독약)를 먹었지만 죽지 않았습니다. 또한 그의 뜻을 살펴보면[38] 자신을 감히 마음대로 할 수 없었습니다.'

하였습니다. 또 자신이 쓴 《삼학사전(三學士傳)》[39] 서문에서 말하기를,

'강화도의 경우, 선원(仙源) -김상용[40]의 호- 김상국(金相國) 이하 10여 인과 기타 자기가 처한 곳에서 목숨을 바쳐 드러나게 된 사람들은 그 수를 이루 헤아릴 수 없었습니다. 또한 몸을 깨끗이 하여 더럽히지 않고 자신의 뜻을 지킨 것은 윤선거 등 여러 현인들 역시 마찬가지여서, 일은 비록 같지 않지만 귀착점은 같으니, 모두 빠트릴 수 없습니다.'

하였으니, 강화도의 일을 가지고 윤선거의 허물로 삼지 않았다는 것을 알 수 있습니다.

똑같은 일이고 똑같은 사람인데도 인정과 의리가 바뀌기 전에는 극진히

---

37) 문산(文山) : 송나라 충신인 문천상(文天祥)의 호이다. 문천상이 원(元)나라 군대와 싸워 승리를 거두었는데 끝에 조양(潮陽)의 오파령(五坡嶺)이라는 곳에서 왕유의(王惟義)에게 사로잡혔다. 문천상이 즉시 독약을 먹었지만 죽지 않아서 원나라로 잡혀갔는데, 끝까지 굴하지 않다가 결국 사형 당했다.

38) 그의 뜻을 살펴보면 : 원문은 "觀志"이다. 공자(孔子)가 "아버지가 살아 계실 때에는 그 자식의 뜻을 살피고 아버지가 돌아가셨을 때에는 그 자식의 행동을 관찰해야 하니, 3년 동안 아버지의 도를 고치지 말아야 효라고 할 수 있다.[父在, 觀其志, 父沒, 觀其行, 三年無改於父之道, 可謂孝矣.]" 한 말을 가리킨다. 《論語 學而》

39) 삼학사전(三學士傳) : 삼학사는 병자호란 때 항복을 반대하던 홍익한(洪翼漢)·오달제(吳達濟)·윤집(尹集)을 가리킨다. 청나라에 대해 끝까지 주전론(主戰論)을 펴다가 인조가 삼전도(三田渡)에서 항복한 뒤 척화신(斥和臣)으로 지목되어 심양에 잡혀가 죽임을 당하였다. 송시열은 1671년(현종12) 삼학사의 행장에 의거하여 이들의 전기를 작성하였다.

40) 김상용(金尙容, 1561~1637) : 본관은 안동, 자는 경택(景擇), 호는 선원·풍계(楓溪)이다. 정유길(鄭惟吉)의 외손이고, 김상헌의 형이다. 1582년(선조15) 진사가 되고, 1590년 증광 문과에 급제하여 선조대 대사성을 거쳐 광해군대 도승지에 올랐다. 1623년 인조반정 후 예조·이조판서 등을 역임하고, 1627년 정묘호란 때는 유도대장(留都大將)이 되었다. 병자호란 당시 왕족을 시종하고 강화로 피난갔다가 성이 함락되자 순국하였다. 강화 충렬사(忠烈祠), 양주 석실서원(石室書院) 등에 제향되었다. 문집으로 《선원유고(仙源遺稿)》가 있고, 시호는 문충(文忠)이다.

찬미하다가 〈의서〉를 전하여 보인 뒤에는 의도적으로 비난할 꼬투리를 찾았으니, 전후의 언론이 두 사람의 말처럼 아주 달랐습니다. 그래도 감히 아무런 단서 없어 스스로 창도(倡道)할 수 없자 이내 윤휴의 일을 끌어들여 하나의 일을 가지고 두 가지 비난거리를 만들었습니다. 또 윤휴가 말하고 이유태가 전하였다고 핑계대어 하자(瑕疵)는 윤선거에게 돌려놓고 소문의 출처[言根]는 다른 사람에게 돌아가게 하였습니다.41)

이른바 '강화도에서의 일[於江都事]', 네 글자를 애초 쓰지 않은 것은 윤휴가 처음에 이런 말을 하지 않았기 때문이었습니다. 추후에 본문 곁에 적은 것은 이것을 빙자하여 능욕하려고 한 것입니다. 이미 썼다가 다시 지운 것은 실제로 윤휴가 말한 것이 아니었기 때문에 감히 멋대로 쓸 수 없었던 것입니다. 지워놓고도 사람들로 하여금 볼 수 있게 한 것은 반드시 이것을 빙자하여 비난하려고 했기 때문에 오히려 완전히 지워버리지 않았던 것입니다. 박세채도 또한 이미 썼다가 다시 지우고, 지웠지만 알아볼 수 있었던 실상을 윤증에게 편지로 알렸으니, 대개 그 마음을 쓴 곳을 간파했던 것입니다.

그 뒤 송시열의 언행과 시행하고 조처한 일들에는 사람들로 하여금 그 심술을 엿볼 수 있게 한 일들이 많이 있었는데, 이유태의 예설(禮說) 사건에서 더욱 탄로가 났습니다.42) 대개 이유태가 일찍이 여산(礪山) 남씨(南氏) 성을

---

41) 다른 …… 하였습니다 : 이 같은 송시열의 행태에 대해서 《동소만록》에서 다음과 같이 비난하였다. "회천(懷川, 송시열)이 다른 사람을 무고할 때 스스로 설을 만들어내고도 마치 여우가 묻고 파낸 것 같이 교활해서 다른 사람의 말을 가지고 입증하게 하였으니, 이것이 장기였다."

42) 이유태의 …… 났습니다 : 1660년(현종1) 복제논쟁이 벌어졌을 때 이유태는 송시열의 기년설(朞年說)을 옹호하였다. 1674년(현종15)의 갑인예송 때에도 이유태는 복제를 잘못 정했다는 남인의 탄핵을 받아 유배되었지만, 이후 남인 오시수(吳始壽)가 '이유태는 의례(議禮)의 잘못을 깨달았다.'고 사면을 청하여 1679년 석방되었다. 이 과정에서 송시열은 이유태가 예설을 고쳐서 처벌을 면하려 한다고 의심하였고, 양자 간의 갈등이 표면화되었다. 더하여 송시열을 비롯한 노론은 양자 간 논란이 격화된 데에는 윤증의 농간이 개입되어 있다고 생각하였으며, 반대로 윤증을 비롯한 소론측은 의도적으로 말을 지어내어 이유태를 공격한 송시열의 본원(本源)과 심술이 문제라고 보았다.

가진 사람의 전답(田畓)을 빼앗은 일[43]로써 간절히 경계한 적이 있었는데, 송시열이 이 때문에 크게 화를 내고 마침내 서로 미워하면서 사이가 벌어졌던 것입니다.

병진년(1676, 숙종2) 간에 이르러 윤증이 장기(長鬐, 포항)에서 귀양살이 하는 송시열에게 가서 문후(問候)하였는데, 송시열이 말하기를, '초려의 예설을 보았는가?' 하기에 답하기를, "경자년에 '곁가지가 뻗어나가 본 줄기가 된다.'는 설[44]을 보았습니다."

하니, 송시열이 말하기를,

'아니다. 갑인년 가을에 지은 것이다. 그가 이전의 예설을 갑자기 바꾸었으므로 송상민(宋相敏)[45]이 크게 놀라서 가지고 와서 보여주었다. 소배들은

---

43) 이유태가 …… 빼앗은 일 : 여산은 전라북도 익산의 옛 지명으로, 그곳에 소유하고 있던 남유창(南有昌)의 전답을 송시열의 손자가 헐값에 억지로 팔게 하여 빼앗은 일이 사람들의 입에 오르내렸다. 1672년(현종13) 9월에 《가례집람(家禮輯覽)》을 교정하기 위해 공주 유성현 초오(草塢)에서 이유태와 송시열이 만났을 때, 이유태는 남유창의 사촌인 남유성(南有星)으로부터 들은 이야기를 말하며 송시열에게 자제들의 단속을 당부하였다. 이후로 송시열의 손자들이 이유태를 비난하기 시작하였고, 특히 1676년(숙종2)부터는 이유태가 예설을 바꾸어 화를 모면하려 한다며 정치 공세가 격화되었다. 《草廬集 與尤菴書別紙 丙辰四月 在謫所時》《草廬集 年譜 壬子》 해당 기사는 소론계 당론서인 《유문변록(酉門辨錄)》에도 실려 있다. 《유문변록》은 나양좌와 윤추(尹推, 윤증의 동생)가 지은 글들을 중심으로 하여 회니시비(懷尼是非)의 전말을 기록한 책이다.

44) 곁가지가 …… 줄기가 된다는 설 : 원문은 "旁枝達幹"이다. 곁가지는 소종(小宗)을, 본줄기는 대종(大宗)을 가리킨다. 서자(庶子)에 해당하는 효종이 왕위를 계승하여 적통을 계승한 성서탈적(聖庶奪嫡)의 사례를 의미한다. 《근사록(近思錄)》에서 정이(程頤)가 다음과 같이 말하였다. "종자를 세우는 법이 천리와 같다. 나무에 비유하자면, 뿌리에서부터 곧바로 올라간 한 줄기가 있고, 곁가지가 있는 것과 같다. …… 그러나 곁가지가 발달하여 줄기가 되는 경우도 있다. 따라서 천자가 제후국을 세워 주면 제후는 종(宗)을 빼앗는다고 한 것이다."[且立宗子法, 亦是天理. 譬如木必有從根直上一幹, 亦必有旁枝. …… 然而又有旁枝達而爲幹者. 故曰古者天子建國, 諸侯奪宗云.]" 《近思錄 治法》 이유태는 1660년 해당 논설을 주장하여 송시열의 기년설을 뒷받침하였다. 적자가 죽어서 삼년상을 입은 후에 정통이 끊어졌으므로, 이어 서자를 세워서 후사를 삼고 전중(傳重)한 경우에는 비록 적처의 소생이라도 삼년상을 입지 못한다는 주장이었다.

45) 송상민(宋尙敏) : 1626~1679. 본관은 은진(恩津), 자는 자신(子愼), 호는 석곡(石谷)이다. 송시열·송준길의 문인으로, 1674년 복제 문제로 송시열이 덕원으로 유배되자 그의

견해를 바꾸어 죄를 면하려고 한다고 말하는데, 나는 한 번 웃을만한 일이라고 생각한다.'

하고, 이에 그 손자 송주석(宋疇錫)[46]을 시켜 궤안(几案)에서 찾아내게 하였습니다. 조금 있다가 말하기를,

'송생(宋生)이 도로 가지고 갔으니 그대는 돌아가는 길에 찾아서 보도록 하라.'

하였습니다.

이에 윤증이 돌아오는 길에 회덕(懷德, 충청도 소재)에 도착하여 송상민을 방문하여 예설을 찾아보니, 송시열의 손자 송순석(宋淳錫)[47]이 자리에 있다가 주머니 속에서 꺼내어 보여주었습니다. 그러나 별로 바뀐 말이 없었으므로 윤증이 송시열에게 편지를 보내어 예설에 바뀐 것이 없다는 것을 밝혔습니다. 조금 있다가 이유태의 비방이 세상을 떠들썩하게 하였습니다.

이유태의 조카 이영(李穎)이 와서 윤증을 만나보고 말하기를,

'〈갑인예설(甲寅禮說)〉[48]은 그 전에 이미 송상(宋相)과 왕복하면서 점개(點改)[49]한 일이 있습니다.'

억울함을 호소하는 상소를 올렸다. 이로 인하여 허적의 탄핵을 받고 옥사하였다. 이듬해인 1680년(숙종6) 경신환국으로 서인들이 집권하자 공조좌랑에 추증되었다.

46) 송주석(宋疇錫) : 1650~1692. 본관은 은진(恩津), 자는 서구(敍九), 호는 봉곡(鳳谷)이다. 송시열의 손자이다. 1683년(숙종9) 증광문과에 급제하여 청요직을 두루 지냈다. 1683년 송시열이 박세채·이단하 등과 문답한 시사(時事)를 기록하여 《향동문답(香洞問答)》을 완성하였다. 저서에 《구화사적(構禍事蹟)》 등이 있다.

47) 송순석(宋淳錫) : 송시열의 손자이자 박세채의 사위로서 장인 집에서 윤증의 편지를 몰래 베껴 송시열에게 전달하였다.

48) 갑인예설(甲寅禮說) : 이유태가 지은 〈갑인설(甲寅說)〉을 가리킨다. 이유태는 본래 1차 복제(服制) 논의에서 송시열과 같이 기년복을 주장했다. 그런데 갑인년(1674, 현종15) 2차 예송이 일어나자〈갑인설〉을 지어 앞선 자신의 견해를 수정하였다. 그리고 이것을 송시열에게 보여주면서 잘못된 부분을 수정해 달라고 청하였다. 2차 예송에서 남인의 예론이 채택되었고, 송시열이 귀양을 가게 되었는데, 이때 종래의 견해를 뒤집어 화를 모면하려 했다는 지목을 받아 송시열로부터 절교당하기에 이르렀다. 《草廬集 甲寅說》《宋子大全 附錄 年譜》

49) 점개(點改) : 써 놓은 글에 글자나 글귀를 군데군데 더 써 넣어서 고치다.

하고, 이내 왕복했던 편지를 보여주었습니다. 윤증이 의아스러움을 견디지 못하여 다시 편지를 보내어 질의(質疑)하니 송시열의 답장이 있었는데, 지난번 이시정(李蓍定)의 상소[50] 가운데에 실려 있는 내용이 이것이었습니다.

그 편지에서 이르기를,

'들으니, 이 형[51]이 말하기를, 「아무개가 예를 논한 것이 잘못이면 죽어야 한다. ……」 하였다는데, 내 생각에는

「이는 반드시 당초 예를 논할 적에 숨기지 않고 극언하다 보니 그 형세가 마땅히 죽어야 한다고 한 것인데, 전한 사람이 말을 잘못 전한 것[52]일 뿐이다.」

여겼다. 또 들으니, 이 형이 예설을 지었는데 이전의 견해와 매우 달라졌다고 한다. 조금 있다가 이하경(李廈卿)[53]이 와서 말하기를,

「일찍이 송경(松京, 개성)으로 가는 길에서 아무개 어른을 뵈었는데 말씀하시는 것이 이상했습니다.」

하였는데, 비록 그 말을 믿지는 않았으나 의아스럽게 여기지 않을 수 없었다. 그래서 자인(子仁) -윤증의 자이다.- 이 찾아온 날 그 새로운 설을 찾아보길 부탁했던 것이다. 보내온 회신을 받고서는 전날 서로 믿었던 것이 잘못이 아니었음을 알 수 있었다.'

하였습니다. 또 말하기를,

'갑인년 가을에 (이유태와 편지를) 주고받았다고 한 것은 진실로 있었는데, 간간이 내 뜻으로 첨사한 것이 있지만, 그 전편(全篇)은 대체로 양호하여

50) 이시정(李蓍定)의 상소 : 1716년(숙종42) 윤3월 15일에 관학 유생 이시정(李蓍定) 등 1백여 명이 상소하여 송시열과 윤증의 절연(絶緣)에 대해 송시열을 옹호하였다. 《肅宗實錄 42年 潤3月 15日》

51) 이 형 : 이유태를 가리킨다.

52) 잘못 전한 것 : 원문은 "轉語"이다. 본래의 말에서 뜻이 변하여 다른 의미로 쓰이게 된 말이다.

53) 이하경(李廈卿) : 하경은 이담(李橝, 1629~1717)의 자이다. 본관은 전의(全義), 호는 사은당(四隱堂)이다. 송시열의 문인이다. 1675년(숙종1) 부사과(副司果) 재직 시 송시열을 구원하는 상소를 올렸다. 1679년 송상민이 올린 책자의 작성에 참여한 일로 유배되었다가 경신환국으로 풀려나 1709년 첨지중추부사가 되었다.

해가 없었다. ……'

하였습니다.

대개 그 말뜻을 범연히 지나친다면, '애초의 예설을 고쳤다.'는 말은 소문으로 듣고 직접 보지 않아 본래 크게 의심을 할 만한 것이 아닌 것처럼 보이지만, 만약 송시열이 당초 송생이 와서 말했다고 한 말과 궤안을 뒤져서 찾아본 일을 비교해서 살펴본다면 그 말이 서로 모순되어 저절로 파탄에 이르는 실상이 환하여 덮을 수 없습니다.

그래서 윤증이 또 편지를 써서 질문하였지만 송시열이 대답할 말이 없자, 답장에서 이르기를,

'질문한 초려의 일은 감히 상세히 말할 수 없다는 뜻을 밝혔네. 이같은 일은 모두 부질없는 일일 뿐이네.'

하였습니다. 대개 여기에 이르러 송시열이 이유태를 함정에 빠트리고자 말을 만들어 비방한 흔적이 남김없이 드러났으니, 이것이 또한 윤증이 본원(本源)에 대해 의심을 두게 된 한 가지 단서일 뿐입니다. 박세채가 갑자년(1684, 숙종10) 올린 상소에서 이른바 '어떤 일에 대해 질문해도 환하게 해명해주는 것을 듣지 못하였습니다.' 한 것은 이러한 일을 가리키는 것입니다.

경신년(1680) 이후 송시열이 조정에 나오는 과정에서 혼란을 면치 못하였고, 훈척(勳戚)과 표리(表裏)가 되어 조정의 권력을 독점하더니, 언론과 일 처리가 한결같이 해롭게 탐욕을 부리는 데에서 나오지 않은 것이 없었습니다. 평생 같이 강론하면서 학문을 연마해 온 친구들을 하나도 보전하지 못하였고, 지난날 존경하고 우러러 보았던 사람들도 태반이나 사이가 나빠졌습니다. 그래서 윤증이 송시열에 대해 걱정하고 탄식하며 통분해 하고 애석해한 것이 한층 더 가중된 것입니다.

윤증이 마음속으로 생각하기를,

'스승은 평생을 존경하고 우러러보며 의지해야 될 사람인데 지금 어찌 이 지경에 이르게 되었는가? 선인이 살아 계실 때에는 일찍부터 충고하는

친구[諍友]로 자처하면서 잘못이 있을 때마다 바로잡아서, 받아들이는 것이 넓지 않다고 해서 충고하는 정성이 조금도 변한 적이 없었다. 지금 내가 본 것이 이같이 깊고 절실한데도 한번 밝고 분명하게 간쟁하여 그가 패퇴하는 것을 구제하지 않는다면, 스스로 위엄을 두려워하고 형세에 아부하여 그저 뜻만을 받들어 따르기만 하는 부류와 저절로 같아지는 것이므로, 이는 단지 어른에 대한 불충일 뿐만 아니라 실로 또한 선인의 뜻을 저버리는 것이 된다.'

하였습니다. 이에 진정에서 우러나오는 마음을 모두 기울여서 한 편의 편지를 지었는데, 이른바 '〈신유의서〉'가 바로 이것입니다.

대개 이러한 결정은 진실로 성을 등지고 일전을 치를 계책을 빌려서 나온 것입니다. 혹시라도 이 일로 인하여 송시열이 깨닫게 된다면 이것은 진실로 크게 다행스러운 일일 것입니다. 비록 혹 불행히도 더욱 의심과 노여움을 받아서 마침내 배척받고 관계가 끊어지면 진실로 문을 닫아걸고 스스로 폐고한 채 죽을 때까지 다른 사람들의 얼굴을 보지 않고 죽으려 한 것입니다. 세상에서 비난하고 헐뜯는 자들은 이에 혹 그 글이 원한을 품은 데서 나온 것으로 의심하고 있는데, 이것이 어찌 윤증의 본심을 아는 사람이라고 할 수 있겠습니까?

오직 박세채만이 그 본심을 알고 있었으므로 그가 비문과 의서를 나누어 두 가지 일로 만들었던 것입니다. 그리하여 갑자년(1684, 숙종10) 상소에서 아뢰기를,

'신이 익히 들은 바에 의하면, 비록 이른바 묘문(墓文)을 찬술(撰述)한 일이 진실로 편안한 마음을 지니기 어려운 점이 있었지만, 그러나 그 실상은 처음부터 여기에 관계된 것이 아닙니다. 윤증이 그 사이에 일찍이 어떤 일로 인하여 송시열에게 질문한 적이 있었지만 그에 대한 의구심을 풀지 못하였으므로 이 뒤로부터 드디어 울분이 생겨서 매번 긴 편지를 지어서 평소 스승을 위하는 정성을 아울러 바치려고 했던 것입니다. ……'

하였습니다. 윤증은 편지가 완성된 뒤에 박세채와 산사(山寺)에서 만나기로 약속하고, 사흘 밤을 베개를 나란히 하고 자면서 마음속에 맺힌 것을 모두 털어놓고 반복하여 논의하였습니다. 윤증이 비간(比干)[54]처럼 한번 말하고 죽겠다고 말하자, 박세채는 왕촉(王蠋)[55]이 물러가 농사지은 일을 인용하며 이를 말렸습니다. 윤증이 말하기를,

'함장(函丈)께서는 이미 늙으셨으니 만일 혹시 하루아침에 갑자기 돌아가신다면 이렇게 가슴속에 쌓여 있는 안타까움을 그대로 담아둔 채 다시는 말할 수 없게 되어 끝내는 죽을 때까지 한이 될 것입니다.'

하니, 박세채가 말하기를,

'형의 성의를 동생이 어찌 모르겠습니까? 다만 충성스러운 말은 받아들여지기가 쉽지 않지만 사단(事端)은 한층 격화되기 쉬워서, 끝에 가서는 조정에 풍파를 일으키게 될까 염려됩니다. 형은 산림에서 은거하고 있으니 집안에만 있는 처자와 다름이 없는데 하루아침에 나로부터 일이 일어나서 세도를 어지럽히게 된다면, 어찌 매우 불행한 일이 아니겠습니까?'

하였습니다. 박세채가 갑자년의 상소에서 이른바

'신은 그것이 의심에서 나온 것이므로 당연히 질문해야 된다는 뜻을 모르는 것이 아니었습니다. 그러나 혹시라도 그로 인하여 송시열의 마음을 범하여 감정을 격화시키면 대체를 손상시킬까 염려되어서 서로 만날 때마다 말린 것이 두세 번뿐만이 아니었습니다.'

---

54) 비간(比干) : 상(商)나라 26대 임금 태정(太丁)의 둘째 아들로서 주(紂)의 숙부이다. 비는 이름이고, '간'이라는 나라에 봉해져 '비간'이라고 불렀다. 주의 폭정을 바로잡기 위해 간언하다가 죽임을 당했다. 미자·기자와 함께 세 명의 어진 사람들을 가리키는 '삼인(三仁)'으로 불리웠다.

55) 왕촉(王蠋) : 전국(戰國)시대 제(齊)나라의 충신이다. 왕촉은 제왕(齊王)에게 간언하였으나 받아들여지지 않자 시골로 내려가 농사를 짓고 살았다. 그런데 연(燕)나라의 공격을 받아 나라가 거의 망하게 되었다. 이때 연나라 장수 악의(樂毅)가 왕촉이 획읍(畫邑)에 살고 있다는 말을 듣고는 회유와 협박을 하였으나, 왕촉은 "충신은 두 임금을 섬기지 않고 열녀는 두 남편을 섬기지 않는다." 하고 스스로 목매어 죽었다.

한 것도 이런 뜻이었습니다.

마침 송시열의 외손(外孫) 권이정(權以鋌[56])이 방문하니, 윤증은 권이정이 이미 바깥사람이 아니라고 여겼습니다. 또 말의 단서가 이미 나왔으므로 침묵할 수 없어서 마침내 그 편지를 감히 보내지 못하는 뜻을 말하고, 이어서 그 글의 대의(大意)를 뽑아서 말해 주었습니다.

권이정이 이 내용을 송시열에게 전하자 송시열은 크게 분노하여 마침내 말하기를, '윤증이 나와 서로 절교하려는 것이다.' 하면서 사설(辭說)이 분분하였습니다. 박세채가 이 소식을 듣고 수상하게 여겨서 편지로 그 곡절을 물었는데, 윤증이 편지로 번거롭게 하고 싶지 않아서 처음에서는 선뜻 답하지 않다가 거듭 물어온 뒤에야 비로소 답하였습니다.

그런데 그 편지를 송시열의 손자요 박세채의 사위인 자가 마침내 훔쳐 갔고,[57] 이로 인해 송시열의 분노가 한층 더 격화되었습니다. 이에 송시열의 문인 최신의 상소가 나왔고, 김수항과 민정중이 경연 석상에서 아뢰는 일이 발생했습니다. 저들은 모두 윤증이 그 편지를 바로 보내지 않고 사사로이 박세채와 수작한 것을 가지고 꾸짖고 욕하는 자료로 삼았습니다.

아! 윤증이 박세채에 대해서는 도의(道義)로 서로 허여하고 인정과 의지가 서로 통한 사이였으며, 박세채 또한 일찍이 송시열의 본말에 대해 상세히 알고 있어 실로 윤증과 함께 근심을 같이했으므로, 장차 간언하는 편지를 올릴 적에 먼저 서로 의논하여 확정할 수 있는 사람이 박세채 말고 누가

56) 권이정(權以鋌) : ?~? 송시열의 사위 권유(權惟)의 아들이다. 권유는 권시(權諰)의 아들로서, 윤증의 처남이자 송시열의 사위였다. 따라서 권이정은 송시열에게는 외손이 되고 윤증에게는 처조카가 된다.

57) 그 편지를 …… 갔고 : 여기의 편지는 〈신유의서〉이고, 송시열 손자는 송순석(宋淳錫)이다. 홍중인은 《대백록》에서 이를 박세채의 계략이라고 단정하였다. 즉 〈신유의서〉가 송시열의 손자에게 새어나간 것은 "허술하게 보관하는 것은 도적질을 가르치는 것."이라는 계략에서 나왔다고 하여 은연중에 박세채가 의도적으로 유출시킨 것으로 간주하였다. 박세채는 겉으로는 중립적 위치에서 화해의 말을 하면서도 속으로는 실제로 두 사람의 문제점을 이용하여 술수를 폈고, 윤증은 어리석어서 끝내 그 술수에 여러 번 빠지고도 깨닫지 못하였다고 주장하였다.

있었겠습니까?

또한 왕패(王霸)와 의리(義利)의 설[58]은 이미 권이정과 함께 수작한 바이었으므로, 이미 송시열에게 전해졌고, 인하여 박세채가 여러 차례 묻자 그에 대한 곡절을 대략 알려주었으니, 이는 사리가 진실로 그러한 것입니다. 하지만 오히려 즉시 대답하지 않고 여러 차례 물어서 비로소 간략하게 대답했으니, 그가 지나칠 정도로 신중하고 지극히 슬퍼한 것을 모두 볼 수 있습니다. 그래서 박세채의 갑자년 상소에서 말하기를,

'들리는 바에 의하면 다른 사람을 통하여 먼저 송시열에게 대의(大意)가 전해졌다고 합니다. 신은 또 그것이 너무 경솔한 것을 애석하게 여겨 편지를 보내 당시 말의 뜻에 대해서 물으니, 그가 다른 사람을 통해서 먼저 알려진 말을 반복해서 알려주고, 또한 그가 의리에 대처하는 방도를 헤아려 알려서 제시한 것이 본말과 조리(條理)를 모두 갖추었습니다.'

하였습니다. 이것으로 본다면 윤증의 본의가 은밀히 비난하기 위해 나온 것이 아니라는 사실이 더욱 분명합니다. 그 둘 사이의 정분이 이전과 달라질 수밖에 없었다는 것은 또한 저절로 또 다른 하나의 일입니다.

대개 목천(木川)의 일[59]은 혐의와 노여움을 쌓아가고 있던 나머지 나온 말이었는데, 결국에는 편지를 주고받다가 마침내 날조하여 만들어 낸 자취가 드러났고, '잔인한 사람[忍人]'이라는 말은 향후 서로 어그러져 반목할 즈음에 떠들썩하

58) 왕패(王霸)와 의리(義利)의 설 : "왕패병용 의리쌍행(王霸竝用, 義利雙行)"을 가리킨다. 본래 사공(事功)을 이루기 위해서 왕도와 패술(霸術)을 겸하여 쓰고 의리와 이익을 동시에 추구해야 한다는 것이다. 송나라 진량(陳亮)이 이학(理學)의 공리공담을 반대하고 사공과 실질적인 효용을 중시하면서 강조한 논리였다. 주자는 이에 대해 "이것은 사공을 위해서는 원칙을 무시한 채 왕도와 패술을 겸하여 쓰고 의리와 이익을 동시에 추구해야 한다는 말이다." 하였다. 여기서는 송시열이 정치적인 목적 달성을 위해서는 수단과 방법을 가리지 않는다고 비판하려고 윤증이 인용한 말이다.

59) 목천(木川)의 일 : 1674년(숙종즉위) 이산(尼山)의 서원에서 윤선거를 배향하기 위하여 각 고을에 협조 통문을 보내자, 이를 받은 목천의 유생이 향사에 반대하여 이른바 "강화도에서 오랑캐에게 포로가 된 사람을 서원에 향사하는 것은 합당하지 않다."는 내용으로 답변한 사건을 말한다.

게 퍼진 것인데, 스스로 그 말을 사실로 만들려고 추악하게 어그러진 말을 멋대로 하였습니다. 청컨대 이 두 가지 일의 전말을 상세히 진달하겠습니다.

대개 호서(湖西) 사람들이 윤선거를 제사 지낸 지 여러 해가 지난 뒤에 송시열이 이상(李翔)[60]에게 말하기를,

'목천의 통문 가운데, 「강화도에서 오랑캐에게 포로가 된 사람은 향사(享祠)에 합당하지 않다.」는 말이 있었다.'

하면서, 이상으로 하여금 조사하여 밝히게 하였는데, 이상이 당시 서원의 원장이었기 때문입니다. 대개 목천의 통문에는 애초부터 이런 말이 없었으며, 호중(湖中)의 인사들도 전혀 이 말을 퍼뜨린 사람이 없었으므로, 이 말은 송시열의 입에서 먼저 나온 것이었습니다.

윤증은 혹 송시열의 문인 가운데 말을 지어낸 자가 있어서 송시열이 듣고서 그 말을 전했을지도 모른다고 생각하여 마음속으로 매우 의아스러워 답답해하다가 편지를 보내 물어보려고 할 즈음에 송시열 문하의 여러 사람들 가운데 이미 질문한 사람이 있었지만 송시열은 이리저리 핑계대면서 끝내 귀일(歸一)되는 결말이 없었습니다.

윤증이 송시열에게 편지를 보내어 말하기를,

'이상이 여쭈어 묻자 소문의 그 말의 출처가 유수방(柳壽芳)에게서 나왔다고 하고, 목천 사람이 여쭈어 묻자 문득 말을 만들어 낸 것은 자신이라고 했으며, 이곳에서 편지를 보냈을 때는 허황(許璜)[61]에게 물으면 알 수 있다고 하였고,[62]

---

60) 이상(李翔) : 1620~1690. 본관은 우봉(牛峯), 자는 운거(雲擧)·숙우(叔羽), 호는 타우(打愚)이다. 이유겸(李有謙)의 아들이다. 송시열을 통하여 김집의 학통을 이어받았다. 1658년(효종9) 박세채·윤증과 함께 천거되어 자의에 임명된 뒤, 현종대 집의 등을 역임하였다. 2차 예송에서 허적을 탄핵하다가 실세하였으나, 경신환국(1680) 이후 김수항의 천거로 재등용되어 대사헌 등을 역임하였다. 1689년 기사환국 이후 유두성(柳斗星) 옥사(獄事)에 연루되어 옥사하였다.

61) 허황(許璜) : 1647~1723. 본관은 양천(陽川), 자는 영숙(瑩叔), 호는 매은당(梅隱堂)이다. 송시열 문인이다. 《性潭先生集 卷之二十 梅隱堂許公墓碣銘 并序》

62) 허황(許璜)에게 …… 하였고 : 윤증은 허황이라는 사람이 누군지 알 수 없어 허구의 인물이라고 단정하고, 이것을 송시열이 자신을 속인 것이라고 의심하였다. 이에 대해

태중(泰仲) -송시열의 아들 송기태(宋基泰)[63]의 자이다.- 이 여쭈어 아뢰니 초려에게 물어보라고 하였습니다. 이와 같으니 혼미하고 어지러운 마음에 비록 의심하지 않으려 해도 어찌 그렇게 되겠습니까? ……"

하였습니다. 이른바 목천 사람은 바로 윤채(尹寀)[64]였는데 대개 윤채가 처음 이 말을 들은 것은 송시열이 유배되어 있던 때였습니다. 그래서 이 말이 크게 전파된 뒤에 이르러 소문의 출처를 송시열에게 질문하니, 답하기를,

'내가 정재숭(鄭載嵩)[65]의 일에서도 말을 만들어냈다는 비방을 받았는데,[66] 이제 이산(尼山)[67]의 일에서도 또 말을 만들어 낸 사람이 되고 말았다. ……'

하였습니다. 아! 지난날 이시정의 상소에서 허황의 아들 허괵(許漍)의 상소를 인용하여 말하기를,

'그의 아비 허황이 윤채의 집에 갔다가 마침 도착한 이성[尼城]서원 유자들의

권상하는 "허황이라는 자를 내가 사문(師門)에서 직접 본 것이 십여 차례도 넘는다."고 말하여 윤증 측의 주장을 일축하였다. 《寒水齋集 答定性丙申年 閏月》

63) 송기태(宋基泰) : 1629~1711. 본관은 은진(恩津), 자는 내백(來伯)이다. 태중(泰仲)은 송기태(宋基泰)의 처음 자이다. 송기태는 송시형(宋時瑩)의 둘째 아들로서 송시열의 장자(長子)로 입양되었는데, 맏아들이 되었으므로 중(仲)자가 맞지 않아서 자를 내백(來伯)으로 바꾸었다. 아들인 송주석(宋疇錫)과 함께 상당 기간 송시열을 시봉하였다. 음서로 출신하여 사산감역(四山監役), 상운도 찰방(祥雲道察訪), 금산 군수(錦山郡守) 등을 지냈다. 《剛齋集 卷10 五代祖同知府君墓表》

64) 윤채(尹寀) : 1659~1708. 본관은 파평(坡平), 자는 경보(敬甫)이다. 윤지완(尹趾完)의 아들이다. 1699년 사산감역(四山監役)·의영고(義盈庫) 주부(主簿), 1707년 경기좌수운판관(京畿左水運判官) 등을 역임하였다. 《樗村先生遺稿 卷之四十三 判官尹公敬甫墓碣銘》

65) 정재숭(鄭載嵩) : 1632~1692. 본관은 동래(東萊), 자는 자고(子高), 호는 송와(松窩)이다. 정창연(鄭昌衍)의 증손, 정광성(鄭廣成)의 손자이고, 영의정 정태화(鄭太和)의 아들이다. 1651년(효종2) 진사가 되고, 1660년(현종1) 식년문과에 급제하여 청요직을 두루 지냈다. 숙종대 이조판서 등을 거쳐 1685년(숙종11) 우의정에 올랐다.

66) 내가 …… 받았는데 : 송시열이 정태화(鄭太和)와 기해년(己亥年)에 있었던 복제(服制)에 대한 문답을 기록해 놓은 글이 있었다. 조사기(趙嗣基)가 이 글을 증거로 정태화를 현종 묘정(顯宗廟庭)에 배향하는 것에 반대하니, 정태화 아들인 정재숭이 그 기록은 송시열이 조작한 것이라고 상소하였다.

67) 이산(尼山) : 충남 논산시 노성(魯城)이다. 윤선거·윤증 가문이 세거(世居)하였던 곳이다. 여기서는 윤선거를 가리킨다.

통문을 보았는데, 여러 읍 가운데 목천 통문 아래 「강화도에서 오랑캐에게 포로가 된 사람은 향사(享祠)에 합당하지 않다.[江都俘虜, 不合享祠]」는 여덟 글자가 있었다고 하였다.'

하였습니다. 과연 그의 상소와 같다면 이는 진실로 윤채가 눈으로 직접 본 것인데, 윤채가 도리어 이것을 송시열에게 물은 것은 무슨 까닭입니까?

또한 송시열이 윤채에게 말하기를, '「부(俘)」자(字) 아래는 무슨 글자였는가?' 하니, 윤채가 말하기를 '필시 「노(虜)」자였을 것입니다.' 하자, 송시열이 말하기를, '이것은 「노(奴)」자이다.' 하였습니다. 이윽고 옥천(沃川) 사람의 통문[68]에서 '노(奴)'자를 써서 윤선거에게 모욕을 가하였습니다. 만약 송시열이 이 말을 윤채에게서 들은 것이라면 또 어떻게 윤채가 모르고 있는 '노'자를 알고 있을 수 있겠습니까?

또 송시열이 윤증에게 보낸 편지에서 말하기를,

'일전에 나에게 알려준 사람이 두려워하며 오락가락하여 소문의 출처가 저절로 돌아갈 곳이 있기 때문에 문득 내가 했다고 하였다.'

하였습니다. 만약 과연 진실로 알려준 사람이 있다면 이는 본 것을 송시열에게 전달한 일에 불과한데, 또 무슨 두려워하며 오락가락할 일이 있겠습니까? 설사 진실로 두려워하여 오락가락한 사람이 있다고 하더라도 어찌 그 사람을 위하여 스스로 감당할 이치가 있겠습니까?

송기태가 어느 날 윤증과 함께 잠을 잤는데, 말이 이 일에 이르자 말하기를,

'제가 아버지에게 여쭈어 아뢰자, 대답하기를, 「초려에게서 들었다.」운운 하셨습니다.'

하니, 윤증이 곧바로 말하기를,

68) 옥천(沃川) 사람의 통문 : 윤증이 실록청에 보낸 편지를 반박한 통문이다. 여기서 윤증이 강화도에서의 윤선거의 처신을 변명하기 위해서 율곡을 끌어다 댄 것을 비난하면서 다시한번 윤선거가 오랑캐의 노예가 된 것과 율곡과는 관계가 없음을 분명히 하였다. 그리고 이를 윤선거를 대현(大賢)·진유(眞儒)에 견주어 은연중에 허물을 가리려는 계책이라고 비난하였다.

'선인을 서원에 제향한 때는 갑인년(1674) 겨울이었는데, 그 뒤로 초려와 함장께서 서로 만난 적이 없으니 아마도 자네가 잘못 들은 것 같다.'

하였습니다. 송기태가 이미 집으로 돌아가 이 말을 송시열에게 전하니, 송시열은 그 말이 탄로 나게 된 것을 스스로 알고는 윤증에게 편지를 써서 다만 말하기를,

'보내온 편지는 아들[兒子]을 시켜 읽게 했는데, 「초려에게서 들었다.」는 대목에 이르러서는 아들이 크게 놀라며 말하기를, 「원래 이렇게 말한 적이 없었습니다.」 운운하였네.'

하였습니다. 이른바 '원래 이렇게 말한 적이 없었습니다.'고 한 것은 송기태가 일찍이 윤증에게 말을 전하지 않았다는 것을 가리킨 말입니까? 아니면 송시열이 본래 이유태에게서 듣지 않았는데 그 아들에게 말한 것을 가리킨 것입니까? 그 말뜻이 어찌 이렇게 모호하단 말입니까?

그런데 이전에 윤세현(尹世顯)[69]이 올린 상소문에서 다시 말하기를,

'송시열이 서울에서 돌아오는 길에 이유태를 만나 같이 잠자며 그것을 전했습니다.'

하였습니다. 이것을 미루어 본다면 '초려에게서 들었다.'는 말은 과연 송시열의 입에서 나왔다는 것을 알 수 있으니, '아들이 크게 놀랐다.'는 말은 더욱 구차하게 회피하려는 것이 심하다는 것을 알 수 있습니다.

또한 송시열이 윤증에서 보낸 편지에서 말하기를,

'목천의 일은 그 사안의 허실과 그 말의 유무를 물론하고, 이상이 호향(互鄕)[70]사람들과 상종하지 않게 하려고 한 것이니, 대개 선장(先丈)을 존숭[尊尙]하

69) 윤세현(尹世顯) : 1656~? 본관은 해평(海平), 자는 회이(晦而)이다. 1699년 식년시에 급제하여 진사가 되었다. 이해 이봉서(李鳳瑞)에 맞서 송시열을 비호하는 상소를 올렸다가 성균관에서 유벌을 받았는데, 민진주(閔鎭周)의 상소로 풀려났다. 1722년(경종3) 호조정랑, 1725년(영조1) 종부시 주부, 장악원 첨정 등을 역임하였다.

70) 호향(互鄕) : 습속이 나쁜 지역이다. 《논어》 〈술이(述而)〉에 '호향 사람들은 같이 말하기 어렵다.[互鄕, 難與言.]'는 구절이 있는데, 이에 대한 주자 주에서 '호향은 고을 이름인데, 그 사람들이 불선(不善)에 익숙해져서 선(善)을 말하기 어렵다.'고 하였다.

는 뜻에서 나온 것이다.'

하였는데, 그 뒤 송시열의 편지와 상소 가운데 추악하게 욕하는 말이 목천 운운하는 말보다 더 심하였으니, 이른바 '존숭하는 뜻에서 나왔다.'는 것은 과연 어디에 있습니까? 그가 의도적으로 날조한 것이 부딪치는 곳마다 모두 탄로났으니 사람들이 의심하지 않게 하고자 했지만 그렇게 할 수 있었겠습니까?

'잔인한 사람[忍人]'이라는 말은 목천의 일에 대한 말에 비해 더욱 애석합니다. 대개 송시열이 문인 자제에게 말하기를,

'상서(尙書) 김익희(金益熙)[71]가 생존해 있을 적에 윤선거를 잔인한 사람이라고 하였다. ……'[72]

하였습니다. 대개 그 말의 뜻은 윤증의 어머니 이씨(李氏)가 강화도에서 순절(殉節)한 일을 스스로의 결단에서 나온 것이 아니라고 말하는 것이며, 윤선거가 잔인하게 야박한 짓을 한 사람이라고 여긴 것입니다.

윤증이 이 말을 듣고 마음이 아파서 송시열에게 편지를 보내어 질문하니, 송시열이 답하기를,

'김상서는 「잔인한 사람」이라고 할 뿐만이 아니었다. 대개 그 동기(同氣)가 조용히 스스로 죽지 못한 것을 가슴 아파하며 선장(先丈)이 먼저 죽음을

---

71) 김익희(金益熙) : 1610~1656. 본관은 광산(光山), 자는 중문(仲文), 호는 창주(滄洲)이다. 김장생(金長生)의 손자이고, 김반(金槃)의 아들이다. 1633년(인조11) 증광문과에 급제하여 홍문록에 올랐다. 병자호란 당시 척화론을 주장하며 남한산성에 들어가 독전어사(督戰御使)가 되었다. 그 뒤 집의 등을 거쳐 효종대 형조판서·대제학 등을 역임하였다. 문집에 《창주유고》가 있다.

72) 김익희가 …… 운운하였다 : 송시열은 '강화도의 일' 대부분을 김익희에게 들었다고 주장하였는데, 송시열의 측근들을 중심으로 평소 김익희가 윤선거를 '잔인한 사람'이라 했다고 하였다. 이는 곧 윤선거가 그의 부인 이씨를 압박하여 자결하게 한 것을 가리킨 말이라는 소문이 돌았다. 이에 대해 소론측은, 김익희는 윤선거를 추천하는 상소를 올릴 만큼 윤선거와의 관계가 친밀하였으므로 그가 그러한 말을 했을 리 없고, 따라서 윤선거와 관련한 추문의 진원지는 모두 송시열과 그 측근이 틀림없으며, 그들이 윤선거를 모함하며 근거 없는 말들을 날조한 책임을 모두 김익희에게 돌린 것이라고 보았다. 《宋子大全 答尹拯 甲子七月二日》《肅宗實錄 42年 3月 3日》

제창하여 나온 것이라고 말하였다. ……'

하였습니다. 이른바 '동기'는 곧 김익희의 동생 익겸입니다. 이른바 '조용히 스스로 죽지 못하였다.'는 것은 대개 김익겸(金益兼)[73]이 윤선거에게 구박을 받아서 죽은 것이지 평소에 죽기로 작정했던 것은 아니라는 말입니다.

이는 윤선거를 무고할 뿐만 아니라 아울러 김익겸과 익희도 무고하는 것입니다. 세상 어디에도 자기 스스로 죽고자 하는 마음이 없는데, 다른 사람에게 구박을 받고 죽는 사람이 있단 말입니까? 또 어디에 동기가 목숨을 버리고 의로움을 취한 것을 다른 사람의 구박을 받아 한 행동이라고 하여 도리어 다른 사람에게 허물을 돌릴 수 있겠습니까? 이런 일은 결코 있을 리가 없습니다.

윤증이 또 편지를 보내어 다음과 같이 변론하였습니다.

'제가 비록 사리에 어둡고 완고하지만 어찌 차마 근거 없이 이런 말을 했겠습니까? 몇 년 전에 문하(門下)께서 이런 이야기를 했다는 것을 이미 들었고, 근래 또 듣건대 영계(令季)[74]와 문하의 여러 사람들이 곳곳에서 망극하기 그지없는 말들을 한다고 들었으니 어찌 문하께 한번 하소연하지 않을 수 있겠습니까?

---

73) 김익겸(金益兼) : 1615~1637. 본관은 광산(光山), 자는 여남(汝南)이고, 김익희의 아우이다. 1635년 생원·진사 양시에 합격하여 성균관에 들어갔다. 1636년 후금이 청나라로 국호를 고친 것을 조선으로부터 인정받으려고 파견한 사신 용골대를 주살해야 한다고 주장하는 성균관 유생의 상소에 윤선거 등과 함께 가담하였으며, 이로 인해 청나라 사신은 서둘러 돌아갔다. 병자호란이 일어나자 강화도로 가서 항전하려다가 강화유도대장(江華留都大將)인 김상용(金尙容)·권순장(權順長) 등과 함께 자폭하였다. 뒤에 영의정에 추증되고 광원부원군(光源府院君)에 추봉되었다. 강화충렬사에 제향되었으며, 시호는 충정(忠正)이다.

74) 영계(令季) : 남의 계씨(季氏)에 대한 존칭이다. 송시열의 아우인 송시걸(宋時杰, 1620~1697)과 송시도(宋時燾, 1613~1689)를 가리킨다. 송시걸의 자는 수보(秀甫)이고, 음직으로 서산군수(瑞山郡守) 등을 지냈다. 송시도의 자는 성보(誠甫)이고, 호는 세한재(歲寒齋)이다. 역시 음직으로 장성부사(長城府使) 등을 지냈다. 두 사람은 1674년, 1689년 송시열이 유배 갈 때마다 따라가서 시중을 들었으며, 송시도는 송시열이 1689년 제주도에 유배 갔을 때 따라가서 그곳에서 병으로 죽었다.

김익희 어른[金丈]께서 일찍이 계사년(1653) 가을에 선인을 방문하였는데, 말이 당시의 일에 미치자 선인이 자신의 허물을 거론하며 벼슬하지 않는 것은 너무 지나치다고 말하고 그 동기의 불행을 슬퍼하셨으니, 그 지극한 심정을 가히 볼 수 있었습니다. 아! 살신성인(殺身成仁)[75]하여 한 집안의 의열(義烈)이 밝게 빛났으므로, 죽은 사람은 본디 지하 세계에서 원한과 후회가 없을 것인데, 살아있는 자들 또한 어찌 다른 사람을 허물하는 뜻을 갖겠습니까?

김익희 어른께서 선인에게 정말로 「잔인한 사람」일 뿐만이 아니라고 말한 데에 의도가 있었다면 이는 깊이 원망한 것이고 배척한 것이 심한 것인데, 또 어찌 손수 선인의 추천서[薦剡]를 올려서 우리 임금을 속이고, 때로 안부[存訊]를 물어서 그 마음을 속였을 이치가 있겠습니까?

전일에는 단지 문하께서 경솔하게 말을 퍼뜨린 것만을 걱정했었습니다. 그런데 이제 이 하교는 문득 그 말로 인하여 그 일을 사실로 만들려는 의도가 있으니, 아들 된 자로서 절박하게 걱정하는 심정이 여기서 한층 더 해졌습니다. 일이 이런 지경에 이르게 되니 또한 피눈물을 흘리면서 하늘에 사무친 원통함을 한번 토해내지 않을 수 없습니다. 아! 애통합니다.

불초한 제가 이때 나이가 이미 9살이었습니다. 비록 극히 어리석어 별다른 식견이 없었습니다만 선비(先妣, 세상을 떠난 어머니)께서 자결하실 때 선인께서 집 안에 계시지 않았던 것을 오히려 기억하고 있어서 지금 돌이켜 생각해 보아도 어제같이 생생합니다. 사람의 자식이 이것을 보고도 아직도 사람 세상에서 숨 쉬고 있으니 어찌 지극히 모진 목숨이 아니겠습니까?

비록 김익희 어른께서 생존해 계신다고 하더라도 또한 반드시 자신이 눈으로 직접 보지 않은 일을 가지고 전해 들은 말을 몸소 입증하고 나서지는 않을 것입니다. 하물며 김익희 어른께서 돌아가신 지 여러 해가 지난 지금에

---

75) 살신성인(殺身成仁) : 자기 몸을 죽여 인을 이룬다는 뜻으로 목숨을 바쳐 옳은 도리를 실천하는 것을 말한다. 《논어》〈위령공(衛靈公)〉에 따르면, "뜻있는 선비와 어진 사람은 인을 해치면서까지 삶을 구하지 않고, 오히려 자기 목숨을 바쳐 인을 행할 뿐이다.[志士仁人, 無求生以害仁, 殺身以成仁.]" 하였다.

와서 단서도 없이 그런 말을 전파하여 비방하는 구실로 삼고 있으니, 이는 불초한 저의 지극한 원통함일 뿐만이 아니라 도리어 아마 문하의 성대한 덕망에도 손상되는 것이 작지 않을까 두렵습니다.

선비께서 의리에 대처하신 것이 명백하여 불초한 제 마음과 눈 속에 아직도 분명하게 떠올라 한밤중에도 피눈물을 흘리고 있습니다. 진실로 터럭만큼이라도 희미하고 어두운 단서가 있다면 아무리 남의 아들로서 모친을 위한 지극한 심정일지라도 어떻게 감히 이같은 편지를 써서 천지 귀신을 속일 수 있겠습니까? ……'

송시열이 또 답장하여 말하기를,

'김상서의 견해가 다른 것에 대해서는 내가 감히 알 바가 아니니, 물가[76]에 가서 물어보는 것이 좋을 것이다. 또한 어찌 더 이상 오하의 아몽[吳下阿蒙][77]이 아니라는 뜻이겠는가? ……'

하였습니다.

윤증이 아픈 마음에 억울함을 호소한 것이 한 글자마다 눈물 한 방울이 맺혀 있어 돼지와 물고기를 감동시키고 귀신을 울리기에 충분할 정도였습니다. 송시열이 참으로 측은한 마음이 조금이라도 있었다면 마땅히 무서워서 경계하며 놀라고 두려워하여 그 욕하고 꾸짖는 마음을 조금이라도 거두어 들였어야 하는데, 도리어 차마 윤리도 없고 이치에 어긋나는 말로써 더욱 마음껏 욕하였습니다. 곧 이 한 가지 일을 보더라도 송시열의 평생을 알

---

76) 물가 : '물가'에 대해서는 노론측에서도 여러 가지로 해석하고 있다. 어떤 사람은 김익희의 호인 '창주(滄洲)'에서 찾기도 하고, 또 어떤 사람은 윤증의 어미가 죽은 강화도를 가리키는 말이라고도 하였다.

77) 오하의 아몽[吳下阿蒙] : 오하는 지명이고 아몽은 여몽(呂蒙)을 말한다. 손권(孫權)이 여몽과 장흠(張欽)에게 학문을 권장했는데, 그에 따라 열심히 공부하였다. 뒤에 노숙(魯肅)이 여몽과의 대화에서 여몽의 진보에 놀라 "그대는 이제 어리석었던 오하의 아몽이 아닐세." 한 데서 연유한 말이다. 괄목상대(刮目相對)라는 말도 여기서 나왔다. 송시열이 이렇게 말한 이유는 김익희가 처음에는 윤선거를 잔인한 사람[忍人]이라고 비난하였다가 나중에 천거한 것이 윤선거가 여몽처럼 변화되었기 때문은 아니라고 지적한 것이다.

수 있었고, 그래서 박세채가 윤증에게 편지를 보내 '우옹(尤翁)' 운운하였던 것입니다.

오직 그가 함께 선을 행함에 인색하였고, 옛 친구에게 박절한 것을 보였을 뿐이니, 어떻게 만에 하나라도 숨겨진 빛[幽光]을 손상할 수 있겠습니까? 또 박세채가 송시열에게 편지를 보내어 말하기를,

'한 번의 행동으로 다른 사람의 양존(兩尊)을 모욕하여 평생 동안 이어온 붕우(朋友)의 의리를 무너뜨리고, 효자의 망극한 정리(情理)에 손상을 가하였으니, 이것은 문하에게도 훌륭한 덕을 드러내는 일이 되지 못합니다.'

하였습니다. 박세채가 송시열에 대하여 혼인한 의리가 있고 서로 사이좋게 교유하여 돈독하고 지극하지 않음이 없었는데도 오히려 또한 표현한 말이 이와 같았으니 그가 송시열을 정직하지 않다고 여기고 있음을 또한 알 수 있습니다. 이로부터 윤증이 송시열에 대해 애쓸 것도 없이 저절로 절교가 된 것입니다.

정묘년(1687)에 이르러 송시열은 또 차마 '윤휴보다 먼저 윤선거를 복주(伏誅)해야 한다.'는 말을 임금에게 올리는 글에 멋대로 썼는데, 이것이 무욕(誣辱)한 말이라는 것을 성감(聖鑑)[78]으로 또한 밝게 살피셨습니다. 작년 경연 석상에서 '그 아비가 모욕을 받았는데 그 아들이 어떻게 편안한 마음으로 받아들일 수 있겠는가?'라는 하교는 참으로 만고(萬古)토록 바꿀 수 없는 정론(定論)이었습니다. 그렇다면 그들이 서로 절교한 이유가 과연 묘문(墓文)에서 말미암은 것이었겠습니까? 또한 과연 의서(擬書)에서 나온 것이었겠습니까?

아! 제가 지금 진술한 내용은 사실에 근거한 것으로 명명백백합니다. 〈기유의서〉의 일 이하 박세채의 갑자년(1684)의 상소에 이르기까지는 곧 송시열이 윤증의 부모를 추악하게 욕하여 윤증이 송시열과 절교하지 않을 수 없었던 전말(顚末)입니다. 청컨대 전후 상소 가운데 남을 헐뜯는 말과 교묘하게 꾸며낸 주장으로 성총을 미혹시켜 혼란에 빠뜨리려고 한 것을

78) 성감(聖鑑) : 사물을 분별하는 임금의 안목을 가리킨다.

전하를 위해 그 한두 가지에 대해 변론하겠습니다.

대개 지난봄 전하께서 바야흐로 '아비와 스승은 경중이 있다.'는 의리에 대해 주의를 주었으므로 이여(李畬)가 경중이 없다는 설을 주장하면 자신의 뜻을 행할 수 없다는 것을 헤아려 알고는 이에 먼저 완곡하게 말하기를, '진실로 아비와 아들을 먼저하고 스승과 제자는 뒤로 해야 합니다.' 하여 임금의 뜻을 따르려는 듯하였습니다. 그렇지만 이어서 또 교묘하게 말을 만들고 어려운 문장을 은밀히 얽어 자신의 의도를 실행하는 수단으로 삼아서, 아비와 스승은 경중이 없다고 말하지 않고 오로지 윤증이 의리에 대처하는 것이 분명하지 않다는 것을 허물로 삼았습니다.

아! 본원의 병이 환하게 드러나 가리기 어렵게 되자 충심 어린 간언을 받아들이지 않아서 인정과 뜻이 먼저 막혔습니다. 그러나 윤증은 오히려 지극한 정성으로 슬퍼하면서도 송시열이 뉘우치고 고치기를 기대하며 비록 편지를 썼어도 전달하지 못하고 의심이 있어도 질문하지 못한 채 크게 탄식하며 돌아보는 것을 스스로 멈출 수 없었습니다. 그런데 욕설이 양친(兩親)에게까지 미치자 비로소 여러 차례 편지를 보내어 질문했으니, 이것은 진정 피를 뿌리고 눈물을 삼키며 가슴 속에 있는 말을 곧바로 곡진히 표현한 것이었습니다. 그런데 그가 끝내 뉘우치고 고치지 못하여 무함과 모욕이 더욱 심해지기에 이르자 저절로 서로 절교하게 되었던 것입니다. 그러나 이미 절교한 뒤에는 의서 내용을 끝내 입 밖으로 내지 않았고, 그 사람의 장단점에 대해서도 말하지 않았으니, 그가 의리에 대처한 것이 지극하다 하겠습니다. 이것을 일러 스승을 배반했다고 하니, 이것을 참을 수 있겠습니까?

그 차자[79]에서 또 말하기를,

'어찌 하나의 문자가 나온 것을 전후로 하여 그 사람의 현부(賢否)가 하늘과 땅처럼 차이가 날 리가 있겠습니까? 만약 말하기를, 「윤증의 소견이 본래

79) 그 차자 : 1716년(숙종42)에 올린 이여(李畬)의 차자이다. 그는 윤증이 송시열과 사제 의리를 끊은 일에 대한 시말을 진달하였다. 《承政院日記 肅宗 42年 2月 28日》

이와 같은 것이었다.」한다면 이전에 송시열을 아비처럼 섬긴 것은 어떤 마음이었습니까? 또 반드시 한 마디의 권위 있는 말을 얻어서 그 아비를 불후(不朽)의 인물로 만들려고 도모한 것은 무슨 의도입니까?'

하였습니다. 단지 이여의 말만이 이와 같은 것이 아니라, 거짓을 꾸며서 날조하는 무리들은 늘 말하기를,

'40년간 종유하면서 일찍이 한마디 말도 어기지 않다가 묘문을 전후로 그 사람의 어짊과 그렇지 아니함이 어째서 갑자기 변하였는가?'[80)]

하였으니, 참으로 정말 가소롭습니다.

윤선거가 살아있을 때 송시열에게 지극한 정성으로 책선(責善)하여 말하지 않은 일이 없고, 다 하지 않은 말이 없었으니, 윤증은 그 당시 또 어째서 쓸데없는 말[81)]을 하겠습니까? 윤선거가 죽고 나서 윤증이 초상을 마치고 얼마 지나지 않아 갑인년(1674, 숙종 즉위년)의 화[82)]가 일어났습니다. 송시열이 남북으로 옮겨 다니며 귀양살이하느라 죽을 날이 얼마 남지 않았는데 지나간 일을 거론하며 엄히 질책하는 것이 어찌 당시가 그럴 때였겠습니까?

---

80) 40년간 …… 변하였는가 : 이러한 맥락에서 윤증을 비판한 주장이 《동소만록》에 실려 있다. 윤증이 50여년 동안 회천을 스승으로 섬겼으므로 비록 어리석은 사람일지라도 스승의 평생 동안 마음 씀씀이가 일상에 나타난 것을 알 수 있었을 것이다. 어째서 유독 총명했던 이산이 따라다니며 교유한지 몇 년이 지나도록 전혀 알지 못하였던가. 애석하도다! 너무 늦게 앎이여. 의서를 쓴 것은 묘비명을 애걸하였지만 얻지 못한 뒤에 일이니 괴이하지 않은가. 회천이 의견을 따르지 않자 문도들이 쫓아다니며 변명하였다. …… 어떤 사람이 "스승을 섬긴지 50년이 되도록 몰랐다면 현명하지 못한 것이요, 알면서도 제거하지 못했다면 미혹된 것이다." 하였다. 세상에서 명재(明齋)를 암재(暗齋)라고 칭하였으니 이는 스스로 자초한 일이다.

81) 쓸데없는 말 : 원문은 "疊床"이다. 상 위에 상을 포개어 놓은 것과 같다는 의미로서 쓸데없는 일이나 말을 한다는 뜻이다.

82) 갑인년의 화 : 갑인예송(甲寅禮訟)을 가리킨다. 1674년(현종15) 효종비 인선왕후가 죽자 자의대비(慈懿大妃)의 복상 기간이 다시 문제가 되었다. 서인은 1차 예송 때의 주장과 같이 효종비를 둘째 며느리로 보고 대공(大功) 9월을 주장하고, 남인은 맏며느리로 예우하여 기년(朞年)을 주장하였다. 당시 김석주 등 서인의 일부가 남인을 거들어 기년설에 찬성함으로써 복제는 기년상으로 정해졌다. 그 여파로 숙종이 즉위하면서 송시열 등이 유배되고 서인은 권력에서 밀려났다.

그렇지만 윤증은 헌체(獻替)[83]의 정성을 진실로 일찍이 잠시도 잊은 적이 없었습니다. 〈기유의서〉는 윤선거가 보내지 않았던 것인데, 윤증이 소매에서 끄집어내어 그에게 반드시 보여주려고 한 것은 본디 개과천선(改過遷善)하기를 바라는 지극한 뜻에서 나왔습니다. 충성이 믿어지지 않고 그 말이 채택되지 않자 그의 본원에 대한 의심은 여기서 더욱 심해졌습니다. 경신년(1680, 숙종6)에 이르러 송시열이 재차 입조(入朝)했을 때 다시 논할 것이 없어지자 드디어 〈의서〉를 지었습니다. 이것은 모두 명확하게 근거가 있는 것이니, '40년 동안 어기는 것이 없었다.'는 것이 과연 말이 됩니까?

하물며 그의 심술이 드러난 것은 또 그의 만년에 있었던 일이니, 그것을 전후로 하늘과 땅처럼 달리 보게 된 것이 어찌 윤증의 잘못이었겠습니까? 지금 윤증이 사태를 일찍 파악하지 못했다고 허물한다면 혹 불가할 것이 없지만 당초에 복종하여 섬겼다는 이유로 윤증이 뒷날 본원에 대해 의심한 것을 꾸짖는다면 이것은 바로 어리석은 어린애의 의견이라서 참으로 한번 웃을 일도 못됩니다.

그 차자에서 또 말하기를,

'학문을 논하는 것은 공심(公心)이며 불평하는 것은 사정(私情)입니다. 수십 년간 스승과 함께하면서 강론한 것은 무슨 일이었길래 일찍이 여기에 대해 언급하지 않다가 어째서 인정과 의리가 이미 어긋난 이후에야 비로소 이런 말을 하는지 신은 모르겠습니다. ……'

하였습니다. 아! 학문을 논하는 것은 참으로 심술(心術)보다 앞서는 것이 없는데, 윤증이 송시열을 의심하기에 이른 것은 바로 그 심술에 있었으므로, 오로지 본원만을 거론한 것은 스스로 어쩔 수 없는 일이었습니다. 다만 이전에는 기질의 병통이라고 생각하였다가 뒤에 비로소 그 심술이 간특한 것을 보게

83) 헌체(獻替) : 헌가체부(獻可替否)의 준말로, 군왕의 입장에서 행해야 할 것은 진헌(進獻)하고, 행해서는 안될 것은 폐기토록 하는 것을 말한다. 여기서는 스승인 송시열을 대상으로 삼아서 한 말이다.

되었는데, 그가 그 심술을 본 것이 마침 인정과 의리가 어긋난 무렵이었기 때문입니다. 이것이 어찌 말을 허비하며 논변할만한 일이겠습니까?

김창집이 지난봄에 올린 상소[84]의 경우, 처음에는 오로지 아비와 스승은 경중이 없다고 주장하고, 스스로 그 아비의 유의(遺意)를 따르겠다고 말하면서 감히 아비의 사당에 들어갈 면목이 없다는 등의 말을 상소문에 멋대로 썼습니다. 그러다가 대신(臺臣)이 그가 무인년(1698, 숙종24)에 올린 상소 가운데 이른바 '신의 아비[85]가 어찌 아비와 스승의 경중을 몰랐겠습니까?' 한 말을 인용하여 그가 도리어 아비의 뜻을 배반했다고 힐문하자[86] 스스로 논리에 맞지 않다는 것을 알고 대답하지 못하였습니다.

그러다가 추가로 신변하여 올린 상소[87]에서 그 논설을 끌어다 옮기고 스스로 벗어나고자 이내 말하기를,

'만약 〈의서〉가 일찍 나왔더라면 신의 아비가 윤증을 질책한 것이 어찌 저와 같은 것에 그쳤겠습니까? ……'

하여, 은연중에 그가 윤증을 깊이 배척한 것이 〈의서〉를 본 뒤의 일이기 때문에 전후의 말이 다를 수밖에 없었던 것처럼 말하였습니다.

아! 당초 논쟁이 된 것은 아비와 스승의 경중에 차이가 있는지 없는지에 대한 것에 있었을 뿐이었으므로, 〈신유의서〉를 본 여부는 본래 이것과는 관계가 없었습니다. 하물며 지난봄 상소에서 한 말이 〈신유의서〉가 나오기 전에 있었던 것이라면 어떻게 그 말뜻이 매우 준엄한 것을 예측해서 먼저 경중이 없다는 말을 만들어서 스스로 그 아비와 다른 주장을 할 수 있었겠습니까?

---

84) 김창집이 …… 상소 : 여기서 언급한 상소는 《숙종실록 42년 2월 26일》에 실려 있다.
85) 신의 아비 : 김수항을 가리킨다.
86) 대신(臺臣)이 …… 힐문하자 : 대사간 이세최(李世最) 등이 붕당을 지어 윤증을 무함한 죄로 김창집의 파직을 청한 일을 말한다. 《肅宗實錄 42年 潤3月 9日》
87) 추가로 …… 상소 : 이것은 김창집이 오명윤(吳命尹)의 상소에 대해 변명한 것이다. 《肅宗實錄 42年 7月 18日》

김창집은 당여를 보호하는 것에 급급하고 바른 것을 해치는 데에 날을 세우느라 그의 말이 그의 아비의 말과 배치되는지의 여부를 살필 겨를이 없었던 것입니다. 그가 입장이 난처해진 이후에 또 따라서 그런 말을 하다니, 사람의 형편없음이 끝내 이 지경에까지 이른단 말입니까?

그 상소에서 또 말하길,

'갑자년(1684) 절교하기 전의 편지에서, 오히려 또 묘문을 고쳐달라고 청하면서 말하기를,

「죽은 자와 산 자가 은혜를 받아서 맺힌 의혹이 모두 풀리는 것은 단지 문하의 한 말씀 사이에 달려 있을 뿐입니다.」

하였습니다. 그 사람이 저렇게 형편이 없는데, 어떻게 죽은 자와 산 자에게 한마디 말로 은혜를 내려줄 수 있겠습니까? 그 맺힌 의혹이 모두 본원의 심술에 놓여 있다면 또 어떻게 문자를 필삭(筆削)[88]하는 것으로 갑자기 풀릴 수 있겠습니까? 그가 유감을 품고 불평하는 것은 다분히 묘문이 그의 욕심에 만족스럽지 않았기 때문이라는 것을 단연코 알 수 있습니다. ……'

하였습니다. 다른 사람이 언뜻 보면 중간에 일어났던 사단은 진실로 모두 묘문 때문이었으며, 끝에 가서 서로 어그러져 반목한 뒤에도 오히려 묘문을 고쳐달라고 청하는 것을 면하지 못했던 것처럼 보이니, 성명께서 윤증을 의심하는 것 또한 괴이한 일은 아닙니다. 다만 윤증이 묘문을 고쳐줄 것을 부탁하는 편지를 여러 차례 주고받은 것은 모두 무오년(1678) 이전에 있었던 일이며, 그 후 7년간은 입을 다물고 다시 말하지 않았습니다.

김창집이 말한 갑자년의 편지는 또 다른 일입니다. 대개 그 당시 송시열은 목천의 일에 대해 할 말이 궁색해지자 이에 말하기를,

'말한 자는 한갓 거짓을 날조한 자가 될 뿐이고, 듣는 자는 번지르르하게 꾸몄다 할 것입니다. 이러한 까닭에 다시 고명(高明)을 위하여 이 정성스러운

88) 필삭(筆削) : 새로 쓰거나 또는 이미 쓴 것을 깎아낸다는 뜻이다. 역사서 등을 저술하거나 혹은 작품을 교정하면서 잘못된 곳은 지우고 빠진 곳은 써넣는다.

마음을 드러낼 뜻을 끊고, 다만 이 마음을 품고 지하에 들어가 백세(百世)의 공론을 기다릴 뿐입니다. ……'

하였습니다. 윤증은 끝내 그 말이 해명되지 않는 것을 괴이하게 여기고 그 일이 끝내 어둠 속에 묻히는 것을 안타깝게 생각하여 이에 다시 편지를 보내 말하기를,

'이미 어둡고 어리석은 식견으로 슬프고 절박한 사정(私情)에 가려져 있으니, 의혹스러운 일을 어찌 모두 바로잡을 수 있겠습니까? 그러나 만약 문하께서 지난날에 사이좋게 지내던 정의(情誼)를 미루어 생각하시고, 인정을 굽어 살피셔서 공평한 마음으로 너그럽게 헤아려서 곡진히 더욱 불쌍히 여겨 주신다면, 죽은 자와 산 자가 함께 은혜를 받아서 맺힌 의혹이 모두 풀어지는 것은 문하의 한 말씀 사이에 달려 있을 뿐인데, 어찌 백세를 기다릴 일이 있겠습니까? ……'

하였습니다. 곧 이로써 보건대 두 사람 사이에 오고 간 편지에서 가리키는 내용이 뚜렷했으며 묘문에 대해서는 전혀 언급하지 않았습니다. 그런데 김창집은 '묘문을 고쳐주기를 청하였다.[請改墓文]'는 네 글자를 불쑥 집어넣어 편지의 본지를 크게 바꾸어서 동쪽을 가리키며 서쪽 일을 증명하였으니, 그 마음 씀씀이가 진실로 지극히 교묘하고 참람됩니다.

김치후(金致垕)의 상소[89]에 이르러서는 몹시 모질고 패악(悖惡)스러움이 더욱 심하였습니다. 그 상소에서 말하기를,

'흉당이 송시열을 얽어 죽이려 할 때 억지로 만든 죄안(罪案)은 모두 윤증 편지 속의 뜻과 논지에서 벗어나지 않아 그 맥락과 귀결이 빈틈없이 서로

---

89) 김치후(金致垕)의 상소 : 김치후(1691~1742)의 본관은 청풍, 자는 사중(士重), 호는 사촌(沙村)이다. 1716년 성균관 유생으로서 동료 80인과 함께 상소하여 송시열을 배반한 윤증의 죄를 성토하였다. 《肅宗實錄 42年 12月 29日》 1726년(영조2) 알성문과에 급제하여 대사간 등을 역임하였는데, 1730년(영조6) 탕평책에 반대하다가 유배되었다. 2년 후 풀려나와 1738년 다시 대사간에 기용되었다. 1742년 경상도관찰사에 이어 정주목사로 임명되었으나 부임 도중 죽었다. 저서로 《사촌집(沙村集)》이 있다.

맞습니다.'

하였습니다. 아! 말이 여기에까지 이르렀으니 어떻게 서로 견줄 수 있겠습니까? 그러나 이것은 김치후의 말이 아니라 곧 송시열의 말입니다. 송시열은 화난 마음이 항상 가슴 속에 쌓여 있어서 장차 죽으려 할 때 한 말은 그 성내는 것이 더욱 심해졌습니다. 그가 어떤 사람에게 보낸 편지에서 이르기를, '이번 일이 윤증 부자로부터 유래된 것을 어찌 의심하겠는가?' 하였습니다.

아! 심합니다. 윤선거가 죽은 것은 기사년으로부터 20년 전의 일이었는데, 송시열은 차마 이런 말을 하면서 전혀 부끄러워하지 않아서, 김치후의 무리들은 그 남은 거품을 답습하여 더욱 제멋대로 무고하여 어지럽혔으니, 또한 어찌 주벌하는 것으로 충분하겠습니까?

그 상소에서 또 말하기를,

'묘문에 비방하여 욕한 말이 없으므로 십 수 년 동안 이것을 핑계로 주장한 것이 완전히 귀착될 곳이 없어지자, 대상을 바꾸어 본원의 설을 만들어내서 마치 윤증이 그 바르지 못한 것을 보고 절교한 것처럼 하였습니다. ……'

하였습니다. 이것은 이들 무리 또한 송시열이 끝에 가서 윤증의 양친(兩親)을 크게 욕한 것은 대단히 추하고 어그러진 일이었으므로, 윤증이 취할 길은 어쩔 수 없이 절교하는 것뿐이었습니다. 그래서 이 한 가지 일은 감추고, 오로지 묘문과 〈의서〉, 두 가지 일을 끌어다 스스로 부르짖고 스스로 화답하면서, 억지로 말하기를,

'윤증을 위해 신변(伸辨)하는 자들은 누차에 걸쳐서 논리가 딸릴 때마다 대상을 바꾸어 제멋대로 말을 만들었다.'

하니, 그 또한 가소로워 변론할 가치가 없습니다.

그 상소에서 또 말하기를,

'세도가 여러 차례 변하여 화의 기미가 장차 닥쳐오려 하자 사문(師門)과 갈라서려는 계략을 몰래 결단하였습니다.'

하였습니다. 아! 경신년(1680) 사이에 교화와 다스림이 새로워져 화가

일어날 기미는 그 조짐을 애초 볼 수 없었습니다. 하물며 송시열은 그 지위와 명망이 매우 무겁고 위세가 빛나고 있었으므로, 조금이라도 다른 의견을 보이면 곧 시기하여 배척당하였습니다. 윤증이 만약 화복(禍福)을 계산하고 견주어 볼 마음이 있었다면 오직 영합하여 구차하게 비위를 맞추느라 겨를이 없었을 것인데, 어떻게 아직 조짐이 있지도 않은 화를 미리 걱정하여 지극한 근심이 될 입장을 경솔하게 취한단 말입니까?

그 상소에서 또 말하기를,

'예설의 일은 이미 이시정의 상소[90]에서 통렬히 변론했기 때문에 또다시 변론할 것이 못됩니다. 허황이 살아있으니 목천의 일은 소문의 출처가 명백해졌고, 김수택(金壽澤, 김익희의 증손)이 올린 상소에서 진술한 것으로 「잔인한 사람」이라든가 「물가」의 말은 저절로 돌아가는 곳이 있게 되었습니다.'

하였습니다. 아! 이시정의 상소에 실린 것은 단지 송시열이 빠져나가려고 꾸며대는 말로 스스로를 변명한 것일 뿐이니, 전후로 주고받은 편지의 구절구절에서 드러난 파탄에 대해서는 이시정이 일찍이 언급하지 않았습니다. 그래서 제가 이미 앞서와 같이 낱낱이 열거하였으니 만일 전하께서 대략이라도 살펴보신다면 송시열이 말을 지어낸 자취와 이시정이 속인 정상을 스스로 바로 변별할 수 있을 것입니다.

또한 이시정의 무리들이 목천의 일이 무고가 아니라는 것을 입증하기 위해 증거로 든 것이 바로 허황의 생존인데, 이 또한 말이 안 되는 이야기입니다. 만약 당초 소문의 출처가 과연 허황에게서 나왔다면 송시열이 스스로 해명하면서 단지 허황, 한 사람만을 거론해도 충분했습니다. 그런데 혹 유수방의 탓으로 돌리거나, 혹 이유태에게 핑계 댔으며, 또 끌어다 스스로 감당한 것은 무엇 때문입니까?

90) 이시정의 상소 : 1716년 윤3월 15일에 성균관 유생 이시정이 올린 상소이다. 해당 상소에서 윤증의 무리가 송시열을 저버린 것은 오로지 묘문의 일 때문이라 했다가 묘문에는 헐뜯은 사실이 없다는 것이 밝혀지자 어쩔 수 없이 본원(本源)의 설(說)로 바꾸어 〈신유의서〉를 증거로 삼았다고 비판하였다. 《肅宗實錄 42年 閏3月 15日》

또한 허황이 이미 송시열의 문도라고 칭하였고, 또 스스로 윤증과 더불어 서로 친하다고 하였으면서도, 바야흐로 송시열이 좌우 사람들에게 미루고 핑계 대며 스스로 해명하지 못할 때, 어째서 한쪽 편에서 명백히 말하여 그 스승에 대한 의심과 비방을 변론하지 않고, 그렇게 전후 십수 년간 묵묵히 입을 다물고 있다가 오늘에 이르러 시세가 변하고 일이 지나간 뒤에 그 자식을 시켜 상소하게 하였단 말입니까? 그렇다면 허황이 지금에 와서 스스로 감당한 것은 다른 사람의 뜻을 받아서 나온 것이므로 그것이 실상이 아니라는 것을 밝게 알 수 있습니다. 그러니 허황이 비록 생존해 있다고 하더라도 송시열을 위해 변명하는 것에 무슨 보탬이 되겠습니까?

김보택의 상소에서 그의 할아비 김만증(金萬增)[91]이 그의 증조부 김익희에게서 직접 들었다고 하여 송시열이 말한 것이 거짓말이 아니라는 것을 입증하려 하였습니다. 무릇 군자의 충효 도리를 가지고 논한다면 자식이 전한 아비의 말을 마땅히 무함하여 속이는 것이라고 의심해서는 안 될 것입니다. 그러나 사리에 비추어 헤아려 보건대 전혀 그렇지 않은 것이 있으니, 김익희가 '잔인한 사람'이라고 한 것이 도대체 언제인지 알지 못하겠습니다.

만약 말하기를, '난리를 당한 처음이다.' 한다면 김만증은 당시 포대기에 쌓여 있을 때였는데 어떻게 직접 듣고 알아들을 수 있었겠습니까? 만약에 말하기를, '김만증이 조금 자란 뒤이다.' 한다면, 김익희가 윤선거를 천거한 일은 실제 임진년(1652, 효종3)에 있었으니, 한편으로는 잔인한 사람이라고

---

91) 김만증(金萬增) : 1635~1720. 본관은 광산, 자는 경능(景能), 호는 둔촌(遯村)이다. 김장생의 증손이자 김익희의 아들이다. 1663년(현종4)에 사마시(司馬試)에 합격하여 이듬해에 음보(蔭補)로 지중추부사(知中樞府事)에 올랐다. 송시열의 문인으로,〈광탄문답(廣灘問答)〉을 지어 노론의 정치적 입장을 대변하였다. 〈광탄문답〉은 1680년(숙종6) 경신환국 이래 1689년 기사환국에 이르기까지 노론과 소론의 분열이 표면화되었던 정국의 동향을 노론의 시각으로 논변한 글이다. 특히 1684년 회니시비(懷尼是非)의 분쟁 속에서 소론 편으로 기울었던 박세채에 대해 직·간접적인 비판을 가하고 있으며, 글의 형식 또한 김만증이 박세채와 문답하는 가운데 논변을 통해 박세채를 설복시키는 방식으로 구성되어 있다.

배척하고 또 다른 한편으로는 군부에게 천거한 것인데, 어찌 이런 이치가 있겠습니까?

만약 송시열의 말이 과연 더 이상 아몽(阿蒙)이 아니라는 뜻[92]에서 나온 것이라고 하더라도, 또한 크게 그렇지 않은 것이 있습니다. 대저 그가 지조가 있다고 허여한 말이 지난날의 일을 보장한 것은 아니라는 점은, 바로 일시적으로 가리고 미혹되게 하는 것으로 처음에는 혼미하였다가 마침내 깨달은 사실을 말하는 것입니다. 그런데 이른바 '잔인한 사람'이라고 말한 것은 사람의 도리가 모두 손상되고 자질이 이미 크게 훼손되어서 스스로 새롭게 되는 것을 허여할 사례에 해당되지 않습니다. 한번 이렇게 지목되면 곧 버려진 사람이 됩니다. 만약 이와 같은 데도 '아몽의 괄목상대에 비견할 수 있다.' 했다면, 인륜에 어그러짐이 심한 것입니다.

이에 따라서 논한다면 김익희가 이미 '잔인한 사람'이라고 말하고 또다시 천거하였다면 김익희가 스스로를 속이고 임금을 속인 것을 면하지 못할 것입니다. 김익희가 애초에 이런 말을 하지 않았는데, 김만증이 지금에 이르러 증언한 것이라면 선친을 무고하여 다른 사람에게 아첨한 것을 면하지 못한 것이니, 참으로 제가 알 수 있는 것이 아닙니다.

또 김보택의 상소 가운데 고 참판 이선(李選[93])이 편지로 송시열에게 질의한 일을 변론하면서 말하기를,

'이선은 본래 신의 증조부와 떨어져 있는 적이 많았고, 만난 일이 적었으므로

92) 더 이상 …… 아니라는 뜻 : 김익희가 윤선거를 잔인한 사람이라고 했다가 나중에 그를 천거한 것이 윤선거가 아몽과 같이 괄목상대하게 성취를 이루었기 때문이라고 볼 수 없다는 것이 송시열의 뜻이다. 그런데 여기서는 송시열이 그렇게 보았다고 하더라도 말이 안 된다고 비판하고 있다.

93) 이선(李選) : 1632~1692. 본관은 전주(全州), 자는 택지(擇之), 호는 지호(芝湖)·소백산인(小白山人)이다. 송시열 문인이다. 1657년(효종8) 진사가 되고, 1664년(현종5) 춘당대문과에 급제하여 청요직을 두루 거쳤다. 1675년(숙종1) 형조참의 재직 시 송시열이 쫓겨나자 사직하였다가 다시 개성유수에 등용되었다. 1689년 대간의 탄핵을 받고 유배 가서 죽었다. 시호는 정간(正簡)이다.

신의 증조부가 이런 말을 한 것을 이선이 참여하여 듣지 못했던 것은 괴이할 것이 없습니다.'

하였습니다. 이 또한 바로 변별할 수 있습니다. 이선의 편지에서 만약 '일찍이 제가 들은 것이 없습니다.' 했다면 '떨어져 있을 때가 많았고 만난 일은 적었다.' 하는 것은 혹 말이 됩니다. 그렇지만 이선이 편지에서, 이미 말하기를, '제가 들은 것과 같지 않은데 어째서 이러한 말을 하십니까?' 했으니, 그가 과연 김익희에게 들은 것이 있어서 송시열이 전한 말의 오류에 대해서 의아스러워 하였던 것을 알 수 있습니다.

송시열이 이에 대해서 비록 말을 만들었다고 자복하지는 않았지만, 모호하게 답하기를 '보내준 내용과 같다면, 나 또한 감히 옳다고 할 수 없다.' 하였습니다. 송시열이 감히 옳다고 할 수 없었던 것을 김보택이 도리어 사실로 만들려고 하니, 아! 또한 이상합니다.

지난번 이시정은 이선의 말이 한번 나오면 송시열이 책임을 회피하려고 군색하게 말을 꾸며댄 것이 더욱 드러나게 될 것을 알았고, 그래서 그 일을 완전히 숨기고자 하여, 감히 '누가 전했는가?'고 말한 것입니다. 김보택은 끝까지 덮어 숨길 수 없다는 것을 알고 어렵사리 '떨어져 있을 때가 많았고 만난 일은 적었다.[離多會少]'는 네 글자를 지어내어 실상을 흐릿하게 만들[94] 꾀를 내었으나, 마침내 교묘하게 만들려다가 오히려 졸렬해져서 저절로 서로 모순이 된 것을 볼 수 있을 뿐입니다. 김치후가 이른바 '저절로 돌아가는 곳이 있다.' 한 것은 어찌 근거도 없는데 말했겠습니까?

김치후의 상소에서 또한 〈신유의서〉를 중도에 거두고 보내지 않은 것을 꼬집어서 '의서에 대해 노하였다.'거나, '양친에게 욕이 미쳤다.'는 두 조항의 설로써 크게 어긋나는 증거로 삼았는데, 이 또한 한 마디로 타파할 수 있습니다. 〈의서〉의 전문은 비록 능히 부칠 수는 없었지만, 한편의 요점은 '의와 이를

94) 흐릿하게 만들 : 원문은 "漫漶"이다. 분명치 않은 모양을 가리킨다. 문체의 파손 또는 퇴색된 것을 칭한다.

나란히 행하고, 왕도와 패도를 아울러 쓰다.[義利雙行, 王覇竝用.]' 여덟 글자에서 벗어나지 않았습니다. 얼마 뒤 사람을 통해서 먼저 알렸으므로, 송시열이 분노한 것이 오로지 여기에 있으니 '〈의서〉에 대해서 노여워했다.'고 하는 것이 과연 사실과 어긋난 것이겠습니까?

그 상소에서 또 말하기를,

'그 아우 윤추(尹推)[95]로 하여금 〈회려사본말(懷驪事本末)〉[96] 한 통을 짓게 하여, 그 독을 뿜어낸 것은 더욱 차마 말하지 못하겠습니다.'

하였습니다. 대개 이 글은 이미 윤추의 손에서 나왔으니 본래 그 형과 관계가 없습니다. 하물며 윤추의 처지는 형과 저절로 구별되니, 그는 송시열에 대해 원래 고려해야 할 의리는 없었습니다. 스스로 자신의 견해를 세우고 마음대로 뽑아서 기록했는데, 그 형의 명령을 기다릴 이유가 어디에 있겠습니까? 그런데 이 무리가 윤증을 원수처럼 여겨 반드시 해치고자 하여 온갖 방법으로 억지로 흠을 찾아서 쓰지 않은 계략이 없어서, 마침내 그의 동생의 사사로운 기록을 들추어내어 윤증에게 허물을 돌리려 하였습니다.

처음에는 '사(使)' 한 글자에 주목하여 마치 윤증이 가르치고 타이른 것처럼 하였다가 끝에 가서는 '붓에 먹물을 묻혀서 글을 완성하였다.[泚筆成書.]' 등의 말로 멋대로 단정하여 마치 윤증이 직접 쓴 것처럼 했으니, 그 말이 앞뒤로 어그러지는 것을 돌아볼 겨를이 없었던 것입니다. 일찍이 이르기를, '이것으로써 다른 사람의 귀와 눈을 가릴 수 있겠는가?'라고 한 경우에 해당합니다.

이것으로도 부족하여 또한 성균관 유생[97]이 소회를 아뢴 상소문에서 나양

---

95) 윤추(尹推) : 1632~1707. 본관은 파평, 자는 자서(子恕), 호는 농은(農隱)·농와(農窩)이다. 윤황의 손자이자 윤선거의 아들이고, 윤증의 동생이다. 1668년(현종9)에 문과에 급제하였으나, 전시(殿試)에 나가지 않았다. 용담현령(龍潭縣令) 등을 역임하였다. 숙종대 송시열을 비롯한 노론이 윤선거·윤증에 대한 정치적 공격을 본격화하자 이에 대항하여 부친과 형을 변론하는 글인 《청송재변록(青松齋辨錄)》을 남겼다.

96) 회려사본말(懷驪事本末) : 송시열과 윤휴의 불화에 대한 시말을 기록한 것이다. 윤추의 문집 《농은유고(農隱遺稿)》에 실려 있다.

97) 성균관 유생 : 원문은 "泮中"이다. 반중은 성균관을 중심으로 한 근처의 동네를 이르던

좌가 기록한 《명촌 -나양좌의 별호- 잡록(明村雜錄)》[98]을 끌어다 인용하여 이르기를,

'그가 나열한 것은 사람의 이치로 보아 반드시 없는 사람인데도, 말 아래 반드시 어떤 사람을 인용하여 입증하였습니다. 그가 말한 「《유봉 -윤증의 별호- 사기(酉峯私記)》[99]」는 윤증이 말한 것이고, 「《농와 -윤추의 별호- 잡기(農窩雜記)》」는 윤추의 말입니다. ……'

하였습니다. 아! 이 모두 속이는 말입니다.

대개 나양좌의 이 기록은 모두 눈으로 보고 귀로 들은 데에서 나온 것으로서 증거로 끌어댄 사람들이 참으로 많이 있습니다만 유독 윤증을 끌어다가 말한 적은 없습니다. 이는 진실로 온 세상에서 함께 본 바이기 때문인데, 이들의 말이 무엇에 근거하여 말한 것인지 알지 못하겠습니다. 하물며 윤증과 송시열이 서로 절교한 뒤에는 한 번도 일찍이 다른 사람에게 송시열에 대해 언급한 적이 없었으니, 나양좌가 비록 이것을 끌어다가 증거로 삼고자 하여도 어떻게 할 수 있었겠습니까?

《농와잡기》와 나양좌의 《명촌잡록》은 본래 서로 상관이 없는데 이에 모아서 한 책으로 만들어 마치 윤증이 나양좌에게 부탁하여 잡록에 뒤섞어 적어서 송시열의 과실을 밝히려고 한 것처럼 말하였으니, 그 마음 씀씀이가 아! 역시 교묘하고도 또한 참혹합니다.

그 상소에서 또 말하기를, '이륜(彝倫)이 끊어진 날에 입을 닫았습니다.' 하였습니다. 아! 기사년(1689) 변고가 일어나던 처음에 금고(禁錮)되어 폐기된 나머지 벼슬을 제수하는 임금의 명령이 없었으니, 비록 진언(進言)하려 해도

말이다.

98) 명촌잡록(明村雜錄) : 나양좌가 지은 윤선거에 대한 변무기록(辨誣記錄), 서신(書信), 제문 및 김창협·김창흡 등이 나양좌에게 보낸 편지 등을 모아 편집한 책이다.

99) 유봉사기(酉峯私記) : 윤증이 윤선거의 일에 대해 자신의 견문과 생각을 정리한 것이다. 현존하지 않아 그 구체적인 내용을 확인할 수 없다. 《패림(稗林) 명촌잡록(明村雜錄)》에 나양좌가 《유봉사기(酉峯私記)》를 인용하여 기록한 내용이 보인다.

할 수 있었겠습니까? 경오년(1690)에 직책을 제수받은 뒤에는 또 어찌 말을 할 수 있는 때였겠습니까? 그리하여 그 상소 가운데 거론한 박태보의 일은 비록 사사로운 근심에서 나온 것 같지만 그 깊은 뜻은 실로 국사(國事)를 깊이 염려한 데서 나왔습니다.[100] 그의 말뜻을 자세히 살피면 매우 애통해하고 슬퍼하여, 비록 직접 가리켜서 배척하는 말이 없었더라도 또한 그 독실하고 지극한 충성심[忠懇]을 볼 수 있었으니, 윤증이 세세한 의리에 대하여 고심하고 있는 것을 어찌 김치후와 같은 무리들이 능히 알 수 있겠습니까?

폐고되어 있다가 기사년에 등용된 일은 '윤증으로 하여금 부끄러워 죽게 할 정도였습니다.' 하는 구절은 또한 매우 가소롭습니다. 이것은 모두 송시열의 글 속에서 '윤증이 날뛰고 있다.'[101]고 한 쓰던 수법을 이어받은 것이지만 일체의 영욕은 본래 동강(東崗)[102]을 고수하는 선비와는 상관이 없었으니, 오직 저 당인[103]들이 한때 겉으로 존모(尊慕)하는 척 한 것이 돌아보건대 어찌 윤증의 도덕에 더하거나 덜어냄이 있겠습니까? 이와 같이 미혹하고 어리석은 견해는 참으로 한 번의 웃음거리도 되지 않습니다.

제가 청컨대 김창집이 지난번 올린 상소문[104] 가운데 아홉 조목을 들어

---

100) 그 상소 …… 나왔습니다 : 남인이 집권하고 있던 경오년(1690)에 윤증이 올린 상소를 말한다. 여기서 윤증은 박태보의 일을 거론하면서, 그가 자신의 조카라고 밝혔다. 박태보는 기사환국 직후 인현왕후의 폐비에 맞서 상소하였다가 숙종의 친국을 받고 죽었다. 여기서 윤증이 박태보의 일을 거론한 것이 자신의 인척이기 때문에 말한 것처럼 하였지만 실제로는 폐비에 항의하는 공적인 성격을 띠었다는 뜻이다.

101) 윤증이 날뛰고 있다 : 1689년 제주도로 귀양가던 송시열이 김장생 묘에 들러 쓴 글에 나오는 구절이다. "지금 조정에 일이 있어서 소자가 마침내 이 귀양길을 떠나게 되자 윤증이 날뛰고 있습니다만, 진실로 우리 도가 저로 말미암아 다 망하지 않게 된다면 죽는다 하더라도 아무 한이 없겠습니다.[今因朝家有事, 小子遂有此行, 而拯乃騫騰, 小子因以爲苟使吾道, 由吾不至盡亡, 則雖滅死, 萬萬無恨矣.]" 하였다. 《宋子大全 告沙溪先生墓文》

102) 동강(東岡) : 동쪽 산등성이로, 산림(山林)을 지칭한다.

103) 저 당인 : 남인을 가리킨다.

104) 김창집이 …… 상소문 : 이 상소문은 《숙종실록 42년 8월 24일》과 《몽와집(夢窩集) 권7 논신구사차(論申球事箚)》에 있는데, 여기서는 이세덕이 그 대략적인 내용을 압축하여 인용한 것이어서 본 상소문과는 글자에 출입이 있다. 이 상소를 보고 숙종은 윤선거 문집 판본을 헐어버리라고 명하였다.

변론하고자 합니다. 김창집이 차자 가운데 말하기를,

'두거(杜擧)[105]의 일이 어떤 일인데 「거(莒) 땅에 있었던 일을 잊지 말라」는[106] 것은 그것이 빌려다 비유할 수 있는 것입니까? 강왕(康王)[107]을 언급한 말은 윤리에 어긋난다고 하지 않고, 이른바 「날류(剌謬, 어그러짐)」라고 한 말은 윤휴를 진정으로 배척한 것입니까?'[108]

하였습니다. 아! '두거'의 비유는 바로 이른바 단장취의(斷章取義)[109]하여

105) 두거(杜擧) : 임금의 잘못을 일깨우게 하는 술잔이라는 뜻이다. 춘추시대 진(晉)나라 대부 지도자(知悼子)가 죽어서 장사도 치르지 않았는데 평공(平公)이 술을 마시고 풍악을 울리자 두궤(杜蕢)가 잘못을 지적하였다. 이에 평공이 자책하면서 자신에게 벌주(罰酒)를 먹이라고 한 뒤, 자신이 죽더라도 이 술잔을 버리지 말고 후세의 경계로 삼으라고 명하였으므로 이를 두거라고 이름하였다. 《禮記 檀弓下》 노론측에서는 윤선거가 효종에게 잘못이 있다는 것을 보이기 위해 '두거'라는 말을 사용했다고 공격하였다.

106) 거(莒) 땅에 …… 말라 : 춘추시대 관중(管仲)이 재상에 등용되어 제나라 환공(桓公)에게 한 말이다. "원컨대 공께서는 거(莒) 땅에서 고생하던 일을 잊지 마소서. 신은 노(魯)나라에서 함거(檻車)에 갇혔던 일을 잊지 않을 것입니다." 하였다. 즉 양공(襄公)의 폭정을 피해 고생했던 환공으로 하여금 초심을 잃지 말라는 취지에서 한 말이다. 이것은 윤선거가 조복양(趙復陽)에게 보낸 편지에 있는 말인데, 병자호란 당시의 고난을 잊지 말자는 의미였을 뿐이며, 더구나 효종에게 직접 한 말도 아니었다.

107) 강왕(康王) : 1127년 북송이 멸망하자 남송을 개창한 고종(高宗)이다.

108) 두거(杜擧)의 일은 …… 배척한 것입니까 : 윤선거의 문집에 효종을 무함하는 참람하고 망령된 말이 있다는 것은 구체적으로 두거와 강왕(康王)의 비유를 가리킨다. 먼저 두거의 비유는 윤선거가 권시(權諰)에게 보낸 편지에 "성상께서 만약 나의 충정을 살피시어 오늘날의 두거로 삼으신다면 반드시 세상의 교화에 도움이 없지 않을 것이다." 라고 한 내용을 이른다. 이 말이 은연중에 효종이 강화도에서 처신했던 것을 윤선거 자신이 순절하지 않고 살아남은 일에 비기고 효종에게도 허물이 있다고 지적한 말이라는 혐의를 받았다. 《宋子大全附錄 年譜 崇禎八十九年丙申》 또한 강왕의 비유는 윤선거의 글에 답장한 윤휴의 글에 "금(金)나라 군사가 강을 건너 쳐들어올 때 강왕은 실로 그 군중에 있었다.[北師渡江, 康王實在軍前.]"고 한 말이 있었다. 이 내용이 청나라 군사가 침입하였을 때 당시 대군이었던 효종은 아무것도 하지 못하고 청나라 군사의 포로가 되었던 것을 비꼰 말이라는 혐의를 받았다. 《魯西遺稿 日記 乙未十二月初》《肅宗實錄 42年 7月 25日》 이에 대해 윤선거는 윤휴의 그러한 인식이 "내 뜻과 어그러진다.[余意剌謬.]" 고 일기에 적어 두었다. 김창집은 윤휴가 그렇게 말한 것은 "지극히 흉악하고 윤리에 어긋난[極其凶悖]" 일이었는데, 윤선거가 이것을 "내 뜻과 어그러진다."고만 말한 것은 윤휴를 통렬하게 배척할 뜻이 없기 때문에 나온 것으로 간주하였다.

109) 단장취의(斷章取義) : 문장에서 필요한 부분만을 인용하거나 자기 본위로 해석하여 쓰는

잊지 말고 경계하자는 뜻을 실어둔 것일 뿐입니다.

전후의 상소에서 이것을 논변한 것은 진실로 이미 남김없이 환하게 밝혔는데, 《개풍(凱風)》의 '한천(寒泉)'을 증거로 든 것[110]은 참언하는 사람들의 입을 막기에 충분한 데도 김창집은 오히려 다시 잘못을 거짓으로 꾸미기를 단연코 그치지 않아서, 심지어 옛날 사람들이 문자를 쓸 때 피기(避忌)하는 것은 소략함과 세밀함이 있다는 말까지 하였습니다.

전하께서 김창집에게 시험 삼아 '「융예(瀜洩)」 두 글자의 출처가 어디인가?'[111] 물어보십시오. 이런 말을 오히려 곤위(壼闈)를 찬미하는 문장에 쓸 수 있다고 한다면, 그 금기로 삼아야 할 것이 「두거」와 비교하여 어떤 것이 더 가볍고 어떤 것이 더 무겁겠습니까? 김창집이 여기서 조금이라도 스스로 반성한다면 결코 이런 말을 차마 하지 못할 것입니다.

또한 강왕에 대한 말이 윤리에 어긋난다고 한 것은 대개 그 말이 역적 윤휴의 입에서 나왔기 때문인데, 다만 국가가 겪었던 병자년의 화난(禍難)을 생각해 보면 실로 천지가 뒤집어지는 때였기 때문에 그날 직접 경험한 명신(名臣)이 난리를 언급할 때에도 또한 이를 변경(汴京)의 변[112]에 비유하는 경우도

것을 이르는 말이다.

110) 〈개풍(凱風)〉의 …… 든 것 : 〈개풍〉은 《시경》 패풍(邶風) 중의 편명이다. 한천은 '개풍' 중 '원유한천(爰有寒泉)'의 구절에서 인용된 것인데, 자식들이 어버이를 잘못 섬기는 것을 자책한 시이다. 이것은 김창집이 아비인 김수항의 뜻을 저버렸다고 비판한 이홍제(李弘濟)의 상소문에 보인다. 《肅宗實錄補闕正誤 42年 8月 8日》

111) 융예(瀜洩) …… 어디인가 : '융예(瀜洩)'란 말은 김수항(金壽恒)이 지은 인조의 계비(繼妃) 장렬왕후(莊烈王后) 시책문(諡冊文)에 '궁위흡융예지락(宮闈洽融洩之樂)'이라고 보인다. 따라서 '융예(瀜洩)'는 '융예(融洩)'의 오기(誤記)이다. '융융예예(融融洩洩)'의 준말로, 《춘추좌씨전》 은공(隱公) 원년에 나오는 말이다. 정(鄭)나라 장공(莊公)이 아우 공숙단(共叔段)의 반란을 평정한 뒤에 그와 공모(共謀)한 어머니 강씨(姜氏)를 성영(城潁)에 유폐하고 다시 안 만나겠다고 했다가, 영고숙(潁考叔)의 충언을 듣고 땅굴을 통해 들어가서 강씨를 만났다. 그때에 장공이 노래하기를 "대수 안에 그 즐거움이 화락하네.[大隧之中, 其樂也融融.]" 하였고, 그 어머니가 나와서 노래하기를 "대수 밖에는 그 즐거움이 펴지도다.[大隧之外, 其樂也洩洩.]" 하였다. 그 주석에 "'융융'은 화락(和樂)이고 '예예'는 서산(舒散)이다." 하였다. 따라서 '융예'는 반란을 공모한 어머니를 비유하는 말이므로 김수항이 대왕대비의 시책문에 사용하는 것은 참람한 짓이 된다.

있었습니다. 문정공(文正公) 김상헌(金尙憲)[113]이 형을 제사 지내는 글에서 그 말을 쓰는 것을 꺼리지 않았는데, 지금 윤휴의 말을 배척하지 않았다는 것을 가지고 억지로 윤선거의 죄로 삼는다면 그것이 과연 말이 되겠습니까?

김창집이 차자에서 또 말하기를,

'지난날에는 어째서 입 밖에 낼 수 없다가 오직 오늘날에 이르러 말할 수 있다는 것입니까? 다른 사람들이 말하면 무엇이 불가한 것이 있다고, 반드시 말하기를, 「환난을 같이 한 자는 그것을 말해도 해가 없다.」 합니까? ……'

하였습니다. 대저 거(莒) 땅에서의 횡액과 하북(河北)에서 당한 고난은 마땅히 환공(桓公)[114]과 광무제(光武帝)[115]를 위해서 말해야지 효공(孝公)[116]과 명제(明帝)[117]를 위해서 말하는 것은 부당합니다. 이러한 이치는 매우 명확하

---

112) 변경(卞京)의 변 : 1127년 금(金)나라 태종(太宗)이 송나라 수도 변경(汴京)을 함락하고 휘종과 흠종을 사로잡아갔던 사건을 말한다. 정강(靖康)의 화(禍)라고도 한다.

113) 김상헌(金尙憲) : 1570~1652. 본관은 안동, 자는 숙도(叔度), 호는 청음(淸陰)·석실산인(石室山人)이다. 1623년 인조반정 이후 서인의 영수가 되었다. 병자호란이 일어나자 주화론(主和論)을 배척하고 끝까지 주전론(主戰論)을 펴다가 인조가 항복하자 안동으로 은퇴하였다. 1639년 청나라의 출병 요구에 반대하는 상소를 올린 일로 청나라에 압송되었다가 6년 후 귀국하기도 하였다. 효종이 즉위해 북벌을 추진할 때 그 이념적 상징으로 간주되어 대로(大老)로 불릴 정도로 존경을 받았다. 1653년 영의정에 추증되었다.

114) 환공(桓公) : ?~B.C. 643. 춘추시대 제나라 군주이다. 관중(管仲)을 재상으로 기용하여 부국강병을 이루었다. 관중이 재상에 등용되어 환공에게 말하기를, "원컨대 공께서는 거(莒) 땅에서 고생하던 일을 잊지 마소서. 신은 노(魯)나라에서 함거(檻車)에 갇혔던 일을 잊지 않을 것입니다." 하였다.

115) 광무제(光武帝) : B.C. 6~A.D. 57. 후한의 초대 황제이다. 전한(前漢)의 고조(高祖) 유방(劉邦)의 9세손이다. 신(新)나라를 세운 왕망(王莽)을 죽이고 한 왕조를 재건하였다. 광무제가 건거향(巾車鄕)에서 왕망의 연리(掾吏)인 풍이(馮異)를 사로잡았다가 즉시 사면하고 등용하였는데, 하북에서 곤액을 당하게 되자 풍이가 그를 위해서 식량과 머물 곳을 마련하느라 온갖 힘을 다하였다. 나중에 황제가 되어 풍이를 접견하고는 "당시의 후한 뜻에 오래도록 보답하지 못했다." 말하자, 풍이가 "신은 황제께서 하북에서 당한 곤란을 잊지 말기를 바랍니다. 소신은 감히 건거에서의 은혜를 잊지 못하겠습니다." 했던 고사에서 인용한 것이다. 《後漢書 馮異列傳》

116) 효공(孝公) : ?~B.C. 338. 전국시대 진(秦)나라 군주이다. 상앙(商鞅)의 변법(變法)을 수용하여 부국강병을 이루었다.

117) 명제(明帝) : 28~75. 후한 2대 황제이다. 광무제의 아들로, 흉노를 토벌하고 서역 지배를

니, 이것이 이른바 '오늘날 감히 말해야 할 것'이 아니겠습니까?

강화도의 변고는 실로 국가의 깊은 치욕인데, 당시 일종의 논의는 마땅히 꺼리고 피해서 말하지 않아야 한다고 하면서 윤선거가 이것을 매번 제기하는 것은 잘못이라 했습니다. 그래서 윤선거가 그 말에 대하여 해명하여 말하기를,

'다른 사람이라면 혹 말해서는 안 되는 점이 있지만 오직 우리 군주와 신하들은 실제로 환난을 같이 겪었으므로, 환난을 같이 겪은 사람으로서 환난 중의 일을 거슬러 올라가 제기하여 복수설치(復讐雪恥)의 큰 뜻을 밝히는 것이 무슨 해로울 일이 있겠습니까?'

하였습니다. 윤선거의 뜻이 그 어찌 분명하여 쉽게 알 수 있는 것이 아니겠습니까? 그런데 '다른 뜻이 그 사이에 끼어 들어가 있다.' 하니, 참으로 무슨 말인지 모르겠습니다.

또 말하기를,

'지난날 성조(聖祖)의 능란한 권도(權道)가 아니었다면 과연 당연히 죽어야 할 의리가 있었는데, 만약 대군(大君)처럼 존귀하지 않다면 실제로 부끄러워할 만한 허물이 있다는 것입니까?'[118]

하였습니다. 대개 윤선거가 어떤 사람에게 준 편지 가운데,

'대성인이 권도에 통달하여 변고에 대처한 것은 실로 문왕(文王)[119]을 본받

확립하였다.

118) 지난날 …… 있었겠습니까 : 이하에 인용한 상소문은 앞의 상소와 출처가 다르다. 《夢窩集 卷7 出城疏[八疏]》

119) 문왕(文王) : 주(周)나라의 기초를 닦은 명군(名君)이다. 태공망(太公望)을 기용하여 서방 제후의 패자(霸者)로서 서백(西伯)의 칭호를 받았다. 숭후호(崇侯虎)의 참언을 받아 주(紂) 임금에 의해 유리(羑里)에 갇혔다. 그의 신하 태전(太顚)과 굉요(閎夭) 등이 미녀와 명마를 바쳐 석방될 수 있었다. 우(虞)나라와 예(芮)나라 사이의 분쟁을 해결하자 두 나라가 모두 귀부(歸附)했다. 문왕의 사후 그의 아들 무왕(武王)이 즉위하여 은나라를 쓰러뜨리고 주 왕조를 창건하였다. 맹자는 "지금 약소국이 강대국의 소행을 본받으면서 명령받기를 부끄러워하니, 이는 제자가 선사에게 명령받기를 부끄러워함과 같은 것이다. 만일 그것을 부끄러워할진댄 문왕을 본받는 것만 못하니, 문왕을 본받으면 대국은 5년, 소국은 7년이면 반드시 천하에 정사를 하게 될 것이다.[今也小國師大國而恥受命焉, 是猶弟子而恥受命於先師也. 如恥之, 莫若師文王, 師文王, 大國五年, 小國七年, 必爲政於天下矣.]" 하였

는 뜻이 있으니, 어찌 필부와 더불어 맥락을 같이 할 수 있겠는가?'

라고 한 구절을 가지고 자기 멋대로 본지(本旨)를 바꾸어 어지럽힌 것입니다.

이른바 '권도에 통달한다.[達權]'라는 것은 진실로 있는 말입니다. 일상적인 일을 만나서 그 도를 다하는 것을 '경(經)'이라고 하고, 사변(事變)을 당하여 그 마땅함을 다하는 것을 '권(權)'이라고 하니, 성조께서 강화도에서 당한 일은 이른바 사변을 당한 것이 아니겠습니까? 경과 권에는 본래 우열과 경중이 없으나, 성인이 아니면 권을 행할 수 없다는 것은 명백한 가르침이 있습니다. 윤선거가 '권도에 통달하였다.'고 성덕을 찬양하고, '문왕을 본받은 것'이라고 말한 것은 바로 성조가 의리에 대처한 것이 처음부터 조금도 의심할만한 것이 없었다는 것을 밝히기 위해서일 뿐이었습니다. 만약 김창집의 말대로 마땅히 죽어야 하는데 죽지 않은 것을 권이라고 한다면 이것은 한대(漢代) 유자(儒者)들이 주장한 경을 뒤집는 논의[反經之論][120]이지 이른바 성인의 도는 아닙니다.

김창집이 또 말하기를,

'강화도에서 죽지 않은 이유를 감히 낱낱이 말할 수 없다는 것은 무엇 때문입니까?'

하였는데, 이것은 윤선거 일기(日記) 가운데 나오는 말로 김창집이 앞뒤를 잘라 붙여 말을 만든 것입니다. 대개 윤선거는 사직 상소에서 매번 '강화도에서 죽지 못했다.' 말하자, 당시 사람들이 그 의도가 무엇인지를 묻고, 또한 그것은 마땅히 피기(避忌)해야 할 것이 있다고 생각하였습니다. 그래서 윤선거가 이미 '오늘날은 감히 말할 수 있지만 뒷날에는 입 밖에 낼 수 없다.'고 권차인(權次仁)[121]의 질문에 답했습니다. 그 뒤 박약기(朴躍起)[122]와 서로 만나서 또한

다.《孟子 離婁上》

120) 경을 뒤집는 논의[反經之論] : '권(權)'에 대하여 한유(漢儒)들은, "정상에 반하여 도에 합한다.[反經合道]"고 해석한 것을, 송대에 와서 정자(程子)가, "권은 경(經)일 뿐이다.[權只是經]" 하여 그르게 여겼는데, 주자(朱子)는 정자의 의견을 따랐다.

121) 권차인(權次仁) : 권시(權諰)의 아들 권유(權惟, 1625~1684)이다. 본관은 안동, 호는 여옹(旅

말하기를,

'사직 상소의 뜻은 사우(士友)들이 모두 죽었는데, 혼자 살아남은 것이 부끄럽다는 뜻으로 평범하게 답변한 것이다.'

하고, 집으로 돌아와 일기에 쓰기를,

'박약기의 질문은 권차인의 질문과 같은 뜻인가? 나의 본의를 감히 낱낱이 말할 수는 없다.'

하였습니다.

대개 맺은 인연에는 친소(親疎)가 있고, 질문에는 깊고 얕은 차이가 있기에 권차인에게 낱낱이 한 말을 박약기에게는 감히 낱낱이 말할 수 없었다고 한 것뿐입니다. 본문이 아직 남아 있으니, 한번 보면 환하게 알 수 있습니다. 그런데 김창집은 그 '감(敢)'자, 한 글자를 두드러지게 보고는 마침내 본문에서 중간의 허다한 구절들을 잘라버리고, '감히 낱낱이 말할 수 없다.[不敢索言]' 네 글자를 곧바로 '강화도에서 죽지 않았다.[不死江都]'의 아래에 이어 붙였으니, 진실로 이른바 교묘해지려다 오히려 졸렬해진 것입니다.

김창집의 차자 가운데 말하기를,

'신효사(申孝思)[123]가 토설하였는데 무슨 놀랄 만한 것이 있다는 것입니까? 그의 이종형[姨兄]이 말한 「지척(指斥)했다.」한 것은 또한 얽어서 무고한 데서 나온 것입니까?'

하였습니다. 강화도의 일은 마땅히 기휘(忌諱)해야 하므로 감히 말하지

翁)이다. 송시열의 사위이고 윤증과는 처남 매부 사이이다. 윤휴의 아들은 그 매서(妹壻)가 된다.

122) 박약기(朴躍起) : 약기는 박지계(朴知誡)의 아들 박유연(朴由淵)의 자이다. 본관은 함양(咸陽), 자는 약기, 호는 일재(逸齋)이다. 윤선거의 측실 소생자 윤읍(尹挹)의 장인이다.

123) 신효사(申孝思) : 효사는 신상(申恦, 1598~1662)의 자이다. 본관은 평산(平山), 호는 은와(恩窩)·은휴와(恩休窩)이다. 1624년(인조2) 진사가 되고, 1629년 별시문과에 급제하여 정언을 지냈다. 병자호란 때 강화도에서 위기에 빠진 세자빈(世子嬪)을 구하였다. 이듬해 척화를 주장하다 면직되어 물러나 학문에 힘썼다. 현종대 장령을 거쳐 종성 부사 등을 역임하였다. 저서로는 《은휴와집(恩休窩集)》·《부음록(缶音錄)》·《휘언(彙言)》·《진행초첩(眞行草帖)》 등이 있고, 시호는 충정(忠貞)이다.

말아야 한다는 것은 비단 윤휴의 말만 그런 것이 아니었습니다. 당시 지나치게 신중하게 논의하는 부류들도 이 같은 일을 면하지 못하였으므로, 윤선거가 한결같이 배척하기를, '지금 나의 뜻과 어긋난다.' 한 것은 바로 다른 사람들이 강화도의 일을 제기하면 성조를 핍박하는 뜻이 있지만 윤선거가 말한 것은 핍박하는 뜻이 없다고 말한 것입니다.

그러므로 윤선거의 뜻은 비록 혐의가 있다 할지라도 말하지 않을 수 없다는 것이 아니라 바로 애초부터 혐의가 될 만한 것이 없었음을 말한 것입니다. 저 두 사람이 한 말은 곧 이것을 이해하지 못하였으므로 스스로 서로 놀라고 의심한 것이니, 본래 윤선거와는 상관이 없는데 이제 이것으로써 윤선거를 무함하여 죄안을 만들려고 하니 또한 매우 가소롭지 않습니까?

또 송시열이 윤선거에게 쓴 편지를 보면 이르기를,

'「강화도의 일을 잊지 말라.[毋忘江都]」는 네 글자를 보니 나도 모르게 벌떡 일어서게 된다. 과연 이 의리를 밝힐 수만 있다면 다른 사람이 10년 동안 임금을 깨우쳐 온[124] 공로보다 나을 것이다. 다만 한강을 건넌 이후의 뜻이 충청도와 황해도에 있을 때와 같을 수 있을지는 모르겠다. ……'

하였습니다. 그 어의(語意)를 보건대, 대개 '거(莒) 땅에 있을 때를 잊지 말라.'는 경계를 임금에게 고하는 제일 첫 번째 의리로서 삼으면서, 혹 피기(避忌)하는 것이 있어서 초야에 있는 사람이 우직하고 고지식한 말을 다하지 못할까 염려한 것이었습니다. 그러므로 윤휴가 말하지 말라고 한 것이나, 송시열이 그 말하지 않는 것을 염려한 것은 그 뜻이 비록 서로 다르지만, 그들이 혐의를 두는 것은 똑같습니다. 지금 만약 '날류(剌謬)', 두 글자를 가지고 '윤휴를 배척한 것이 엄하지 않았다.' 하면서 윤선거를 죄준다면, 송시열의 의도는 그가 혐의를 지니고 있으면서도 오히려 말을 다 하려고 하니, 장차 무엇으로 그 죄를 더 하겠습니까?

---

124) 임금을 깨우쳐 온 : 원문은 "啓沃"이다. 자기의 마음속에 있는 것을 남의 마음속에 넣어 주다. 임금을 성의껏 교도·보좌하다.

이들 아홉 조목은 김창집이 있는 힘껏 주워 모아 교묘하게 죄를 얽어매고는 스스로 윤선거를 재론의 여지없이 조절(操切, 단단히 잡아서 단속함)하였다고 생각하겠지만 조금만 점검해 보아도 파탄되지 않은 것이 없어서, 사람들이 보고 그의 속마음[肺肝]을 간파하였습니다. 대개 신구의 상소가 처음 나왔을 때, 성상 또한 일찍이 말씀하시길, '윤선거의 문집은 내가 보았지만 향유(鄕儒)의 상소에서와 같지 않다.' 하고, 또 말씀하시기를,

'유생의 상소에서 말한 것은 사실과 근사한 것을 보지 못하겠는데, 어떻게 무함하고 해쳤다는 죄목으로 망측한 죄과에 바로 몰아넣을 수 있겠는가? ……'

하였습니다. 그래서 김창집 또한 차마 윤선거가 정말로 성조를 무함했다고는 하지 못했던 것입니다.

그래서 처음에는 말하기를, '윤선거의 본심이 성조를 무함하고자 하는데서 나온 것이 아니었습니다.' 하였고, 또 말하기를, '이것이 어찌 조정에서 뒤쫓아 논할만한 것이겠습니까?' 하였으며, 또 신구의 말을 '심각하다.', 하면서 '괴귀(怪鬼)한 무리'라고 배척하였습니다.

또 말하기를,

'신의 차자는 단지 판본만 헐기를 청했을 뿐, 추가로 죄를 주려고 한 것이 아니며, 윤선거가 효종을 고의로 무함하고 해쳤다고 한 것도 아닙니다.'

하였습니다. 비록 그 어의(語意)가 향내 나는 풀로 비단을 짜는 듯하지만, 얕은 곳에서 깊은 곳으로 들어가 심지어 유자광(柳子光)[125]의 일을 언급한 상소에 대하여 분변하고,[126] 채확(蔡確)의 시[127]를 끌어들여 현혹시키려는

125) 유자광(柳子光) : ?~1512. 본관은 영광(靈光), 자는 우복(于復)이다. 1498년(연산군4) 무오사화(戊午史禍)를 일으켜 김종직 등 사림파를 핍박하였다. 중종반정 때 정국공신 1등에 책록, 무령부원군(武寧府院君)에 봉해졌다.

126) 유자광(柳子光)의 …… 분변하고 : 엄경수(嚴慶遂)가 신구(申球)의 상소를 비판하면서 유자광이 한 짓과 같다고 한 것을 김창집이 비판한 것을 가리킨다. 《肅宗實錄 42年 8月 3日, 24日》

127) 채확(蔡確)의 시 : 북송대 신법파에 속했던 채확이 당나라 때 학처준(郝處俊)이 측천무후

계책을 썼습니다.

그 말이 진실로 이미 윤리가 없었지만 오히려 성조를 무함했다는 죄과에 직접 몰아넣지 않고 마치 조정(調停)하려는 의도가 있는 것처럼 말한 것은, 참으로 성상의 총명을 가리기 어렵고 공의(公議) 또한 두려웠기 때문이었습니다. 그런데 지금 성상께서 그들의 말에 점점 빠져들어서 이미 윤선거 문집 판본을 헐어버렸고, 그 사람도 또한 이미 죄주게 되자, 이내 반대로 말하기를,

'윤선거가 임금을 핍박한 말은 마음 씀씀이가 지극히 깊어서, 실로 한때 우연히 전도되어 어그러뜨린 것에 비할 바가 아닙니다.'

하였습니다. 또 말하기를,

'죄의 경중에 따라 법률을 적용하는 것은 또한 마땅히 공의(公議)에 붙여야 합니다.'

하고는, 심지어 이르기를, '선왕을 위해 무례(無禮)한 자는 주륙(誅戮)해야 합니다.'고까지 말했습니다.

아! 똑같이 한 사람의 말이고 하나의 사건인데도 어찌 하여 앞에서는 말하기를, '본심은 무함하고 해치려는 데서 나온 것이 아닙니다.' 했다가 뒤에 말하기를, '마음 씀씀이가 지극히 깊습니다.' 하고, 어찌하여 앞에서는 말하기를, '조정하고자 했습니다.' 했다가, 뒤에서 말하기를, '척신 한 사람에게 붙였습니다.' 하여 마치 국외(局外)에서 방관(傍觀)하는 것처럼 한단 말입니까?

대개 전하께서 처음부터 일찍이 그가 무함하고 해친 일이 없다는 실상을 알고 계시어 누차 소장(疏章)에 대한 비답에서 이것을 밝혔으므로, 저 날조하여 무함하려고 하는 자들도 오히려 감히 직접 이러한 제목을 갑자기 가하지 못하였습니다. 그런데 그 일에 여러 곡절이 점차 덧붙여져 죄안이 이미

(則天武后)에게 전위(傳位)하려던 고종(高宗)에게 간한 사실을 가지고 거개정시(車蓋亭詩)를 지었다. 이는 당시 청정(聽政)하던 선인태후(宣仁太后)를 조롱한 것이었는데, 이것을 들어 범조우(范祖禹) 등이 논죄(論罪)하였다. 《宋史 卷242 英宗宣仁后列傳, 卷471 蔡確列傳》 김창집은 채확의 시를 비판하면서 그를 처벌하자고 주장한 범조우 등의 말을 인용하여 신구(申球)를 처벌하는 것에 반대하였다. 《夢窩集 卷7 出城疏[八疏]》

이루어져서 이전 상황이 이미 종료되자 여론[輿情]이 모두 분해하고 나라의 언설이 들끓었습니다.

원임 대신(原任大臣)의 상소[128]가 나오고 장돈(章惇)[129]이나 유자광과 같다는 배척을 받아서 스스로 해명할 길이 없자 처음에는 말하기를, '오늘날 적용한 형벌은 지나치게 무거운 것 같습니다.' 했다가, 또 말하기를, '처분은 엄하게 징계하는 데서 나왔습니다.' 하여, 책임을 곧 성충(聖衷, 임금의 뜻)의 독단으로 돌리려 하였습니다.

또 '어찌 몸을 던져서 간여할 수 있었겠습니까?'[130] 등의 말로 이리저리 둘러대며 어지럽혀서 스스로 빠져나가려는 계책으로 삼았는데, 그 의도의 소재를 성상께서는 어찌하여 굽어 살피시지 못하고 한결같이 관대하게 받아들여서 그가 희롱하는 것을 앉아서 받아들이십니까? 거듭 성상을 위하여 애석하게 생각합니다.

무릇 오늘날 송시열을 존숭하는 자들은 그 이유로서 '주자를 본받았다.'거나, '대의를 밝혔다.'거나, '효종[孝廟]께 충성하였다.'는 것을 말합니다. 윤선거를 배척하는 이유로는 '주자를 배반하였다.'거나, '대의(大義)를 훼손하였다.'거나, '자신의 허물을 숨겼다.'는 것을 말합니다. 그들이 말하는, '자신의 허물을 숨겼다.'는 것은 바로 이른바 '성조를 무함하였다.'는 말의 근본입니다. 아! 송시열이 '주자를 본받았다.'는 것은 과연 어떤 일입니까? 저는 청컨대 그 가운데 가장 뚜렷한 일 한두 가지에 대해서 말씀드리고자 합니다.

과거 정묘년(1685)에 성상께서 일찍이 사관을 보내서 송시열에게서 효종의 어찰(御札)[131]을 찾아서 가져오게 하였는데, 송시열이 말하기를, '어찰이 권상

---

128) 원임 대신의 상소 : 판부사 조상우(趙相愚)와 서종태(徐宗泰)의 상소를 말한다.

129) 장돈(章惇) : 1035~1106. 왕안석(王安石)의 신법(新法)을 다시 시행하면서 이에 반대하는 사마광(司馬光)과 문언박(文彦博) 등 원우제현(元祐諸賢)을 배척하였다.

130) 어찌 …… 있었겠습니까 : 김창집이 조상우의 차자에 대하여 변명한 상소에서 나온 말이다. 《肅宗實錄 43年 7月 9日》

131) 효종의 어찰(御札) : 기해년(1659, 효종10) 3월 11일 독대 후에도 종종 효종의 밀유(密諭)가

하의 집에 있다.' 하면서 사관으로 하여금 가서 가져가게 하였습니다. 당시 유신(儒臣) 이징명(李徵明)[132]이 송시열에게 편지를 보내 그 일의 모양새가 편치 못하다고 경계하였습니다. 이선과 김수항 등 여러 사람들도 또한 모두 놀라며 한탄하자 송시열이 어떤 사람에게 편지를 보내어 말하기를,

'사관을 권하여 황강(黃江)[133]으로 보낸 것은 단지 어찰을 가져다 바치게 하려는 일인데, 위험하게 급박한 말이 서로 뒤섞여 그치지 않았습니다. 심지어 택지(擇之) -이선의 자- 와 여러 사람들 역시 또한 양해해 주지 않았습니다. 택지와 여러 사람들뿐만이 아니라 항상(恒相) -김수항- 의 집안에서도 또한 그러했습니다. 이 사람이 비록 늙었지만 또한 주자의 글을 읽었으니, 또한 어찌 소견(所見)이 없어서 그러했겠습니까? ……"

하였습니다. 아! 송시열이 이미 스스로 '주자의 글을 읽었으니 소견이 있다.' 하였으니, 일종의 무식한 사람이라면 누가 참으로 그렇지 않겠는가 하겠지만 저는 주자가 왕명을 받든 사람을 멋대로 부려먹은 일이 과연 어떤 글에 있는지 알지 못하겠습니다.

또한 송시열은 우리 효종에 대해서 매번 자신을 주자와 송나라 효종[134]의

있었다. 독대 후 4월 그믐에는 효종이 당시 세자였던 현종의 서연(書筵)을 궁궐 깊은 곳에서 열게 하고 송시열에게 수찰(手札)을 전하게 하였다고 한다. 이때 내관들을 물리쳤기 때문에 그 곡절을 아는 사람은 없었다. 송시열은 이 수찰을 받고 감격해 하고 분발하여 스스로 춘추대의(春秋大義)를 세웠다고 한다. 그 뒤 송시열이 효종의 수찰에 답신을 완성하기도 전에 효종이 승하하였고, 이때의 수찰 안에 불태우라는 명이 없었으므로 내내 보관해 두었다고 하였다. 《肅宗實錄 20年 閏5月 11日》

132) 이징명(李徵明) : 1648~1699. 본관은 전의(全義), 자는 백상(伯祥)이다. 송시열 문인이다. 1674년(현종15) 갑인예송 당시 송시열을 죽이라는 탄핵이 올라왔을 때 직접 유생들을 모아 항의하는 상소를 올렸다. 1684년 정시문과에 급제하여 청요직을 두루 지냈다. 1686년(숙종12) 희빈 장씨의 어머니를 비롯한 외척들의 궁궐 출입을 논척하다가 파직되었다. 1689년 기사환국으로 유배 갔다가 1694년 갑술환국으로 다시 기용되어 이조참의·대사간 등을 역임하였다.

133) 황강(黃江) : 권상하(權尙夏, 1641~1721)를 가리킨다. 황강은 본래 충북 청풍(淸風)의 한수면 황강리로, 권상하는 이곳에 한수재(寒水齋)를 짓고 평생 벼슬을 하지 않은 채 은거하며 제자들을 가르쳤다.

134) 송나라 효종 : 1127~1194. 남송(南宋)의 3대 황제이다. 송태조(宋太祖) 조광윤(趙匡胤)의

관계에 비유하였으므로, 바야흐로 효종의 만장(挽章)[135]을 지을 때 주자의 영부릉(永阜陵, 송 효종의 능) 만사(挽詞)를 차운[136]하고자 하였는데, 고(故) 부사 김익렴(金益廉)[137]이 시를 잘 지었기 때문에 그의 손을 빌리려고 수찰(手札)을 보내 구해 얻었습니다. 그리하여 '우주에 깊은 수치 품었으니, 풍진 속에 남모르는 상심 있었네.'라는 구절이 온 세상에서 회자(膾炙)되자 마침내 곧 빼앗아서 자신이 지은 것으로 삼고는 스스로 득의의 구절이라고 여기고 다른 사람의 시집 가운데 써서 세상에 간행하였습니다.

아! 오늘날 사람들은 친척과 친구 사이에 인정과 의리가 조금이라도 남아 있으면 죽은 뒤 만사와 제문은 반드시 직접 스스로 지어서 그 인정을 다 표시합니다. 그런데 송시열은 우리 효종으로부터 평일에 받은 계우(契遇)[138]가 얼마인데, 다른 사람에게 만사를 맡겼으니, 이미 지극히 성실하지 못하였으며, 나아가서 명성을 훔쳐서 스스로 자랑함에 그것을 말하는데 있어서 부끄러운 줄 몰랐습니다. 주자가 송나라 효종의 만장을 지을 적에 또한 과연 송시열의 이 같은 일과 비슷한 것이 있었는지 알지 못하겠습니다.

또한 계축년(1673) 간에 능침(陵寢)의 일 때문에 시론(時論)이 송시열에게 허물을 돌리는 자가 많자 송시열이 당시의 정승 김수흥에게 편지를 보내 스스로 변명하였습니다. 그 편지 앞부분은 전적으로 주자가 이성보(李誠父)[139]

7세손이자 고종(高宗)의 조카이다. 재위시 주전파(主戰派) 인사를 기용하여 중원을 수복하려고 노력하였다.

135) 만장(挽章) : 고인의 공덕을 칭송하거나 죽음을 애도하여 지은 글이다. 또는 그 글을 비단이나 종이에 적어 깃발처럼 만든 것이다.

136) 효종의 …… 차운 : 《송자대전》 시(詩) '효종대왕 만장 -주자의 영부릉(永阜陵) 만장의 운을 썼다.[孝宗大王挽章, 用朱子永阜陵挽韻.]- 을 가리킨다. 영부릉은 남송 효종의 능이다. 효종이 세상을 떠난 지 4년 뒤인 1198년 주자가 효종에 대한 만사를 지었다. 효종을 생각하는 송시열의 심정이 그와 같다는 뜻이다.

137) 김익렴(金益廉) : 1622~? 본관은 광산, 자는 여구(汝矩), 호는 적곡(赤谷)이다. 1652년(효종 3) 증광문과, 1656년 문과 중시에 급제하여 청요직을 두루 역임하였다. 김익훈(金益勳)과 함께 송시열의 뜻을 받든다고 비판을 받기도 하였다.

138) 계우(契遇) : 서로 뜻이 맞아 믿고 일을 하는 것이다.

139) 이성보(李誠父) : 성보는 이신보(李信甫)의 자이다. 연평(延平) 이동(李侗)의 아들이다.

에게 보낸 편지 구절의 말을 그대로 썼는데, 여러 행(行)에 이를 정도로 많이 인용하였습니다. 그리고 이어서 말하기를,

'국가에 불행하게도 능침의 일[140]이 갑자기 일어났습니다. 삼가 생각건대 경자년(1660) 이후 성상이 직접 봉심(奉審)[141]하셨을 때 개봉(改封)[142]하지 않았고, 이로 인하여 허물어져 틈이 난 곳을 보수하게 한 것은 실로 성상의 결단에서 나온 일로 여러 신하들이 오로지 따랐을 뿐이었습니다. 그런데 오늘에 이르러서는 조금도 스스로 반성하는 뜻 없이 전적으로 여러 신하들의 죄라고 합니다.'

하였습니다. 또 말하기를,

'경자년 이후 성상께서 연이어 병환이 드셔서 전릉(展陵)[143]하는 예를 폐궐(廢闕)하시면서도 온천에는 해마다 행차하셨으니, 의론하는 사람의 마음에 의심이 생기지 않을 수 없었습니다. 경자년 이후 만약 직접 봉심을 거행하셨다면 어찌 오늘과 같은 일이 있었겠습니까?[144] 그런데도 또한 스스로 반성하는

이동(1093~1163)은 남송대 성리학자로 문하에 주자와 나박문(羅博文) 등이 배출됨으로써 이정(二程)의 학문이 주자에게 이어지는 교량적 역할을 했다.

140) 능침의 일 : 능침은 효종의 산릉을 가리킨다. 본래 효종의 능은 동구릉(東九陵, 경기도 구리)의 건원릉 서쪽에 있었다. 능을 축조한 이듬해부터 여러 가지 문제점이 발견되어 누차 보수를 하였으나 근본적인 해결책이 되지 못했다. 그러다가 1673년(현종14) 5월 종실인 영림부령(靈林副令) 이익수(李翼秀)가 석물(石物)에 틈이 생겨서 빗물이 스며들 염려가 있고 봉분의 제도도 매우 소루하다고 상소하였다. 이를 계기로 능을 옮기는 쪽으로 결정을 내리게 되었고, 그해 10월에 세종의 영릉(英陵, 경기도 여주) 동쪽인 여주(驪州) 홍제동(弘濟洞)으로 천장하였다. 《顯宗實錄 14年 3月 24日, 6月 20日》《燃藜室記述 顯宗朝故事本末 寧陵遷奉時事》《國朝寶鑑 顯宗 14年 10月》

141) 봉심(奉審) : 왕명을 받들어 왕실의 묘우(廟宇)나 능침(陵寢)을 살피고 점검하는 일을 지칭한다.

142) 개봉(改封) : 무덤의 사초(莎草)를 뜯고 다시 봉분을 만드는 일이다.

143) 전릉(展陵) : 임금이 선왕(先王)의 능침에 전배(展拜)하는 일이다.

144) 경자년 이후 …… 있었겠습니까 : 1659년(현종 즉위년) 효종의 대상(大喪) 때 재궁(梓宮)의 폭이 좁아 갑작스레 개조하는 바람에 넓은 통판을 구하지 못하고 연판(連板)으로 대신한 일이 있었고, 이로 인해 천장할 때 재궁에 연판을 댄 곳에 균열이 생겼다는 주장이 있었다. 당시 시론(時論)이 이 일을 송시열에게 허물을 돌리려 하자 송시열은 당시 재상 김수흥에게 편지를 보내어 해명한 일이 있었다. 이 편지에서 송시열은 경자년(1660)

말은 듣지 못하였으니, 아마도 성덕(聖德)에 혐의스러운 점이 있는 것 같습니다.

오늘날 논하는 자들이 모두 말하기를, 「만약 수원(水原)을 썼다면[145] 어찌 이런 일이 있겠는가?」 하는데, 이 일이 과연 복지(卜地)를 살피지 못하여 생긴 일이라면 천신(賤臣)이 비록 만 번 죽임을 당하더라도 실로 달게 받아들이겠습니다.'

하였습니다. 그 끝에 이르러서는 이내 다시 주자의 〈산릉의장(山陵議狀)〉을 인용하고, 이어서 말하기를,

'마땅히 주자의 말대로 구해서 멀고 가까움에 구애받지 말아야 합니다. 당초에 성상께서 홍제동(弘濟洞, 여주의 영릉(英陵) 동쪽 편)이 멀어서 쓸 수 없다고 여겼으니,[146] 과연 이와 같다면 또한 드릴 말이 있습니다. 비록 영릉(寧陵, 효종의 능)처럼 가까워도 전하께서 전성(展省)[147]하지 못한다면, 홍제동과 무엇이 다르겠습니까? ……'

하였습니다.

저는 알지 못합니다만, 주자가 산릉에 관한 일을 논의하면서도 또한 이 같은 말투[辭氣]가 있었습니까? 아! 저 무리들이 말하는 이른바 '주자를 본받았

현종이 직접 봉심하고서 지금에 와 신하들에게만 죄를 돌리는 것은 부당하며, 현종이 온천에는 해마다 행차하면서 정작 영릉의 참배에는 소홀했다고 지적하였다. 《宋子大全拾遺2 答金起之 癸丑五月十日》 동일한 비판이 남인 당론서에도 등장한다. 《동소만록》에 따르면, 송시열의 문제의 발언에 대해 이는 군자로서 군주의 허물을 간쟁하는 태도가 아니라고 비난하였다.

145) 만약 수원(水原)을 썼다면 : 본래 효종의 산릉(山陵)은 윤선도와 지사(地師)들이 논의하여 수원부(水原府) 뒤쪽에 정하고, 토목공사가 반 정도 이루어졌다. 이 무렵 송시열이 또다시 다른 주장을 내세워서 건원릉(健元陵) 경내로 옮겨 정하였는데 얼마 안 돼 능을 옮기는 변고가 일어났다. 이 같은 일련의 과정에 대해서 《동소만록》에서는 송시열이 천장을 관철시킨 배후에는 당시 수원의 이민(吏民)들이 산릉으로 지정되면 생업을 잃을까 두려워하여 당국자에게 뇌물을 썼기 때문이었다고 기술하였다.

146) 성상께서 …… 여겼으니 : 당시 지사(地師)들을 따라 여러 곳을 간심(看審)한 결과, 오직 홍제동과 수원부 뒷산이 국장(國葬)에 적합하다고 결론지었다. 하지만 주상이 홍제동은 경숙(經宿, 왕이 궐외에서 유숙함)을 해야 하는 지역이라고 하여 수원으로 정하였다.

147) 전성(展省) : 임금이 선대(先代)의 능묘(陵墓)에 친히 나아가 제사하고 성묘(省墓)하는 것을 말한다.

다.'는 것은 주자의 말을 부회(傅會)하고 주자의 일을 가차(假借)한 것에 불과합니다. 이상 아뢴 몇 가지 조항을 보건대 그 의도가 속여서 현혹시키는 것이고, 그 말투가 망령되고 경솔하여 듣는 사람으로 하여금 귀를 가리게 할 뿐이니, 이와 같이 내달리려고 하면서 '주자를 본받았다.' 하니 그 또한 무엄합니다.[148)]

오호! 우리 효종께서는 십 년 동안 와신상담(臥薪嘗膽)[149)]하며 단단히 마음먹고 치욕을 씻으려다가 중도에 돌아가시어 큰 뜻을 다 펴지 못하였습니다. 지사와 충신들은 한을 품고 아픔을 머금지 않은 사람이 없어서 뒤따라 보답하겠다는 뜻을 잊지 않았습니다.

하물며 송시열과 같은 사람은 받은 은혜가 특별히 깊고, 받은 임무가 매우 성대하여, 진심으로 사왕(嗣王, 선왕의 대를 이어받은 임금)을 도와 힘써 대업을 마무리하는 것이 그의 직책이었습니다. 그런데 말하기를, '나는 영안궁(永安宮)의 조서(詔書)[150)]를 받지 못하였다.' 하고, 대장(大葬, 국장(國葬))

---

148) 저 무리들이 …… 무엄합니다 : 노론이 내세우는 주자도통주의에 대하여 남인계 당론서인 《대백록》에서는 다음과 같이 비판하였다. "송공(宋公, 송시열)은 평생 오직 주자를 존모하는 것을 자신의 임무로 여겼으나 그가 존모한 것은 천자를 끼고서 제후를 호령하는 것에 불과하였다. 또 색목(色目)의 같거나 다름을 보고 오로지 죽이고 살리는 수단으로 활용하였다. …… 백호(白湖) 윤휴(尹鑴)와 서계(西溪) 박세당(朴世堂)이 경서의 주석을 고친 것은 비록 망령되고 경솔하다고 할 수 있지만 상자 속에 넣어 개인적으로 소장한 것에 불과할 뿐이며, 일찍이 군부 앞에 바친 적도 없었고, 또한 세상에 간행하지도 않았다. 그런데 이들은 모두 경전을 훼손하고 성현을 무시했다고 하여 혹독한 화를 당했다. 저 사람은 존경하고 믿었으면서 이들에 대해서는 죽여서 끊어버린 것은 어째서인가? 백호는 예송으로 회천과 대립하였고, 서계는 묘비명 때문에 회천의 무리들에게 죄를 얻었다. 단지 이 경전주석에 가탁하여 죄안을 완성하였을 뿐이었다."

149) 와신상담(臥薪嘗膽) : 불편한 섶에 누워서 쓸개를 맛본다는 뜻이다. 춘추시대 오나라 부차(夫差)가 아버지의 원수를 갚기 위하여 장작더미 위에서 잠을 자고 쓸개를 핥으면서 월나라 구천(句踐)에게 복수할 것을 맹세한 데서 유래한다. 원수를 갚거나 마음먹은 일을 이루기 위하여 온갖 어려움과 괴로움을 참고 견딤을 비유한 말이다.

150) 영안궁(永安宮)의 조서(詔書) : 영안궁은 촉한(蜀漢)의 선주(先主) 유비(劉備)가 백제성(白帝城)에 세웠던 궁궐 명칭이다. 선주가 영안궁에서 죽어갈 때 제갈량(諸葛亮)에게 후사(後事)를 부탁하였다. 또 후주(後主) 유선(劉禪)에게 조서를 내려 제갈량을 아버지처럼 섬겨 통일을 이룩하라고 명하였다. 그러나 제갈량이 선주의 유명(遺命)을 이루지 못한 채 죽자 곧 촉나라도 망하였다. 여기서는 송시열이 효종의 부름을 받지 못한 것을

을 기다리지도 않고 급히 도성 밖으로 나갔습니다. 그때 송준길이 그가 너무 빠르게 떠나는 것을 의아해하며, 매우 애써 만류하였고, 윤선거는 편지를 보내 책망하였습니다.

성조(聖祖)가 특별한 은혜를 베풀어 후하게 대우한 날에는 물고기와 물의 만남이라고 스스로 비기더니, 성조가 세상을 뜬 이후에는 충성으로 보답하는 의리를 갑자기 잊었습니다. 만약 이와 같은데도 '효종에게 충성했다.' 한다면 저는 이것이 무슨 말인지 모르겠습니다.

심봉위(沈鳳威)의 상소[151]에 이르러서는 더욱 말이 안 됩니다. 대개 지금 논의되고 있는 '《가례원류》의 일'은 그 단서가 한 가지가 아니지만 저들이 고집하는 핵심 의도는 이른바 《가례집해(家禮集解)》에 있는데,[152] 이에 대해 한 마디로 변론할 말이 있습니다. 당초 유상기는 단지 산천(山泉)[153]에서 서로 같이 쓴 본만을 가지고 주객을 구분하여 억지로 강을 세우고 목을 나누고서 모두 자기 할아비의 필적이라고 하려 하였습니다.

그런데 마침내 또한 처음부터 끝까지 함께 베껴 쓴 흔적을 가리어 숨길

비유한 것이다.

151) 심봉위(沈鳳威)의 상소 : 사학(四學)의 유생 심봉위 등이 상소하여 윤선거의 증시(贈諡)·사전(祀典)을 모두 삭제하고 헐어낼 것을 주장하였다. 《肅宗實錄 43年 3月 2日》 본서에는 보이지 않는다. 그리고 여기에 인용된 심봉위 상소는 실록에도 보이지 않는다.

152) 이른바 《가례집해(家禮集解)》에 있는데 : 《가례원류》를 둘러싼 논쟁에서 권상하 등 노론의 입장은 다음과 같다. 유계가 임천(林川)에 귀양살이할 때 이 책을 편집하여 처음에는 "집해(集解)"라고 이름하였다. 그 뒤 중본(中本)을 금산(金山)에서 등사할 때 윤선거가 참여하여 도왔다. 유계는 윤증에게 부탁하여 수윤(修潤)하게 하였고, 1664년 죽을 때 편지를 보내 거듭 부탁하였다. 그런데 유계가 죽은 지 40여 년이 되어 윤증이 수윤본(修潤本)을 그 자손에게 돌려주려 하지 않았다. 이에 유상기가 누차 간행하기를 청하였으나 윤증이 끝내 허락하지 않았다. 이때 이이명이 경연에서 진달하여 호남 도신(湖南道臣)으로 하여금 간행하게 하자 윤증이 어쩔 수 없이 수윤본을 유상기에게 내주었다. 하지만 이내 후회하고 자신의 아비 윤선거와 함께 편찬한 것이라고 하면서 다시 돌려받았고, 아들 윤행교 역시 자기 집안의 책이라고 했다. 이에 유상기가 서로 절교하고 집에 보관하고 있던 책으로 판각하였다. 《寒水齋集 年譜》

153) 산천(山泉) : 충청도 금산(錦山) 마하산(麻霞山)에 있는 산천재(山泉齋)를 가리킨다. 이곳에서 윤선거와 유계가 《가례원류》를 공저했다고 한다.

수 없다는 것을 스스로 깨닫게 되자, 또다시 《가례집해》라는 말을 만들어내어 말하기를, '임천(林川, 충청도 소재)에 유배되어 머물렀을 때 편찬한 것이다.' 하여, 마치 정말로 《가례집해》라는 이름의 최초 본이 있는 것처럼 말하고, 산천에서 함께 베껴 쓴 본은 후대 베껴서 전파한 본이라고 결론지었습니다.

과연 그 말과 같다면 어찌 누차에 걸쳐 편지를 왕복할 즈음에 일찍부터 《가례집해》를 끄집어서 증거로 삼지 않다가, 논리가 딸리게 된 뒤에야 유상기가 올리지도 않은 상소를 권상하를 변명하는 무리들이 비로소 갑작스럽게 만들어냈습니까?

윤선거가 편찬한 문충공 유계의 행장에서 《가례원류》는 산천에서 편집한 것이며, 임천에서 편찬한 것은 단지 《여사제강》만을 거론하였습니다. 이것이 사실과 다르다면 유계의 아들 명윤 등이 어찌하여 사실에 근거하여 고치기를 청하지 않고, 의심 없이 두었단 말입니까? 만약 말하기를, '초고는 임천에 있고, 첨삭한 것은 산천에 있기 때문에 산천 본을 더 중요시하였다.' 한다면, 전후 두 개 본이 마땅히 상세함과 소략함이 있을 것인데, 《가례원류》나 《가례집해》에서 한 글자도 더하거나 뺀 적이 없는 것은 어째서입니까?

또한 정양(鄭瀁)의 집에 소장된 본이 유계가 손수 쓴 초본이라면, 그 본이 본래 유상기의 집에 소장되어 있어야 함이 마땅한데 지금 없는 것은 어째서입니까? 저들은 또한 손수 쓴 본이 없는 것이 대단히 궁색한 일이라는 사실을 알고서 또 말하기를, '〈왕조례(王朝禮)〉초본 한 책은 유상기 집에 소장되어 있다.' 하였는데, 이 본이 있는지 없는지는 비록 알지 못하지만 설령 있다 하더라도 이 한 책을 가지고서 전체 책의 초본이라고 말할 수 있겠습니까?

그 상소에서 또 말하기를,

'윤증 문인이 역시 한 본을 소장하고 있는데, 대개 그 선조(先祖)가 유계와 종유했기 때문에 이 등본을 갖고 있는 것입니다. 안에 《가례집해》라고 씌어져 있는데 종이의 먹이 희미하지만, 앞면에 《가례원류》라고 씌어져있습니다. 종이 색이 약간 새것이라서 분명 이것은 개장(改粧, 다시 새롭게 꾸밈)한

것입니다. ……'

하였습니다. 저들이 문인이라고 말한 것은 그 증거로 끌어들인 사람이 사사로운 사람이 아니라는 것을 밝히고자 한 것이고, '희미하다.'거나 '개장했다.'고 말한 것은 마음먹고 가려서 막겠다고 작정한 짓입니다. 문인이라고 두루 칭하고 성명을 말하지 않은 것은 사람들이 정확히 누구인지 명확하게 구분하지 못하게 하여 사람들을 미혹시키고 어지럽히려는 계책입니다. 그 의도가 진실로 교묘하고 은밀하지만 끝내 스스로 그 속마음을 드러내고 말았던 것입니다.

그 상소에서 또 윤선거가 선정신 이이(李珥)[154]에 대해서 기록한 바, '상달처(上達處)로부터 들어갔다.'는 말[155]을 가리켜 이르기를, '소씨(蘇氏)[156]가 선(禪)을 배운 것에 비견된다.' 하니, 이것은 진실로 말을 많이 하여 변론할 가치가 없고, 단지 본문의 앞과 뒤를 같이 살펴보면 저절로 명료해질 것입니다.

그 본문 가운데 말하기를,

'우계(牛溪)[157]와 율곡, 두 선생이 기질이 같지 않기 때문에 완성된 덕 또한 다릅니다. 그 기상을 생각하면 아마도 하남(河南)의 두 정자(程子)[158]와

---

154) 이이(李珥) : 1536~1584. 본관은 덕수(德水), 자는 숙헌(叔獻), 호는 석담(石潭)·우재(愚齋)이다. 이조·병조판서 등을 역임하였다. 1576년(선조9) 동인(東人)과 서인(西人)의 대립 갈등이 심화되자 양시양비론(兩是兩非論)을 제기하여 이를 해결하고자 하였다. 또한 조제론(調劑論)에 바탕을 두고 제도 개혁에 정치력을 집중하려 하였으나 동인의 집요한 반발로 인해 실효를 거두지 못하였다.

155) 윤선거가 …… 말 : 여기에 인용된 것은 모두 《노서유고(魯西遺稿) 부록(附錄) 노서선생유사(魯西先生遺事)》에 보인다.

156) 소씨(蘇氏) : 북송(北宋)의 문신 소식(蘇軾, 1036~1101)을 가리킨다. 자는 자첨(子瞻)·화중(和仲), 호는 동파(東坡)이다. 아버지 소순(蘇洵), 동생 소철(蘇轍)과 함께 '삼소(三蘇)'라 불리며, 같이 당·송 팔대가의 한 사람이다. 철종에 중용되어 구법파(舊法派)의 중심적 인물로 활약하였다.

157) 우계(牛溪) : 성혼(成渾, 1535~1598)의 호이다. 본관은 창녕, 자는 호원(浩源), 호는 우계·묵암(默庵)이다. 현감 성수침(成守琛)의 아들로서, 이이와 평생 교유하면서 학문적·정치적 입장을 같이 하였다.

158) 두 정자(程子) : 정호(程顥, 1032~1085)와 정이(程頤, 1033~1107) 형제를 가리킨다. 형제가 주렴계(周濂溪)에게 학문을 배우고 신유학의 철학적 기초를 마련하여 주자학 형성에

같을 것이다.'

하였습니다. 또 말하기를,

'율곡은 먼저 상달처로부터 들어갔으므로, 학문이 의지할 수 있는 근거가 없었지만, 우계는 하나하나 순순히 법도를 실천하여 학문에 자취가 있는 것이 바로 정자가 논한 안자(顏子)[159]·맹자(孟子)[160]와 같았다.'

하였고, 또 말하기를,

'정자의 학문은 소씨의 학문과 함께 세상에서 행해져서, 주자에 이르러 크게 그 규모가 정해졌지만 덕을 아는 자는 드물었습니다.'

하였습니다.

그 뜻은 대개 일종의 이단이 스스로 학문을 핑계 대면서 두 현인의 도를 공격하는 것을 가리켜서 말한 것이므로, 그 말뜻을 상세히 살펴보면 맥락이 저절로 구별됩니다. 이미 말하기를, '안자와 맹자, 두 정자와 서로 비슷하다.' 하였는데, 또 정자 문인이 반대하던 소씨의 학문에 견준 것은 실성한 자도 하지 않는 일입니다.

지금 심봉위 등이 '안자와 맹자' 위에 있는 다소의 어구를 끊어 없애버리고, 특별히 '소학(蘇學)' 두 글자만을 집어내어 억지로 이이를 비웃고 폄하하여 말하였으니, 저들이 백지에서 없는 일을 날조하는 짓이 모두 이 같은 부류였습니다.

또한 그 상소 가운데 감히 서원에서 윤선거에 대한 향사(享祀)를 철거해달라고 청하였으니 더욱 매우 원통하고 한탄스럽습니다. 성명께서 바로 품처하라고 명하신 것도 매우 괴이하고 의심스럽습니다. 이는 해조(該曹)에서 미처 복주(覆

크게 공헌하였다.

159) 안자(顏子) : B.C. 513~B.C. 482. 공자(孔子)의 수제자 안회(顏回)이다. 학덕과 덕행이 뛰어났다. 32세에 죽었다.

160) 맹자(孟子) : B.C. 372~B.C. 289. 성은 맹(孟)이며 이름은 가(軻)이다. 공자 보다 백년 뒤 전국시대에 태어나 천하를 주유(周遊)하면서 제후들에게 인의(仁義)를 바탕으로 하는 왕도정치(王道政治)의 시행을 주장하였다.

奏)[161]하지 않았으므로 아직은 변론하기에 적당하지 않은 것 같습니다.

또한 《가례원류》의 서문과 발문, 송시열의 묘표(墓表)에서 돌아가신 스승을 무함한 것은 모두 지극히 고약하기 짝이 없습니다. 그 나머지 유신(儒臣)과 재상의 상소, 대간의 피혐[臺避], 홍문관에서 올린 차자[堂箚]에서 멋대로 무함하고 비방한 것에 끝이 없었는데, 또한 김창집의 전후 차자의 의도가 저절로 서로 모순이 되듯 공공연하게 제멋대로 속인 것이 한둘이 아니어서 변론해야 할 것이 많지만 그 글이 매우 지루하고 산만하여, 조용히 몸을 조섭하는 가운데 예람(睿覽)을 번거롭게 할까 두려워서 이제 감히 하나하나 다 분변하지 못합니다." -이세덕이 스승의 원통함을 호소하기 위해 등문고(登聞鼓)[162]를 쳐서 심리를 받았다.-

경자년(1720, 경종 즉위) 6월, 숙종이 죽고, 세자가 즉위하였다.

○ **가을**, 정언 서종섭(徐宗燮)[163]이 상소하여 대략 다음과 같이 말하였다.

"전하께서 대리청정할 때부터 오직 연묵(淵默, 말없이 침묵을 지킴)을 위주로 하여서 갑과 을이 논변할 때 혹 가부(可否)를 밝히지 않으니, 이것을 신하들이 항상 안타깝고 답답해하였습니다. 비록 발언하더라도 말이 입 밖으로 나오지 않아서 주변에서 가까이 모신 신료들도 잘 듣지 못하는 근심이 있으니, 이것은 신하들이 명령을 받을 곳이 없는 데에 가깝지 않습니까?

신은 원컨대, 덕음(德音)을 널리 선포하고, 하교를 명백하게 내리시기 바랍니다. 여러 신하들의 상소에 대한 비답이 혹 상소 내용과 서로 부합되지

---

161) 복주(覆奏) : 반복하여 심리한 뒤 결과에 대한 최종 재가를 받기 위하여 상주하다.
162) 등문고(登聞鼓) : 백성이 억울한 일이 있을 때 북을 쳐서 임금에게 알리던 제도이다.
163) 서종섭(徐宗燮) : 1680~1734. 본관 대구(大丘), 자는 숙화(叔和)이다. 1713년(숙종39) 사마시(司馬試), 1717년 정시(庭試)문과에 합격하여 숙종대 청요직을 두루 거치고, 영조대 우부승지·대사간 등을 역임하였다. 사후에 좌찬성(左贊成)에 추증되었다.

않는 것은 관계되는 바가 작지 않으니 또한 원컨대, 크고 작은 상소에 대해서는 시말을 상세히 꿰뚫어 본 뒤에 답을 내려주신다면 여러 신하들이 다행스럽게 여길 것입니다."

또 말하기를,

"박태춘(朴泰春) 등은 지은 죄가 지극히 중한데,164) 왕위를 계승하신 초에 가장 먼저 임명장을 내어주신 것은 가볍게 용서함을 면치 못하였습니다. 전 참판 이광좌(李光佐)165)는 대행 대왕(大行大王)의 후반(候班)166)에 한 번도 참여하지 않았으며, 시약청(侍藥廳)을 설치하고 나서도 변화가 없었습니다. 비록 정세(情勢)를 핑계 대지만 원래 스스로 폐고할 의리가 없었으므로 이미 돈장(敦匠, 관 만드는 일을 감독함)의 명에 응하였는데, 어찌하여 선어(仙馭, 죽은 임금이 신선이 되어 타는 수레)가 떠나기 전에 한 번 직접 기거(起居)를 살펴서 조금이라도 신자(臣子)의 정을 펼치지 않는 것입니까?"

하였다. 주상이 답하기를,

"우애(憂愛)의 정성이 참으로 가상(嘉尙)하다. 이광좌는 의리에 대처하는 것이 근거가 없으니 파직하라."

---

164) 박태춘(朴泰春) 등은 …… 중한데 : 박태춘은 임부(林溥)와 함께 1706년(숙종32) '세자모해설'을 유포한 혐의로 조사를 받았다. 그 전에 장희재가 윤순명에게 편지를 보내, 김춘택이, 자신을 해치면 세자도 무사하지 못할 것이라는 말을 했다고 하였는데, 세자도 무사하지 못할 것이라는 '세자모해설'을 임부가 퍼뜨렸다는 것이다. 말의 출처를 조사하던 중에 박태춘이 출처로 지목되었다. 이 사건은 해를 넘겨 조사가 진행되었는데, 임부는 자백하지 않고 버티다가 죽고, 박태춘은 정배되었다.

165) 이광좌(李光佐) : 1674~1740. 본관은 경주, 자는 상보(尙輔), 호는 운곡(雲谷)이다. 항복(恒福)의 현손으로, 1694년(숙종20) 별시문과에 장원급제하여 청요직을 두루 역임하였다. 숙종대 소론으로서 병신처분(丙申處分)에 반대하다가 파직되었다. 1721년(경종1) 예조판서, 1723년 우의정에 올라 국왕 보호에 힘썼으며, 영조 즉위 뒤 영의정에 올랐다가 노론이 득세하여 파직 당하였다. 1727년 정미환국으로 다시 영의정이 되어 1728년 이인좌(李麟佐)의 난을 평정한 공으로 분무원종공신(奮武原從功臣) 1등에 봉해졌다. 1730년에 영조에게 탕평책을 상소하여 당쟁의 폐습을 막도록 건의했다. 1737년 다시 영의정이 되어 재직 중 1740년 박동준(朴東俊) 등이 중심이 되어 삼사의 합계(合啓)로 '호역(護逆)'이라고 탄핵하자 울분 끝에 죽었다.

166) 후반(候班) : 임금의 안부를 묻기 위해 늘어선 문무백관의 반열(班列)을 말한다.

하였다.

○ 용인 유학 조중우(趙重遇)가 상소하여 대략 말하기를,[167)]

"'어미는 아들로 인해 귀하게 된다.'[168)]는 것은 《춘추》의 대의(大義)입니다. 전하께서 대위(大位)를 계승하였는데, 낳아 주신 어미는 아직도 명호(名號)가 없어서 적막한 마을에 사옥(祠屋)이 매우 쓸쓸하니 어떻게 나라의 체통을 높이고 지극한 정리(情理)를 펴겠습니까? 선대왕의 오르내리는 영혼이 오늘날의 거조에 대하여 반드시 기뻐하지 않으실 것입니다. 《선원보략(璿源譜略)》[169)]에서 '희빈' 두 글자를 일찍이 지워버린 적이 없었으니, 어찌 선대왕의 은미한 뜻이 그 사이에 있는 것이 아니겠습니까?"

하고, 대신과 삼사가 이 일을 말하지 않았다고 배척하였다.

승지 홍치중(洪致中)[170)] -권엽(權熀)·한중희(韓重熙)[171)]·홍계적(洪啓迪)[172)]·윤석래(尹

---

167) 조중우(趙重遇)가 …… 말하기를 : 조중우는 경종 즉위년 폐서인이 된 장희빈의 작위를 회복시켜 달라는 상소를 올렸다. 아들이 즉위하였는데 그 생모가 작호가 없는 전례는 없는 일이었기 때문에 명분이 서는 일이었다. 그러나 그는 노론의 탄핵을 받아 형문 끝에 죽었다. 노론은 한발 더 나아가 이를 기화로 경종을 압박하였다. 그해 9월 성균관 장의(掌議) 윤지술이 장희빈을 죽인 처분이 정도(正道)를 호위한 것이라는 내용을 숙종의 지문(誌文)에 넣어 영원히 전해야 한다고 주장했다.

168) 어미는 …… 된다 : 《춘추공양전(春秋公羊傳)》 은공(隱公) 원년에 "환공은 어찌하여 귀한가? 어머니의 신분이 귀하기 때문이다. 어머니의 신분이 귀하면 자식은 어찌하여 귀해지는가? 자식은 어머니 덕분에 귀해지고 어머니는 자식 덕분에 귀해지는 것이다.[桓何以貴? 母貴也. 母貴則子何以貴? 子以母貴, 母以子貴.]" 하였다. 이것은 후궁의 자식이라도 아버지의 뒤를 이어 즉위하면 그 생모의 지위가 높아져 사후에 존호를 추상할 수 있는 경전 상의 근거가 될 수 있었다.

169) 선원보략(璿源譜略) : 선원계보기략(璿源系譜記略) 또는 선원록(璿源錄)을 가리킨다. 1679년(숙종5)에 착수해 2년 뒤 완성한 왕실 족보이다. 이후 역대 왕이 새로 즉위할 때마다 중교(重校)·보간(補刊)한 것을 1897년(고종34)에 합간(合刊)하였다.

170) 홍치중(洪致中) : 1667~1732. 본관은 남양(南陽), 자는 사능(士能), 호는 북곡(北谷)이다. 우의정 홍중보(洪重普)의 손자, 관찰사 홍득우(洪得禹)의 아들이다. 1699년(숙종25) 사마시, 1706년 정시문과에 급제하여 대사간·승지 등을 거쳐 이조참판 등을 지냈다. 경종 때 홍주목사로 좌천되었다가 영조 즉위 후 형조판서를 거쳐 1726년(영조2) 좌의정 민진원의 천거로 우의정에 올랐다. 1729년 조문명(趙文命) 등이 신임옥사에 대한 시비의

錫來)[173]- 등이 아뢰어 말하기를,

"조중우라고 하는 사람이 와서 상소 하나를 올렸는데, '어미가 아들 덕분에 존귀하게 된다.'고 말하면서 감히 말하기를, '오르내리는 영혼이 기뻐하지 않을 것이다.' 하고, 또 말하기를, '은미한 뜻이 그 사이에 있다.' 하였습니다. 이것이 어찌 오늘날 신자(臣子)가 차마 입 밖에 낼 수 있는 것입니까?

병술년(1706, 숙종32) 비망기에서, '어사(御史)의 서계(書啓) 가운데에 감히 작호(爵號)를 썼다.'는 것으로써 파직을 명하였으니,[174] 성의(聖意)의 소재가 해와 별같이 밝습니다. 선침(仙寢, 왕릉)이 채 식지도 않았는데 음험하고 사특한 무리들이 현혹하는 계략을 부리려 하니, 만약 통렬하게 물리치지 않는다면 선왕을 따르는 도리에 부족한 점이 있을까 두렵습니다."

절충을 꾀하자, 노론 4대신과 삼수옥(三手獄) 관련자에 대한 신원문제를 구분해야 한다는 논리를 주장하여 기유처분(己酉處分)을 내리게 하였다. 이어 영의정으로 승진하였다. 시호는 충간(忠簡)이다.

171) 한중희(韓重熙) : 1661~1723. 본관은 청주(淸州), 자는 회지(晦之)이다. 1691년(숙종17) 사마시, 1702년(숙종27) 식년문과에 급제하여 청요직을 두루 역임하였다. 1722년(경종2) 김동필(金東弼)에게 탄핵 받고, 이후 신임옥사에 연루되어 파직을 당한 뒤 고향에 돌아가 죽었다.

172) 홍계적(洪啓迪) : 1680~1722. 본관은 남양(南陽), 자는 혜백(惠伯), 호는 수허재(守虛齋)이다. 1702년(숙종28) 진사가 되어, 이듬 해 성균관 유생 180인과 함께 박세당(朴世堂)을 성토하는 소(疏)를 올리고, 그 해 6월 태학생으로서, 박세당의 《사변록(思辨錄)》과 이경석(李景奭)의 비문을 태워 없애도록 상소해, 이를 관철하였다. 1708년 식년문과에 급제하여 청요직을 두루 지냈다. 1721년(경종1) 대사헌에 올라 노론의 선봉으로 세제의 대리청정을 주장해 소론과 대립하였다. 1722년 노론 4대신의 당인이라는 죄목으로 서울로 압송되어 심문과 형벌을 받고 옥중에서 죽었다. 이조판서에 추증되었고, 시호는 의간(毅簡)으로, 뒤에 충간(忠簡)으로 개시되었다.

173) 윤석래(尹錫來) : 1665~1725. 본관은 파평(坡平), 자는 중길(仲吉), 호는 둔정(鈍靜)·만회(晩晦)이다. 1690년(숙종16) 진사가 되고, 1710년 증광문과에 급제하여 청요직을 두루 거쳤다. 1722년(경종2) 신임옥사로 소론이 집권하게 되자 동래부사를 사직하고 물러났다. 1724년 영조가 즉위하면서 노론이 재집권하자 도승지를 거쳐 병조참판에 이르렀다. 저서로는 《문견록(聞見錄)》이 있다.

174) 병술년 …… 명하였으니 : 병술년(1706, 숙종32) 전라우도 암행어사 이교악(李喬岳)이 서계(書啓) 중에 죄받아 죽은 장씨의 작호를 썼다가 파직당했다. 《肅宗實錄 32年 6月 6日》

하였다. 주상이 비망기를 내려 말하기를,

"조중우는 어찌 감이 무망(誣妄)한 말을 이와 같이 멋대로 하는가? 통렬하게 배척하지 않을 수 없으니, 먼 변방에 정배하라."

하였다. -그날 홍치중은 막 정고(呈告, 휴가를 신청하는 일)하였다가 들어와 참여하였고, 좌부승지 송성명(宋成明)[175]은 입궐하다가 승정원의 계사(啓辭)를 듣고서, 급히 상소할 것을 청하였다.-

집의 조성복(趙聖復)[176]과 장령 박필정(朴弼正)[177]이 아뢰어서 조중우가 꾸며서 속인 죄를 논하고 엄하게 형신을 가해 국문할 것을 청하였지만 윤허하지 않았다. 대사간 조관빈(趙觀彬)[178]이 상소하여 조중우가 현혹한 죄를 논하고, 이어서 송성명이 기미를 알아차리고 회피한 행적이 있다고 배척하였다. 주상이 처분이 이미 정해졌다고 답하였다.

---

175) 송성명(宋成明) : 1674~1740. 본관은 여산(礪山), 자는 성집(聖集)·군집(君集), 호는 송석(松石)이다. 호조참판 송징은(宋徵殷)의 아들이다. 1699년(숙종25)에 생원시, 1705년에 증광문과에 급제하여 청요직을 두루 거쳤다. 경종 즉위년(1720) 동부승지가 되었는데 정치의 득실을 상소하다 탄핵을 받아 파직되었지만, 1723년 다시 승지가 되었다. 영조 즉위 후 대사성을 거쳐 공조판서 등을 역임하였다. 저서로 《송석헌집(松石軒集)》과 편서인 《해동명신록(海東名臣錄)》이 있다.

176) 조성복(趙聖復) : 1681~1723. 본관은 풍양(豊壤), 자는 사극(士克), 호는 퇴수재(退修齋)이다. 1702년(숙종28) 별시문과에 급제하여 청요직을 두루 거쳤다. 1716년 지평으로서 윤선거(尹宣擧)의 선정(先正) 칭호를 금할 것을 청하였고, 1721년(경종1) 집의 재직 시 세제 대리청정을 요구하는 상소를 올려 경종의 재가를 받았으나, 무군부도(無君不道)하다는 소론의 반격으로 유배되었다. 1723년 다시 잡혀 올라와 국문을 받던 중 옥중에서 자살하였다. 신임옥사 때 삼학사(三學士) 중 한 사람으로 일컬어진다. 영조 즉위 후 이조판서에 추증되고, 충간(忠簡)이란 시호가 내렸다.

177) 박필정(朴弼正) : 1684~1756. 본관은 밀양(密陽), 자는 계심(季心), 호는 일휴재(逸休齋)이다. 1711년(숙종37) 식년문과에 급제하여 청요직을 두루 지냈다. 1722년(경종2) 사과 재직 시 김일경의 탄핵을 받았다. 영조대 판결사를 거쳐 한성부 좌윤을 역임하였다.

178) 조관빈(趙觀彬) : 1691~1757. 본관은 양주(楊州), 자는 국보(國甫), 호는 회헌(悔軒)이다. 노론 4대신 조태채(趙泰采)의 아들이다. 1714년(숙종40) 증광문과에 급제하여 청요직을 두루 지냈다. 신임옥사에서 화를 당한 아버지에 연좌되어 1723년 유배되었다가, 1725년(영조1) 노론이 집권하자 풀려나왔다. 이후 대사헌·호조판서 등을 역임하였다. 저서로 《회헌집》이 있고, 시호는 문간(文簡)이다.

○ 도승지 홍치중이 상소하여 대략 말하기를,

"이광좌는 물러나 있는 사람으로서 스스로 조정의 반열에 나아갈 방도가 없었으므로 도성 바깥 궁궐 아래에서 전하의 안부 소식을 들으며 예에 맞게 분수를 펴고 있었습니다. 그런데 지금 지레 의심하는 마음을 품었으니, 이것이 과연 공평하고 관대한 도리이겠습니까? 조정의 논의가 나뉘어져서 언론이 정도에 지나치니 이것이 진실로 근래의 고질적인 병폐입니다."

하였다. 대사간 조관빈이 인피(引避)하면서 아뢰어 말하기를,

"지난번 경연에서 도승지 홍치중이 송성명의 일을 아뢰면서, 심지어 '피차 헐뜯으며 손가락질한다.' 등의 말로 비난하고 배척하였다고 합니다. 아! 당론(黨論)이 생긴 이래로 터럭을 불어서 흠을 찾고 다른 쪽을 배척하는 것이 이로부터 고질적인 병폐가 되었습니다. 단지 지신사(知申事, 도승지)만 그것을 괴로워할 뿐만이 아니라 신도 역시 괴로워하는데, 이러한 제목을 갑자기 더한 것은 무엇 때문입니까?"

하면서 체직을 청하니, 주상이 모두 전례(前例)에 따라 비답하였다.

○ 헌납 홍우전(洪禹傳)[179]이 다음과 같이 아뢰었다.

"교리 홍정필(洪廷弼)[180]은 조중우의 상소에 대해 오직 엄하게 배척해야 하는데, 도리어 지나치게 빨리 나가버려서 현저하게 부끄러워하는 마음을 드러내어, 은연중에 부화(附和)한 자취가 있으니, 정태(情態)가 미워할만 합니

---

179) 홍우전(洪禹傳) : 1663~1728. 본관은 남양(南陽), 자는 집중(執中), 호는 구만(龜灣)이다. 송시열 문인이다. 1702년(숙종28) 진사시, 1719년 별시문과에 급제하여 청요직에 진출하였다. 1722년 박필몽의 탄핵을 받아 삭직되어 은거하였다가 이듬해 조지빈의 탄핵을 받았고, 1724년 유배되었다. 영조대 복직되어 공조참판 등을 역임하였다. 1727년(영조3) 수원부사로서 소론의 남구만(南九萬)·윤지완(尹趾完)·최석정(崔錫鼎) 등을 숙종의 묘정에서 출향할 것을 주장하다가 관작을 삭탈 당하였다.

180) 홍정필(洪廷弼) : 1674~1727. 본관은 남양(南陽), 자는 사섭(士燮)이다. 영안위(永安尉) 홍주원(洪柱元)의 후손이다. 1705년(숙종31) 알성 문과에 급제하여 숙종·경종 연간 청요직을 두루 지내고, 1727년(영조3) 보덕이 되었다.

다. 청컨대 파직하십시오."

○ 형조에서 다음과 같이 아뢰었다.

"조중우에 대해서 이미 대계(臺啓)를 윤허하시었으니, 그를 사주한 박경수(朴慶洙)와 이수점(李受漸, 조중우의 매형), 윤천운(尹天運) 등을 끝까지 캐어 물어서 모두 법률에 의거하여 죄를 정하십시오."[181]

○ 승지 김일경(金一鏡)[182]이 상소하여 대략 다음과 같이 말하였다.

"신이 일찍이 이정익(李禎翊)[183]이 핍존(逼尊, 윗사람의 존엄을 범함)한 죄를 탄핵하였다가 도리어 남의 일을 들추어냈다고 욕을 먹었으니, 매우 통탄스럽고 놀라웠습니다. 이른바 '깊은 근심과 지나친 염려'는 과연 누구를 위한 것이었습니까?[184] 그런데 이정익은 '깊은 근심과 지나친 염려[深憂過慮]'라는 말에 대응하여 '은혜를 베풀어 복을 구한 것[市恩邀福]'이라고까지 말하였으

---

181) 박경수(朴慶洙)와 …… 정하십시오 : 형조에서 조중우를 국문한 결과 사인(士人) 박경수를 끌어대며 함께 상의하여 상소의 초안을 썼다고 했다. 또한 이수점에게 물어 의논하였으며, 윤천운을 권하여 결행하게 하였다고 하였다. 그 결과 박경수는 변방에 정배되었으며, 이수점과 윤천운은 감등(減等)되어 정배되었다. 《景宗實錄 卽位年 7月 21·24日》

182) 김일경(金一鏡) : 1662~1724. 본관은 광산(光山), 자는 인감(人鑑), 호는 아계(丫溪)이다. 김익렴(金益廉)의 손자이다. 1687년(숙종13)에 진사가 되고, 1702년 식년문과에 장원급제하여 청요직을 두루 역임하였다. 1721년(경종1)에 노론은 연잉군(延礽君, 영조)을 세제(世弟)에 책봉한 뒤 대리청정을 실시하려고 하자 김일경이 조태구 등과 함께 이를 반대해 대리청정을 취소하게 하였다. 임인옥사 당시 준소(峻少)로서 김창집·이이명·조태채·이건명 등 노론 4대신의 처벌을 주도하였다. 1724년 영조가 즉위하자 노론의 재집권으로 유배되었다가 청주의 유생 송재후(宋載厚)의 상소를 발단으로 신임옥사가 무고(誣告)였다는 탄핵을 받고 목호룡과 함께 참형을 당하였다.

183) 이정익(李禎翊) : 1655~1726. 본관은 한산(韓山), 자는 붕거(鵬擧), 호는 애헌(崖軒)이다. 1684년(숙종10) 식년문과에 급제하여 1694년 갑술환국 이후 청요직을 두루 거쳤다. 경종대 김일경을 탄핵하다가 1721년 유배되었다. 1725년(영조1) 양이(量移)되었으나 이듬해 사망하였다.

184) 깊은 …… 것이었습니까? : '깊은 근심과 지나친 염려[深憂過慮]'는 갑술환국 이후 남구만과 최석정이 세자를 보호하기 위해 장희빈에 대한 처벌에 반대하는 것을 비판한 말이다.

니,[185] 그 (세자를) 지칭하여 핍박한 죄상에 대하여는 여론이 모두 분노하고 있었습니다.

또한 이르기를, '흉악한 이잠[凶潛]이 일찍이 신의 말을 구실로 삼았다.' 하였습니다. 아! 이잠 상소[186]와 그의 공사(供辭)를 돌아보건대 어디에 신이 아뢴 말과 비슷한 점이 있다고 이정익은 감히 터무니없는 말을 스스로 지어내어 어렴풋한 가운데서 갑자기 끌어내었습니다.

정유년(1717, 숙종43) 황발(黃髮, 7, 80세 노인)의 상소에서는 이정익의 죄가 더욱 드러났으니[187] 진실로 엄하게 두려워하는 마음이 있다면 몸을 움츠리고 죄를 기다리느라 겨를이 없어야 할 것인데, 더욱 멋대로 무욕하며 패악을 부려서 가장 먼저 신의 이름을 거론하여 이잠에게까지 미쳤으니, 그 방자하고 거리낌이 없는 것이 이와 같습니다."

주상이 처음에는 "흉인의 상소에 대해서 어찌 반드시 깊이 혐의하겠는가." 라고 답하였는데, 승지 황선(黃璿)[188]이 미품(微稟)[189]하여, "흉인의 상소[凶人之

---

185) 이정익은 …… 말하였으니 : 이정익은 남구만과 최석정을 비판한 표현인 '심우과려(深憂過慮)'에서 한 걸음 더 나아가 '시은요복(市恩徼福)'이라고 비난하였다. 《肅宗實錄補闕正誤 31年 7月 12日》 이것은 이정익이 인현왕후에 대한 신하의 의리를 강조하고, 장희재와 장희빈 처벌에 반대했던 남구만과 최석정 등을 세자에게 아부하였다고 비판한 것이다.

186) 이잠 상소 : 이잠(李潛)은 1706년(숙종32) 김춘택 등 노론 일파가 세자를 위협하는 현실을 통렬하게 비판하는 상소를 올렸다가 장살되었다. 《肅宗實錄 32年 9月 17日》 그는 상소를 통해 춘궁(春宮) 보호를 주장함으로써 그간 남인들에게 덧씌워진 명의 죄인의 죄목을 부정하고 일거에 정국의 주도권을 회복하려 했다. 그는 명의란 군신·부자·부부 사이에 임금·아버지·남편이 강(綱)이 되고 신하·아들·부인이 기(紀)가 되어 위에서 아래를 제어하되, 아래에서는 위를 업신여기지 못하는 것을 의미한다고 주장하였다. 즉 이미 갑술환국을 기화로 군주가 중궁을 복위시켰기 때문에 서인들이 말하는 명의는 이미 확립되었고, 이제 시급한 과제는 동궁보호라고 역설하였던 것이다.

187) 정유년 …… 드러났으니 : 1717년(숙종43) 영중추부사 윤지완(尹趾完)이 상소하여 이정익을 승지에 임명한 것을 비판한 일을 가리킨다. 《肅宗實錄 43年 8月 14日》

188) 황선(黃璿) : 1682~1728. 본관은 장수(長水), 자는 성재(聖在), 호는 노정(鷺汀)이다. 1710년(숙종36) 진사가 되고, 그해 증광문과에 급제하여 청요직을 두루 거쳤다. 1721년(경종1) 승지로 재직하다가 박필몽의 탄핵을 받아 유배되었다. 1725년(영조1) 복직되어 형조참판 등을 거쳐 1727년 대사간이 되었다. 1728년 이인좌(李麟佐)의 난 때 거창 지방을 뒤흔든 정희량(鄭希亮)의 난을 평정하였다. 시호는 충렬(忠烈)이다.

疏]" 네 글자를 "기왕의 일[既往之事]"로 고치게 하였다.190)

○ 지평 정택하(鄭宅河)191)가 아뢰기를,

"김일경의 언의(言議)는 청류(淸流)로부터 버림받았는데, 도리어 이정익의 상소를 꾸짖는데 이르러서는 마음씀씀이가 위험하여 마치 고변하는 급서(急書)와 같았습니다. 선대왕께서 이정익의 상소에 답하기를,

'핍존(逼尊)한 말이 몹시 도리에 어긋나지만 지금 다시 등용하는 것에서 나의 뜻을 알 수 있을 것이다.'

하셨습니다. 이제 김일경이 선조(先朝)의 처분을 모르는 체하고 사람을 곧장 악역(惡逆)의 죄목에 몰아넣었으니, 청컨대 파직하십시오."

하였으나, 주상이 윤허하지 않았다.

○ 청주 유생 권세형(權世衡) 등이 신사년(1701, 숙종27) 옥사를 변론하여 신원하는 상소에 참여하지 않은 것으로 인하여, 유생 신선(申璿) 등 50여 인이 교궁(校宮, 성균관)192)에 돌입하여 재중(齋中)193)에 방문(榜文)을 내걸고,

---

189) 미품(微稟) : 간단한 일에 대하여 격식을 갖추지 않고 구두(口頭)로 아뢰는 일이다.

190) 황선이 …… 하였다 : 당시 입직 승지였던 황선이 김일경에게 내린 소비(疏批)의 개정을 청하였다. 《경종실록 1년 12월 12일》 기사에 따르면 황선이 성교(聖敎)를 잘못 생각한 것으로 돌려 사알(司謁)을 불러 고치기를 청하였다. 그러나 이로 인해 "임금이 유약하여 과단성이 없으니 시배(時輩)들이 더욱 거리낌 없이 쥐고 펴는 것을 제멋대로 하였다."라고 비판하는 빌미가 되었다. 즉 황선이 이정익을 '흉인'이라고 한 것을 숨기고자 하였다는 것이다. 아래 송성명의 상소에서 이에 대한 비판이 보인다.

191) 정택하(鄭宅河) : 1693~1741. 본관은 연일(延日), 자는 자중(子中)이다. 1715년(숙종41) 식년문과에 급제하여 청요직을 두루 지냈다. 경종 즉위 이후 세제 책봉문제를 둘러싸고 김일경 등의 탄핵을 받아 노론 4대신과 함께 파직되었다. 영조가 즉위하면서 다시 기용되어 헌납·사간 등을 역임하다가 1727년(영조3) 정미환국으로 삭직되고, 1729년 유배되었다.

192) 교궁(校宮) : 본래 향교의 다른 명칭이다. 여기서는 성균관을 가리킨다.

193) 재중(齋中) : 성균관이나 향교의 상·하재(上下齋)에서 기숙하며 수업하는 유생 혹은 그 재에 있는 것을 말한다.

수복(首僕)[194]을 난타하였으며, 장의(掌議)[195] 윤지술(尹志述)의 이름을 《청금록(靑衿錄)》[196]에서 먹으로 지워버렸다.[197]

○ 승지 송성명이 상소하여 대략 다음과 같이 말하였다.

"신록(新錄)[198]을 정탈(定奪, 아뢰어 결재 받음)할 때 번번이 말하기를, '홍문관에 사람이 없다.' 합니다. 아! 조정에 유능한 인재가 많이 있는데, 아무 죄과도 없이 공공연히 묶어놓고 등용하지 않으면서 마치 없는 것처럼 간주하니, 해괴하기가 이보다 심한 것이 없습니다. 참록(參錄)된 뒤에 한 번도 실직(實職)을 거치지 못하는 사람이 한두 사람만이 아니니, 국면이 서로 바뀌면 용사(用舍, 사람을 쓰고 버리는 일)가 편중되어, 공기(公器)를 농간하는 일이 방자하고 거리낌이 없는 것이 이와 같이 심한 경우가 없었습니다.

조상건(趙尙健)[199]·김상옥(金相玉)[200]의 경우에는 결코 나올 수 있는 정세가

---

194) 수복(首僕) : 묘(廟)·사(社)·능(陵)·원(園)·서원(書院) 같은 곳의 일을 주관하는 구실아치의 우두머리를 말한다.

195) 장의(掌議) : 성균관 재생(齋生)들의 자치기구인 재회(齋會)의 임원이다.

196) 청금록(靑衿錄) : 유생들의 인적사항을 기록한 명부이다. 성균관·사학(四學) 등에 비치되어 있다.

197) 윤지술을 …… 지워버렸다 : 윤지술에 대한 처벌은 소론 완론(緩論)의 입장에서도 반기는 일이었다. 《수문록(隨聞錄)》에서 이문정(李聞政)은 희빈에 대한 국왕의 사정(私情)을 헤아려 신하의 분의(分義)로써 이 문제를 제기해서는 안 된다고 보았다. 그런데 윤지술이 느닷없이 이 문제를 제기하여 주상의 감춰진 사사로운 아픔을 격화시키고, 간특한 무리에게 잠복해 있던 기미를 끌어내었으니, 비록 "강직한 선비"라고 말할 수 있지만 또한 나라를 패망케 할 신하임을 면키 어렵다고 비난하였다. 윤지술에 대한 부정적 평가는 이문정 정론의 특징을 잘 보여준다. 그는 경종에 대한 충절을 강조함으로써, 장희빈을 빌미로 경종과 남인에 대한 공세를 강화하려 했던 주류 노론과 입장을 달리하였다. 이 점은 남하정의 당론 인식과 궤를 같이 하였다. 《동소만록》에 따르면 "노론은 윤지술이 절개를 세워 의롭게 죽었다고 여겨 추천하여 장려하고 존모하였으니 그 정도가 진동(陳東)과 구양철(歐陽澈) 보다 지나쳤다." 하면서 정사년(1737, 영조13)에 노론이 정국을 장악하자 윤지술을 삼현사(三賢祠)에 배향한 사실을 비난하였다. 즉 본래 삼현사를 세운 것도 의리가 없는데 주상의 어머니를 욕보인 흉악한 도적을 배향하였으니 이 또한 의리에서 벗어난 것으로 본 것이다.

198) 신록(新錄) : 홍문관의 교리·수찬에 새로 뽑힌 사람의 명단이다.

아닌데도 서로 좋아하는 자가 반드시 출사하도록 권면하고자 하여, 전후의 차제(差除, 적임자를 가려서 벼슬을 줌)가 이 두 사람에서 벗어나지 않으니, 신은 알지 못하지만 이 외에는 한 명도 영록(瀛錄)[201]에 충원할 사람이 없다는 말입니까? 혹 개석(開釋)[202]하라는 성지(聖旨)가 없는데도 억지로 탑전(榻前)에서 하교를 강요하여 장황하게 써내거나, 혹은 의금부에서 죄인을 신문하라는 명령이 분명히 있는데도 끝내 받들어 거행하는 일이 없으니, 신은 적이 통탄스럽습니다.

또한 들으니, 전 승지 김일경의 상소에 대하여 비답을 내릴 때, 입직(入直)한 승지가 은밀하게 사알(司謁)[203]을 불러서 미품하여 개정할 것을 청하고, 몰래 이서(吏胥)들을 경계하여 비밀로 삼아서 누설하지 못하게 하였다고 합니다. 출납하는 지위에서 봉박(封駁)[204]하고 작환(繳還)[205]하는 일은 있습니다만 이와 같은 거조(擧措)는 실로 들어본 적이 없으니, 그날 승지[承宣]는 마땅히

199) 조상건(趙尙健) : 1672~1721. 본관은 풍양(豊壤), 자는 자이(子以)이다. 1713년(숙종39) 증광문과에 급제하여 지평·교리 등을 역임하였다. 1716년 《가례원류》 사건에 얽힌 문제로 윤증을 배척하고 송시열을 옹호하는 소를 올려 관작이 삭탈되었다. 이듬해 복직되어 홍문록에 올랐으며, 이후 청요직을 두루 지냈다.

200) 김상옥(金相玉) : 1683~1739. 본관 연안, 자는 언장(彦章), 호는 소와(疎窩)이다. 1709년(숙종35) 알성문과에 장원 급제하여 청요직을 두루 지냈다. 1724년 영조가 즉위한 뒤 노론 선비들과 함께 상소하여 김일경과 목호룡 등을 제거하는 데 앞장섰다. 1728년(영조4) 이인좌의 난이 평정된 뒤 탕평책에 반대하다가 유배되기도 했다.

201) 영록(瀛錄) : 등영록(登瀛錄)의 준말로, 홍문록(弘文錄)을 이른다. '등영록'이라는 명칭은 홍문관의 별칭이 영각(瀛閣)인 데서 온 것이다. 홍문관 교리와 수찬을 임명하기 위해 먼저 7품 이하의 홍문관원이 뽑힐 만한 사람의 명단을 만들면, 부제학 이하 응교 등이 모여 적합한 사람의 이름 위에 권점(圈點)을 찍는데 원점 하나를 1점으로 하여 득점자 순으로 후보자를 선출하였다.

202) 개석(開釋) : 잘못이 없음을 밝혀서 마음을 풀어주다. 또는 죄인을 용서하여 방면하다.

203) 사알(司謁) : 임금의 명령(命令)을 전달(傳達)하는 일을 맡아보던 액정서(掖庭署) 소속 정6품의 잡직(雜職)이다.

204) 봉박(封駁) : 임금의 조지(詔旨) 내용이 합당하지 못할 경우, 이를 봉함(封緘)하여 되돌려 보내고 논박하는 것이다.

205) 작환(繳還) : 임금의 전교(傳敎)에 잘못된 부분이 있다고 여겨질 경우, 승지가 전교를 하달하지 않고 되돌려 올리고 거두기를 청하는 것을 이른다.

파직으로 처벌해야 할 것입니다."

주상이 그대로 시행하라고 답하였다.

승지 조명봉(趙鳴鳳)과 권엽(權熀)이 아뢰기를,

"송성명이 황선을 논박한 일은 더욱 교묘하고 극히 참담합니다. 당시 비답이 내려오자 황선이 동료들과 더불어 상의하고 아뢰어, 바로 개정하여 내린 비답을 받았으니, 그것이 암암리에 은밀히 하지 않았다는 것을 누가 모르겠습니까? 그런데 말하기를, '은밀히 불렀다.'거나, '누설하지 못하게 하였다.' 하니 아! 이것이 무슨 말입니까?"

하고, 이어서 파직을 환침(還寢, 명령을 취소함)할 것을 청하였다.

○ 우의정 이건명(李健命)[206]이 차자를 올려 대략 말하기를,

"송성명이 홍문관에 충원한 일로 인하여 장황하게 주워 모아서 아뢴 말은 어의(語意)가 참혹하여, 여러 신하들을 농간을 부리고 방자하다는 죄과에 바로 몰아넣었으니, 그것을 보고 나서 모골(毛骨)이 모두 곤두서도록 두려웠습니다. 신이 전후 연석(筵席)에서 아뢰어 이 일에 간섭한 것이 많았으니, 그 지은 죄를 논한다면 신이 실로 가장 으뜸입니다."

하였다. 주상이 별다른 혐의가 없다고 답하였다.

○ 승지 윤양래(尹陽來)[207]가 상소하여 대략 다음과 같이 말하였다.

---

206) 이건명(李健命) : 1663~1722. 본관은 전주, 자는 중강(仲剛), 호는 한포재(寒圃齋)·제월재(霽月齋)이다. 영의정 이경여(李敬輿)의 손자, 이조판서 이민서(李敏敍)의 아들, 좌의정 이관명(李觀命)의 동생이다. 1684년(숙종10) 진사시, 1686년 춘당대 문과에 급제하여 청요직을 두루 거쳐 이조판서 등을 지냈다. 1717년 종형 이이명(李頤命)과 숙종의 정유독대(丁酉獨對) 직후 우의정에 발탁되어 연잉군 보호를 부탁받았다. 경종 즉위 후 좌의정에 올라 김창집·이이명·조태채와 함께 세제 책봉에 노력한 노론 4대신으로 칭해졌다. 1722년(경종2) 목호룡의 고변으로 유배되었다가 죽었다.

207) 윤양래(尹陽來) : 1673~1751. 본관은 파평, 자는 계형(季亨), 호는 회와(晦窩)이다. 1699년(숙종25) 진사가 되고, 1708년 식년문과에 급제하여 청요직을 두루 거쳤다. 1722년(경종2) 동지 겸 주청부사(冬至兼奏請副使)로 청나라에 가서 경종의 병약함을 발설했다는 죄목으

“송성명이 탑전에서 하교를 써낸 것을 가지고 크게 유감과 노여움을 가하여, ‘강제했다.[勒]’는 글자로 시작하여 ‘무례하다.’는 말로 끝을 맺었으니, 반도 채 읽지 못하여 몸이 떨리고 마음이 아팠습니다. 아! 홍문록에 오르는지의 여부에 이 무리들의 명맥이 달려 있으므로 가진 수단을 다 써서 방해하려고 계책을 쓰지 않은 것이 없습니다.

하교를 써내는 것은 이미 전례가 있으므로 대신이 두 유신(儒臣)[208]을 애써 나오게 하자고 진달하고, 신이 하교하여 신칙하라는 뜻으로 우러러 아뢰어서 써 냈습니다. 지금 송성명은 주상의 뜻이 자신의 바람과 어긋난 것에 원한을 품고, 하교를 예(例)에 따라서 써서 낸 데로 허물을 돌리려 하니, 세도와 인심이 아! 참으로 두렵습니다.”

정언 김용경(金龍慶)[209]이 상소하여 대략 다음과 같이 말하였다.

“전하께서는 성정이 차분하지만 혹 분명[分曉]한 면이 모자라고, 너그럽고 인자하지만 도리어 명확한 판단이 부족합니다. 인접(引接)하였을 때 여러 신하들이 아뢰는 말을 관심 있게 듣지 않는 듯하다가, 마침내 발락(發落, 결정을 내림)할 때는 단지 ‘아뢴 대로 윤허한다.[依允]’ 두 글자뿐이니, 엎드려 생각건대 품령(稟令)하는 일이 없어 국사가 장차 날로 잘못될까 두렵습니다.

송성명의 상소는 한 편의 정신이 모두 전지(銓地)[210]를 배격하고 묘당(廟堂)을 뒤흔들려는 데 있어서 반드시 조정을 텅 비게 한 뒤에야 그치려 할 것인데

로 유배되었다. 1725년(영조1) 승지에 임용되어 공조참판을 거쳐 호조판서·대사헌 등을 역임하였다. 1746년 신임옥사에 관련된 소론의 뿌리를 뽑아야 한다고 주장했다가 한때 삭직되었다. 이 해에 판돈녕부사로 치사하고 봉조하(奉朝賀)가 되었다. 시호는 익헌(翼獻)이다.

208) 두 유신(儒臣) : 송성명(宋成明) 상소에서 거론한 조상건(趙尙健)과 김상옥(金相玉)을 가리킨다.

209) 김용경(金龍慶) : 1678~1738. 본관은 경주(慶州), 자는 이현(而見)으로, 김홍욱(金弘郁)의 증손이다. 1718년(숙종44) 정시문과에 급제하여 설서 등을 거쳐 경종대 정언을 지냈다. 영조대 교리 등을 지내면서 노론 4대신의 관작 회복에 앞장섰다. 이후 대사간을 거쳐 개성유수 등을 역임하였다.

210) 전지(銓地) : 인사 전형(銓衡)을 담당하던 이조(吏曹)와 병조(兵曹)를 지칭한다.

비지(批旨)[211]에서는 뜻을 굽혀서 따르셨으니 신은 개탄스러움을 이기지 못하겠습니다. 마땅히 허물을 꾸짖어 처벌하시어 좋고 싫음을 분명히 하여야 할 것입니다."

주상이 답하기를, "송성명의 상소는 몹시 사리에 어긋나니, 파직하라." 하였다.

○ 영의정 김창집이 차자를 올려, 대략 다음과 같이 말하였다.

"송성명의 상소가 나왔는데, 죄상이 낭자합니다. 도당록(都堂錄)[212]은 선조(先祖) 이래로 성명(成命)[213]이 있는데, 김동필(金東弼)[214]이 교묘한 계책으로 저지하였습니다. 이에 신은 일찍부터 개탄스럽게 생각하여 아뢴 적이 있는데, 송성명이 혹 그것이 성공할 것을 두려워하여 또 김동필이 남긴 지혜를 답습하였으니, 이것이 없으면 조정을 기울여서 자기 마음대로 할 수 없다고 생각했기 때문입니다.

김일경의 일은 대론(臺論)이 비록 정지되더라도 거행할 리가 없으므로 감히 변통하기를 청한 것인데, 무슨 이해(利害)가 달려 있다고 한스러워하는 것이 여기에 이르렀습니까?"

주상이 대답하기를, "어찌 말할 가치가 있겠는가? 대죄하지 말라." 하였다.

---

211) 비지(批旨) : 신하가 올린 상소에 대하여 임금이 내리는 비답의 말이다.

212) 도당록(都堂錄) : 의정부에서 홍문관의 교리와 수찬을 선임하기 위한 제2차 추천 기록이다. 의정(議政)과 이조판서, 참판·참의 등이 모여 홍문록(弘文錄)에 오른 명단에서 적합한 자의 성명 위에 다시 권점(圈點)을 찍어 찬반을 보이고 그 결과를 임금에게 올리면 득점의 순위에 의하여 관직을 임명하였다.

213) 성명(成命) : 임금이 어떤 일이나 신하의 신상에 관하여 결정하여 이미 내린 명령이다.

214) 김동필(金東弼) : 1678~1737. 본관은 상산(商山), 자는 자직(子直), 호는 낙건정(樂健亭)이다. 1704년(숙종30) 춘당대 문과(春塘臺文科)에 급제하여 청요직을 두루 거쳤다. 1721년(경종1) 보덕 재직 시 세제를 모해하려는 환관 박상검(朴尙儉)·문유도(文有道) 등을 처벌하게 하였다. 신임옥사 당시 김일경을 탄핵하다가 좌천되기도 했다. 영조대 탕평책을 적극 협찬하였다. 1728년 이인좌 난 이후 이조·공조판서를 지냈다. 저서로 《인접설화(引接說話)》가 있고, 시호는 충혜(忠惠)이다.

헌납 송필항(宋必恒)[215]이 상소하여 대략 다음과 같이 말하였다.

"송성명의 상소는 급서(急書)[216]와 다를 것이 없어서 독수가 미치는 곳에는 다시 온전한 사람이 없을 것이니, 신은 모골(毛骨)이 모두 곤두서도록 두려워서 다시 볼 수 없었습니다. 송성명이 뜻을 잃고 앙심을 품어서, 한번 틈을 노리려고 생각한 지 오래되었으니, 어찌 심하게 질책할 가치가 있겠습니까? 홍문관에 서용하라고 청한 일은 손가락으로 꼽아 헤아리기 어려울 정도인데 어찌 두 신하를 등용한 일만 가지고 괴이한 일로 만들어서 인사권[銓地]을 부당하게 강제로 빼앗는 하나의 수단[資斧]으로 삼으려 합니까?

출납하는 자리에서는 작환(繳還)하고 미품(微稟)하는 것은 그 직책일 뿐입니다. 그런데 지금 곧 심각한 문장으로 교묘하게 비방해서 사람들을 죄의 그물로 몰아넣어서 황선이 죄 없이 잘못 걸려들었는데도 오히려 반한(反汗)[217]을 아끼십니다. 삼가 원컨대 모두 이전의 분부에 따라서 대신을 대우하는 도리를 다하여, 진실로 마땅히 무함하여 막는 말을 통렬히 배척하고, 개석(開釋)[218]하여 출사(出仕)하게 하십시오."

◯ 헌납 송필항과 정언 김고(金槹)가 발계(發啓)[219]하여 전 승지 송성명의 관작을 삭탈하라고 청하였다.

---

215) 송필항(宋必恒) : 1675~? 본관은 은진(恩津), 자는 원구(元久)이다. 1702년(숙종28) 식년시, 1714년(숙종40) 증광문과에 급제하여 청요직을 두루 역임하였다. 1725년(영조1) 임인옥사를 고변한 목호룡을 끝까지 추문하지 않은 것에 대해서 마음이 아프다고 영조에게 아뢰었다. 또한 언로를 어지럽혔다고 유봉휘(柳鳳輝)·이현장(李顯章)·남태징(南泰徵) 등을 탄핵하였다.

216) 급서(急書) : 급히 알리는 편지로 변란(變亂)이 일어났음을 고발하는 글을 가리킨다.

217) 반한(反汗) : 임금이 이미 발표한 명령을 취소하거나 고치는 일을 말한다. 본래 나온 땀을 다시 들어가게 한다는 뜻이다.

218) 개석(開釋) : 잘못이 없음을 밝혀서 마음을 풀어주다. 또는 죄인을 용서하여 방면하다.

219) 발계(發啓) : 사간원이나 사헌부에서 임금에게 아뢸 일이 있을 때 글을 지어 올리는 일이다.

○ 주청 상사(奏請上使) 판부사 이이명(李頤命)이 평양(平壤)에 도착하여 상소하였는데, 대략 말하기를,

"지문(誌文)[220]을 지어 바쳤으나 여론이 불만스러워하니, 청컨대 다른 사람에게 맡기도록 명하십시오."

하니, 주상이 말하기를,

"묘당(廟堂)에 순문(詢問, 신하에게 물음)해서 마음을 다하여 수정하게 하라."

하였다. 태학 장의(掌議) 윤지술이 권당(捲堂)[221]한 뒤 소회(所懷)를 써서 올렸는데, 대략 다음과 같이 말하였다.

"삼가 판부사 이이명이 지어 올린 유궁(幽宮)[222]의 지문을 보면, 신사년(1701, 숙종27)의 일[223]은 숨기고 쓰지 않았고, 병신년(1716)의 일[224]은 은미하고 완곡하게 말하였습니다. 무릇 신사년의 변고는 숨기고 비밀스러워 헤아리기 어려웠는데, 선대왕께서 통쾌하게 결단을 내려 전형(典刑)을 밝게 보였으니, 그 처분의 엄정함과 염려의 심원(深遠)함은 간책(簡冊)에서 구해보아도 또한 보기가 드뭅니다. 병신년의 일은 사람의 마음을 착하게 하고 선비들의 지향을 바르게 한 공이 천지를 세워서 어그러지지 않게 할 수 있을 정도입니다.

---

220) 지문(誌文) : 명릉(明陵, 숙종 능호)의 지문을 가리킨다. 《동소만록》에 따르면 당시 이이명이 지문을 지어 바쳤는데 그 내용 가운데 희빈에게 사약을 내려 죽게 한 일에 대해서 분명히 말하지 못하였다. 이에 윤지술이 성균관 유생들을 이끌고 상소하여, "전하와 장씨 사이에 이미 모자의 의리가 끊어졌으니 그 사실을 숨길 필요가 없습니다." 하면서 고쳐 지으라고 주장하였다가 죽임을 당하였다. 이에 노론은 윤지술이 절개를 세워 의롭게 죽었다고 여겨 추천하여 장려하고 존모하였다.

221) 권당(捲堂) : 성균관 유생(儒生)들이 나랏일에 잘못이다 싶은 것이 있을 때에 상소를 하고, 그 상소가 받아들여지지 않을 때 일제히 성균관을 비우고 물러나가는 일이다.

222) 유궁(幽宮) : 무덤이라는 뜻인데, 여기서는 숙종의 능인 명릉(明陵)을 가리킨다.

223) 신사년의 일 : 1701년(숙종27) 인현왕후가 승하한 뒤, 희빈 장씨가 취선당에 신당(神堂)을 설치하고 왕후를 저주한 일이 발각되어 사사된 일을 가리킨다.

224) 병신년의 일 : 1716년(숙종42)에 내려진 병신처분(丙申處分)이다. 숙종이 송시열과 윤증의 다툼으로 일어난 회니시비(懷尼是非)에서 송시열과 노론이 옳다고 판정하고 이어서 노론이 윤선거의 문집에 효종을 비난한 구절이 있다고 공격하니 윤선거 문집의 판을 헐어버렸다. 이 결정으로 노론이 정국을 주도하게 되었고, 1718년에는 윤선거와 윤증의 관작이 추탈되었다.

그런데 이이명은 흰 머리의 늙은 나이에 이해(利害)만을 살피고 갖은 기교(機巧)를 다 써서 선왕의 은혜를 잊어버리고 후일 참소하는 역적이 이간질할 구실을 만들었으니, 이것이 어찌 인신(人臣)으로서 차마 할 일이겠습니까? 또 감히 어버이를 위하여 숨기는 것이 옳다는 말을 스스로의 의리로 삼아서, 마치 전하께서 진실로 숨겨야 할 지친(至親)이 있고, 신자(臣子)들도 스스로 마땅히 숨겨야 할 의리가 있는 것처럼 하였습니다. 아! 이것이 무슨 말입니까?

전하께서는 보위(寶位)에 올라 사직(社稷)과 생민(生民)의 주인이 되었으니, 전하께 감히 다시 사친(私親)이 없다는 것은 지극히 명백한 의리입니다. 하물며 신사년의 처분은 선왕께서 국가의 만세를 염려하여 나온 것이며, 성지(聖志)의 존재가 해와 별같이 밝으니, 전하께서 마음속에 다시 다른 뜻을 품을 수 없다는 것은 도리에도 당연한 일입니다.

그런데 상신(相臣)이 경전의 교훈을 부회(傅會)[225]하고 간언(奸言)을 꾸며대어, 온 세상의 눈과 귀를 속이려 하였습니다. 삼가 원하건대 전하께서는 빨리 다른 대신에게 통쾌하게 사실을 밝히라고 명하여 선왕의 성덕(盛德)과 대업이 끝내 깎이고 침식되지 않게 한다면 실로 국가의 다행이겠습니다."

정언 김고가 이어서 유궁의 지문을 빨리 도감에 명하여 급히 거행하게 하라고 청하니, 주상이 말하기를, "아뢴 대로 하라." 하였다.

○ 헌납 송필항이 아뢰어 대략 말하기를,

"윤지술이 아뢴 소회는 몹시 놀라 두려움을 이길 수 없는데, 지금에 이르러 거론하는 것은 너무나 중대한 일입니다."

하니, 주상이 답하기를,

"지문은 대신이 찬술하여서, 이미 빠뜨린 것이 없다. 윤지술이 악독한 자질로 대사(大事)를 방해하고 원로와 상신을 무함하여 말이 사친에까지

225) 부회(傅會) : 이치에 닿지 않는 것을 억지로 끌어대어 이치에 맞게 하는 것이다. 말이나 이론을 억지로 끌어다 붙이다.

미쳤으니 그 의도가 음험하다. 먼 변방에 정배하라."

하였다. 승지 조명봉과 한중희가 송필항의 계사(啓辭)를 도로 들여서 다시 비지를 내리기를 청하였는데, 주상이 처분이 이미 정해졌다고 답하였다.

집의 홍우전(洪禹傳)과 수찬 유척기(兪拓基),[226] 정언 김고 등이 모두 윤지술의 소회 때문에 인혐(引嫌)하고, 이어서 윤지술을 구원하였으나, 주상이 듣지 않았다.

○ 정언 김용경(金龍慶)이 상소하여 승문원[槐院]에서, 죄를 받아 죽은 유혁연의 손자 유득장(柳得章)을 함부로 권점(圈點)[227]하는 자리에 집어넣었다고 논하며, 이를 고쳐서 권점할 것을 청하고, 윤지술에 대한 정배의 명을 멈추라고 청하였다.

주상이 답하기를, "윤지술이 대신을 무시하였으니, 환수하라는 청이 온당한지 모르겠다." 하였다.

경연 도중에 영의정 김창집이 또한 환수하기를 청하고, 사학(四學) 유생 조징(趙徵) 등이 상소하여 변명하고 구원하였으며, 반유(泮儒, 성균관 유생)가 연일 권당하였다. 동지사 이의현(李宜顯)[228]이 선조(先朝)의 고사를 인용하여

226) 유척기(兪拓基) : 1691~1767. 본관은 기계(杞溪), 자는 전보(展甫), 호는 지수재(知守齋)이다. 김창집 문인이다. 1714년(숙종40) 증광문과에 급제하여, 청요직을 두루 역임하다가 1722년 신임옥사 당시 탄핵을 받고 유배되었다. 1725년(영조1) 노론이 집권하면서 경상도 관찰사·호조판서 등을 거쳐 1739년 우의정에 올라, 임인옥사 당시 사사된 김창집·이이명의 복관(復官)을 건의해 신원(伸冤)시켰다. 만년에 김상로(金尙魯)·홍계희(洪啓禧) 등이 영조와 사도세자 사이를 이간시키자 이를 깊이 우려했고, 이천보(李天輔)의 뒤를 이어 1758년(영조34) 영의정에 올랐다. 1760년 영중추부사(領中樞府事)가 되었고, 이어서 봉조하(奉朝賀)를 받고 기로소(耆老所)에 들어갔다. 저서로 《지수재집》이 있고, 시호는 문익(文翼)이다.

227) 권점(圈點) : 중요관서의 관원을 임명할 때 추천권자들이 한자리에 모여 대상자들의 명단 위에 각자 권점을 하였다. 그 수를 집계하여 소정의 점수에 도달한 사람을 이조에 추천하여 임명하게 하던 예비선거제도였다. 이러한 권점법이 가장 엄격하게 시행되던 부서는 홍문관·예문관 등의 문필기관이었다.

228) 이의현(李宜顯) : 1669~1745. 본관은 용인(龍仁), 자는 덕재(德哉), 호는 도곡(陶谷)이다.

앞의 명령을 환수하고, 이어서 유생들에게 성균관으로 들어가라고 권하도록 청하였다. 주상이 전교하기를,

"여러 날에 걸쳐 공재(空齋)[229]하였으니, 일의 대체에도 적당하지 않다. 유배 보내라는 명을 환침(還寢, 왕명을 취소함)하는 것이 좋겠다."

하였다.

○ **겨울**, 판부사 조태구(趙泰耈)[230]가 입시하여 윤지술이 기휘(忌諱)를 완전히 무시한 죄를 논척하였다. 정언 조최수(趙最壽)[231]가 상소하여 대략 다음과

좌의정 이세백(李世白)의 아들이고, 김창협(金昌協) 문인으로 송상기(宋相琦)의 천거를 받았다. 1694년(숙종20) 별시문과에 급제하여 청요직을 두루 지내고, 경종이 즉위하자 동지정사(冬至正使)로 청나라에 다녀온 뒤 형조판서에 올랐다. 예조판서 재직 시 세제의 대리청정 문제로 김일경 등의 공격을 받아 벼슬에서 물러났다. 뒤이어 신임옥사가 일어나자 유배되었다. 영조가 즉위해 풀려나와 1725년(영조1) 형조판서로 서용되어, 1727년 우의정, 1735년 영의정에 올랐다. 민진원이 죽은 뒤 노론의 영수로 추대되었으며, 노론 4대신(김창집·이이명·이건명·조태채)의 신원과 신임옥사가 무옥(誣獄)임을 밝히는 데 진력하였다. 그 결과 1740년의 경신처분(庚申處分)과 1741년의 신유대훈(辛酉大訓)으로 신임옥사 때의 충역시비(忠逆是非)를 노론측 주장대로 판정나게 하였다. 저서로 《도곡집》이 있고, 시호는 문간(文簡)이다.

229) 공재(空齋) : 성균관의 유생들이 불만이 있을 때에 식당에 들어가 끼니를 거르고 일제히 동재(東齋)와 서재(西齋)에서 물러나와 반촌(泮村)에 머물러 있는 일이다.

230) 조태구(趙泰耈) : 1660~1723. 본관은 양주(楊州), 자는 덕수(德叟), 호는 소헌(素軒)·하곡(霞谷)이다. 형조판서 조계원(趙啓遠)의 손자이고, 우의정 조사석(趙師錫)의 아들이며, 조태채(趙泰采)와 조태억(趙泰億)의 종형이다. 1683년(숙종9) 생원이 되고, 1686년 별시문과에 급제하여 청요직을 두루 거쳐 1720년(경종 즉위년) 우의정에 올랐다. 당시 소론의 영수로서 노론과 대립하던 중 1721년 정언 이정소(李廷熽)의 건저 상소(建儲上疏)와 김창집 등 노론 4대신의 주청에 의해 연잉군이 세제로 책봉되자, 유봉휘로 하여금 반대 상소를 올리게 하였다. 또한 노론이 세제의 대리청정을 주장하자 최석항(崔錫恒)·조태억·박태항(朴泰恒)·이광좌(李光佐) 등과 함께 대리청정의 환수를 청하여 관철시켰다. 같은 해 12월 전 승지 김일경과 이진유(李眞儒)·윤성시(尹聖時) 등이 상소하여 건저를 주장하던 노론 4대신을 4흉(四凶)으로 몰아 탄핵한 뒤, 이듬해 이들을 사사(賜死)하게 하였다. 그 뒤 영의정에 올라 최석항·김일경 등과 함께 국론을 주도하였다. 1725년(영조1) 신임옥사의 원흉으로 탄핵을 받고 관작이 추탈되었다가 1908년(순종2)에 복관되었다.

231) 조최수(趙最壽) : 1670~1739. 본관은 풍양(豊壤), 자는 계량(季良)이다. 1714년(숙종40) 증광문과에 급제하여 청요직을 두루 지내고, 1727년(영조3) 대사간, 1730년 대사헌, 1739년

같이 말하였다.

"왕위를 계승한 뒤 만약 사친을 지나치게 높이는 거조가 있었다면, 죽을 힘을 다하여 다투더라도 불가할 것이 없겠으나, 지문 한 조항에서 군부를 위하여 그 어버이에 관한 일을 숨기는 것은 곧 신자의 의리입니다. 그런데 윤지술은 어떤 사람이길래 감히 갑자기 그것을 드러내어 우리 전하의 아픈 개인적인 감회를 더하고자 하였으니, 이미 차마 못 할 일입니다. '참으로 숨겨야 할 일이 있다.'는 등과 같은 말은 군부로 하여금 억지로 낳아준 은혜를 스스로 끊게 하는 것입니다. 이와 같이 무엄하니, 어찌 너무나도 몹시 통탄스럽지 않겠습니까? 신은 윤지술을 섬으로 유배 보내 왕법(王法)을 바로잡는 것이 마땅하다고 생각합니다.

그런데 양사(兩司, 사헌부와 사간원)의 여러 신하들은 교대로 상소하여 구원하고, 성균관[國子] 당상은 이것을 빙자하여 유생들에게 들어가라고 권유하여, 우기고 협박하며 조절(操切)하는 것은 지극히 무엄합니다. 모두 파직하는 것이 마땅합니다.

이정익이 지은 범죄가 중대한데도 김일경이 도리어 이미 욕을 먹었으니, 상소하여 변명하는 것은 그만둘 수 없는 일이었습니다. 처음에 비답한 것이 엄격하고 정당하였는데 승지[承宣]가 중간에 고치기를 청하고, 대신(臺臣)이 그 분위기에 편승하여 공론을 공격하여 제거한 것은 놀라운 일이니 마땅히 처벌을 내려 파직해야 할 것입니다.

아! 위엄과 권력이 아래로 옮겨가서 군주의 형세가 외롭고 위태로운 이러한 때를 당하여 송성명의 말은 지극히 절실하다고 할 수 있는데, 여러 사람들이 떠들어대고 노여워하니 제멋대로 하는 것이 심합니다."

주상이 답하기를,

"대신을 침범하고 헐뜯어 말에 화평(和平)이 결여되었으니, 나는 그것이 온당한지 모르겠다."

지의금부사(知義禁府事) 등을 역임하였다.

하였다.

○ 홍문관에서 신방(申昉)[232]이 차자를 올려 대략 말하기를,

"정언 조최수의 상소는 오로지 총청(聰聽)을 현혹시켜서 조신(朝臣)을 일망타진할 계책에서 나왔는데, 엄하게 배척하지 않고 도리어 온화한 비답을 내렸으니 신은 개탄스럽고 근심스러움을 이길 수 없습니다.

아! 이 무리들은 선조(先朝) 이래로 원한과 분노를 품고 반드시 한번 그것을 뿜어내려고 한 지 오래되었습니다. 만약 엄하게 배척하여 끊어버리고 호오(好惡)를 밝게 보이지 않으시면 조정에는 편안한 날이 하루도 없어서 위망(危亡)이 뒤따를 것입니다."

하고, 사간 조명겸과 정언 홍용조(洪龍祚)[233]가 조최수를 삭출(削黜)[234]하기를 아뢰어 청하였지만 주상이 단지 파직하라고만 명하였다.

관학 유생 등이 조최수 상소의 말 때문에 권당하고 소회를 써서 올렸다. 주상이 전교하기를, "들어가도록 다시 권면하라." 하였다.

○ 경기도 유생 김행진(金行進) 등 -20인- 이 상소하여 대략 다음과 같이 말하였다.

"적신(賊臣) 윤지술의 소회를 보니 모골(毛骨)이 모두 곤두서도록 두려워서 실로 이러한 역적과 함께 살고 싶지 않습니다. 전하께서 왕위를 계승한

---

232) 신방(申昉) : 1686~1736. 본관은 평산(平山), 자는 명원(明遠), 호는 둔암(屯菴)이다. 영의정 신완(申琓)의 손자이고, 아버지는 신성하(申聖夏), 어머니는 박세채의 딸이다. 1717년(숙종43) 사마시, 1719년 별시문과에 급제하여, 경종대 헌납 등을 거쳐 영조대 이조참판 등을 역임하였다.

233) 홍용조(洪龍祚) : 1686~1741. 본관은 남양(南陽), 자는 희서(羲瑞), 호는 금백(金伯)이다. 1717년(숙종43) 식년문과에 급제하여 청요직을 두루 거쳤다. 1721년(경종1) 연잉군의 세제 책봉에 반대하는 유봉휘를 처형하라고 상소하였다가 파직되었다. 이듬해 신임옥사로 유배되었다가 영조대 호조참의 등을 역임하였다.

234) 삭출(削黜) : 삭탈관작(削奪官爵) 문외출송(門外出送)의 줄임말로, 관작을 삭탈하고 도성 밖으로 내쫓는 것을 가리킨다.

뒤로는 도리와 사체가 이전과 저절로 구별되는데, 오늘날 신자가 만약 천륜의 위중함과 분의(分義)의 엄중함을 안다면 어찌 애석해 하는 마음이 없겠습니까? 그런데 윤지술은 감히 말하기를, '전하께는 감히 사친이 있을 수 없다.' 하였는데, 이런 의리가 전해지는 어떤 기록에 나옵니까?

전하께서 사친을 추보(追報)하는 것과 신자(臣子)가 성정(聖情)을 우러러 본받는 것은 또한 각기 마땅한 도리가 있는 것입니다. 그런데 윤지술은 감히 말하기를, '전하는 숨겨야 할 지친이 없고, 신자도 숨겨야 할 의리가 없다.' 하였으니, 아! 이 또한 심합니다. 이것은 장차 전하의 자손으로 하여금 모두 패악한 말을 서로 가하면서 감추고 회피할 수 없게 만든 뒤에야 그 마음에 시원하게 여긴다는 것입니까?

이 역적을 천지 사이에서 편히 쉬게 한다면 우리나라의 영토 수천 리가 장차 금수의 지경에 들어갈 것이니, 삼가 원컨대 속히 나라의 형벌을 바로잡도록 하십시오."

충청도 유학(幼學) 홍흡(洪潝) 등이 서로 이어서 죄를 주라고 청하였는데, 영광 유생 김무당(金無黨)은 상소하여 윤지술을 구원하였다. 지평 정택하, 집의 홍우전, 대사성 황귀하(黃龜河),[235] 장령 이중협(李重協),[236] 교리 조상건 등이 또한 연이어 상소하여 윤지술을 구원하였다.

---

235) 황귀하(黃龜河) : 1672~1728. 본관은 창원(昌原), 자는 성징(聖徵)이다. 1705년(숙종31) 알성문과에 급제하여 청요직을 두루 거쳤다. 1721년 대사간으로 재직하다가 노론 4대신이 유배될 때 파직되었다. 영조 즉위 직후 대사성에 오르고, 이후 도승지·호조판서 등을 역임하였다.

236) 이중협(李重協) : 1681~? 본관은 경주, 자는 화중(和仲)이다. 1713년(숙종39) 증광문과에 급제하여 청요직을 두루 거쳤다. 1722년(경종2) 대간의 도리를 지키지 않는다고 탄핵받고 유배되었다. 1728년(영조4) 승지가 되고, 1745년 도승지에 올랐다. 노론계 당론서 《진감(震鑑)》에 따르면 이중협은 어유룡(魚有龍)·박치원(朴致遠) 등과 함께 삼간신(三諫臣)으로 불리웠다. 1721년(경종1) 우의정 조태구가 세제 대리청정에 반대하여 입궐했을 때 경종이 승정원을 경유하지 않고 직접 내시를 보내 조태구를 인견하였다. 이에 교리 이중협·사간 어유룡·장령 박치원 등이 승정원을 거치지 않고 주상을 알현한 조태구의 죄를 맹렬히 논척하였다. 이들의 발언은 임인옥사의 과정에서 그 불경함이 다시 문제가 되었고, 이로 인해 모두 유배되었다.

○ 장령 임형(任泂)[237]은 김행진과 홍흡이 화응(和應)한 죄를 논하고, 이어서 승지가 이들의 상소를 봉납한 실수를 (지적하고 처벌하라고) 청하였다.[238] 경기도와 충청도 유생 조태명(趙台明) 등이 상소하여, 적신(賊臣) 임창(任敞)[239]의 무리와 동생 임형이 많은 선비를 무욕한 죄를 속히 바로잡으라고 청하였다.

○ 장령 박필정이 아뢰어 말하기를,

"한 번 나라에 큰 상사(喪事)가 있은 이래로 불령한 무리들이 현혹하는 계책을 실행하려고 기회를 엿보아 날뛰고 있으니 진실로 해괴하고 통탄스럽습니다. 전 승지 유중무(柳重茂)[240]는 머리가 허연 나이에 다른 사람의 사주를 받아서 상소 하나를 올렸는데, 참독(憯毒)하고 음험합니다.

졸곡(卒哭)[241]이 겨우 끝나자마자 즉시 참서(讒書)를 올려서 반드시 총청(聽

237) 임형(任泂) : 1660~1721. 본관은 풍천(豊川), 자는 중경(仲敻)이다. 임홍망(任弘望)의 아들이다. 1680년(숙종6) 진사가 되고, 1699년 증광문과에 급제하였지만 파방되었다가 1710년 복과되어 1718년 장령 등을 역임하였다.

238) 승지가 …… 청하였다 : 이 내용은 《경종실록 즉위년 11월 4일》 기사에 보이는데, 당시 승지가 김행진 등의 상소를 봉입한 것을 비판하고 파직하라고 청하였다. 저본(底本)의 원문에는 임형이 경종에게 청한 내용이 누락되어 괄호 안에 보충하여 번역하였다.

239) 임창(任敞) : 1652~1723. 본관은 풍천(豐川), 자는 회이(晦而), 호는 강개옹(慷慨翁)이다. 1701년(숙종27)에 인현왕후가 죽었을 때, 그것이 희빈 장씨의 저주 때문이라고 상소하였다가 나주에 유배되었는데, 1723년(경종3) 6월에 그 상소에 흉측한 언사가 많았다는 이유로 참형되었다. 뒤에 신원되고 이조판서에 추증되었으며, 시호는 충정(忠定)이다. 《宋子大全 卷197 生員任君墓表》《梅山集 卷46 贈持平慷慨翁任公行狀》 임창은 임형의 사촌형이다.

240) 유중무(柳重茂) : 1652~1728. 본관은 문화(文化), 자는 미중(美仲)이다. 1694년(숙종20) 알성문과에 급제하여 청요직을 두루 거쳤다. 소론계 대간으로서 1696년 장희재의 종 업동(業同)이 남의 호패를 훔쳐 무고한 일이 일어나자, 장희재와 세자의 보호를 힘써 주장하였다. 1720년(경종 즉위년) 좌승지 재직 시 조태구를 우대하고 이광좌의 억울함을 풀어줄 것을 요청했다가 파직되었다. 이듬해 승지로 복귀하여 예조·호조참판 등을 역임하였다. 영조가 즉위하자 유배되었다가 정미환국(1727)으로 도승지로 발탁되었는데, 얼마 후 죽었다.

241) 졸곡(卒哭) : 장례를 마치고 삼우제(三虞祭)를 지낸 뒤 강일(剛日, 天干이 甲·丙·戊·庚·壬에 당하는 날)에 무시애곡(無時哀哭)을 끝내기 위해 지내는 제사이다.

聽)을 의혹하게 만들어 조정의 신료들을 일망타진하고자 하였으니 청컨대 관작을 삭탈하고 성문 밖으로 내쫓으라고 명하십시오."

하였으나, 주상이 따르지 않았다.

○ 승지 이진검(李眞儉)[242]이 상소하여 대략 다음과 같이 말하였다.

"불행히도 최근 인심이 타락하여 시험삼아 떠보려는 계책을 행하고자 하니, 조중우와 윤지술은 곧 그 사주를 받은 자들입니다.

저 조중우는 은혜를 빙자하여 의리를 어지럽혀서 망령되게 천의(天意, 주상의 뜻)를 헤아리고 틈을 엿보아 불쑥 나타났으니 매우 통절(痛切)합니다. 저 윤지술은 그처럼 흉패하기 짝이 없는 말을 차마 할 수 있단 말입니까? 반드시 전하로 하여금 낳아주신 은혜를 끊어버리게 한 뒤에야 마음속으로 통쾌하게 여길 것이니, 이것은 바로 전하께서 더욱 제방(隄防)을 굳게 해야 할 곳입니다.

그런데 오늘날 조정의 신하들은 또 그를 있는 힘껏 신구(伸救)하여, 단지 윤지술만 알뿐 군부는 알지 못하니 이는 무슨 심술이란 말입니까? 신은, 빨리 윤지술이 군부를 욕되게 한 죄를 바로잡고, 이어서 떠들썩하게 신구한 당여들을 엄중히 다스려 앞날을 경계해야 한다고 생각합니다.

저 김고는 자신이 시종(侍從)하는 지위에 있으면서 윤지술과 다름이 없어서 몸을 던져 신구(伸救)하면서 심지어 '가상하다.'는 등의 말을 추가하기까지 하였으니, 방자하여 거리낌이 없는 것이 이보다 심함이 없습니다.

조최수의 상소는 말이 엄하고 의리가 올발랐지만 대계(臺啓)가 맞받아 공격했으니, 그 기습(氣習)이 너무나도 원통하고 한탄스러웠으며, 심지어

---

242) 이진검(李眞儉) : 1671~1727. 본관은 전주, 자는 중약(仲約), 호는 각리(角里)이다. 이경직(李景稷)의 증손, 이정영(李正英)의 손자, 이대성(李大成)의 아들이다. 1699년(숙종25) 생원이 되고, 1704년 춘당대시(春塘臺試)에 급제하여 청요직을 두루 거쳤다. 1721년(경종1) 동부승지 재직 시 이이명을 탄핵하다 유배되었다. 1722년 풀려나 예조판서가 되었으며, 신임옥사 때 노론 축출에 가담하였다가 1725년(영조1) 강진으로 유배되어 죽었다.

임형의 일은 더욱 안타까웠습니다.

김행진과 홍흡의 상소는 비록 협잡하려는 의도에서 나왔으나, 그 내용은 단지 윤지술의 일을 논했을 뿐이므로 조중우와는 경우가 같지 않았으니, 승정원[喉司]이 멋대로 막지 못한 것은 사리가 진실로 그러했기 때문이었는데, 오늘날 터무니없이 죄를 만들어냈으니, 이미 지극히 형편없었습니다.

하물며 요 몇 해 사이에 적신(賊臣) 임창의 상소에서 나온 부도(不道)한 말을 여러 사람들이 전파하자 그의 숙부 임홍망(任弘望)[243]이 화가 자신에게 미칠 것을 두려워하여 상소로 수실(首實)[244]하였습니다. 그리고 비록 그 혈당(血黨)일지라도 감히 덮어 가리지 못하고 급하게 투비(投畀)[245]하라고 청하였으니, 그 지은 죄가 밝게 드러난 것을 볼 수 있습니다.[246]

또한 신은 정유독대(丁酉獨對)[247] 때의 일에 대해서 입시한 대신이 승지와 사관[承史]을 기다리지 않았으니, 이미 광명정대(光明正大)한 도리는 아니었다고 생각합니다. 그리고 이미 '잘못됨을 바로잡는다.[匡救]' 말했으니, 반드시 이런 일이 없었다고 말하지는 못할 것이므로, 지금에 이르도록 4년 동안

243) 임홍망(任弘望) : 1635~1715. 본관은 풍천(豊川), 자는 덕장(德章), 호는 죽실거사(竹室居士)이다. 1657년(효종8) 생원시에 합격하고, 1666년(현종7) 별시문과에 급제하여 숙종대 청요직에 진출하였다. 1689년 민비가 폐위되자 사직하였다가 1694년 갑술환국 이후 도승지에 올랐으며, 1715년 지중추부사(知中樞府事)로 졸하였다.

244) 수실(首實) : 관아에서 자신이나 남의 범죄 사실을 설명하는 것을 말한다.

245) 투비(投畀) : 왕명으로 죄인을 지정한 곳에 귀양을 보내다

246) 임창의 상소에서 …… 있습니다 : 1702년 아산 유학 임창이 상소하여 장희빈이 인현왕후를 죽인 일을 고묘(告廟)해야 한다고 주장하였다가 정배되었는데, 이때 노론 이관명조차도 그를 처벌해야 한다고 주장한 일을 가리킨다. 《肅宗實錄 28年 3月 17日》

247) 정유독대(丁酉獨對) : 1717년(숙종43) 임금이 좌의정 이이명을 불러 독대하였는데, 그 자세한 내용은 알 수 없다. 다만 독대 직후 세자의 대리청정을 명하였고 또 노론이 이를 적극 찬성하였다. 당시 소론 측에서는 이를 세자를 폐하기 위한 수순으로 보았다. 이런 정황으로 인해 그 독대가 노론 측에 연잉군을 부탁하는 내용이라는 추론이 나왔다. 《당의통략(黨議通略)》에 따르면 영조대 김복택(金福澤) 옥사를 계기로 그 내용이 비로소 드러났는데, 숙종이 연령군(延齡君)이나 연잉군으로 세자를 바꿀 뜻이 있다는 것을 전하고, 노론측에서 세자 교체 과정에서 예상되는 만약의 사태에 대비해 줄 것을 지시하였다고 한다.

이것을 대신의 죄라고 여기지 않는 자가 없습니다. 신의 생각으로는 갑자기 독대한 일은 죄가 되지만 입대 이후의 일에 대해서는 억지로 심각하게 죄를 가하고 싶지는 않습니다. 다만 대신이 차자를 올려 은화(銀貨) 6만여를 청하였는데, 장차 어디에 쓰려는 것입니까?

지문의 일에 대해서 처음에 배척하여 말하려고 하지 않았던 것은 대개 어버이를 위하여 숨기는 뜻에서 나온 것이었는데 끝에 가서 사행(使行) 도중에 봉장(封章)을 올려서 스스로 물의(物議)를 일으켰습니다. 그가 지문의 문자를 고치자고 청한 것은 마치 윤지술에게 오늘날의 일을 열어준 것과 같으니, 사람의 의혹을 어떻게 면할 수가 있겠습니까?

새로 작성한 도당록에 대해서는 여항(閭巷)에서 비웃고 손가락질하면서 웃음거리로 삼고 있습니다. 또한 그 권점(圈點)을 주관한 자가 김춘택(金春澤)[248]의 동생이고, 권점을 받은 자도 김춘택의 동생과 김익훈(金益勳)[249]의 손자입니다. 그 나머지 재주도 없으면서 자리를 차지하여 머릿수만 채우는 사람이 또한 없지 않으니, 홍문록의 체통으로 보아 해괴한 일이므로, 마땅히 도당록을 작성할 때 삭제하고 고쳐서 한 시각이라도 구차하게 두어서는

---

248) 김춘택(金春澤) : 1670~1717. 본관은 광산, 자는 백우(伯雨), 호는 북헌(北軒)이다. 김만기(金萬基)의 손자, 김진귀(金鎭龜)의 아들로서, 남구만 등 소론으로부터 정치공작을 펼친다는 비난을 받았다. 1694년(숙종20) 한중혁(韓重爀) 등과 함께 폐비 복위를 도모하였는데, 민암(閔黯) 등이 저지하려다가 숙종의 분노를 사서 축출되고 서인이 다시 집권하는 결과를 낳았다. 1701년 소론의 탄핵을 받아 부안(扶安)에 유배되었으며, 희빈장씨(禧嬪張氏)의 소생인 세자를 모해하였다는 혐의를 입어 서울로 잡혀가 심문을 받고, 1706년 제주로 옮겨졌다가 1712년 풀려났다.

249) 김익훈(金益勳) : 1619~1689. 본관은 광산(光山), 호는 광남(光南), 자는 무숙(懋叔)이다. 김장생의 손자, 참판 김반(金槃)의 아들이다. 1680년(숙종6) 경신환국을 일으켜 남인들을 숙청하는데 적극 참여했으며, 그 공으로 보사공신(保社功臣) 2등과 광남군(光南君)에 봉해졌다. 김석주와 함께 훈척으로서, 송시열 등과의 협력을 바탕으로 병권을 장악하고 기찰과 고변을 주도하였다. 1689년 어영대장 재직 중 기사환국으로 남인이 재집권하자 공신 칭호를 빼앗기고 유배되었으며, 무고한 사람들을 많이 죽였다는 죄명으로 고문을 받고 죽었다. 성품과 행실이 방자하며 부정 축재를 많이 한다는 비난을 받았다. 특히 1682년 허새(許壐) 모역사건으로 서인 소장파의 반감을 사서 노·소(老少) 분기의 계기를 제공하였다

안 될 것입니다.”

주상이 답하기를,

“영선(瀛選, 홍문록에 뽑히는 것)은 공론이 이미 모아졌는데, 유중무의 요망한 말을 그대로 답습하여 뒤따라 문제를 만들려고 남은 힘을 다하니, 그것이 온당한지 모르겠다. 이이명은 성실하여 다른 마음이 없고, 전후로 충성스럽고 근면한 것을 이루 말할 수 없는데, 침해하고 배척하는 말을 많이 하는 것은 매우 의미 없는 일이다.”

하였다. 당시 도당록을 시행하여 영의정 김창집, 대제학 이관명, 이조참의 김운택(金雲澤)[250]이 15인을 뽑았다. -소론으로 참여한 자는 단지 4명뿐이었고, 김진상은 곧 김익훈의 손자였다.-

○ 우의정 조태구가 차자를 올려 대략 다음과 같이 말하였다.

“청나라 사신[北使]이 통보[知會]한 등본(謄本) 문자를 얻어 보니 이르기를,

‘의례적으로 사신을 보내어 치제(致祭)[251]하는 것 외에 특별히 황제를 가까이서 모시는 대신(大臣)을 가려 보내 조문(弔問)하겠다.’

하였습니다. 또,

‘세자와 그 아우 및 종실(宗室)의 자질(子侄)을 만나 본 후에 급히 돌아와 칙지(勅旨)를 받으라. ……’

한 것이 있는데, 그 뜻을 헤아릴 수 없습니다.

상국(上國)에서 열국(列國)의 임금을 조문할 때, 그 아우와 자질들을 함께 배신(陪臣)으로 삼는 것은 옛날에 없었던 일입니다. 상국에서 시행한 것은

250) 김운택(金雲澤) : 1673~1722. 본관은 광산, 자는 중행(仲行), 호는 백운헌(白雲軒)이다. 김만기의 손자, 예조판서 김진귀의 아들, 김춘택의 동생이다. 1699년(숙종25) 사마시, 1704년 춘당대 문과에 급제하여 형조참판 등을 역임하였다. 1722년에 신임옥사 때 유배되었다가 목호룡의 고변으로 노론 4대신과 함께 죽임을 당했다. 뒤에 이조판서에 추증되었으며, 시호는 충정(忠貞)이다.

251) 치제(致祭) : 국가에서 왕족이나 대신, 국가를 위하여 죽은 사람에게 제문과 제물을 갖추어 지내주는 제사이다.

실례(失禮)가 되고, 배신으로서 그것을 받는 것은 혐의를 무릅쓰는 것이 됩니다. 저들은 비록 책망할 수 없지만, 예의에 비추어 보아 지금 왕자와 여러 종실들이 어찌 감히 이를 편안하게 받을 수 있겠습니까?"

○ 영접 도감(迎接都監)에서 다음과 같이 아뢰었다.

"칙사(勅使)가 황지(皇旨, 황제의 명령)라고 칭하면서 왕제와 자질 및 종실을 만나 보기를 요구하였습니다. 이에 역관(譯官)이 신 등의 지휘에 의거하여 국왕은 아직 저사(儲嗣, 세자)가 없고 왕제는 두 사람이 있는데, 한 사람은 죽었고, 다른 한 사람은 질병이 위독하여 거동을 하지 못하며, 종실은 원래 가까운 친족이 없다고 말했습니다.

또 말하기를,

'왕제는 비록 질병이 있더라도 반드시 만나 보고자 한다. 왕제는 어느 빈(嬪)의 소생이며, 아무개 씨(氏)를 취하여 부인으로 삼았는지 소상히 기록하여 내라.'

하였습니다. 이에 역관이 말하기를, '이전에는 없었던 일이니 결코 받들어 행할 수 없습니다.' 하니, 칙사가 답하기를,

'영의정이 우러러 상지(上旨)를 받아서 받들어 거행할 수 없다는 뜻을 문자로 만들어 보여준 뒤에야 우리들은 돌아갈 것이다.'

하였습니다. 역관이 누누이 쟁집하였지만 끝내 마음을 돌려 듣지 않고 있는데, 날이 이미 저물었지만, 묘당으로 하여금 급히 품처(稟處)하게 하는 것이 어떠하신지요?"

○ 조태구가 차자를 올려 대략 다음 말하기를,

"영접 도감 및 비변사[備局]의 계사(啓辭)[252]를 보니, 모두 이르기를,

'칙사가 황지(皇旨)라고 칭하면서 국왕의 아우와 자질 및 종실을 만나 보기를

252) 계사(啓辭) : 공사(公事)나 논죄(論罪)에 관하여 임금에게 아뢴 말이나 글이다.

청하여서 비변사에서는 왕자가 아무개 빈(嬪)의 소생이며, 아무개 씨를 취했다고 써 보였다.'

하였습니다. 아! 이것이 무슨 거조(擧措)입니까? 저를 데리러 온 승지 한세량(韓世良)[253]이 건네 준 승정원의 소보(小報)[254]를 보니, 그 가운데 있는 황지의 등본(謄本)은 말단에 다만 이르기를,

'이 표문[表章]을 조선 국왕에게 전하여 아내와 자질에게 고루 유시(諭示)하게 하라.'

했을 뿐이었습니다. 어찌 일찍이 '아우와 종실' 등의 말이 있으며, 또한 어찌 '왕자가 아무개 빈의 소생이며, 아무개 씨를 취했느냐'는 글이 있었습니까? 객사(客使, 다른 나라에서 온 사신)가 영접 도감과 비변사에게 말한 '황지'란 어떤 황지에 의거한 것입니까? 어찌 황지 가운데에 없다고 하면서 이치에 따라서 거절하지 않았습니까? 신은 실로 지붕을 쳐다보고 길게 탄식하면서 바로 못 들은 것으로 하고 싶습니다."

하였다. 예조참판 박태항(朴泰恒)[255]이 상소하여 우두머리 역관을 먼저 엄히 가두고 극형에 처할 것을 청하였다.

○ 영의정 김창집과 좌의정 이건명이 차자를 올려 대략 다음과 같이 말하였다.

"왕제와 자질을 만나 보기를 요청한다는 말은 처음에 빈신(儐臣, 사신을

---

253) 한세량(韓世良) : 1653~1723. 본관은 청주(淸州), 자는 상오(相五)이다. 1699년(숙종25) 증광문과에 장원 급제하여 승지를 거쳐 여주 목사를 지냈다. 1721년(경종1) 노론이 세제의 대리청정을 주장하자 조태구·유봉휘 등과 함께 반대하였다. 이 일로 노론의 반발을 초래했지만 경종이 비호하여 무사하였다. 그 뒤 공조참의와 함경도관찰사를 역임하였다.

254) 소보(小報) : 정식이 아닌 간단한 보고이다. 또는 쪽지 글로서 보고하는 것이다.

255) 박태항(朴泰恒) : 1647~1737. 본관은 반남(潘南), 자는 사심(士心)이다. 1687년(숙종13) 알성문과에 급제하여 보덕·문학 등을 거쳐 충청도관찰사를 지냈다. 1720년(경종 즉위년) 예조참판으로서 세제 책봉을 주장하는 노론을 적극 탄핵하였다. 영조가 즉위하자 삭탈관작 되었다가 정미환국(1727)으로 다시 기용되어 형조판서 등을 역임하였다.

접대하는 신하)이 장계를 올려 아뢴 데에서 나왔는데, 들어주기 어려울 듯하였으므로 우선 관소(館所)에 당도하기를 기다려 조처하고자 하였습니다. 그런데 저들이 또 말하였지만 신 등도 또한 결코 따를 수 없다는 것을 알고 있었습니다. '아무개 빈의 소생이며 아무개 씨를 취했다.'는 말은 만나 보기를 요청한 일에 비한다면 중요한 문제가 아니었는데, 저들이 '만약 받들어 행하지 않는다면, 대궐에 나아가지 않고 곧장 돌아가겠다.'고 말했으므로 한결같이 배척하여 사단을 일으킬 수는 없었습니다.

지금 이러한 사정을 알지도 못하면서 아울러 이미 미봉한 본래의 일과 함께 섞어서 어물어물 말하고 있으니, 신은 진실로 그 이유를 알 수가 없습니다."

주상이 답하기를,

"우의정의 차자 내용에는 결코 다른 뜻이 없으니, 경은 조금도 혐의할 것이 없다."

하였다. 우의정 조태구가 상소하여 대략 말하기를,

"그 후 황지의 등본을 본 뒤에야 처음부터 조종(操縱)한 것의 태반이 황지에서 나오지 않은 것을 비로소 알았습니다. 그런데 저들은 '고르게 유시하라.[均諭]'는 두 글자를 빙자하여 이같이 무리한 조처가 있었으니, 어찌 몹시 통분할 일이 아니겠습니까?

이미 황지 가운데에 있는 말이 아닌데, 종척(宗戚)의 많고 적은 것과 아무개 소생이며 아무개 씨를 취했다는 것을 중대한지의 여부를 물론하고 어찌 공공연히 써서 저들에게 보여줄 이치가 있겠습니까? 신은 그 이유를 알 수가 없습니다."

하니, 주상이 좋은 말로 답하였다.

○ 충청도 유학 이몽인(李夢寅) 등이 상소하여 대략 다음과 같이 말하였다.

"제왕가(帝王家)의 변괴가 전하께서 만난 것과 같다고 해서 바로 그 천성(天性)의 지친을 끊어버렸다는 말은 듣지 못하였습니다. 신사년의 변고가 일어나자 임창, 박규서, 이정익 같은 무리가 교대로 흉서를 올려 핍존(逼尊, 윗사람의 존엄을 범함)하여 은혜를 손상시킨 말이 이르지 않은 곳이 없었습니다.

이번에 윤지술의 징벌을 청하는 주장은 모든 사람들이 입을 모아 똑같이 하는 말인데, 승정원에서 물리쳤으니, 어찌 그렇게 방자합니까? 한세량, 정형익(鄭亨益),[256] 윤양래 같은 자들은 모두 휩쓸려 따라서 윤지술과 더불어 같은 구덩이에 빠지는 것을 달갑게 여겼으니, 어쩌다 이 지경에까지 이른 것입니까?

하물며 지금 조위(弔慰, 조문하고 위로함)와 책봉에 대해 모두 소식이 없는 가운데, 김창집이 청나라 사신과 대화를 나눈 뒤로부터 신민(臣民)이 의구심을 가지고 놀라서, 마치 어떤 화기(禍機)가 아침저녁 사이에 닥쳐올 것처럼 여기고 있습니다.

아! 독대한 대신이 6만의 은화를 훔쳐 가지고 가서 승지[承宣]의 마음에 의혹을 일으켰고, 국정을 맡은 영의정이 써준 종이 한 장에 우의정은 놀라서 근심하고 있으니, 오늘날 인심이 어찌 물결처럼 흔들리지 않을 수 있겠습니까?"

병조에서 물리치자 이몽인이 두 사람을 거느리고 작도(斫刀)를 가지고 곧장 궁궐로 들어가서, 또 상소하여 대개 말하기를,

"김창집이 불충한 마음[257]을 품고 있어서 실로 온 나라 사람들이 모두 '죽여야 한다.' 하니, 스스로 김창집의 사냥개나 매가 아니라면 누군들 함께

256) 정형익(鄭亨益) : 1664~1737. 본관은 동래(東萊), 자는 시해(時偕), 호는 화암(花巖)이다. 1687년(숙종13) 사마시에 합격하고, 1704년 송시열의 뜻을 받들어 유생 160여명과 함께 명나라 신종(神宗)의 사우(祠宇)를 세울 것을 상소하여 처음으로 금원(禁苑)에 황단(皇壇)을 건립하게 하였다. 1719년 증광문과에 장원 급제하여 동부승지가 되었다. 1721년 신축환국으로 유배 갔다가 영조가 즉위하자 1725년 대사간이 되었다. 1727년 정미환국으로 파직되었다가 다시 등용되어 예조판서 등을 역임하였다.

257) 불충한 마음 : 원문은 "無將"이다. 《춘추공양전(春秋公羊傳)》 장공(莊公) 32년(B.C. 622) 조에 "임금이나 부모에 대해서는 불충한 마음이 없어야 하니, 만약 불충한 마음이 있으면 반드시 주벌한다.[君親無將, 將而誅焉.]"라는 말에서 나온 것이다. 원래의 의미는 임금에 대해 신하가 반역하거나 찬시(簒弑)하는 마음을 품지 않는 것을 뜻하나, 후세에 와서 마음속에 역모나 시해와 같은 불충한 마음을 품고 있음을 가리키는 뜻으로 쓰였다.

분노하지 않겠습니까? 병조[騎省]와 승정원의 신하들이 단지 김창집이 있는 줄만 알고, 군부가 있는 줄 모르기 때문에 이와 같이 토복(討復)을 주장하는 상소를 일절 막아버렸습니다. 만약 이러한 버릇을 길러 준다면 비록 아비와 임금을 시해하더라도 어디엔들 이르지 않겠습니까?

먼저 병조와 승정원이 군부를 알지 못하고 천청(天聽)을 조절(操切)한 죄를 빨리 바로잡아서 뒷날의 일을 징계하십시오."

하였다. -병조참의 윤각(尹慤)[258]이 숙직하고 있다가 물리쳤고, 병조판서 최석항(崔錫恒)[259] 또한 "흉악하고 위험한 상소이니 봉입할 수 없다."고 말했다.- 병조가 '난입'이라고 초기(草記)[260]하고 죄인을 가두었다.

○ 영의정 김창집이 차자를 올려 대략 말하기를,

"동료 정승의 차자로 이미 두려움을 이길 수 없는데, 시골 유생이 계속해서 일어나 또한 이 일을 나열하며 상소하였으니, 매우 흉악하고 위험하였습니다. 이것은 모두 신이 머뭇거리며 떠나지 않아서 여러 사람의 노여움을 샀기 때문에 그런 것입니다."

하니, 주상이 '반드시 마음에 둘 필요가 없다.'고 답하였다.

---

258) 윤각(尹慤) : 1665~1724. 본관은 함안(咸安), 자는 여성(汝誠)이다. 1699년(숙종25) 무과에 급제하여 선전관이 되고, 전라수사(全羅水使)를 거쳐 이이명의 특천으로 금위중군(禁衛中軍)에 임명되었다. 1721년(경종1) 신축환국 이후 외딴섬에 안치되어 여러 해 동안 구금되었고, 1724년 의금부에 투옥, 장살(杖殺)되었다. 병조판서에 추증되었고, 시호는 충민(忠愍)이다.

259) 최석항(崔錫恒) : 1654~1724. 본관은 전주(全州), 자는 여구(汝久), 호는 손와(損窩)이다. 영의정 최명길의 손자이고, 좌윤 최후량(崔後亮)의 아들이다. 최후원(崔後遠)에게 입양되었다. 영의정 최석정의 아우이다. 1678년(숙종4) 진사가 되고 1680년 별시문과에 급제하여 검열을 거쳐 경상도관찰사를 지냈다. 1721년(경종1) 좌참찬 재직시 세제 대리청정의 지시를 철회시켰다. 이후 이조판서를 거쳐 좌의정 등을 역임하였다. 경종대 소론 4대신 가운데 한 사람으로 꼽혔다.

260) 초기(草記) : 각 관서에서 국왕에게 올리는 문서로서, 정무상 중대하지 않은 사항을 그 내용만 간단히 적어 올리는 서식이다.

○ 보령 유생 김홍경(金弘慶) 등이 상소하여 윤지술을 참수하라고 청하였다.

○ 승지 박휘등이 상소하여 다음과 같이 말하였다.

"전하께서 윤지술을 베어 죽이고자 하였지만 여러 신하들에게 꺾였고, 송성명과 조최수가 대계(臺啓)로 인하여 특별히 파직된 것은 모두 전하 스스로 결정할 수 없었으니, 이른바 '임금의 권세가 아래로 옮겨 가서 주상을 조절한다.'는 것이 진실로 허튼 말이 아닙니다."

○ 계복(啓覆)[261]하려고 입시하자 좌의정 이건명이 아뢰기를,

"이몽인 등의 상소는 오로지 영의정을 배척하는 것이어서 그 말뜻이 흉패하였으므로 병조에서 즉시 봉입하지 않았는데, 이몽인이 그 도당(徒黨)을 거느리고 작두[剉刀]를 갖고 궁궐 문으로 돌입하였습니다.

금천교(禁川橋)[262]에 이르러서 방자하게 소란을 일으켰지만 위졸(衛卒)이 능히 금지하지 못하였으니, 이는 진실로 일찍이 들어보지 못한 변괴입니다. 병조에서 다스리기를 청한 것은 대개 이 때문이니, 원소(原疏)를 직접 살펴보신 뒤에 명백하게 처분하는 것이 좋겠습니다."

하자, 주상이 원소(原疏)를 들이라고 명하였다.

승정원에서 아뢰기를,

"이몽인의 상소는 아전을 보내 재촉하였는데 불에 태워버렸다고 핑계대며 끝내 들여보내지 않았습니다. 그 상소에 연명한 안중열(安重烈)이 상소를 고쳐서 지어 바쳤다고 하는데 비록 원본이 아니지만 봉입할까요?"

하였다. 주상이 전교하기를, "그렇게 하라." 하였다.

삼복(三覆)[263]하려고 입시하자 좌의정 이건명이 말하기를,

---

261) 계복(啓覆) : 사형수에 대한 최종심리 및 판결을 위하여 국왕에게 세 번 아뢰는 제도이다.

262) 금천교(禁川橋) : 궁궐 정문 안에 흐르는 명당수를 금천이라고 부르는데, 그 위에 놓여진 다리를 가리킨다.

"이몽인의 원소는 외부에서 혹 본 자가 있는데, 지금 들인 상소가 최초의 상소가 아니라는 것은 명백하여 의심할 것이 없습니다. 성명(成命)을 내리시자 멋대로 변환시켰으니 진실로 몹시 통악(痛惡)스럽습니다. 그 고쳐서 올려 기만한 정상을 문목으로 내어서, 엄하게 조사하여 처리하는 것이 좋겠습니다."

하니, 주상이 말하기를, "아뢴 대로 하라." 하였다.

○ 12월[臘月] 세초(歲抄)[264)]에서 목내선과 이현일, 이봉징 등에게 모두 직첩(職牒)을 환급하라고 명하였다. 승지 유숭(兪崇)[265)]·이정신(李正臣)[266)]·정형익, 장령 박필정 등이 힘껏 환침(還寢)하라고 청하였으나, 주상이 따르지 않았다.

---

263) 삼복(三覆) : 사형에 해당하는 죄인의 심리(審理)를 신중히 할 목적으로, 초복(初覆)·재복(再覆)·삼복 등으로 반복하여 조사해서 임금에게 보고하는 것을 말한다.

264) 세초(歲抄) : 해마다 6월과 12월에 이조와 병조에서 조관(朝官) 가운데 허물이 있는 관리를 적어서 임금에게 올려, 강등시키거나 서용하던 일이다.

265) 유숭(兪崇) : 1661~1734. 본관은 창원(昌原), 자는 원지(元之)이다. 1699년(숙종25) 증광문과에 급제하여 청요직을 두루 지냈다. 1723년(경종3) 신임옥사로 파직되어 유배되었다가 이듬해 영조의 즉위로 풀려났다. 1727년 정미환국으로 소론이 등용되자 이를 반대하다가 문외출송 되었다. 이듬해 이인좌의 난이 일어나자 호서소모사(湖西召募使)로 기용되고 이어서 도승지·공조참판 등을 역임하였다.

266) 이정신(李正臣) : 1660~1727. 본관은 연안(延安), 자는 방언(邦彦), 호는 송벽당(松蘗堂)이다. 1699년(숙종25) 정시문과(庭試文科)에 급제하여 청요직을 두루 지냈다. 경종대 도승지 재직 시 조태구 등과 더불어 노론을 축출하는 일에 앞장섰다. 1724년 영조가 즉위하자 신임옥사를 일으킨 주역으로 지목되어 유배되었다.

황극편(皇極編) 권9

노소(老少)

신축년(1721, 경종[1] 원년) 봄, 정언 김만주(金萬胄)가 대략 다음과 같이 상소하였다.

"부정(不靖)한 무리들이 유소(儒疏)라고 칭하면서 번갈아 가면서 상소하여 시험하는 일이 김행진(金行進)과 이몽인(李夢寅), 홍흡(洪潝)에 이르러서 가장 심하였습니다. 그런데 승지 이진검이 지금 또 틈을 타 그 사이에서 나와서 대신과 삼사의 여러 신하들 가운데 온전한 사람이 한 명도 없으니, 만약 엄하게 처벌하지 않으면 진정될 수 없을 것입니다."

○ 판부사 이이명(李頤命)이 청나라에서 돌아와 의주(義州)에 도착하였는데, 윤지술(尹志述)과 이진검의 상소 때문에 상소하여 대죄하니. 주상이 위로하여 달래주었다.

겸 집의(兼執義)[2] 박성로(朴聖輅)가 상소하여 대략 말하기를,

---

1) 경종(景宗) : 1688~1724. 조선 제20대 왕(1720~1724)으로서, 이름은 이윤(李昀), 자는 휘서(輝瑞)이다. 숙종의 맏아들로, 남인계에 속하는 희빈 장씨 소생이다. 원자와 세자로 책봉될 때부터 남인과 서인의 극한적인 대립이 있었고, 숙빈 최씨에게서 연잉군이 출생한 이후에는 세자와 연잉군을 각각 지지하는 소론과 노론의 대립이 격화되었다. 희빈 장씨가 왕비로 책봉되었다가(1689) 희빈으로 격하되어(1694) 사사(1701)된 후부터 병약해졌고, 즉위 4년차에 병세가 급격히 악화하여 4일 만에 급사했다. 능호는 의릉(懿陵)이며 서울특별시 성북구 석관동에 있다.

2) 겸집의(兼執義) : 《경종실록 1년 1월 8일》 기사에는 서장관(書狀官)으로 되어 있다. 당시 박성로는 고부 겸 주청 정사(告訃兼奏請正使) 이이명과 부사(副使) 이조(李肇)를 따라 청나라에서 돌아왔다. 하지만 이이명이 이진검의 상소에 의해 배척당하자 도성으로

"이진검의 상소는 매우 놀랍고 두렵습니다. '은화(銀貨)를 어디에 쓸려고 하였느냐'는 말은 화(禍)를 만들려는 마음을 지녔는데 그 이유를 알 수가 없습니다. 부사 이조(李肇)[3] 또한 상소하여 말하기를, '사행(使行) 도중 수요에 따라 사용하는 것이 질서가 없었습니다.' 하였습니다. 신도 또한 그 일에 끼어들어 함께 논의하였으니 도리로 보아 편안하게 있기 어렵습니다."

하니, 주상이 모두 사직하지 말고 들어오라고 명하였다.

○ 수찬 김민택(金民澤)[4]이 상소하였는데, 말하기를,

"신록(新錄)[5]을 공격하여 배척하는 것을 하나의 기관(機關)으로 삼아서, 처음에는 '구차하게 작성한 홍문록'이라고 하다가 이어서 '함부로 채웠다.' 하였습니다. 이진검이 상소하여 홍문록을 고치라고 뒤이어 청한 것은, 번갈아 나와서 시끄럽게 떠들면서 점점 더 분주하게 결속한 결과인데, 신의 죽은 형을 거론하며 터무니없는 말을 지어낸 것이 많았습니다."

하고, 이어서 해직을 청하였지만 허락하지 않았다.

들어오지 못하였다.

3) 이조(李肇) : 1666~1726. 본관은 전주, 자는 자시(子始), 호는 학산(鶴山)이다. 1696년(숙종22)에 정시문과에 급제하여 1699년 홍문록에 올라 청요직을 두루 지냈다. 1720년 고부사(告訃使)의 부사(副使)로 청나라를 다녀온 뒤 예조참판에 올랐다. 1721년(경종1) 도승지 재직시 노론이 연잉군을 앞세워 대리청정을 요청하면서 정권을 차지하려 하자 경종 보호에 앞장섰다. 1722년에는 형조판서로서 임인옥사를 다스려 노론 4대신을 축출하는 데 참여하였고, 이후 각조의 판서를 역임하였다. 1725년(영조1) 관작을 삭탈 당하고 밀양으로 유배 가서 그곳에서 병사하였다.

4) 김민택(金民澤) : 1678~1722. 본관은 광산(光山), 자는 치중(致中), 호는 죽헌(竹軒)이다. 김익겸(金益兼)의 증손, 광성부원군(光城府院君) 김만기(金萬基)의 손자, 호조판서 김진귀(金鎭龜)의 아들이다. 1719년(숙종45) 별시문과에 급제하여 청요직에 진출하였다. 1720년 이진검·이진유 등이 형 김운택(金雲澤)을 논핵하자 이에 대항하는 상소를 올렸다. 1722년 목호룡의 고변으로 시작된 임인년 옥사(獄事)에 연루되어 옥사(獄死)하였다. 김제겸·조성복과 함께 신임옥사 때 죽은 삼학사(三學士)로 일컬어졌다. 저서로 《죽헌집(竹軒集)》이 있다.

5) 신록(新錄) : 홍문관의 교리나 수찬 벼슬에 새로 뽑힌 사람들의 명단을 가리킨다.

○ 장령 홍용조(洪龍祚)가 상소하여 아뢰기를,

"박휘등(朴彙登)과 이진검의 상소는 음험하고 아주 패악하여 화를 전가하려는 계획이 아님이 없습니다."

하였다. 지평 어유룡(魚有龍)[6]과 정언 이성룡(李聖龍)[7]은 이진검이 독대할 당시의 일을 추후에 제기하여 말이 선조(先朝)를 범하였다고 하면서 투비(投畀, 왕명에 따라 죄인을 정배함)를 명하라고 청하였다. 주상이 답하기를, "대각의 의논이 이미 나왔으니, 반드시 겹쳐서 말할 것이 없다." 하였다.

○ 형조에서 아뢰기를,

"유학 이몽인과 심득우(沈得佑), 조형(趙瑩) 등이 원정(原情)[8]에서 '동한(東漢)의 양기(梁冀)[9]가 이고(李固)[10]와 두교(杜喬)[11]를 죽이려 하자 이

6) 어유룡(魚有龍) : 1678~1764. 본관은 함종(咸從), 자는 경우(景雨)이다. 경종의 장인 어유귀(魚有龜)의 재종제이다. 1710년(숙종36) 사마시, 1713년 증광문과에 급제하여 청요직을 두루 역임하였다. 경종대 세제 책봉에 반대하는 소론의 처벌을 주장하였고, 또한 세제 대리청정을 반대하는 조태구 등을 탄핵하여 박치원(朴致遠)·이중협(李重協)과 함께 노론의 3대 대간으로 불렸다. 1722년(경종2) 임인옥사 때 유배되었다가 1725년(영조1) 다시 등용되었지만 1727년 정미환국으로 파직되었다. 1730년 복직하여 1748년 한성부좌윤을 거쳐 1754년 지중추부사로 기로소(耆老所)에 들어갔고, 이후 판돈녕부사에 올랐다. 시호는 정헌(靖憲)이다.

7) 이성룡(李聖龍) : 1672~1748. 본관은 경주, 자는 자우(子雨), 호는 기헌(杞軒)이다. 1714년(숙종40) 증광문과에 급제하여 경종대 정언·지평 등을 역임하였다. 1740년 대사간으로 있으면서 이미 죽은 유봉휘와 조태구(趙泰耈)의 사탈관작과 영의정 이광좌(李光佐)의 파직을 주장하다가 도리어 삭직당하기도 하였다. 이듬해 특별히 가자되어 기로소(耆老所)에 들어갔으며 관직은 공조판서에 이르렀다. 시호는 혜정(惠靖)이다.

8) 이몽인과 …… 원정 : 당시 이몽인 등은 경종의 어머니 장희빈을 죽인 것이 숙종의 큰 업적이라고 한 윤지술이야말로 인륜을 무너뜨린 자이며, 이이명이 6만 냥으로 청나라 사신을 매수하고 김창집이 청 사신에게 연잉군의 신상을 써준 것을 비난하였다.

9) 양기(梁冀) : ?~159. 후한(後漢)의 권신으로 동생이 순제(順帝)의 황후가 되자 외척으로서 권세를 휘둘렀다. 순제가 죽자 제위(帝位)를 마음대로 폐립(廢立)하였으며, 질제(質帝)를 독살하기도 했다.

10) 이고(李固) : 94~147. 후한의 대신(大臣)이다. 양기(梁冀)에 의해 종사중랑(從事中郎)에 임명되었고, 형주 자사(荊州刺史) 등을 거쳐 태위(太尉)를 지냈다. 질제(質帝)가 죽은 뒤 양기와 환제(桓帝)의 옹립 문제를 놓고 다투다가 양기의 무고로 말미암아 살해당했다.

고의 제자 곽량(郭亮)[12]이 왼쪽에는 큰 도끼를 쥐고, 오른쪽에는 형구[斧鑕]를 들고 궁궐에 나아가 상소하였는데, 병기를 들고서 궁궐에 나아간 것으로써 죄안을 얽어 만들었다는 말은 듣지 못하였으니, 양기도 차마 하지 않은 일을 지금 상신(相臣)이 차마 한단 말입니까? 이 상소는 모두 임금을 향하는 진심[血心]인데 어찌 변환(變幻)할 이치가 있겠습니까? ……'

하여, 정태가 극악하니 더욱 형추(刑推)하여 정상을 밝힐 것을 청합니다." 하였다. 전교하기를, "형신을 면제하고 의논해 처리하라." 하였다. -이몽인은 삼수(三水)에 충군되었고, 심득우와 조형은 관동(關東)에 나누어 유배 보냈다.-

○ 승지 김시환(金始煥)[13]이 경과(慶科)[14]가 멀지 않았다는 이유로 병신년(1716, 숙종42) 상소로 폐고된 유생의 벌을 풀어달라고 청하였다.[15] 대사성 김운택(金雲澤)이 상소하여 대략 말하기를,

---

11) 두교(杜喬) : ?~147. 후한 순제 때 대사농(大司農)을 지냈다. 양기의 자제 다섯 사람과 중상시(中常侍) 등이 공 없이 모두 봉작(封爵)되자 간쟁하다가 죽었다. 소인배로 인해 배척되는 군자를 지칭할 때 인용되는 인물이다.

12) 곽량(郭亮) : 후한 환제(桓帝) 때 이고(李固)의 제자이다. 이고가 양기에게 무함을 당해 옥사하자 죽음을 무릅쓰고 스승의 시신을 장사지냈다.

13) 김시환(金始煥) : 1673~1739. 본관은 강릉(江陵), 자는 회숙(晦叔), 호는 낙파(駱坡)이다. 1700년(숙종26) 춘당대시에 급제하여 청요직을 두루 거치고, 1721년(경종1) 승지가 되어 김창집을 탄핵했다가 유배되었는데, 조태구의 건의로 풀려나 평안감사가 되었다. 1725년(영조1) 노론이 집권하여 삭출되었다가 1727년 정미환국으로 대사헌이 되었다. 1728년 공조·형조·예조판서 등을 역임하였으며, 그의 아우 김시혁(金始爀)·김시형(金始炯)과 함께 기로소에 들어갔다. 시호는 효헌(孝憲)이다.

14) 경과(慶科) : 증광경과(增廣慶科)이다. 나라에 경사가 있을 때 기념으로 보이던 과거시험이다. 태종 원년(1401)에 처음 실시되어, 본래 임금의 등극을 축하하는 의미로 즉위년 또는 그 이듬해에 설치하였으나, 선조(宣祖) 때부터 이것이 확대되어 국가에 경사가 있을 때마다 시행되었다.

15) 김시환 …… 청하였다 : 《경종실록 1년 2월 19일》 기사에 보인다. 병신년(1716, 숙종42) 상소로 처벌받은 유생이란, 윤선거(尹宣擧)의 문집을 헐고 윤증(尹拯)에 대한 예우를 없애버린 이른바 '병신처분(丙申處分)'에 대해 항의한 소론측 유생을 처벌한 일을 말한다. 이들에 대한 유벌(儒罰)을 풀어달라는 김시환의 주장에 경종이 호응함으로써 병신처분이 뒤집히기 시작하는 출발점이 되었다.

"상소한 유생 임상극(林象極)과 오명윤(吳命尹) 등이 선정(先正, 송시열)을 무욕하면서 쓴 말이 흉패(凶悖) 하였습니다. 기해년(1719) 벌을 풀어줄 때 40여 인이 풀려났는데, 임상극과 오명윤의 죄명이 매우 중대하여 혼동되는 것을 용납할 수 없었기 때문에 본관(本館, 성균관) 초기(草記)에 그대로 두었습니다. 그런데 지금 승지[承宣]가 멋대로 진달하였으니, 신은 몹시 놀랐습니다. 청컨대 벌을 풀어주라는 명령을 그쳐주십시오."

하였으나, 주상이 따르지 않았다.

○ 승지 김시환이 상소하여 대략 다음과 같이 말하였다.

"김운택의 상소를 보니, 놀라움을 이루다 말할 수 없습니다. 백대(百代)에 산처럼 우러르는 유종(儒宗)이 마구잡이로 만고(萬古)에 없는 악명(惡名)을 입었습니다. 처음에 간특한 유상기(兪相基)가 나쁜 전례를 만들고 중간에 역적 신구(申球)가 엿보고 나오더니, 끝에 가서는 또 상신(相臣)이 그것을 조술(祖述)하여 성조(聖祖)를 위해 변무(辨誣)한다고 핑계 댄 것은 그 공을 자임한 것이니, 그 의도적으로 조작하여 설계한 것이 바로 유자광(柳子光)의 옛일과 같은 수법입니다.

그때 성상의 비답에서, '그 유소(儒疏)와 근사한 것을 볼 수가 없는데, 어찌 곧장 망측(罔測)한 곳으로 몰아넣는가?'는 등의 하교가 있기까지 하였으니, 이것은 밝게 살피는 명철한 성상께서 물여우[鬼蜮][16] 같은 정태(情態)를 이미 환히 간파하고 계셨던 것입니다.

오명윤과 임상극이 앞장서서 뜻을 같이 하는 선비들을 이끌고 자신을 돌보지 않고 떨쳐 일어난 것은 혹은 어진이를 높이고 도(道)를 보위(保衛)하는 성의(誠意)에서 나오기도 하고 혹은 정인(正人)을 부지(扶持)하고 참인(讒人)을 물리치는 의리(義理)에서 나온 것이기도 한데, 알지 못하겠습니다만 죄를

16) 물여우[鬼蜮] : 물여우가 모래를 머금고 있다가 물에 비치는 사람의 그림자에 쏘면 그 사람이 병에 걸린다고 하였다.

받을 일이 무슨 일인지요? 기해년 경과는 단지 영남 유생의 벌을 풀어준 것이고, 선조(先朝) 을미년(1715)·병신년(1716) 이후 상소한 유생은 이미 풀어준 것으로 알았기 때문에 거론하지 않은 것인데, 김운택이 이른바 '본관 초기'라고 한 말은 무엇에 근거한 것인지 알지 못하겠습니다."

주상이 답하기를, "이미 대사성의 상소에 대한 비답(批答)에 유시(諭示)하였다." 하였다.

○ 대사성 김운택이 상소하여 다음과 같이 말하였다.

"신이 본관 기해년(1719, 숙종45) 초기를 가져다 보니 임상극 등 -이상채(李相采), 양명하(梁命夏), 서종손(徐宗遜), 오명윤(吳命尹), 이홍제(李弘躋), 조선(趙銑), 유태항(柳太恒), 권필형(權弼衡), 이승운(李升運)- 은 죄가 사문(斯文)에 관계되어 벌을 풀어주지 않았다고 하였으니, 그[김시환]가 이른바 '선조 때 이미 풀어준 것으로 알았다.'고 한 것은 이미 실상이 아닙니다. 심지어 신의 상소 가운데 '초기'라고 한 말이 아무런 근거가 없다고까지 하였는데, 알지 못하겠지만 본관의 등록 이외에 김시환이 별도로 알고 있는 것이 있다는 것입니까?"

주상이 깊이 혐의할 필요가 없다고 답하였다.

○ 영의정 김창집(金昌集)이 차자를 올려 김시환의 상소에 대해서 논하기를,

"더욱 매우 음험하고 교활하니, 진실로 조금이라도 성조(聖祖, 현종)와 성고(聖考, 숙종)의 마음을 헤아렸다면 어떻게 감히 기회를 엿보아 변란을 도모하려는 계략을 세우겠습니까?"

하였다. 김시환이 상소로 변론하여 말하기를,

"상신이 역적 신구와 서로 한통속이 되어 사화(士禍)를 양성하였으니, 성명(聖明)의 시대에 이처럼 늙고 교활하며 크게 간특(奸慝)한 자가 있을 줄은 헤아리지 못하였습니다. 전후로 지은 죄에 대해 나라 사람들이 이를 갈고 있는데도 아직도 연하(輦下)[17]에 편안히 쉬고 있습니다. 신이 비록 못났지만

윤상(倫常)을 어기고 의리(義理)를 멸한 한 상신과 더불어 이러니저러니 다투고 변명하고 싶지 않습니다."

하였다. 주상이 상신을 침범하여 핍박하였다고 질책하였다.

○ 정언 이성룡(李聖龍)과 수찬 홍현보(洪鉉輔)[18] 등이, 김시환이 공공연히 멋대로 기만하고 거짓을 꾸며 대신을 모함한 죄를 극론(極論)하며 멀리 귀양 보낼 것을 청하였지만 주상이 단지 파직하라고 명하였다.

○ 지평 이정소(李廷熽)[19]가 상소하여 대략 다음과 같이 말하였다.

"몸과 마음을 다 바쳐[20] 나랏일을 담당한 자는 오직 영의정뿐이므로 또한 성의(誠意)를 다해 나오기를 면려(勉勵)해 함께 국사를 처리하기 바랍니다. 판부사 이이명은 만리(萬里) 길에서 돌아오다가 갑자기 망극한 참소를 당하였으나 성명께서 통찰하여 간사한 말을 배척하여 끊어 버리셨으니, 얼마나 다행입니까!

다만 공적으로 가지고 갔던 은화는 반납하였으므로 그 일은 허망한 것으로 귀결되었는데도 오히려 반좌(反坐)[21]의 형률이 시행되지 않았습니다. 이러한

---

17) 연하(輦下) : 임금이 타는 수레인 연(輦)의 아래, 곧 임금이 있는 곳을 말한다.

18) 홍현보(洪鉉輔) : 1680~1740. 본관은 풍산(豊山), 자는 군거(君擧), 호는 수재(守齋)이다. 선조의 부마 홍주원(洪柱元)의 현손이고, 홍만용(洪萬容)의 손자, 홍중기(洪重箕)의 아들이다. 1718년(숙종44) 정시문과에 장원 급제하여 청현직을 두루 거쳤다. 영조대 대사헌·호조참판 등을 거쳐 예조판서에 올랐다.

19) 이정소(李廷熽) : 1674~1736. 본관은 전주(全州), 자는 여장(汝章), 호는 춘파(春坡)이다. 1696년(숙종22) 진사가 되고, 1714년 증광문과에 장원 급제하여 청요직을 두루 거쳤다. 1721년(경종1) 노론 4대신과 함께 연잉군을 세제로 정책할 것을 발의하였다. 그러자 김일경 등이 노론 4대신을 4흉(四凶)으로 규정하며 공격하여 처벌하자, 그도 유배되었다. 1725년(영조1) 풀려나온 뒤 병조참판 등을 역임하였다. 시호는 충헌(忠獻)이다.

20) 몸과 마음을 다 바쳐 : 원문은 "盡瘁"이다. 진췌는 "국궁진췌(鞠躬盡瘁)"의 준말로, 국궁진력(鞠躬盡力)과 같은 말이다. 마음과 몸을 다 바쳐 나랏일에 이바지한다는 뜻이다. 제갈량(諸葛亮)의 〈후출사표(後出師表)〉에 "신은 몸과 마음을 다 바쳐 나라에 보답하다가 죽은 뒤에야 그만둘 결심을 하고 있습니다.[臣鞠躬盡力, 死而後已.]" 하였다.

사실을 폭로한 상소가 이미 50일[五旬]이 지났는데 아직도 비답을 받들지 못하여 도성 바깥에서 방황하며 진퇴가 막혔으니, 바라건대 속히 비답을 내려주십시오.

이역[殊方]에서 같이 일하던 사람들은 마땅히 거취를 같이 해야 하는데, 일찍이 한마디도 옳고 그름을 가리어 아뢰지 않고 대신으로 하여금 홀로 무고를 받게 하고서도 근밀(近密)의 자리에서 의기양양하고 있으니, 의리에 대처하는 것이 근거가 없습니다.

지난번 우의정 조태구가 청나라 사신[北使]이 왕자와 여러 종친(宗親)을 만나볼 것을 청했다고 듣자 곧장 가동(家僮)을 시켜서 한 장의 상소를 올리게 하여 마치 비상한 변고가 숨 쉬는 사이에 닥칠 것처럼 하였는데, 그 거조의 황망함은 상정(常情)으로 헤아릴 수 없는 바가 있었습니다. 이른바 '배신(陪臣)이 조문을 받는 일은 혐의를 무릅쓰는 것이 된다.'[22]거나, '왕자와 여러 종친이 또한 어찌 감히 이에 편안하겠는가?'라고 한 것은 극히 더 위험합니다.

대개 청나라 사신들이 만나보기를 청한 것은 다만 고루 유시(諭示)하려는 뜻이었을 뿐인데, '혐의를 무릅쓴다.[冒嫌]'는 등의 말은 과연 무엇을 가리키는 것입니까? '어찌 감히 편안하겠는가[豈敢安]' 세 글자에 이르러서는 사이를 해쳐서 이간질할 의도를 품고 있으니, 만일 대신에게 조금이라도 예전을 추념(追念)하는 뜻이 있다면 어떻게 과연 이렇게 할 수 있겠습니까?

나라 사람의 말이 떠들썩하고 열 손가락이 모두 가리키게 되자, 또 '효우(孝友)' 두 글자를 찾아내어 도리어 '단지 한 아우가 있을 뿐이니, 더욱 친애(親愛)를 돈독하게 하라.'는 등의 말로 -조태구가 연말에 차자를 올렸는데, 매사에 노력하라고

21) 반좌(反坐) : 사건을 무고하거나 위증해서 상대방을 얽어 넣었다가 일이 뒤집히면 상대가 받은 죄만큼 받게 되는 것을 말한다.

22) 배신이 …… 된다 : 당시 우의정 조태구가 숙종의 상례에 조문 온 청나라 사신이 세자와 종실의 자질을 만나 보겠다는 요구를 들어주어서는 안 된다고 하였다. 즉 상국(上國)에서 열국(列國)의 임금을 조문할 때, 그 배신이 된 아우와 조카까지 보는 일은 실례라고 하고, 배신이 조문을 받는 것은 임금 자리를 노리고 있다는 혐의를 무릅쓰는 것이 된다고 하면서 정중히 거절하라고 촉구하였다. 《景宗實錄 卽位年 11月 26日》

경계한 말이 있었다.- 아무런 단서도 없는데 진달하여 찧고 까불었으니, 손발이 모두 드러난 것을 가리기 어려워서 진실로 차마 바로 볼 수가 없습니다."

주상이 답하기를,

"우의정은 성실하여 다른 뜻이 없다는 것을 이미 두 대신의 차자에 대한 비답에서 유시하였는데, 너는 어찌하여 헤아리지 못하느냐?"

하였다.

○ 영의정 김창집이 상소하여 대략 다음과 같이 말하였다.

"대저 더럽고 참망(僭妄)한 사람을 백세의 종유(宗儒)라고 하니 신이 어찌 망측한 죄과를 면할 수 있겠습니까? 신은 스스로 생각하기를, '성조(聖祖, 효종)를 위해 변무(辨誣)하였다.'[23] 여겼으며 밝고 밝은 성고(聖考, 숙종)께서 또한 일찍이 이것을 인정하였습니다. 그런데 지금 뜻하지 않게 김시환이 종묘사직에 관련된 죄인이라고 하였으니 신은 실로 더불어 다투어 변론하는 것이 부끄럽습니다."

○ 우의정 조태구가 상소하여 이정소에게 배척당한 것에 대해 변론하였다. 주상이 소활(疏闊)한 논의이니 마음에 둘 가치가 없다고 유시(諭示)하였다.

---

23) 성조를 …… 변무하였다 : 숙종 말년에 좌의정 김창집이 상소하여 윤선거의 문집 판본을 헐어버리게 한 일을 말한다. 당시 그가 상소를 통해 밝힌 사적은 다음과 같다. 윤선거가 병자호란 당시 강화도에서 살아남은 일을 변명하기 위해서 은연중에 봉림대군[효종]을 폄하하였고, 또한 역적 윤휴와 함께 교유했다는 것이다. 윤선거의 문집에 효종을 폄하하는 망령된 말이란 구체적으로 '두거(杜擧)'와 '강왕(康王)'의 비유였다. '두거'는 임금의 잘못을 일깨우게 하는 술잔이라는 뜻이다. 노론 측에서는 윤선거가 효종에게 잘못이 있다는 것을 보이기 위해 '두거'라는 말을 사용했다고 공격하였다. 즉 효종이 강화도에서 처신했던 것을 윤선거가 죽지 않고 살아남은 일에 비겨서 효종에게도 허물이 있다는 혐의를 씌웠다고 지적하였다. 또한 '강왕'의 비유는 "금(金)나라 군사가 강을 건너 쳐들어올 때 강왕은 실로 그 군중에 있었다."고 한 내용이었다. 이 내용이 청나라 군사가 침입하였을 때 당시 대군이었던 효종이 아무것도 하지 못하고 청나라 군사의 포로가 되었던 것을 비꼰 말이라는 혐의를 받았다. 이에 숙종이 실정을 간파하고 엄중한 교지를 내려 윤선거의 문집을 헐어버렸다는 것이다. 《肅宗實錄 42年 8月 24日》

○ 승지 이세근(李世瑾)[24)]이 상소하여 김시환을 구원하고, 이어서 이정소를 배척하였다. 이정소가 인피하며 대략 다음과 같이 말하였다.

"대신이 상소하여 신이 그 심술을 간파한 것에 대해 노하여 극구 화풀이하였으니, 진실로 놀라움을 이길 수 없습니다. 첫째는 '혐의를 무릅썼다.' 하고 두 번째는 '어찌 감히 편안하겠는가'라고 말하여 한 구절 한 구절이 더욱 깊어졌으니, 진실로 사람의 마음을 가진 자라면 어찌 차마 이런 문자를 혀에 올릴 수 있겠습니까?

새로 즉위하신 처음에는 어찌 '효우(孝友)'에 대해서 한마디도 언급하지 않다가 나라 사람들의 말이 떠들썩한 뒤에야 비로소 '친애(親愛)' 두 글자를 찾아낸단 말입니까? 말이 구차하여 뜻이 험악한 것을 가리려고 해도 더욱 드러나서 이것이 바로 이른바 폐간(肺肝)을 보는 것 같다는 것이니, 그 본정(本情)을 따져보면 참으로 매우 애처롭습니다."

○ 헌납 조성복(趙聖復)이 상소하여 김시환의 죄를 논하였다. 장령 채응복(蔡膺福)[25)]이 상소하여 대략 다음과 같이 말하였다.

"김시환이 유벌을 핑계로 병신년의 일을 언급하였는데, 한 편(篇)의 주된 뜻이 오로지 선조의 단안(斷案, 죄를 판단하여 결정을 내릴 근거)을 변란(變亂)

---

24) 이세근(李世瑾) : 1664~1735. 본관은 벽진(碧珍), 자는 성진(聖珍)이다. 1697년(숙종23) 정시문과에 급제하여 청요직을 두루 거쳤는데, 1699년 이조판서 신완(申琓)을 탄핵하였다가 오랫동안 벼슬에 나가지 못하였다. 1706년(숙종32) 홍문록에 오르고 청요직에 다시 진출하였다. 1722년(경종2) 충청감사로서 이이명을 사사(賜死)하라는 전지(傳旨)와 관문(關文)이 이르자 이이명의 사위 김시발(金時發)이 이를 절취하였는데, 이를 빨리 처리하지 않았다 하여 체포되어 심문을 받았다. 영조 즉위 뒤 경상도관찰사·대사헌을 거쳐 1731년(영조7)에 동지의금부사(同知義禁府事)가 되었다가 70세가 되어 치사(致仕)한 뒤 봉조하(奉朝賀)가 되었다. 저서로 《성조갱장록(聖朝羹墻錄)》이 있다.

25) 채응복(蔡膺福) : 1675~1744. 본관은 평강(平康), 자는 석오(錫五)이다. 1711년(숙종37) 식년문과에 급제하여 1721년(경종1)에 장령이 되었다. 영조 즉위 직후 이의연을 비호하고 김일경을 성토하다가 삭출되었다. 1725년(영조1) 다시 삼사에 진출하여 유봉휘 등을 논핵하는 계사에 참여하였다가 1727년 정미환국으로 파직되었다. 1732년 다시 등용되어 사간·집의 등을 역임하였다.

하는 것에 있어서 몸을 던져 갑자기 튀어나와서 허물을 숨기고 거짓을 꾸민 것이 지극하였습니다.

심지어 '백대 유종이 부당하게 무함과 모욕을 당했다.'는 등의 말로 멋대로 상소하여 대신의 죄를 얽어 만들었으니 곧 하나의 고변서(告變書)였습니다. '전하를 우롱하였다.[愚弄殿下]' 네 글자는 더욱 원통하기 짝이 없으니, 혁연히 군림하신 전하의 총명으로 그러한 우롱을 받았다면 어떤 임금이 되겠습니까?"

○ 장령 이완(李浣)[26]이 상소하여 대략 다음과 같이 말하였다.

"대간이 징토할 것을 청하고, 유신(儒臣)이 상소한 것에서 공의(公議)가 일제히 분개하고 있다는 것을 알 수 있습니다. 김시환이 지은 죄를 파직으로 처벌한 것은 너무 관대한데도 승지[承宣]의 상소에서 '대신을 위안(慰安)하였다.'[27]고 말한 것은 암암리에 옹호하려는 태도를 현저하게 드러낸 것이니, 신은 실로 통탄스럽습니다."

○ 상참(常參)[28]에서 집의 송필항(宋必恒) 등이 김시환의 죄를 논하니, 김시환을 태인(泰仁)으로 귀양 보냈다.

○ **여름**, 교리 조문명(趙文命)[29]이 상소하여 다음과 같이 말하였다.

---

26) 이완(李浣) : 1668~? 본관은 한산(韓山), 자는 이승(而承)이다. 1693년(숙종19) 진사가 되고, 1702년 식년문과에 급제하여 1716년(숙종42) 지평, 1721년(경종1)과 1725년(영조1) 장령이 되었다.

27) 승지의 …… 위안하였다 : 승지 이세근이 김시환을 구원하면서 한 말이다. 《景宗實錄 1年 3月 16日》

28) 상참(常參) : 매일 아침 국왕을 배알하던 약식의 조회이다. 본래 대신·중신 및 중요 아문의 참상관 이상 관인 등이 편전(便殿)에서 국왕을 알현하는 순수한 의식이었으나, 때로는 상참의 연장으로서 시사(視事)를 아뢰기도 하였고, 경서를 강론하는 등으로 변형되기도 하였다. 그밖에 상참이 끝난 뒤에는 언제나 시사를 보거나 경연 또는 윤대(輪對)가 행해졌다.

29) 조문명(趙文命) : 1680~1732. 본관은 풍양(豊壤), 자는 숙장(叔章), 호는 학암(鶴巖)이다.

“병을 잘 치료하는 자는 먼저 그 상해(傷害)를 입은 근본을 다스리고, 국가를 잘 치료하는 자는 먼저 병을 얻게 된 근원을 다스린다고 하였습니다. 만약 오늘날 국가가 병을 얻게 된 근원을 찾아본다면 오직 붕당이 바로 그것입니다. 예로부터 나라를 망하게 하는 일은 한 가지가 아니지만 붕당의 화보다 심한 것이 없습니다. 한(漢)나라에 화를 끼친 것과, 송(宋)나라에 화를 끼친 것, 우리 명(明)나라에 이르러서 끝내 생민이 도탄에 빠지고 사직이 폐허가 된 뒤에 그쳤으니, 어찌 나라를 다스리는 자에게 귀감이 되지 않겠습니까?

전하의 국가는 매우 심하게 병들어 있으니, 사람에 비유하자면 심장과 배를 포함한 오장육부에 아프지 않은 곳이 하나도 없고, 혈맥과 지체(支體)에 다치지 않은 곳이 없어서 사망에 이를 것이 눈앞에 분명하니 이러한 병에 대하여 약을 구해서 기사회생(起死回生)할 방법은 붕당을 타파하는 것만 같은 것이 없습니다.

붕당이 해로운 것은 하나가 아닌데, 그중에서도 큰 것이 다섯 가지가 있으니, 시비(是非)가 참되지 않은 것, 용인(用人)이 넓지 않은 것, 기강(紀綱)이 확립되지 않은 것, 언로(言路)가 열리지 않은 것, 염치(廉恥)가 모두 없어진 것입니다. 이것은 모두 죽을 증상인데, 이 가운데 한 가지라도 있으면 족히 나라가 망할 수 있으니, 나라를 구하는 방도는 불과 ‘임금이 나라 다스리는 기준을 세우는 것[皇建其有極]’[30]에 지나지 않습니다.

1705년(숙종31) 생원시, 1713년 증광문과에 급제하여 청요직에 진출하였다. 1721년(경종1) 부교리로서 붕당의 폐해를 거론하였고, 세제 연잉군을 보호하기 위해 김일경 등과 대립하였다. 영조대 파붕당(破朋黨)의 설을 제창하다가 민진원의 배척을 받았다. 1727년(영조3) 그 딸이 세자빈이 되자 도승지와 어영대장을 겸하였으며, 이듬해 이인좌(李麟佐)의 난 진압에 공이 있다 하여 분무공신(奮武功臣) 2등에 녹훈, 풍릉군(豐陵君)에 책봉되고 병조판서가 되었다. 이후 이조판서를 거쳐 1730년 우의정 1732년 좌의정 등을 지내면서 송인명 등과 소론 탕평파를 이끌었다.

30) 임금이 …… 세우는 것 : 이것은 《서경(書經)》 〈홍범(洪範)〉편에 보이는 홍범구주(洪範九疇) 가운데 하나인 ‘황극(皇極)’을 설명하는 첫 번째 구절이다. 주(周)나라 무왕(武王)이 은(殷)나라를 정벌한 뒤 기자(箕子)를 방문하여 나라를 다스리는 도리에 대해 물었을 때 기자가 대답한 것이 바로 홍범구주이다. 그 아홉 가지 가운데 다섯 번째에 황극이

시비(是非)가 참되지 않다는 것은 무슨 말일까요? 당론(黨論)이 생긴 이래로 갑이 옳다고 하는 것은 을이 그르다 하고 을이 옳다고 하는 것은 갑이 그르다 하며, 그 옳다고 한 것은 한 가지 선(善)으로써 백 가지 허물을 가리고, 그 그르다고 한 것은 하잘 것 없는 허물로 큰 덕(德)을 버려서, 도리는 묻지 않고 오로지 승부를 겨루는 데만 힘쓸 뿐입니다.

오늘날에 이르러 의리는 어두워 막히고 인심은 좋지 못한 데 빠져서 모두 피차가 다투는 것을 가지고 오로지 득실의 기관(機關)으로 삼아서 한편이 나아가면 다른 한편이 물러나는 일이 가면 갈수록 격화되었습니다. 심지어 각자 한때의 왕언(王言)을 빙자하여 경전(經傳)의 가르침을 쓸모없는 것처럼 버리고 새로운 학설(學說)을 지어내어 높이 내걸면서 억지로 국시(國是)라고 단정해 여러 사람의 입을 틀어막았습니다.

이를 말하는 자가 먼저 기치를 세워 벼슬길을 통하기도 하고 막기도 하면서 위세를 부리고 꾸짖고 욕하면서 협박하므로 이러한 풍조에 휩쓸리지 않는 사람이 없어서 간혹 스스로의 체면이나마 지킬 줄 아는 자[自好者][31]가 있다 하더라도 저들을 받들어 돕는 가운데 들어가지 않는 데 지나지 않을 뿐입니다.

그 나머지는 색목(色目)이 한 번 정해지면 다시는 출입하지 못하고 오직 한 가지 길로 나아가 한 사람이 창도하면 백 사람이 호응하여 억지로 이름

있는데, "다섯 번째 황극은 임금이 나라 다스리는 기준을 세우는 것이니 이 다섯 가지 복을 거두어들여 백성들에게 베풀어 주면 백성들 역시 그 표준을 준수하여 황극을 지켜 줄 것이다.[五皇極, 皇建其有極, 斂時五福, 用敷錫厥庶民, 惟時厥庶民, 于汝極, 錫汝保極.]" 하였다. 이 구절을 그 아래 보이는 "편벽됨이 없고 편당함이 없으면 왕의 도가 탕탕(蕩蕩)하고, 편당함이 없고 편벽됨이 없으면 왕의 도가 평평(平平)하며, 상도(常道)에 위배됨이 없고 기울어짐이 없으면 왕의 도가 정직할 것이니, 그 극(極)에 모이고 그 극으로 돌아올 것이다.[無偏無黨, 王道蕩蕩 ; 無黨無偏, 王道平平 ; 無反無側, 王道正直, 會其有極, 歸其有極.]" 구절과 결합하여 황극탕평론(皇極蕩平論)을 처음으로 제창한 것은 숙종대 박세채(朴世采)였다.

31) 스스로의 …… 자 : 원문은 '자호자(自好者)'이다. 군자(君子)가 될 만한 현명한 덕은 없지만 자신의 몸가짐을 깨끗이 지닐 줄 아는 사람이다. 《맹자》〈만장 상(萬章上)〉에 "자신의 지조를 팔아 가며 그 임금을 훌륭하게 성취시키는 짓은 향당(鄕黨)의 자호자도 하지 않는다.[自鬻以成其君, 鄕黨自好者不爲.]" 하였다.

하기를, '이것이 진실로 옳다.' '이것이 진실로 그르다.' 합니다. 이른바 '진실로 옳다.'거나 '진실로 그르다.' 하는 것은 본래 정해진 성질이 있는데, 어찌 공(公)을 도외시하고 당(黨)을 위해 죽어서 부화뇌동하며 구차하게 합하려는 자들이 굳게 정할 수 있는 것이겠습니까?

옳고 그른 것을 가리는 천성은 사람이라면 누구든 없겠습니까마는 견문(見聞)에 의해 가려지고 기습(氣習)에 의해 굳어버려서, 그 본심을 잃지 않은 사람이 적으니, 억누르고 드높이는 것이 하늘과 땅만큼 차이가 나고 어지럽혀서 교란시키는 것이 붉은빛과 자줏빛을 혼동시키는 것[朱紫][32]과 같아서 언의(言議)가 과격해지고 풍속이 어그러지는 것이 때에 따라 달라져서 날마다 같지 않습니다.

용인(用人)이 넓지 않다고 하는 것은 무슨 말일까요? 당론이 생긴 이래로 문호(門戶)를 나누고 갈라서, 진퇴와 출입을 취사선택하는 전형(銓衡)을 시행할 즈음에 그 사람의 현명 여부는 묻지 않고, 단지 언의(言議)가 다른지 같은지 만을 헤아릴 뿐입니다.

오늘날에 이르러서는 한 집안에서도 (주장이 다르면) 마치 화외(化外, 교화가 미치지 못한 곳)와 같이 보고, 중대한 공기(公器)를 손에 쥐고 사사로운 물건으로 삼아서, 비난하는 논의는 돌아보지 않고 오로지 한쪽만을 등용합니다. 지금까지 당색을 안배하여 양쪽을 고집하는 규정[33]은 진실로 놀랄 만한 것이었으나, 지금은 승진하여 발탁된 사람이 서로 관련이 있는 친속(親屬)이 아니면 대개 그 문하(門下)에 드나드는 사람입니다.

---

32) 붉은빛 …… 것 : 원문은 '주자(朱紫)'로서 붉은빛과 자줏빛을 이른다. 붉은빛은 정색(正色)이고, 자줏빛은 간색(間色)인데, 매우 서로 흡사하여 구별하기 어려움이 마치 사람의 현불초(賢不肖)를 구별하기 어려움과 같으므로, 공자가 이르기를, "자줏빛이 붉은빛을 빼앗는 것을 싫어한다.[惡紫之奪朱也]" 하였다. 《論語 陽貨》

33) 지금까지 …… 규정 : 갑술환국 이후 숙종대 탕평책을 추진하면서 노론과 소론을 안배하여 등용한 일을 가리킨다. 조문명은 이러한 조정론(調停論)에도 비판적이었지만, 병신처분 이후 경종대 상황은 이마저도 부정하고 노론 일당 독재에 가까웠으므로 아래에서 이를 비판하고 있다.

대각(臺閣)에 혹시 자기와 의견이 다른 사람이 섞여 있을까 두려워한 나머지 인물을 안배하여 의망(擬望)[34]할 때 모두 교묘한 논리로 치켜세우고 깎아내리는데, 이것은 모두 약속 가운데서 나온 것입니다. 따라서 권력을 쥔 한두 거대한 집안 이외에는 일절 낮은 품계(品階)와 보통 벼슬에 임용될 뿐이므로, 저들의 응견(鷹犬, 추종자)이 된 무리들이 요로(要路)에서 방자하게 설치는 경우가 대부분이고, 문학(文學)과 화려한 재주로 백성의 여망이 높은 사람은 전야(田野)에서 살며 구덩이에서 말라 죽는 것을 면하지 못합니다.

아! 인물이 생겨나는 것은 진실로 저절로 넓고 아득하므로 비록 모두 거두어 함께 길러서 두루 섞어서 통용해도 오히려 부족할까 근심해야 하는데, 그 와중에 삼분오열하여 그 아홉을 버리고 하나만을 등용합니다. 이것은 주자(朱子)가 이른바, '촉나라는 작은 나라인데 그 가운데에 또 마치 두 개 나라처럼 나뉘어졌다.'[35] 한 것과 불행히도 비슷해졌습니다.

저들이 스스로 해명하여 말하기를,

'간사함과 올바름이 이미 판별되었으니 등용하고 버리는 것이 그렇게 되지 않을 수 없다.'

하였으니, 어떻게 이렇게 망령된 말을 합니까? 피차의 당여가 거의 온 나라의 반이나 되는데, 이쪽 편은 거의 모두 군자이고, 저쪽 편은 거의 모두 소인이란 말입니까?

그러한 논의(論議)의 본령(本領)을 따져보면 중도(中道)를 벗어나 마땅함을

---

34) 의망(擬望) : 관원을 임명할 때 세 사람의 후보자를 추천하던 일이다. 임금은 추천자 명단을 참조하여 결정하였다. 이때 세 사람을 추천하는 것을 삼망(三望)이라 하고, 한 사람만 추천하였을 경우에는 단망(單望)이라 한다.

35) 촉나라는 …… 나뉘어졌다 : 주자가 〈무신봉사(戊申封事)〉에서 "제갈공명이 궁중(宮中)과 부중(府中)을 한 몸처럼 간주해야 한다."는 대목을 논한데서 나온 말이다. "대개 촉나라는 국력이 약한데, 게다가 공적인 부중(府中)과 사적인 궁중(宮中)으로 분열되어 마치 두 개 나라처럼 나뉘어져 법을 적용하고 있다. 그렇다면 이런 상황에서 중원을 정벌한다는 것은 마치 양주(梁州)나 익주(益州)의 반절만 가지고 오(吳)나라나 위(魏)나라 전부를 정벌하려는 것과 마찬가지이다. 그런데도 후주(後主) 유선(劉禪)이 제갈량의 경계대로 하지 못한 것이 매우 안타깝다."

잃은 것은 피차가 다를 것이 없고, 그 마음가짐이 치우친 것을 논한다면 털을 불어 흠을 찾듯 남의 흠을 억지로 찾아내고, 간계를 부려 모함하는 것과 동일한 투식(套式)입니다.

지체(地體)와 재주로 보아 명망이 있어서 모두 등용할만한 사람이 없지 않은데, 만약 번갈아 집권하였을 때 그 득실(得失)에 따라서 그 다과(多寡)를 살펴보면 혹 이쪽이 저쪽보다 나은 경우는 있을 것입니다. 그러나 요컨대 난역(亂逆)에 관계되거나 윤기(倫紀)를 범한 것이 지난날의 사람들[36]과 같지 않다면 똑같은 사류(士類)가 되는 데 해될 것이 없을 것입니다.

그런데 영화(榮華)를 탐하고 이익을 좋아하는 무리가 스스로 은총과 작록(爵祿)을 독차지하려고 힘써서 오로지 다른 사람이 움켜쥐는 것을 두려워한 나머지, 드디어 억지로 명목을 만들어서 사(邪)와 정(正)을 나누어 이름 붙이고, 반드시 나라 절반의 사람을 들어 헤아릴 수 없는 죄과(罪科)로 돌리려 한 것입니다. 이로써 자기들과 다른 사람들을 배척하고 억압하여 스스로 명기(名器)를 사사롭게 이용하려는 계략은 성공하더라도, 세상을 속이고 군주를 기만하는 악과 어진 이를 방해하고 국가를 병들게 한 죄가 결국 돌아갈 곳이 있다는 것은 생각지 않는단 말입니까? 이러한 일을 거행할 때에는 민심의 향배가 관건인데, 규모와 기상이 날로 난망(亂亡)의 지경으로 치달으니 신은 더욱 개탄스럽습니다.

기강이 서지 않았다는 것은 무슨 말일까요? 당론이 생긴 이래로 애증(愛憎)이 치우쳐서 사욕(私欲)이 이기게 되고 요행의 문이 열려 공도(公道)가 끊어지니, 상벌이 밝지 못하고 좋아하고 싫어하는 것이 정도(正道)를 잃어서 모든 관원이 게을러지니 국가의 체통이 존중받지 못하였습니다.

오늘에 이르러서는 윗사람이 능히 두루 감당하지 못하므로 아랫사람이

---

36) 지난날의 사람들 : 이것은 남인을 가리킨다. '난역에 연루된 사람'은 경신환국 이후 복선군(福善君) 형제를 추대하려고 모의한 허적(許積)의 서자 허견(許堅) 등을, '윤기를 범한 사람'은 기사환국 이후 인현왕후를 폐비시킬 때 정국을 주도한 이른바 '기사남인'을 가리킨다.

징계 받는 것을 두려워하는 일이 없습니다. 고을 백성은 수령[守宰]에 대하여 곧 군신의 분의(分義)가 있는데도 제멋대로 구타하고, 도적이 대낮에 횡행하면서 혹 군병(軍兵)의 위세를 부리며 살인과 약탈을 자행합니다. 대각에 재직하고 있는 자는 난처한 일이 있으면 드러누워서 패초(牌招)[37]를 어기고, 재상의 반열에 참여한 자는 피혐할 기미만 있으면 어지럽게 휴가를 청합니다.

세상에서 일컫는 유상(儒相)을 일개 무부(武夫)가 어린애처럼 부르고,[38] 나라의 대신(大臣)을 합계(合啓)도 하지 않고 노예처럼 꾸짖습니다.[39] 관절(關節, 뇌물 거래)이 공공연히 행해지고 청탁[干囑]이 풍습을 이루어 한 가지 이익을 얻으려고 천 사람이 머리를 부수며 달려들고, 한 가지 죄를 가하면 온갖 방법으로 빠져나가려고 도모합니다.

조예(皂隷)[40]는 지극히 미천한데도 대신이 그에게 구걸하기까지 하고, 염문(廉問)[41]은 지극히 엄중하고 비밀스러운데도 그에 대한 수계(修啓)[42]를 사사롭게 주고받으니, 윗사람은 아랫사람을 부리지 못하고, 아랫사람은 윗사람의 말을 달갑게 듣지 않아서 온갖 변괴가 일어나도 수습할 수 없으니, 이와 같은데도 나라가 망하지 않는 경우는 없었습니다.

언로(言路)가 열리지 않았다는 것은 무슨 말일까요? 당론이 생긴 이래로,

---

37) 패초(牌招) : 승지를 시켜 왕명으로 신하를 부르는 일이다.

38) 세상에서 …… 부르고 : '유상(儒相)'이란 유학자로 추앙받는 정승을 말하는데, 여기서는 특히 윤증(尹拯)을 지칭한다. 윤증은 갑술환국 이후 소론이 추대를 받아서 수종을 만난 적도 없는데, 정승에까지 올라 '백의정승(白衣政丞)'이라는 칭호를 얻었다. 이에 노론은 윤증과 그 아비 윤선거(尹宣擧)를 끈질기게 공격하여 1716년 병신처분(丙申處分)으로 두 사람의 관작을 삭탈하고 문집 판본을 헐어버리게 하는데 성공하였다.

39) 나라의 …… 꾸짖습니다 : 정승을 탄핵할 때는 사헌부와 사간원에 홍문관까지 가담하여 삼사(三司)가 합계하거나 최소한 사헌부와 사간원 양사(兩司)의 합계를 거치는 것이 관례였다. 그런데 갑술환국 이후 노론이 남구만, 최석정 등 소론 정승을 탄핵할 때는 이러한 관례마저 무시한 것을 비판한 것이다.

40) 조예(皂隷) : 하급 군관에 해당되는 것으로 경호·경비·사령 등 잡역에 종사하였다. 이들은 종친부(宗親府)·의정부 등의 중앙관서와 종친 및 고위관리들에게 배속되었다.

41) 염문(廉問) : 다른 사람의 사정(事情)이나 비밀 따위를 몰래 알아내다.

42) 수계(修啓) : 보고할 내용을 문서나 글로 정리하여 국왕에게 보고하는 일이다.

국정을 맡은 사람들은 자기 생각대로 하기[自用][43]를 좋아하고 두루 묻기를 꺼리며, 남이 자신에게 아첨하는 것은 좋아하지만 남이 자신에 대해 논의하는 것을 싫어하여, 위에서 제멋대로 호령하여 다른 사람으로 하여금 감히 그 장점과 단점을 말하지 못하게 합니다.

오늘날에 이르러서는 인심이 격렬하게 부딪치고 사사로운 뜻이 굳어져서 남을 이기려는 마음이 스스로 이미 앞에서 가리고, 강한 이웃과 굳센 적이 좌우에서 엿보고 있으므로 득실의 마음이 또 뒤에서 흔들고 있습니다. 그러므로 더욱 단속하기를 마치 엄중히 경계하는 것처럼 하여, 혹시라도 지적하여 배척하는 말이 국외자(局外者)에게서 나오면 '경알(傾軋)[44]'이라거나, '괴란(壞亂, 무너뜨려 어지럽힘)'이라고 지목하고, 칼날을 드러내며 쫓아내고 화살을 모아 겨누면서, 오히려 그러한 말이 혹시라도 불쑥 들어올까 두려워합니다. 심지어 소장(疏章)을 봉입(捧入)[45]하지 못하게 하는 규정을 새로 만들고는 이것을 빙자해 가로막는 것이 풍습을 이루었습니다.

신은 이러한 길을 막지 않는다면 뒤에 비록 진실한 마음으로 나라를 걱정하고, 곧은 말[讜言]과 충성스러운 꾀가 있는 사람이라도 또한 스스로 들어올 수 없을까 두려우니, 이것이야말로 진실로 나라를 망치는 첫 번째 조짐입니다. 만에 하나 소인이 권력을 쥐게 되어 이 같은 버릇을 답습한다면 오늘날 여러 공들이 어찌 다른 날 한탄하게 되지 않을 것을 알겠습니까? 공격하는 것이 어찌 한결같이 천리를 따라서 나온 것이라 보장할 수 있겠습니까? 국정을 담당한 자가 말하면 과연 능히 조금이라도 논의할 것이 없단 말입니까?

단지 공평하게 듣고 반성하여 그런 일이 있었다면 고치고 없었다면 더욱

43) 자기 생각대로 하기 : 원문은 '자용(自用)'이다. 남의 말을 듣지 않고 자기 생각대로 하는 것을 가리킨다.

44) 경알(傾軋) : 서로 간에 질투하여 꾀를 내 다른 사람을 모함에 빠뜨리다. 주로 정치적인 갈등을 표현하는 용어로 사용한다.

45) 봉입(捧入) : 관인 유자의 상소를 승정원에서 접수하거나, 각 조(曹)·각 사(司)에서 수리하여 승정원에 회부(回付) 진달(進達)하여 올리는 것을 말한다.

힘쓸 뿐입니다. 말하는 자의 말이 비록 혹 '경알(傾軋)'이나, '괴란(壞亂)'에서 나온 것이라 하더라도 나로서는 타산지석(他山之石)[46]과 정문(頂門)의 침(鍼)[47]으로 삼아도 해로울 것이 없습니다. 지금은 가로막고 저지하는 것으로도 부족하여 관사(官師, 모든 벼슬아치)가 서로 규간(規諫)하는 것도 아울러 없애 버렸으니, 이 어찌 크게 한심스럽지 않겠습니까?

염치가 모두 없어졌다는 것은 무슨 말일까요? 당론이 생긴 이래로 예양(禮讓)은 점점 무너지고 서로 다투어 빼앗는 것이 풍습을 이루어, 진퇴에 관계되거나 득실이 있는 곳에서는 강제로 빼앗지 않는 일이 드뭅니다.

오늘날에 이르러서는 온 세상 사람들이 미친 듯 눈을 크게 뜨고 이득을 얻으려 골몰하다가 그것을 얻지 못하게 되면 동쪽 서쪽으로 엿보며 기회를 노리고 때를 타려 하면서, 이익이 주상의 뜻을 격동시키는 데 있으면 주상의 뜻을 이에 맞추도록 요구하고, 이익이 당로(當路)를 뒤흔드는 것에 있으면 당로를 공격하여, 이익을 얻을 수만 있다면 그 극도의 방법을 쓰지 않음이 없습니다.

바야흐로 그것을 잃을까 걱정되면 왼쪽으로 주먹질하고 오른쪽으로 발길질하며 앞을 막고 뒤를 가려서, 이익이 아첨하여 군상(君上)을 기쁘게 하는 데 있으면 종기와 치질도 빨고, 이익이 총명을 막아 가리는데 있으면 언로를 막아버려서, 이익을 잃지 않을 수만 있다면 극도의 방법을 쓰지 않음이 없습니다. 마냥 기뻐하며 어지럽게 오가면서 다만 득실이 있는 것만 알 뿐 사대부에게 염치[廉隅]란 한 가지 절조(節操)가 있다는 것은 알지 못합니다. 아! 얻으려고 근심하는 자가 진실로 소인이라면 그것을 잃을까 근심하는 자도 또한 소인이 아니겠습니까?

---

46) 타산지석(他山之石) : 다른 산의 돌이라는 뜻이다. 다른 산에서 나는 거칠고 나쁜 돌이라도 숫돌로 쓰면 자기의 옥(玉)을 갈 수가 있으므로, 다른 사람의 하찮은 언행이라도 자기의 지덕(智德)을 닦는 데 도움이 됨을 비유한 말이다.

47) 정문(頂門)의 침(鍼) : 정수리에 침 하나를 꽂는다는 뜻이다. 상대방의 급소를 찌르는 따끔한 충고나 교훈을 이르는 말이다.

남의 마음을 헤아려서[揣摩][48] 경영해 반드시 빼앗아 취하려고 하는 것이 진실로 좋은 풍습이 아닙니다만, 염치없는 것도 무릅쓰고 제멋대로 행동하며 조금도 꺼림이 없는 것 또한 좋은 일이라고 말할 수 있단 말입니까? 신은 적이 대신 부끄럽게 여깁니다.

아! 옳고 그름을 억지로 정하니 공의가 답답해하고, 쓰고 버리는 것이 크게 치우치니 어진이를 등용하는 길이 막혔으며, 기강이 서지 않자 군주의 위엄이 능히 아래에서 펴지지 않고, 언로가 열리지 않아서 아랫사람의 뜻이 능히 위로 통하지 못하며, 염치가 모두 없어지자 온 세상의 풍속과 교화가 크게 무너졌습니다. 이 다섯 가지는 정치를 해치는 큰 좀이자 나라를 병들게 하는 뿌리입니다.

아! 오늘날 붕당이 된 것은 모두 3백 년 동안 대대로 높은 벼슬을 지낸 집안[喬木世家]이 아닙니까? 저 멀리 할아버지부터 대대로 국가의 은혜를 받았는데, 하물며 국가에 큰 상사(喪事)가 생겨 대를 이은 임금이 새롭게 즉위하였지만 땅이 무너질 듯한 위기가 아침저녁으로 닥칠 것 같으니, 같은 배를 타고 바람을 맞는다는 마음을 갖는 것이 마땅합니다.

또한 지난날 다툰 것은 개벽(開闢)하기 전의 일처럼 보아, 일단 그대로 두고 우선 실심(實心)으로 일을 해 나아가서 국가를 태산 같이 편안하게 만든 뒤에야 논의를 혹 펼 수 있고, 은원(恩怨)을 혹 정리할 수 있을 것입니다. 속담에 이르기를, '다툴 만한 일은 드러내지 말라.' 하였으니, 오늘날의 일이 불행히 여기에 가까운데도, 오히려 각자 치우치게 과격한 마음을 지키면서 휴척(休戚)을 함께 해야 하는 의리를 생각하지 않고, 반드시 다가올 위기를 앉아서 바라볼 뿐 구하지 않으니 이 또한 매우 어질지 못합니다.

아! 붕당의 화(禍)가 옛날엔들 어찌 없었겠습니까? 그러나 대개 모두 어진

48) 남의 마음을 헤아려서 : 원문은 '췌마(揣摩)'이다. 상대방의 마음을 헤아려 이에 맞게 설득해서 목적을 달성하는 일종의 독심술(讀心術)이다. 전국시대 귀곡자(鬼谷子)가 맨 처음 주장하여 유행한 종횡가(縱橫家)의 변론술(辯論術)인데, 소진(蘇秦)과 장의(張儀)가 그를 찾아와 사사(師事)하며 배웠다고 한다.

선비가 없어져서 그 구분이 분명하였으니, 한나라의 남부(南部)·북부(北部)[49]와 송나라의 원우(元祐)[50]·희풍(熙豊)[51]이 바로 그것이었습니다. 위에 있는 자가 마치 환제(桓帝)[52]·영제(靈帝)[53]처럼 나약하고 휘종(徽宗)[54]·흠종(欽宗)[55]

---

49) 남부(南部)·북부(北部) : 후한(後漢) 환제(桓帝, 132~167) 때 당파이다. 남부는 이응(李膺)·범방(范房) 등 명사(名士)들의 붕당이고, 북부는 조절(曹節)·왕보(王甫) 등 환관(宦官)을 가리킨다. 양측 간의 갈등은 결국 당고(黨錮)의 화(禍)를 초래하였다. 환제와 영제(靈帝, 156~189)때 두 차례에 걸쳐 태학생과 사인들이 체포·하옥되어 종신토록 관리가 될 수 없는 화란이 일어났다. 제1차는 166년 이응이 낙양의 치안을 맡았을 때 환관파 장성(張成)의 아들을 살인죄로 사형시키면서 촉발되었다. 장성은 환관들과 결탁하여 이응이 태학생들과 왕래하며 조정을 비판하고 있다고 무고하였다. 이에 이응과 그 일파 200여 명이 체포되었고, 죽음은 면하였지만 종신토록 금고에 처하여 관리가 될 수 없었다. 제2차는 168년 장검(張儉)이 환관 후람(侯覽)의 모친을 체포하여 죽였는데, 환관들이 이를 빌미로 주병(朱竝)에게 장검이 사당을 결성하고 국가를 전복시키려 한다고 무고하였다. 이로 인해 이응과 두밀(杜密) 등 100여 명이 체포되어 옥중에서 죽었으며, 태학생도 1천여 명이나 체포되었다. 두 차례에 걸친 정쟁의 결과, 환관들이 주요 관직을 장악하게 되었고, 마침내 황건적의 난이 일어나 국운이 쇠퇴하게 되었다.

50) 원우(元祐) : 송나라 제7대 황제 철종(哲宗, 1077~1100)때 사용한 첫 번째 연호(1086~1094)이다. 아버지 신종(神宗)의 뒤를 이어 9세에 왕위에 올랐다. 1093년까지는 조모 선인태후(宣仁太后) 고씨(高氏)가 태황태후(太皇太后)로서 섭정을 하였다. 왕안석(王安石)의 신법(新法)에 반대했던 고태후는 구법파(舊法派)의 영수인 사마광(司馬光)을 재상으로 등용하여 신법들을 잇달아 폐지했다. 이러한 조치는 큰 사회적 혼란과 불만을 낳았을 뿐 아니라, 신법파와 구법파의 당쟁을 더욱 격화시키는 계기가 되었다. 1093년 음력 9월 고태후가 죽자 철종이 친정하면서 사마광·소동파(蘇東坡) 등 구법파 관료들을 유배보내고, 장돈(章惇) 등 신법파를 등용해 보갑법(保甲法) 등을 부활시켰다.

51) 희풍(熙豊) : 송나라 제6대 황제 신종(神宗, 1048~1085)때 연호인 희녕(熙寧, 1068~1077)·원풍(元豊, 1078~1085)을 가리킨다. 즉위 초반 북방민족의 침탈에 맞서 왕안석으로 대변되는 신법당(新法黨)을 등용하여 부국강병을 추진하였다. 하지만 대지주·대상인 등의 큰 반발을 받았고, 사마광 등이 주도하는 구법당이 결성되어 양당 간의 치열한 갈등이 벌어졌다. 1085년 신종이 죽자 어린 철종이 즉위하면서 신종의 모후 선인태후 고씨와 사마광에 의해 신법은 완전 폐기되었다.

52) 환제(桓帝) : 132~167. 후한(後漢) 제11대 황제이다. 질제(質帝)를 독살한 대장군 양기(梁冀)·양태후(梁太后) 남매에 의해 옹립되어 황제가 되었다. 환관 선초(單超) 등과 모의하여 외척으로 횡포를 부리던 양씨가를 멸문시켰으나 이로써 환관의 횡포를 허용하는 결과가 되어, 167년 당고(黨錮)의 금(禁)이 발생하였다.

53) 영제(靈帝) : 156~189. 후한 제12대 황제이다. 당숙인 환제가 후사(後嗣) 없이 죽자 그 뒤를 이어 13세에 제위에 올랐다. 환관 십상시(十常侍)들이 국정을 농단하다가 184년 황건적(黃巾賊)의 난이 발생하였다. 영제가 중병에 걸리자 후계 자리를 놓고 어머니

처럼 혼암(昏暗)하지 않았다면 변별하는 것은 지극히 쉬워서, 진퇴(進退)가 어렵지 않았을 것입니다.

다만 오늘날의 당은 그렇지 아니합니다. 선악과 우열이 크게 다르지 않고, 음양과 흑백이 크게 분별되지 않아서 장차 한 당을 들어서 모두 쓰더라도 반드시 모두 현인(賢人)이 아니며, 한 당을 모두 버리더라도 반드시 악인은 아닙니다. 그렇다고 어쩔 수 없다 하여 양쪽 사람들을 섞어서 등용하여 균평(均平)에 힘쓰는 것은 범충선공(范忠宣公)의 조정론(調停論)[56]과 같아져서 또 구차한 대로 귀결됨을 면하지 못할 것이니, 결국 표준을 세우는[建極] 도리를 다하는 것만 못할 것입니다.

전하께서 반드시 크게 공정하고 지극히 선한 마음으로 위에서 표준을 세워서 피차를 논하지 않고 오직 어진 자만을 얻은 뒤에 마음과 덕을 같이하는[57] 의리를 펴고, 당동벌이(黨同伐異)[58]하는 습속을 경계하여, 공평한 자는

동태후와 부인 하황후(何皇后) 사이에 갈등을 벌이는 와중에 사망하였다. 그 뒤 군웅(群雄)이 할거(割據)하게 되었고, 곧바로 삼국시대로 이어졌다.

54) 휘종(徽宗) : 1082~1135. 북송(北宋) 제8대 황제이다. 형 철종이 사망하자 신종왕후의 지지로 즉위하였다. 재위 초반 신종이 단행하였던 신법을 채용하였으나, 채경(蔡京) 등 총신(寵臣)들에게 정권을 맡기고 본인은 사치스러운 생활을 하였다. 1125년 금나라가 침공하자 황태자[흠종(欽宗)]에게 제위를 물려주었다가 재침입 당시 흠종과 함께 포로가 되어 사로잡혀가 억류생활 중 죽었다.

55) 흠종(欽宗) : 1100~1161. 북송 제9대 황제이다. 휘종의 맏아들로서, 1115년 황태자로 책봉되었고, 1125년 금나라의 공격 직전 제위에 올랐다. 금나라와 화의(和議)를 맺어 잠시 안정을 되찾았지만 조정은 크게 주전(主戰)과 주화(主和)로 나뉘어 갈등을 벌였고, 이듬해 재차 금나라의 침탈을 받았다. 1127년 아버지 휘종과 함께 포로로 잡혀갔다. 이것을 일러 '정강(靖康)의 변(變)'이라고 하였다. 1142년 화의가 성립되었지만 귀국하지 못한 채 유배지에서 죽었다.

56) 범충선공(范忠宣公)의 조정론(調停論) : 충선(忠宣)은 송나라의 명신(名臣) 범순인(范純仁, 1027~1101)의 시호(諡號)이다. 범중엄(范仲淹)의 아들로, 자는 요부(堯夫)이다. 당시 왕안석이 부국강병의 신법(新法)을 제창하여 구법당과 대립하였다. 범순인은 구법당의 편에 서서 신법당과의 조정에 힘썼으나 신법당의 미움을 받고 배척당하여 곤경에 처하였다. 그의 조정론은 신법당과 구법당의 존재를 인정하고 두 세력을 안배하여 갈등을 완화시키려는 주장이었지만 결국 실패로 돌아가고 말았으며, 남송대 주희 등으로부터 비판받았다.

나아가도록 권면하고, 괴란(乖亂)시키는 자는 배척하여 징계하여, 피차 사이에 마음을 서로 살펴서 사사로운 의도를 모두 제거하여 공도가 크게 행해지게 하여야 할 것입니다.

선정신(先正臣) 문순공(文純公) 박세채(朴世采)[59]는 붕당을 제거하는 것으로써 세상 바로잡는 두뇌로 삼았기 때문에 계해년(1683, 숙종9) 만언(萬言)의 상소를 올렸고, 갑술년(1694) 네 종류의 차자를 올려서 간곡하게 뜻을 다하였습니다. 그가 지은 붕당을 경계하는 교서(敎書)의 내용은 더욱 명백하고 정성스러워 돼지와 물고기를 감동시키고, 귀신을 울리기에 충분하였습니다.

신은 이 일이 반드시 나라를 망치는 화란의 계기가 될 것임을 깊이 알고 있기에 감히 눈물을 흘리며 말합니다. 만일 신의 상소를 조당(朝堂)에 내리시고, 이어서 밝은 전지(傳旨)를 내려 중앙과 지방에 반포하여 상하의 신서(臣庶)들이 성상의 뜻이 있는 곳을 훤히 알게 된다면, 장차 얼마 안 가 세상이 편안해지는 변화가 있을 것입니다."

○ 소결(疏決, 죄수를 관대하게 처결함)하는 일로 입시(入侍)하였을 때, 판의금 최석항(崔錫恒)이 말하기를,

"김시환이 평일 생각이 이러하기 때문에 단지 숨기고자 하지 않았을 뿐입니

57) 마음과 덕을 같이하는 : 《서경(書經)》 태서 중(泰誓中)에, 주나라 무왕(武王)이 말하기를, "나에게는 정치를 잘 보좌하여 다스리는 신하 열 명이 있는데, 그들과 나는 마음이 같고 덕이 같다.[予有亂臣十人, 同心同德.]" 하였다.

58) 당동벌이(黨同伐異) : 일의 옳고 그름은 따지지 않은 채 뜻이 같은 무리끼리는 서로 돕고 그렇지 않은 무리는 배척한다는 뜻이다.

59) 박세채(朴世采) : 1631~1695. 본관은 반남(潘南), 자는 화숙(和叔), 호는 현석(玄石)이다. 신흠(申欽)의 외손이며 박세당(朴世堂)과는 당내간의 친족이고, 송시열의 손자 순석(淳錫)은 그의 사위가 된다. 기해년(1659, 효종10) 예송이 일어나자 송시열·송준길의 기년설(朞年說)을 지지하며 서인 측의 이론가로서 활약하였다. 1683년 '황극탕평(皇極蕩平)'을 주장하여 거듭되는 환국으로 인한 파행적 정국을 수습하려고 하였으며, 1694년 갑술환국 이후 황극탕평론을 다시 제기하고, 정승이 되어 실천에 옮겨 숙종의 탕평책을 뒷받침하였다.

다. 새로 즉위하신 처음이니 등용하지 않고 그대로 두면 될 뿐인데, 어찌하여 귀양을 보내려 하십니까?"

하니, 좌의정 이건명(李健命)이 말하기를, "판의금이 아뢴 말은 잘못입니다. 갑자기 풀어줄 수 없습니다." 하였다. 영의정 김창집이 말하기를,

"조문명 상소의 대체(大體)는 좋습니다만 우리 조정에서 논의가 갈라진 것이 이미 백년이 넘었는데, 열성조(列聖朝)가 끝내 제거할 수 없었습니다. 나라를 다스리는 방도는 간사함과 올바름을 분별하고 옳고 그름을 밝히지 않을 수 없으니, 분별하지 않고 밝히지 않으면 더욱 큰 혼란을 초래할 것입니다. 이 상소를 묘당(廟堂)으로 하여금 품처(稟處)[60]하게 하였지만 별도로 복주(覆奏)할만한 것은 없습니다."

하였다. 좌의정 이건명이 말하기를,

"조문명의 논의는 한바탕의 헛된 말에 불과할 뿐입니다만 그 가운데 사군(嗣君, 선왕의 대를 물려받은 임금)이 새롭게 등극하였으니 피차간에 정쟁을 그만두고 실제적인 일[實事]을 하자는 뜻은 매우 좋습니다. 유신(儒臣)이 과연 능히 옛것을 혁파하고 새로운 것을 도모할 수 있는 순수한 마음이 있다면 세도(世道)에 보탬이 될 수 있을 것입니다. 전하께서 이러한 내용으로 신료들을 경계하여 타이른다면 누가 감히 우러러 받들지 않겠습니까?"

하였다. 장령 송도함(宋道涵)[61]이 말하기를,

"김시환의 전후 상소는 모두 지극히 흉패하여, 사당(私黨)을 좋아하고 사류(士類)에게 화를 끼치려는 뜻이 아닌 것이 없으니, 그 심술이 매우 절통합니다. 그런데도 최석항이 허황된 말로 구출하려 하니, 그가 공(公)을 없애고 사(私)를 따르는 모양이 특히 지극히 해괴합니다. 청컨대 엄중하게 추고(推考)하라고 명하십시오."

---

60) 품처(稟處) : 임금이나 윗사람에게 여쭈어서 처리하다.

61) 송도함(宋道涵) : 1657~1724. 본관은 진천(鎭川), 자는 형보(亨甫)이다. 1682년 증광시에 급제하여 생원이 되었고, 1686년 별시문과에 급제하였는데, 1689년 병조좌랑으로서 인현왕후 폐위 교문(教文) 작성을 거부하고 낙향하였다. 경종대 사헌부 장령을 지냈다.

하니, 주상이 아뢴 대로 하라 하였다.

○ 장령 송도함이 상소하여 대략 다음과 같이 말하였다.

"지난번 명의(名義)에 죄를 얻은 부류들이 기회를 틈타 일어나 멋대로 남의 마음을 헤아리는 계책을 실행하여 조정을 괴란(壞亂)시켰습니다. 그로 인해 대부분의 높고 낮은 신료들 가운데 그 예봉을 맞지 않은 사람이 없었는데, 이진검(李眞儉)은 거짓을 꾸며서 함정에 빠트리는 것에 급급하여 신자(臣子)로서 차마 할 수 없는 말을 방자하게 설파하였습니다. 또 전혀 그럴듯하지 않은 말로써 대신을 망측한 죄과에 몰아넣으려 하였으니, 원래 그 마음의 자취가 매우 흉험하였습니다. 마땅히 승정원에서 아뢴 것을 따라서 빨리 정배하라고 명하십시오."

○ 영의정 김창집이 인견(引見)하였을 때 아뢰기를,

"국사가 망극하여 여러 신하들이 팔짱을 끼고 그저 쳐다보고만 있습니다. 최규서(崔奎瑞)[62]는 선조 때부터 이미 시골로 물러난 지 오래되었으며, 정호(鄭澔)[63]·권성(權愭)[64]·이만성(李晩成)[65]·김흥경(金興慶)·이광좌(李光佐) 등 여러

62) 최규서(崔奎瑞) : 1650~1735. 본관은 해주(海州), 자는 문숙(文叔), 호는 간재(艮齋)·소릉(少陵)·파릉(巴陵)이다. 1669년(현종10) 진사시, 1680년(숙종6) 별시문과에 급제하여 청요직을 두루 지냈다. 1689년 대사간 재직시 장희빈의 책봉을 반대하였다. 1716년 병신처분(丙申處分)으로 소론이 세력을 잃자 귀향하였다가 1721년(경종1) 우의정, 1723년 영의정에 올랐다. 당시 노론이 연잉군의 대리청정 등을 추진할 때 반대하였으며, 김일경 등이 신임옥사를 일으키자 완소(緩少)로 온건하게 대처하였다. 1728년(영조4) 무신난(戊申亂)이 발생하자 제일 먼저 조정으로 달려와 이를 알리고, '역정포고의(逆情布告議)'라는 토난책(討難策)을 건의하였다. 영조의 묘정에 배향되었으며, 시호는 충정(忠貞)이고, 시문집으로 《간재집》이 있다.

63) 정호(鄭澔) : 1648~1736. 본관은 연일(延日), 자 중순(仲淳), 호 장암(丈巖)이다. 정철(鄭澈)의 현손, 정종명(鄭宗溟)의 증손으로, 송시열 문인이다. 1689년 기사환국으로 유배되었다가 갑술환국(1694) 때 풀려나 수찬·교리 등을 역임하였다. 1696년 이사상(李師尙)을 논핵하는 등 과격한 발언으로 파직되었다. 1717년 소론의 반대에도 불구하고 세자대리청정을 강행하였다. 1721년(경종1) 신임옥사로 노론 4대신과 함께 파직되어 유배되

사람들은 조정에 나올 뜻이 없습니다. 홍치중(洪致中)은 성묘하고 나서 돌아오지 않았으며, 이재(李縡)는 옛집에서 나와서 도성[輦下]에 머물러 있으니, 출사하는 것을 즐겁게 여기지 않은 사람도 또한 있는 것입니다. 원컨대 비망기를 내려서 불러들이소서."

하니, 주상이 말하기를, "그대로 하라." 하였다.

○ 수찬 서명균(徐命均)[66]이 상소하여 대략 다음과 같이 말하였다.

"병신년(1716, 숙종42) 도당록(都堂錄)[67]은 선신(先臣)[68]이 실제로 주관한

었다. 1725년(영조1) 풀려나와 우의정에 오른 뒤 노론 4대신의 신원(伸冤)을 위해 노력하였다. 좌의정을 거쳐 영의정을 역임하였다.

64) 권성(權偗) : 1653~1730. 본관은 안동, 자는 경중(敬仲), 호는 제월재(霽月齋)이다. 1683년(숙종9) 진사가 되고, 1687년 문과에 장원급제하여 청요직을 두루 지냈다. 1721년(경종1) 한성부판윤 재직시 신축환국으로 삭직되었다가, 1725년(영조1) 노론이 집권하자 부총관·판윤·공조판서 등을 역임하였다. 정미환국(1727)으로 다시 물러났다가 형조판서 등에 여러 차례 기용되었으나, 사퇴하고 여생을 마쳤다.

65) 이만성(李晩成) : 1659~1722. 본관은 우봉(牛峰), 자는 사추(士秋), 호는 귀락당(歸樂堂)·행호거사(杏湖居士)이다. 이유겸(李有謙)의 손자, 이숙(李䎘)의 아들이며, 송시열 문인이다. 1696년(숙종22) 정시문과에 장원하여 청요직을 두루 거쳤다. 1709년 최석정의 《예기유편(禮記類編)》을 논죄하다가 삭직되었는데, 이듬해 복관되었다. 1720년 경종이 즉위하면서 형조판서에 올랐으며, 1721년 병조판서로서 연잉군을 세제로 책봉하게 하였는데, 신임옥사에 연루되어 유배되었다가 죽었다.

66) 서명균(徐命均) : 1680~1745. 본관은 달성(達城), 자는 평보(平甫), 호는 소고(嘯皐)·재간(在澗)·보졸재(保拙齋)·송현(松峴)이다. 영의정 서종태(徐宗泰)의 아들이다. 1705년(숙종31) 진사가 되고, 1710년 증광문과에 급제하여 청요직을 두루 지냈다. 1721년(경종1) 이조참의 재직시 장희빈을 공격한 윤지술을 구원하였다가 김일경 등 소론 강경파의 탄핵을 받고 안악군수로 좌천되었다. 1725년(영조1) 탕평책을 주장하여 영조 연간 탕평파의 핵심이 되었다. 1729년 호조판서, 1732년 우의정을 거쳐 좌의정에 올랐다. 아버지로부터 아들 서지수(徐志修)까지 삼대가 정승을 지냈다. 시호는 문익(文翼)이다.

67) 도당록(都堂錄) : 의정부에서 홍문관의 교리와 수찬을 선임하기 위한 제2차 추천 기록이다. 의정(議政)과 이조판서, 참판·참의 등이 모여 홍문록(弘文錄)에 오른 명단에서 적합한 자의 성명 위에 다시 권점(圈點)을 찍어 찬반을 보이고 그 결과를 임금에게 올리면 득점의 순위에 의하여 관직을 임명하였다.

68) 선신(先臣) : 서명균의 부친 서종태(徐宗泰, 1652~1719)를 가리킨다. 서종태는 갑술환국 이후 남구만, 최석정을 이어서 소론 탕평파를 대표하는 대신이었다.

것인데, 당시 도당록에 오른 사람이 그 뒤에 갑자기 격례(格例)[69]를 갖추지 못하였다고 주장하여 마침내 고치기에 이르렀으니, 이는 3백년 이래 없던 거조로서 붕당이 빌미가 되었기 때문입니다. 또한 전하께서 방자하게 날뛰는 저들에게 한결같이 맡겨 두고 살피지 않으신 데에도 연유하고 있습니다."

주상이 기왕의 일은 굳이 추후에 제기할 필요 없다고 효유(曉諭)하였다.

○ **가을**, 장령 박치원(朴致遠)[70]이 상소하여 대략 말하기를,

"이조판서 최석항은 오랫동안 서전(西銓)[71]을 맡아서 사람들의 말이 많았고, 의심과 비방이 낭자하였는데도 오히려 무릅쓰고 자리를 차지하고 있었는데, 동전(東銓)[72]으로 옮겨 임명한 것은 더욱 뜻밖이었습니다. 연전(年前)에 병조의 인사권을 쥐었을 때 제멋대로 사정(私情)을 따라서 그 사람을 취하고 버리는 것이 편파적이었으므로, 이조판서에 제수하는 왕명이 한 번 알려지자 여론[物情]이 크게 놀라고 있으니, 마땅히 빨리 그 관직을 바꾸어야 할 것입니다.

판부사 이이명은 한 마음으로 나라를 근심하였는데도, 이진검이 터무니없는 거짓을 날조하여 무고하였으니 마땅히 다른 사람을 무함한 형률을 받아야 하므로, 대간이 아뢰어 다투었지만 아직도 윤허하지 않으셨습니다. 원컨대 이진검에 대하여 아뢴 것을 윤허하시어 대신으로 하여금 조정에 나올 수

---

69) 격례(格例) : 격식이 되어 있는 관례이다.

70) 박치원(朴致遠) : 1680~1767. 본관은 밀양(密陽), 자는 사이(士邇), 호는 읍건재(泣愆齋)·설계(雪溪)·손재(巽齋)이다. 1708년(숙종34)에 식년문과에 급제하여 장령(掌令) 등을 역임하였다. 1721년(경종1) 어유룡(魚有龍)·이중협(李重協) 등과 함께 연잉군의 대리청정(代理聽政)을 주장하다가 소론의 반대로 실패하고, 신임옥사(辛壬獄事)로 유배되었다. 영조가 즉위하자 종부시 정(宗簿寺正)에 기용되어 소론에 대한 처벌을 주장하다가 1728년에 다시 유배되었다. 1754년(영조30) 풀려나 판돈령부사 등을 역임하였다. 저서로 《설계수록(雪溪隨錄)》이 있다.

71) 서전(西銓) : 서반(西班, 무관)의 전형(銓衡)을 맡은 기관이라 하여 생긴 말이다. 문관의 전형을 맡았던 이조(吏曹)와 함께 전조(銓曹)라고도 하였다.

72) 동전(東銓) : 이조(吏曹)를 달리 부르는 말이다. 동반(東班)을 전형하여 선발하는 일을 맡았다 하여 붙여진 이름이다.

있게 하여 주십시오."

하였다. 주상이 답하기를,

"이조판서를 시기하여 헐뜯으니, 내가 매우 한탄스럽고 애석하게 여긴다. 국사를 함께한 원로(元老)에게서 정과 뜻이 믿음을 얻지 못하여 멀어지는 마음을 돌리지 못한 것에 대해서는 내가 심히 부끄럽다."

하였다. 박치원이 인피(引避)[73]하니, 홍문관에서 이중협(李重協) 등이 "괴격(乖激)하다."고 하면서 처치하여 체직시킬 것을 청하였다. 정언 이정소가 상소하여 박치원을 체차하는 것은 부당하다고 논하자, 주상이 질책하였다.

○ 헌납 서명균이 상소하여 대략 다음과 같이 말하였다.

"신이 실로 대각(臺閣)에 발을 들여놓고 싶지 않은 이유는, 붕당의 명목이 이미 나뉘고 나서는 좋아하고 싫어하는 것이 각각 다르고 등용하고 버리는 것이 치우친 것이 진실로 피차가 다름이 없기 때문인데, 제멋대로 거리낌이 없는 것이 오늘처럼 심한 것을 일찍이 본 적이 없습니다. 심지어 삼사(三司)에 의망한 사람들은 대부분 함께 어울리는 무리들이 많아서 문지(門地)나 명망이 어떤지 묻지 않으므로, 언론이 도리에 어긋난 것을 진실로 질책할 가치도 없게 되었습니다.

박치원이 이조판서[銓長]를 논하면서 허구를 날조하여 죄를 얽어서 그가 출사(出仕)할 길을 미리 막아버리고, 근거 없이 일을 꾸며서 감히 선조(先朝)의 처분을 빙자하였으니 무엄함이 심하다고 할 수 있습니다. 이러한 논의는 마땅히 더욱 징계하여 막아야 할 것이니, 빨리 배척하여 물리쳐서 밝게 시비를 보이시기 바랍니다."

○ 집의 조성복이 상소하여 대략 다음과 같이 말하였다.

---

73) 인피(引避) : 직무상 거북한 처지에 있어 그 벼슬을 사양하여 물러나거나 또는 은퇴하여 후진에게 길을 열어주다.

"간신(諫臣)이 붕당의 폐단에 대해 크게 논하였는데, 이는 신이 일찍이 우려하여 탄식했던 일입니다. 한쪽 편이 모두 군자일 수 없으며, 다른 한쪽 편도 모두 소인일 수 없는데, 한갓 색목에 얽매여 오로지 한쪽 편만을 등용한다면 진실로 널리 등용하지 못하는 잘못을 면치 못할 것입니다. 그렇지만 지금 만약 모두 거두어 등용하여 그들에게 보합(保合)을 책임지운다면 형세가 서로를 용납하지 못하여 조정이 무너져 혼란해질 것입니다.

전하께서 과연 능히 '공명하며 굳세고 과감한[公明剛果]'이라는 네 글자에 힘을 쓰셔서 어진지 여부를 통찰하여 등용하고 버리는 근본으로 삼는다면 선조께서 이미 정하신 큰 시비와 큰 처분에 대해서 엄하게 밝은 명령을 내려서 감히 다시 논의하지 못하게 해야 할 것입니다.

박치원이 이조판서를 논하여 배척한 것은 신 또한 공정하지 않다고 여기지만 간신(諫臣)이 전지(銓地)[74]를 노리고 공격하였다고 배척하여 또 스스로 추대하여 돕는 죄과(罪科)에 빠졌으며, 한 사람의 일로 인하여 헐뜯는 말이 여러 대간(臺諫)에게 뒤섞여 미쳤으니, 신은 적이 애석하게 여깁니다."

주상이 답하기를, "박치원의 일은 나도 사실 미워한다." 하였다.

○ 부교리 조문명이 상소하여 대략 다음과 같이 말하였다.

"신이 외람되게도 상소 하나를 올린 것은, 위로는 '붕당을 제거하라.[去朋黨]'는 세 글자로써 우리 전하를 권면하고, 아래로는 득실을 근심하는 논의로써 조정의 동료들을 간절히 경계한 것이었습니다. 넉 달 동안 밖에 있다가 돌아와 조정의 형상을 보니 다만 박치원이 전장(銓長)을 맞받아치는 상소만 있으니, 가히 이르지 못할 곳이 없다고 할 만 합니다.

아! 붕당의 화가 옛날에는 없었겠습니까마는 인심과 세도가 한결같이 이 지경에 이르렀으니, 앞서 신이 논의한 것은 현실과 너무 동떨어져서 지금 세상에서는 결코 실행할 수 없을 것입니다."

74) 전지(銓地) : 인사 전형을 담당하던 이조와 병조를 가리킨다.

○ 헌납 서명균이 상소하여 대략 다음과 같이 말하였다.

"대각에서 윗사람의 의향을 따르는 풍조가 조성되어 박치원에 이르러 지극해졌으니, 마음이 매우 놀랍고 한탄스러워 대략 헌신(憲臣)과 유신(儒臣)[75]을 논하여 배척하였는데, 비방과 배척이 갖추어 나왔습니다. 대개 진퇴(進退)의 권한이 오로지 전지(銓地)에 있기 때문에 혹 자기와 다른 사람이 섞여 있을 것을 두려워하여 이조판서[銓長]를 제수(除授)하는 명령이 내려오자 반드시 공격하여 몰아내려고 박치원을 종용하여 이처럼 놀랍고 어그러진 일을 저지른 것입니다.

그들 가운데 스스로의 체면이나마 지킬 줄 아는 자들이 떠들썩하게 말하지 않는 이가 없자 처치를 담당한 유신이 억지로 낙과(落科)[76]에 두어 겉으로는 공의(公議)인 것처럼 과시하였습니다. 양사가 더럽고 난잡한 것에 대해 세상에서 모두 지목하고 있으니 헌신 또한 어찌 알지 못하겠습니까? 그것을 담당한 사람이 마땅히 감당해야 한다는 것을 스스로가 알 것인데 어찌 그렇게 많은 대간들이 불안한 마음을 품게 하기에 이른단 말입니까?"

○ 정언 이정소가 아뢰어 말하기를,

"헌납 서명균이 올린 상소에 일관된 정신은 오로지 조정을 어지럽히는데 있어서 마음씀씀이가 아름답지 않은 것이 이보다 심할 수 없으니, 청컨대 파직하십시오."

하였으나, 주상이 윤허하지 않았다.

○ 교리 조문명이 상소하여 대략 말하기를,

"납언(納言)[77]의 상소는 그 우려하고 분개하는 말이 신의 전후 상소에서

---

75) 헌신(憲臣)과 유신(儒臣) : 헌신은 사헌부 관원을, 유신은 홍문관원을 가리킨다.

76) 낙과(落科) : 홍문관의 관원이 피혐하거나 사직하면 양사에서 처치하여 그 진퇴를 결정하는데, 사직을 허락하도록 처치하는 것을 가리킨다. 같은 노론이면서 홍문관에서 이중협이 박치원을 체차하라고 청한 일을 비판한 것이다.

보인 것과 그 뜻은 하나입니다. 아! 대신(臺臣)이 납언을 죄 주려 하는 것은 오로지 인사권자를 두드리고 흔들어서 영원히 확고한 단안(斷案)으로 만들려는 것이니, 그 주상의 총명을 어지럽히고 다른 사람의 입을 막으려는 계략이 진실로 교묘합니다. 납언은 평일 지론(持論)이 화평하여 괴격(乖激)한 것을 좋아하지 않는다는 것은 온 조정이 알고 있으니, 대신 또한 어찌 알지 못하겠습니까? 그런데 제거하는데 급급하여 함부로 말하며 능멸하고 욕하였으니, 그 또한 곤란합니다."

하였다. 주상이 답하기를,

"납언의 말은 불가할 것이 없으니, 대간의 말은 내가 실로 병통으로 여긴다."

하였다.

○ 정언 이정소가 상소하여 대략 말하기를,

"미리 저위(儲位)를 세우는 일을 급선무로 삼아야 합니다. 지금 주상전하의 춘추가 한창인데도 오히려 뒤이을 후사가 없으시니, 한갓 중앙과 지방의 신민들만이 남모르게 걱정하고 근심하며 길이 탄식할 뿐만이 아닙니다. 삼가 생각건대 우리 자성(慈聖)[78]께서 크게 슬퍼하고 괴로워하는 상중(喪中)에 있으면서도 반드시 이 때문에 근심하며 염려하실 것이고, 하늘에 계신 우리 선왕의 영령께서도 또한 필시 돌아보고 안타깝게 여기시며 답답해하실 것입

77) 납언(納言) : 《서경》 순전(舜典)에 "용(龍)이여, 나는 참언과 잔학한 행동이 우리 백성들을 놀라게 하는 것을 싫어해서 그대를 납언(納言)에 임명하니, 밤낮으로 나의 명을 알리고 보고하되 성심으로 하라." 하였다. 원래는 승지를 가리키지만, 여기서는 사간원 헌납 서명균을 지칭한 것이다.

78) 자성(慈聖) : 숙종의 계비 인원왕후(仁元王后, 1687~1757)를 가리킨다. 경은부원군(慶恩府院君) 김주신(金柱臣)의 딸이다. 1701년(숙종27) 인현왕후가 죽자, 간택되어 이듬해 왕비에 책봉되었다. 경종대 연잉군의 대리청정을 위해 노론 4대신이 후계자를 세우는 일은 종사(宗社)의 대계(大計)를 위한 것이라고 거듭 주장하면서 결단을 내리기를 종용하였고, 마침내 경종의 마음을 돌려 윤허를 받았다. 그다음 인원왕후에게 가서 뜻을 물어 수필(手筆)을 받아오도록 경종에게 요구하였다. 이에 자전의 언문수교를 보인 후 연잉군을 후계자로 삼는다는 전지를 써서 내도록 하였다.

니다. 하물며 조종(祖宗)이 이미 시행한 영전(令典, 명령과 법전)이 있으니, 어찌 오늘날 마땅히 준행하여 받들어야 할 바가 아니겠습니까?

삼가 원하건대 전하께서는 위로는 자성께 여쭈고 아래로는 대신들에게 의논하여, 즉시 종사의 큰 계책을 정하여 억조 백성의 간절한 소망이 의지할 수 있게 한다면 실로 이것은 우리나라 억만년 무궁한 경사의 기반이 될 것입니다."

하니, 주상이 말하기를, "상소의 내용을 대신들과 의논하여 품의해서 처리하라." 하였다.

빈청에서 아뢰어 말하기를,

"정언 이정소의 상소에 대해 품처(稟處)하라는 명이 있어서 신 등이 빈청에 나아가 논의하였는데, 이것은 지극히 중대한 일이므로 또한 원임 대신과 육조, 정부(政府) 서벽(西壁),[79] 판윤, 삼사 장관을 패초하여, 들어와 논의하여 결정하게 하는 것이 어떠하신지요?"

하니, 주상이 전교하기를, "윤허한다." 하였다. -판부사 김우항(金宇杭),[80] 이조판서 최석항, 예조판서 송상기(宋相琦)[81]를 패초하였지만 나오지 않았다.-

---

79) 서벽(西壁) : 관직의 서열과 좌석의 위치에 따른 관직의 별칭이다. 각 관서의 차하위급(제3등급)에 해당하는 관직을 지칭하였다. 의정부의 좌·우참찬, 승정원의 우부승지·동부승지, 홍문관의 교리·부교리·수찬·부수찬, 사행(使行)에서의 서장관(書狀官)이 이에 해당된다. 최상위 고위직은 주벽(主壁, 북좌남향), 차상위는 동벽, 차하위가 서벽, 최하위가 남상(南床)에 자리하였다.

80) 김우항(金宇杭) : 1649~1723. 본관은 김해(金海), 자는 제중(濟仲), 호는 갑봉(甲峰)·좌은(坐隱)이다. 1669년(현종10) 사마시에 합격, 1675년(숙종1) 유생들과 더불어 자의대비(慈懿大妃) 복상 문제로 송시열이 유배되자 이의 부당함을 상소하였다. 1681년 식년문과에 급제하여 1689년 도당록(都堂錄)에 올랐다. 1703년 형조판서, 1713년 우의정 등을 역임하였다. 1722년 김일경의 사친 추존론(私親追尊論)을 반대하다가 화를 입었다. 문집에 《갑봉집》이 있다.

81) 송상기(宋相琦) : 1657~1723. 본관은 은진(恩津), 자는 옥여(玉汝), 호는 옥오재(玉吾齋)이다. 예조판서 송규렴(宋奎濂)의 아들이고, 송시열 문인이다. 1684년(숙종10) 정시문과에 급제하여 청요직을 두루 지냈다. 1689년 기사환국으로 낙향하였다가 1694년 갑술환국으로 장령이 되고, 이후 이조판서 등을 역임하였다. 1722년(경종2) 신임옥사에 연루되어 강진으로 귀양 가서 이듬해 유배지에서 죽었다.

○ 청대(請對)[82]하여 입대하였을 때 영의정 김창집이 말하기를,

"대신(臺臣)의 말은 곧 종사(宗社)의 큰 계책으로서, 지금 국세와 인심이 동요하고 있는데, 성상의 춘추가 한창이지만 아직도 저사(儲嗣, 세자)가 없으니 종사의 근심이 이보다 더 큰 것이 없으므로, 혈기가 있는 사람이라면 누군들 우려하며 한탄하지 않겠습니까?

신이 부끄럽게도 대신으로 있으면서 아직까지 감히 우러러 청하지 못한 것은, 단지 사체가 지극히 중대하기 때문에 지금까지 망설이며 입을 떼지 못하였던 것입니다. 대신(臺臣)이 대신이 말하지 않은 것을 허물하였는데, 신은 진실로 직책을 다하지 못한 책임을 면하기 어렵습니다. 여러 신하들이 모두 입시하였으니, 물어서 결정하는 것이 어떻겠습니까?"

하였다. 판부사 조태채(趙泰采)[83]가 말하기를,

"사직(社稷)의 대계는 저위를 세우는 것보다 중대한 것이 없으므로 예로부터 인군(人君)에게 만약 자손이 번창하는 경사[84]가 없으면 아래에서 건저할 것을 청하는 경우가 있었습니다. 송나라 인종(仁宗)[85]의 경우 춘추가 비록

---

82) 청대(請對) : 신하가 임금을 면대(面對)하여 국사를 아뢰기를 청하는 일이다.

83) 조태채(趙泰采) : 1660~1722. 본관은 양주(楊州), 자 유량(幼亮), 호 이우당(二憂堂)이다. 조태구의 종제이며, 조태억(趙泰億)의 종형이다. 숙종대 좌의정 등을 역임하였다. 1721년(경종1) 신축환국으로 진도에 유배되었다가 이듬해 사사되었다. 1725년(영조1) 우의정 정호(鄭澔)의 진언으로 복작(復爵)되었으며 외딴섬에 나누어 유배되었던 자녀들도 모두 풀려나게 되었다. 노론 4대신의 한 사람으로서, 과천의 사충서원(四忠書院)과 진도의 봉암사(鳳巖祠)에 제향되었다.

84) 자손이 번창하는 경사 : 원문은 "螽斯之慶"이다. 《시경》 주남(周南) 종사(螽斯)에 "수많은 베짱이가 화목하게 모여들 듯, 그대의 자손 또한 번성하리라.[螽斯羽, 詵詵兮, 宜爾子孫振振兮.]" 하였다. 베짱이는 한 번에 99개의 알을 낳는다고 한다.

85) 인종(仁宗) : 1010~1063. 송나라 제5대 황제이다. 진종(眞宗)이 죽자 제위에 올랐지만 장헌태후(章獻太后)가 수렴청정 했다. 명도(明道) 2년(1033) 친정(親政)을 시작했다. 중앙집권적 관료지배도 안정되고, 과거제도도 정비되어 한기(韓琦)·범중엄(范仲淹)·구양수(歐陽修)·사마광(司馬光) 등의 명신(名臣)이 정치를 맡았고, 주돈이(周敦頤)·이정자(二程子) 등의 유학자도 나와서 '경력(慶曆)의 치(治)'라는 북송의 최전성기를 맞았다. 그러나 곽(郭) 황후의 폐립을 둘러싸고 명신들 사이에 '경력의 당의(黨議)'가 발생하였고 관리와 군인의 부패, 기근 등으로 어려움이 있었으며, 대외적으로는 서하(西夏)의 침입과 요나라

늦지 않았지만 간신(諫臣) 범진(范鎭)[86]이 거듭 상소하여 청하였고, 대신 문언박(文彦博)[87] 등이 힘써 찬조하여 정책(定策)[88]한 일이 있습니다.

성상의 춘추가 왕성하지만 아직도 대를 이을 후사가 없으니 수많은 사람들이 희망을 잃은 것이 어떠하겠습니까? 대신(臺臣)의 말이 이미 나온 뒤라서 한 시라도 지연시킬 수 없으니 오직 국가의 대계만을 깊게 생각하시어 빨리 처분을 내리신다면 어찌 국가 억만년의 무궁한 경사가 아니겠습니까?"

하였다. 좌의정 이건명이 말하기를,

"저위를 세우는 것은 국가의 중대한 일이므로 반드시 모름지기 빨리 결정한 뒤에야 국가의 형세가 공고해지고 인심이 의지할 수 있는데, 아직도 자손이 번창하는 경사가 없으니 많은 신하들의 근심과 우려를 이루다 말할 수 없습니다. 조종의 혼령이 또한 반드시 돌아보고 있을 것인데, 자성의 하교가 비록 상중[哀疚]임에도 불구하고 내려왔으니, 그 종사를 위한 염려가 깊으신 것입니다.

대신(臺臣)의 말이 국가 대계를 위해 나온 것이니 일각이라도 늦춰서는 안 되므로 깊은 밤중임을 헤아리지 않고 서로 이끌어 우러러 청하니, 반드시 빨리 대계를 정하신다면 매우 다행이겠습니다."

의 침공으로 굴욕적인 강화를 맺고, 요(遼)에 대한 세폐(歲幣)의 증액, 국방병력의 증대 등으로 말년에는 재정 곤란에 빠졌다.

86) 범진(范鎭) : 1008~1089. 송나라 정치인으로, 자는 경인(景仁), 시호 충문(忠文)이다. 범백록(范百祿)의 숙부이자 범조우(范祖禹)의 종조부(從祖父)이다. 1038년 진사가 되어 한림학사(翰林學士), 판태상시(判太常寺) 등을 지냈으며, 촉군공(蜀郡公)에 봉해졌다. 왕안석의 신법을 반대하다가 벼슬을 그만두고 물러났다. 학문은 육경을 근본으로 하여 노장과 불교를 배척하였으며, 고악(古樂)을 정밀히 연구하였다. 저서에 《정언(正言)》, 《국조운대(國朝韻對)》, 《범촉공집(范蜀公集)》 등이 있다.

87) 문언박(文彦博) : 1006~1097. 송나라 정치가로, 자는 관부(寬夫)이다. 인종대 참지정사(參知政事) 등을 거쳐 재상의 지위에 올랐다. 부필(富弼) 등과 함께 영종(英宗)의 옹립에 공을 세웠고, 신종(神宗) 때 왕안석의 신법에 반대했다가 쫓겨나기도 했다. 네 명의 황제를 섬기고 장상(將相)으로만 50년을 재임하면서 정계 원로로 활동하였다.

88) 정책(定策) : 정책(定冊)이라고도 한다. 옛날에 천자를 세운 다음, 사실을 간책(簡策)에 써서 종묘(宗廟)에 고하였는데, 이로 인해 대신들이 모의하여 천자를 세우는 것을 정책으로 일컫게 되었다. 《한서(漢書)》 〈한왕신전(韓王信傳)〉에 "한증(韓增)이 대장군 곽광(霍光)과 함께 정책하여 선제(宣帝)를 천자로 세웠으므로 천호(千戶)를 더 봉해 주었다." 하였다.

하였다. 호조판서 민진원(閔鎭遠), 공조판서 이관명(李觀命), 형조판서 이의현(李宜顯), 승지 조영복(趙榮福),[89] 부교리 신방(申昉) 등이 모두 빨리 윤허해주기를 청하였다.

주상이 말하기를, "윤허하여 따르겠다." 하자, 대신과 여러 신하들이 모두 말하기를, "이는 종사(宗社)의 무강(無疆)한 복입니다." 하였다.

김창집이 말하기를,

"대신(臺臣)의 상소 가운데 '조종이 이미 시행한 영전(令典)'이란 공정대왕(恭靖大王)[90] 때의 일을 가리킨 듯하니, 성상께서는 자전(慈殿)의 뜻을 우러러 묻지 않을 수 없으며, 이 같은 대처분은 반드시 수필(手筆)을 받아 내어 보인 뒤에야 봉행(奉行)할 수 있을 것입니다. 신 등은 마땅히 물러나 합문(閤門) 밖에 나가서 공손히 엎드려 처분을 기다리겠습니다."

하니, 주상이 말하기를, "아뢴 대로 하겠다." 하였다.

이건명이 말하기를,

"이같이 막대한 일의 경우 자성에게 우러러 아뢰지 않을 수 없으니, 비록 이미 깊은 밤이지만 반드시 친히 자성의 필적을 받은 뒤에 신 등을 부르십시오. 신들 또한 마땅히 직접 받아야 하니, 청컨대 물러나 합문 밖에 나아가 기다리겠

---

89) 조영복(趙榮福) : 1672~1728. 본관은 함안(咸安), 자는 석오(錫五), 호는 이지당(二知堂)이다. 김창협(金昌協) 문인이다. 1705년(숙종31) 사마시, 1714년 증광문과에 급제하여 청요직을 두루 지냈다. 1716년 윤신거(尹宣擧)의 선정(先正) 칭호를 금할 것을 청하였으며, 1720년 경종 즉위 뒤 승지를 지내다가 신임옥사로 파직되어 유배되었다. 1725년 노론의 집권으로 풀려나 도승지 등을 역임하였다.

90) 공정대왕(恭靖大王) : 정종(定宗, 1398~1400)의 시호이다. 이름은 경(曔)이고, 초명은 방과(芳果)이다. 자는 광원(光遠)이다. 태조의 둘째 아들이며, 어머니는 신의왕후 한씨(神懿王后 韓氏)이다. 1398년 8월 정안군(靖安君) 방원(芳遠)이 주도한 제1차 왕자의 난이 성공하면서 세자 책봉문제가 제기되었다. 방과는 "당초부터 대의를 주창하고 개국해 오늘에 이르기까지의 업적은 모두 정안군의 공로인데 내가 어찌 세자가 될 수 있느냐?"고 하면서 완강하게 거절했으나 정안군이 양보해 세자가 되었다. 1개월 뒤 태조의 양위를 받아 왕위에 올랐다가 스스로 정안군을 세자로 책봉하고 그에게 양위한 뒤 상왕이 되어 천수를 누리다가 죽었다. 따라서 이것은 현직 국왕이 아우를 세자로 책봉한 선례가 되었다.

습니다."

하니, 주상이 말하기를, "그대로 하라." 하였다.

파루(罷漏)[91] 뒤, 승전색(承傳色)[92]이 나와서 낙선당(樂善堂, 창경궁 소재)으로 들어와 기다리라고 말하였다. -《초종설(初從說)》[93]에서 말하기를, "파루 뒤에 구전(口傳)으로 아뢰어 말하기를, '밤이 이미 깊은데, 삼가 자성께 우러러 아뢰었을 것으로 생각됩니다만, 또한 성상(聖上)께서 편치 못한 몸으로 밤새도록 잠자리에 들지 못하면 반드시 근심하고 우려하는 마음이 생길 것입니다. ……' 하자, 주상이 입시하라고 명하였다." 한다.-

여러 신하들이 즉시 빠른 걸음으로 들어왔다. 김창집이 나아가 말하기를, "과연 자성께 아뢰어 하교를 받았습니까?" 하니, 주상이 말하기를, "그렇다." 하였다. 이건명이 말하기를, "반드시 자전의 수찰을 우러러 본 뒤에야 받들어 거행할 수 있습니다." 하니, 주상이 책상 위에 있는 봉지(封紙)를 가리키면서 말하기를, "여기 있다." 하여, 김창집이 열어보니 한 장에는 "연잉군(延礽君)[94]"

91) 파루(罷漏) : 도성내의 통행금지 해제를 알리기 위하여 종각(鐘閣)의 종을 치던 제도이다. 오후 10시경에 28번 쳐서 인정(人定)을 알리면 도성 문을 닫아 통행금지가 시작되었다. 새벽 4시경 오경삼점(五更三點)에 33번 쳐서 파루를 알리면 도성의 여덟 문이 열리고 통행금지가 해제되었다.

92) 승전색(承傳色) : 내시부(內侍府)에 소속된 관직이다. 국왕의 전교(傳敎) 가운데에서 정사(政事)와 관련된 중요한 일들은 승정원에서 담당하고, 사사로운 일들은 이들 승전색이 맡았는데, 왕비의 전교는 전적으로 승전색이 수행하였다. 또한 왕의 전명(傳命)은 액정서(掖庭署)의 사알(司謁) 등이 맡기도 하였으나 왕비의 경우에는 금지하였다.

93) 초종설(初從說) : 구준원(具駿遠)이 지은 《신임기년제요(辛壬紀年提要)》에 따르면, 이재(李縡)가 지은 《초종설》이 인용되어 있는데, 현재 전해지지 않는다.

94) 연잉군(延礽君) : 1694~1776. 21대 국왕 영조(英祖, 1724~1776)를 가리킨다. 숙종의 생존한 세 아들[경종·영조·연령군(延齡君)] 중 둘째로, 어머니는 화경숙빈(和敬淑嬪) 최씨이다. 1699년(숙종25) 연잉군에 봉해졌다. 1721년 경종이 즉위하였지만 후사가 없자 김창집·이건명·이이명·조태채 등 노론 4대신이 세제 책봉을 촉구하니, 숙종 계비(繼妃) 인원왕후(仁元王后)가 삼종혈맥(三宗血脈)을 내세워 마침내 책봉을 관철시켰다. 노론은 여기서 더 나아가 경종의 지병을 핑계로 세제의 대리청정을 요구하였다. 이에 유봉휘 등 소론이 임금에 대한 불충이라 하며 강하게 반발하였고, 결국 대리청정을 취소시켰다. 뒤이어 김일경 등이 목호룡의 고변을 빌미로 임인옥사를 일으켜 노론 4대신을 위시한 170여 명의 인사들을 처벌하였다. 이 사건에 연잉군의 처남 서덕수(徐德壽) 등이 연루되었고,

이란 세 글자가 씌어 있었고, 다른 한 장의 소지(小紙)에는, 자성의 하교가 있었다.

이건명이 펼쳐서 읽기를 끝내자 김창집이 말하기를, "이는 종사의 끝없는 복입니다." 하였다. 사관이 언문 교서를 번역하여 말하기를,

"효종대왕(孝宗大王)의 혈맥과 선대왕의 골육으로는 다만 주상과 연잉군이 있을 뿐이니, 어찌 다른 뜻이 있겠는가? 나의 뜻이 이러하다는 것을 대신들에게 하교하는 것이 마땅하다."

하였다. 여러 신하들이 모두 울면서 말하기를, "이 전교를 받드니 슬픈 감정을 이기지 못하겠습니다." 하였다. 이건명이 말하기를, "승지에게 전지(傳旨)를 베껴 내게 할까요?" 하니, 주상이 "알았다." 하였다.

조영복이 장차 전지를 쓰려고, 대신을 돌아보며 말하기를, "호칭을 어떻게 쓸까요?" 하니, 이건명이 나아가 말하기를,

"공정대왕이 등극한 뒤 태종(太宗)을 세자로 책봉하였는데, 고사(古史)에서는 역대 제왕들이 동생을 후사로 삼은 경우에 모두 '태제(太弟)'라고 하였습니다. 신 등이 갑작스럽게 결정할 수 없으니, 물러나 전례(典禮)를 두루 살펴서 우러러 아뢰겠습니다. 자전께서 앞서 쓴 저사(儲嗣)를 내주시는 것이 아마도 마땅할 듯합니다."

하니 주상이 "알았다." 하였다.

조영복이 이에 전교를 쓰기를, "연잉군 -임금의 이름은 숨겼다.- 을 저사로 삼는다." 하였다. 김창집이 내려 받은 두 장의 종이를 주상 앞에 도로 바쳤다. 조영복이 예조에서 모든 관계된 절목들을 전례에 따라 거행하게 할 것인지를 우러러 여쭈니, 주상이 "알았다." 하였다.

연잉군 자신도 공초(供招)에 오르내리며 혐의를 받았다. 그렇지만 김동필(金東弼)·조현명(趙顯命)·송인명(宋寅明)·박문수(朴文秀) 등의 보호를 받아 세제 지위를 유지할 수 있었고, 마침내 1724년 즉위하였다.

○ 연잉군이 상소하여 대략 말하기를,

"신은 어리석고 불초하기 짝이 없어서 지금의 작위(爵位)만으로도 이미 분수에 넘쳐서 늘 부끄럽고 두려워하였는데, 천만뜻밖에도 갑자기 결코 감당할 수 없는 명령을 내리시니, 신은 심담(心膽)이 함께 떨어진 듯하여 놀랍고 두려워 울면서 몸 둘 바를 모르겠습니다.

아! 비록 미관말직일지라도 그 재능과 분수를 헤아려서 감당하지 못할 것이 있으면 오히려 일을 망치고 죄를 지을까 두려워하는데, 신은 어떤 사람이고 이것은 어떤 지위입니까? 해마다 흉년이 들어 백성들이 굶주리기에 이르러서 근심과 걱정이 눈에 가득하니 더욱 신이 받들어 감당할 수 없습니다.

신의 성정은 본래부터 허술하고 어설퍼서 오직 자신의 분수를 지키면서 성명(聖明)의 세상에서 편안하게 살기로 마음속으로 늘 다짐하였습니다. 이러한 신의 충정[衷悃]은 다만 천지신명께 질정(質正)할 수 있을 뿐만 아니라, 선대왕의 오르내리시는 혼령도 밝게 아시고, 성상께서 위에 계신데 어떻게 속일 수가 있겠습니까? 거적을 깔고 엎드려 울면서 오직 주상께서 뉘우치고 깨달으시기를 바랍니다.

삼가 원컨대 자성께 우러러 아뢰어 빨리 성명(成命)[95]을 거두어서 불초한 저로 하여금 거듭 큰 죄에 빠지지 않게 하신다면 신은 비록 죽는 날일지라도 오히려 태어나는 것과 같이 여길 것이며, 실로 종사(宗社)와 신민(臣民)에게 다행한 일이 될 것입니다. 가슴속에 있는 말이 나와서 스스로 멈출 수 없지만, 상소를 앞에 두고 피눈물을 흘리면서 말할 바를 알지 못하겠습니다."

하였다. 주상이 답하기를,

"미리 저사를 세우는 것은 사직을 중히 여기기 때문이다. 아! 내가 변변치 못하여 이미 30세가 지났는데도 아직껏 대를 이을 후사가 없고, 또 기이한 질병마저 있으니 국사를 근심하여 염려하면서도 무엇을 어찌해야 할지 모르겠다. 그래서 자성께 우러러 아뢰고 아래로 여러 신하들의 심정을 따라서

95) 성명(成命) : 임금이 신하의 신상에 관하여 결정적으로 내리는 명령이다.

저이(儲貳)의 막중한 자리를 맡기니 조심하고 공경하며[96] 부지런히 힘써서 백성들의 큰 희망에 부응토록 하라."

하였다. 주상이 전교하기를, "승지를 보내어 내 말을 전하라." 하였으나, 왕세제가 세 번 상소하여 고사하였다. 주상이

"이미 어제의 비답에서 상세히 말하였으니 다시 사양하지 말고 나의 마음을 편안케 하라."

고 답하였다. -모두 승지를 보내 선유(宣諭)[97]하였다.-

◯ 사직(司直) 유봉휘(柳鳳輝)가 상소하여 다음과 같이 말하였다.

"삼가 신이 듣건대 정언 이정소가 상소하여 저사를 세울 것을 청하자 성상께서 대신과 의논하여 품처(稟處)하라는 비답을 내리셨다 하니, 신은 이를 듣고 놀라고 두려워서 우려와 의혹을 이루다 말할 수 없었습니다.

이튿날 아침 비로소 듣기를, 대신이 여러 재신(宰臣)과 함께 입대하여 빨리 대언(臺言)에 따르라고 청하고, 이어서 자성의 수필(手筆) 하교를 얻기를 청하면서 물러나 합문에 머물렀다가 밤이 깊은 뒤 또 이 일이 지연되는 것을 용납하지 못하고 다시 승지[承宣]를 불러 우러러 아뢰자, 다시 대면하여 처분이 결정되었다고 하였습니다.

나라의 저사를 세우는 일이 얼마나 중대한 일인데, 시임(時任) 대신으로서 멀지 않은 강교(江郊)에 있던 사람마저 마연히 알지 못하고, 원임(原任) 경재(卿宰) 가운데 처음 불러서 나가지 않은 사람은 다시 부르지도 않고서 갑작스럽게 서둘러서 조금도 국가의 체통을 생각하는 마음이 없으니, 신은 이것이 무슨 거조인지 알지 못하겠습니다.

신은 대대로 국가의 은혜를 받아서 지위가 재상의 반열에 이르기까지

---

96) 조심하고 공경하며 : 원문은 "小心翼翼"이다. 《시경》 〈대아(大雅) 대명(大明)〉에서 문왕의 덕을 칭송한 말이다.

97) 선유(宣諭) : 임금의 유지(諭旨)나 훈유(訓諭)를 백성에게 널리 알려 공포하다.

수십 년 동안 근밀(近密)의 자리에 출입하였는데, 이러한 때를 당하여 어찌 감히 부월(鈇鉞)의 베임[98]을 두려워하여 입을 다물고 한마디도 말하지 않아서 우리 선왕과 전하를 저버릴 수 있겠습니까?

전하께서는 중전을 재차 맞이한 지 겨우 몇 년이 되었는데,[99] 일찍이 근심이 되는 증세를 치료한 적이 있고, 계속 상중에 계시니 후사의 있고 없음은 아직 논할 수 없습니다. 그리고 전하의 보주(寶籌, 임금의 수명)가 한창 젊으시고 중전의 나이도 이제 겨우 계년(笄年)[100]을 넘으셨으니 뒷날 자손이 번창할 경사는 진실로 온 나라 신민들이 크게 바라고 있는 것입니다.

어떤 자는 양궁(兩宮)께서 병환이 있어 귀한 아이를 낳아 기르는데 방해가 된다고 하는데, 보호하는 자리에 있는 자들은 마땅히 정성을 다해 의약으로 치료하는 일을 다 하지 않을 수 없는데도 이에 대해 유념하는 자가 있다는 말을 듣지 못하였습니다. 그런데 바로 즉위하신 원년에 갑자기 이러한 거조가 있게 되었으니 이것이 어찌 된 까닭입니까?

전하께서 즉위하신 지 일주년이 되어 신민이 지금 바야흐로 눈을 씻고 바라보면서 새로운 교화를 기대하고 있는 이때에, 대간의 상소에서 이른바 '국세가 위태롭고 인심은 흩어졌다.' 한 것은 무슨 근거로 이런 말을 하였는지 알지 못하겠습니다. 설령 그러한 말과 같은 일이 있다고 하더라도 국정을 담당한 대신들이 마땅히 조정의 의사를 널리 물어서 조용하게 아뢰어 중앙과 지방으로 하여금 무슨 사연이 있고 무슨 이유 때문인지 분명히 알게 하여야 할 것입니다.

---

98) 부월(鈇鉞)의 베임 : 부는 도끼, 월은 큰 도끼이다. 임금이 한 방면을 맡기는 사신·장군에게 생살(生殺)의 권한을 맡기는 뜻으로 주는 것으로, 여기서는 부월로 주살(誅殺) 당함을 뜻한다.

99) 중전을 …… 되었는데 : 중전은 선의왕후(宣懿王后, 1705~1730) 어씨를 가리킨다. 본관은 함종(咸從)이고, 영돈녕부사 어유귀(魚有龜)의 딸이다. 1718년(숙종44) 첫 번째 세자빈(世子嬪)인 단의왕후(端懿王后) 심씨(沈氏)가 죽자 그 해에 14세의 나이로 세자빈으로 책봉되어 가례(嘉禮)를 올렸고, 1720년 경종이 즉위하자 왕비가 되었다.

100) 계년(笄年) : 여자가 처음 비녀를 꽂던 나이로서 보통 15세였다.

그런데 지금은 그렇게 하지 않고 처음에 이정소 같은 어리석고 무식한 자로 하여금 대충대충 상소로 청하게 하여 마치 시험하여 보는 것처럼 하였습니다. 그리하여 '품처하라.[稟處]'는 두 글자의 전교를 얻자 이에 경고(更鼓)[101]가 밤이 이미 깊어진 것을 알린 뒤에 등대(登對)하여 힘껏 청하여 반드시 따르게 하고서야 그만두었으니, 이정소와 화응한 모습이 분명하여 숨길 수가 없게 되었습니다.

만약 이 일을 자성께 우러러 아뢰지 않을 수 없었다면 또한 마땅히 품정(稟定)하겠다는 뜻을 전하에게 우러러 여쭙고 물러나 하교를 기다리는 것이 사체에 맞습니다. 그런데 이미 들어가 아뢸 것을 청하고는 갑자기 승선을 내보내라고 청하여, 다시 청한 계사에서는 '지연시킬 수 없다.'고까지 말하여 마치 심부름하는 사람을 독촉하는 것과 같았으니, 이는 진실로 신하의 예의가 없다고 할 만합니다.

일찍이 전하께서 탄생하셨을 때 인현왕후(仁顯王后)[102]께서는 오래도록 뒤를 이을 후사가 없었습니다. 그때에도 후사를 세우는 일이 급하지 않은 것은 아니었지만 전석(前席)[103]에서 하순(下詢)하셨을 때 여러 신하들이 말하기를,

'우선 몇 년 기다려 보아 정궁에게서 아들을 얻는 경사가 없는데 왕자의 나이가 장성하였다면 유사(有司)가 마땅히 후사로 세워야 한다고 청하기에 겨를이 없을 것입니다.'

하였으니, 당시의 신하로서 어찌 다른 뜻이 있었겠습니까? 대개 국본(國本)을 소중히 여기고 국체(國體)를 존중하였기 때문입니다.

---

101) 경고(更鼓) : 밤중에 시각을 알리기 위해 치는 북소리를 말한다.

102) 인현왕후(仁顯王后) : 1667~1701. 본관은 여흥(驪興), 아버지는 여양부원군(驪陽府院君) 민유중(閔維重)이며, 어머니는 은진 송씨(恩津宋氏)로 송준길(宋浚吉)의 딸이다. 1681년(숙종7) 계비가 되었는데, 1689년 폐위되었다. 1694년 갑술환국으로 다시 복위되었다가 1701년 병으로 사망하였다.

103) 전석(前席) : 임금이 신하의 이야기를 더 잘 들으려고 앞으로 나와 바짝 다가앉는 것을 말한다.

신하가 군주를 섬기는 도리는 마땅히 이와 같아야 할 것인데도 지금은 너무 급하게 서둘러 마치 한 시각도 넘겨서는 안 되는 것처럼 하면서 한밤중에 엄려(嚴廬)104)에서 한 번 청하고 두 번 청하여 막중하고 막대한 일을 끝내 경솔하게 결정하기에 이르렀으니, 국체가 크게 가벼워져서 자못 모양을 갖추지 못하였고, 인심은 의혹되어 오래 지나도 안정되지 않으니, 신은 참으로 어쩌다가 일이 이 지경에 이르렀는지를 알지 못하겠습니다.

비록 이미 명령이 내려져서 다시 논의할 수 없지만 대신과 입대한 여러 신하들의 우롱하고 협박한 죄는 밝게 바로잡지 않을 수 없는데 전하의 조정에서 한 사람도 이것을 말하는 사람이 없으니, 이에 감히 월권(越權)의 혐의를 피하지 않고 죽음을 무릅쓰고 아뢰옵니다."

우승지 한중희(韓重熙)가 청대하여 입시할 때 대신과 삼사의 여러 신하들을 함께 패초하였다. 주상이 다음과 같이 전교하였다.

"선대왕께서는 해와 달 같은 밝으심으로써 나에게 후사가 없는 것을 매우 우려하셨다. 지금에 이르러 나의 병이 점점 더하여 아들을 얻을 희망이 없으니 무거운 부탁을 받들고 밤낮으로 근심하여 편안히 지낼 겨를이 없었다.

여러모로 생각하던 끝에 엊그제 대간의 상소를 보니, 종사를 위하여 국본을 정하려 한 것이 아님이 없어서, 선대왕의 허다한 우려와 나의 근심하여 한탄하는 뜻에 정확하게 합치하였기 때문에 자성에게 우러러 아뢰었더니, 이르시기를, '효종대왕의 혈맥과 선대왕의 골육은 다만 나와 연잉군 뿐이다.' 하시어 여기에서 벗어나지 않았다.

자성의 하교가 지극히 간절하였으므로, 나도 모르게 눈물을 흘렸다. 아! 내게 조금이라도 후사를 이을 희망이 있다면 어찌 이러한 하교가 있었겠는가? 이미 저사를 정했으니, 실로 이는 종사의 무궁한 복이요, 또한 역시 내가 크게 바라던 바였다.

그런데 유봉휘의 상소가 전혀 뜻밖에 나와서 말이 망령되어 이치에 맞지

104) 엄려(嚴廬) : 상주(喪主)가 거처하는 여막이다.

않기까지 하였으니, 이 사람은 어떤 사람이기에 어떻게 이와 같이 하는가? 이를 내버려 둘 수가 없으니 경 등이 의논하여 아뢰도록 하라."

합문 밖에서 대신과 삼사 -영의정 김창집, 좌의정 이건명, 대사헌 홍계적(洪啓迪), 대사간 유숭(兪崇), 사간 신절(申晢),[105] 장령 송도함, 정언 이성룡, 교리 신방- 가 합계하여 다음과 같이 아뢰었다.

"사직 유봉휘가 감히 국가의 대계를 하찮은 데로 귀결시키고 신들을 망측한 죄과로 내몰았으니, 단지 머리를 땅에 조아리고[106] 죄를 청해야 마땅한데, 엎드려 성교(聖敎)를 받드니 열 줄 윤음(綸音)이 종묘사직을 위하고 나라의 근본을 염려하는 지극한 뜻이 아님이 없었습니다.

아! 전하의 대를 이을 후사 문제에 대한 근심은 단지 전하만 근심하신 것이 아니라 선왕께서도 깊이 염려하셨고 자성께서도 하교하신 일이니 오늘날 대간이 상소하여 저사를 세우라고 건의하고, 여러 신하가 힘써 도운 것 또한 이미 늦은 것입니다. 그런데 무슨 황망하고 성급하게 처리한 잘못이 있다고, 유봉휘의 말이 여기에 이른단 말입니까?

'우롱하고 협박하였다.' 등의 말은 모두 여러 신하들의 죄를 성토하여 조정을 일망타진할 계책에서 나온 것입니다. 진실로 이 말과 같다면 신 등은 반드시 죽음으로도 용서받지 못할 것입니다만, 존엄한 지위에 있는 인주(人主)가 아랫사람에게 우롱과 협박을 당하였다면 과연 어떠하겠습니까? 명분과 지위가 이미 정해지고 신인(神人)이 부탁이 있는데, 만약 말하기를, '우롱하고 협박하여 이 대계(大計)를 이루었다.' 한다면, 우리 춘궁(春宮) 저하(邸下)의 마음이 편안하시겠습니까, 아니겠습니까?

---

105) 신절(申晢) : 1681~1723. 본관은 평산(平山), 자는 성여(聖與)이다. 도승지 신익전(申翊全)의 증손으로, 이조판서 신정(申晸)의 손자이다. 1699년(숙종25)에 진사시, 1718년 정시문과에 급제하여 청요직을 두루 역임하였다. 1722년(경종2) 임인옥사 때 관작을 삭탈당하고, 이듬해 유배되어 죽었다.

106) 머리를 땅에 조아리고 : 원문은 "泥首"이다. 진흙을 머리에 칠하여 스스로를 욕되게 하여 복죄(服罪)함을 이르는데, 후세에는 머리를 땅에 조아린다는 의미로 쓰이게 되었다.

아! 왕명이 한번 내려오자 모든 백성이 목을 늘이고 나라의 모든 부류가 기뻐하면서, 보력(寶曆)의 무궁한 아름다움을 보기를 기다리지 않는 사람이 없습니다. 그런데 저 유봉휘는 대체 무슨 마음으로 혼자만 스스로 놀라고 근심하며 마음속에 불만을 품고 국본을 뒤흔들 뜻을 현저히 드러낸단 말입니까? 그 군상(君上)을 업신여기는 부도한 죄가 남김없이 드러났으니, 만약 엄히 징계하고 토죄하지 않는다면, 난신(亂臣)과 적자(賊子)가 반드시 자취를 이어 일어날 것입니다. 국청을 설치하고 유봉휘를 엄히 심문하여 왕법을 바로잡으십시오."

주상이 답하기를, "아뢴 대로 하라." 하였다.

◯ 왕세제 책례 도감 도제조(王世弟冊禮都監都提調) 조태구가 병을 이유로 체직시켜 주기를 청하자 주상이 허락하였다.

◯ 다음의 비망기를 내렸다.

"국시가 이미 정해진 뒤에 유봉휘가 망령되게 소장(疏章)을 올린 것은 매우 잘못된 일이므로 엄형(嚴刑)에 처해야 마땅하지만 국문은 과도하니, 참작하여 아주 먼 변방에 귀양 보내라."

◯ 대사헌 홍계적과 장령 송도함이 다음과 같이 아뢰었다.

"일전에 막대한 거조가 있을 때 이조판서 최석항과 예조판서 송상기 모두 패초를 어겼으니, 아울러 파직을 청합니다."

◯ 대신과 삼사가 청대하고 입시하여 -대사헌 홍계적, 집의 홍용조, 장령 송도함·이완, 대사간 유숭, 정언 이성룡, 교리 신방- 합계를 올려 유봉휘의 죄를 극론하면서 변방으로 찬배하라는 명을 정지하고, 이전처럼 국청을 설치하여 국법을 바로잡을 것을 청하니, 아뢴 대로 하라 하였다. 대사건 유숭이 조최수(趙最壽)를

삭출하고 서명균을 파직하라고 청하니, 아뢴 대로 하라 하였다.

왕세제가 상소하여 대략 말하기를,

"지난번 삼가 유봉휘의 상소를 보건대 말이 지극히 위험하니 모골이 송연하고 심담(心膽)이 떨어지는 듯합니다. 이 또한 신이 무릅쓰고 있기 어려운 한 가지 단서입니다."

하였다. 주상이 다음과 같이 답하였다.

"국가의 막중한 대사가 이미 완전히 결정되었으므로, 유봉휘의 죄상이 분명해졌는데 미치광이처럼 망령된 말에 무엇을 개의(介意)할 것이 있겠느냐? 이와 같은 때 이러한 사람이 어느 시대인들 없었겠느냐? 조금도 불안해할 까닭이 없으니, 위로 종사를 생각하고 아래로 국인(國人)들의 큰 희망에 부응하여 다시는 공사(控辭)[107]하지 말고 나의 마음을 편안케 하라."

○ 승정원에서 아뢰어 말하기를,

"우의정 조태구가 녹사(錄事)[108]를 시켜서 차자를 바로 올리게 하였는데, 차자의 맨 앞에 직책과 성명을 쓰지 않아서 비록 상격(常格)[109]을 어겼지만 대신의 차자는 환송하기에 어려움이 있어 부득이 봉입합니다."

하였다. 조태구의 차자에서 대략 이르기를,

"삼가 듣건대, 유봉휘가 상소하였다가 국문을 받기에 이르렀다 하니, 어찌 이 지경에 이르렀단 말입니까? 그것은 나라의 큰 경사였는데 처분이 이미 정해진 뒤 이러한 말을 올렸으니 진실로 그릇되고 망령되다 할 수 있으나, 그 마음만은 나라를 위한 충정에서 나왔으며 결코 딴마음은 없습니다.

고(故) 상신(相臣) 이경여(李敬輿)[110]는 효종[孝廟]께서 저사(儲嗣)로 오르던

107) 공사(控辭) : 벼슬을 사면하여 달라고 청원하다.

108) 녹사(錄事) : 중앙·지방 관서의 행정실무를 맡은 서리(書吏)와 경아전(京衙前)에 속한 상급 서리(胥吏)이다.

109) 상격(常格) : 보통 전례로 되어서 두루 시행되고 있는 규정이나 격식이다.

110) 이경여(李敬輿) : 1585~1657. 본관은 전주(全州), 자는 직부(直夫), 호는 백강(白江)·봉암(鳳

날 상경(常經)을 지켜야 한다는 논의를 힘써 주장하다가[111] 비록 찬축(竄逐)[112] 되었지만 효종께서 즉위하시자 맨 먼저 등용하여 마침내 명상(名相)이 되었습니다. 어찌 한때 쟁론(爭論)하였다 하여 국문한 일이 있었습니까?

오늘날 전하께 충성하는 자는 뒷날에도 반드시 저군(儲君)에게 충성을 다할 것입니다. 설령 그 말이 망령될지라도 나라를 위한 충정에서 나온 말인데, 갑자기 국문하여 다스리라고 명하시면 어찌 성조(聖朝)에서 간언(諫言)을 용납하는 도리에 크게 손상됨이 있지 않겠습니까? 군주를 인도하여 진언한 자를 박살(撲殺)토록 하는 것은 성세(聖世)의 아름다운 일이 아닙니다."

하였다. 주상이 답하기를,

"지금 경의 차자를 살펴보니, 과연 국청을 설치한 것이 지나치다는 사실을 알겠다. 이에 대한 예전의 사례를 대신과 의논하여 품처하게 할 것이니, 경은 안심하고 근심하지 말라."

하였다. 좌의정 이건명이 차자를 올려 다음과 같이 말하였다.

"조태구가 차자를 올려 유봉휘의 상소는 충성에서 나왔다고 칭찬하고, 신들은 간언하는 사람을 박살내는 자로 몰아붙이니 이미 위태롭고 두려움을 견딜 수가 없습니다. 게다가 그가 신의 선조(先祖, 이경여)의 고사(故事)를 인용하였으니 또 매우 마음이 아픕니다. 임금에게 아뢰는 말은 결코 이와

巖)이다. 광해군대 검열을 거쳐 인조반정(1623) 직후 수찬에 올랐다. 이후 좌승지·전라도 관찰사 등을 거쳐 형조판서에 올랐다. 1642년 이계(李烓)의 밀고로 심양(瀋陽)에 억류되었다가 이듬해 세자와 함께 귀국해 우의정이 되었다. 1646년 소현세자 빈(昭顯世子嬪) 강씨를 사사(賜死)하는 것에 반대하다가 유배되었다. 효종이 즉위하자 풀려 나와 영의정에 올랐다.

111) 상경(常經)을 …… 주장하다가 : 이경여가 효종을 세자로 삼는 것에 반대하면서 내세운 논리는 원칙대로 경(經)을 지켜서 소현세자의 아들이 보위를 이어야 한다는 것이었는데, 인조는 '나라에는 장성한 임금이 있어야 한다.[國有長君論]'는 권도론(權道論)을 내세워서 차남인 효종을 후계자로 지명하였다. 이후 이경여가 처벌받은 것은 이 일 때문이 아니라 이듬해 일어난 강빈 옥사 때문이었지만, 두 사건은 깊이 연관되어 있었으므로 조태구가 이렇게 말한 것이었다.

112) 찬축(竄逐) : 죄인을 유배하는 형벌에 처하다.

같이 기만해서는 안 되니 신은 지극히 애통하게 여깁니다."

○ 삼사 -신절은 피혐하여 체직되었고 나머지는 위와 같다.- 가 복합(伏閤)하여 다음과 같이 아뢰었다.

"우의정 조태구가 임금에게서 입은 은덕에 대한 의리는 생각하지 않고 한갓 용납하고 비호하려는 계책을 품고 한 통의 차자를 올렸는데, 그 뜻을 헤아리기 어려웠으며, 을유년과 무진년의 일을 거짓으로 끌어다가 성총(聖聰)을 기만하고 흉역(凶逆)을 비호하였으니, 아! 통탄스러움을 이길 수 있겠습니까? 을유년의 일은 성조(聖祖)가 순문하신 것이 저위가 세워지기 전에 있었고, 무진년의 일은 또한 오늘날의 일과 함께 크게 서로 부합되지 않습니다.

이전의 상소 가운데 '혐의를 무릅쓴다.[冒嫌]'는 두 글자는 이미 몹시 비상(非常)한 일이었는데,[113] 지금 또 흉적을 구원하려고 하여 스스로 속마음이 모두 드러난 것을 깨닫지 못하였으니, 그 죄를 바로잡지 않을 수 없습니다. 청컨대, 먼저 삭출하십시오."

주상이 따르지 않았다.

○ 양사(兩司)가 판부사 김우항이 세제 책봉을 모여서 논의할 때 병으로 부름에 좇아 나아가지 않은 것으로써 죄를 주어 파직할 것을 청하였다.

○ 국청(鞫廳)의 문사낭청(問事郎廳)[114]인 윤순(尹淳)[115]과 정석오(鄭錫五)[116]

---

113) 이전에 …… 일이었는데 : 1720년 숙종 상사(喪事)에 조문(弔問)온 청나라 사신이 세자의 아우 및 조카들까지 만나볼 것을 요구한 것은 실례(失禮)이며, 종실이 이에 응하면 군주가 되려한다는 '혐의를 무릅쓴[冒嫌]' 일이라고 조태구가 상소하여 비판한 일을 가리킨다. 본서 권8 끝 부분에 보인다.

114) 문사낭청(問事郎廳) : 중죄인을 임금이 직접 심문할 때에 기록과 낭독을 맡은 임시 벼슬이다. 문랑(問郎), 문사랑(問事郎), 문사관(問事官)이라고도 한다. 의금부가 설치된 1414년(태종14) 이후에 있었던 관직으로 정6품에서 종9품 가운데서 죄인을 취조할 때 임시로 임명하였다. 당시에는 형조, 한성부, 의금부 등에서 재판을 관장하였으나 긴급한 주요

가 병을 칭하고 사직하였다고 하여 잡아 가두었다.

○ 주상이 유봉휘의 국문 여부를 대신에게 수의(收議)하라고 명하였다. 영의정 김창집이 말하기를,

"온 나라가 통분하고 억울해하는 심정을 굽어 살펴서 혹시라도 비호하는 말에 흔들리지 마십시오."

하였다. 이건명은 이미 차자를 올렸으므로 헌의(獻議)하지 않았고, 김우항과 조태채는 병으로 수의에 응하지 못하였다. 주상이 전교하기를,

"유봉휘의 말이 이와 같이 망령되지만 국문하다가 경폐(徑斃)[117]하면 그 죄를 처벌할 수 없을 것이다. 또한 동궁(東宮, 연잉군)도 반드시 불안해 할 것이니 이전 비망기에 의거하여 먼 곳으로 귀양 보내도록 하라."

하니, 승정원에서 삼사의 합계가 한창이므로 전지(傳旨)를 받들 수 없다고

사건은 나라의 큰 죄인을 신문하기 위해 왕명으로 설치한 임시 관청인 국청(鞫廳)을 비롯해 정국(庭鞫)·성국(省鞫) 등에서 담당하였다. 문사낭청은 국청·정국·성국·의금부 추국 등에 차출되어 위관(委官)과 의금부 당상, 형방승지의 지휘에 따라 죄인의 국문에 참여해 문서를 작성하였다.

115) 윤순(尹淳) : 1680~1741. 본관은 해평(海平), 자는 중화(仲和), 호는 백하(白下)·학음(鶴陰)이다. 윤두수(尹斗壽)의 5대손이고, 지평 윤세희(尹世喜)의 아들이며 윤유(尹游)의 아우이다. 정제두(鄭齊斗) 문인이며 정제두의 아우 제태(齊泰)의 사위이다. 1712년(숙종38) 진사시에 장원급제하고, 이듬해 증광문과에 합격하여 청요직에 진출하였다. 1723년(경종3) 응교로 사은사 서장관(書狀官)이 되어 청나라에 다녀왔다. 1727년(영조3) 이조참판으로 대제학을 겸임하고 이듬해 이인좌(李麟佐)의 난 때 감호제군사(監護諸軍使)가 되었으며, 공조판서·예조판서를 역임하였다. 1739년 경기도관찰사를 지냈으며, 이후 평안도관찰사로 관내를 순찰하던 중 벽동(碧潼)에서 순직(殉職)하였다.

116) 정석오(鄭錫五) : 1691~1748. 본관은 동래(東萊), 자는 유호(攸好)이다. 영의정 정태화(鄭太和)의 증손이다. 1715년(숙종41) 식년문과에 급제하여 청요직을 두루 거쳤다. 1721년(경종1) 지평 재직시 김일경 등과 김창집 등 노론 4대신 탄핵을 주도하였다. 영조가 즉위하자 삭출 당하였다가 정미환국(1727)으로 세자시강원 사서로 기용되었다. 이후 대사헌 등을 거쳐 1746년 우의정을 거쳐 좌의정에 올랐다. 1748년 영돈녕부사로서 동지 겸 사은사(冬至兼謝恩使)가 되어 효현황후(孝賢皇后) 시호 올린 것을 진하하고 연공(年貢)을 진헌하기 위하여 청나라에 가던 중 병사하였다. 시호는 정간(貞簡)이다.

117) 경폐(徑斃) : 형이 확정되기 이전, 혹은 형이 집행되기 이전에 죄인이 죽는 것이다.

하였다.

○ 삼사가 전각(殿閣)에 나와서 재차 아뢰고, 대신과 3품 이상, 그리고 삼사가 청대(請對)하니, 전교하기를, "생각한 바를 써서 들이라." 하였다.

○ 빈청과 삼사에서 연일 유봉휘를 토죄(討罪)하라고 청하였다.

○ 관학(館學) 유생 이혼(李混) 등이 상소하여 다음과 같이 말하였다.

"갑자기 독대(獨對)[118]를 거론하여 이간시키려는 음모를 부렸으며, 봉전(封典)의 일을 크게 무고하여[119] 위란(危亂)을 날조하려고 교묘하게 참소한 자는 이진검입니다. '혐의를 무릅쓴다.[冒嫌]'는 두 글자로, 드러내 놓고 화기를 북돋은 자는 조태구이고, 입만 벌리면 화를 내면서 악역(惡逆)으로 빠져드는 것을 스스로 깨닫지 못한 자는 유봉휘입니다.

삼가 원컨대 빨리 유봉휘의 죄를 바로잡고 아울러 이진검과 조태구의 죄를 다스려서 조금이라도 신인(神人)의 오래된 울분을 풀어주십시오."

---

118) 독대(獨對) : 정유독대(丁酉獨對)를 가리킨다. 정유년(1717, 숙종43) 숙종이 우의정 이이명을 불러 독대한 일을 말하는데, 사관이 동석하지 않았기 때문에 그 자세한 내용은 알려지지 않았다. 다만 그 직후 세자의 대리청정을 명하였고 또 노론이 이를 적극 찬성하였다. 당시 소론 측에서는 이를 세자를 폐하기 위한 수순으로 보았다. 이런 정황으로 인해 그 독대가 노론 측에 연잉군을 부탁하는 내용이라는 추론이 나왔다. 《肅宗實錄 43年 7月 19日》 이이명은 경종 즉위 후 좌의정에 승진하여 김창집·이건명·조태채와 함께 노론의 영수로서 연잉군의 세제 책봉과 대리청정에 진력하였으나, 이로 인하여 소론의 공격을 받았다.

119) 봉전(封典)의 …… 무고하여 : 봉전이란 청나라로부터 받는 세자 책봉을 승인받는 일을 말한다. 《경종수정실록 즉위년 12월 28일》 기사에 의하면, 이진검이 상소하여 조중우·윤지술 등을 탄핵하였다. 이때 그는 이이명 등이, 병자년(1696, 숙종22) 세자 책봉을 청할 때 청나라에서 "《회전(會典)》 가운데 있는 제후왕(諸侯王)의 나이 50이 되어 정실(正室)에 자손이 없은 후에라야 비로소 승중(承重)의 저사(儲嗣)가 됨을 허락한다는 내용을 말하면서 봉전을 허락하지 않았"던 일을 예로 들면서, 경종 즉위 후 경종의 왕위계승을 승인받기 위해 6만여 은화를 가지고 갔던 사실을 질책하였다. 이진검의 이 상소는 본서의 권8에도 보인다.

◯ 보덕 박사익(朴師益)[120] -필선 이중협, 겸필선 신절, 겸문학 신방, 설서 황재(黃梓)[121]- 등, 승지 이기익(李箕翊)[122] -조영복, 한중희, 남도규(南道揆)[123]- 등, 임창군(臨昌君) 이혼(李焜)[124] 등, 관학 유생 김시정(金時鼎) 등이 연이어 상소하여 유봉휘의 죄를 청하였다.

◯ 왕세제가 상소하여 대략 말하기를,

"'위험' 두 글자는 지나가는 말로 진달한 것에 불과한데 신의 한마디 말이 유봉휘의 죄안(罪案)에 첨가되어 진신(搢紳)과 장보(章甫)들이 서로 이어서 힘껏 다투니 이것이 신이 불안한 단서입니다."

하였다. 주상이 답하기를,

"지난번 상소 중의 '위험'이라는 두 글자는 반드시 유봉휘의 일을 깊이

---

120) 박사익(朴師益) : 1675~1736. 본관은 반남(潘南), 자는 겸지(兼之), 호는 노주(鷺洲)이다. 박동량(朴東亮)의 후손이다. 1710년(숙종36) 생원이 되고, 1712년 정시문과에 급제하여 정언 등을 거쳐 이조좌랑에 올랐다. 경종이 즉위하자 유봉휘와 조태구를 처벌하라고 강력하게 주장하였다. 1723년(경종3) 유배되었다가 영조 즉위후 풀려나 강화유수에 올랐다. 이후 대사헌·공조·예조판서 등을 지냈다. 시호는 장익(章翼)이다.

121) 황재(黃梓) : 1689~1756. 본관은 창원(昌原), 자는 자직(子直)이다. 1718년(숙종44) 정시문과에 급제하여 청요직에 진출하였다. 1721년(경종1) 소론의 탄핵을 받아 유배되었다가 1725년(영조1) 민진원(閔鎭遠) 등의 주청으로 다시 서용되어 1748년 대사헌에 올랐다. 1750년 동지부사로 청나라에 다녀와 호조참판이 되었다. 저서로 문집인 《필의재유고(畢依齋遺稿)》가 있는데, 이 안에 두 차례에 걸쳐 청나라에 다녀온 견문을 기록한 기행문집 《갑인연행록(甲寅燕行錄)》과 《경오연행록(庚午燕行錄)》이 들어 있다.

122) 이기익(李箕翊) : 1654~1739. 본관은 전주, 자는 국필(國弼), 호는 시은(市隱)이다. 1687년(숙종13) 진사가 되어 1694년 성균관 유생을 이끌고 송시열의 신원(伸寃)을 위한 상소를 올려 윤허 받았다. 1713년 60세의 나이로 증광문과에 합격하여 청요직을 두루 거쳐, 1725년(영조1) 병조참판이 되었다. 1733년 80세로 가의대부(嘉義大夫)에 올랐으며, 1736년에는 공조판서가 되었다. 시호는 양정(良靖)이다.

123) 남도규(南道揆) : 1662~1724. 본관은 의령(宜寧), 자는 상일(尙一), 호는 삼족(三足)·여일(汝一)이다. 1699년(숙종25) 진사시, 1710년 증광문과에 급제하여 청요직을 두루 거치고, 경종 즉위 후 충청도관찰사와 대사간 등을 역임하였다.

124) 이혼(李焜) : ?~1724. 본관은 전주(全州)이다. 인조의 맏아들 소현세자(昭顯世子)의 손자이며 임창군(臨昌君)에 봉해졌다. 1696년(숙종22), 1703년, 1713년, 1718년 네 차례 청나라에 다녀왔다.

미워한 말이 아니라는 것을 내가 이미 알았기 때문에 빈청과 삼사의 청을 끝내 윤종(允從)하지 않았다. 상소 내용이 바로 나의 뜻과 부합되고, 또한 호생(好生)의 도리에서 나왔으니 유의하지 않을 수 있겠는가?"

하였다.

○ 헌납 이기진(李箕鎭),[125] 관학 유생 김성택(金聖澤)[126] 등과 김철근(金鐵根) 등이 연이어 상소하여 유봉휘의 죄를 청하였고, 대신과 삼사 역시 여러 날 복합(伏閤)하였지만 주상이 모두 따르지 않았다.

○ 정언 이성룡이 아뢰어 말하기를,

"강원 감사 김연(金演)[127]이 빈청에서 모두 모이는 날 태연스럽게 집에 있었고, 충청 감사 이세근은 사람됨이 괴팍하고 심술이 치우쳤으니, 청컨대 모두 파직하십시오."

하고, 또 통어사(統禦使) 신광하(申光夏)[128]의 죄를 논하였지만 모두 윤허하지

---

125) 이기진(李箕鎭) : 1687~1755. 본관은 덕수(德水), 자는 군범(君範), 호는 목곡(牧谷)이다. 이식(李植)의 증손이고, 권상하(權尙夏) 문인이다. 1717년(숙종43)에 진사가 되고, 같은 해 정시문과에 급제하여 청요직에 진출하였다. 1721년(경종1) 헌납 재직시 세제(世弟) 연잉군을 비난한 유봉휘의 처벌을 주장하다가 신임옥사 때 파직되었다. 영조 즉위로 교리에 등용되어 소론에 대한 논죄를 주장하다가 영조의 노여움을 사기도 하였다. 이후 1727년(영조3) 부제학, 1728년 대사성, 1741년 이조판서 등을 거쳐 1751년 판돈녕부사에 이르렀다. 시호는 문헌(文憲)이고, 저서로 《목곡집》이 있다.

126) 김성택(金聖澤) : 1691~1741. 본관은 광산, 자는 시백(時伯), 호는 오헌(梧軒)이다. 김장생의 후손으로 1713년(숙종39) 생원시에 합격하여 성균관에 들어가 유생들을 이끌고 1721년(경종1) 유봉휘를 탄핵하는 상소를 주도하였다. 영조대 장릉참봉, 예산 현감 등을 지냈다.

127) 김연(金演) : 1655~1725. 본관은 상주(尙州), 자는 사익(士益), 호는 퇴수당(退修堂)이다. 1675년(숙종1) 진사가 되고, 1684년 정시문과에 급제하여 청요직을 두루 거쳤다. 1721년(경종1) 호조판서로서 김일경 등과 함께 세제의 대리청정을 반대하여 취소하게 하였다. 1723년 형조판서가 되었으나, 이듬해 영조가 즉위하자 노론의 탄핵을 받아 유배되었다.

128) 신광하(申光夏) : 1688~1736. 본관은 평산(平山), 자는 사회(士晦)이다. 판중추부사 신여철(申汝哲)의 손자이다. 1712년(숙종38) 정시무과(庭試武科)에 급제하여 경기도 수군절도사

않았다.

◯ 관학 유생 정형복(鄭亨復) 등이 상소하여 양송(兩宋)의 종향(從享)129)을 청하였다.

◯ **겨울**, 집의 조성복이 상소하여 대략 말하기를,

“왕세제가 깊은 궁궐에서 성장하여 당면한 시무(時務)를 경영하는 일에 뜻을 둔 적이 없었습니다. 신이 일찍이 《승정원일기》를 살펴보니 선조 정축년(1697, 숙종23) 간에 신하들을 인대(引對)하는 즈음에 전하가 곁에서 모시고 참여해 듣게 하여 국사를 가르치고 익혔는데, 전하께서는 그때 아직 나이가 어렸으나 오히려 또한 이와 같이 하였습니다. 오늘날 동궁은 장성하여 나이가 당시의 전하보다 갑절이나 되니, 서정(庶政)을 밝게 익히는 것이 더욱 마땅히 힘써야 할 급한 일이 아니겠습니까?

혹 전하께서 신료를 인접(引接)하실 때나 정령(政令)을 재결하는 사이에 늘 세제를 불러 곁에서 모시고 참여해 듣게 하여, 일에 따라 가르쳐 익히게 하는

겸 삼도통제사 등을 역임하고, 1722년(경종2) 금군별장(禁軍別將)이 되었다. 1727년(영조3) 어영대장이 되었다가 정미환국 이후 소론의 공격을 받고 물러났다. 1733년 포도대장을 거쳐 1736년 공조참판이 되었으나 곧 사망하였다.

129) 양송(兩宋)의 종향(從享) : 양송은 송시열과 송준길을 가리킨다. 종향은 종묘·문묘(文廟) 등에 공신(功臣) 또는 학행(學行)이 탁월한 사람의 신위(神位)를 동서 양편에 모셔두고 같이 제사지내는 것이다. 양송에 대한 문묘 배향은 1717년(숙종43) 전라도 유생 정민하(鄭敏河) 등이 청한 이래 1725년(영조1)을 전후한 시기와 1735년을 전후한 시기 지속적으로 제기되다가 1754년에 급증하여 마침내 1756년 송시열과 송준길의 종사가 실현되었다. 숙종대 양송의 문묘종사 논의는 노론의 정치적 학문적 우위 속에서 그 정당성을 입증하기 위해 제기되었다. 하지만 특정 당파의 일방적 우위를 용인하지 않으려는 숙종의 의지로 인해 문묘종사가 결정되지 않았다. 영조가 즉위하면서 다시 문묘종사 논의가 제기되었다가 1735년 홍봉한 등의 상소를 계기로 문묘종사를 요청하는 상소들이 다시 제출되었다. 이후 1744년 7건, 1745년 6건, 1746년 6건, 1748년 7건에 이어서 1754년 24건으로 점차 문묘종사 요청이 고조되어 마침내 1756년 40여 년간의 논란을 마치고 양송의 문묘종사가 결정되었다.

방도로 삼는다면, 반드시 세무(世務)에 단련되어 나랏일에 도움이 될 것입니다. 삼가 원컨대 전하께서는 우러러 자전(慈殿)에게 아뢰어 결정하십시오."

하니, 주상이 진달한 바가 좋으니 유의하지 않을 수 있겠는가라고 답하였다. 이어서 비망기를 내려 말하기를,

"내가 기이한 병에 걸려 십여 년 이래로 조금도 회복될 기미가 없어서 이에 선조(先朝)께서 근심[軫念]하실 정도였으니, 만기(萬機)를 수응(酬應) 하기가 진실로 어렵다. 지난 정유년(1717, 숙종43)에 청정(聽政)의 명이 있었던 것은 조용히 조섭(調攝)하시는 중에 그 조섭의 편리함을 위한 것일 뿐이었으니, 내 몸에 대해서는 다른 것을 돌아볼 겨를이 없었다.

그러나 등극한 이래 밤낮으로 근심하고 두려워하다 보니 요즘 병세가 더욱 나빠져 수응하는 것 또한 어려워서 정사가 지체된 것이 많으니, 국사를 생각하면 걱정이 더욱 깊어진다. 이제 세제는 젊고 영명(英明)하므로, 만약 그로 하여금 청정하게 한다면 국사가 의지할 곳이 생겨서 나도 장차 마음 편히 몸조리할 수 있을 것이니, 크고 작은 정령(政令)을 모두 세제로 하여금 결정[裁斷]하게 하라."

하였다. 초경(初更)[130]에 승지 이기익·남도규, 응교 신절, 교리 이중협이 청대하여 입시하자 대리청정은 불가하다고 힘껏 아뢰고, 이어서 조성복은 망령되고 무식하다고 논하면서, 파직하라고 청하였다.

좌참찬 최석항이 청대하여 입시하였다. 그가 말하기를,

"예로부터 제왕 집안에서는 혹 이러한 처분이 있었으나, 모두 춘추가 아주 많았기[131] 때문에 나온 것으로서, 혹은 재위에 오른 지 이미 오래되었거나 혹은 위독한 질병이 오래되어 어쩔 수 없어서 그렇게 한 것입니다. 하지만 지금 전하께서는 춘추가 겨우 30세이고 재위하신 지 1년이 안 되었으며, 질병에 대해서는 문안(問安)할 때마다 늘 무사하다고 하교하셨으니, 이처럼

130) 초경(初更) : 오후 6시경 해질 때부터 밤 10시경까지에 해당되는 시간을 가리킨다.
131) 아주 많았기 : 원문은 "壽耈"이다. 장수(長壽)하여 노성한 사람을 가리킨다.

앞서 거론한 세 가지의 일이 없는데도 즉위 원년에 갑자기 이런 하교를 내리신 것은 도대체 무엇 때문입니까?"

하였다. 승지 이기익이 이어서 동궁이 눈물을 흘리며 어쩔 줄 몰라 하고 있다고 아뢰었다. 최석항이 말하기를,

"중앙과 지방의 인심이 이런 기별을 듣게 되면 반드시 장차 몹시 놀라서 진정시킬 수 없을 것이니, 삼가 바라옵건대 즉시 성명(成命)을 거두어서 인심을 안정시켜 주십시오."

하였다. 주상이 말하기를, "중신이 누누이 진달하니, 그대로 시행하라." 하였다. 이에 승지가 비망기를 도로 바쳤는데, 이때는 이미 오경 삼점(五更三點)132)이 되었다.

○ 좌의정 이건명이 차자를 올려 말하기를,

"삼가 세제에게 청정하게 하라는 명을 듣고 크게 놀라움을 이길 수 없어서 궐문 밖으로 나아가서 먼저 도착한 재신(宰臣)들과 함께 청대하여 힘껏 아뢰고자 하였지만, 이윽고 중신(重臣)이 아뢰어서 이전의 명령을 거두었다는 말을 듣고 신의 근심이 기쁨으로 바뀌어 다만 간절히 송축(頌祝)할 뿐이었습니다.

비록 급작스러웠다고 하더라도 일개 중신이 깊은 밤에 청대한 것은 통상적인 규례를 어긴 것이고, 승정원에서 돌연 여쭈어 아뢴 것은 경솔함을 면하지 못하였습니다. 그가 한 말이 잘못을 바로잡으려는 데서 나왔고, 처분이 결국 지당한 곳으로 돌아갔지만, 뒷날의 폐단에 관계되니 그대로 놓아둘 수 없습니다. 마땅히 해당 승지에게 경책(警責)을 가해야 할 것입니다."

하니, 주상이 답하기를,

132) 오경 삼점(五更三點) : 하룻밤을 다섯으로 나눈 시각을 오경(五更)이라 하고, 일경은 다시 오점(五點)으로 나누어진다. 즉 하룻밤은 총 5경 25점이 된다. 이렇게 오경삼점은 오경의 제3점으로 대략 새벽 4시경에 해당된다. 조선시대에는 밤에 궁중의 보루각에서 징과 북을 쳐서 시각을 알렸는데 초경삼점에 시작하여 오경삼점에 마쳤다. 쇠북을 33번 울려서 통행금지를 해제하는 파루를 오경삼점에 했다고 한다.

"차자의 내용은 깊이 생각해 보겠다. 아래 조항의 일은 아뢴 대로 시행하라."

하였다.

○ 호조판서 조태억(趙泰億)[133]이 청대하였는데, 이때 도승지 홍계적이 함께 들었다. -좌의정의 차자로 인하여 승정원에는 단지 도승지만 있었다.- 조태억이 대리청정의 하교가 크게 마땅함을 잃었다고 힘껏 아뢰었다. 이어서 말하기를,

"이 일은 매우 중대한 일이니 시임 대신(時任大臣)이 백관을 거느리고 가서 청대해야 하는데도 태연스럽게 물러앉아서 수수방관(袖手傍觀)하였고, 성명을 환수한 뒤에야 좌의정과 김재로(金在魯)가 비로소 궁궐 밖에 이르렀다가 곧 다시 돌아갔다고 하니, 이것이 무슨 도리입니까?

이조(李肇)가 뒤이어 도착하였지만 승정원[喉司]에서 끝까지 들어가지 못하게 막아서 그로 하여금 들어오지 못하게 하였으니, 승정원의 신하는 책임이 없을 수 없습니다. 또한 조성복의 죄에 대해서는 홍문관이 단지 파직하라고만 청하였는데, 조성복의 죄가 어찌 파직에만 그치겠습니까?

이처럼 국가의 큰일이 있는 날을 당하여 높고 낮은 여러 신하들이 한 사람도 궁궐에 나아가 다투어 물리치지 않았으니, 윤상(倫常)이 끊어지고 분의(分義)가 없어졌습니다. 시임 대신과 삼사의 여러 신하들을 아울러 처벌한 뒤에야 나라가 나라답게 될 수 있을 것입니다.

신의 직책이 언관(言官)이 아닌데 어떻게 감히 이런 말을 입 밖에 내겠습니까마는 조정 신료 가운데 한 사람도 말하는 사람이 없으니, 신이 어찌 감히 죽음을 무릅쓰고라도 말하지 않을 수 있겠습니까?"

---

133) 조태억(趙泰億) : 1675~1728. 본관은 양주(楊州), 자는 대년(大年), 호는 겸재(謙齋)·태록당(胎祿堂)이다. 조태구·태채의 종제이며, 최석정 문인이다. 1693년(숙종19) 진사가 되고, 1702년 식년문과에 급제하여 청요직을 두루 지냈다. 1721년 조태구·최석항·이광좌 등과 함께 대리청정을 반대하여 철회시켰다. 영조 즉위 후 우의정, 1727년(영조3) 정미환국 이후 좌의정에 올랐다. 1755년 나주괘서사건(羅州掛書事件)으로 관작이 추탈되었다가 1908년(순종2)에 복관되었다. 저서로 문집인 《겸재집》이 있고, 시호는 문충(文忠)이다.

하고, 또 조성복을 멀리 떨어진 변방으로 귀양 보내라고 청하였다. 도승지 홍계적 또한 조성복을 처벌하라고 청하고, 이어서 조태억이 숨겨진 것을 찾아내어 속이려는 의도가 있다고 배척하면서, 주상 앞에서 서로 헐뜯어 비방하였다.

○ 사직 이광좌가 상소하여 말하기를,

"조성복의 상소가 들어간 지 여러 날이 지났는데도 대신과 삼사, 어느 한 사람도 죄를 논하는 자가 없으니, 신하의 절의(節義)가 땅을 쓴 듯 없어졌습니다. 원컨대 그 죄를 밝혀주십시오."

하였다. 주상이 답하기를, "조성복의 일은 전례를 잘못 끌어 쓴 결과이다." 하였다.

○ 사직(司直) -박필정(朴弼正)과 박치원(朴致遠)- 이 상소하여 조성복이 화심(禍心)을 품었다고 논하면서 병예(屛裔)[134]의 형전을 시행하라고 청하고, 양사 -지평 이유(李瑜)[135]·유복명(柳復明),[136] 사간 어유룡, 정언 신무일(愼無逸)- 가 합사(合辭)하여 조성복을 외딴섬에 위리안치(圍籬安置)[137]하라고 청하니, 주상이 아뢴 대로

---

134) 병예(屛裔) : 먼 지역에 축출하는 형벌로서, 법전에 규정되어 있는 형벌이 아니라 원찬(遠竄), 원지 정배(遠地定配), 변원 정배(邊遠定配) 등을 아울러 이르는 형벌 이름이다.

135) 이유(李瑜) : 1691~1736. 본관은 연안(延安), 자는 유옥(幼玉)이다. 1719년(숙종45) 증광시(增廣試)에 합격하여 생원이 되고, 같은 해 증광문과에 급제하여 청요직을 두루 지냈다. 1734년(영조10) 도승지, 1736년 이조·형조·병조판서 등을 역임하였다.

136) 유복명(柳復明) : 1685~1760. 본관은 전주, 자는 양휘(陽輝), 호는 만촌(晩村)이다. 1711년(숙종37) 생원시에 합격하고, 1717년 식년문과에 장원 급제하여 청요직을 두루 지냈다. 1721년(경종1) 지평 재직 시 연잉군의 세제 책봉을 반대하는 조태구·유봉휘 등을 탄핵하였다. 이듬해 임인옥사가 일어나 노론이 실각하면서, 탄핵을 받아 파직되었다. 영조가 즉위하자 김일경의 처형을 주장하였고, 1725년 지평에 복직하였다. 1727년(영조3) 정미환국으로 파직되었다가 이듬해 복직되었다. 1732년 대사간, 1743년 형조참의를 거쳐 1754년 자헌대부(資憲大夫)로 70세가 되어 기로소(耆老所)에 들어갔다. 시호는 정간(貞簡)이다.

137) 위리안치(圍籬安置) : 유배지에서 죄인이 달아나지 못하도록 가시로 울타리를 만들고 그 안에 가두는 일이다.

하라고 하였다. 이유 등이 아뢰어 대략 말하기를,

"출납하는 임무를 가진 자가 다른 사람의 지휘를 받아서 깊은 밤 청대를 여쭈어 아뢰고, 대신이 궁궐 바깥에 도착하였지만 끝내 이들이 청대한 일은 아뢰지 않았으니 일이 매우 기이하고 놀랍습니다. 청컨대 해당 승지를 파직하십시오."

하니, 주상이 아뢴 대로 하라고 하였다. 어유룡 등이 아뢰기를,

"조태억이 청대하였을 때 대신과 여러 신하들에 대해서 두루 터무니없는 사실을 꾸며서 헐뜯었으니, 그 용의(用意)가 교활하고 참혹합니다. 그 기회를 타고 날뛰는 정상이 매우 해괴망측하니, 청컨대 파직하십시오."

하였으나, 주상이 윤허하지 않았다.

○ 좌의정 이건명이 차자를 올려 영의정 김창집의 사직을 허락한 명을 정지하라고 청하였다. 또 다음과 같이 말하였다.

"하늘이 성상의 마음[聖衷]을 열어주어 하루도 걸리지 않고 분부를 도로 거두게[138]하셔서 중앙과 지방의 여론이 저절로 안정되었습니다. 그런데 일이 지나간 뒤에 혹 차자나 혹 상소를 올리는 일이 번갈아 가며 소란스럽게 일어나서 마치 미치지 못할까 두려워하듯 하니, 이는 실로 중대함을 빙자하여 모함하는 계책에서 나온 것이어서 -조태억과 이광좌를 가리킨 것이다.- 신은 적이 애통하게 여깁니다."

○ 형조참판 이조가 상소하여 대략 다음과 같이 말하였다.

"신이 이미 가장 늦게 대리청정의 일을 듣고 대루원(待漏院)[139]에 도착하였

---

138) 분부를 도로 거두게 : 원문은 "反汗"이다. 나온 땀을 다시 들어가게 한다는 뜻이다. 임금이 한번 발표한 명을 취소하거나 고치는 일을 말한다. 여기서는 세제로 책봉된 연잉군에게 대리청정을 허락했던 명령을 경종이 취소한 일을 가리킨다.

139) 대루원(待漏院) : 관원들이 입조하기 전에 궐문이 열리기를 기다리며 잠시 머무르던 곳이다. 대루청(待漏廳)이라고도 불렀다. '대루'란 물방울을 기다린다는 말로 물시계

는데, 대신과 삼사, 한 사람도 도착한 사람이 없었습니다. 그런데 출납하는 곳에서 또한 신의 입대를 허락하지 않았으니, 오늘날 국사가 회복될 여지가 없음을 신은 진실로 분하고 원통스럽게 여깁니다."

○ 청은군(淸恩君) 한배하(韓配夏)[140]가 상소하여 조성복을 속히 왕법대로 처리할 것을 청하였다.

○ 부사직 박태항(朴泰恒) -심수현(沈壽賢),[141] 김일경(金一鏡), 유중무(柳重茂), 박휘등, 이진망(李眞望),[142] 이진유(李眞儒),[143] 이명의(李明誼),[144] 윤성시(尹聖時),[145] 김유(金濰),[146]

시간을 기다린다는 뜻이다. 1616년(광해군8) 창경궁(昌慶宮)을 중건할 때 지었는데, 경복궁의 영추문(迎秋門) 밖에 위치하여 2명의 군사가 지켰다고 한다.

140) 한배하(韓配夏) : 1650~1722. 본관은 청주(淸州), 자는 하경(夏卿), 호는 지곡(芝谷)이다. 1693년(숙종19) 알성문과에 급제하여 1706년 홍문록에 올랐다. 1720년(숙종46) 청은군(淸恩君)에 책록되었고, 1722년(경종2) 공조판서가 되었다. 1725년(영조1) 화원을 시켜 목호룡의 초상을 그리게 강요하였다는 혐의를 받고 관작을 추탈 당하였다가 죽은 뒤에 있었던 사실임이 판명되어 추복(追復)되었다.

141) 심수현(沈壽賢) : 1663~1736. 본관은 청송(靑松), 자는 기숙(耆叔), 호는 지산(止山)이다. 심억(沈檍)의 증손이며, 응교(應敎) 심유(沈濡)의 아들이다. 1704년(숙종30) 춘당대문과에 급제하여 1706년 홍문록에 올랐다. 1722년(경종2) 공조판서를 거쳐, 1727년(영조3) 우의정, 1733년 영의정에 올랐는데, 1736년 판중추부사로 있다가 사망하였다.

142) 이진망(李眞望) : 1672~1737. 본관은 전주, 자는 구숙(久叔), 호는 도운(陶雲)·퇴운(退雲)이다. 영의정 이경석(李景奭)의 증손이다. 1696년(숙종22) 생원이 되고, 1711년(숙종37)에 식년문과에 장원하여 청요직을 두루 거쳤다. 1725년(영조1) 대사성 재직시 이광좌의 신원을 상소하였다. 영조의 잠저(潛邸)때 사부(師傅)로서 왕의 예우를 받았다. 1730년 형조판서에 올라 예조판서·대제학 등을 역임하였다. 저서로 《도운유집》이 있다.

143) 이진유(李眞儒) : 1669~1730. 본관은 전주, 자는 사진(士珍), 호는 북곡(北谷)이다. 이경직(李景稷)의 증손, 이정영(李正英)의 손자, 참판 이대성(李大成)의 아들이다. 1707년(숙종33) 진사가 되고, 그 해 별시문과에 급제하여 청요직을 두루 지냈다. 1722년(경종2) 노론 4대신을 제거하는 일에 참여하였다. 1724년 경종이 죽자 이조참판이 되어 고부 겸 주청사(告訃兼奏請使)의 부사로 청나라에 다녀왔다. 이듬해 노론이 등용되자 아주 먼 외딴 지역에 안치되었다가 중앙에 압송되어 문초를 받던 중 옥사하였다.

144) 이명의(李明誼) : 1670~1728. 본관은 한산(韓山), 자는 의백(宜伯)이다. 1702년(숙종28) 진사가 되고, 1712년 정시문과에 급제하여, 경종대 대사간 등을 역임하였다. 영조 즉위 뒤 김일경의 상소에 동참하였다는 죄로 귀양 갔고, 1728년(영조4) 이인좌 난에 연루되어

유정(柳綎),[147] 김시형(金始炯),[148] 여선장(呂善長),[149] 이광보(李匡輔),[150] 윤진(尹晋), 이경열(李景說), 이광도(李廣道), 조명교(曺命敎),[151] 황정(黃晸),[152] 김대(金坮),[153] 윤회(尹會),[154]

고문을 당하다가 죽었다. 그 뒤 1755년에 역률(逆律)이 추시(追施)되었으며, 순종 때 복권되었다.

145) 윤성시(尹聖時) : 1672~1730. 본관은 해평(海平), 자는 계성(季成)이다. 좌찬성 윤근수(尹根壽)의 현손이며, 윤현(尹晛)의 증손이다. 1699년(숙종25) 생원이 되고, 1705년 증광문과에 급제하여 청요직을 두루 거쳤다. 1721년 김일경·목호룡 등과 신임옥사를 주도하였다. 영조가 즉위하면서 유배되었다가 의금부에 잡혀 와 고문받던 끝에 장독(杖毒)으로 죽었다. 1755년(영조31) 나주괘서사건(羅州掛書事件) 때 김일경 이하 6적의 하나로 몰려 역률(逆律)이 추시되었으며, 순종 때 복권되었다.

146) 김유(金濰) : 1685~? 본관은 안동, 자는 여즙(汝楫)이다. 1702년(숙종28) 생원이 되고, 1710년 증광문과에 급제하여 경종·영조 연간 청요직을 두루 거치고, 1731년(영조7) 승지가 되었다. 1739년 대사간으로 있다가 '임금을 업신여긴 죄'로 기장현(機張縣)에 천극(栫棘)되었는데, 이듬해 풀려났다.

147) 유정(柳綎) : 1684~1752. 본관은 진주(晉州), 자는 여신(汝信)이다. 1705년(숙종31) 진사시, 1710년 증광문과에 급제하여 청요직을 두루 거쳐, 1738년(영조14) 승지, 1739년 한성부 우윤, 형조참판에 올랐다.

148) 김시형(金始炯) : 1681~1750. 본관은 강릉(江陵), 자는 계장(季章)이다. 1713년(숙종39) 김장생(金長生)의 문묘종사를 위해 권당(捲堂)을 주동한 혐의로 정거(停擧)되기도 했다. 1717년 식년문과에 급제하여 경종대 지평 등을 거쳐 영조대 집의 등을 지내고, 1734년 대사헌, 1738년 형조판서 등을 역임하였다. 시호는 효헌(孝獻)이다.

149) 여선장(呂善長) : 1686~? 본관은 함양(咸陽), 자는 원백(元伯)이다. 영의정 여성제(呂聖齊)의 증손이다. 1717년(숙종43) 진사가 되고, 1718년 증광문과에 급제하여 경종대 청요직을 두루 지냈다. 1725년(영조1) 유배되었다가 1727년 정미환국으로 다시 청요직에 등용되어 1730년 승지가 되었다.

150) 이광보(李匡輔) : 1687~1745. 본관은 전주(全州), 자는 좌백(左伯)이다. 이경지(李景稷)의 현손이다. 유생 시절에 최석정이 지은 글을 가지고 윤증을 제사한 일 때문에 노론측의 공격을 받아 정거(停擧) 당하였다. 1714년(숙종40) 증광문과에 급제하였으나 파방되고, 1715년 식년문과에 급제하여 청요직을 두루 지냈다. 1721년(경종1) 지평으로서 노론 4대신을 논죄하였다. 영조 즉위 직후 노론의 탄핵을 받아 유배되었다가 1727년(영조3) 정미환국(丁未換局)으로 등용되어 승지를 거쳐 대사간·도승지 등을 역임하였다.

151) 조명교(曺命敎) : 1687~1753. 본관은 창녕(昌寧), 자는 이보(彛甫), 호는 담운(澹雲)이다. 조한영(曺漢英)의 증손이다. 1717년(숙종43) 사마시, 1719년 증광문과에 급제하여, 1721년(경종1) 검열 재직시 신임옥사로 파직당하였다. 영조 즉위 뒤 정언 등을 지냈고, 1727년(영조3) 경종의 질병을 해명하라고 상소하여 소론을 논척하는 데 앞장섰다. 1735년 대사성, 1747년 대사헌, 1750년 이조참판 등을 역임하였다.

152) 황정(黃晸) : 1689~1752. 본관은 장수(長水), 자는 양보(陽甫)이다. 예조참판 황이장(黃爾

윤동형(尹東衡),[155] 조원명(趙遠命),[156] 서종하(徐宗廈),[157] 권익관(權益寬),[158] 유만중(柳萬重), 정해(鄭楷),[159] 혹자는 말하기를, "윤유(尹游)[160]는 김일경을 비판하였다." 하였다.-

---

章)의 아들이다. 1717년(숙종43) 진사가 되고, 1719년 춘당대문과에 급제하여 경종대 지평을 거쳐 영조대 호조참판 등을 역임하였다.

153) 김대(金岱) : ?~1742. 본관은 부안(扶安), 자는 사종(士宗)이다. 1717년(숙종43) 식년문과에 급제하여, 이조좌랑·양덕현감(陽德縣監) 등을 역임하였다.

154) 윤회(尹會) : 1657~1733. 본관은 파평, 자는 성제(聖際)이다. 1683년(숙종9) 생원이 되고, 1691년 증광문과에 급제하여 청요직을 두루 지냈다. 1709년 노론 중신 이관명과 이만성을 탄핵하였고, 최석정을 변론하였다. 경종대 신임옥사 당시 노론 일파를 논죄하고 숙청하는 데 앞장섰다가 1725년(영조1) 유배되었다.

155) 윤동형(尹東衡) : 1674~1754. 본관은 파평, 자는 사임(士任)이다. 윤순거(尹舜擧)의 증손으로, 윤절(尹晢)의 손자이고, 윤증 문인이다. 1711년(숙종37) 진사가 되고, 1713년(숙종39) 증광문과에 급제하였는데, 1722년 노론을 추종하였다고 삭판되었다. 1727년(영조3) 다시 등용되어 홍문록에 올랐다. 1732년 승지, 1733년 대사간을 거쳐서 1753년(영조29) 한성부판윤에 올랐다가 지돈녕부사로 기로소(耆老所)에 들어갔다.

156) 조원명(趙遠命) : 1675~1749. 본관은 풍양(豊壤), 자는 치경(致卿)이다. 조형(趙珩)의 증손이다. 1702년(숙종28) 사마시, 1710년 증광문과에 급제하여 경종대 청요직을 두루 지냈다가 1724년 영조 즉위후 파직되었다. 1727년 정미환국으로 다시 등용되어 승지·대사성 등을 거쳐 1749년(영조25) 정헌대부로 의정부 좌참찬에 올랐다. 시호는 정간(貞簡)이다.

157) 서종하(徐宗廈) : 1670~1730. 본관은 달성(達城), 자는 비세(庇世)이다. 1711년(숙종37) 식년문과에 급제하여 청요직에 진출하였다. 1721년 노론 4대신 처벌을 주장하는 상소에 연명하였다가 1724년 영조 즉위년에 관작을 박탈당하고 이어 유배되었다. 1728년 이인좌의 난으로 유배지에서 서울로 압송되어 신문을 받던 중 죽었다.

158) 권익관(權益寬) : 1676~1730. 본관은 안동, 자는 홍보(弘甫)이다. 1711년(숙종37) 식년문과에 급제하여 청요직을 두루 지내고, 1723년(경종3) 충청감사가 되었다. 1724년(영조 즉위년) 노론에 의해 유배되었다가 1727년(영조3) 풀려나와 공조참의 등을 역임하였다. 1728년 이인좌의 난에 연좌되어 다시 외딴섬에 안치되었다가 이듬해 풀려났는데, 그해 사간원의 탄핵을 받아 또다시 변방에 정배되었다. 1735년 관작이 회복되었으나, 1776년에 다시 반역의 죄상이 추궁되어 관작이 추탈되었다.

159) 정해(鄭楷) : 1673~1725. 본관은 연일(延日), 자는 여식(汝式)이다. 1705년(숙종31) 진사가 되고, 그 해 알성문과에 급제하여 청요직을 두루 거쳤다. 1721년(경종1) 김일경·박필몽 등과 같이 노론 4대신을 4흉(凶)으로 몰아 논죄하는 소를 올려 이들을 위리안치 하게 하고, 이듬해 사사(賜死)시켰다. 1722년 장령을 거쳐 사간이 되어 노론을 비호하는 어유구를 논죄하는 상소를 올렸다. 1724년 영조가 즉위하자 유배되었다가 이듬해 죽었다.

160) 윤유(尹游) : 1674~1737. 본관은 해평(海平), 자는 백수(伯修), 호는 만하(晩霞)이다. 윤세희(尹世喜)의 아들이고, 윤순(尹淳)의 형이다. 1702년(숙종28) 생원이 되고, 1718년 정시문과

등이 연명으로 상소하여 대략 다음과 같이 말하였다.

"한밤중에 대궐 안에서 작은 종이[尺紙]가 갑자기 내려졌는데, 대신은 깊이 잠들었고 삼사는 말없이 조용하였으니, 만약 중신 한 사람이 힘껏 거조의 망극함을 다투지 않았다면 장차 어찌 될 뻔했습니까? 저들의 마음속은 길 가는 사람도 알고 있습니다.

또한 이 일은 결코 어리석고 바보 같은 일개 조성복이 스스로 꾸며낼 수 있는 일이 아니라는 것을 염두에 두고 저들이 경영하고 있는 속셈을 헤아려보면 속으로는 임금을 업신여기는 마음을 품고, 겉으로는 시험 삼아 떠보려는 계책을 행하여, 다시는 천지의 상경(常經)과 군신의 대강(大綱)이 있음을 알지 못하고 있습니다.

또 듣건대 대신 한 명이 깊은 밤 중신이 청대한 일에 대해 현저하게 불쾌한 기색을 드러냈다고 합니다. 대신이 이와 같으니 그 나머지는 알만합니다. 이륜(彝倫)이 무너져 없어지고 의리가 땅에 떨어진 것이 어찌 이 지경에 이르렀단 말입니까? 조성복과 같이 분수를 범하고 의리에 어긋난 자는 통쾌하게 왕법으로 처벌해야 할 것인데, 베개를 높이 베고 방관(傍觀)하다가 도리어 소장을 올려 두 재상(宰相)을 공격한 자[161]와 직책이 삼사에 있으면서 잠자코 말이 없었던 자도 함께 허물을 꾸짖어 처벌하십시오."

사과 한세량(韓世良)[162]이 상소하여 대략 다음과 같이 말하였다.

에 급제하여 청요직을 두루 역임하였다. 1725년(영조1) 신임옥사 주동자의 한 사람으로 지목되어 삭출되었다. 정미환국(1727) 직후 대사간에 복직되었고, 형조·이조·예조판서를 역임하였다. 시호는 익헌(翼憲)이다.

161) 베개를 …… 자 : 이것은 이건명을 가리킨다. 앞서 이건명은 상소하여 조태억과 이광좌를 비판하였다. 재상(宰相)은 2품 이상의 품계를 가진 관료를 지칭하는데, 당시 호조판서 조태억은 정2품, 사직 이광좌는 종2품이었다.

162) 한세량(韓世良) : 1653~1723. 본관은 청주(淸州), 자는 상오(相五)이다. 1699년(숙종25) 증광문과에 장원급제하여, 숙종 말년에 오래 승지를 지냈다. 1721년(경종1) 노론이 세제의 대리청정을 주장하자 조태구·유봉휘 등과 함께 반대하였다. 이 일로 노론의 반발을 받아 대간들의 탄핵을 당했지만 경종의 비호로 무사하였다. 그 후 함경감사로 나갔다가 1723년(경종3) 대사헌이 되었는데 부임하지 못하고 사망하였다.

“삼가 조성복의 상소를 보건대, ‘하늘에는 두 개의 해가 없고 땅에는 두 명의 왕이 없다.’[163] 하는데, 전하의 조정에서 전하를 북면(北面)하여 섬기는 자로서 어찌 감히 이와 같은 말을 입 밖에 낼 수가 있단 말입니까? 남의 신하가 되어서 감히 몰래 천위(天位)를 옮길 계책을 품었으니, 그 죄가 어찌 하늘과 땅 사이에서 용납될 수 있겠습니까?

지난번 저위(儲位)를 세우기를 청할 때는 공정대왕(恭靖大王) 때의 일을 가리켜 말한 것 같지만, 말단의 한 가지 일은 오히려 나라 사람들이 의혹하는 것을 면하지 못하였으니, 어찌 조성복이 이것을 답습하여 시험하는 상소를 올릴 것이라고 생각할 수 있었겠습니까?[164]”

○ 판부사 조태채가 차자를 올려 다음과 같이 말하였다.

“이전에 이광좌가 많은 사람들을 뒤섞어서 거짓을 얽어서 배척하였는데, 그 말이 위험하다는 것을 알 수 있으니, 이것이 어찌 사람의 마음이겠습니까? 삼가 배척하여 물리쳐 주시기 바랍니다.”

○ 예조판서 이집(李壤)[165]이 상소하여 대략 다음과 같이 말하였다.

---

163) 하늘에는 …… 없다 : 증자(曾子)가 묻기를, “초상에는 두 사람의 상주가 있고, 사당에는 두 신주가 있다고 하는데, 그것이 예법에 맞는 일입니까?[喪有二孤, 廟有二主, 禮與?]” 하였다. 이에 공자가 답하기를, “하늘에는 두 개의 태양이 없고, 땅에는 두 사람의 왕이 없다.[天無二日, 土無二王.]”고 전제한 뒤에, 노나라 계환자(季桓子)의 초상을 치를 때 그의 아들인 계강자(季康子)와 임금인 애공(哀公) 두 사람이 상주가 된 고사를 인용하면서 “오늘날 두 사람의 상주가 있게 된 풍습은 계강자의 잘못에서 비롯된 것이다.[今之二孤, 自季康子之過也.]” 비평하였다. 《禮記 曾子問》

164) 말단의 …… 있었겠습니까 : 여기서 “말단의 일”이란, 앞서 세제를 책봉할 때 자전의 허락을 받아서 결정한 일을 가리킨다. 즉 조성복이 상소하여 세제의 대리청정을 청하면서도 자전에게 가부를 물어서 결정하라고 말한 것을 비판한 것이다.

165) 이집(李壤) : 1664~1733. 본관은 덕수(德水), 자는 노천(老泉), 호는 취촌(醉村)이다. 이안눌(李安訥)의 증손, 한성판윤 이광하(李光夏)의 아들이며, 어머니는 영의정 심지원(沈之源)의 딸이다. 1684년(숙종10) 생원·진사시, 1697년 정시문과, 1707년 문과 중시에 모두 합격하여 청요직을 두루 거쳤다. 1710년(숙종36) 대사간으로서 최석정을 구원하였으며,

“조성복의 일로 여론[輿情]이 모두 놀라서 징계하고 성토하는 것이 엄격하였는데, 단지 전하께서 침묵하는 것이 지나쳐서 사람들이 거리낌이 없기 때문에 이 지경에 이르게 된 것입니다. 더욱이 또 개탄스러운 것은, 어젯밤의 일은 늦게까지 기다려서 늦출 수 있었는데, 오늘은 밤중에 홀로 들어간 일을 허물 삼아 승지[承宣]를 죄주기에 이르렀으니, 또한 아마도 이로부터 주상의 눈귀를 가려 막는 폐단이 이루어져 나라가 나라답지 못하게 될까 두렵습니다. 어찌 한심하지 않겠습니까?”

○ 승정원 -도승지 홍계적, 승지 한중희·안중필(安重弼)[166]·유숭- 에서 다음과 같이 아뢰었다.

“박태항 등이 연명하여 올린 상소는 그 의도가 오로지 거짓을 얽어서 여러 신하들을 무함하고, 조정을 괴란(乖亂)시키려는 것에 있습니다. 그 상소에서 말하기를, ‘대신은 깊이 잠들었고 삼사는 말없이 조용하였다.’ 하였고, 또 말하기를, ‘저들의 마음속은 길가는 사람들도 알 수 있다.’ 하였습니다.

어제의 비망기는 깊은 밤중에 있었는데, 대신과 여러 신하들이 정신없이 뛰어다니고 부르짖으며 청대하려 하였지만 중신이 모두 모이기를 기다리지 않고 홀로 먼저 입대하였습니다. 그런데 지금 여러 신하들에게 수수방관한 죄를 지었다고 억지로 몰아가니, 이는 진실로 어떤 마음입니까?

심야에 허둥지둥하다가 어떤 사람은 들어가고, 어떤 사람은 들어가지 못한 것은 일의 형세가 마침 공교롭게도 그렇게 된 것인데, 마치 기이한 재물을 얻은 것처럼 없는 죄를 꾸며 만든 것이 망극하여 바로 하나의 급서(急書)

1721년(경종1) 예조참판으로서 조성복의 일을 비판하였지만, 1724년에는 이건명의 혈당이고 민진원의 인척으로서 노론에 빌붙었다고 이광보(李匡輔)의 탄핵을 받았다. 1727년(영조3) 예조판서가 되고, 1729년 우의정, 1730년 좌의정에 올라 영조 탕평책을 적극 협찬하였다. 시호는 충헌(忠憲)이다.

166) 안중필(安重弼) : 1659~1746. 본관은 순흥(順興), 자는 몽경(夢卿), 호는 근당(謹堂)이다. 1687년(숙종13) 사마시, 1712년 정시문과에 급제하여 1717년 승지에 올랐다. 영조대 공조참판 등을 지내고, 한성부 우윤을 역임하였다.

입니다.

한세량의 상소에 혹 이르기를, '하늘에는 두 개의 해가 없고 땅에는 두 명의 왕이 없다.' 하거나 혹 이르기를, '감히 몰래 천위를 옮길 계책을 품었다.' 하였습니다. 이러한 어구는 모두 매우 흉패한 것이며, 이른바 '말단의 한 가지 일'이란 과연 무슨 일을 가리키는 것이며, '나라 사람들이 의혹한다.'는 것은 과연 무슨 말인지요? 신은 실로 통스럽습니다."

○ 사직 홍만조(洪萬朝)[167] -심단(沈檀),[168] 이징귀(李徵龜), 권규(權珪),[169] 이태구(李泰龜),[170] 이인징(李麟徵),[171] 최경중(崔敬中), 이정(李禎), 이인석(李寅錫), 신필현(申弼賢),[172]

---

167) 홍만조(洪萬朝) : 1645~1725. 본관은 풍산(豊山), 자는 종지(宗之), 호는 만퇴(晩退)이다. 대사헌 홍이상(洪履祥)의 증손이다. 1669년(현종10) 성균관 유생이 되고, 1678년(숙종4) 증광문과에 급제하여 청요직을 두루 거쳤다. 1717년(숙종43) 형조판서에 오르고, 1718년 우참찬을 지낸 뒤 이듬해 기로소(耆老所)에 들어갔다. 1721년(경종1) 판의금부사를 거쳐 영조 즉위 직후 판돈녕부사가 되어 졸하였다. 시호는 정익(貞翼)이다.

168) 심단(沈檀) : 1645~1730. 본관은 청송(靑松), 자는 덕여(德輿), 호는 약현(藥峴)·추우당(追尤堂)이다. 아버지는 평시령(平市令) 심광면(沈光沔)이고, 어머니는 예조참의 윤선도의 딸이다. 1662년(현종3) 진사가 되고, 1673년 정시문과에 급제하여 청요직을 두루 거쳤다. 1680년(숙종6) 경신환국으로 10년, 1701년 민언량의 무고로 다시 10년간 유배되었다가 1711년 풀려났다. 1721년(경종1) 이조·예조판서 등을 역임하면서 경종과 세제인 영조에게 우애를 권장하고, 김일경이 중심이 되어 내시 박상검(朴尙儉)을 매수, 세제를 해치려 했던 사건을 비난하였다. 영조 즉위 후에는 판의금부사·판중추부사·도총관 등을 지냈다. 1728년 노론의 탄핵을 받고 다시 유배 갔다가 1729년 영조의 탕평책으로 풀려나와 1730년 봉조하(奉朝賀)가 되었다.

169) 권규(權珪) : 1648~1722. 본관은 안동, 자는 국서(國瑞)·덕장(德章), 호는 남록(南麓)이다. 영의정 권대운(權大運)의 아들이다. 1675년(숙종1) 증광문과에 급제하여 청요직을 두루 거쳐 1689년 도당록(都堂錄)에 올랐다. 1694년 갑술환국으로 유배갔다가 1697년 풀려났다. 1721년(경종1) 세제 대리청정을 반대하는 상소를 올렸다. 1722년 신임옥사로 소론이 집권하자 공조참판 등을 역임하였다.

170) 이태구(李泰龜) : 1636~1724. 본관은 전주, 자는 여수(汝守)이다. 1676년(숙종2) 정시문과에 급제하여 청요직을 두루 지내고, 1689년(숙종15) 기사환국 이후 홍문록에 올랐다. 이때 헌납으로서 고(故) 청성부원군 김석주의 관작을 삭탈하라 청하는 합사에 참여하였다. 1693년 경상도관찰사로 나갔다가 남인 정권 하에서 사헌부의 탄핵을 받기도 하였다.

171) 이인징(李麟徵) : 1643~1729. 본관은 연안(延安), 자는 옥서(玉瑞), 호는 운강(雲崗)이다. 1675년(숙종1) 사마 양시에 합격하고, 1679년 식년문과에 장원한 뒤, 1689년 홍문록에

김시경(金始慶),[173] 이인복(李仁復),[174] 김시빈(金始鑌),[175] 윤취리(尹就履), 성준(成儁),[176] 성임(成任),[177] 정운주(鄭雲柱),[178] 조이진(趙以進), 이만휴(李萬休), 정래주(鄭來周),[179] 김정윤(金廷潤),[180] 장후상(張后相),[181] 강필경(姜必慶),[182] 신척(申滌), 권굉(權宏), 신필회(申弼

선발되었다. 1694년 갑술환국으로 외직에 나갔다가 1696년 승지가 되었다. 경종대 공조판서 등을 지냈는데, 영조 초년에 극변에 유배 보내라는 노론의 집요한 주장에도 불구하고 영조는 오히려 한성판윤·공조판서로 기용하였다.

172) 신필현(申弼賢) : 1656~1733. 본관은 평산(平山), 자는 백유(伯猷)이다. 한성판윤 신후재(申厚載)의 아들이다. 1689년(숙종15) 진사가 되고, 1694년 별시문과에 급제하였지만 숙종대에는 천안군수 등 외직을 전전하다가 영조 즉위 뒤 형조참의로 발탁되어 1725년(영조1) 승지가 되었다.

173) 김시경(金始慶) : 1659~1735. 본관은 안동(安東), 자는 선여(善餘), 호는 만은(晩隱)이다. 1682년 생원이 되고, 바로 증광문과에 급제하여, 1709년(숙종35) 사헌부 장령이 되었다가 1716년 승지에 올라 경종대 대부분을 승정원에서 근무하였다. 영조대에도 1727년(영조3), 1731년, 1734년 승지로 영조의 부름을 받았으나 나가지 않았다.

174) 이인복(李仁復) : 1683~1730. 본관은 전주, 자는 내초(來初), 호는 춘절재(春節齋)이다. 영의정 이원익(李元翼)의 5대손이다. 1705년(숙종31)에 진사, 1714년 증광문과에 급제하여 1716년 도당록에 선발되었다. 숙종대 수찬 등을 거쳐 경종대 동부승지·사직 등을 역임하였으며, 영조대 병조참판에 올랐다.

175) 김시빈(金始鑌) : 1684~1729. 본관은 함창(咸昌), 자는 휴백(休伯), 호는 백남(白南)이다. 1702년(숙종28) 사마시에 합격하고, 그해 별시문과에 급제하여, 영조대 장령·명천부사 등을 역임하였다. 암암리에 김일경의 상소문을 비호했다는 혐의로 노론의 집요한 탄핵을 받았지만 영조가 들어주지 않고, 1728년(영조4) 울산부사에 임명하였는데, 이듬해 서거하였다.

176) 성준(成儁) : 1653~1728. 본관은 창녕(昌寧), 자는 천정(天挺)이다. 1684년(숙종10) 식년문과에 급제하여 1689년 기사환국 이후 지평 등을 역임하였다.

177) 성임成任) : 1662~1731. 본관은 창녕, 자는 여중(汝重)이다. 성준의 아우이다. 1681년(숙종7) 생원이 되고, 1684년 식년문과에 급제하여, 1689년 기사환국 이후 삼사에 진출하였다. 1701년에는 민언량의 옥사로 국문을 받다가 혐의가 없어 풀려났다. 이후 장악원 정, 강릉부사 등을 지냈는데, 계속 탄핵을 받았다.

178) 정운주(鄭雲柱) : 1669~1727. 본관은 초계(草溪), 자는 계항(季杭)이다. 1699년(숙종25) 진사가 되고, 1707년 별시문과에 급제하여, 1712년 지평, 1721년(경종1) 장령이 되었다. 1722년 조태구를 비판하다가 파직되었다. 1727년(영조3) 헌납이 되었는데, 사망하였다.

179) 정래주(鄭來周) : 1680~1745. 본관은 동래(東萊), 자는 내중(來仲), 호는 동계(東溪)이다. 1705년(숙종31) 식년문과에 급제하였는데, 1730년(영조6)에 비로소 승지가 되었다. 1742년 형조참판, 1743년 동지의금부사(同知義禁府事)에 올랐다가 같은 해 남양부사(南陽府使)로 나갔다. 저서로는 《동계만록(東溪漫錄)》과 《관혼의상제례일통(冠婚儀喪祭禮一統)》이 전한다.

誨),[183] 정행오(鄭行五), 강필신(姜必愼),[184] 이중환(李重煥),[185] 홍상용(洪尙容),[186] 권호(權護), 박수인(朴壽仁), 홍상인(洪尙寅), 남수언(南壽彦), 목천수(睦天壽), 윤취함(尹就咸),[187] 이광식(李光湜), 오서종(吳瑞鍾),[188] 오광운(吳光運),[189] 강박(姜樸),[190] 심주현(沈冑賢), 이희(李憙)-

---

180) 김정윤(金廷潤) : 1676~? 본관은 원주(原州), 자는 군중(君重)이다. 1710년 진사가 되고, 1714년(숙종40) 증광문과에 급제하였는데, 1730년(영조6)에 사헌부 장령이 되고, 1739년 승지 등을 거쳐 공조참의에 올랐다.

181) 장후상(張后相) : 1677~1742. 본관은 인동(仁同), 자는 몽여(蒙予), 호는 석문(石門)이다. 1699년(숙종25) 증광문과에 급제하였다가 파방되고, 1705년 생원이 되었는데, 1710년 복과되어 감찰 등을 거쳐 경종대 사예를 지냈다. 1728년(영조4) 이인좌의 난이 일어나자 근왕병을 일으켜서 적을 막았다.

182) 강필경(姜必慶) : 1680~ ? 본관은 진주(晉州), 자는 선경(善慶)이다. 1705년 생원이 되고, 1713년(숙종9) 증광문과에 급제, 1723년(경종3) 교리가 되었는데 청요직 진출이 부당하다 탄핵 받았지만 대사헌 이진검의 상소로 무사하였다. 1730년 소론이 국문을 당할 때 이름이 연좌되었으므로 그 뒤 오랫동안 금고(禁錮) 당했다가 1738년 좌의정 송인명(宋寅明)의 건의로 해금되어, 첨지중추부사·오위장 등을 역임하였다.

183) 신필회(申弼誨) : 1678~1739. 본관은 평산(平山), 자는 헌가(獻可)이다. 신후재(申厚載)의 아들이고, 신필현(申弼賢)의 아우이다. 1705년(숙종31) 증광문과에 급제하여 1722년(경종2) 정언이 되었다. 당시 이조판서 이조(李肇)를 공격하였다가 지평 박필몽(朴弼夢)의 탄핵을 받았다. 1728년(영조4) 무신난 당시 영덕현감(盈德縣監)으로 재직하면서 의심스러운 행적으로 유배되었다.

184) 강필신(姜必愼) : 1687~1756. 본관은 진주(晉州), 자는 사경(思卿), 호는 모헌(慕軒)이다. 채팽윤(蔡彭胤) 문인이다. 1713년(숙종39) 생원이 되고, 1718년 정시문과에 급제하여 승문원정자가 되었다 병조좌랑 등을 거쳐 안주현감이 되었다. 1728년(영조4) 지평 재직시 이인좌의 난에 대한 방비책을 제시하여 원종공신(原從功臣)에 책록되었다. 그러나 장령에 재직하며 조문명 등의 탕평론에 반대하고, 균역법의 폐단을 극론하였다.

185) 이중환(李重煥) : 1690~1756. 본관은 여주(驪州), 자는 휘조(輝祖), 호는 청담(淸潭)·청화산인(靑華山人)이다. 참판 이진휴(李震休)의 아들이며, 이익(李瀷) 문인이다. 1713년(숙종39) 증광문과에 급제하여 승문원 정자, 1722년(경종2) 병조정랑·전적 등을 역임하였다. 영조가 즉위하자 목호룡의 당여로 사로잡혀 유배되었다. 1735년(영조11) 풀려났는데, 1739년 다시 의금부에 수금되었다가 이듬해 병으로 풀려났다. 저서로 《택리지(擇里志)》가 있다.

186) 홍상용(洪尙容) : 1667~1730. 본관은 남양(南陽), 자는 대유(大有)이다. 1712년(숙종38) 정시문과에 급제하였는데, 1727년(영조3) 정미환국 이후 비로소 장령이 되었다. 1729년 권익관(權益寬)에 대한 계사에서 적용할 형률을 수정한 일로 관작을 삭탈 당하였다.

187) 윤취함(尹就咸) : 1686~1737. 본관은 파평(坡平), 자는 덕일(德一)이다. 1713년(숙종39) 증광문과에 급제하여, 1730년(영조6) 비로소 지평이 되고, 1737년 삼척부사(三陟府使)가 되었다.

등이 상소하여 대략 말하기를,

"조성복의 죄에 대해서는, 비록 책임을 때우려는 계책에서 나온 것이기는 하지만 간략하게 투비(投畀)[191]의 법을 시행하였습니다. 그렇지만 만약 엄히 국문하여 실정을 얻어서 왕법을 바로잡지 않으면 어떤 협박하는 말이 어떤 사람들의 입에서 뒤를 이어서 나올지 모릅니다."

하였다. 또 말하기를,

"대신이라는 사람이 도로에서 방황하며 수수방관하였으니, 이는 조성복과 같은 심장(心腸)이므로 또한 함께 엄중한 형률을 시행하여 임금을 잊고 나라를 저버린 죄를 징계하십시오."

하였다.

○ 대신과 양사가 청대하니, 주상이 전교하기를, "생각하고 있는 것들을 써서 들이라." 하자, 합계하여 말하기를,

---

188) 오서종(吳瑞鍾) : 1693~1722. 본관은 보성(寶城)이다. 1717년(숙종43) 온양에서 시행된 별시문과에 급제하여 성균관 박사가 되었다. 1722년(경종2) 임인옥사 당시 숙종의 국상 때 세자[경종]를 해치려는 역모에 유경유(柳慶裕)와 더불어 거사를 위한 자금으로 은을 구해주었다는 혐의를 받고 국문 끝에 장폐(杖斃) 당하였다.

189) 오광운(吳光運) : 1689~1754. 본관은 동복(同福), 자는 영백(永伯), 호는 약산(藥山)이다. 1714년(숙종40) 사마시, 1719년 증광문과에 급제하여, 숙종대 설서(說書)로 재직하면서 연잉군의 서연관(書筵官)이 되었다. 1727년(영조3) 지평이 되어 비로소 삼사에 진출하였으며, 1728년(영조4) 동부승지가 되어 당쟁의 폐단을 극론하였다. 영조대 탕평정국에서 청남(淸南)의 정치 지도자로서 원경하(元景夏)·정우량(鄭羽良) 등과 함께 대탕평론을 제시하였다. 예조참판·개성유수 등을 역임하였다. 유형원(柳馨遠)의 《반계수록(磻溪隨錄)》의 서문을 썼다. 저서로 《약산만고(藥山漫稿)》가 있고, 이조판서와 대제학에 추증되었다. 시호는 충장(忠章)이다.

190) 강박(姜樸) : 1690~1742. 본관은 진주, 자는 자순(子淳), 호는 국포(菊圃)이다. 1714년(숙종40) 절일제(節日製)에 장원하고, 이듬해 식년문과에 급제하였다. 홍문관 정자가 되어 민진원과 어유구 등을 탄핵하다가 유배되었으나 곧 풀려나 1723년(경종3) 홍문록(弘文錄)에 뽑히고 수찬이 되었다. 1727년 수찬으로서 윤지술을 탄핵하다가 파직당하였다. 정미환국(1727)으로 소론이 집권하자 기용되어 장예원 판결사 등을 역임하였다. 저서로 《국포집》·《국포쇄록(菊圃瑣錄)》 등이 있다.

191) 투비(投畀) : 죄인을 지정한 곳으로 귀양을 보내던 일이다.

“한세량의 상소에서 나온 말이 흉패하여 경악스럽고 통분한 마음을 금할 수 없으니, 청컨대 외딴섬에 위리안치 하십시오.”

하였다. 지평 이유 등이 말하기를,

“죄를 성토한다고 빙자하여 조정을 일망타진하려 하였으며, 하물며 ‘길 가던 사람도 알고 있다.’는 등의 말은 곧 급서(急書)와 같습니다. 청컨대 박태항 등을 삭출하십시오.”

하였다. 좌의정 이건명이 아뢰어 한세량을 사로잡아 엄히 심문하기를 청하고, 영의정을 휴치(休致)[192]하라는 명령을 취소해 달라는 뜻을 다시 아뢰었다. 주상이 답하기를,

“조성복은 이미 천극(荐棘)[193]의 형률을 시행하였다. 한세량 상소의 말은 나 또한 불쾌하다.”

하고, 이어서 영의정의 차자에 대한 비답을 도로 들여오도록 명하여 “마음을 편안히 갖고 사직하지 말라.”고 고쳐서 내렸다.

○ 지평 이유와 정언 신무일 등이 아뢰어 대략 말하기를,

“최석항이 여러 신하들이 모두 도착하지 않은 것을 틈타 황급히 경연에 들어가서 자기 스스로 일을 처리한 공적을 과시하려 하였으니, 그 실정이 교묘하고 비밀스러운 행태를 어떻게 가릴 수 있겠습니까?

조태억은 해당 관서의 관원으로서 일이 지난 뒤에 무단히 입대를 청하였고, 박태항 등은 연이어 일어나 상소하였습니다. 한세량의 상소는 더욱 심히 흉패하였으니, 이 무리들이 하는 짓을 보면 과연 나라를 위한 마음에서 나온 것이라 할 수 있겠습니까? 엎드려 바라건대 확고하게 결단을 내리시어 그 죄를 밝게 바로잡으십시오.”

---

192) 휴치(休致) : 나이를 먹어 늙어서 관직에서 물러나다.

193) 천극(荐棘) : 유배된 죄인에게 가해지는 형벌이다. 유배지 주변에 가시 울타리를 설치하여 외부와 격리하는 것이다.

하였다. 지평 유복명과 사간 어유룡 등이 계속해서 기회를 틈타 무함하는 폐단을 논하고, 거듭 엄하게 통렬히 배척하여 점점 머뭇거리는 모습과 절연할 것을 청하였다.

◯ 주상이 특별히 우의정에게 전유(傳諭)[194]를 내리고, 사관을 보내어 함께 오라고 명하였다. 도승지 홍계적이 전유를 거둬들이기를 청하였다.

◯ 주상이 시임과 원임대신, 삼사의 2품 이상 신료들에게 빈청(賓廳)에 모이라고 명하고, 특별히 비망기를 내려 다음과 같이 말하였다.

"나의 병근(病根)이 날로 점점 더하여 나을 기약이 없다. 그래서 서둘러 저위를 정한 것은 실로 대리(代理)를 행하게 하려고 한 것이었으며, 이를 자성(慈聖)께 아뢴 지 오래되었지만 책례(冊禮)[195]를 이제 막 거쳤기 때문에 실행하지 못하였다.

지금 여러 신하들이 나의 본의를 알지 못하고 대간의 상소로 인하여 나온 것처럼 여겨서 서로 이어서 쟁론(爭論)하는 일이 분분하기 때문에 일단 환수하여 본의를 보이고, 조성복의 망령되고 경솔한 행위를 바로잡은 것이다. 그렇지만 공사(公事)가 적체되어 수응(酬應)이 실로 절박하니, 한결같이 그저께의 비망기에 의해 거행하여 조섭(調攝)하는 방도를 온전하게 하라."

대신 및 2품 이상과 삼사가 합문 밖에 와서 청대하자 주상이 진교하기를,

"당초 인견하는 일이 어렵지 않고, 말을 주고받는 것도 매우 어렵지 않았다면 어찌 받아들여 시행하지 않았겠는가? 다시 번거롭게 하지 말고, 생각하고 있는 것들을 써서 들이라."

하였다. 승정원에서 청대하고, 대신이 승전색을 통해서 청대할 것을 다시 아뢰었지만 모두 허락하지 않았다.

194) 전유(傳諭) : 임금이 의정(議政)·방백(方伯)·유현(儒賢) 등 신하들에게 전하는 명령이다.
195) 책례(冊禮) : 왕세자를 책봉(冊封)하는 예식(禮式)을 가리킨다.

영의정 김창집 -조태채, 이건명, 강현(姜鋧),[196] 민진원, 임방(任埅),[197] 이의현, 황일하(黃一夏), 윤취상(尹就商),[198] 한배하, 이조, 김연, 윤각(尹慤),[199] 이광좌, 이집(李㙫), 이병상(李秉常),[200] 김재로, 이삼(李森),[201] 오중주(吳重周),[202] 이휘(李暉),[203] 유취장(柳就章)[204]- 등이

---

196) 강현(姜鋧) : 1650~1733. 본관은 진주(晉州), 자는 자정(子精), 호는 백각(白閣)·경암(敬庵)이다. 판중추부사 강백년(姜柏年)의 아들이다. 1675년(숙종1) 진사시에서 장원하고 1680년 정시문과와 1686년 문과중시에 연이어 급제하였다. 1689년 이조참의, 1708년 대제학, 다음해 예조판서·한성부판윤을 거쳐 경종 때 다시 판의금부사를 지냈다. 경종대 신임옥사에서 노론을 치죄하였는데, 그 죄로 1725년 삭출되었다가 곧 석방되어 판의금부사·좌참찬에 올랐다. 시호는 문안(文安)이다.

197) 임방(任埅) : 1640~1724. 본관은 풍천(豊川), 자는 대중(大仲), 호는 수촌(水村)·우졸옹(愚拙翁)이다. 송시열과 송준길의 문인이다. 1663년(현종4) 사마시, 1701년(숙종27) 알성 문과에 급제하여 청요직을 두루 거쳐 1705년 승지, 1719년 공조판서가 되었다. 1721년(경종1) 연잉군의 세제 책봉을 주장하였다가 신임옥사로 귀양 가서 죽었다. 저서로 《논어취분(論語聚分)》·《사가할영(史家割榮)》·《선문(選文)》·《철영시(掇英詩)》·《수촌집》 등이 있고, 시호는 문희(文僖)이다.

198) 윤취상(尹就商) : ?~1725. 본관은 함안(咸安)이다. 1676년(숙종2) 무과에 장원 급제하여 1701년 총융사가 되었다. 경종 즉위 후 병조참판·동지의금부사를 지냈다. 1722년(경종2) 형조판서에 올라 김일경과 함께 노론을 축출하는 데 앞장섰다. 1724년 영조가 즉위하면서 김일경의 일당으로 몰려 국문을 받고 복주(伏誅)되었다.

199) 윤각(尹慤) : 1665~1724. 본관은 함안(咸安), 자는 여성(汝誠)이다. 아버지는 진사 윤익상(尹翊商)이다. 1699년(숙종25) 무과에 급제하여 선전관이 되고, 1711년 이이명의 천거로 금위중군(禁衛中軍)이 되어 공을 세웠다. 1720년(경종 즉위년)에 병조참판에 전임되고, 이어 삼도수군통제사에 올랐다. 1721년 총융사 재직시 신축환국에 관련되어 유배되었다가 1724년 장살(杖殺)되었다.

200) 이병상(李秉常) : 1676~1748. 본관은 한산(韓山), 자는 여오(汝五), 호는 삼산(三山)이다. 1705년(숙종31) 생원시에 합격하고, 1710년 춘당대문과에 급제하여 청요직을 두루 거쳤다. 1721년(경종1) 이조참판 등을 지냈으며 신축환국으로 파직되기도 하였다. 1725년(영조1) 대제학을 거쳐 지의금부사를 지냈으나 정미환국(1727)으로 파직되었다가 이듬해 한성부판윤으로 기용되었다. 1742년 공조판서·판돈녕부사에 이르러 기로소에 들어가 치사하고 봉조하(奉朝賀)를 받았다. 시호는 문청(文淸)이다.

201) 이삼(李森) : 1677~1735. 본관은 함평(咸平), 자는 원백(遠伯)이다. 윤증 문인이다. 1705년(숙종31) 무과에 급제하여 평안도병마절도사 등을 지내고, 경종의 신임을 받아 총융사·어영대장 등을 역임하였다. 1727년(영조3) 훈련대장이 되어 이인좌의 난에서 공을 세워 함은군(咸恩君)에 봉해지고, 1729년 병조판서에 올랐다. 저서로 《관서절요(關西節要)》가 있다.

202) 오중주(吳重周) : 1654~1735. 본관은 해주(海州), 자는 자후(子厚), 호는 야은(野隱)이다. 1680년(숙종6) 무과에 급제하여, 수군절도사 등을 지냈으나, 1722년 임인옥사 당시

결코 명령을 받들지 못하겠다고 하면서 생각한 바를 써서 들였다.

승지 한중희 -안중필, 유승- 등과 삼사 -집의 김고(金橰), 사간 어유룡, 응교 신절, 장령 박치원·이정소, 교리 이중협, 지평 이유·유복명, 정언 신무일- 등이 모두 생각한 바를 아뢰었다. 호군 심수현 -상소에 수록한 명단은 박태항의 상소와 같으며, 여기에 김일경, 양성규(梁聖揆), 박필몽(朴弼夢),[205] 심공(沈珙), 이보욱(李普昱),[206] 김시엽(金始燁), 김동필(金東弼), 조최수, 박징빈(朴徵賓), 조지빈(趙趾彬)[207]을 첨입(添入)하였다.- 등이 연명으로 상소하여 비망기를 거두라고 청하였다.

유배되었다. 영조 즉위 뒤 금군별장 등에 기용되었으나 사퇴하였다. 1728년 이인좌의 난 당시 통제사로서 공을 세우고 이어 사퇴하였다.

203) 이휘(李暉) : 1655~1723. 본관은 용인(龍仁), 자는 여욱(汝旭)이다. 숙종대 무과에 급제하여 선전관을 거쳐 함경도 병사 등을 역임하였다. 1722년 임인옥사에 연루되어 관작이 삭탈되었다.

204) 유취장(柳就章) : 1671~1722. 본관은 진주(晉州), 자는 여진(汝進)이다. 숙종대 무과에 급제하여 경상도병마절도사 등을 역임하였다. 1721년(경종1)에 분부총관(分副摠管)을 지내고, 이듬해 훈련중군(訓鍊中軍)이 되었다. 그러나 신임옥사 당시 소론의 공격을 받아 유배되어, 곧 노론의 거두 김창집 등과 함께 처형되었다. 1783년(정조7)에 신원되어 병조판서에 추증되었으며, 시호는 무민(武愍)이다.

205) 박필몽(朴弼夢) : 1668~1728. 본관은 반남(潘南), 자는 양경(良卿)이다. 1710년(숙종36) 증광문과에 급제하여 청요직을 두루 거쳤다. 1721년 김일경 등과 노론 4대신의 죄를 성토하여 처벌하였다. 영조가 즉위한 뒤 도승지가 되었으나 탄핵을 받아 유배되었다. 1728년(영조4) 이인좌의 난이 일어나자 유배지에서 나와 반란에 가담한 태인현감 박필현(朴弼顯)의 군중으로 가 서울로 진군하려 하였다. 그러나 도중에 반란이 진압되었다는 소식을 듣고 죽도(竹島)에 숨었으며, 검모포(黔毛浦)로 가 잔당들과 다시 거사하려다가 무장현감 김몽좌(金夢佐)에게 붙잡혔다. 서울로 압송되어 처형되었다.

206) 이보욱(李普昱) : 1688~? 본관은 용인(龍仁), 자는 휘백(輝伯)이다. 1719년(숙종45) 증광문과에 급제하여 청요직을 두루 거쳤다. 1723년(경종3) 이만성 등이 노론 4대신의 흉역에 참여하였다 하여 국문하기를 청하였다. 또 임인옥을 고변한 목호룡만 녹훈(錄勳)되자, 옥사를 다스린 여러 신하들이 함께 녹훈되어야 한다고 주장하였다. 이때 옥사를 담당한 대신들이 모두 소론이었던 만큼, 영조 즉위로 노론이 득세하자 김일경·목호룡의 여당으로 몰려 탄핵을 받고 유배되었다. 1727년(영조3) 정미환국으로 다시 삼사에 진출하여 1743년과 1750년 승지가 되었다. 사후 1755년 을해옥사 당시 관작을 삭탈 당하였다.

207) 조지빈(趙趾彬) : 1691~1730. 본관은 양주(楊州), 자는 인지(麟之)이다. 조태억의 아들이다. 1718년(숙종44) 정시문과에 급제하여, 1723년(경종3) 홍문록에 올랐다. 1725년(영조1) 노론의 탄핵을 받고 유배 갔다가 1727년 풀려나 이조좌랑이 되었으며, 승지·대사간 등을 역임하였다.

판부사 김우항, 사과 정석삼(鄭錫三),[208] 전 감사 윤양래(尹陽來), 전 목사 이형좌(李衡佐) 등, 지돈녕 이진귀(李鎭龜) 등과 형조참의 이인복 등이 모두 상소하여 다투었다.

빈청과 승정원, 삼사가 사흘 연이어 아뢰어 다투고, 전 목사 유술(柳述), 관학 유생 임선(任選) 등, 보덕 유척기(兪拓基), 겸필선 신절, 사서 윤순, 겸사서 서명균, 겸설서 조현명(趙顯命)[209] 등이 서로 이어서 상소하였다.

○ 사직 권규 -30인- 등이 상소하여 대략 말하기를,

"아! 하늘은 어찌하여 우리나라를 어지럽혀 망하게 하려고 하며, 조종(祖宗)은 어찌하여 우리 종묘[宗枋]를 돌보아 돕지 아니합니까? 전하께서는 어떻게 이런 말을 할 수 있으며, 춘궁(春宮)은 어떻게 편안하게 이 명을 받을 수 있겠습니까?

전하께서 비록 '이것은 나의 본의(本意)이다.' 하셨지만 전하의 본의가 아님을 온 나라 신민이 모두 알고 있습니다. 전하께서는 어찌하여 이처럼 격뇌(激惱)의 하교를 내리시어 적신(賊臣)의 말을 사실로 만드십니까?"

하였다. 승정원에서 다음과 같이 아뢰었다.

"사직 권규가 상소 하나를 올려서, 앞부분에서는 '하늘은 어찌하여 우리나라

---

208) 정석삼(鄭錫三) : 1690~1729. 본관은 동래(東萊), 자는 명여(命汝)이다. 정태화(鄭太和)의 증손이다. 1711년(숙종37) 식년문과에 급제하여, 병조정랑 등을 거쳐 1722년(경종2) 사간이 되었다. 1725년(영조1) 승지가 되었는데, 경종의 질병을 포고하는 것에 반대하여 상소하였다. 이로 인해 탄핵을 받고 절도에 안치되었다가 같은 해 방면되었다. 1727년 다시 승지가 되어 1729년 졸하였다.

209) 조현명(趙顯命) : 1690~1752. 본관은 풍양(豊壤), 자는 치회(稚晦), 호는 귀록(歸鹿)·녹옹(鹿翁)이다. 1713년(숙종39) 진사, 1719년 증광문과에 급제하여 검열이 되었다. 1721년(경종1) 연잉군이 세제로 책봉되자 겸설서(兼說書)로서 세제 보호에 힘썼다. 영조대 교리를 역임하고 1728년(영조4) 이인좌의 난 당시 분무공신(奮武功臣) 3등에 녹훈, 풍원군(豊原君)에 책봉되었다. 이후 이조·호조판서 등의 요직을 두루 역임하였다. 1740년 경신처분(庚申處分) 직후 우의정에 발탁되었고, 1750년 영의정에 올라 균역법 제정을 총괄하였다. 조문명·송인명과 함께 완론세력을 중심으로 한 이른바 노·소론 중심의 탕평을 주도하였다. 시호는 충효(忠孝)이다.

를 어지럽혀 망하게 하려고 합니까?' 하고, 또 말하기를, '전하의 본의가 아닙니다.' 하였으니, 그 말이 흉악하고 참혹한 것이 어떻게 이 지경에 이르렀단 말입니까? 그 무함이 성궁(聖躬)에 미친 죄가 한세량보다 심하고, 국본을 위태롭게 하고 핍박하려는 계책은 유봉휘보다 더하니, 마땅히 엄하게 국문해야 합니다."

○ 삼사에서 권규를 사로잡아 엄히 국문하고, 한세량도 함께 똑같이 잡아다가 국문할 것을 청하였다.

○ 사과 어유룡 등이 다음과 같이 아뢰었다.

"홍만조 등의 상소 내용 가운데 아랫부분은 대신이 차자로 승지를 논한 일을 가지고[210] 극도로 죄를 얽어서 한쪽 편에 투합(投合)하였으니, 그 정상이 매우 통탄스럽고 놀랍습니다. 청컨대 삭출하십시오."

○ 대사헌 이희조(李喜朝),[211] 생원 이장수(李長壽) 등, 이만승(李萬升) 등, 민통수(閔通洙)[212] 등, 군수 정중만(鄭重萬)[213]등, 생원 이현모(李顯謨),[214] 사직

---

210) 대신이 …… 가지고 : 여기의 대신은 좌의정 이건명을 가리킨다. 최석항이 청대하여 대리청정을 철회시킨 직후에 이건명이 올린 차자에서 승정원이 최석항의 입시를 저지하지 못하였다고 비판한 것을 가리킨다. 본서의 앞에 보인다.

211) 이희조(李喜朝) : 1655~1724. 본관은 연안(延安), 호는 지촌(芝村), 자는 동보(同甫)이다. 이단상(李端相)의 아들이며, 송시열 문인이다. 1680년(숙종6) 경신환국 뒤 유일(遺逸)로 천거되어 건원릉참봉(健元陵參奉) 등을 역임하다가 1717년 대사헌에 올랐다. 1721년 김창집 등 노론 4대신이 유배 갈 때 유배 가서 죽었다. 1725년(영조1) 신원되어 좌찬성에 추증되었다. 저서로 《지촌집(芝村集)》이 있고, 시호는 문간(文簡)이다.

212) 민통수(閔通洙) : 1696~1742. 본관은 여흥(驪興), 자는 사연(士淵)이다. 민유중의 손자, 민진원의 아들이다. 1721년(경종1) 사마시, 1734년(영조10) 정시문과에 급제하여 청요직을 두루 거쳤다. 1739년 교리로서 상소하여 이광좌를 비난하고 부친 민진원을 변론하였다. 이후 이조좌랑·응교·승지 등을 역임하였다.

213) 정중만(鄭重萬) : 1658~1732. 본관은 해주(海州), 자는 여일(汝一), 호는 백석(白石)이다. 부인은 인평대군 이요(李㴭)의 딸인 전주 이씨이다. 1675년(숙종1) 진사가 되었다. 1690년

이태구(李泰龜)가 혹은 연명으로 상소하거나, 혹은 각자 상소하여 성명(成命)을 거두라고 청하고, 조성복에 대하여 논하였다.

생원 윤득형(尹得衡) 등, 익위(翊衛) 이정영(李挺英) 등, 관학 유생 홍전보(洪銓輔) 등, 충의(忠義) 봉학주(奉鶴周) 등이 상소하여 대리청정의 명령을 거두어들여 중지하라고 청하였다.

○ 세제가 또 상소하여 굳게 사양하였으나, 주상이 유시하여 위로하면서 허락하지 않았다.

○ 빈청과 삼사, 승정원에서 연일 쟁론하였지만 주상이 모두 따르지 않았다. 또 하교하기를,

"경 등의 지극한 정성은 이미 알고 있지만 내 병세가 만약 수응이 가능하다면 어찌 여기에까지 이르렀겠는가? 근래 화증(火症)이 점점 올라와 하루에도 자주 발생하기 때문에 장차 좌우로 하여금 전례를 상고하여 거행하게 하는 지경에까지 이르렀으니, 만약 이와 같다면 어떻게 나라를 다스릴 수 있겠는가? 좌우가 좋겠는가? 세제가 좋겠는가? 경 등은 깊이 생각하여, 우리 형제가 괴로움과 아픔을 함께 나누어 한편으로는 내 병을 조리하기에 편리하게 하고, 다른 한편으로는 장차 망하려는 나라를 부지하게 하라."

하였다. 영의정 김창집, 영부사 이이명, 판부사 조태채, 좌의정 이건명 등이 연명으로 차자를 올려 다음과 같이 말하였다.

"신 등은 모두 보잘것없는 사람들인데도 선조(先朝)의 천지와 같은 큰

(숙종16)에 영의정 권대운 등을 통해 그의 처남 복평군 이연의 집안에서 궁중에 독약을 반입시켰다는 일이 재차 제기되자 그 말이 그의 아내에게서 나왔다는 사실이 밝혀졌다. 그 결과 체포되어 국문을 받고, 결국 아내와 함께 유배되었다가 1693년 풀려나 영조대 한성부 주부, 공조좌랑 등을 역임하였다.

214) 이현모(李顯謨) : 1685~1731. 본관은 전주, 자는 문약(文若)이다. 1721년(경종1) 생원이 되고, 1727년(영조3) 정시문과에 급제하여 청요직을 두루 역임하다가, 1731년(영조7) 용강현령(龍岡縣令)으로 나가서 사망하였다.

은혜를 과분하게 입어서 항상 뼈가 가루가 되고 몸이 갈아 없어지도록 우리 전하께 보답하기를 원하고 있습니다. 그런데 요사이 갑자기 이러한 비상한 거조가 있으니 정성을 다해 널리 임금을 보필하여 많은 백성들의 소망에 부응하고자 하는 마음이 어찌 다함이 있겠습니까?

나흘 동안 복합(伏閤)하여 청하였는데도 윤허[允兪]하지 않으셨을 뿐만 아니라 면대를 청한 것이 예닐곱 차례였는데도 굳게 거절하시는 것이 더욱 심하여 끝내 전하의 밝은 모습을 한 번도 보지 못하였으니 단지 정성이 부족하여 전하의 마음을 감동시켜 되돌리지 못한 것이 한스러울 뿐이어서, 신 등의 죄는 만 번 죽어도 오히려 가볍습니다.

지난밤에 내리신 비지(批旨)는 받들어 채 절반도 읽기 전에 심담(心膽)이 모두 떨어지고, 놀랍고 두려워 얼이 빠져서 우러러 대답할 방도를 모르겠습니다. 다만 생각건대, 당초 비망기 가운데 '크고 작은 국사를 모두 결정[裁斷]하게 하라.'는 하교[215]는 실로 나라가 세워진 이래 볼 수 없었던 일이니, 중앙과 지방의 신하와 백성들이 놀라 의혹하고 근심하고 황망해하는 것은 바로 여기에 있으므로, 신들은 만 번을 주륙(誅戮) 당하더라도 결코 감히 받들 수가 없습니다.

그렇지만 정유년(1717, 숙종43) 일은 본래 선조가 판단하여 결정하신 일이고, 또한 절목에 구별되는 점이 있어서, '모두 결정하게 하라.[竝令裁斷]'는 명에 견주어 볼 때 차이가 있을 뿐만이 아닙니다. 하물며 이번 성상의 하교는 지극히 진실하고 불쌍히 여기어 슬퍼하는 마음에서 나왔으니, 전하의 신하된 자라면 또한 어찌 감히 경솔하고 갑작스런 일이라는 것에 구애되어 한결같이 어기고 거역하여 우리 전하의 마음을 아프게 하겠습니까?

삼가 바라건대 성명(聖明)께서는 속히 유사(有司)에게 명하여 단지 정유년

---

215) 당초 …… 하교 : 경종이 세제에게 처음 대리청정을 명할 때 나온 구절이다. 앞에 283쪽에 보인다. 원래의 문장은 "크고 작은 정령(政令)을 모두 세제로 하여금 결정하게 하라.[大小政令幷令世弟裁斷焉.]"이다.

절목[216]에 의거하여 거행하게 하신다면 매우 다행이겠습니다."

○ 우의정 조태구가 바야흐로 도성 바깥에 있다가, 연명 차자를 올렸다는 소식을 듣고 도성으로 들어와 훈련도감[訓局] 직방(直房)[217]에 도착하여 녹사(錄事)[218]를 보내 시임 정승에게 말하기를, "장차 어떻게 처리하려 하십니까?" 묻자, 영의정과 좌의정이 답하기를,

"정유년 절목에 따라서 거행하겠다고 조금 전 이미 차자를 올렸습니다. 이외에는 다른 도리가 없습니다."

하였다. 이에 조태구가 선인문(宣仁門, 창경궁 북문) 안으로 곧장 들어가 도성에 들어왔으니 청대하겠다는 뜻으로 승정원에 말을 전하였다. 승정원에서 대계(臺啓)가 바야흐로 한창일 때라 관례에 따라 여쭈어 아뢸 수 없다고 답하면서 서로 고집하며 옥신각신하고 있는데, 사알(司謁)이 구두로 주상의 하교를 전하기를, "우의정이 들어왔다고 들었다. 즉시 입대하라.[219]" 하였다.

---

216) 정유년 절목 : 정유년(1717, 숙종43) 숙종은 자신의 눈병을 명분으로 하여 세자에게 대리청정을 명하여 강행하였다. 당시 숙종이 노론과 소론의 대립 속에 노론의 의리를 인정하였고, 노론 대신과 독대 직후 대리청정을 발표하였으므로 소론측으로부터 그 정치적 의도를 의심받았다. 이때의 절목을 작성하는 기준으로서 당시 영의정 김창집은 '용인(用人)·형인(刑人)·용병(用兵) 이외'의 일은 모두 세자에게 재결을 받겠다고 말하였다. 《肅宗實錄 43年 10月 21日》 1721년(경종1) 10월 17일 영의정 김창집 등 노론 4대신이 세제의 대리청정에 대해 정유년의 절목에 따라 거행하도록 요청하는 차자(箚子)를 연명(聯名)으로 올렸는데, 이때의 절목은 앞서 경종이 세제 연잉군에게 모든 대소사를 대리청정하도록 명한 것에 비하면 세제의 결정권을 다소 제한한 것이었다. 그렇지만 이것은 결국 노론측에서 세제의 대리청정을 수용한 것이어서 소론에게 반격의 빌미를 제공한 셈이 되었다. 《景宗實錄 1年 10月 17日》

217) 직방(直房) : 조정의 신하들이 조회 시각을 기다릴 때 각사(各司)별로 머물러 대기하는 곳이다. 대궐문 옆에 위치하였다.

218) 녹사(錄事) : 중앙·지방 관서의 행정실무를 맡은 서리(書吏)와 경아전(京衙前)에 속한 상급 서리(胥吏)이다.

219) 조태구가 …… 하였다 : 1721년(경종1) 10월 17일 대간의 탄핵을 받고 궐 밖에 물러나 있던 조태구가 신하들이 일반적으로 다니는 문로(門路)가 아닌 선인문을 통해 입궐하여 청대하였다. 승정원에서 이를 거절하였으나 끝내 사알을 통해 경종을 만나 대리청정의 명을 거두도록 설득하였다.

이에 삼사와 시임대신 등 청대한 사람들이 모두 따라 들어갔다.

영의정 김창집 -좌의정 이건명, 영부사 이이명, 우의정 조태구, 호조판서 민진원, 좌참찬 최석항, 판돈녕 송상기, 병조판서 이만성, 공조판서 이관명, 예조판서 이의현, 이조판서 권상유(權尙游), 청은군 한배하, 사직 이광좌, 강화 유수 이태좌(李台佐), 사직 이정신(李正臣), 이조참판 이병상, 병조참판 김재로, 강원감사 김연, 형조참판 이조, 예조참판 이집, 승지 홍계적·조영복·안중필·유숭·한중희, 응교 신절, 교리 이중협, 사간 어유룡, 장령 박치원, 지평 유복명, 정언 신무일·황재, 겸춘추 김극겸(金克謙), 한림 박사성(朴師聖),[220] 가관(假官) 박준(朴浚)- 등이 진수당(進修堂)[221]에 입시하였다.

김창집이 말하기를,

"신 등의 성의가 천박하여 전하를 감동시켜 마음을 돌리지 못하였으니, 신 등의 죄는 만 번 죽어도 오히려 가벼울 것입니다. 지난밤 비지(批旨)는 더욱 망극하여 어찌해야 할지 모르다가 아침이 되어 여러 대신들과 함께 차자를 올렸지만 아직 비답을 받지 못하였습니다. 외방에 있는 대신이 청대하였다는 소식을 듣고서 신 등 또한 따라 들어왔지만 힘써 다투지 못하였으니 만 번 죽어도 애석할 것이 없습니다."

하고, 이이명이 말하기를,

"뜻밖의 비상한 하교가 있어서 중앙과 지방이 크게 놀라 당황하고 있으므로 여러 날에 걸쳐 복합(伏閤)하여 청대하였으나 허락하지 않았습니다. 어제 하교는 더욱 차마 들을 수 없었으므로, 생각하기를, 전교를 봉환(封還)[222]하고, 다시 아뢰어 품달(稟達)한 뒤, 우선 정청(庭請)[223]을 정지하려 하였습니다."

---

220) 박사성(朴師聖) : 1683~1739. 본관은 반남(潘南), 자는 시숙(時叔)이다. 박사익(朴師益)의 아우이고, 나중에 박사정(朴師正)으로 개명하였다. 1717년(숙종43) 정시문과에 급제하여, 1725년(영조1) 청요직에 진출하여, 조현명 등을 탄핵하였다. 1727년 정미환국으로 파면되었다가 1728년 수찬이 되었다.

221) 진수당(進修堂) : 창경궁에 소재한 건물로, 별군직(別軍職) 관청으로 사용하였다.

222) 봉환(封還) : 조서(詔書)나 유서(諭書) 등을 봉하여 되돌려 보내는 것이다. 혹은 사직서 등을 봉한 채 그대로 되돌려 주는 것을 말한다.

223) 정청(庭請) : 국가에 중대사가 있을 때 세자 또는 의정(議政)이 백관을 거느리고 궁정에

하였다. 이건명은 다음과 같이 말하였다.

“뜻밖의 비상한 하교가 있었으니 누구인들 두렵지 않겠습니까? 신 등이 거듭 입시하기를 청하였지만 끝까지 완강히 거부하시어 답답한 가운데 또 하교를 듣고는 심담이 떨려서 만약 이처럼 점점 격화되면 말하는 것이 어려운 근심이 생길까 두려웠습니다. ‘모두 결정하게 하라.’는 교지는 이전에 들어본 적이 없었으므로 감히 선조 때 정유년의 일을 인용하여 마침내 차자 하나를 올렸습니다.

지금 전하가 재위하신 지 1년이 못 되었고, 또한 현저하게 드러난 질병은 없으므로, ‘크고 작은 정령을 모두 결정하게 하라.’는 하교는 갑자기 거행할 수 있는 일이 아니니, 우선 당시 절목을 가지고 거행하겠다는 뜻으로 차자를 올린 것입니다.”

조태구가 다음과 같이 말하였다.

“신이 바야흐로 대간의 탄핵을 받아서 시골에 물러나 있었는데, 전후에 특별히 하교하여 ‘이전의 일은 모두 중단하여 세속적인 행태를 깨끗이 씻어버리고 마음을 돌려서 도성으로 들어와서 장차 망해가는 나라를 편안하게 하라.’ 하셨습니다. 이에 신은 오장(五臟)이 불타는 듯하여 염우(廉隅)[224]를 팽개쳐서는 안 된다는 것을 모르지 않지만 의리에 비추어 사사로움을 돌아보지 않고 죽음을 무릅쓰고 조정에 나왔습니다.

오늘 또 대신이 정청을 정지하려 한다는 말을 듣고, 신이 하늘이 무너지는 듯한 놀라움을 견디지 못하여, 사생(死生)을 걸고 반드시 다투고자 감히 와서 청대(請對)한 것이니, 이는 신 한 사람의 말이 아니라 곧 온 나라 사람의 말입니다.

전하께서는 화열(火熱)이 오르내리는 것 때문에 만기(萬機)를 재결(裁決)하기가 어려우므로 이처럼 업무를 물리치려는 뜻이 있지만 이는 크게 그렇지

이르러서 계(啓)를 올리고 전교를 기다리는 일이다.

224) 염우(廉隅) : 행실이 올바르고 절조(節操)가 굳은 품성이다.

않은 점이 있습니다. 화열이 오를 때는 잠시 수응을 정지하여 편히 조식(調息)하고, 지려(志慮)가 청명(淸明)할 때 상황에 따라서 물 흐르듯 따른다면[物來順應][225] 아마도 어려움이 없을 것입니다.

국가는 전하의 국가가 아닌데, 영고(寧考, 선왕)의 부탁과 신인(神人)이 의지하는 것이 어떠합니까? 춘추가 한창이시니 마땅히 정신을 가다듬고 다스리기를 도모하여 우러러 조종의 혼령을 위로해야 하는데 어찌 이와 같이 결코 해서는 안 되는 거조를 하시려 하십니까?

이러한 하교가 있고부터 온 나라가 요동쳐서 동궁은 눈물을 흘리며 전하에게 호소하고, 인접한 관료들은 목이 메어 소리를 내지 못하며, 중앙과 지방에 슬퍼하지 않는 사람이 없는데, 전하께서 정유년에 겪었던 마음으로 어찌 동궁의 심경을 헤아리지 못하십니까? 빨리 이미 내린 명령을 거두시어 춘궁의 마음을 편안하게 하시고, 신민의 바람을 위로하십시오."

조태구가 이렇게 말하면서 눈물을 흘려서 그 눈물이 얼굴을 덮었다.

민진원이 말하기를,

"전하께서 조금만 앞날을 내다본다면 의약으로 충분히 치료할 수 있는데 어찌 이 같은 비상한 하교를 내리십니까? 신 등이 여러 날 놀랍고 황공하여 어쩔 줄을 모르고 있는 것을 어찌 다 아뢸 수 있겠습니까?"

하였다. 최석항이 말하기를,

"이제 정청에 대한 비답이 3경(三更, 자정 전후한 시점) 말에야 비로소 내려왔는데, 마음을 놀라게 하는 하교가 있어 여러 대신들에게 의견을 순문(詢問)하였습니다. 신은 지극히 중대한 일이므로 비록 달을 넘기고 해를 넘길지라

---

225) 상황에 …… 따른다면 : 원문은 "物來順應"이다. 이 말은 원래 정호(程顥)가 장재(張載)에게 보낸 편지에 나오는 말이다. 이 편지는 '정성(定性)'에 대한 장재의 질문에 정호가 답한 것인데, 후세 사람들이 〈정성서(定性書)〉라고 칭하였다. 여기서 정호는 인간의 본성과 외계 사물은 본래 내외(內外)의 구분이 없다는 물아일체(物我一體)적 관점에서 성(性)을 정의하고, 그러한 정신의 경지이자 수양 방법으로서 이것을 제시하였다. 정호의 이 편지는 《근사록(近思錄)》에 주자의 자세한 해설과 함께 수록되어, 송대 이학(理學)의 도덕수양론을 대표하는 말 가운데 하나가 되었다.

도 윤허 받기 전에는 정지할 리가 만무하다고 답하였는데, 여러 신하들의 소견은 다름이 없지 않습니다.

대신이 우선 물러나 차자를 올려 대죄하고 나서 다시 청하여 입시하기로 결정하였으므로 신이 약방에 나아가 연명 차자를 얻어 볼 수 있었는데, 정유년 절목에 의거하여 시행하겠다고 말하였습니다. 이에 신은 진실로 놀랍고 의아하여 그 이유를 알 수 없었으므로, 대략 짧은 상소를 작성하여 승정원에 올렸지만, 아무런 이유 없이 기각되었는데 오늘 다행히 직접 면대하여 감히 생각을 아뢸 수 있게 되었습니다. 삼가 바라옵건대 전후 비망기는 모두 거둬들여서 국사를 편안히 하고 인심을 안정시키십시오."

하였다. 이광좌가 말하기를,

"신이 6년 동안 병들어 강교(江郊)에 머물러 있었으므로 오랫동안 조정에 나오지 못하였는데, 갑자기 비상한 하교를 듣고서 놀라움을 이길 수 없어서 와서 정청에 참석하였습니다. 어제저녁 하교는 더욱 차마 들을 수 없었으니, 옛날 인군 가운데 누군들 질병이 없었겠습니까마는 병 때문에 일을 물리친 것은 과거의 사첩(史牒, 역사책)에도 없었던 일입니다. 이 일은 두 번 말할 필요도 없이 단지 한번 마음을 바꾸는 순간에 결판이 날 것이므로, 전후의 비망기를 거두어 주시면 매우 다행이겠습니다."

하였다. 권상유와 김인, 이조 등이 서로 이어서 힘껏 청하였다.

이건명이 말하기를,

"어제 비답이 내려온 뒤 2품 이상과 상의하니, 혹자가 을유년(1705, 숙종31)에 여러 대신들이 헌의한 일에 대해 말하였습니다. 일찍이 을유년 선대왕의 옥후(玉候, 건강)가 편찮으셔서 수응이 어려웠기 때문에 비상한 하교를 내리시자, 문무백관이 정청하였지만 오래도록 따르지 않으셨습니다.

그런데 고(故) 상신 윤지완(尹趾完)[226]이 문종(文宗)의 고사[227]에 따라서

---

226) 윤지완(尹趾完) : 1635~1718. 본관은 파평, 자 숙린(叔麟), 호 동산(東山)이다. 좌의정 윤지선(尹趾善)의 아우이다. 갑술환국(1694)으로 인현왕후 복위를 지지한 소론이 등용되자

거행할 뜻으로 당시 대신에게 말을 전하여 보냈는데, 모두 미처 진품(陳稟)하기도 전에 다행히 정청을 윤허하셨으므로 이에 중지하였었습니다. 인신이 임금을 섬기는 의리는 진실로 마땅히 이와 같아야 합니다.

신은 보잘 것 없는 사람이 대신(大臣)의 뒷자리를 차지하고 있다가 이같이 의외의 거조를 만나서 여러 날에 걸쳐 힘껏 쟁론하였지만 아직도 청을 들어주시지 않으니, 앞으로 어느 지경에 이를지 알 수 없었습니다. 그리하여 드디어 절목을 구별하여, 정유년의 일에 의거하여 거행할 뜻으로 차자를 올렸으니, 이는 실로 부득이한 데에서 나온 것입니다. 오늘 다행히 전하를 가까이에서 뵙게 되었는데 만약 환수할 것을 허락하신다면 더 없는 다행이겠습니다."

하였다. 최석항이 말하기를,

"선조 을유년 겨울, 갑자기 내리신 비상한 하교에 당시 대신과 삼사가 복합하여서 끝내 주상의 마음을 감동시켜 되돌렸으니, 어찌 전하께서 마땅히 본받을 일이 아니겠습니까?"

하였는데, 김재로가 말하기를, "청정과 선양하여 왕위를 전하는 일은 다른 것입니다." 하였다. 이이명이 말하기를,

"을유년의 일은 오늘에 비견할 수 없습니다. 어제 비망기는 모두 다시 거두어주십시오."

좌참찬·우의정 등을 지냈다. 1717년 숙종이 좌의정 이이명과 독대한 후 세자[경종]에게 청정을 명하자 이에 반대하여 이이명을 논척하였다.

227) 문종(文宗)의 고사 : 1705년(숙종31) 국왕이 안질(眼疾)로 인해 대리청정을 촉구하였는데 이때 든 사례가 당나라 태종과 세종(世宗)이었다. 즉 세종이 몸이 편찮을 때 문종을 별전(別殿)에 데리고 가 국사를 참관하고 처결하게 하였다는 것이다. 《肅宗實錄 43年 7月 19日》 남인계 당론서인 《동소만록(桐巢漫錄)》에는 이 같은 대리청정의 사례를 이이명이 제공한 것으로 기술되었다. 즉 주상이 "눈이 어두워져 문서를 살펴보는 일이 매우 어려우니 변통하는 방도를 마련한 뒤에야 다른 근심이 없을 것이다." 하자, 이이명이 "목소리가 또렷한 자를 시켜 주상에게 올린 문서를 읽게 하고, 세자로 하여금 옆에 두고 보게 하면 어떻겠습니까?" 하였다. 이에 주상이 "당나라 태종이 말년에 그렇게 변통하지 않았는가?" 묻자, 이이명이 "멀리서 인용할 것 없이 세종이 몸이 편찮을 때 문종을 별전에 데리고 가 국사를 참관하게 하여 처결했습니다." 답하였다. 남하정(南夏正)은 이이명이 대리청정의 논의를 주도하여 숙종에게 권면한 것으로 보았다.

하고, 김창집이 말하기를,

"최석항이 갑자기 전선에 대해 말한 것은 또한 위험하고 두렵지 않습니까? 전하께서 만약 거두어들이지 않는다면 위태롭고 어그러진 말이 장차 이르지 않는 곳이 없을 것이므로, 신 등이 능히 주상의 마음을 감동시켜 되돌리지 못한 죄를 장차 스스로 해명할 방법이 없을 것입니다."

하니, 최석항이 말하기를,

"무릇 고사의 사례를 원용할 때는 그 대의를 취할 뿐입니다. 신은 단지 성명을 도로 거두는 것만이 오늘날 본받을 수 있는 일이라고 생각합니다. 설혹 차이가 난다고 해도 크게 손상 받을 일이 무엇이 있겠습니까?"

하고, 한배하가 말하기를,

"동궁께서 우중(虞仲)[228]과 같은 덕이 있는데, 어찌 이 같은 하교에 편안하실 수 있겠습니까?"

하였다. 이의현 등 여러 사람들과 삼사 여러 신하들이 각각 거둬들여야 한다는 뜻으로 아뢰었고, 김창집과 이이명이 아직 거둬들이라는 하교를 받지 못하였다고 누누이 인책(引責)하였다. 조태구가 말하기를,

"두 대신이 경솔하게 먼저 스스로 허물하는 것은 또한 지나치지 않습니까?"

하자, 김창집이 말하기를,

"'좌우가 좋겠는가 세제가 좋겠는가?'라는 하교는 한층 더 놀랍고 당황스러웠습니다. 이 같은 지경에까지 이르게 되었으니, 다시 다른 계책이 없었으므로 감히 매우 부득이한 거조를 시행하였던 것입니다. 오로지 원컨대 속히 거둬들이는 것을 허락해 주십시오. 그런 뒤에야 동요하는 인심을 진정시킬 수 있을 것입니다."

하니, 주상이 말하기를, "알았다." 하였다. 김창집이 말하기를, "급히 들어오

---

228) 우중(虞仲) : 주(周)나라 태왕(太王)의 둘째 아들이다. 맏형인 태백(泰伯)과 함께 아버지의 뜻을 헤아려 셋째 동생 계력(季歷)에게 왕위가 계승되도록 형만(荊蠻)으로 달아나 문신단발(文身斷髮)하고 살았다고 한다. 《史記 周本紀》

느라 비망기를 잊고 가지고 들어오지 않았습니다." 하고는 즉시 사관으로 하여금 두 차례의 비망기와 비답 한 장을 가져오게 하여, 이를 주상에게 무릎을 꿇고 바쳤다. 대신 이하가 모두 천만다행이라고 말하였다.

신하들이 물러나려 할 때, 홍계적이 말하기를,

"오늘 우의정과 승정원, 삼사와 대신, 여러 신하들이 함께 들어가 입을 모아 힘껏 간쟁한 덕분에 성명을 거둬들이셨으니 매우 다행스러움을 이기지 못하겠습니다. 그런데 우의정이 들어온 일은 이전에 승정원에서 아뢴 적이 없었는데, 전하께서는 어떻게 아셨습니까?

아침에 우의정이 선인문을 통해 들어와서 승정원의 이서(吏胥)를 불러내어 그로 하여금 청대하게 하니, 여러 신료들이 상의하여 합계에 대한 비답이 아직 내려오지 않았으므로 청대를 결코 아뢸 수 없다고 답하자, 우의정이 또 사람을 보내어 말하기를,

'논핵을 받았어도 이를 무릅쓰고 들어온 것은 나의 염치와 관계된 일이고, 바야흐로 재상의 직책을 띠고서 청대하려 하는데 승정원에서는 어찌하여 아뢸 수 없다는 것인가?'

하였습니다. 본원이 또 장차 전례에 의거하여 물리치려 했을 때, 사알이 땀을 흘리며 급히 와서 말하기를, '우의정·삼사·승정원을 인견하겠다 하십니다.' 하였습니다. 신이 묻기를, '우의정이 들어온 것을 주상이 어떻게 알았는가?' 하니, 사알이 말하기를, '모릅니다.' 하였으니, 신하가 감히 전하가 어떻게 해서 우의정이 들어온 것을 들었는지 몰라도 되겠습니까?

비록 여항(閭巷)의 사람들도 집 밖의 말을 집 안으로 들이지 않고 집 안의 말을 집 밖으로 내지 않은 뒤에야 집안을 다스린다고 할 수 있는데, 나라를 다스리는 도리로 보아 어찌 안팎이 아무런 방해를 받지 않고 사적으로 통할 수 있는 길을 열어 둘 수가 있겠습니까? 이는 실로 예전에는 들어본 적이 없던 일로서, 그가 들어온 것을 고한 사람을 적발하여 논죄(論罪)하지 않을 수 없으니, 청컨대 명백히 하교해주십시오."

하였다. 조영복이 말하기를, "이는 곧 사알의 죄입니다." 하자, 삼사가 모두 나아가 말하기를,

"이는 작은 일이 아니고 관련된 일이 매우 중대하니 명백히 하교한 뒤에야 바야흐로 나라를 다스릴 수 있을 것입니다."

하였다. 신절이 말하기를,

"신과 우의정이 서로 친분이 있다는 혐의가 있지만 이 일은 관련된 일이 매우 중대한데, 그가 들어온 여부를 전하께서 어떻게 들으셨습니까?"

하였으며, 유숭이 말하기를,

"전하께서는 모시고 있는 신하들을 마땅히 동일하게 보아야 하는데, 대신과 여러 신하들이 연일 대궐에서 호소하는데도 입대를 허락하지 않다가 오늘 우의정에 대해서는 특별히 인견(引見)하여 현저히 후박(厚薄)의 차이가 있으니, 기괴하고 의심스러움을 이길 수 없습니다."

하였지만, 주상은 모두 아무런 결정도 내리지[發落] 않았다.

이에 양사에서 합계하기를,

"삭출된 죄인 조태구가 뻔뻔스럽게 공복(公服)을 입고서 선인문으로 치고 들어왔다고 하는데, 비록 그 의도가 어디에 있는지 알지 못하겠지만 이처럼 죄를 성토하는 날에 멋대로 대궐 가운데 들어오는 것에 조금도 거리낌이 없었으니 고금 이래 천하에 어찌 이 같은 변괴가 있겠습니까? 청컨대 먼저 멀리 유배 보내십시오."

하니, 주상이 번거롭게 하지 말라고 답하였다.

장령 박치원이 아뢰기를,

"전선(傳禪)[229]과 대리청정은 전혀 다른 일인데, 최석항이 경연석상에서 진달할 때 곧 오늘 대리청정의 명을 가리켜 을유년 전선의 일과 비교하였습니다. 그 마음의 소재를 진실로 헤아릴 수 없으니, 청컨대 삭출하십시오."

---

229) 전선(傳禪) : 임금이 살아 있으면서 세자나 후계자에게 왕위를 물려주고 물러나는 것이다.

하였으나, 주상이 번거롭게 하지 말라고 답하였다.

사간 어유룡이 아뢰기를,

"지금 대신이 어떤 사사로운 길로 들어왔는지 알 수 없지만 격식을 갖추지 않고 아뢰어 들어왔으니, 이런 길이 한번 열리면 북문(北門)의 변고[230]를 막을 방법이 없을 것입니다. 해당 승전색과 사알을 모두 사로잡아 엄히 국문하십시오."

하니, 주상이 말하기를, "아뢴 대로 하라." 하였다.

또 합계하여 대략 다음과 같이 말하였다.

"해당 승전색과 사알은 비록 이미 사로잡아 국문하라고 하였지만 조태구와 평일에 서로 내통한 것이 밝게 드러나서 가릴 수 없었습니다. 성조(聖朝)에서 복상(卜相)[231]할 때 환관·궁첩이 이름을 아는 사람에게까지 미쳤으니, 큰 실정(失政)입니다. 청컨대 사로잡아 조사하여 엄히 처단하십시오."

○ 장령 박치원 등이 대략 다음과 같이 아뢰었다.

"박태항의 죄를 당초 법에 의거하여 처벌한 것은 실로 엄히 징벌한다는 뜻에서 나왔습니다. 그런데 지평 유복명이 갑자기 아부할 계략을 내어서 적용한 형률을 암암리에 고치고, 몰래 동료의 이름을 써서 당후(堂后, 승정원 주서(注書))에게 간통(簡通)하여, 대각의 체통을 무너뜨리고도 그 정적(情迹)을 숨겼으니, 청컨대 삭판(削版)[232]하십시오.

---

230) 북문(北門)의 변고 : 북문은 경복궁 북쪽에 위치한 신무문(神武門)이다. 1519년(중종14) 남곤(南袞)·심정(沈貞)·홍경주(洪景舟) 등이 이 문을 통해 들어와 조광조(趙光祖)·김정(金淨) 등을 모함하여, 이로 인해 기묘사화(己卯士禍)가 발생하였다.

231) 복상(卜相) : 의정(議政)급 관원의 선발 방식으로, 집정관(執政官)을 점쳐서 선발하는 방식에서 유래하여, 매복(枚卜)이라고도 한다. 시임(時任) 의정이 작성한 복상단자에 국왕이 낙점하는 방식으로 운영되었으나, 복상단자에 기록된 인물 이외의 후보자를 추가하여 낙점하는 가복(加卜)이 행해지기도 하였다. 의정의 선발은 복상 방식이 아닌 중비(中批)로 제수되는 경우도 있었다.

232) 삭판(削版) : 삭거사판(削去仕版)을 줄인 말로서, 사판에서 이름을 삭제하는 것을 말한다. 죄를 지은 관리를 처벌하는 규정의 하나로 초사(初仕) 이후의 모든 임관(任官)을 말소하는

이틀 전 조태구가 환관을 통해서 몰래 진현(進見)을 도모할 때, 일종의 불령한 무리들이 그림자처럼 그 뒤를 따랐습니다. 그때 선인문으로 같이 들어간 김연·이조 및 기타 화응하여 돌입한 여러 사람들을 일체 모두 삭출하십시오."

○ 형조참의 이인복이 상소하여 대략 말하기를,

"며칠 전 비상한 하교가 있었으니, 신하된 자라면 마땅히 힘껏 청하여 거둬들일 것을 기약해야 할 것인데, 이틀도 안 되어 조정에서 갑자기 정청을 멈추었습니다. 그리고 대신이 합사(合辭)[233]하여 차자를 올려서 빨리 절목을 거행하라고 하면서 말하기를, '감히 어기고 거역하여 성심을 손상케 할 수 없다.' 하고, 멋대로 절목을 구별하는 것으로 일을 끝내려는 계책을 삼으려 하였으니, 신은 매우 통탄스럽습니다."

하였다. 승정원에서 -승지는 위와 같다.- 아뢰기를,

"이인복의 상소는 대신까지 침범하여 어의(語意)가 매우 급박하였습니다. 대간이 바야흐로 홍만조를 삭출하라고 논하고 있으므로, 이인복은 그 상소에 연명한 사람으로서 죄를 기다리기에도 겨를이 없을 것인데, 방자하게 상소하여 남을 모함하는 계책을 행하려고 합니다. 이 상소는 돌려주고 이후로 이러한 상소는 봉입하지 않게 하는 것이 어떻습니까?"

하니, 전교하기를, "윤허한다." 하였다.

○ 의금부가 내관 최홍(崔泓)과 사알 김천석(金千錫)이 발명(發明)한 것으로써 김경표(金景杓)를 사로잡아 심문할 것을 청하였다.[234] 주상이 다음과 같이

규정이다.

233) 합사(合辭) : 여러 관사(官司)나 또는 여러 관원이 합동하여 상소할 때 사연을 합하여 하나의 상소로 하던 일이다.

234) 김천석(金千錫) …… 청하였다 : 김천석은 당시 입직한 내관 김경표가 우의정 등을 인견한다는 명을 전하며 재삼 독촉하였다고 발명하였다. 《景宗實錄 1年 10月 18日》

전교하였다.

"그날 합문(閤門) 바깥에서 시끄럽게 떠들며 전도(前導, 앞길을 인도함)하는 소리가 나서 물어보니 우의정이 들어온다고 하기에 내가 비로소 그 연유를 알고 하교한 것이다. 이는 아래에서 미품(微稟)[235]한 일이 아니므로, 승전색과 내관 그리고 사알은 원래 논죄할 일이 없으니, 그냥 내버려 두도록 하라."

○ 승정원에서 아뢰어 말하기를,

"충청도 검핵관(檢覈官) 이승원(李承源)[236]이 시폐(時弊)를 논한 상소가 승정원에 도착하였는데, 그 내용 가운데 말하기를,

'조성복이 이런 말을 한 것은 누가 그렇게 시킨 것이겠습니까?'

하여, 그 하는 말들이 음흉하고 그 의도를 헤아릴 수 없습니다. 또 잘못된 글자가 많아서 상규(常規)를 크게 어겼으니, 상소는 돌려주고 무겁게 추궁하는 것이 어떻습니까?"

하니, 주상이 전교하기를, "윤허한다." 하였다.

○ 황해 감사 이집이 상소하여 시폐(時弊)를 논하였는데, 대략 다음과 같이 말하였다.

"전 참판 최석항이 홀로 먼저 입대한 것이 과연 무슨 죄입니까? 우의정 조태구가 동궐(東闕, 창경궁)로 들어온 것은 단지 위중한 병 때문에 숨이 끊어질 듯 말 듯하여 행보가 조금 가까운 곳을 취하였을 뿐입니다. 선인문 역시 시어소(時御所, 주상이 거처하는 곳)의 정문이므로, 비록 병이 없는 사람도

235) 미품(微稟) : 간단한 일에 대하여 격식을 갖추지 않고 넌지시 구두(口頭)로 아뢰는 일이다.

236) 이승원(李承源) : 1661~? 본관은 광주(廣州), 자는 효백(孝伯)이다. 1699년(숙종25)에 생원이 되고, 1705년 식년문과에 급제하여, 1708년 정언, 1722년(경종2) 수찬이 되었다. 1723년 교리로서 소론 조지빈에 맞서 남인 홍중필을 구원하였다. 1725년(영조1) 신임옥사 당시 간쟁하지 않았다는 이유로 문외출송 당하였다가 1727년 정미환국 이후 풀려났다. 1728년(영조4) 형조참의, 1729년 승지, 1733년 공조참의, 1740년 동지중추부사 등을 역임하였다.

이곳을 통해서 출입한 것이 예로부터 어찌 한정이 있다고 이것을 가지고 죄를 얽어 만들려고 합니까?

그때의 곡절을 전하께서 이미 명백하게 하교하여 밝혀졌다고 할 수 있는데도 오히려 이것을 구실 삼아 원망(怨望)을 풀려고 잠시 사이에 삭출하였다가 유배 보내고, 이튿날은 유배 보낸 사람을 국문하고, 또 그 이튿날에는 국문하고 다시 유배 보내기를, 오직 하고 싶은 대로 하였습니다.

아! 군부가 갑자기 비상한 하교를 내렸으니 정성을 다해 바로잡아 회복해야 하는데, 자신이 능히 하지 못하는 것을 혹 다른 사람이 능히 하기도 하고, 상례로 할 수 없는 것은 격식을 깨고 하였던 것이니, 또한 일이 지나간 뒤에는 서로 축하하는 바탕이 될 수 있었는데 도리어 억지로 조종하여 고집하니, 신은 진실로 개탄스럽습니다."

승정원에서 아뢰기를,

"이집의 상소는 당동벌이(黨同伐異)가 아닌 것이 없어서 그 의도를 헤아릴 수 없습니다. 지난번 이미 이 같은 상소는 받아들이지 말라는 명이 있었으나 감히 아룁니다."

하니, 주상이 전교하기를, "받아들이라." 하고, 답하기를,

"시사가 개탄스러운 것은 실로 내가 박덕(薄德)하고 밝지 못하기 때문이니 다시 무엇을 말하겠는가?"

하였다.

○ 집의 이중협이 말하기를,

"번신(藩臣)[237]의 상소가 헐뜯음을 당하였으니 형세상 편안하게 있기 어렵다."

하고 상소하여 사직하니, 주상이 답하기를,

237) 번신(藩臣) : 관찰사·병사(兵使)·수사(水使)를 아울러 가리키는 말이다. 여기서는 황해감사 이집을 가리킨다.

"내가 박덕하고 밝지 못하여 임금을 업신여기는 무엄한 논의가 뜻밖에도 나왔다. 알지 못하겠지만, 환첩(宦妾)이 이름을 아는 사람을 몇 사람이나 제배(除拜)하였는가?"

하였다. -대개 합계 중에 이런 말이 있었기 때문에 지금 비로소 하교한 것이다.-

○ 부제학 홍계적이 상소하여 대략 말하기를,

"이집의 상소로 인해 위태롭고 두려움을 견디지 못하겠습니다. 대개 최석항이 혼자 먼저 입대한 뒤부터 한쪽 편 사람들의 말이 매번 여러 신하들이 함께 들어가지 않았다는 것을 가지고 이야깃거리로 삼으니 신은 실로 통탄스럽습니다.

정청(庭請)할 때 대신이 매일 입대를 청하였지만 끝내 허락하지 않다가 조태구가 대궐에 들어오자 곧바로 인견을 허락하여, 선조(先朝)가 예우하던 대신들로 하여금 헛되이 참소하는 말 때문에 괴롭게 만들어서 충애(忠愛)를 드러낼 수 없게 하였으니, 이 무슨 광경입니까?"

하니, 주상이 답하기를, "경에게는 혐의할 일이 별로 없다." 하였다.

○ 강화 유수 이태좌가 상소하여 대략 다음과 같이 말하였다.

"신은 지난달 15일에 문무백관이 함께 호소한다는 말을 듣고, 16일 늦게 도성 안에 도착하였습니다. 이튿날 새벽 정청(庭請)이 이미 정지되었으므로 바야흐로 눈물을 흘리며 전하에게 호소하려고 할 즈음에 우의정이 또한 장차 청대한다고 하여 신도 마침내 두세 경재(卿宰)와 함께 누국(漏局)[238]에 나아가 전하를 뵈려고 청하였습니다.

그런데 헤아리기 어려운 말이 갑자기 차자와 계사에서 나올 것이라고는 생각지 못하였습니다. 이른바 '누국'은 대궐 안의 길가에 있어서 대신과

---

238) 누국(漏局) : 보루각(報漏閣)이다. 누각(漏刻)에 관한 일을 맡아보던 관아이다. 경복궁과 창덕궁 안에 있었다.

여러 신하들이 쉬면서 묵어가는 곳인데 어찌하여 '궁벽한 곳'이라고 합니까? 전례에 따라서 청대한 것은 여러 사람들이 함께 보았는데 어찌하여 '은밀하게 속였다.'고 합니까? 함께 모의했다는 것은 무엇을 모의한 것이며, 화응했다는 것은 무슨 말입니까? 뛰어 들어간 것을 가지고 어떻게 서로 내통하였다고 지목합니까? 더욱 매우 해괴하고 패악합니다."

○ 지평 이의천(李倚天)[239]이 인피하여 사직을 청하면서 다음과 같이 말하였다.

"조태구가 몰래 진현(進見)을 도모한 자취와 최석항이 교활하게 현혹시킨 계책은 모두가 직접 목격한 일이므로 그 정적(情迹)을 가리기 어려운데, 지금 이집은 근거 없는 말을 늘어놓으며 분석하고 있습니다. 또한 조태구와 유봉휘는 둘이면서 한 가지인데, 이집이 일찍이 유봉휘를 토죄하라고 청하는 계사에 동참하고서도 지금 조태구에 대해서 홀로 구원하는 것은 그 당여에게 잘 보이려는 것 아니겠습니까?

강화 유수 이태좌의 상소는 이집의 상소와 서로 한통속이 되어 구원하고 비호하는 말이 아닌 것이 없으니, 신은 상대하여 시비를 가리고 싶지 않습니다만, 곤욕을 당한 것이 큽니다. 청컨대 신의 관직을 갈아 주십시오."

○ 청은군 한배하가 상소하여 대략 다음과 같이 말하였다.

"이 일이 있은 뒤로 혹 면대하거나 혹 상소한 것은 모두 나라를 걱정하고 임금을 사랑하는 정성에서 나온 것인데 무슨 미워할 것이 있겠습니까? 그런데

---

239) 이의천(李倚天) : 1676~1753. 본관은 전주, 자는 사립(斯立), 호는 박직와(樸直窩)이다. 1713년(숙종39) 증광문과에 급제하여 1721년(경종1) 지평이 되었는데, 신축환국 이후 '환첩이 이름을 아는 사람을 복상하였다.'는 말을 발론한 혐의로 유배되었다. 1725년(영조1) 관작이 회복된 후 삼사의 요직을 두루 역임하면서, 유봉휘와 이광좌 및 김일경 상소에 연명한 여섯명을 처벌하라고 청하고, 임인년 옥사를 다시 수사하라고 주장하였다. 이로 인해 1727년 정미환국으로 유배되었다가 1731년 양이(量移) 되고, 1735년 다시 조정에 나와 1740년 승지가 되었다.

오늘 한 사람을 탄핵하고 다음날 한 사람을 논척하여, 동시에 죄에 얽어맨 자가 30여 명이나 되니 요즈음 시사(時事)를 생각하면 나도 모르게 통곡이 납니다."

○ 장령 박치원이 다음과 같이 아뢰었다.

"일종의 불령한 무리들이 기회를 틈타 불쑥 나타나서 조정의 벼슬아치를 일망타진하려 하여, 이인복이 앞장서서 주장하고, 이집이 뒤에서 호응하여 논척당한 사람을 변명하여 구원하고, 온갖 말로 권장하고 추켜세웠으니, 당을 위해서 죽기를 달갑게 여기는 버릇을 차마 똑바로 볼 수 없었습니다. 그런데 이번에는 한배하가 그 남은 버릇을 따라서 상소 한 장을 올렸는데, 비록 승정원에서 이미 물리쳤지만 상소의 말이 흉참한 것이 더 심한 점이 있었습니다. 청컨대 한배하와 이인복, 이집을 모두 파직하십시오."

○ 도승지 이정신이 상소하여 대략 다음과 같이 말하였다.

"인주(人主)의 형세는 위에서 외롭고, 당여(黨與)는 밑에서 왕성하여, 승정원은 오로지 막아서 저지하기에만 힘쓰고, 대간은 오직 공격해 내쫓는 것만 일삼습니다. 일전에 성명께서 우의정에게 별도로 유시(諭示)하였지만 두 번이나 막아서 못하게 하였으니, 이것은 무슨 마음입니까?

우의정이 청대(請對)할 때 잘못을 비로잡는 것에 급히어 다른 것을 돌아볼 겨를 없이 정성스러운 마음으로 아뢰려고 하였지만 힘껏 못하게 막았습니다. 만약 전하께서 듣고서 부르지 않았다면 대신이 어떻게 진현(進見)할 수 있었겠습니까?

전 판서 최규서가 피를 흘리듯 올린 상소는 승정원에 이르자 곧 물리쳤고, 참찬 최석항이 정청을 정지당한 날에 개탄하며 상소하였지만 끝내 받아들이지 않았으며, 번신(藩臣)의 상소에 대해서는 그 말이 이들이 꺼리는 약점을 건드리자 문장을 트집잡아 물리쳤으니, 이들 무리가 거리낌 없이 멋대로 하는 것이 어떻게 이 지경에까지 이르렀단 말입니까?

지난번에 나온 비상한 하교를 한 중신(重臣)이 청대하여 도로 거두게 하자 그를 삭출하라는 청이 도리어 대각에서 나왔고, 비망기가 내려와서 우의정이 병든 몸을 이끌고 잘못을 바로잡아서 천청(天聽, 임금의 들음)을 감동시켜 마음을 돌렸는데도, 끝내 '환시(宦寺)와 서로 내통하였다.'는 말로 억지로 죄안을 만들었으니, 군신의 분의(分義)가 여기에 이르러 끊어져 사라졌습니다.

전 지평 유복명이 슬퍼하고 한탄하며 다투어 고집하자 일부러 다른 일을 끌어들여서 바로 사판(仕版, 벼슬아치 명부)에서 삭제하라 청하고, 전 참찬 박태항 등이 조성복을 성토하라고 청하자 일체 모두 귀양 보내서, 자신과 의견을 달리하는 사람은 아무도 발붙일 수 없게 하는데도 누구도 감히 어찌할 수 없으니, 신은 진실로 통탄스럽습니다."

승지 조영복·이정주(李挺周)[240]·조명겸(趙鳴謙)[241] 등이 함께 상소로 변론하여 다음과 같이 말하였다.

"이정신이 한배하의 상소를 받아들이지 않았다고 승정원의 죄를 성토하는 것에 있는 힘을 다하였습니다. 한배하의 상소 한 편은 그 의도가 오로지 논박을 입은 사람을 구원하고 조정에 있는 신하들을 무함하여 해치는 것에 있어서 그 말이 매우 위험하니, 아! 이 또한 이상합니다."

○ 지평 서종급(徐宗伋)[242]이 상소하여 대략 다음과 같이 말하였다.

---

240) 이정주(李挺周) : 1673~1732. 본관은 벽진(碧珍), 자는 석보(碩輔)이다. 1708년(숙종34) 식년문과에 장원 급제하여 청요직을 두루 거쳤다. 1722년(경종2) 의주부윤 재직시 재물을 모았다는 이유로 탄핵받았다. 영조가 등극한 뒤 승지로 재직하였으나 1727년 정미환국으로 파면되었다가 1732년 진주목사가 되었다.

241) 조명겸(趙鳴謙) : 1663~1722. 본관은 양주(楊州), 자는 익지(益之)이다. 1713년(숙종39) 증광문과에 급제하여 청요직을 두루 거쳤다. 1719년(숙종45) 윤선거의 서원을 허물라는 계청(啓請)을 정지하였다 하여 체임(遞任)되기도 했다. 1721년(경종1) 승지에 올라 김일경 상소를 비판하였다가 파직되었다.

242) 서종급(徐宗伋) : 1688~1762. 본관은 달성(達城), 자는 여사(汝思), 호는 퇴헌(退軒)이다. 권상하(權尙夏) 문인이다. 1711년(숙종37) 진사가 되고, 1719년 증광문과에 급제하여

“조성복의 상소가 한번 나오고부터 불령한 무리들이 마치 기이한 재물을 본 듯 한결같이 그침이 없어서 반드시 조정을 비우고 나라에 화를 끼친 뒤에 그치려고 하는데도 전하께서 언제나 너그럽게 용서하셔서 배척하여 끊어 버림이 엄하지 않으십니다. 한배하와 이인복 무리가 감히 전하의 천심(淺深)을 엿보아 연달아 글을 올렸는데[243] 그 의도가 음험하였고, 글 내용이 모질고 사납기로는 또 이정신 같은 자가 없어서, 극구 허물을 꾸며서 조정의 벼슬아치를 일망타진하려 하였는데, 그 자신이 재상의 반열에 있으면서 근습(近習)[244]을 구원하고 옹호하는 말을 입 밖으로 드러내놓고 암송하고 있으니, 그 아첨하는 태도를 차마 똑바로 쳐다볼 수 없습니다.

조성복의 상소가 비록 지극히 망령되고 패악하였지만 삼사에서 바야흐로 논박하였으므로 보잘것없는 관직에 있는 사람을 기다릴 필요가 없었는데, 박필정과 박치원은 모두 군함(軍銜)[245]을 갖고 앞장서서 연명 상소를 올렸으니, 그 행동은 망령되고 글 뜻은 잘못되었습니다. 저 때를 틈타 팔을 걷어붙이는 자들은 진실로 질책하기에도 부족합니다만 아! 평일 스스로 이르기를, ‘천성이 시비(是非)를 가리는 것에 어둡지 않다.’고 한 자도 동일한 투식(套式)으로 귀결되는 것을 면하지 못하였으니, 마땅히 정신 차리도록 꾸짖어야 할 것입니다.”

정언이 되었다. 1721년(경종1) 지평 재직시 세제의 대리청정을 건의했던 조성복을 두둔하다가 유배되었다. 영조가 즉위하자 풀려나 형조판서 등을 역임하고, 1757년(영조33)에 기로소(耆老所)에 들어갔으며 이듬해 봉조하(奉朝賀)가 되었다. 저서로 《퇴헌유고(退軒遺稿)》가 있고, 시호는 문정(文貞)이다.

243) 글을 올렸는데 : 원문은 “投匭”이다. 궤는 곧 갑(匣)이다. 당나라 때 궤원(匭院)을 설치하고 동궤(銅匭) 네 개를 만들어서 조당(朝堂)에 놓고 사방의 문서를 받아 넣었다.

244) 근습(近習) : 임금 가까이에서 총애받는 신하이다. 주로 환관이나 궁첩(宮妾) 등을 가리키며, 이밖에 후궁이나 관원 등에게 딸린 관원이나 하인을 지칭하기도 한다.

245) 군함(軍銜) : 오위(五衛)에 속한 무관 벼슬을 통틀어 이르던 말로 상호군(上護軍), 대호군(大護軍), 호군(護軍), 부호군, 사직(司直), 부사직, 사과(司果), 부사과, 사정(司正), 부사정, 사맹(司猛), 부사맹, 사용(司勇), 부사용 등이다. 여기서는 군함 체아직(軍銜遞兒職)의 줄임말로, 임시로 증원되거나 체직되어 다음의 인사를 기다리는 관리들에게 내리는 임시의 군직을 말한다.

주상이 그 상소를 돌려주니 승정원에서 복역(覆逆)[246]하여 입계하였다.

◯ 전승지 김일경 -이진유·이명의·박필몽·윤성시·서종하·정해- 등이 연명하여 대략 다음과 같이 상소하였다.

"아! 지난날의 일을 어찌 차마 말할 수 있겠습니까? 종사(宗社)에 망극하고, 신민에게 망극하였으니 신자(臣子)의 심정이 진실로 마땅히 어떠하였겠습니까? 그런데 복합(伏閤)하여 대궐 뜰에서 호소한 것으로 겨우 책임을 때우고 사흘만에 그쳤으니 그것을 어찌 참을 수 있겠습니까?

더구나 또 연명으로 차자를 올리는 일을 마음대로 결정[裁定]하고는, 혹 이르기를,

'신하된 자라면 어찌 감히 경솔하고 갑작스런 일이라는 것에 구애되겠습니까?'

하고, 혹은 이르기를, '속히 유사(有司)에게 명하여 거행하게 하소서.' 하였으니, 이것이 어찌 인신으로서 감히 붓으로 써서 그 임금에게 고할 수 있는 것이겠습니까? 조성복과 더불어 표리(表裏)가 된 것을 환하게 볼 수 있습니다. '속히 명하라.'한 것은 지체되는 것을 용납할 수 없다는 뜻이니, 순식간에 일이 장차 헤아리기 어렵게 되었는데, 만약 밖에서 새로 들어온 대신이 자기 몸을 잊고 사직을 위해 죽으려 하지 않았다면 나라가 나라답게 되는 것은 헤아릴 수 없었을 것입니다.

삼가 보건대, 갑술년(1694, 숙종20)에 기사년(1689) 대신이 반나절 정청(庭請)한 죄를 논하기를,

'정조(鄭造)[247]·윤인(尹訒)[248]·정인홍(鄭仁弘)[249]이라도 이보다 더할 것이 없

246) 복역(覆逆) : 승정원에서 임금의 명이 잘못되었다고 여겨서 그 뜻을 거스르면서 다시 아뢰는 것이다.

247) 정조(鄭造) : 1559~1623. 본관은 해주(海州), 자는 시지(始之)이다. 1590년(선조23) 생원·진사 양시에 합격하고, 1605년 정시문과에 급제하였다. 광해군대에 인목대비(仁穆大妃)를 죽이려 하였고, 폐모론(廢母論)을 제기하여 서궁(西宮)에 유폐시키는 데 적극 가담하였다.

다.'

하였으니, 아! 반나절이나 사흉이나 이는 50보를 도망친 사람이 100보 도망친 사람을 비웃는 것[250]입니다. 기사년의 여러 신하들도 오히려 정조·윤인·정인홍이라고 배척받았으므로, 오늘 저 무리는 진실로 양기(梁冀)·염현(閻顯)[251]·왕망(王莽)·조조(曹操)[252]처럼 베어 죽임을 면하지 못할 것인데, 어떻게 용서할 수 있겠습니까?

지금 전하께서는 즉위하신 원년에 드러난 병환이 없었으므로, 조정에 있는 우리 신하들이 전하께 복종하여 섬긴 세월이 얼마나 됩니까? 그런데 도리어 오늘날 차마 전하를 버리려는 자가 있으니, 알 수 없습니다만, 저들의 마음은 편안하겠습니까? 지난번 여론[輿情]이 파도치듯 놀라서, 모두 저 정승을 가리켜 말하기를, '이것은 진실로 역(逆)이니, 어찌하여 우리 임금을 버리는가?' 하였습니다. 아! 사흉(四凶)[253]의 죄는 진실로 천지간에 머리를 들기 어렵습니다.

1621년(광해군13) 형조참판을 지내고, 1622년 부제학·동지의금부사로 있다가 인조반정으로 정국이 역전되면서 원흉으로 지목되어 1623년(인조1) 사형에 처해졌다.

248) 윤인(尹訒) : 1555~1623. 본관 파평, 자는 인지(訒之)이다. 1601년(선조34) 생원이 되고, 식년문과에 급제하여 청요직을 두루 지냈다. 1618년(광해군10) 대사간으로 있을 때, 대사헌 이각(李覺)과 함께 다시 폐모론을 내세워 인목대비를 서인(庶人)으로 만들고, 서궁(西宮)에 유폐시켰다. 1623년 인조반정 때 이이첨 등과 함께 주살되었다.

249) 정인홍(鄭仁弘) : 1535~1623. 본관은 서산(瑞山), 자는 덕원(德遠), 호는 내암(來菴)이다. 조식(曺植)의 문인으로, 우의정·영의정 등을 역임하였다. 광해군대 대북정권을 이끌고 큰 영향을 미쳤으나 인조반정으로 참형되었다.

250) 50보를 …… 것 : 양 혜왕이 정사에 힘쓰는데도 이웃 나라보다 백성이 불어나지 않는 이유를 묻자 맹자가, 이웃 나라와 혜왕의 정사(政事)를 비교해 보면 전쟁터에서 무기를 끌고 도망가면서 50보를 도망간 뒤에 멈춘 사람이 100보를 도망간 사람을 비웃는 것과 같다고 한 구절을 인용한 말이다. 《孟子 梁惠王 上》

251) 양기(梁冀)·염현(閻顯) : 두 사람은 모두 한나라 왕실을 무시하고 태후와 내통하여 사군(嗣君)을 독살한 죄가 있다. 이해 1월 8일에 방만규(方萬規)가 상소하여, 김일경이 지은 반교문과 상소에 '기·현' 두 글자가 두세 번씩이나 보이는데, 이것은 이른바 소급수(小急手)라는 것으로 은연중에 자성(慈聖)이 역모에 참여했다고 주장한 것이라고 하였다.

252) 왕망(王莽)·조조(曹操) : 왕망은 전한(前漢) 애제(哀帝)를 폐위하고 평제(平帝)를 독살한 뒤 신(新)나라를 건국하였고, 조조는 위나라 왕이 되어 그 아들 조비가 헌제(獻帝)를 폐위하고 황제가 되는 길을 열었다.

신 등이 진실로 마음 속으로 분개한 것은, 저 무리의 사당(私黨)이 조성복의 상소에 대해 논한 것 가운데 말하기를, '안으로 「우리 임금은 능하지 못하다.[254]」는 마음을 품었다.' 하였으니, 아! 통탄스럽습니다. 무릇 조회에 임해서 침묵하신 것은 진실로 성덕(聖德)이 침착하고 진중하여 말이 적었던 것이고, 내려진 윤음은 그 뜻이 함홍(含弘)[255]하고 자구(字句)가 엄밀하여 비록 전·모·고·훈(典謨誥訓)[256]이라고 해도 지나친 일이 아닙니다.

신 등이 죽을죄를 무릅쓰고 망령되게 말한다면, 전하께서는 '인(仁)·명(明)·무(武)' 세 글자 중에서 '무'자가 부족하다고 생각합니다. 삼가 전하를 살피건대 진실로 권력[權綱]을 틀어쥐지 않고 한갓 인순(因循)만을 일삼는 병통을 가지셨으므로 저 무리들이 오만하게도 쉽게 여겨서, 침해하여 업신여기는 습성이 달마다 점점 자라나고 위협하여 제압하려는 계략이 평상시에도 지극히 심하니 권병(權柄)은 이미 아래로 옮겨져서 위복(威福)이 위에 있지 않습니다. 이에 역적 조성복이 먼저 시험해보고, 4대신이 흉악한 차자를 이어서 올린 것은 '우리 임금이 능하지 못한데, 나에 대해서 누가 뭐라 하겠는가?' 라는 뜻에서 말미암은 것입니다.

---

253) 사흉(四凶) : 노론 4대신을 가리킨다. 4대신은 임인년 옥사에서 죽은 김창집·이이명·이건명·조태채이다.

254) 우리 …… 못하다 : 《맹자》 〈이루 상(離婁上)〉에 "어려운 일을 인군에게 책하는 것을 공(恭)이라 이르고, 선한 것을 말하여 사악한 것을 막는 것을 경(敬)이라 이르고, 우리 군주는 능하지 못하다 하는 것을 적(賊)이라 이른다.[責難於君謂之恭, 陳善閉邪謂之敬, 吾君不能謂之賊]" 한 구절을 인용한 것이다.

255) 함홍(含弘) : 넓게 포용한다는 뜻으로서, 곤괘(坤卦)의 덕을 지칭한 것이다. 《주역》 〈곤괘(坤卦) 단(彖)〉에 "곤은 두텁게 물건을 실어서 그 덕이 합하는 것이 끝이 없으며, 넓게 포용하여 빛나고 위대하니 만물이 다 형통하다.[坤厚載物, 德合无疆, 含弘光大, 品物咸亨.]" 하였다.

256) 전·모·고·훈(典謨誥訓) : 전은 제왕의 명을 적은 책을 말한다. 모는 계획 및 시정 방침을 말하는 것으로 국가 대계를 도모하는 것을 내용으로 한다. 고는 소(召)의 의미로, 군주가 신하나 백성들에게 새로운 정치의 시행을 알리는 것이다. 훈은 일깨운다는 의미로 후대에 모범이 될 가르침과 깨우침을 가리킨다. 《서경(書經)》의 〈요전(堯典)〉, 〈대우모(大禹謨)〉, 〈탕고(湯誥)〉, 〈이훈(伊訓)〉 등이 그 좋은 예이다.

저들 네 사람은 털끝 하나도 나라의 은혜를 입지 않은 것이 없는데도 선왕을 망각하고 전하를 저버림이 한결같이 이 지경에 이르렀으니, 부녀자도 침을 뱉어가며 꾸짖지 않음이 없으며, 나라의 모든 사람들이 '죽여야 한다.'고 하는데, 어찌하여 전하께서는 지나치게 너그러운 용서를 베푸시어 오히려 암랑(巖廊, 의정부)의 위에 두시는 것입니까?

아! 천하의 악이 역(逆)보다 심한 것이 없는데, 예로부터 그 악을 범한 우두머리는 반드시 임금으로부터 후한 녹봉을 먹으며 지위가 극품(極品, 승상의 직급)에 있는 사람이므로 대개 하루 아침저녁의 일 때문이 아닐 것이니, 청컨대 근원을 거슬러 올라가서 논하겠습니다.

우리 선대왕께서 갑술년 초에 특별히 비망기를 내리시어 '강신(强臣)·흉얼(凶孽)로서 국본(國本)을 동요시키면 역률(逆律)로 다스리겠다.' 하였는데, 이것은 원량(元良, 세자)을 좋지 않게 생각하는 사람이 혹시라도 있을 것을 염려한 것이었습니다. 또 한두 원로(元老)가 있어서 고심(苦心)으로 미래를 염려하여[長慮] 세자를 보호하는 방도를 실천하자 저 무리가 원수처럼 보고 신사(辛巳, 1701)년 이래 지목하여 배척하는 것이 더욱 심하였습니다.[257]

임창(任敞)·박규서(朴奎瑞)·성규헌(成揆憲)[258]·박상초(朴尙初)가 얼굴을 바꾸어 번갈아 가며 나와서 멋대로 흉악한 말을 하였으며, 이정익(李禎翊)의 상소가 나오자 핍박하여 뒤흔드는 것이 낭자할 뿐만이 아니었습니다. 뒤에 정유년에 이이명이 독대하기에 이르러서는 여러 정승들을 부르라고 청하여

---

257) 한두 …… 심하였습니다 : '한두 원로'는 1694년 갑술환국 이후 장희빈의 아들인 세자를 보호해야 한다고 주장한 남구만·최석정 등 소론 탕평파 대신을 가리킨다. 그런데 신사년(1701, 숙종27) 인현왕후가 죽자 숙종은 장희빈이 무고하였기 때문이라는 주장을 받아들여 사사(賜死)하였는데, 그 후 이들에 대한 노론의 공격이 줄기차게 이어졌다.

258) 성규헌(成揆憲) : 1647~1741. 본관은 창녕(昌寧), 자는 중일(仲一), 호는 명탄(明灘)·원당(圓塘)이다. 송시열 문인이다. 1689년(숙종15) 기사환국 당시 인현왕후의 폐위를 반대하는 상소를 올렸다. 갑술환국(1694)으로 인현왕후가 복위되자 선공감 감역이 되었는데, 1705년 남구만을 처벌하라고 상소하였다가 파직되었다. 1726년(영조2) 오위장(五衛將), 1736년 동지중추부사 등을 역임하였다.

가부를 묻고자 하였으니, 그 실정을 살펴보면 참으로 헤아리기 어려운 점이 있었습니다.

천직(天職)[259)]을 섭행(攝行)하게 되어 이것을 태묘(太廟, 종묘)에 고(告)하는 일을 김창집이 힘껏 저지한 것은 혹시라도 사체(事體)가 점차 엄중한 데로 나아가게 되면 그 형세가 움직이기 어렵게 될까 두려워했기 때문이었습니다.[260)] 그런데 참으로 선대왕의 자애로운 덕에 힘입어 사람들이 이간할 수 없었으며, 또 병든 몸을 가마에 싣고 백리 길을 달려와 힘써 충성을 다한 한 늙은이가 있어 오늘날이 있도록 보존할 수 있었습니다.[261)]

우리 전하께서 왕위를 계승하여 보위(寶位)에 오르게 되자 요적(妖賊) 윤지술이 성궁(聖躬, 임금)을 핍박하고 욕보여서 더 이상 인간의 도리[人理]가 없었는데도, 김창집의 무리가 떼로 일어나 화답하여 그 죄를 감면하여 가볍게 처벌하였지만 그조차도 오히려 시행할 수가 없었습니다. 김창집이 물러난 여러 신하들을 소환할 것을 청하면서 말하기를, '전하께서는 함께 나라를 다스리기에 부족하다고들 합니다.'라고까지 하였으니, 그 표현한 말이 지극히 패악한 것이 어떻게 이런 지경에까지 이른단 말입니까? 조성복은 저 무리들이 지휘를 받아 부리는 자들 가운데 한 명으로, 일찍이 시험삼아 몰래 음모를 꾸몄고, 마침내 비상한 하교가 내려졌습니다.

저 무리들이 마음속으로 헤아려 음모한 것이 진실로 이미 무르익어가고 있었으므로 힘껏 간쟁하여 임금의 마음을 돌린다는 것은 원래 본뜻이 아니었습니다. 몸이 대신의 반열에 있으면서 나라에 망극한 거조가 있다면 감히

259) 천직(天職) : 원래는 하늘이 현인(賢人)을 대우하여 천민(天民)을 다스리게 한 것이니, 바로 하늘이 현인에게 준 직책을 의미하는데, 여기서는 특히 임금의 직책을 가리킨다.

260) 천직을 …… 때문이었습니다 : 1717년 숙종이 세자에게 대리청정하게 한 것을 태묘에 고하였는데, 이것을 김창집이 반대한 사실을 비판한 것이다. 《肅宗實錄補闕正誤 43年 9月 25日》

261) 병든 …… 있었습니다 : 영중추부사 윤지완이 시골에서 상경하여 세자의 지위를 위협하는 노론 대신들을 비판하여 상소한 일을 가리킨다. 당시 윤지완의 나이는 90에 가까웠으며, 병이 들어 위급한 지경에 있었다. 《肅宗實錄補闕正誤 43年 8月 14日》

병을 말해서는 안 되고, 수레를 기다릴 수도 없는 것인데, 김창집은 왼쪽 발을 집 바깥으로 내딛지 않았고, 이건명은 느리게 몸뚱이를 움직여 겨우 대궐 아래에서 멈추었습니다.

혹은 휴치(休致)[262]를 청한다고 핑계대고 거만하게 차자를 올렸지만 국가의 처분에 대해선 한마디 말도 없었고, 혹은 성교(聖敎)를 거둬들이라고 청한 것에 대해서는 성내어 원한을 품고 상소문을 올려 드러내놓고 공격하였지만 조성복의 죄상에 대해서는 반사(半辭)의 언급도 없었으니, 이와 같이 하고도 오히려 그 심적(心迹)을 엄폐할 수가 있겠습니까?

김창집의 면직을 허락하자 이건명과 조태채 및 저 삼사의 여러 추악한 무리들이 혹은 차자를 올리고 혹은 상소하였는데, 이건명은 또 방자하게 청대하여 대궐[淸禁] 가운데에서 밤을 지새우며 생각하는 바를 적어 올려서 반드시 자기 당(黨)의 괴수가 지위를 회복하게 하려고 하였습니다.

아! 적신(賊臣)이 나이가 들었으므로 병을 치료하게 한 것인데, 어떻게 이와 같이 근심하고 초초해 하며, 밝은 군주가 아무런 이유 없이 갑자기 정사를 물리친 일은 어떻게 저와 같이 하찮게 여기는 것입니까? 아! 조성복은 직책이 대간이었고 사흉(四凶)은 지위가 정석(鼎席)[263]의 반열에 있으면서, 상소로 시험하고 차자로 끝맺어서, 뱃속 가득 품은 흉계(凶計)는 어리석어서 무지(無知)에서 나온 것이 아니며, 제멋대로 입에서 나오는 흉언(凶言)은 미천해서 무시(無識)한 데에서 나온 것이 아니니, 그 죄를 범한 실정을 논하자니 정말 흉패하기 짝이 없습니다.

아! 김창집은 고(故) 영의정 김수항(金壽恒)[264]의 아들입니다. 김수항이

---

262) 휴치(休致) : 양반관료가 나이가 들어서 관직에서 물러남을 뜻한다. 전하여 사직하는 경우를 두루 뜻하게 되었다.

263) 정석(鼎席) : 삼공(三公)의 자리로 영의정·좌의정·우의정의 지위를 가리킨다.

264) 김수항(金壽恒) : 1629~1689. 본관은 안동, 자는 구지(久之), 호는 문곡(文谷)이다. 1680년(숙종6) 경신환국이 일어나 남인들이 실각하자 영의정이 되어 남인의 죄를 다스리는 한편, 송시열·박세채 등을 불러들였다. 1689년(숙종15) 기사환국이 일어나 남인이 재집권하자, 탄핵되어 진도(珍島)로 유배된 뒤 사사(賜死)되었다.

세상을 떠날 때 '권세 있는 요직은 힘써 피하라.[力避權要]'는 네 글자로 경계하였으니, 대개 착한 말을 한 날이 되어서는 진실로 마음속에 숨겨진 고통이 있었을 것이므로 다른 사람은 오히려 슬퍼하는데 김창집은 편안히 잊어버리고 외람되게 정승의 자리[勻軸[265]]를 차지하여 권력을 탐하고 형세를 즐겼습니다. 그 또한 사람의 자식인데 불효를 저지른 것이 이미 이와 같으니, 신하로서 불충한 것은 진실로 당연한 일이었습니다.

이이명은 이사명(李師命)[266]의 동생으로서, 화심(禍心)을 마음속에 감추어 온 지 여러 해가 되었으며, 강교(江郊)에서 죄를 기다리면서 원망하는 독기가 더욱 참혹해져 조정의 권력을 잡으려는 계획을 세운 것이 매우 면밀하였습니다. 지난번에 소명(召命)이 있자 마침내 상소 한 장을 올렸는데, 오직 자신의 사사로움에만 빠져서 임금을 걱정한 것이 아니었으므로 도성에 들어온 다음 날 즉시 이 차자를 준비했던 것입니다.

조태채는 본래 벼슬을 얻지 못해서는 얻기 위해 근심하고 벼슬을 얻으면 잃어버릴까 걱정하는[267] 비루한 사람이었으므로, 은혜를 잊고 의리를 저버린 채 오로지 이익만 추구하며, 기회를 틈타 투합하는 정태(情態)가 매우 교활하더

---

265) 정승의 자리 : 원문은 "勻軸"이다. 균(勻)은 균(鈞)으로 도자기를 만드는 물레이고, 축(軸)은 수레바퀴를 지탱하는 굴대로, 나라의 중임(重任)을 비유하는바, 곧 정승의 자리를 가리킨다.

266) 이사명(李師命) : 1647~1689. 본관은 전주, 자는 백길(伯吉), 호는 포암(蒲菴)이다. 영의정 이경여(李敬輿)의 손자이고, 대사헌 이민적(李敏迪)의 아들이다. 1672년(현종13) 사마시에 합격하여 진사가 되고, 1680년(숙종6) 춘당대문과(春塘臺文科)에 장원 급제하여 정언이 되었다. 경신환국(1680)에 공을 세워 보사공신(保社功臣) 2등에 녹훈되고, 완녕군(完寧君)에 봉해졌다. 1685년(숙종11) 형조판서를 거쳐 이듬해에 병조판서를 지냈으나 1688년 윤세희(尹世喜) 등의 탄핵으로 삭주에 유배되었다. 이듬해 기사환국으로 남인이 재집권하자 사사되었다가 갑술환국(1694) 이후 신원되었다.

267) 벼슬을 …… 걱정하는 : 원문은 "患得失"이다. 《논어》 〈양화(陽貨)〉의 "비루한 자들과 함께 임금을 섬길 수 있겠는가. 부귀를 얻기 전에는 얻으려고 안달하고, 얻고 나서는 잃을까 걱정하니, 참으로 잃을까 걱정한다면 못하는 짓이 없게 될 것이다.[鄙夫可與事君也與哉? 其未得之也, 患得之, 旣得之, 患失之, 苟患失之, 無所不至矣.]"라는 공자의 말에서 나온 것으로서, 지위를 얻지 못하면 어떻게 얻을까 근심하고, 얻고 나서는 잃어버릴까 걱정하여 못하는 짓이 없는 소인배를 가리킨다.

니, 끝내 김창집·이건명과 함께 뜻을 합하여 같은 곳으로 돌아갔습니다.

이건명은 품성이 비뚤어지고 마음씀씀이가 간악하여 이사명의 요사(妖邪)함과 이이명의 흉악하고 교활한 것을 전해 받아서, 김창집의 악(惡)을 함께 행하고 조태채의 간사함에 모여서 힘을 보태었으니, 나라를 병들게 하고 백성에게 해를 끼친 것은 다만 그 작은 문제일 뿐이고, 분수를 범하고 의리를 어그러뜨리는 것만이 능사(能事)가 되었습니다.

사흉이 세력을 형성하자, 이에 온갖 간사한 무리들이 그림자처럼 따르며 조아(爪牙)[268]와 복심(腹心)이 되어 여우같이 근밀(近密)한 자리에 엎드려 있어, 전후좌우에 상국(相國)측 사람뿐이어서, 그들이 임금[269]을 보기를 거의 마치 변모(弁髦)[270]처럼 보니, 오늘의 나라 형세가 위태롭고 또한 급박합니다.

아! '네 사람을 처벌하자 천하가 다 복종하였다.'[271] 하였는데, 전하께서는 어찌하여 대순(大舜)을 본받지 않으십니까? 아! 저 조성복은 사냥 때 부리는 매와 개이기에 천극(荐棘)하는 형벌은 비록 실형(失刑)한 것이 심하지만 원악대대(元惡大憝)[272]가 편안히 드러누워 있으니 조성복이 원통하다고 할 만합니다.

신 등이 또 듣건대 재신(宰臣) 이광좌 등 여러 사람이 정청의 반열에 있다가 갑자기 정청을 정지하겠다는 의논을 듣고 항의하며 다투니, 이이명은 말투가 더욱 험악해졌지만, 조태채가 옆에서 속여서 유혹하니, 김창집이 비록 어쩔

---

268) 조아(爪牙) : 맹수의 발톱과 어금니로 전하여 적을 막고 제왕을 호위하는 무장(武將)이나 무사(武士) 등을 가리킨다. 《시경(詩經)》 〈소아(小雅) 기보(祈父)〉에서 "기보여, 우리는 왕의 용맹스러운 군사로다.[祈父, 予王之爪牙.]" 하였다.

269) 임금 : 원문은 "黼扆"이다. 임금의 자리 뒤에 치는 병풍이다. 도끼를 그린 붉은 비단으로 만들었다.

270) 변모(弁髦) : 한번 쓰고 나면 버리는 하찮은 물건을 가리킨다.

271) 네 사람을 …… 복종하였다 : 《맹자(孟子)》 〈만장 상(萬章上)〉에 나오는 말로, "순(舜)임금이 공공(共工)을 유주(幽州)로 유배시키고, 환도(驩兜)를 숭산(崇山)으로 추방하고, 삼묘(三苗)를 삼위(三危)에서 죽이고, 곤(鯀)을 우산(羽山)에서 죽였다. 네 사람을 처벌하자, 천하가 다 복종하였으니, 이는 불인(不仁)한 자를 처벌했기 때문입니다." 하였다.

272) 원악대대(元惡大憝) : 매우 악해서 온 세상이 미워하는 사람이다. 큰 죄악의 우두머리를 가리킨다.

수 없이 거짓으로 내일 정청하겠다고 결정하였지만 머리를 맞대고 차자를 엮어서 새벽에 달려가 던져 올리고, 또 정청을 정지하겠다고 각 사(司)에 반포하였습니다.

아! 저 무리는 간사한 마음을 먹고 이미 계책을 세웠으나 공의(公議)를 억제하기 어려워지자 마지못해 복종하는 척하다가 곧바로 흩어져서 별안간 변환(變幻)하였으니, 품은 의도는 음험하고 교묘하며 추진하는 계책은 오직 속임수일 뿐이어서 차마 똑바로 쳐다볼 수 없습니다.

우의정 조태구가 홀연히 정청하는 모임을 철회하였다는 말을 듣고 급히 대궐문 밖에 도착하여 4명의 정승에게 녹사(錄事)를 보내 원만한 모임에서 나온 말을 갑자기 철회할 수 없다고 주장하여 곧 다시 열게 하였습니다. 그러자 저 무리들이 마침내 차자 원고[箚本]를 보여주면서,

‘우리는 이밖에 다른 도리가 없으니, 그대[執事]는 그대 뜻대로 하십시오.’

하였습니다. 이에 우의정이 궁궐[禁扃] 안으로 나아가서 승정원에 주상을 뵙고 싶다는 뜻을 전하게 하니, 승지와 양사의 관리가 사흉의 풍지(風旨)[273]를 받들어 한편으로는 저지하고 또 다른 한편으로는 공격하였지만 승정원에 특별히 부르라고 명하여 하늘이 밝은 판단을 열어 보이셨습니다. 이 소식을 들은 김창집과 이건명이 허겁지겁 간신히 발을 옮기며 날뛰다가 거꾸러지니, 그 모습이 해괴하여 주졸(走卒)들이 손가락질하며 비웃고, 서리들이 수치스러워 하였습니다.

아! 저 무리들이 며칠 동안 청대하였지만 이것을 허락하는 한 번의 명을 끝내 아끼셨는데, 이는 성상께서 저들이 정성스럽고 간절하지 않다는 것을 굽어 통촉하셨기 때문입니다. 하물며 정청의 반열이 이미 철수하였고, 차자가 이미 들어갔으므로 속마음이 모두 드러나서 지은 죄를 회피할 수 없었으니, 만약 우의정에게 사대(賜對)[274]하였다는 말을 들었다면 진실로 마땅히 의금부

---

273) 풍지(風旨) : 분명하게 표현되지는 않았으나 분위기나 암시 또는 소문으로 나타나는 특정인의 의도나 속마음을 가리킨다.

에서 머리를 나란히 해서 석고(席藁)하고 황공해하며 삼가 부월(斧鉞)을 기다렸어야 할 것입니다. 그런데 어떻게 다시 얼굴을 들고 향안(香案)[275]의 앞을 더럽히려 한단 말입니까? 마땅히 합문 바깥에서 대죄하고 있었어야 할 것입니다.

어떤 재신(宰臣)이 정청을 정지한 것은 잘못이라고 말하자, 김창집이 말하기를, '내가 불충(不忠)하다.' 하였고, 이건명이 말하기를, '내가 무상(無狀)하다.[276]' 하였습니다. 불충하다거나 무상하다는 것은 저들도 스스로 알고 있으니 애초 우의정을 거절한 것이 저들의 고집에서 나온 것이라면 이제는 엎드려서 죄를 청하기를 애걸하듯 해야 할 것인데, 저들이 실제로 내보인 행태의 절통(絶痛)함은 또 어떠합니까?

아! 일제히 호소하는 길은 이미 막혔고 차자로 청하는 일은 장차 행하려 하니, 왕실을 둘러보면 위태롭기 짝이 없었습니다! 한 몸에 나라의 안위(安危)를 짊어진 대신은 단지 죽음을 향해 한 걸음을 나아가려고 하는데, 저 무리인들 홀로 얼굴에 땀이 나고 마음이 부끄럽지 않겠습니까?

더구나 지척(咫尺)에서 전하의 경광(耿光)[277]을 다시 한 번 뵙고, 다행히도 닥쳐오는 위기로 무너지기 전에 유음(兪音)[278]을 받들었으니 만일 흉역이 아니라면 누군들 기뻐하지 않겠습니까? 그런데 대각(臺閣)에 있는 자가 감히 '어떤 음기(陰機)가 있다.'는 등의 말로 억지로 중대한 죄안을 만들어 곧바로 귀양 보내고 국문할 것을 청하였습니다.

---

274) 사대(賜對) : 임금이 신하를 불러서 묻는 말에 대답하게 하는 것이다. 참하관(參下官)까지 불러 시사(時事) 등을 듣는 윤대(輪對)와는 달리, 신하가 면대(面對)를 요청하였을 경우와 또 임금이 특별히 불러서 만나는 경우 등이 있다.

275) 향안(香案) : 조회하는 날 전상(殿上)에 설치해 놓는 기구의 일종이다. 향(香)은 향료(香料) 또는 향로(香爐)이다. 안(案)은 이것을 올려놓는 받침상이나 받침대이다. 향안은 향료나 향로를 올려놓은 받침상, 또는 받침대이다.

276) 무상(無狀) : 내세울 만한 선행이나 공적이 없는 것을 말한다.

277) 경광(耿光) : 훌륭한 선조의 밝은 덕을 가리킨다. 주공(周公)이 성왕(成王)에게 "문왕(文王)의 경광을 보시고 무왕(武王)의 큰 공렬을 드날리소서." 한 말에서 유래하였다.《書經 立政》 여기서는 임금의 큰 덕을 의미한다.

278) 유음(兪音) : 신하가 말이나 글로 아뢴 것에 대해 임금이 답하는 것, 혹은 답한 글이다.

아! 우리 명철하신 주상에게 다시 만기(萬機)를 총괄하라고 권면하였는데, '음기'라는 두 글자는 그 의도가 어디에 있는 것입니까? 아! '어찌 감히 어기고 거스르겠습니까?'라는 말은 사흉(四凶)이 제창하고, '어떤 음기가 있다.'는 말은 뭇 간신배들이 화답한 것이니, 앞선 전지의 명을 거두어들인 일에 대해 불쾌해하고 원망하면서 '결탁하였다.[締結]'·'서로 내통하였다.[交通]'고 지목하며 공공연히 제멋대로 무함하고 모욕하면서 당장 문초하는 것으로 대신하려고 하였습니다.

아! 삼가 지난 역사를 살펴보건대 세상이 말세가 되면 궁액(宮掖)을 끌어들여 은밀히 지름길을 열어둔 자가 있고, 엄수(閹豎)[279]와 결탁하여 몰래 뇌물을 쓰는 자도 있다고 하였습니다. 사서(史書)를 읽다가 이런 부분에 이르면 일찍이 매우 분하게 여기지 않은 적이 없었는데, 지금 우리 성명의 시대가 어찌 이와 비슷하다고 생각할 수 있겠습니까? 그런데 저 무리들은 갑자기 흐리멍덩한 제목을 문자로 나타내어 조금도 돌아보고 꺼리는 것이 없었으니, 그 마음이 흉악하고 또한 참혹합니다.

삼가 듣건대 춘궁께서 갑작스럽게 깊은 밤에 홀연히 성교를 받들어 놀랍고 황공하여 눈물을 줄줄 흘리셔서 궁료(宮僚)들이 찬탄하지 않는 자가 없었다고 합니다. 지금 이 사흉이 세자를 보살피는 직책을 차지하고서도 받들어 위안하는 도리를 다할 생각은 하지 않고 있으니, 전하의 역신(逆臣)일 뿐만 아니라면, 실로 춘궁의 죄인입니다.

아! 사인(私人)을 끌어들여 특별히 요로(要路)에 앉혔다가 아침에 엄한 교지를 내려도 저녁이면 추천서[薦剡]가 올라가서 진퇴와 출척(黜陟)이 오직 그들이 하고자 하는 대로 되었으므로 전하께서는 한갓 허기(虛器)만 부둥켜 안고 있을 뿐입니다. 이 때문에 무엄하고, 무륜(無倫)하다거나 임금을 업신여긴다는 등 준엄한 비답이 연이어 내려도 예사롭게 보고 전혀 두려워하며 꺼리는

279) 엄수(閹豎) : 내시부에 속하여 임금의 시중을 들거나 숙직 따위의 일을 맡아보던 남자를 가리킨다.

기색이 없습니다.

홍계적의 경우, 참으로 바로 진(晉)나라의 심충(沈充)·전봉(錢鳳)[280]같은 자로서, 교활한 괴수를 도와서 흉악한 무리들을 소집하고, 전하의 고굉(股肱)은 찢어서 제압하고 전하의 우익(羽翼)은 잘라서 제거하였습니다.

아! 지난밤에 반한(反汗)[281]한 것은 중신에게 힘입은 것이고, 그날 작환(繳還)[282]한 것은 우의정에게서 연유한 것이므로, 전하가 의지할 것은 오직 이 한두 신하들뿐인데, 귀양 보낼 것을 청하거나 내쫓을 것을 청하기를 오직 미치지 못할까 두려워하여, 전하를 위해 정성을 다하고 충성을 다 바친 자는 모조리 처벌할 것을 청해서 반드시 전하를 고립시키고 나서야 그만두려고 하였습니다.

저 무리가 장차 무엇을 하려고 하는지 알 수 없습니다만 군신의 분의(分義)는 지극히 엄하고 또 중대하여 조금이라도 차질이 있으면 악역(惡逆)의 이름을 피할 수 없어서 혹 당세에 멸족당하거나 혹 썩어서도 혼백이 형벌을 받기도 합니다. 더구나 저 무리는 신하 노릇을 하지 않으려는 뜻이 한 통의 차자에서 밝게 드러났고, 임금을 무시한 죄악은 많은 사람의 눈을 가리기가 어려워서 삼강(三綱)의 으뜸이요 오륜(五倫)의 으뜸이 또한 멸절되어 남은 것이 없으니, 이는 실로 천지가 용납하지 못하고 신인(神人)이 함께 분개하고 있으므로,

---

280) 심충(沈充)·전봉(錢鳳) : 동진(東晉) 원제(元帝) 때 왕돈(王敦, 266~324)의 수하였다. 왕돈이 반역할 뜻이 있음을 알고서 몰래 계책을 세워 그를 도왔다. 왕돈은 322년 무창(武昌)의 난을 일으켜 스스로 승상(丞相)이 되어 조정을 장악하였는데, 324년 왕도(王導) 등이 그가 병에 걸린 것을 이용해 토벌하였다.

281) 반한(反汗) : 한 번 내리면 되돌리기 힘든 왕명을 되돌리는 것을 말한다. 땀[汗]은 한 번 몸에서 나오면 다시 돌아가지 않기 때문에 한 번 내린 임금의 명령을 취소하기 어려움을 비유한 말이다. 《한서(漢書)》〈유향전(劉向傳)〉에, "주역(周易) 환(渙)에 땀이 솟듯이 큰 호령이 내린다[汗其大號]."한 것에서 유래하였다.

282) 작환(繳還) : 임금의 전교(傳敎)에 잘못된 부분이 있다고 여겨질 경우, 승지가 전교를 하달하지 않고 되돌려 올리고 거두기를 청하는 것을 이른다. 당나라와 송나라 때 급사중(給事中)이나 중서사인(中書舍人)이 조서(詔書)에 잘못된 것이 있을 때 논박하여 바로잡아 장주(章奏)를 봉하여 돌려보냈는데, 이것을 작환이라 했다. 《續資治通鑑 宋仁宗 慶曆元年》

아무리 전하께서 어질고 관대하다 하더라도 또한 끝내 사사로이 비호 할 수 없는 일입니다.

삼가 바라건대 특별히 밝은 전지를 내려서 빨리 떳떳한 형벌을 시행하시어, 적신(賊臣) 조성복 및 사흥과 같은 수악(首惡)은 한결같이 삼척(三尺)[283]의 법으로써 처단하고, 승정원과 삼사의 임금을 무시한 죄도 모두 징토를 가하여 난적(亂賊)들은 감히 다시 일어나지 못하게 하고, 충성스러운 신하들은 스스로 힘쓸 수 있도록 해 주십시오.

신 등이 사흉의 거리낌 없이 제멋대로 행동하는 것을 눈으로 보고서 서로 슬퍼하고 분노하여 차라리 홀(笏)을 들어 이마를 때릴지라도 즉시 토죄(討罪)를 청하는 것을 어찌 감히 조금이라도 늦출 수 있겠습니까? 그런데 저 무리들은 죄를 범한 것이 이미 중대하였으므로 오직 신 등이 그 뒤를 의논할까 두려워하여, 마치 후예(后羿)가 화살[284]을 급히 장전하여 일제히 화살[285] 30발을 쏘듯 조정의 신하들을 깊은 밤에 마구 때리고 쫓아내었으므로, 신 등이 물러나 사차(私次, 사적으로 머무는 거처)에 머물면서 단지 속만 썩이고 있었습니다. 그런데 조정을 둘러보아도 일찍이 군부를 위해 난적을 토벌하려는 한 사람의 의사(義士)도 없으니, 신 등이 일찍부터 시종(侍從)의 자리에 있었는데 어떻게 감히 화가 두렵다고 스스로 좌절하여 눈을 크게 뜨고 용기를 내지 않을 수 있겠습니까?

아! 역적의 수괴 김창집은 몸소 원보(元輔, 영의정)의 자리를 차지하고 기염이 하늘을 찔러서, 세력으로 사람을 몰아서 오직 턱으로 지시하고, 장수를

283) 삼척(三尺) : 옛날 중국에서 석 자 길이의 대쪽에 법률을 기록하였던 고사(故事)에서 유래하였다.

284) 후예가 화살 : 원문은 "羿彀"이다. 후예는 하(夏)나라 때 동이족의 수령으로 제후가 되었으며 활쏘기로 이름났던 사람이었다. 후예가 활을 쏘듯이 여러 사람이 공격하고 있다는 뜻이다.

285) 화살 : 원문은 "蜮弩"이다. 역(蜮)은 일명 단호(短狐)라고도 하는데, 자라처럼 생기고 세 발이 달렸으며, 입속에 가로질러 있는 뿔로 만든 쇠뇌[弩] 같은 물건에 기(氣)를 살[矢]로 삼아 물속에서 사람을 쏘아 해친다.

진퇴(進退)시키기를 오직 눈짓으로 결정하였습니다. 성상이 면직을 허락하셨으니 바로 이미 물러난 신하인데, 사당(私黨)이 그대로 두기를 청하였으니 어찌 홀로 부끄러운 마음이 없겠습니까?

역적 조조(曹操)[286]가 이른바, '진실로 내가 군대를 떠나버리면 다른 사람에게 화(禍)를 당할까 두렵다.'는 것이야말로 바로 김창집의 실정입니다. 오늘날 나라의 형세가 기울어져 위험한 것은 바로 김창집이 권세를 버리지 않는데 있는 것이지, 김창집이 권세를 버리는 데 있는 것이 아닙니다.

전지(銓地)[287]에 있는 사람들은 거의 모두 김창집과 이건명의 문하에서 종기를 빨아주고 치질을 핥는 자들로서, 서캐와 이[蟣蝨]같은 잡종을 삼사에 끌어다 두었습니다. 전하께서 유숭에 대해서 '시비와 출척은 인주가 살필 일이다.' 하면서 책망하였는데, 저들은 감히 미원(薇院, 사간원)의 장관에 수의(首擬)[288]하였고, 이중협에 대해서는 '임금을 무시하고 무엄하고 무륜하다.'는 무거운 죄로써 단죄하였는데, 저들이 감히 홍문관의 동벽(東壁)[289]에 새로 추천[通望]하여, 군부와 맞서 다투면서 당여를 심는데 힘쓰고 있으니, 어떻게 아직도 협력[290]하는 도리로써 저 무리들을 질책하겠습니까?

신 등은 충성에서 나온 분노가 저절로 격동하여 이 역적들과 함께 같은 하늘 아래에 있고 싶지 않아서 눈물을 흘리고 통곡하며 소리를 모아서 호소합

---

286) 조조(曹操) : 155~220. 후한 헌제(獻帝) 때 승상을 지냈으며, 위왕(魏王)으로 봉해져 이른바 삼국시대(三國時代)가 시작되었다. 헌제를 자신의 보호 아래 둠으로써 후한 조정을 장악하였을 뿐 아니라, 황실의 권위를 배경으로 세력을 크게 확대할 수 있었다. 그 아들 조비(曹丕)가 위나라 황제의 지위에 오른 뒤에는 무황제(武皇帝)로 추존되었다.

287) 전지(銓地) : 인사 전형(銓衡)을 담당하던 이조(吏曹)와 병조(兵曹)를 지칭한다.

288) 수의(首擬) : 의망(擬望)의 삼망(三望) 중 맨 첫 번째에 쓴 것을 말한다.

289) 동벽(東壁) : 회좌(會座)할 때 좌석의 동쪽에 앉는 벼슬이다. 홍문관에는 응교·부응교가 여기에 해당되었다.

290) 협력 : 원문은 "寅協"이다. "동인협공(同寅協恭)"의 준말로, 《서경(書經)》〈고요모(皐陶謨)〉에 나온다. 고요(皐陶)가 순(舜)임금 앞에서 우(禹)에게 말한 것인데, 뒤에는 동료 관원들이 공경히 임금을 섬기면서 다 함께 훌륭한 정사를 이루기 위해 협력한다는 뜻으로 쓰이게 되었다.

니다." -김일경의 소하(疏下)[291]에는 애초에는 진신이 수십 명에 달하였지만 상소의 초본이 나오자 모두 이름을 삭제하고 스스로 나갔다고 한다.-

승정원에서 김일경 등의 상소에 있는 말이 흉악하고 참혹하다고 말을 만들어 입계하였다. 주상이 비망기를 내려 말하기를,

"김일경의 상소는 모두 진언(進言)한 것인데, 승정원에서 가로막으면서 감히 이런 계사(啓辭)를 올리다니, 계사에 참여한 승지는 모두 파직하라."

하였다. -승지는 신사철(申思喆)[292]·이교악(李喬岳)·조영복·이정주·김제겸(金濟謙)[293]·조명겸이다.-

○ 다음의 비망기를 내렸다.

"왕위를 이은 뒤에 조정에서 하는 짓을 보면, 조금도 국가의 일에 보탬이 되는 것이 없으니, 이처럼 간사한 무리들과 함께 국사를 같이 하여 종사가 위태롭다. 먼저 삼사의 여러 신하들을 모두 문외출송(門外出送)[294]하라."

○ 김일경 등의 상소에 다음과 같이 답하였다.

---

291) 소하(疏下) : 연명(連名)으로 올리는 상소에서 소두(疏頭)의 뒤를 이어 이름을 적은 사람들을 가리킨다.

292) 신사철(申思喆) : 1671~1759. 본관은 평산(平山), 자는 명서(明敍)이다. 장령 신상(申恦)의 아들이다. 1709년(숙종35)에 알성 문과에 급제하여, 1713년 홍문록에 올랐다. 경종 즉위 후 대사헌 등을 역임하다가 신축환국 당시 파직되었다. 영조 즉위 후 노론이 집권하자 대사헌과 호조판서가 되었다. 1727년(영조3) 정미환국으로 다시 노론이 추방되자 파직되었다가 이듬해 등용되어 예조판서·평안도관찰사를 거쳐 1745년 판중추부사로 기로소에 들어갔다.

293) 김제겸(金濟謙) : 1680~1722. 본관은 안동, 자는 필형(必亨), 호는 죽취(竹醉)이다. 김창집의 아들이자 김원행(金元行)의 아버지이다. 1705년(숙종31) 진사가 되고, 1719년 증광문과에 급제하여 청요직을 두루 지냈다. 신임옥사에 연루되어 1722년(경종2) 4월에 사사되었다. 뒤에 이조참판으로 추증되었으며, 노론 측에서는 조성복·김민택(金民澤)과 함께 신임옥사 때 죽은 삼학사(三學士)의 한 사람으로 꼽았다. 저서로 《죽취고(竹醉藁)》, 편서로 《증보삼운통고(增補三韻通考)》가 있고, 시호는 충민(忠愍)이다.

294) 문외출송(門外黜送) : 죄인의 벼슬과 품계를 빼앗고, 도성 바깥으로 내쫓는 형벌이다.

"응지(應旨)[295]하여 진언하니, 내가 매우 가납(嘉納)[296]하노라. 그러나 대신을 침범하여 헐뜯은 것은 특히 화평(和平)함이 부족하다."

○ 다음과 같이 전교하였다.

"삼사는 잠시도 비워 두는 것을 용납할 수 없으니 박필몽을 지평에, 윤연(尹筵)을 교리에, 이명의를 헌납에, 이진유를 정언에 모두 제수하라."

○ 다음과 같이 전교하였다.

"이조판서 권상유, 참판 이병상을 파직하고, 심단을 판서에, 김일경을 참판에 제수하라.

○ 다음과 같이 전교하였다.

"전 훈련대장은 간사하고 흉악하여 몰래 불측한 마음을 품었으니 문외출송하고, -훈련대장은 이홍술(李弘述)[297]이다.- 영돈녕부사(領敦寧府事) 어유귀(魚有龜)[298]가 겸하여 맡게 하라."

---

295) 응지(應旨) : 임금의 명령이나 유지(諭旨)에 응하다. 국가가 재난에 처했을 때 임금의 구언(求言)에 따라 누구나 상소할 수 있었는데, 이것을 응지상소(應旨上疏)라고 한다. 국왕은 이를 통해서 여론을 수렴하고 대책을 모색하였다.

296) 가납(嘉納) : 임금이 신하들의 상소나 계사를 기꺼이 받아들이다.

297) 이홍술(李弘述) : 1647~1722. 본관은 진주, 자는 사선(士善)이다. 덕흥대원군(德興大院君, 중종의 7자)의 후손이다. 1674년(현종15) 무과에 급제하여 숙종대 포도대장 등을 역임하였다. 경종이 즉위하자 김창집 등과 함께 세제 책봉을 청하였다. 1722년(경종2) 목호룡 고변으로 하옥되었다가 죽었다. 임인옥사 당시 조흡(趙洽)의 공초에서 김창집이 궁성을 호위하고 대리청정의 명을 받아내려고 훈련대장 이홍술을 시켜 중군(中軍)에 임명하여 계획을 세웠다고 자백하였다. 《景宗實錄 2年 4月 20日》 소론은 조흡의 진술을 바탕으로, 노론이 군사를 일으켜 경종을 폐출하려 했다고 주장하였다. 노론 당론서인 《진감》에서는 이홍술을 포함하여 이우항(李宇恒)·윤각(尹慤)·백시구(白時耉)·김시태(金時泰)·심진(沈搢)·유취장(柳就章)·이상집(李尙香集) 등을 '8명의 절도사(節度使)'로 추숭하였다.

298) 어유귀(魚有龜) : 1675~1740. 본관은 함종(咸從), 자는 성칙(聖則), 호는 긍재(兢齋)이다. 1718년 딸이 세자빈[선의왕후(宣懿王后)]이 되었고, 1720년 경종이 즉위하자 함원부원군(咸原府院君)에 봉해졌다. 1721년 노론 4대신이 세제 대리청정 문제로 파직되자 무고라고

○ 다음과 같이 전교하였다.

"근밀(近密)은 잠시도 비워 둘 수 없으니, 이정신을 승지에 제수하고, 병조판서 이만성을 개차(改差)하고, 최석항을 제수하라."

○ 다음과 같이 전교하였다.

"승지 이정주는 내가 그 속내를 보려고 패초하였는데, 들어왔으니 지극히 무엄하다. 우선 먼저 삭거사판(削去仕版)[299]하고, 김제겸 또한 파직하라."[300]

○ 다음의 비망기를 내렸다.

"지방에 나가 있는 이조참의를 개차하여 이세근(李世瑾)을 제수하고, 예조판서 이의현 대신 전 참판 이광좌를 제수하고, 호조판서 민진원 대신 전 참판 김인을 제수하고, 형조판서 홍치중 대신 전참판 이조를 제수하고, 양성규를 대사간에, 이제(李濟)[301]를 장령에 모두 제수하라."

○ 영돈녕부사 어유귀가 병부(兵符)를 받은 뒤 빈청에 나아가 생각한 바를 써서 들였는데, 김일경의 상소는 터무니없는 사실을 꾸며서 남을 헐뜯은 것이 끝이 없어서 매우 흉패하며, 4대신이 올린 차자는 다른 의도가 없었다고 말하였다. 이어서 심단은 늙고 잔약하며, 김일경은 인망이 가볍고 얕기 때문에

주장하였다. 신임옥사 후 김일경이 원훈(元勳)에 오를 것을 청했으나 사양하였다.

299) 삭거사판(削去仕版) : 사판에서 이름을 삭제하다. 죄를 지은 관리를 처벌하는 규정의 하나로 초사(初仕) 이후의 모든 임관(任官)을 말소하는 규정이다.

300) 승지 …… 파직하라 : 이정주와 김제겸은 김일경 상소가 들어올 당시의 승지로서. 그것을 입계하는 계사를 잘못 작성하였다 하여 파직된 사실은 앞서 나왔다. 그런데 이정주가 패초를 받고 들어온 일은 이러한 임금의 명령을 무시하는 행동으로 간주하여 처벌한 것이다.

301) 이제(李濟) : 1654~1724. 본관 전주, 자는 경인(景仁), 호는 성곡(星谷)이다. 박세당의 사위이자 문인이다. 1687년(숙종13) 사마시에 합격하고, 1699년 식년문과에 장원급제하여 청현직을 두루 거쳤다. 1712년 과거부정 문제를 논하다가 삭직되었다. 1722년(경종2) 사간에 복직되었으나 1724년 재차 소론이 실각할 때 갑산(甲山)에 귀양 가서 죽었다.

인재를 가려 뽑는 직임에는 마땅하지 않다고 말하였다.

주상이 "내 뜻이 이미 결정되었다."고 답하였다.

○ 삼사를 문외출송(門外出送)하였다. -신절, 신방, 서종섭(徐宗燮), 조문명, 이기진, 김진상(金鎭商), 이희조, 조영세(趙榮世), 이의천, 서종급, 황귀하(黃龜河), 어유룡, 정택하(鄭宅河), 이만성, 성진령(成震齡),[302] 남세진(南世珍),[303] 채응복.-

○ 윤취상을 훈련대장에 임명하고, 이세근이 외직에 있었으므로 서명균을 대신 이조참의에 임명하였다. 김동필을 수찬에, 윤순을 교리에 모두 제수하였다.

○ 다음의 비망기를 내렸다.

"총융사 윤각을 문외출송하고, 홍계적은 붕비(朋比)[304]들과 결탁하였으니, 흑산도에 위리안치 하라."

○ 삼사에서 -장령 이제, 지평 박필몽, 대사간 양성규, 헌납 이명의, 교리 윤연- 합계하여 -조어(措語)는 김일경의 상소와 같았다.- 영의정 김창집과 영부사 이이명을 모두 외딴 섬에 안치하고, 판부사 조태채를 멀리 유배 보내며, 좌의정 이건명은 돌아올 때까지 기다렸다가 천극(荐棘)하는 일을 청하였으나 윤허하지 않았다.

---

302) 성진령(成震齡) : 1682~1739. 본관은 창녕(昌寧), 자는 자장(子長), 호는 시은(市隱)이다. 1711년(숙종37) 진사가 되고, 1713년 증광문과에 급제하여 1718년 정언이 되었다. 이때 우의정 조태채를 탄핵하여 면직시켰는데, 1725년(영조1)에 이것을 반성하는 상소를 올리고, 유봉휘·이광좌 등 소론 탄핵에 앞장섰다. 1727년 정미환국으로 파직되었다가 1728년 서용되어 길주목사(吉州牧使)·정선군수(旌善郡守) 등을 역임하였다. 1739년 승지로 있다가 친족 성유열(成有烈)이 영조 탕평책을 비판하는 상소문을 지어준 것이 드러나 흑산도로 유배되었다.

303) 남세진(南世珍) : 1654~1729. 본관은 의령(宜寧), 자는 군옥(君玉)이다. 1687년(숙종13) 식년문과에 급제하여 장령을 거쳐 1713년 장령이 되었고, 영조대 공조참의 등을 역임하였다.

304) 붕비(朋比) : 붕당을 지어 자기편을 두둔하다. 여기서는 붕당을 가리킨다.

이전에 아뢴, 조태구와 유봉휘, 한세량과 권규의 일[305]에 대해서는 시행을 모두 정지하였다.

○ 장령 이제 등이 안치(安置) 죄인 조성복을 국청을 설치하여 엄하게 심문할 일을 아뢰어 청하였으나 윤허하지 않았다. 이전에 아뢴, 박태항과 최석항의 일[306]을 모두 정지하였다.

○ 다음의 비망기를 내렸다.

"내가 비록 덕이 없지만 조금이라도 임금을 공경하는 마음이 있었다면 어떻게 감히 '환첩이 이름을 아는 사람을 복상하였다.' 등의 말을 발설할 수 있단 말인가? 당시 가장 먼저 말한 사람을 사로잡아 국문하여 그 말의 근원을 엄하게 묻고, 계사에 참여한 사람을 모두 정배하라." -전 사간 어유룡, 전 장령 박치원, 지평 이의천-

다음과 같이 전교하였다.

"이중협의 차자 가운데 '결탁하였다.' 등의 말이 있으니, 일체 사로잡아 국문하라."

○ 정사(政事)[307]가 있었는데, 이조판서 심단, 참판 김일경이 개정(開政,

---

305) 이전에 …… 일 : 조태구는 환첩과 내통하였다 하여 멀리 유배 보내라고 주장하였고, 유봉휘는 세제 책봉을 비판하였다 하여 유배되었으며, 한세량은 조성복이 대리청정을 청한 일을 비판하였다 하여 위리안치 하라고 하였고, 권규는 대리청정을 반대하였다 하여 붙잡아 국문하라고 청한 일 등을 가리킨다. 모두 앞에 보인다.

306) 이전에 …… 일 : 박태항 등은 세제의 대리청정을 청한 노론 전체를 공격하였다 하여 삭출하라고 청하였고, 최석항은 세제의 대리청정을 1705년에 숙종이 세제에게 양위하려 한 것에 비교하였다 하여 관작을 삭탈하라고 청한 일 등을 말한다. 모두 앞에 보인다.

307) 정사(政事) : 도목정사(都目政事)를 가리킨다. 매년 두 번 혹은 네 번 이조·병조에서 행하는 인사행정이다. 문·무 양반은 원칙적으로 6월과 12월에 두 번 행하고, 토관(土官)·녹사(錄事)·서리(書吏)는 단도목(單都目)이었다. 잡직(雜職)은 4도목(四都目)으로서 1월·4월·7월·10월에 행하였다.

인사 행정 회의를 여는 것)하여 대사헌에 이조, 장령에 정운주, 지평에 윤성시, 정언에 정래주·서종하, 집의에 홍정필(洪廷弼), 부응교에 권첨(權詹),[308] 수찬에 심공(沈珙), 사서에 권익관, 이조좌랑에 윤연, 동의금에 김일경, 형조참의에 김시환을 임명하였다.

◯ 우의정 조태구가 입시하여 윤취상을 탁용(擢用)할 것을 청하고, 전관(銓官)이 국구에게 배척당하고도 갑자기 들어와 개정(開政)한 것과 기사년의 반나절 정청하였던 사람의 자손인 권중경(權重經)을 의망(擬望)한 잘못을 논하였다.[309] 또 확고한 결단을 내려서 조정이 청명(淸明)해졌는데, 조태채가 종제라는 친척으로서 이 같은 죄명을 입은 것에 대해서 깊이 황공하다는 뜻으로 인책하였다. 또 이진검과 이진망, 김시환의 등용을 청하였다.

또 다음과 같이 말하였다.

"기사년 당인 가운데 여러 해 동안 벼슬길이 막힌 자를 삼사에 의망한 이조의 당상을 추고(推考)[310]하십시오."

◯ 지평 윤성시가 상소하여 조성복과 김창집 등 네 사람의 죄를 논하고, 이어서 심단의 직임을 개정할 것을 청하였다.

◯ 의금부에서 올린 유봉휘 정배(定配) 단자에 대해 다음과 같이 전교하였다.

---

308) 권첨(權詹) : 1664~1730. 본관은 안동, 자는 숙량(叔良)이다. 1694년(숙종20) 알성문과에 급제하여 지평 등을 거쳐 1722년(경종2) 대사간이 되었다. 영조대 충청도관찰사가 되었는데, 1728년 이인좌(李麟佐)의 난 당시 역적과 내통하였다는 혐의를 받아 친국을 받다가 옥사하였다.

309) 전관(銓官)이 …… 논하였다 : 전관은 이조참판 김일경을 가리킨다. 앞서 국구인 영돈녕부사 어유귀가 김일경이 이조에 적합하지 않다고 비판하였는데도 김일경이 도목정사를 행한 일을 꼬집어 비판한 것이었다. 소론 내에서 노론에 대한 강경파 즉 준론(峻論)과 온건파 즉 완론(緩論)의 분화가 시작되고 있음을 보여준다.

310) 추고(推考) : 벼슬아치의 허물을 추문(推問)하여 고찰하던 일이다.

"그 일은 이미 지난 일이니, 시행하지 않아도 된다."

○ 다음의 비망기를 내렸다.

"작년에 윤지술이 지문(誌文)[311]을 개찬한다고 핑계대고 음험한 뜻을 품고 거짓을 꾸며서 사친(私親, 장희빈)을 모욕하는 모습을 보였는데, 그가 써서 바친 소회(所懷)에서 그 정절(情節)이 남김없이 모두 드러났으니, 빨리 나라의 형벌을 바로잡으라."

판의금 민진원, 지의금 이관명, 동의금 김일경이 재차 패초하였지만 나오지 않자 승정원에서 정형(正刑)[312]을 마땅히 급히 거행해야 하는데 의금부에 당상이 없다고 아뢰자 이들을 개차(改差)하여 판의금부사에 홍만조, 지의금부사에 한배하, 동지의금부사에 이태좌와 조태억을 제수하였다.

○ 이조참의 서명균이 상소하여 대략 다음과 같이 말하였다.

"지난번 윤기(倫紀)에 죄를 얻어 공의(公議)에 버림을 받은 사람들을 마음대로 의망을 통과하게 하여 조금도 돌아보거나 꺼림이 없습니다. 신과 같은 자는 성품이 편벽되어 그사이에 발도 못 붙이고 입술이나 쳐다보고 있으며, 힘이 약해서 또 능히 저항하여 대적하지 못하니, 끝내 감히 구차하게 머물러 있지 못하겠습니다."

○ 정언 서종하가 아뢰기를,

"청컨대 이우항(李宇恒)[313]을 멀리 유배 보내십시오. 네 정승이 정청에

---

311) 지문(誌文) : 명릉(明陵, 숙종)의 지문을 가리킨다. 당시 이이명이 해당 지문을 지어 바쳤는데 그 내용 가운데 장희빈에게 사약을 내려 죽게 한 일에 대해서 분명히 말하지 못하였다. 이에 윤지술이 성균관 유생들을 이끌고 상소하여, "전하와 장씨 사이에 이미 모자의 의리가 끊어졌으니 그 사실을 숨길 필요가 없습니다." 하면서 고쳐 지으라고 주장하였다.

312) 정형(正刑) : 죄인을 사형에 처하는 큰 형벌이다.

313) 이우항(李宇恒) : 1648~1722. 본관은 광주(廣州), 자는 여구(汝久)이다. 무과에 급제하여

대해 순문(詢問)하였을 때 합사(合辭)[314]하여 찬성한 사람들 -판서 민진원·이관명·이만성·이의현, 참찬 신임(申銋)[315]·임방(任埅)·권상유, 평안 감사 조도빈(趙道彬),[316] 사직 유집일- 과 당일 복합(伏閤)한 삼사 관원을 삭출하십시오."

하니, 주상이 아뢴 대로 하라고 하였다. -해당 삼사 관원은 신절, 이정소, 박치원, 이유, 신무일, 황재라고 현고(現告)[317]하였다.-

○ 우의정 조태구가 차자를 올려 윤지술의 죽을죄를 용서해줄 것을 청하였으나, 허락하지 않았다.

○ 이조참의 서명균이 상소하여 윤지술을 정형(正刑)하라는 명은 여러 사람들의 심정 바깥에서 나온 것이라고 아뢰었다. 또 다음과 같이 말하였다.

"즉위하신 이래로 침묵하는 것이 너무 지나쳤는데, 지금에 이르러서는 주상의 결단이 성대하게 빛나고 있지만 중비(中批)[318]로 제배(除拜)하는 것은

함경도병마절도사·총융사·포도대장·삼도수군통제사 등 군사의 요직을 두루 역임하였다. 1721년(경종1)에 부사직 재직시 신축년 환국으로 소론의 탄핵을 받아 유배되었다. 이듬해 목호룡 고변으로 백망·이희지(李喜之) 등과 함께 투옥되어 장살되었다. 1727년(영조3)에 신원(伸寃)되었고, 시호는 경무(景武)이다.

314) 합사(合辭) : 여러 관사(官司)나 또는 여러 관원이 합동하여 임금에게 상소할 때 사연을 합하여 하나의 상소로 하던 일이다.

315) 신임(申銋) : 1639~1725. 본관은 평산(平山), 자는 화중(華仲), 호는 한죽(寒竹)이다. 박세채 문인이다. 1657년(효종8) 진사시, 1686년(숙종12) 별시문과에 급제하여, 숙종대 공조판서 등을 거쳐 경종대 세제의 대리청정 근거를 실록에서 초출하였다. 1722년 옥사 당시 소론을 비판하고 동궁을 보호하라고 상소하였다가 유배되었다. 영조 즉위 후 사면되어 돌아오던 도중 죽었다. 영의정에 추증되었으며, 시호는 충경(忠景)이다.

316) 조도빈(趙道彬) : 1665~1729. 본관은 양주(楊州), 자는 낙보(樂甫), 호는 수와(睡窩)·휴와(休窩)이다. 1691년(숙종17) 진사시, 1702년 알성문과에 급제하여 병조판서 등을 역임하였다. 신임옥사 때 사사된 작은아버지 조태채의 죄명에 연루되어 유배되었다. 영조 즉위로 풀려나 1726년(영조2) 우의정에 올랐다. 시호는 정희(靖僖)이다.

317) 현고(現告) : 국가의 행정 지시 사항이나 일반 범죄 사실 등을 해당 관청이나 관원에게 신고하거나 고발하다.

318) 중비(中批) : 정식 의망(擬望)을 거치지 않고 왕의 특지(特旨)로 임명하는 것을 말한다.

여러 사람들이 논의하여 공적으로 천거하는 것만 같지 못합니다."

○ 승정원에서 아뢰기를,

"죄인 조성복에게 끝까지 캐어물으라는 전지(傳旨)를 계하(啓下) 받았습니다. 그런데 대간이 바야흐로 국청을 설치하라고 청하였으니, 끝까지 캐어묻는 것과 국청을 설치하는 일은 가볍고 무거움이 저절로 구별되는데 어떻게 해야 합니까?"

하자, 전교하기를, "국청을 설치하여 엄히 국문하라." 하였다.

○ 지평 윤성시 —혹은 박필몽이라고도 한다.— 가 아뢰어, 홍계적을 아주 먼 변방으로 귀양 보내고, 우의정이 청대하는 것을 가로막은 승지를 모두 삭출하고, 조성복이 유배 떠날 때 가서 보고 재물을 준 민진원을 멀리 유배 보내라고 청하였다. 주상이 아뢴 대로 하라 하였다.

○ 헌납 이명의 등이 아뢰어, 서종급이 역적 조성복을 구원하여 보호하려고 도리어 박필정 등을 배척하였다고 하면서 섬으로 유배보낼 것을 청하였다. 주상이 아뢴 대로 하라 하였다.

○ 의금부에서 다음과 같이 아뢰었다.

"윤지술을 정형하라는 명이 내려진 뒤 도사 이지순(李志洵)·이도원(李度遠)[319)]·민진현(閔鎭鉉) 세 사람은 출사하지 않겠다고 크게 썼으며, 이석신(李碩臣)[320)]과 권용(權瑢) 두 사람은 병을 핑계 댔으니 모두 사로잡아 심문하여

---

319) 이도원(李度遠) : 1684~1742. 본관은 완산(完山), 자는 기보(器甫)이다. 1723년(경종3) 증광문과에 급제하여 영조 즉위 후 청요직에 진출하였다가 1727년 정미환국으로 파면되었다. 1730년 다시 등용되어 수찬·응교·교리 등을 역임하였다.

320) 이석신(李碩臣) : 1659~? 본관은 연안(延安), 자는 필경(弼卿), 호는 하유당(何有堂)이다. 효릉 참봉(孝陵參奉), 의금부 상경력(上經歷)을 역임하였다. 신축년 윤지술이 죽을 때

처벌해야 합니다."

○ 양사가 입시했을 때 사간 이진유가 다음과 같이 아뢰었다.

"저번 여러 흉적이 조정에 가득하였을 때에는, 삼가 생각건대 성상께서 흉신(凶臣)과 서로 얼굴을 마주하는 것을 달갑게 여기지 않으시어 오랫동안 경연에 임하지[臨講] 않으신 것은 진실로 마땅합니다. 그렇지만 지금 조정이 깨끗해졌으니 강연(講筵)[321]을 자주 여는 것이 마땅합니다."

○ 다음과 같이 전교하였다.

"윤지술은 흉패한 죄를 지었는데 어떻게 잠시라도 누워 쉬게 할 수 있겠는가? 그 자가 올린 소회(所懷)를 다른 사람이 대술(代述)했을 리가 있겠는가? 그에 대한 형벌을 빨리 거행하라."

○ 양사에서 입시하였을 때 지평 박필몽과 헌납 이명의가 김창집 등의 죄를 다스리라고 힘껏 청하자, 주상이 말하기를, "아뢴 대로 하라." 하였다.

사간 이진유가 아뢰기를,

"이홍술은 김창집에게 들러붙었는데, 육현(陸玄)이라고 하는 사람이 술수를 터득하여 오랫동안 김창집의 밀객(密客) 노릇을 하다가 틈이 생겨 배반하고 떠나자 이홍술이 김창집의 은밀한 사주를 받아 입마음을 위해 마구 쳐서 마침내 박살(撲殺)하였으니, 그 자취가 헤아리기 어려워서 나라 사람들이 의심하였습니다.

이미 내쳐진 뒤에 군향전(軍餉錢) 2백 냥과 쌀 50석을 싣고 갔으며, 조총전(鳥銃錢) 2천 냥, 군색전(軍色錢) 5백 냥, 면포(綿布) 16동(同), 주(紬)[322] 2동, 저포(苧布)

상소하고 귀향하였다.

321) 강연(講筵) : 임금이나 왕세자 등이 경학(經學)에 밝은 신하들과 함께 경전을 읽고 토론하여 수학하는 것이다. 조강(朝講)·주강(晝講)·석강(夕講) 등이 있다.

2동은 신영(新營)으로 옮긴다고 핑계대고, 향미(餉米) 6백 석과 염초청(焰硝廳)의 돈 6백 냥은 고지기가 축내었다고 핑계대고 개인에게 빌려주었다가 탕감한 뒤, 그 집으로 실어 보냈으니, 청컨대 사로잡아 국문하여 엄중히 조사하십시오.

전 승지 김제겸은 지극히 먼 변방으로 유배 보내고, 황선(黃璿)도 멀리 유배 보내십시오."

하니, 주상이 모두 아뢴 대로 하라 하였다.

○ 의금부에서 윤지술이 결안(結案)[323]을 거역하였다고 초기(草記)[324]를 올리자 전교하기를, "정상이 더욱 절통하니, 조속히 거행하라." 하였다. -지사 한배하가 바로 형벌을 거행하라고 청하려 하였는데, 판의금 홍만조가 3백년 이래 그런 사례는 없었다고 다투어, 이러한 초기를 올렸다.-

○ 장령 이제(李濟)가 다음과 같이 아뢰었다.

"조태채가 비록 대신의 반열에 있었지만 정승이 된 지 오래 되지 않아서, 죄를 지은 것이 혹 삼흉(三凶)과는 차이가 있습니다. 마지막으로 나온 연명차자의 경우 또한 수범(首犯)과 종범(從犯)을 구별하지 않을 수 없으므로 신이 과연 그 죄의 등급을 감해 주었습니다. 이로 인해 물의(物議)[325]가 비난하고 배척한다고 하니 청컨대 배척하여 교체하라고 명하여 주십시오."

○ 의금부에서 김창집을 거제(巨濟), 이이명을 남해(南海), 조태채를 진도(珍

---

322) 주(紬) : 명주실로 섬세하게 짠 직물이다.

323) 결안(結案) : 사형에 해당하는 죄인에 대한 국왕의 최종결재에 따라 사형집행 전에 형을 확정짓기 위한 형식적인 절차 및 그 문서이다. 최종결재가 있은 뒤에 형조는 먼저 죄인의 주소·출생연월·가계를 기록한 신원조사서인 근각(根脚)과 범행했다고 하는 자백에 대한 다짐을 받아 국왕에게 올려서 결안에 관한 결재를 받았다.

324) 초기(草記) : 각 관서(官署)에서 국왕에게 올리는 문서이다. 정무 상 중대하지 않은 사항을 그 내용만 간단히 적어 올리는 서식이다.

325) 물의(物議) : 의론이 일어난다는 뜻으로, 뭇 사람들의 평판이나 비난을 이르는 말이다.

島)에 모두 위리안치 하고, 김제겸을 울산(蔚山)으로 유배 보냈다.

○ 사간 이진유가 아뢰어서 예조참판 이재(李縡)는 삭출하라 청하고, 윤각은 권력을 쥔 상신(相臣)과 인척간이라고 하면서 깊은 밤에 출입하여 그 정상이 간악하니 멀리 유배 보내라고 청하였으며, 형조참판 이유민(李裕民)[326]은 삭판하라고 청하자, 주상이 모두 아뢴 대로 하라고 하였다.

○ 지평 윤성시 등이 아뢰어서, 전 승지 이정익을 아주 먼 변방으로 유배 보낼 것을 청하고, 요적(妖賊) 윤지술은 왕법(王法)을 면하기 어려운데도 서명균이 용서해야 한다는 논의를 제창하여 흉당의 입에 오르는 핑계거리가 되었으니 파직하라고 청하였으며, 유학(幼學) 이희지(李喜之)[327]는 이사명의 아들인데, 진사 유택기(兪宅基)·전 좌랑(佐郎) 심상길(沈尙吉)·종묘 직장(直長) 홍의인(洪義人)[328] 무리들과 더불어 아주 치밀하게 결탁하여 깊은 밤에 왕래하

---

326) 이유민(李裕民) : 1658~1729. 본관은 청해(青海), 자는 덕유(德裕)이다. 1696년(숙종22) 식년문과에 급제하여 1714년 청요직에 진출하였다. 1721년(경종1) 형조참판에 올랐다가 이진유 등 소론에게 배척을 당하여 관작을 삭탈 당하였다. 1725년(영조1) 병조판서에 특진되고, 이어 기로소(耆老所)에 들어갔다. 1728년 공조판서로서 이인좌(李麟佐)의 난의 평정을 도와 왕의 신임을 받았으며, 도총관·지의금부사를 지냈다. 뒤에 좌찬성에 추증되었고, 시호는 정민(貞敏)이다.

327) 이희지(李喜之) : 1681~1722. 본관은 전주, 자는 사복(士復), 호는 응재(凝齋)이다. 판서 이사명의 아들이며, 좌의정 이이명의 조카이다. 1722년(경종2) 신임옥사 당시 목호룡(睦虎龍)이, 김창집의 손자 김성행(金省行), 이이명의 아들 이기지(李器之)와 조카 이희지(李喜之), 사위 이천기(李天紀), 김춘택(金春澤)의 재종제 김용택(金龍澤) 등 노론 명문가 자제들이 환관, 궁녀들과 결탁하여 숙종의 임종 무렵 '삼급수(三急手)'로 당시 세자이던 경종을 죽이려 했다고 고변하였다. 곧 '삼급수'란 '대급수(大急手), 소급수(小急手), 평지수(平地手)'를 말하는데 '대급수'는 자객을 시켜 칼을 품고 궁중에 들어가 시해하는 것이고 '소급수'는 독약을 궁녀에게 주어 음식물에 타서 독시(毒弑)하는 것이고 '평지수'는 선왕(先王)의 전교를 위조하여 폐출하는 것이다. 당시 이희지는 수사 도중 형장을 맞고 죽었다.

328) 홍의인(洪義人) : 1683~1722. 본관은 남양(南陽), 자는 정숙(正叔)이다. 선공감 봉사로 있다가 목호룡의 고변으로 투옥되어 네 차례 형문을 받다가 장살되었다. 김일경의 사주를 받은 목호룡은 노론 4대신이 경종을 시해한다고 고변하여 옥사가 크게 일어났는데, 그는 은자(銀子) 50냥을 궁녀에게 주고 궁중과 연락을 취하였다는 혐의를 받았다.

면서 문을 닫고 손님을 물리쳐서 나라에 말이 떠들썩하다고 하면서 모두 멀리 유배 보내라고 청하니, 주상이 아뢴 대로 하라고 하였다.

○ 강화 유수 권업(權業)[329]이 상소하여 사직하니, 체직을 허락하였다.

○ 지평 윤성시가 이만성(李晩成)의 죄를 논하면서 아주 먼 변방으로 유배 보낼 것을 청하자, 주상이 아뢴 대로 하라 하였다.

○ 의금부에서 윤지술이 끝내 자백하지 않자, 판하(判下)[330]에 의거하여 형벌을 집행하였다.

○ 다음과 같이 전교하였다.

"조중우의 억울한 죽음을 뒤쫓아 생각해 보니 나도 모르게 마음이 부끄럽다. 그의 충의(忠義)가 아직 펼쳐지지 못했으니 어찌 통탄스럽지 않겠는가? 특별히 증직하고 치제(致祭)[331]하라."

홍문관 -심공- 에서 차자를 올려 불가하다고 논하자, 주상이 "내 생각의 천심(淺深)을 훔쳐보다니, 편치 않다."고 답하였다.

승정원 -유중무, 심탱(沈樘), 남취명(南就明)[332]- 에서 당차(堂箚, 홍문관에서 올린

---

329) 권업(權業) : 1669~1738. 본관은 안동, 자는 사긍(士兢), 호는 기오헌(寄傲軒)이다. 1691년(숙종17) 증광문과에 급제하여 청요직을 두루 거쳤다. 1721년(경종1) 경기감사로 있다가 신축환국으로 체직되었다. 영조 즉위 후 다시 등용되어 공조·형조·예조판서 등을 역임하였다.

330) 판하(判下) : 신하가 상주(上奏)한 안건에 대하여 임금이 검토하여 그 가부를 재가(裁可)하는 것을 말한다.

331) 치제(致祭) : 임금이 제물과 제문을 보내어 죽은 신하를 제사 지내던 일이다.

332) 남취명(南就明) : 1661~1741. 본관은 의령(宜寧), 자 계량(季良), 호 약파(藥坡)이다. 1704년(숙종30) 박세당의 《사변록》을 불태워버리려 하자 적극 저지하였다. 1722년(경종2) 노론 4대신의 사사(賜死)를 감형하려 하자 승지로 있으면서 그 불가함을 동료들과 함께 주장하였다. 영조대 병조참판 등을 역임하였다.

차자)에 따를 것을 청하자 주상이 유의하겠다고 답하였다. 김일경이 상소하여 조중우에게 관작을 추증하고 치제(致祭)해서는 안 된다고 하였고, 도승지 이정신은 상소하여 성명(成命)을 취소하라고 청하였으며, 교리 윤순과 장령 이제, 사간 이진유가 서로 이어서 상소하여 취소하라고 청하였다.

○ 판돈녕 송상기(宋相琦)가 상소하여 사직을 청하였는데, 대개 정청(庭請)을 중지하는 것을 순문하였을 때 승낙하는 합계(合啓)에 참여한 것을 자수한 것이다.

○ 개성 유수 김재로(金在魯)가 상소하여 사직을 아뢰었다. -또한 정청 때 재신이었기 때문이다.-

○ 지평 박필몽이 아뢰어서, 송성명, 유중무, 이진검, 김시환, 조최수 등이 일을 논한 상소는 모두 나라를 위한 충성에서 나온 것인데, 혹은 상소로 혹은 계달(啓達)로 마침내 반드시 제거한 뒤에야 그만두었으니, 전후로 삼사에서 논계하고 상소한 사람들은 모두 삭출하고, 따라서 참여한 자를 모두 파직할 것을 청하였다. -삭탈하라고 현고(現告)한 사람은 홍용조, 이성룡, 김고, 김만주, 김용경, 송필항, 박필정, 신방, 홍현보이고, 파직하라고 현고한 사람은 채응복, 이완, 송도함, 이정소, 신무일, 조상경(趙尙絅),[333] 유숭, 신절, 권적(權樀)[334]이다.-

황해 병사 김시태(金時泰)[335]와 부총관(副摠管) 유취장(柳就章)은 권흉(權凶)이

333) 조상경(趙尙絅) : 1681~1746. 본관은 풍양(豊壤), 자는 자장(子章), 호는 학당(鶴塘)이다. 풍안군 조흡(趙翕)의 증손으로 김창협 문인이다. 1708년(숙종34) 사마시, 1710년 증광문과에 급제하여 청요직을 두루 거쳤다. 경종 즉위 후 대사간·승지·이조참의 등을 지내다가 1722년 임인옥사로 유배되었다. 1725년(영조1) 풀려났다가 1727년 파직되었다. 1729년 재기용되어 병조·이조판서 등을 역임하였다. 시호는 경헌(景獻)이다.

334) 권적(權樀) : 1675~1755. 본관은 안동, 자는 경하(景賀), 호는 창백헌(蒼白軒)·남애(南厓)·계형(繼亨)이다. 경종대 정언 등을 거쳐 영조대 예조판서 등을 역임하였다. 시호는 효정(孝靖)이다.

사냥할 때 부리는 매와 개가 되어 미리 밀약(密約)을 받고 흉악한 음모를 비밀리에 계획하여 용감하게 달려가지 않은 적이 없으며, 천총(千摠) 양익표(梁益標)[336]는 권흉의 가장 앞장선 조아(爪牙)가 되었으니 모두 먼 곳에 정배 보낼 것을 청하였다.

홍주 목사 홍치중은 곧 권흉(權凶)의 천거[吹噓]를 받아 함부로 상경(上卿)[337]인 숭반(崇班)의 지위에 올랐으니 삭출하라 청하고, 사직 이집은 흉당(凶黨)과 혼인을 맺어 청의(淸議)의 버림을 받았으며, 유봉휘의 국문을 청하는데 몸소 참여하였으니, 삭탈하라고 청하였는데, 주상이 모두 아뢴 대로 하라고 하였지만 이집의 일은 윤허하지 않았다.

○ 다음의 비망기를 내렸다.

"내관(內官) 장세상(張世相)[338]·고봉헌(高鳳獻)·송상욱(宋相郁)은 사람됨이 간사하고 음흉하여, 근시(近侍)[339]에 둘 수 없다. 모두 먼 변방으로 정배하라."

○ 12월 22일 밤, 동궁이 춘방(春坊)[340] 입직(入直) 및 홍문관의 겸임 궁료(宮僚)

---

335) 김시태(金時泰) : 1682~1722. 본관은 안동, 자는 대래(大來)이다. 김상준(金尙寯)의 후손으로서, 1714년(숙종40) 증광무과에 급제하여 선전관이 되었다. 1722년(경종2) 임인옥사에 연루되어, 백열이(白烈伊)·이삼석(李三錫) 등과 함께 국청에 불려가 심문을 받다가 죽었다.

336) 양익표(梁益標) : 1685~1722. 본관은 제주이고, 증참판 양일남(梁一南)의 증손이다. 숙종대 무과에 급제하여 김창집 휘하의 우홍규에게 포섭되어 문객이 되었고, 사신으로 중국에 가는 이이명을 수행하기도 했다. 임인년 옥사 당시 궁성을 호위하려는 모의를 알고 있었다고 자백하고 복주되었다.

337) 상경(上卿) : 상위(上位)의 경(卿), 곧 정1품의 정승이나 종1품의 판서(判書)를 이른다.

338) 장세상(張世相) : 내관으로 이희지(李喜之)의 사주를 받아 평지수(平地手)를 자행하려 했다. 당시 이희지는 세자시절 경종을 무함하는 내용의 언문 가사를 지어 궁중에 유입시키고, 숙종의 거짓 조서를 작성하여 지상궁과 장세상으로 하여금 국상 때 내리게 하여 세자를 폐하려 하였다.

339) 근시(近侍) : 임금을 측근에서 모시는 일 혹은 그 일을 담당하는 신하이다. 주로 왕명의 출납을 담당하는 승지나 환관(宦官), 사관(史官) 등을 말한다.

340) 춘방(春坊) : 세자시강원(世子侍講院)을 가리킨다. 세자를 모시고 경사(經史)를 강독하며

와 계방(桂坊)[341]에 입직한 사람에게 하령(下令)[342]하여 모두 성정각(誠正閣, 창덕궁 소재)으로 입시하라고 하였다. 그리고 다음과 같이 하령하였다.

"한두 엄수(閹豎)[343]가 감히 나를 제거하려는 계략을 꾸며서 문침(問寢)과 시선(視膳)[344]하는 길을 가로막기에 이르러, 내가 주상에게 고하려 하였으나 망설이고 감히 아뢰지 못하였다. 자성(慈聖)께서

'나는 병이 나서 대전을 가서 보지 못하지만, 너는 어찌하여 들어가서 고하지 않느냐?'

라고 하교하였기 때문에 내가 즉시 울면서 들어가 사정을 고하였다. 그러자 대조께서 즉시 명하여 사로잡아 추문하라고 하셨다가 바로 또 도로 거두셨으므로, 내가 다시 진달하여 윤허 받았다. 그렇지만 뜻밖에 감히 듣지 못할 엄한 하교를 내리셨으므로 장차 대궐을 나가 세제의 지위에서 물러나려고 한다."

보덕 김동필과 권익관 등이 힘껏 대궐을 나가서는 안 된다고 아뢰었다. 그리고 승지, 홍문관, 병조, 총부(摠府)[345]에 입직한 당상 모두 대궐에 나아가 청대하여, "엄수가 동궁을 가로 막고 장차 불측한 변고를 모의하고 있다."고 진달하고, 저들을 대역부도(大逆不道)의 죄로 다스릴 것을 청하였다.

주상이 말하기를, "아뢴 대로 하라." 하였다.

도의(道義)를 바르게 계도(啓導)하는 일을 관장하였다.

341) 계방(桂坊) : 세자익위사(世子翊衛司)의 별칭이다. 정5품 아문(衙門)으로 세자를 배종(陪從)하여 호위하는 일을 관장한다.

342) 하령(下令) : 세자가 내리던 명령이다. 국왕이 신하에게 내리던 하교와 구분하여 사용하였다.

343) 엄수(閹豎) : 내시부에 속하여 임금의 시중을 들거나 숙직 따위의 일을 맡아보던 남자를 가리킨다. 모두 거세된 사람이었다.

344) 문침(問寢)과 시선(視膳) : 세자가 아침저녁으로 왕과 왕비에게 문안을 드리고, 임금이 드실 수라상을 몸소 돌보시는 일이다. 주나라 문왕이 세자로 있을 적에 아침과 점심과 저녁 등 하루에 세 차례씩 아버지 왕계(王季)에게 문안을 올리고 수라를 살핀 데서 유래하였다. 《禮記 文王世子》

345) 총부(摠府) : 오위도총부(五衛都摠府)이다. 중앙군인 오위(五衛)를 지휘 감독한 최고 군령기관(軍令機關)이다.

◯ -이설(異說)을 살핀다. 병조참판 이태좌, 총관 조태억이 청대(請對)했으나 허락을 받지 못하였다가 다음날 비로소 여러 대신과 삼사가 함께 들어갔다고 한다.- 대신과 삼사가 청대하여 입시하였다. -영의정 조태구, 우의정 최석항, 호조판서 김연, 예조판서 이조, 공조판서 한배하, 이조판서 심단, 병조참판 이태좌, 호조참판 조태억, 이조참판 김일경, 훈련대장 윤취상, 도승지 이정신, 좌승지 유중무, 우승지 박휘등, 우부승지 이인복, 동부승지 심탱, 사간 이진유, 장령 이제, 헌납 이명의, 지평 박필몽, 교리 윤연·윤순, 수찬 심공-

조태구가 말하기를,

"지난밤 동궁이 엄수의 일로써 하령하셨는데 망극함을 이길 수 없습니다. 이는 실로 막대한 변고이므로 엄히 국문하여 법대로 처벌하지 않을 수 없습니다."

하였다. 심단이 말하기를,

"세제가 하령한 '이미 은밀히 나를 제거하려는 시도가 있었다.'는 하교는 대역(大逆)에 관계됩니다. 신의 생각으로는 국문할 필요가 없으니, 빨리 법대로 처벌하시는 것이 마땅합니다."

하였다. 대신과 여러 신하들이 모두 그 말이 옳다고 하면서, 국청을 설치하는 것을 기다리지 말고 바로 형벌을 집행하라고 입을 모아 힘써 청하였다. 주상이 말하기를, "적발하여 법대로 처벌하는 것이 좋겠다." 하였다.

다음과 같이 전교하였다.

"승전색 문유도(文有道)와 장번 내관 박상검(朴尙儉)[346] 등이 국본을 동요시

---

346) 박상검(朴尙儉) : 1702~1722. 평안도 영변 출신 내시이다. 경종대 김일경과 박필몽 등은 연잉군이 세제로 책봉되는 것을 저지하려다 실패하자, 그를 이용해 세제를 제거하려 하였다. 먼저 그는 은화 수천 냥을 이용해 내시와 궁녀들을 매수하였다. 그리고 궁궐 안에 돌아다니는 여우를 잡는다는 구실로 청휘문(淸暉門)에 덫을 놓고 함정을 파놓아 세제가 경종에게 문안드리거나 시선(視膳)하러 가는 길을 가로막아 경종과 연잉군 사이에 불화를 조성하였다. 또한 대전의 궁녀들로 하여금 세제를 헐뜯어 연잉군을 제거하려 하였다. 이에 세제가 그날 밤 입직 궁관과 익위사관(翊衛司官)을 불러 모아 놓고 "내시 한두 명이 나를 제거하려 하니 그들의 독수(毒手)를 피하기 위해 사위(辭位)하겠다."는 뜻을 밝혔다. 이튿날 아침 대신들의 주청으로 주모자를 국문하라는 경종의 명이 내려져 국문이 시작되었다. 이때 세제로부터 지목받은 그와 내시 문유도(文有道)는

켰으니 대역부도에 해당하므로 부대시 처참(不待時處斬)[347]하라고 의금부에 명하라."

○ 대비전에서 언문(諺文)으로 하교하여 말하기를,

"효종의 자손과 선왕의 혈속(血屬)은 다만 대전과 연잉군 뿐이므로 선왕의 유교(遺教)로써 연잉군을 책립하여 양궁(兩宮)이 화협(和協)하였다. 그런데 불행히도 중관(中官)과 나인이 거짓을 꾸며서 둘 사이를 이간질하여 세제가 장차 불측한 죄목에 빠지게 되었다. 차라리 선왕이 내린 작호(爵號)를 따라서 소원대로 궁을 나가게 하는 방법밖에 없으니, 이것을 바라고 또 바란다."

하였다. 영의정 조태구와 우의정 최석항이 말하기를, "이것은 바깥으로 전할 수 있는 하교가 아니다." 하면서 즉시 봉환(封還)하고, 아뢰기를,

"대전이 이미 처분을 내리셨으니, 대비께서도 '화평' 두 글자로 간곡하게 타일러 하교하시기를 간절히 엎드려 바랍니다. 내관은 이미 법대로 처벌하라는 하교를 받았으니, 나인은 내전(內殿)에서 바로 유사(有司)에 회부[出付]하여 형률에 따라 법대로 처벌하기를 엎드려 바랍니다."

하였다. 자전이 또한 언문으로 쓴 하교에서 다음과 같이 말하였다.

"'동궁을 저사(儲嗣)로 삼는다.'라고 선대왕이 손수 쓴 글이 이미 있었기 때문에 언문으로 써서 반포한 것이다. 지금 조정 신료들을 유배 보내고

곧 주륙되었고, 나인 석렬과 필정은 자살해 전모가 채 밝혀지기도 전에 사건이 마무리되었다. 이후 1725년(영조1) 김일경 등이 박상검의 배후로 지목되어 탄핵되었고, 내시 손형좌(孫荊佐) 등에 대한 국문이 이루어지면서 이 사건은 다시 재소환되어 노·소론 간 갈등을 격화시켰다. 노론은 신임옥사를 주도한 조태구·김일경·목호룡 등을 공격하기 위해 이 사건에 대한 재조사와 관련자의 처벌을 주장하였다. 결국 정조 때에 다시 만든 《경종수정실록》에는 "박상검이 김일경의 손발이 되어 은밀한 기회를 몰래 주선하여 안팎에서 선동하였다."고 기록되었다. 《景宗實錄 1年 12月 22日·23日·24日·25日, 2年 1月 4일·6日》《景宗修正實錄 1年 12月 22日》

347) 부대시 처참(不待時處斬) : 시기를 기다리지 않고 참형(斬刑)에 처하다. 사형을 집행할 때 가을철 추분(秋分)까지 기다리는 것이 상례이나, 십악대죄(十惡大罪) 등 중죄(重罪)를 범한 죄인은 이에 구애받지 않고 사형을 집행하였다.

국문한 일은 오로지 내관 박상검과 문유도, 대전 상궁 나인 석렬과 필정 등이 결탁하고 서로 내통하여 나온 것으로서 거의 나라가 위태로운 지경에까지 이르렀다. 나와 동궁은 고립되어 위태로운 상황이니 매우 통탄스럽다."

-이설(異說)을 살핀다. 자전이 언문으로 쓴 글을 두 차례 약방에 내렸는데, 영의정이 하교를 언문으로 쓰는 것은 편치 않다는 뜻을 재삼 아뢰고, 단지 한 차례만 번역하여 베꼈기 때문에 한 차례의 하교는 바깥에 전해지지 않았다고 한다.-

양사 -사간 이하는 위와 같다.- 에서 합계하여 박상검과 문유도에 대한 국청을 설치하라고 아뢰고, 김창집과 이이명, 이건명은 법률에 따라 처단하고, 조태채는 제주도에 위리안치하라고 청하였다.

○ 영부사 김우항이 상소하여 대략 다음과 같이 말하였다.

"오늘날 천노(天怒)가 거듭 진동하여 위벌(威罰)이 매우 심하니 찬출(竄黜)이 서로 이어져서 빗질하듯 날로 심해지고 있습니다. 만약 이 일을 그만두지 않으면 신은 전하의 나라가 텅 비어 사람이 없어질까 두렵습니다. 당론이 생긴 이래로, 이같이 지나치게 급박하고 참혹한 적이 없었으니, 소식(蘇軾)348)이 말하기를,

'소와 양을 도살하고 물고기와 자라를 회 쳐서 맛있는 음식을 만들면, 먹는 자는 무척 맛있겠지만 죽는 것들은 매우 괴로워한다.'349)

하였습니다. 전하께서 깊은 구중궁궐에 거처하면서 '죽여라.[殺]'와 '국문하라.[鞫]' 두 글자를 말하기는 매우 쉽지만, 죽는 자는 매우 참혹합니다. 하물며 4대신은 모두 선조가 선발하여 왕실을 위해 수고롭게 힘쓴 것이 또한 이미 많았는데, 어찌 차마 죽을 지경에 그대로 두고 구휼하지 않습니까?

또한 삼사를 국문하라고 명하였는데, 삼가 개탄스러운 점이 있습니다.

---

348) 소식(蘇軾) : 1036~1101. 북송(北宋)의 문장가로서, 아버지 소순(蘇洵), 동생 소철(蘇轍)과 함께 3소(三蘇)라 불리며, 당송(唐宋) 팔대가의 한 사람이다.

349) 소와 …… 괴로워한다 : 소식이 쓴 편지에서 나온 말이다.《東坡全集 代張方平諫用兵書》

언론을 담당한 신하를 국문하는 것은 전고(前古)에 없던 일이고, 3백 년 이래로 언관을 국문한 일을 들어본 적이 없는 것은 진실로 국체(國體)를 손상시키고 언로(言路)를 막는 일이기 때문입니다."

○ 대사간 양성규, 사간 이진유, 장령 이제, 지평 윤성시 등이 다음과 같이 말하였다.

"어제 두 환관과 두 궁인에 대해 빨리 나라의 형벌을 바로잡는 일을 아뢰었는데, 밖에서 국문을 청하지 않고 곧장 형벌을 바로잡으라고 청하였다고 비난하며 배척하는 논의가 있으니, 이에 인피하여 사직합니다."

○ 교리 윤순이 상소하여 대략 다음과 같이 말하였다.

"대신이 국문하여 다스려야 한다는 주장을 내면서 말미에 아뢰어 말하기를, '춘궁이 이미 「나를 제거하려 한다.」고 하령하였다.' 하였으니, 어찌 허실을 심문할 단서가 있겠습니까? 마땅히 곧장 참수해야 합니다.

예를 들어 계해년(1623, 인조1) 반정 후에 여러 흉인과 궁인을 한꺼번에 감단(勘斷)[350]하는 계책이 나온 것도 또한 자성이 '흉패하다.'고 하교하였으므로 다시 신문할 것이 없었기 때문이었습니다. 갑작스러운 사이에 더욱 엄한 논의를 위주로 하다 보니 결과적으로 법을 잘못 적용하게 된 것을 깨닫지 못하였습니다."

○ 병조판서 송상기가 상소하여 대략 다음과 같이 말하였다.

"자전의 하교 가운데, '궁인·환시와 결탁한 자를 형률에 따라 처단하라.'는 하교가 있었다고 들었는데 빈청의 계사(啓辭)에는, '궁인이 환시와 결탁하였다.' 하여 자전의 하교와 본뜻에 다른 점이 있으니, 그 도리상 과연 어떠합니까?

어제 아침 자전의 하교에 이미 궁인을 가리켜 이름을 써서 내렸으므로,

350) 감단(勘斷) : 죄상을 조사 심리(審理)하여 형벌을 정하다.

진실로 잠시라도 편안하게 쉬게 해서는 안 되는데, 어제 계사를 윤허 받고도 그 이튿날이 되어서야 잡아 가두어서 역적 한 명은 지레 자결하였으니, 의금부가 완급을 조절하려는 의도를 현저히 드러낸 것을 신은 삼가 개탄스럽게 생각합니다."

사직 이기익 -이병상, 신사철, 이민영(李敏英),[351] 이성조(李聖肇),[352] 박성로, 정형익(鄭亨益), 이교악, 이성룡, 김취로(金取魯),[353] 박사익, 이정주, 윤심형(尹心衡)[354]- 등이 대략 다음과 같이 상소하였다.

"역적 환관에게 엄하게 형신을 가하여 결탁하여 화응한 정상(情狀)을 명백히 조사해내서 마땅히 중앙과 지방이 환히 알게 해야만 하는데, 캐어 묻는 것을 기다리지 않고 곧바로 형벌에 따라 죽인다면 어둠 속에서 서로 얽힌 자취를 모두 드러낼 수 없으니, 즉시 국청을 설치하는 것을 결단코 그만둘 수 없습니다.

춘궁의 하교는 환관[宦豎]을 지목하여 거론하였으므로, 궁료의 도리로는 급히 대조(大朝)에게 아뢰어서 엄히 다스릴 것을 청해야 하는데, 도리어 '알게 해서는 안 된다.' 등과 같이 이리저리 둘러대는 말로 우러러 대답하였으니,

---

351) 이민영(李敏英) : 1653~1722. 본관은 전주, 자는 사행(士行)이다. 1684년(숙종10) 정시문과에 급제하여 청요직을 두루 거쳐 1701년 승지가 되었다.

352) 이성조(李聖肇) : 1662~1739. 본관은 전의(全義), 자는 시중(時中), 호는 정묵재(靜默齋)이다. 1692년(숙종18)에 성균관 유생들에게 보이는 시험에서 장원하고, 이듬해 식년문과에 급제하였다. 1700년 청요직에 진출하여 1717년 승지가 되었으며, 영조대 병조참의·광주부윤 등을 역임하였다.

353) 김취로(金取魯) : 1682~1740. 본관은 청풍, 자는 취사(取斯)이다. 대제학 김유(金楺)의 아들, 좌의정 김약로와 영의정 김상로의 형이고, 김재로와는 종형제 사이이다. 1710년(숙종36) 증광문과에 급제하여 청요직을 두루 역임하였다. 1723년(경종3) 신임옥사로 유배되었다가 영조의 즉위로 복귀하여 1730년(영조6) 이후 각조의 판서를 두루 역임하다가 1737년 임금을 속였다고 유배되었다.

354) 윤심형(尹心衡) : 1698~1754. 본관은 파평, 자는 경평(景平), 호는 임재(臨齋)이다. 1721년(경종1) 진사가 되고, 같은 해 정시문과에 장원하여, 1722년 정언 재직 시 박상검·문유도 등을 심문하여 사실을 밝힐 것을 상소했다. 신임환국으로 삭직되었다가 영조 즉위 뒤 청요직을 두루 거쳤다. 1727년 정미환국으로 파직되자 이후 관직에 나가지 않았다. 저서로 《임재집(臨齋集)》이 있고, 시호는 청헌(淸獻)이다.

저들에게 놀라는 기색이 없었다는 것을 알 수 있습니다. 자성의 처음 하교를 대신이 가로막아 봉환하였고, 역적 환관[逆豎]을 사로잡는 것이 얼마나 엄중하고 급박한 일인데, 유사(有司)가 봉행하는 것이 저처럼 지극히 느긋하고 소홀하여 두 궁인으로 하여금 차례로 자살하게 하였으니 삼가 통탄스러운 마음을 이길 수 없습니다."

승지 유중무·박휘등이 상소하여 완급을 조절하였다고 배척받은 것을 변론하였고, 도승지 이정신과 승지 이인복·심탱 등이 또한 모두 상소하여 변명하면서 자신의 생각을 드러냈다.

○ 사과 유복명이 상소하여 대략 다음과 같이 말하였다.

"삼가 보건대, 여러 신하들이 비상한 변고를 듣고도 조금도 놀라는 뜻은 없이 현저하게 가로막으려는 모습이 있고, 의금부는 역적 환관을 빨리 토벌할 방도는 생각하지 않고, 먼저 조성복을 국문하는 자리를 만들려고 했으니, 그 마음의 소재는 진실로 가릴 수 없었습니다. 궁인 한 명이 지레 죽은 뒤 비로소 다른 한 명을 잡아 가두었지만, 곧 또 감옥에서 스스로 죽었으니, 나라 사람들의 의혹이 어떻게 없을 수 있겠습니까?

삼사의 신하들이 처음에 곧장 나라의 형벌을 바로잡으라고 청하여 오직 단서가 혹 드러날까 두려워하다가, 두 노비가 지레 죽은 뒤에야 데면데면하게 국청을 설치하라고 청하였으니, 진실로 보호하려는 마음이 있었다면 어찌 차마 이렇게 하였겠습니까?"

○ 영의정 조태구가 차자를 올려 대략 다음과 같이 말하였다.

"자성의 언문 하교 내용 가운데 동궁에 관계된 것은 신자가 감히 들을 수 없는 것이었으므로 감히 작환(繳還)의 의리를 본받은 것입니다. 잠시 뒤 자성의 하교가 또 내려왔는데, 궁인과 환시가 흉패하다고 하면서 형률에 의거하여 처치하라는 하교였습니다.

신이 사관으로 하여금 번역해 내게 하여 궁궐 안에 있는 경재(卿宰) 몇 사람과 홍문관, 춘방에게 보여주고, 그 뒤 봉하고 서명하여 도로 들였습니다. 실상이 이와 같았으므로 그 진심에서 나온 정성은 하늘의 해가 밝게 비추고 있는데, 사람들의 말이 헤아리기 어렵다는 것을 어떻게 생각하겠습니까?

송상기가 상소하여 말하기를, '빈청이 아뢴 것과 자성의 하교에는 차이가 있다.' 하였으니, 이 무슨 말입니까? 인신이 되어 어떻게 감히 한 글자라도 더하거나 덜어내서 스스로 부도한 죄에 빠지겠습니까? 은연중에 교묘하게 꾸며서 자신도 알지 못하는 사이에 자전의 뜻을 꾸며서 속이는 데로 귀결되었으니, 아! 또한 비통합니다.

이기익 등이 상소하여 자성의 처음 교지를 봉환한 것을 또 신의 죄라고 하였는데, 이른바 '할 말이 없는 것을 걱정하는 것은 아니다.'[355]라고 하였지만 어찌 번거롭게 따질 가치가 있겠습니까? 옛날 대신은 이런 일을 만나면 반드시 바깥에 알리지 않는 것으로써 변고에 대처하는 첫 번째 의리로 삼았는데, 오늘날 사람은 알리지 않은 것을 가지고 다른 사람을 무함하는 기이한 재물로 삼았으니, 옛날의 도를 행하기 어려운 것이 심합니다!

유복명의 상소는 오로지 억지 부리는 것만 일삼고 있으니, 그가 말한 '놀라지 않았다.'거나 '현저하게 가로막았다.'는 말은 어디에 근거하여 나온 것입니까?"

○ 장령 이제 등이 아뢰어, 조성복을 빨리 유배 보내라는 명을 도로 정지하라고 청하고, 또 김운택과 김민택, 김조택(金祖澤)[356] 등은 김춘택의 동생[357]으로,

---

355) 할 …… 아니다 : 《춘추좌씨전》〈희공(僖公)〉 10년에 "죄를 뒤집어씌우려 한다면 어찌 할 말이 없을 것을 걱정하겠는가.[欲加之罪, 何患無辭.]"한 데서 인용하였다.

356) 김조택(金祖澤) : 1680~1730. 본관은 광산(光山), 자는 극념(克念)이다. 광성부원군(光城府院君) 김만기(金萬基)의 손자, 호조판서 김진귀(金鎭龜)의 아들이고, 김춘택의 아우이다. 1721년(경종1) 정시문과에 급제하여 정언이 되었다. 1722년 임인년 옥사에 연루되어 유배되었다가 1724년(영조 즉위) 풀려나 이듬해 서용되어 승지에 올랐지만 1727년 삭출되었다.

흉악한 음모를 꾸미는 습관을 답습하여 이이명의 아들 이기지(李器之),[358] 김춘택의 처남 이천기(李天紀),[359] 조이중(趙爾重)의 아들 조흡(趙潝), 이입신(李立身)[360]의 손자 이덕준(李德峻), 이광한(李光漢)[361]의 아들 이숭조(李崇祚), 이행창(李行昌)의 손자 이정식(李正植), 윤휴경(尹休耕), 형의빈(邢義賓), 조송(趙松), 김성절(金盛節),[362] 이수절(李秀節), 전인좌(錢仁佐), 안귀서(安龜瑞) 등과 함께 깊은 밤에 모여서 모의한 정상(情狀)이 치밀하니, 모두 먼 변경으로 유배 보내라고 청하였다.

○ 사간 이진유 등이 아뢰어, 석렬은 붙잡혀오기 전에 스스로 죽었고, 필정은 사로잡힌 뒤 죽었으니 의금부 도사를 사로잡아 심문하여 죄 줄 것을

---

357) 김춘택의 동생 : 김진귀는 아들 여덟 형제를 두었다. 김춘택·김보택(金普澤)·김운택·김민택(金民澤)·김조택·김복택·김정택(金廷澤)·김연택(金延澤)이다. 특히 김보택은 이사명(李師命)의 사위로 이희지와는 처남매부 사이이다.

358) 이기지(李器之) : 1690~1722. 본관은 전주, 자는 사안(士安), 호는 일암(一庵)이다. 좌의정 이이명의 아들이다. 1715년(숙종41) 진사가 되었는데, 1722년(경종2) 임인옥사에 연루되어 유배되었다가 다시 압송되어 고문받다가 죽었다. 1725년(영조1) 신원되어 사헌부지평으로 추증되었다. 저서로 《일암집(一庵集)》이 있다.

359) 이천기(李天紀) : ?~1722. 본관은 전주이다. 김춘택의 사위이다. 1717년(숙종43) 숙종과 독대한 이이명으로부터 숙종의 뜻을 듣고 김용택 등과 함께 비상사태에 대비하였다. 1722년(경종2) 경종을 시해하려 했다는 혐의를 받고 역률(逆律)로 처형되었다.

360) 이입신(李立身) : 1680년 경신환국 이후 김석주의 지시를 받고 남인을 기찰한 인물이다. 그 결과 허석(許積)의 서사 허견(許堅)과 복선군 이남(李柟)이 사형당하고 나서 이입신은 보사공신(保社功臣) 2등에 녹훈되고, 흥양군(興陽君)에 봉해졌다. 그런데 1689년 기사환국으로 남인이 집권하자 훈록을 박탈당하고 고문받다가 죽었다.

361) 이광한(李光漢) : ?~1689. 1680년(숙종6) 어영대장 김익훈(金益勳)의 심복이 되어 허견(許堅)의 집을 여러 차례 왕래하면서 정탐하였다. 이어 정원로(鄭元老)·강만철(姜萬鐵) 등을 데리고 역모를 고변하게 하여 이른바 허견의 옥을 일으킴으로써 남인세력을 제거하였다. 이로 인하여 보사공신(保社功臣) 3등에 추록되어 용계군(龍溪君)에 봉하여졌으며, 이어 영변부사에 임명되었다. 1689년 기사환국으로 참형을 당하였다.

362) 김성절(金盛節) : 김상용(金尚容)의 서얼 후손이다. 조흡과 더불어 삼수 가운데 독약을 쓰는 일에 참여한 일로 고변된 인물이다. 김씨 성의 궁인(宮人)이 어선(御膳)에 독약을 탔다는 말이 김성절의 공초 내용에 있는데 이 말은 경종을 독살했다는 혐의에 대한 단초를 열어 놓았다. 《景宗實錄 2年 8月 18日》

청하였다.

○ 다음의 비망기를 내렸다.

"두 환관의 죄는 내가 잘 알고 있으므로 다시 추문할 일이 없으니, 속히 결안(結案)하고 정법(正法)하라."

○ 영부사 김우항이 차자를 올려 말하기를,

"동궁을 모해하는 것이 어떠한 악역(惡逆)인데 국청을 설치하여 그 정절(情節)을 엄히 국문하지 않았으니, 형벌을 그르친 것이 이보다 심한 것이 없습니다. 빨리 엄중히 조사하라고 명하여 법으로 다스려야 할 것입니다."

하였다. 사간 이진유가 상소하여 내시[閹宦]에게 엄한 형벌을 시행하여 기어이 실정을 알아내라고 청하였고, 정언 윤성시와 헌납 이명의 등은 내관과 궁녀를 엄히 국문하여 실정을 알아내라고 청하였다.

주상이

"특별히 물을 만한 일이 없으니, 이미 내린 하교에 의거하여 거행하라."

고 답하였다.

○ 좌윤 황일하가 상소하여 대략 다음과 같이 말하였다.

"춘궁이 궁료에게 하령하고 자전이 약방에 수찰(手札)을 내린 것은 대개 화(禍)가 닥치는 것으로 인하여 모름지기 위태롭고 절박했기 때문일 텐데, 궁관은 바깥사람으로 하여금 알지 못하게 할 것을 청하고, 대신은 내려온 봉서(封書)를 비밀로 하였으니, 거조(擧措)가 이미 상정(常情)으로 헤아릴 수 있는 것이 아니었습니다.

빈청(賓廳)의 논계(論啓)에서 이미 '결탁하였다.'고 하였으니, 이는 한두 환관과 궁녀가 홀로 저지를 수 있는 일이 아니므로 국청을 설치하여 그 실정을 알아내는 것은 단연코 그만둘 수 없는 일이니, 직임이 삼사(三司)에 있는 자가 어찌 이것을 모르겠습니까? 그런데 바로 정형(正刑)하라고 청한 것은 이미 상례에서 어긋났는데, 여론이 끌어 올라 요사한 궁녀가 죽어서 증거를 대며 심문할 길이 없게 된 뒤에야 비로소 국청을 설치할 것을 청하였으니, 신자의 분의(分義)는 흔적도 없이 사라져 버렸습니다."

○ 사간 이진유와 지평 윤성시 -정언 서종하와 지평 박필몽- 등이 아뢰어 대략 말하기를,

"유복명은 기회를 틈타 주워 모아서 화를 전가하려는 계책을 꾸몄습니다. 오늘 조정의 신하들은 저군(儲君)에게 충성하기를 원하지 않는 사람이 없는데도, 유복명은 홀로 자신만이 동궁을 위해 충성한다고 자부하며 여러 신하들을 망측한 지경에 몰아넣었으니 이것이 어찌 그의 본심이겠습니까?"

하였다. 이조참판 김일경, 장령 이제, 헌납 이명의 등이 또한 모두 상소하여 유복명의 말에 대하여 분변(分辨)하였다.

○ 전 참의 조상경 -김려(金礪),[363] 박필정, 정광제(鄭匡濟),[364] 신처수(申處洙),[365] 유응환(柳應煥),[366] 성대열(成大烈)[367]- 등이 상소하여 -말의 뜻이 유복명과 같았다.-

---

363) 김려(金礪) : 1675~1728. 본관은 경주(慶州), 자는 용여(用汝), 호는 설재(雪齋)이다. 1705년(숙종31) 사마시, 1713년 증광문과에 급제하여 청요직을 두루 지냈다. 1723년(경종3) 유배되있다가 1725년(영조1) 풀러나 다시 집의 등을 역임하였나.

364) 정광제(鄭匡濟) : 1688~1753. 본관은 연일(延日), 자는 정숙(正叔)이다. 1717년(숙종43) 온양(溫陽) 별시문과에 급제하여, 영조 즉위 후 장령을 거쳐 승지 등을 역임하였다.

365) 신처수(申處洙) : 1690~1742. 본관은 고령(高靈), 자는 여인(汝仁)이다. 1711년(숙종37)에 진사(進士)가 되고, 1721년(경종1)에 증광문과에 급제하였다. 1725년(영조1) 청요직에 진출하였다가 1727년 파면되었다. 1729년 장령(掌令)으로 복귀하여 이진유 등 소론을 탄핵하였다가 갑산에 위리안치 되었다. 1732년 가까운 곳으로 옮겨지고 1735년 직첩을 돌려받았다. 다시 사간으로 있다가 1741년 왕명을 어겼다하여 진도 군수로 좌천되고 이듬해 복귀하였으나 사망하였다. 1772년 관작이 추탈되었다.

366) 유응환(柳應煥) : 1695~? 본관은 진주(晉州), 자는 숙장(叔章)이다. 1719년(숙종45) 증광문과에 병과로 급제하여, 강원도 도사를 지냈다. 1725년(영조1) 김일경 사건을 재조사하고 조태구를 처벌하라고 상소하였다.

지평 박필몽이 송상기가 자전의 교지를 거짓으로 꾸미고 속였다고 논하면서 조정의 신하를 모함하였으니 아주 먼 변방으로 유배 보내라고 청하였다.

○ 군자감(軍資監) 주부(主簿) 이지규(李志逵)[368] -김상훈(金相勛), 홍우한(洪禹翰),[369] 이현록(李顯祿),[370] 원명귀(元命龜),[371] 홍우제(洪禹濟), 이준(李準), 신사영(申思永),[372] 송상증(宋相曾), 장진환(張震煥), 송필환(宋必煥),[373] 안구(安球), 민사성(閔思誠), 이현윤(李顯允), 윤득신(尹得莘), 윤해(尹楷), 구정훈(具鼎勳),[374] 조영우(趙榮祐), 조상수(趙尙遂), 이의진(李義鎭),

367) 성대열(成大烈) : 1686~? 본관은 창녕(昌寧), 자는 백훈(伯勛)이다. 1721년(경종1) 식년문과에 급제하여, 1726년(영조2) 정언이 되어 소론에 대한 토역의 의리를 제창하였다. 1727년 정미환국으로 파면되었다.

368) 이지규(李志逵) : ?~? 본관은 벽진(碧珍), 자는 점우(漸于)이다. 현종 때 승지를 지낸 이인(李演)의 아들로 첨지중추부사를 역임하였다. 성품이 강개하여 북정(北亭) 윤지술(尹志述)이 신임옥사에서 죽임을 당하자, 그의 집에 찾아가 통곡하고 《논어》의 구절을 인용하며, '인(仁)을 구하여 인을 얻었으니, 또한 무엇을 원망하겠느냐.'는 제문을 지었다. 이 일로 1722년(경종2)에 사헌부의 탄핵을 받고 전라도 낙안(樂安)으로 유배되었으나, 1725년(영조1) 장령(掌令) 김담(金墰)의 상소로 유배에서 풀려나 복직되었다.

369) 홍우한(洪禹翰) : 1664~? 본관은 남양(南陽), 자는 사준(士駿)이다. 1699년(숙종25) 진사가 되어 성균관에 입학, 이듬해 김장생의 문묘종사를 청하는 상소를 주도하였다.

370) 이현록(李顯祿) : 1684~1730. 본관은 전주(全州), 자는 영보(永甫)이다. 우의정 이후원(李厚源)의 현손이다. 1722년(경종2) 알성문과에 급제하여 예조좌랑이 되었는데, 신임옥사 당시 소론을 규탄하였다가 유배되었다. 영조 즉위 후 풀려나 승지·대사간 등을 역임하다가 1727년(영조3) 정미환국으로 파직되었다. 1728년 이인좌(李麟佐)의 난 때 공을 세워 완릉군(完陵君)에 봉해지고, 그 이듬해에는 형조참판·호조참판으로 부총관·비변사당상을 겸임하고, 이어 대사간·대사헌 등을 역임하였다.

371) 원명귀(元命龜) : 1680~1730. 본관은 원주(原州), 자는 서구(瑞九), 호는 귀암(歸菴)이다. 1703년(숙종29) 천거로 벼슬에 나아가 황주목사(黃州牧使) 등을 역임하였다. 원경하(元景夏)가 그의 아들이다.

372) 신사영(申思永) : 1670~1736. 본관은 평산(平山), 자는 자구(子久)이다. 1699년(숙종25) 성균관에서 공부하다가 선발되어 세자익위사 세마에 제수되었다. 1733년(영조9) 사복시 첨정으로 있을 때 64세의 나이로 알성문과 을과에 급제하여, 승지를 역임하였다.

373) 송필환(宋必煥) : 1683~? 본관은 은진(恩津), 자는 성장(聖章)이다. 우참찬 송상기(宋相琦)의 아들이다. 1713년(숙종39) 증광시에 합격하여 진사가 되었다. 영조대 공조정랑·정선군수(旌善郡守)·평산부사(平山府使) 등을 역임하였다.

374) 구정훈(具鼎勳) : 1674~1737. 본관은 능성(綾城), 자는 자수(子受)이다. 음보로 빙고별제(氷庫別提)를 지냈는데, 1723년(경종3) 김창집의 일파라고 하여 유배되었다. 1725년(영조1)

신사열(申思說), 박규문(朴奎文),[375] 이창년(李昌年), 정도동(鄭道東),[376] 오윤주(吳胤周),[377] 신사적(申思迪),[378] 이정(李淨), 윤봉휘(尹鳳輝),[379] 김신행(金愼行), 이경(李坰), 이세환(李世瑍),[380] 이사제(李思悌), 이흡(李潝),[381] 조상협(趙尙協), 홍우해(洪禹諧), 조상강(趙尙綱),[382] 박태석(朴泰錫), 송필희(宋必熙), 이병태(李秉泰)[383] 등 여러 사람들이다.- 등이 상소하여, 결탁한 사실을 추궁하여 그 실정(實情)을 얻어 빨리 왕법을 바로잡으라고

풀려나 1734년 배천군수가 되었다.

375) 박규문(朴奎文) : 1670~1741. 본관은 밀양(密陽), 자는 문서(文瑞), 호는 궁와(窮窩)이다. 1699년(숙종22) 진사시, 1723년 증광문과에 합격하여 청요직에 진출하였다. 1727년 정미환국으로 파직되었다가 1730년 장령이 되었는데, 1732년 헌납으로서 상소문에 '조송건곤(趙宋乾坤)'이라는 말을 거론하였다가 파직되었다.

376) 정도동(鄭道東) : 1693~1727. 본관은 영일(迎日), 자는 행지(行之), 호는 모렴재(慕濂齋)이다. 경종대 제릉참봉(齊陵參奉)·내자봉사(內資奉事) 등을 지내고, 영조대 장흥직장(長興直長)·첨지중추부사(僉知中樞府事) 등을 지냈다.

377) 오윤주(吳胤周) : 1670~1743. 본관은 해주(海州), 자는 윤지(胤之)이다. 1714년(숙종40) 증광시에 합격하여 생원이 되었다. 숙종대 전설별검(典設別檢), 경종대 주부(主簿)석성현감(石城縣監), 영조대 봉화현감(奉化縣監)·영동현감(永同縣監)·위솔(衛率) 등을 역임하였다.

378) 신사적(申思迪) : 1683~1748. 본관은 평산(平山), 자는 혜백(惠伯)이다. 이조참의 신심(申鐔)의 아들이다. 1715년(숙종41) 식년시에 급제하여 진사가 되었다. 영조대 평강현감(平康縣監)·공조정랑(工曹正郞)·담양부사(潭陽府使) 등을 역임하였다.

379) 윤봉휘(尹鳳輝) : 1665~1722. 본관은 파평(坡平), 자는 덕보(德甫)이다. 대제학 윤봉조(尹鳳朝)의 사촌형이다. 1713년 증광시에 급제하여 생원이 되었고, 경녕전랑(敬寧殿郞)·형조정랑(刑曹正郞) 등을 역임하였다.

380) 이세환(李世瑍) : ?~? 본관은 벽진(碧珍), 자는 계장(季璋), 호는 과재(果齋)·이우당(二憂堂)이다. 박세채·윤증의 문인이다. 경종대 연잉군의 사부(師傅)가 되고, 지돈녕부사 등을 역임하였다. 저서로 《속동유사우록(續東儒師友錄)》이 있고, 시호는 효헌(孝獻)이다.

381) 이흡(李潝) : 1684~1740. 본관은 전주, 자는 자동(子東)이다. 1725년(영조1) 증광문과에 급제하여, 1729년 도당록에 올랐는데, 기유처분(己酉處分)을 비판하였다가 유배되기도 하였다. 그해 다시 등용되어 승지·이조참의를 역임하였다.

382) 조상강(趙尙綱) : 1684~1749. 본관은 풍양(豊壤), 자는 자정(子正)이다. 판윤 조상경(趙尙絅)의 아우이다. 숭릉참봉(崇陵參奉)·충훈부도사(忠勳府都事)·간성군수(杆城郡守) 등을 역임하였다.

383) 이병태(李秉泰) : 1688~1733. 본관은 한산(韓山)이다. 1715년(숙종41) 진사시, 1723년(경종3) 증광문과에 급제하여, 영조 즉위 후 청요직을 두루 거쳤다. 1727년(영조3) 호조참의로 영조 탕평책을 비판하였다가 파면 당하였다. 1728년 다시 등용되어 부제학이 되었는데, 1730년 민진원과 거취를 같이 하려다 파직되었다. 이듬해 승지가 되었는데, 사양하고 합천군수로 나갔다가 사망하였다.

청하였다.

○ 양사에서 청대하여 입시했을 때 -사간 이진유, 정언 서종하, 지평 윤성시, 승지 유중무- 이조참판 김일경이 말하기를,

"지금 저 무리들이 감히 망측한 말로 장주(章奏)를 올리느라 부산하니, 빨리 엄하게 국문하는 형전을 베풀어 끝없는 뒷말을 막는 것이 마땅합니다."

하고, 여러 신하들이 서로 이어서 아뢰어 청하니, 주상이 허락하였다.

○ 영의정 조태구가 차자를 올려서 송상기와 황일하의 무고를 분변하고, 또한 말하기를,

"유봉휘와 한세량은 일찍이 위로 춘궁에 대해서 한마디 말도 하지 않았으며, 확고하고 피어린 정성으로 단지 조정을 존중하고 무례한 자들을 배척하였을 뿐인데, 여러 사람들이 일제히 분노하여 반드시 박살하고자 하였으니, 나라 사람들이 슬퍼하면서 그 얼굴을 한 번이라도 보고 싶어 하지 않는 사람이 없습니다.

오늘 신이 이 두 신하를 천거하는 것은 실로 저군(儲君)을 위한 진실한 마음에서 나온 것입니다. 옛사람이 말하기를, '부모가 공경하신 바를 또한 공경해야 한다.' 하였는데, 하물며 국가의 원량(元良, 세자)은 종사의 부탁이 무겁고, 신민이 우러러 바라보는 바이니, 그 우애하고 보호하는 방도에 마땅히 그 정성을 다하지 않으면 안 될 것입니다.

원컨대 전하께서는 형제간의 화락한 정을 돌아보고 비창(匕鬯)[384]의 중요함을 유념하여 정성스러운 뜻을 미루어 한결같이 은혜를 베풀고 사랑하신다면 어찌 종사의 복이 되지 않겠습니까?"

---

384) 비창(匕鬯) : 비는 종묘의 제기(祭器)의 일종이고, 창은 종묘의 제사에 쓰는 울창주(鬱鬯酒)를 가리킨 것으로, 전하여 종묘의 제사를 의미하는데, 《주역》 진괘(震卦)에 "천둥소리가 백리를 놀라게 하더라도 비창을 잃지 않는다.[震驚百里, 不喪匕鬯.]"라고 한 데서 온 말로, 세자가 제사를 주관하는 것을 가리킨다.

《皇極編三》校勘·標點

皇極編 卷之七

老少

丙子二十二年春, 進士李濟[1]億等疏略曰："宋時烈幷享於道峰書院, 此何擧也? 時烈平生罪惡業, 已爲殿下所洞燭, 臣等不欲殫[2]指而汚口, 卵育餘黨, 挾勢乘機, 蹤跡所到, 在在建祠, 已極寒心. 而乃使先賢俎豆之地, 受此貽辱, 士林之憤惋, 爲如何哉? 臣等目見斯文之變, 相率叫閽, 亟命有司, 收止成命." 幼學朴絅等疏, 請勿以宋時烈濫躋於先賢書院, 以伸公議, 以慰士林【濟億南人, 絅小[3]北. 同日呈疏, 一自敦化門入, 一自金虎門入.】.

政院【承旨尹世紀·朴世㒞】啓曰："李濟億·朴絅等, 來呈兩疏, 而皆以先正臣宋時烈不當合享於道峰書院爲辭, 憑藉院宇, 公肆醜正, 至於濟億之疏, 尤爲凶慘. 夫聖心覺悟之後, 昭雪無餘, 今此戕賢毒正之言, 復試擾惑上聽之計. 敢此捧入, 幷達所懷." 傳曰："雖有輕重之別, 掇拾毒正之說, 蓋可知矣. 濟億遠配, 絅定配, 還給其疏."

○ 校理鄭澔疏辨李濟億等構誣先正之狀, 副修撰閔震炯疏略曰："故相臣宋時烈之事, 今不[4]必[5]提起, 而其不合共享於先正臣趙光祖俎豆之所, 則實

---

1) 濟 : 底本에는 "齊"로 되어 있다.《肅宗實錄 22年 1月 10日》기사에 근거하여 수정하였다. 이하 동일사례에 대해서는 별도의 校勘記를 달지 않는다.

2) 殫 : 底本에는 "彈"으로 되어 있다.《肅宗實錄 22年 1月 10日》기사에 근거하여 수정하였다.

3) 小 : 底本에는 "少"로 되어 있다.《肅宗實錄 22年 1月 10日》기사에 근거하여 수정하였다.

4) 不 : 底本에는 "必"로 되어 있다. 국립중앙도서관 소장《御製皇極編》(청구기호 : 한古朝56-나105)에 근거하여 수정하였다. 이하 '《御製皇極編》'이라 칭한다.

婦孺之所共知也. 今者諸儒之疏, 實是朝野共公之論, 而殿下不惟不賜允從, 反施特配之罰, 甚非所以重斯文振士氣之道." 上還給其疏.

○ 備忘記："噫! 東西色目, 已是難救之痼弊, 而士類中打成一片, 其爲不幸, 可勝言哉? 爲今之道, 在上者以[6]至公使下, 在下者以赤心事上, 以期消融而已, 何敢標榜筆之章奏哉? 日昨草野之疏, 以'老少所尙各異'等語[7], 肆然插入, 有若例談者然, 告君之體, 旣[8]不當若是也. 噫! 今日之弊, 正患其不能消融, 何患其[9]不知乎? 此必未之深思也, 故玆用開示焉."

○ 吏曹判書尹趾善疏略曰："先正臣宋時烈道學行誼, 人之所共尊慕, 而至於配享道峰書院之擧, 臣亦以爲不可也. 道峰書院設置以來, 先後道德之可以共尊者, 固非一二, 而先輩[10]長老, 曾無以他人陞配之議, 其意誠非偶然也. 年少士子, 不思事理, 輕發重論, 反致其辱, 臣實慨然也. 李濟億等之疏, 乃以誣辱爲務, 固有罪矣, 朴繲之疏, 主意全在於幷享之不可, 惟當施以儒罰, 何至於編配也? 閔震炯之是非, 自將莫逃於聖鑑之下, 而喉[11]司之論列捧入, 此果出納惟允之意耶?" 答曰："合享之擧, 雖出於士林尊慕之誠, 而論議不一, 則姑寢無妨. 朴繲當施以停擧之罰矣."

○ 政院【承旨上同.】啓曰："吏判尹趾善疏批以合享姑寢無妨爲敎, 卽當分付該曹. 而聞[12]書院合享之禮, 已行於今月十二日云, 何以爲之?" 傳曰："然則

---

5) 必：底本에는 "不"로 되어 있다. 《御製皇極編》에 근거하여 수정하였다.
6) 以：底本에는 없다. 《御製皇極編》에 근거하여 보충하였다.
7) 語：底本에는 없다. 《御製皇極編》에 근거하여 보충하였다.
8) 旣：底本에는 "豈"로 되어 있다. 《御製皇極編》에 근거하여 수정하였다.
9) 其：底本에는 없다. 《御製皇極編》에 근거하여 보충하였다.
10) 先輩：底本에는 "輩先"으로 되어 있다. 《御製皇極編》에 근거하여 수정하였다.
11) 喉：底本에는 "唯"로 되어 있다. 《御製皇極編》에 근거하여 수정하였다.
12) 聞：底本에는 없다. 《御製皇極編》에 근거하여 보충하였다.

勿爲分付."

○ 館學儒生任敾等疏略曰："乃者閔震炯職在論思, 遽進營救[13]凶[14]徒之疏, 尹趾善身居宰列, 又陳沮戲成命事. 李玄齡誣辱兩賢之奸首也, 而前旣稟宥, 朴繲醜詆先正之妖孽也, 而今又請放, 臣等竊[15]怪焉. 伏願殿下洞別是非, 勿撓詖偏之說, 特刪姑寢之傳旨, 更宣扶正之明諭." 答曰："吏判只陳合享之事而已, 肆然侵攻, 良可駭異."

○ 幼學李益煥等疏陳宋時烈不可同享之狀, 期遵姑寢之命.

○ 生員姜檍·南儒等疏略曰："李濟億·朴繲等疏陳, 宋時烈幷享道峰之不可, 而因政院之啓, 有罪罰之命, 士林相顧駭歎. 繼伏聞鄭澔·任敾之徒, 前後和應, 相繼投疏, 乃以宋之凶魁, 僭擬於大賢道德, 宋之罪死, 敢擬己卯之士[16]禍, 此尤臣之所以痛心而扼腕者也." 持平趙泰采啓請姜檍等遠配, 不允.

○ 館學儒生李秀賢等疏略曰："目見先正臣宋時烈, 連被濟億·檍等, 無限醜詆, 玆敢齊聲呼籲. 伏乞聖明明察賢邪之分, 快施好惡之典[17], 因刪姑寢之傳旨, 以慰士林之顒望." 答以已諭.

○ 持平李彦經疏略曰："東西角[18]立, 互相傾軋, 百有年所, 而尙賴列聖之

---

13) 救：底本에는 없다. 《御製皇極編》에 근거하여 보충하였다.
14) 凶：底本에는 "荒"으로 되어 있다. 《御製皇極編》에 근거하여 수정하였다.
15) 竊：底本에는 "切"로 되어 있다. 《御製皇極編》에 근거하여 수정하였다. 이하 동일사례에 대해서는 별도의 校勘記를 달지 않는다.
16) 士：底本에는 "死"로 되어 있다. 《御製皇極編》에 근거하여 수정하였다.
17) 典：底本에는 "分"으로 되어 있다. 《御製皇極編》에 근거하여 수정하였다.
18) 角：底本에는 "各"으로 되어 있다. 《御製皇極編》에 근거하여 수정하였다.

調停保合, 不至於[19]大段相較. 逮殿下嗣服以來, 黜陟[20]朝紳, 變換局面, 凡幾度矣, 一進一退之間, 其不免於竄殛誅伐則一也. 每當一番人進用之日, 輒擧半國之人而棄之, 不待群下之排擠, 而殿下視之亦無異化外之一物.

屛黜曾不終朝, 處分多出中夜, 有若兩陣相對, 乘其不[21]虞而襲取之也. 雖平日位[22]遇寵異之臣直驅之大[23]何, 而不少顧惜, 如是而欲求其上下相安, 其可得乎? 非特人物之取舍, 並其政令而更張之, 好惡愛憎一循當時用事者之意. 甲者曰'乃更化也', 乙者曰'是改[24]紀也', 枉直無常形, 邪正無定名, 如是而欲求其法制有條, 統紀不紊, 其可得乎?

凡厥在廷之臣, 視位著如逆[25]旅, 恒無固志, 擧懷自安之計, 尙何望其殫心竭忠, 爲國家深長慮哉? 間有不逞之徒, 覬覦私逕, 幻弄機關, 偏布訛言, 熒惑群聽, 鄕曲窶人之子, 受人指囑, 冒托儒疏, 劘切時宰, 嘲訕國政. 此等奸細伎倆, 固知莫逃於聖鑑之下, 而末俗嘵嘵, 痼習難醫, 以殿下昨年處分, 有若靑天白日者, 而鬼蜮之輩, 藉爲口實, 悠悠之談, 無所不有. 此識者所以明目張膽, 必欲爲殿下痛斥, 而以格王正事爲今日之第一義也.

頃日濁亂朝政, 得罪彛倫之類, 固已誅殛而屛竄之. 其或隨波逐隊, 附麗和應之徒, 唯當置之於大聖人納汚藏疾之中, 而處置之日, 急於懲討, 流[26]徒之典, 不免濫觴. 一年再赦, 雖有喑啞之歎, 漸次疏釋, 開其自新之路者, 亦可爲包容幷立之道. 其無甚罪累而顯有才諝者, 亦宜稍加收錄, 各適其用, 振其掩[27]滯, 宣布抑鬱, 以示朝廷保合太和之意, 建無偏無黨之極, 恢至大至公之心.

---

19) 於 : 底本에는 없다. 《御製皇極編》에 근거하여 보충하였다.
20) 陟 : 底本에는 "涉"으로 되어 있다. 《御製皇極編》에 근거하여 수정하였다.
21) 不 : 底本에는 없다. 《御製皇極編》에 근거하여 보충하였다.
22) 位 : 底本에는 "任"으로 되어 있다. 《御製皇極編》에 근거하여 수정하였다.
23) 大 : 底本에는 "奈"로 되어 있다. 《御製皇極編》에 근거하여 수정하였다.
24) 改 : 底本에는 "政"으로 되어 있다. 《御製皇極編》에 근거하여 수정하였다.
25) 逆 : 底本에는 없다. 《御製皇極編》에 근거하여 보충하였다.
26) 流 : 底本에는 "疏"로 되어 있다. 《御製皇極編》에 근거하여 수정하였다.
27) 掩 : 底本에는 "淹"으로 되어 있다. 《御製皇極編》에 근거하여 수정하였다.

用舍之際, 其人賢否, 是察從違之間, 其言遜逆, 必求好惡不頗, 處置得宜, 如鑑空衡平, 無一毫私意間於其間, 然後凡厥施措, 粹然一出於正矣. 然則歧貳之論, 自可渙[28]然, 消融[29]於範圍之中.

且近日之事, 又有處分太遽事者. 儒宮俎豆, 實係邦國之盛典, 道峰書院合享之擧, 初因該曹覆啓而許其配食. 繼以講官之疏, 而改令并享, 及夫重臣諫其不可, 則卽命姑寢. 承宣稟其已行, 則勿令分付, 罷之行之, 曾不留難, 有若刻印者然, 其事體之損傷, 爲如何哉?

蓋此事雖平日尊慕者, 亦未知其必不可已事, 而擧世含糊, 無一人謦咳於殿下之[30]側者, 此重臣所以有言, 而自附無隱之義者也. 獨惜乎其言不早, 而適發於享事已完, 濟億投疏之後, 使異見者疑其沮戲, 醜正者藉爲口實, 可勝歎哉?"

○ 京畿儒生李仁夏等疏略曰 : "重臣臺臣, 亦有秉彛之心, 豈不知先正之可尊奸孼之可惡? 而今乃沮戲腏享之議, 庇護凶疏之徒者, 蓋以其[31]平昔不悅之心, 欲爲日後邀福之圖也. 亦宜更降明旨, 痛斥重臣臺臣沮撓之狀, 快示中間批旨差誤之意, 以安宋時烈英靈, 以重[32]聖朝[33]之祀典焉."

○ 政院【承旨李思永·金世翊】啓曰 : "昨夕楊洲居李廷稷等五人, 來呈一疏, 而觀其大槪, 醜詆先正臣宋時烈不有餘力, 目之以亂統之罪魁, 而其語意極其凶悖, 故還出給矣. 今日又爲來呈, 侵攻本院之不捧爲壅蔽. 因日昨下敎, 決難捧入之意, 屢度說及, 使之退去, 則廷稷[34]等五人, 突入院門之內, 高聲大唱, 咆哮

---

28) 渙 : 底本에는 "復"으로 되어 있다. 《御製皇極編》에 근거하여 수정하였다.
29) 消融 : 《御製皇極編》에는 "融釋"으로 되어 있다.
30) 之 : 底本에는 없다. 《御製皇極編》에 근거하여 보충하였다.
31) 其 : 底本에는 없다. 《御製皇極編》에 근거하여 보충하였다.
32) 重 : 底本에는 "明"으로 되어 있다. 《御製皇極編》에 근거하여 수정하였다.
33) 朝 : 底本에는 "明"으로 되어 있다. 《御製皇極編》에 근거하여 수정하였다.

喧聒, 自午至今, 作挐不已, 此曾所未有之變也.

今日紀綱, 雖曰'不嚴', 渠等以鄕典幺麽不正之徒, 受人指囑, 冒假儒名, 不有君上命令, 必欲投進凶疏, 以是可愕之擧. 而本院卽啓版所奉之地, 體面嚴重, 則其終日逼迫, 不爲退去之狀, 尤極痛駭. 如此之類, 若不重究, 將無以嚴君命, 肅朝綱, 而旣自托稱儒名, 自本院無他處置之道, 何以爲之? 敢稟." 傳曰: "事甚驚駭. 紀綱所關, 不可置之. 首唱作挐人, 令攸司定罪."

○ **夏**, 生員姜五章疏略曰: "昨年之間, 忽有作變於張氏墓道者, 撞破其碣, 潛埋凶穢之物云. 臣未知何人所爲, 萬口喧說, 有耳皆聞, 則本家之迄今默默, 亦何意耶? 今我中宮殿下, 雖托世子爲[35]己子, 其誕育者張氏也. 作變於張氏父墓者, 雖或私讎之人, 故欲中禍於本家之計[36], 冥冥潛釀之禍, 安知其獨歸於[37]其家也? 臣不勝憂憤之忱, 玆敢唐突叫閤."

備忘記: "今觀姜五章上疏, 上年冬間, 果有撞破標石之變, 春間又有凶物之變, 而刻木爲人, 揷以環刀, 又有文字, 不啻明白. 噫! 世子外祖之墓, 有此肆然咀呪之變, 此豈只辱其墓之意[38]乎? 爲先推問本家人, 鉤得作變者, 速正王法."

○ **秋**, 延曙獄事, 干連人應先以申汝哲家奴子, 屢訊不服. 張家奴業同, 亦就捕而莫測端緖. 大臣南九萬等, 或慮事連禧嬪, 請勿鞫處決. 上特命酌處業同.

○ 府啓曰: "今此鞫[39]獄, 實多可疑, 可問之端, 而究覈未畢, 遽有罪人等分

---

34) 廷稷 : 底本에는 "稷廷"으로 되어 있다. 《御製皇極編》에 근거하여 수정하였다.
35) 爲 : 底本에는 없다. 《御製皇極編》에 근거하여 보충하였다.
36) 計 : 底本에는 "許"로 되어 있다. 《御製皇極編》에 근거하여 수정하였다.
37) 於 : 底本에는 없다. 《御製皇極編》에 근거하여 보충하였다.
38) 之意 : 底本에는 없다. 《御製皇極編》에 근거하여 보충하였다.
39) 鞫 : 底本에는 "鞠"으로 되어 있다. 《御製皇極編》에 근거하여 수정하였다. 이하 동일사례에

揀之擧, 臣竊不勝駭痛也. 業同情狀, 無非可疑, 而始撮其大者言之, 則一奉·時俊·玉禮·命月等, 俱以業同班奴婢, 居墓下.

各人之招皆曰 : '業同曾無來守墓所之事, 忽於三月旬間, 持一斗米, 無端來留. 問其所來之由, 則業同不爲明言, 而乃言「十四·五日, 自有可知之事, 吾當留待」云'. 埋凶非逆料可知之事, 而業同之先爲此言, 已是可疑.

且破碑之事, 在於去冬, 而其間一不往守, 獨於埋前數日, 出往守直. 埋凶之變, 又適在於業同往返京之日, 此又可疑之大者也. 況玉禮·命月與業同面質之時, 玉禮·命月, 俱言于業同曰 : '汝不曰 : 「十四·五日, 當有作變之事, 後當知之」乎?'云爾, 則業同語窮, 不敢爲明言, 而只曰 : '所持糧食, 當盡十四日, 故吾答曰「過此日當還」云.'

此言實爲遁辭, 疑端如此, 不可掩置. 而乃以無證左之故, 不加嚴訊, 徑先放釋, 此臣所以竊惑於今日處分也. 業同若無可疑之事, 渠以同班中諸人, 何不致疑於此漢, 而一奉至欲詣闕上變乎?

埋凶自是暗埋, 獨爲之事, 犯者之外, 誰得見而知之? 墓所作變之日, 果有目見而證之者, 則固當直爲處斷, 亦何必刑推乎哉? 疑端旣多, 鞫獄至嚴, 今若諉之無證左, 而不爲刑推, 則陰凶情節, 無以究得, 而神人憤痛, 亦難少洩. 請還收罪人業同分揀放送之命, 嚴加刑訊, 期於得情."

鞫廳罪人方燦[40]供曰 : "矣身自幼受業於李大將義徵, 情誼親密, 義徵罪死後, 常常往來於其子弘渤家是白在果. 延曙墓所石物段, 崔國憲, 李尙植子, 名不知居在新門外者, 同往撞破, 有若衆人之所爲是白乎旀, 木人段, 矣身適往國憲家, 果爲目覩是白如乎.

及今墓所掘得凶物之後, 往見國憲, 則便握手而言曰 : '吾欲言於汝而未果矣. 設計埋凶, 乃換局之計, 移禍於西人, 要功於南人, 我與汝當做好官.' 是白

대해서는 별도의 校勘記를 달지 않는다.

40) 燦 : 底本에는 "賛"으로 되어 있다. 《肅宗實錄 22年 7月 24日》 기사에 근거하여 수정하였다.

去乙, 矣身亦樂聞其言是白乎旀.

當初成斗方言於矣身曰 : '弘[41]渤使矣[42]身圖得申大將奴號牌, 累度催促[43], 而不能得.' 是如爲白去乙. 矣身果爲指揮斗方, 先爲納交於應先, 誘引應先於酒家, 乘其沈醉, 割取號牌. 使斗方持納於弘渤的實是白乎旀.

弘渤與矣身相議 : '撞破碑石之變, 歸之於西人. 今若更爲埋凶於墓所, 落置號牌於墓上, 仍令張氏家人, 出往掘得凶物, 拾見其號牌, 必謂「西人所爲」, 必有好事. 汝等之功, 亦大矣.' 弘渤仍令國憲往埋木人於墓所之際, 矣身目見其出去是白遣. 弘渤每令矣身往張家, 勸以看審是白乎旀, 矣身果言於是梡, 出送業同掘得而來是白乎旀.

矣身初意或自內有變通之事而等待是白如可, 往見尹善道孫尹進士, 則以爲 : '姜五章聞有埋凶之變, 欲爲陳疏, 汝須往探本家.' 亦是白去乙, 矣身往來傳通, 勸令陳疏是白置. 矣身向王世子埋凶作變於延曙墓所時, 同參謀議, 弁只的實的只罪."

戊寅二十四年春, 忠淸道儒生李鳳瑞等疏略[44]曰 : "尹宣擧之於宋時烈責箴規之言, 政爲蓄怒含怨之資, 假托鄕儒之說, 目宣擧以'俘奴', 揑造亡友之言, 指宣擧爲'忍人'. 或斥以邪說, 歸之於黨惡之科, 訾毁之言, 罔有紀極. 幷與其母而毁之, 所以與時烈, 自至於相絶也. 所遭如此, 而猶以相絶爲非, 徒知師生之義, 不知父子之倫, 人心陷溺, 黨議橫生, 以至於愼·正萬·震顔·景華·津等極矣.

發人私書, 已非美事, 愼輩之抉摘而登覽者, 已極誣悖, 則爲大臣者, 何不斥絶, 而乃反推而上之, 以釀無限風浪耶? 鄭澔之投疏誣辱, 聖明所斥, 而敍命才

41) 弘 : 底本에는 "泓"으로 되어 있다. 《御製皇極編》에 근거하여 수정하였다. 이하 동일사례에 대해서는 별도의 校勘記를 달지 않는다.

42) 矣 : 底本에는 "我"로 되어 있다. 《御製皇極編》에 근거하여 수정하였다.

43) 催促 : 底本에는 "摧捉"으로 되어 있다. 《御製皇極編》에 근거하여 수정하였다.

44) 疏略 : 底本에는 "略疏"로 되어 있다. 《御製皇極編》에 근거하여 수정하였다.

下, 見擬清顯, 權尙游之踵發構誣, 情態可惡, 而任其翶翔, 長置臺職, 銓曹之官, 不畏一世之公議." 上以侵斥諸臣, 慝起不靖, 責之.

◯ 承旨金鎭圭以鳳瑞之疏, 詆毁儒賢, 陳疏論之. 上答以"李鳳瑞等疏語之過激, 予已知之, 何必罪之?"

◯ 正言朴泰昌疏論權尙游·金鎭圭之侵侮尹拯, 答曰 : "昨年備忘'父師輕重'之諭, 自信不易之論, 處分旣定, 日月已久. 鳳瑞輩侵斥大老, 尙游等詆毁祭酒, 俱涉不韙, 爾疏適出, 人見可謂'不謀相符也.'"

辛巳二十七年秋, 中殿閔氏升遐. 司直李鳳徵上疏略曰 : "大行王[45)]妣, 以痰腫經歲彌篤, 藥物無良, 遽爾禮陟[46)], 翟議遂空." 又曰 : "該曹之磨鍊禧嬪服制, 以齊衰朞者, 與諸宮人無異, 更令參酌[47)]典禮而處之." 上以殊未穩當斥之. 已而巫蠱獄起, 辭連張氏, 逆節狼藉.

上親臨訊鞫, 得其情節, 特下備忘曰 : "大行王妣, 遘疾二歲, 禧嬪張氏, 不但一不起居, 不曰'中殿'而必稱'閔氏', 實妖人. 非特此也[48)], 潛設神堂於就[49)]善堂之西, 每與一二婢僕, 屛人祈禱, 是可忍也, 孰不可忍也? 禧嬪張氏使之自盡, 荐棘罪人張希載, 爲先亟正邦刑."

領議政崔錫鼎【左議政李世白·右議政申琓·吏曹判書李畬·兵曹判書金構·戶曹判書金昌集】等聯名陳箚請還收賜死之命, 因會議不果上. 錫鼎更上手箚, 略曰 : "昔漢田叔盡燒梁獄辭, 只誅幸臣羊勝·公孫詭, 先儒史斷, 亦美之. 今禧嬪設有難

---

45) 王 : 底本에는 "大"로 되어 있다. 《肅宗實錄 27年 8月 27日》 기사에 근거하여 수정하였다. 이하 동일 사례에 대해서는 별도의 校勘記를 달지 않는다.

46) 陟 : 底本에는 "涉"으로 되어 있다. 《燃藜室記述》에 근거하여 수정하였다.

47) 酌 : 底本에는 "的"으로 되어 있다. 《御製皇極編》에 근거하여 수정하였다.

48) 此也 : 底本에는 "也此"로 되어 있다. 《御製皇極編》에 근거하여 수정하였다.

49) 就 : 底本에는 "龍"으로 되어 있다. 《肅宗實錄 27年 9月 23日》 기사에 근거하여 수정하였다.

赦之罪, 爲春宮憂傷之[50]念[51], 少賜寬貸. 左右不逞之徒, 則依律按法, 以伸王法, 以安春宮." 三上箚爭之, 上竊責之, 特命中道付處. 判府事尹趾善, 又上箚請貸禧嬪, 上皆不從.

○ 掌令尹弘离啓曰 : "親臨設鞫, 逆節彰露, 而大臣連上三箚, 以毋致窮竟爲言, 不思《春秋》之義. 而臣未卽論列, 致勤嚴敎, 請辭職." 上諭以亦勿退待.

○ 持平朴彙登啓請還收崔錫鼎付處之命. 承旨李壆亦陳禧嬪全恩之說, 上皆不許.

○ 冬, 副司直姜銑疏論大臣[52]之無他意. 正言兪命雄以尹弘离之遽生承順之心, 不思匡救之道, 將欲論劾[53], 而因僚議不一, 引嫌請遞, 上許之. 正言黃一夏以爲 : "尹弘离乃於衆皆靡然之中, 獨扶大義. 此等議論, 可以[54]推詡, 而論劾之議[55], 發於臺閣, 勢難隨參." 引避, 上皆答以勿辭.

○ 判府事柳尙運·徐文重及右議政申玩·吏曹判書李畬等, 或箚或對, 力請全恩. 前校理權尙游·副修撰李觀命, 亦書進所懷, 請還收賜死之命, 上皆不從.

○ 持平李東彦啓略曰 : "李鳳徵頃者投進凶疏, 語多絶悖, '翟儀遂空'之下, 了無一字悲痛之語. 至於'痰腫'二字, 其陰凶情節, 尤有所不忍言者. 及今説[56]

50) 之 : 底本에는 "念"으로 되어 있다.《御製皇極編》에 근거하여 수정하였다.
51) 念 : 底本에는 "之"로 되어 있다.《御製皇極編》에 근거하여 수정하였다.
52) 臣 : 底本에는 없다.《御製皇極編》에 근거하여 보충하였다.
53) 劾 : 底本에는 "刻"으로 되어 있다.《御製皇極編》에 근거하여 수정하였다.
54) 可以 : 底本에는 "以可"로 되어 있다.《御製皇極編》에 근거하여 수정하였다.
55) 議 : 底本에는 "義"로 되어 있다.《肅宗實錄 27年 10月 8日》 기사에 근거하여 수정하였다.

獄狼藉, 則鳳徵先機預遮之狀, 不可容貸, 請爲先遠竄【旋加圍籬.】. 希載僕妾, 皆已承款伏誅, 親黨之布在輦下者, 不可仍置, 請張天漢等極邊定配.

前假注書李命世[57], 出位陳達, 語逼坤聖, 請極邊遠竄. 命世犯分悖理之罪, 輿情所共憤, 爲今日臣子者, 所當峻斥, 而前司書李台佐敢以'踈樸狂戇, 可尙' 等語, 肆然伸救, 請削奪官爵[58]." 并依啓.【上下敎賜張氏自盡. 政院玉堂求對請還收, 命世執筆而言曰 : "殿下於己巳事旋悔, 今何可復爲此擧耶?"云.】

◯ 副護軍姜世龜疏略曰 : "王世子所遭情理, 伏以思之, 不覺撫膺. 幼沖玉質, 湯火燒心, 日復一日, 積憂增悸, 寧能保其常性乎? 臣固知殿下恩斯勤斯, 慰安保護, 加於平日. 然而雷霆之怒未已, 朝野之惑滋甚, 國人將曰'吾君於天倫之[59]至[60]·宗社之托, 亦不之顧焉'. 又引曹叡子母鹿事, 以爲'不意此事復見於聖明之世矣'."

◯ 獻納尹弘离啓略曰 : "伏見姜世龜疏, 則其曰'雷霆之怒未已, 朝野之惑滋甚'者隱然, 以今日獄事, 歸之於疑信之域者也. 其曰'吾君[61]於天倫之至·宗社之托, 亦不之顧'者, 疑殿下以不當疑之地. 末又引曹魏子母鹿之事而結之曰'不謂此事乃見於聖世'者, 有若卽今直有不忍言之事, 其言愈惡, 其意益凶, 此言一播, 視聽駭惑, 請世龜遠竄." 答曰 : "依啓."

◯ 掌令兪命雄啓略曰 : "前輔德朴萬鼎·前校理朴涏, 甲戌以後, 相繼投疏,

---

56) 訳 : 底本에는 "說"로 되어 있다. 《御製皇極編》에 근거하여 수정하였다.
57) 命世 : 底本에는 "世命"으로 되어 있다. 《御製皇極編》에 근거하여 수정하였다. 이하 동일사례에 대해서는 별도의 校勘記를 달지 않는다.
58) 爵 : 底本에는 "職"으로 되어 있다. 《御製皇極編》에 근거하여 수정하였다.
59) 之 : 底本에는 "至"로 되어 있다. 《御製皇極編》에 근거하여 수정하였다.
60) 至 : 底本에는 "之"로 되어 있다. 《御製皇極編》에 근거하여 수정하였다.
61) 君 : 底本에는 그 뒤에 "之"가 더 있다. 《肅宗實錄 27年 10月 27日》 기사에 근거하여 삭제하였다.

或以爲‘別立所處之宮號, 稍尊供奉之儀節’, 或以爲‘幷后常制, 安可膠守?’, 至請別立名號. 終使鳳徵之疏, 假托服制, 復提供奉之前說, 請中道付處.” 答曰:“依啓.”【朴萬鼎 陰城, 朴涎 鴻山.】

○ 鞫廳啓曰:“尹順命旣已承服結案, 而彦良則更招與前招無異, 所謂‘潛圖換局, 密探服制’, 一皆吐實. 雖與謀逆有間, 偵伺[62]宮禁, 敗亂國家, 俱犯不道, 罪在罔赦, 亦爲結案, 按律施行, 如何?”

答曰:“己巳事, 已悉於甲戌備忘中. 彦良等與希載, 私相謀議, 必推上意, 萬萬痛心. 今觀啓辭, 語不分曉, 無乃良彦所謂‘一毫近似’, 而甲戌之敎, 不足信耶? 予雖無德, 決不爲希載輩所指敎. 實無顔面而臨乎群臣之上也.”

左議政李世白【右議政申晩·判義禁李畬·知事金昌集·同知李光迪·柳之發】等聯箚略曰:“彦良以宗道之子, 章道之侄. 漏網於甲戌誅討之典, 其矯誣聖意, 閃幻不道之狀, 萬萬切痛. 臣等必欲究得其情, 以正王法者, 以其假托疑亂之辭, 罪在罔赦之故也. 何敢一毫致疑於陰陽舒慘之際哉? 只緣臣等辭不達意, 致勤嚴敎.” 上諭以勿待罪.

○ 執義兪命雄【司諫魚史[63]徵·獻納尹弘离·掌令尹憲柱·正言黃一夏·金栽·持平李東彦·金相稷】等啓曰:“嗚呼! 國賊希載締結凶黷, 不逞之徒敢構國[64]母罔極之禍[65], 凡爲殿下臣子, 母事我坤聖者, 莫不皷膽, 思欲食肉.

南九萬[66]强引議親之法, 眩亂天聽, 托以深遠之慮, 欲掩衆目. 至於‘希載伏法, 禧嬪不安, 禧嬪不安, 世子不安, 世子不安, 宗社不安’等語, 全出於翼蔽希

62) 偵伺 : 底本에는 “伺偵”으로 되어 있다.《御製皇極編》에 근거하여 수정하였다.

63) 史 : 底本에는 “有”로 되어 있다.《肅宗實錄 27年 10月 22日》기사에 근거하여 수정하였다. 이하 동일사례에 대해서는 별도의 校勘記를 달지 않는다.

64) 國 : 底本에는 없다.《御製皇極編》에 근거하여 보충하였다.

65) 禍 : 底本에는 없다.《御製皇極編》에 근거하여 보충하였다.

66) 萬 : 底本에는 없다.《御製皇極編》에 근거하여 보충하였다.

載, 妖惑君父之計, 湊合不成之說, 閃弄顧瞻之態. 自此以後, 凶謀不戢, 變怪百出, 今此妖蠱之毒禍, 果起於宮禁之嚴密, 致聖母飮恨於冥冥之中. 苟使希載, 早伏王法, 鋤剗根株, 則妖腰亂領, 豈敢肆行凶臆, 釀成凶變, 如今日之慘哉? 請判府事[67]南九萬, 姑先罷職.

業同蠱獄之變, 前古所未有, 鞫廳大臣柳尙運輩, 掩蔽天聰, 幻弄獄情. 諸賊或欲輸情, 則先遮根本必露之端, 證干出於屢招, 則輒立援引'勿問'之議, 汲汲請對, 乃以'罪疑惟輕'之說, 挺身營救, 終至全釋.

業同徑罷廷鞫, 伊時祝謝, 至[68]稱'感激', 蓋出於顧他日禍福之機, 爲一身長遠之計, 論以《春秋》之義, 安得不以尙運爲罪首也? 甲戌鞫廳, 倡出'深長慮'三字, 終始主張者南九萬也, 其後臺章儒疏, 迭相嚴斥, 而尙運縮頸緘口, 祿位如舊. 及至大行王妃昇遐之日, 强引鄕儒已久之疏, 自以爲'深長慮之義, 臣實力主'云. 希載貸死, 果出於自家之手, 則八載之間, 何獨含默, 佯若[69]不知, 今乃猝然自首, 顯有要覬之意耶? 請判府事柳尙運, 姑先罷職.

往在己巳坤聖出宮之後, 擧國臣民, 莫不奔走, 而睦來善·李玄逸等, 包藏禍心, 略不顧藉, 或以'不敬'·'不恭', 轉奏於前席, 或以'自絶于天'之語[70], 筆[71]之於疏章. 苟有平日母事之心, 其忍以此窮凶絶悖之言, 萠於心而發於口乎? 薄施投畀, 謟蒙恩宥, 神人之憤, 容有極哉? 請放歸田里罪人睦來善·李玄逸, 極邊圍籬." 幷不允.

○ 大司諫李益壽疏略曰："南九萬於希載, 慮之太過, 憂之太深, 細究本情, 則只欲使國本安固無憂而已, 豈有一毫私意參錯於其間哉? 前後儒疏, 聖上率皆嚴斥者, 亦燭[72]大臣之忠赤也. 先正臣朴世采論及是事, 至以'深憂'·'遠

67) 判府事 : 底本에는 "府事判"으로 되어 있다. 《御製皇極編》에 근거하여 수정하였다.
68) 至 : 底本에는 "只"로 되어 있다. 《御製皇極編》에 근거하여 수정하였다.
69) 若 : 底本에는 "君"으로 되어 있다. 《御製皇極編》에 근거하여 수정하였다.
70) 語 : 底本에는 "言"으로 되어 있다. 《御製皇極編》에 근거하여 수정하였다.
71) 筆 : 底本에는 그 앞에 "絶"이 더 있다. 《御製皇極編》에 근거하여 삭제하였다.

慮'等語, 登諸[73]手箚之中, 論人之道, 顧不當若是平允乎?

至若丙子之獄, 請貸希載之事, 同一過憂, 斷無他腸矣. 幺麼奸孽之或生或[74]死[75], 有何利益於大臣之身, 而遽出怵禍之心, 曲爲市恩之計哉? 臺啓中一端語, 又是情外之甚者. 柳尙運以當初商確可否之人, 及見南九萬無限顚沛, 情跡難安, 去就宜同, 不得不一疏暴實. 若謂之出於情界之窮隘則可也, '隱然攘取'等語題目, 此豈萬一近似之說乎? 積阻成疑, 吹洗多門, 或謂之釀成咀蠱之獄, 或謂之顯有要覬之念, 牽引湊合, 打成罪案, 人之爲言, 胡至此極." 上優批答之.

○ 執義兪命雄等謂被譏斥, 合辭引避, 上諭以退待.

○ 校理權尙游等處置, 請兩司出仕, 李益壽罷職.

○ 領府事尹趾完[76]疏略曰 : "曾於甲戌初, 以禮遇供奉之論[77], 抵書於其時首相, 而今乃職名自如, 實非私義之所安. 請命有司, 同勘臣罪."

○ 持平李東彦以領府事尹趾完論罪事發論, 而僚議不一, 引避. 上以"凡事一主快活, 終歸過激", 責之. 司諫魚史徽·掌令尹憲柱·持平金相稷·正言黃一夏·金栽等, 以擧劾大臣事體不輕, 姑待消詳爲言, 而憲臣先爲引避, 勢難晏然, 并辭職.

---

72) 燭 : 底本에는 "觸"으로 되어 있다. 《御製皇極編》에 근거하여 수정하였다.
73) 諸 : 底本에는 그 뒤에 "袖"가 더 있다. 《御製皇極編》에 근거하여 삭제하였다.
74) 或 : 底本에는 "死"로 되어 있다. 《御製皇極編》에 근거하여 수정하였다.
75) 死 : 底本에는 "或"으로 되어 있다. 《御製皇極編》에 근거하여 수정하였다.
76) 尹趾完 : 底本에는 없다. 《御製皇極編》에 근거하여 보충하였다.
77) 論 : 底本에는 없다. 《御製皇極編》에 근거하여 보충하였다.

○ 兩司連請南九萬·柳尙運削黜, 尹趾完罷職, 上不允.【後因連啓, 南九萬·柳尙運只命付處, 尹趾完罷職.】

○ 鞫廳入侍時, 持平李東彦啓略曰："前判書李彦網身居卿列, 不能自勵, 交通賊家之說, 迭發諸賊之口, 請削奪官爵. 柳命堅兄弟, 向來凶[78]亂之謀, 無不陰主, 以至今日彦良之招, 而與黯輩和應同事之迹, 透露無餘矣. 特以諸賊已誅, 憑覈未易之故, 姑徐請拿. 而凶魁巨猾, 不可使一日偃息於其家, 請前參判柳命堅[79]·前判書柳命天[80], 並絶島安置." 又曰："罪人順命之招, 有金春澤交奸希載妻之說, 春澤以年少士子爲世指目, 屢登於先後妖賊之口, 請遠地定配." 並依啓.

○ 正言黃一夏啓曰："睦林一·沈檀等, 當坤聖禮陟之日, 與吳始復謀議疏事之說, 出於彦良之招, 請並極邊遠竄. 陞位上疏, 西人中吳道一, 亦爲勸成云, 道一以何心腸, 有甚慫慂, 爲彼藉口之資耶? 請前判書吳道一遠配."【睦·沈事, 依啓.】

○ 大司諫尹德駿疏略曰："姜世龜之疏, 語不擇發, 誠如聖教所謂'不足賜批', 而年過七十廢仕鄕居之人, 顧安有利害之念, 自構陰險之謀乎? 竄之嶺海之外, 未免過中. 希載之容貸, 業同之緩治, 其時大臣, 誠不免誤事之責, 然其心事, 斷斷无他. 尹趾完之[81]當初私書, 不當發而罪之, 未終不欲自掩, 引而爲咎而已. 大臣異於庶僚, 合啓之語, 肆爲詆辱, 少有崖異, 輒皆詆斥, 務冀雷同, 轉覺破碎, 實未知一國共公之論, 果如是乎? 至於吳道一之影響不及, 且以積

78) 凶：底本에는 "陰"으로 되어 있다. 《御製皇極編》에 근거하여 수정하였다.
79) 堅：底本에는 "天"으로 되어 있다. 《御製皇極編》에 근거하여 수정하였다.
80) 天：底本에는 "賢"으로 되어 있다. 《御製皇極編》에 근거하여 수정하였다.
81) 之：底本에는 없다. 《御製皇極編》에 근거하여 보충하였다.

忤, 混置罔測之科, 不能究覈於彦良就刑之前, 今日請竄, 又何所據耶?"

○ 掌令朴泰昌疏救三大臣及姜世龜·吳道一, 司諫崔重泰疏斥尹德駿等營救姜世龜·吳道一等之罪.

○ 獻納尹弘离啓略曰："尹德駿·朴泰昌, 立異大論, 挺身分疏, 請並罷職. 嶺儒[82]柳沅投進一疏, 雖退却不捧, 而槪聞疏意, 以昨年討逆, 歸之誣獄, 掘穢宮禁謂之暗昧, 請鞫問." 並不允.

○ 府啓全羅兵使柳星樞·濟州牧使南至薰等十六[83]人, 賂遺希載, 並請削版.【希載在謫時, 列書記問人姓名, 名曰"報恩條", 現捉[84]於文書中.】

壬午二十八年春, 幼學任敞疏略曰："要一時之專局, 幸國家之不幸者, 決非士君子用心, 而何殿下信之深而用之專也? 此己巳之禍所以作也. 丙子之變, 必欲掩之者, 大臣之言, 大臣之言[85]納之者誰也? 禧嬪之弑中宮, 何許等變, 而不爲告祖宗而頒臣民乎?"

○ 幼學朴奎瑞疏略曰："朝廷之上, 公議快發, 而罪人勘律, 猶有未盡, 今臣所陳, 亦關義理." 上命還給.

○ 修撰李坦啓曰："今此任敞爲名者, 投一怪疏, 以殿下處分, 猶以爲未盡, 全無顧藉之意, 極可痛惋. 宜罪其人, 以杜後日亂言之弊也." 上命定配.

---

82) 儒：底本에는 없다.《御製皇極編》에 근거하여 보충하였다.
83) 六：底本에는 그 뒤에 "十"이 더 있다.《御製皇極編》에 근거하여 삭제하였다.
84) 捉：底本에는 없다.《御製皇極編》에 근거하여 보충하였다.
85) 大臣之言：底本에는 없다.《御製皇極編》에 근거하여 보충하였다.

○ 大司憲徐宗泰啓略曰："臣於合啓, 竊有慨然者. 而國家不幸, 禍變出於意外, 因此而追究其罪, 少不推源, 初頭論啓, 令人駭悚, 罪律層加, 今至於請竄. 是果出於全執義理, 平心論事之公乎?

領府事尹趾完, 自初罪目之緊語, 旣歸失實, 而猶論之不已, 必欲成罪, 今日臺閣, 可謂惟意所欲矣. 柳尙運爲臣五寸, 臣之私意, 何可與聞, 而頃年自引之疏, 雖未果上, 卿宰有見其疏草者, 豈意今日心跡見疑? 世道可謂險且迫矣."

仍乞遞職.

○ 持平金相稷啓曰："今此三大臣論罪之啓, 所執者義理, 而黨論成風[86], 私意橫流, 營護之疏, 前後迭出, 或稱'措語之過當', 或謂'本心之無他', 或托'律名之過重', 苟且規避, 略無顧忌. 新進浮薄之輩, 固不足責, 至於職長風憲之人, 又從以相繼沮撓大論. 請徐文裕·趙相愚·徐宗泰, 並命[87]罷職." 依啓.

○ 領府事尹趾完疏救南九萬·柳尙運.

○ 修撰尹星駿疏略曰："臣於三大臣[88]之坐罷, 心有所慨惜者. 合啓之始發也, 竊見[89]批旨, 三相心事洞然下燭, 而捃摭之論, 勒加深文, 乃以憲臣等原情之論, 終亦至於獲罪而後已. 遞罷薄罰, 固無關於輕重, 豈無慊於大聖人體下容物之道乎? 姜世龜之放釋, 出於特敎, 萬口欽誦, 皆以爲聖德事, 而還收之請, 發於臺閣, 噫噫! 甚矣. 以矯激之論, 實非平允之道也.【姜世龜以年老特放.】

司諫尹弘离啓曰："三大臣誤了國事之罪, 旣已彰著, 則崖異重論之三憲臣, 合被阿好之責, 今者星駿張皇投疏, 徒知護黨之爲大節, 不覺天日之不可

86) 成風 : 底本에는 "風成"으로 되어 있다. 《御製皇極編》에 근거하여 보충하였다.
87) 命 : 底本에는 없다. 《御製皇極編》에 근거하여 보충하였다.
88) 大臣 : 底本에는 "都憲"으로 되어 있다. 《御製皇極編》에 근거하여 수정하였다.
89) 見 : 底本에는 "有"로 되어 있다. 《御製皇極編》에 근거하여 수정하였다.

罔, 人心陷[90]溺, 一至此哉?"

◯ 大司諫朴權啓曰:"吳道一既因他罪, 卽施付處之律, 遠配之論, 不必相持. 適於常參之班, 力言院啓當停之意於兩司齊會之處. 到今前啓之復發之後, 不可苟然聯名, 請遞臣職."

◯ 掌令尹弘离請前修撰尹星駿罷職, 依啓.

◯ 上特命南九萬·崔錫鼎並放送, 給牒收用, 崔錫鼎爲領議政.

癸未二十九年夏, 正言金普澤疏略曰:"南九萬乃白首之年, 上台之位, 首貳聖母, 曲護凶逆, 致命希載, 售其前日之餘計, 禍變轉輾, 坤軸崩裂. 幸賴聖上, 親發其事, 躬行淑問, 獨恠夫當日首相崔錫鼎, 初欲抹刪凶婢之爰[91]辭, 塗人耳目, 繼又連上三箚, 沮遏獄事. 寧使母后之讐不雪, 而不忍逆賊之或露, 鞫案之或成, 君臣母子之分, 果安在哉? 夫崔錫鼎之甘心於妖臣·兇婢地者, 蓋有所馴致.

何則崔錫鼎之於南九萬, 古所謂'傳法沙門', 而曾以收用始復等凶黨事建請者也. 聖后登遐之初, 始復·重經·鳳徵等, 跼顧窺覘, 自謂'時不可失', 則曲護希載之南九萬, 請用始復之崔錫鼎, 其心所在可知也. 既而聖上處分, 雷動風飛, 彝倫特由此而明, 是非將由此而定, 南九萬當日之罪, 在所必討矣. 於是崔錫鼎之經營規圖者, 只欲獄事無成, 天討不擧, 以全安九萬, 媚合凶黨.

當時聖教中'護逆'二字, 眞是千古斷案, 付處之罰, 未足以洩輿情, 伸王法, 而況付處未幾, 遽令放還, 放還之未足, 從而收敍, 收敍之未足, 從而重卜, 未知殿下何所取於護逆大臣耶? 管子曰'四維不張, 國乃滅亡', 今崔錫鼎蔑棄廉恥

90) 陷: 底本에는 "滔"로 되어 있다. 《御製皇極編》에 근거하여 수정하였다.
91) 爰: 底本에는 "美"로 되어 있다. 《御製皇極編》에 근거하여 수정하였다.

至此, 而使居百僚之首, 其於管子之論, 何哉? 顧瞻黃扉, 珩芾維新, 回望明陵, 松栢凄涼. 聖念若及於此, 不以臣言爲妄, 而有以處之者矣."

丙戌三十二年夏, 忠淸道儒生林溥等疏請招致尹拯, 又曰 : "皇天眷顧, 祖宗默祐, 晩景元嗣, 臣民大慶, 而一種陰邪之輩, 陰有不利之心. 及至辛巳, '謀害東宮'之說, 發於罪人尹姓之招, 而其時鞫廳, 拔去四字, 陰匿不達, 此誠何意? 安知謀害於始者, 不爲肆凶於終也, 安知陰匿於前者, 不爲竊發於後乎? 噫噫! 痛矣. 此何世道? 繼之以任敞之悖疏再入, 朴奎瑞之凶書又進, 崔重泰之陰慝, 金鎭圭之慢蔑, 前唱後和, 罔有其極, 能以今日之時勢, 致斯世之儒賢乎? 若能覈凶除惡, 正倫明義, 國本永固, 邦基載寧, 則雖草野微賤之士, 猶有彙征之志, 矧朝家禮遇之賢, 獨無贊襄之志乎?"

上特命定配林溥. 於是按獄大臣金昌集·申玩·李畬·判義禁趙泰采等, 並陳疏待罪. 上命拿問其時參鞫諸問郞【呂必重·姜履相·朴泰春等】, 一邊之人洶洶, 皆曰 : "設鞫窮覈, 然後吾輩可容跡於朝班, 免禍於他日. 少論若不請鞫, 則是驅老論於危禍也." 群情如沸[92]. 於是持平鄭栻發啓請設鞫, 上許之.

判義禁李頤[93]命啓曰 : "林溥拿入時, 有囊子中原情草三本, 措語雖大同小異, 且是各人之筆. 倉卒之際, 此[94]豈[95]皆[96]渠所自爲之也? 必有製給之人, 其時拿來都事, 不可不拿問."

○ 判府事李畬敦諭回啓以爲 : "伏見擧條, 首相所達, 有若不究其虛實情僞, 惟以專事忽擾[97], 偶然不察, 欲置而不論, 於是臣尤不勝痛心竦骨."

---

92) 沸 : 底本에는 "是"로 되어 있다. 《御製皇極編》에 근거하여 수정하였다.

93) 頤 : 底本에는 "頹"로 되어 있다. 《御製皇極編》에 근거하여 수정하였다. 이하 동일사례에 대해서는 별도의 校勘記를 달지 않는다.

94) 此 : 底本에는 없다. 《御製皇極編》에 근거하여 보충하였다.

95) 豈 : 底本에는 없다. 《御製皇極編》에 근거하여 보충하였다.

96) 皆 : 底本에는 없다. 《御製皇極編》에 근거하여 보충하였다.

○ 領議政崔錫鼎箚曰："得見判府事李畬書啓, 擧臣榻前陳達之事, '不勝痛心竦骨'云云. '謀害'四字, 問事二人之招, 皆以爲未聞. 且有'不好底事'等語, 則其時事狀之虛實, 據[98]此可知, 其說話之當錄不書, 雖有其失, 出[99]於偶然不察. 臣之筵奏本意, 只自如此, 大臣以'置而不論'爲臣之罪, 臣誠愚昧, 莫曉其故也."

○ 冬, 執義李德英疏略曰："乃者呂必重·姜履相·朴泰春等, 雖有私相和應之事, 初頭供辭, 則別無違端之可指, 而遽然刑推, 彼三人者, 固已揣知鞫廳之意向矣. 況加之以嚴刑, 而導之以[100]必生, 則孰[101]不靡然而承款哉? 此不遵法例者也.

鞫廳之規, 凡有事端, 動必啓稟, 而姜履相臨當受刑, 詐稱承款, 則不復上請, 卽爲解縛, 使之進前, 隨言[102]隨錄, 皆是依前自明之辭. 鞫廳宜陳實狀, 以俟判付, 而不此之爲[103], 旋[104]令拿下刑推. 履相惶恸悲泣, 更言承款, 則又旋解縛受供, 初招則置不入啓, 再供則據[105]以爲信, 此不遵法例者也.

溥之再次受刑, 出於特敎, 黽勉奉行, 强加刑訊. 溥之雖自謂承款, 而全不承吐實, 托以稟處, 汲汲請對. 加刑之後, 又命加刑, 則乃以罪人病重, 徑請停刑. 夫以嚴刑加之, 而欲其不病, 慮其病重, 不爲加刑, 則世安有刑訊取服之鞫囚乎? 此亦不遵法例者也.

---

97) 擾 : 底本에는 "優"로 되어 있다.《御製皇極編》에 근거하여 수정하였다.
98) 據 : 底本에는 "遽"로 되어 있다.《御製皇極編》에 근거하여 수정하였다.
99) 出 : 底本에는 그 앞에 "不"이 더 있다.《肅宗實錄 32年 6月 19日》 기사에 근거하여 삭제하였다.
100) 以 : 底本에는 "而"로 되어 있다.《御製皇極編》에 근거하여 수정하였다.
101) 孰 : 底本에는 "熟"으로 되어 있다.《御製皇極編》에 근거하여 수정하였다.
102) 言 : 底本에는 "書"로 되어 있다.《肅宗實錄 32年 11月 4日》 기사에 근거하여 수정하였다.
103) 之爲 : 底本에는 "爲之"로 되어 있다.《御製皇極編》에 근거하여 수정하였다.
104) 旋 : 底本에는 "試"로 되어 있다.《肅宗實錄 32年 11月 4日》 기사에 근거하여 수정하였다.
105) 據 : 底本에는 "遽"로 되어 있다.《肅宗實錄 32年 11月 4日》 기사에 근거하여 수정하였다.

溥之再度承款亦不成說, 又復請對, 苟且了當. 營護之言, 同然一辭, 至謂之'傳聞差誤'云, 噫! 以凶言誣人, 而情節敗露之後, 輒歸之於傳聞[106]差誤[107], 而有所容貸, 則世豈有誣告之律乎? 且罪人承款, 則以似是似然納招, 鞫廳議讞, 則又以似當爲言. 夫罪人曰'似', 鞫廳曰'似', 何其模糊之甚也? 此亦不遵法例者也.

溥疏凶言, 蓋有兩段, 一則以順命受刑時招爲證, 一則以己巳定號時爲證, 其言之凶譎, 彼此何異? 在彼則曰'誣罔'·曰'凶悖', 而在此則曰'非白地造出', 軒輊區別, 顯示輕典, 此豈議獄至公之體乎? 溥旣設鞫, 則當以鞫獄之法治之, 而議者乃敢以緯漢爲例, 傳[108]之生議, 已是常情之外, 甚至本情, '不如緯漢'云, 此尤可訝. 溥旣自服嫁禍, 鞫廳又以承服施行, 則其本情之不如緯漢, 諸臣何以保明, 敢發此言耶?"

○ 啓覆入侍, 右議政李頤命曰 : "姜·呂兩人, 今已歸一, 履相之招, 旣以夏間, 謀害之招, 歸之誣服, 姑爲因囚, 以待林溥結末." 禁堂閔鎭厚曰 : "渠輩旣以'謀害出於誣服'云, 而此後有更問之擧, 則安知不以今日之招, 又歸之誣服乎?" 上曰 : "必重之言, 前後屢變矣." 頤命曰 : "兩人曾經近侍, 似有參酌之道矣."

承旨南就明曰 : "姜·呂前後屢變其說, 其言不可取信. 渠若造言, 則雖死何惜? 而今雖刑訊, 得情未易, 林溥窮凶指嗾情節, 終不直招, 一向嚴刑, 死於拷掠, 則未知何如也." 鎭厚曰 : "林溥之求得騎卒, 勸起諸人, 俾參疏事之擧, 似有隱情. 故當初不得不請[109]刑, 停刑之命, 出於好生之意, 孰不欽仰?"

---

106) 聞 : 底本에는 "誤"로 되어 있다. 《御製皇極編》에 근거하여 수정하였다.
107) 差誤 : 底本에는 "聞差"로 되어 있다. 《御製皇極編》에 근거하여 수정하였다.
108) 傳 : 底本에는 "溥"로 되어 있다. 《肅宗實錄 32年 11月 4日》 기사에 근거하여 수정하였다.
109) 請 : 底本에는 그 뒤에 "停"이 더 있다. 《御製皇極編》에 근거하여 삭제하였다.

◯ 傳曰："林溥事請對時, 前執義李師尙, 以任敞·朴奎瑞, 不爲拿問, 獨鞫林溥, 未免偏重, 顯有營救之意. 削奪官爵[110]."

◯ 幼學李濳疏略曰："戊辰元良之誕降, 宋時烈有姑徐徐之言, 好權之心, 見賣於人." 又曰："坤位旣復, 有一春澤者, 敢自爲功, 玷汚日月之明, 人皆曰'可殺', 而曾不少懲, 奸淫希載之妻, 果何意耶?"

又曰："保護春宮, 今日之名義. 春澤之黨, 不顧宗社, 角立儲君, 去歲金鎭圭之疏論進宴之非, 果可謂之公論乎? 前冬傳位之命, 視膳之暇, 參決庶務, 不違[111]於禮意. 而及當伏閤之日, 軍門之傳令, 京兆之甘結, 八道行會, 連夜奔擾, 恰似古所謂'兵諫'者. 如頣命者, 敢'離合'等說, 恐動惑亂, 尙可謂殿下之臣乎?

自甲戌以來, 敞·奎瑞之徒, 乃假大義, 欲奈何於春宮, 而春澤之黨, 掩護周遮, 姜世龜[112]之[113]忠, 抱冤於[114]窮荒者, 誰也? 豈殿下[115]愛[116]春[117]宮, 不若愛亂賊乎? 右左前後, 莫不向刃於春宮, 而殿下獨不之覺耶? 群臣能言殿下之過, 而不敢言春澤之罪, 是畏殿下乎? 畏春澤乎?

林溥之疏, 宗社大計, 而趙泰采之從前逆擊, 閔鎭厚之繼後請罪, 皆蔽私意. 溥旣就拿, 主獄諸臣, 終無請拿之擧, 擅削鞫案之罪, 亦不究問, 則國家設官之意, 果安在哉? 進言者以護春宮, 酷刑流島, 春澤之謀危世子, 緩緩請拿, 憑其自解, 許其白[118]脫, 未敢知誰執此論, 低仰若是耶?" 疏入, 上命親鞫, 連加嚴刑.

---

110) 爵 : 底本에는 "職"으로 되어 있다. 《御製皇極編》에 근거하여 수정하였다.
111) 違 : 底本에는 "逹"로 되어 있다. 《肅宗實錄 32年 9月 17日》 기사에 근거하여 수정하였다.
112) 龜 : 底本에는 그 뒤에 "世龜"가 더 있다. 《御製皇極編》에 근거하여 삭제하였다.
113) 之 : 底本에는 없다. 《御製皇極編》에 근거하여 보충하였다.
114) 於 : 底本에는 없다. 《肅宗實錄 32年 9月 17日》 기사에 근거하여 보충하였다.
115) 殿下 : 底本에는 없다. 《御製皇極編》에 근거하여 보충하였다.
116) 愛 : 底本에는 "春"으로 되어 있다. 《御製皇極編》에 근거하여 수정하였다.
117) 春 : 底本에는 "愛"로 되어 있다. 《御製皇極編》에 근거하여 수정하였다.
118) 白 : 底本에는 "自"로 되어 있다. 《御製皇極編》에 근거하여 수정하였다.

丁亥三十三年春, 鞫廳大臣入侍時, 右議政李頤命曰 : "林溥物故之後, 辭連疏事人, 有登對稟處之命矣. 其中'謀害'二字, 自謂得聞於必重, 而[119]必重[120]與其弟筶[121]紙之札, 渠亦見之云, 則必重之不言于渠可見矣. 且以林浣之得聞於朴泰春者爲言, 不信親聽賊招者之言, 歸重於次次傳聞者之言, 不成事理.

所謂'不利'云者, 旣曰'元子誕降之初, 已有不利之心', 又以十數年後, 諸人之疏指告, 及其語窮情見, 以爲'謀害者, 豈無不利之心?', 詖遁徑[122]庭, 不成說話[123]. 所謂'戊辰大臣禮官'等說, 渠雖以見賣於外間所傳之言, 誤爲納招爲言, 而以此觀之, 凶疏之初, 不出於自己, 可知矣.

至於疏本寫疏人, 出浣招, 則乃服其不自寫, 其兄泓製疏之說, 又出於浣招, 則不自製自寫, 綻露[124]無餘, 忍杖牢諱, 終未正刑, 極爲痛惋. 此事決非溥等三兄弟所可辦[125]也, 必有同情者, 而名士數人之說, 履相只發其端. 林演則募得參疏人勸送, 申澘以至親親見凶疏, 圖給寫手, 難免同情之罪. 金梶則隨入闕中, 共呈其疏, 安得無罪? 凶溥已死, 今姑參酌."

上曰 : "金梶同入闕下, 林演勸[126]送疏儒, 申澘得給寫手, 並邊遠定配." 頤命曰 : "順命屢次嚴訊, 前招中諺書辭意, 終無一言彷彿於'謀害'之說. 希載拿來之後, 又以諺書事推問, 則希載終無他語, 諺書中本無'謀害'之說, 亦可見矣. 一種無狀之人, 憑藉揑造, 欲爲網打之計者, 明白無疑. 其時揑造傳播, 不出於姜·呂二人, 臨刑誣服之時, 以爲'倏然聽聞', 又以爲'不能自信', 又以爲'似是謀害', 誠有萬不得已, 强對之說. 果使必重直聞其言於順命, 直傳其說於履相,

119) 而 : 底本에는 없다. 《御製皇極編》에 근거하여 보충하였다.
120) 必重 : 底本에는 없다. 《御製皇極編》에 근거하여 보충하였다.
121) 筶 : 底本에는 "胎"로 되어 있다. 《御製皇極編》에 근거하여 수정하였다.
122) 徑 : 底本에는 "經"으로 되어 있다. 《御製皇極編》에 근거하여 수정하였다.
123) 話 : 底本에는 "詁"로 되어 있다. 《御製皇極編》에 근거하여 수정하였다.
124) 露 : 底本에는 빠져 있다. 《御製皇極編》에 근거하여 보충하였다.
125) 辦 : 底本에는 "辨"으로 되어 있다. 《御製皇極編》에 근거하여 수정하였다.
126) 勸 : 底本에는 "觀"으로 되어 있다. 《御製皇極編》에 근거하여 수정하였다.

則有何顧藉於春澤, 及鞫廳諸臣, 不爲明白痛言哉?

必重以言根之人, 今以不聞於順命, 不傳於履相, 再三納招, 而履相所傳於朴泰淳者, 自歸捏造矣. 旣承聖教, 當以前日誣招之罪還配, 而履相何以處之乎?"

上命極邊定配. 頤命曰:"朴泰春則憑覈路絶, 而以凶言傳說於凶人, 至有嫁禍搢紳之事, 罪亦不輕."

◯ 左議政金昌集疏略曰:"前年溥疏果出, 設鞫究窮之際, 凶言二字, 皺合上下文字而强成之, '更問'一節, 汨亂前後日月而欲滅之, 苟非聖上之至仁至明, 不免爲碪鑕[127]之鬼, 亦已久矣. 溥之一疏, 醞釀蓋久, 指嗾而慫慂者, 不啻泥中之鬪獸矣. 人心之危險, 一至於此, 臣切傷痛也."

◯ 領議政崔錫鼎疏略曰:"今左相疏論, 比臺疏, 不啻深緊. 臣則於囚人說出之言, 尙謂之不可準信, 而人則疑臣以强成凶言, 構罪陷[128]人, 此誠何意? 臣則正以'更問'一節, 據爲伸白之地, 而人則謂臣以掩其實跡, 俾不得自明, 是誠何心哉? 乞下臣司敗[129], 前後疏箚, 及鞫廳議啓·筵奏·臺臣疏避·大臣疏本, 特下朝堂, 申令雜議."

◯ 持平沈尙尹啓曰:"前執義李德英前秋案獄之時, 身差問郎, 屢旬參坐, 議啓之時, 大臣輒遍問於諸郎, 德英一無違覆, 專事唯諾. 及其事情稍變, 鞫獄再按之後, 忽然投疏, 構捏粧撰, 唯意所欲, 直驅大臣諸臣於罔測之科. 用意之陰巧, 遣辭之陰慘, 不忍正視, 請德英削版." 不允.

---

127) 鑕 : 底本에는 "質"로 되어 있다. 《肅宗實錄 33年 1月 28日》 기사에 근거하여 수정하였다.
128) 陷 : 底本에는 "涵"으로 되어 있다. 《御製皇極編》에 근거하여 수정하였다.
129) 敗 : 底本에는 "取"로 되어 있다. 《御製皇極編》에 근거하여 수정하였다.

○ **庚寅三十六年夏**, 忠淸道儒生洪冑亨等疏略曰："嗚呼! 世運陽九, 斯文遭厄. 祖述賊鑴之餘緖, 力排程·朱之正論者, 至於崔錫鼎《類編》之事而極矣. 變易正文, 擅改章句, 偃然攙入於成書之中, 僭猥無嚴, 殆甚於賊鑴. 何幸聖明開悟, 旣斥其人, 又毁其[130]書[131], 臣等欽仰莊誦, 不覺繼之以涕也.

《禮經》諸編, 雖未經朱子勘破, 旣有先儒之箋解, 固非錫鼎所可下手者. 字割句斷, 不成文義, 而乃敢肆然請刊, 參講法筵, 又欲爲科場帖[132]括之用, 侮聖毁經之罪, 固所難貸, 而懲討之典, 止於削黜, 臣切慨然也. 錫鼎之書, 僭妄可知, 而參於講確之中者, 亦有身處草野, 禮遇方隆之人, 名之曰'山林宿德', 不知背異朱子之爲可駭, 甘心參證, 則尙何道學[133]爲哉? 身負重名, 而右袒於聖門之叛卒如此, 則斯文之憂, 豈他人比?

臣等於安時相事, 尤可痛惋, 諂附權門, 力戰公議, 首論發通之儒生, 繼進一疏, 詆毁諸道之章甫, 其所負犯, 實不容誅. 而草草臺啓, 尙不敢直請竄棘, 不勝慨然. 先將錫鼎屛諸四裔." 答曰："削黜削板, 足以懲罪, 今玆疏請極涉過當."

○ 進士朴弼琦等疏略曰："今者何物怪鬼洪冑亨等, 冒稱章甫, 假托《禮類》論辨[134], 投進一疏, 公肆誣詆. 一則曰'名之曰「山林宿德」, 不知背異朱子之爲可駭', 一則曰'身負重名, 而右袒聖門之叛卒', 極口醜辱, 略無忌憚. 儒相自蒙徵召, 殆今五十載, 位躋三事, 年踰八耋, 脚不出世路, 口不談時事. 故雖平日不相說者, 未嘗以黨論爲言, 今冑亨等之以此橫詆, 豈不切痛哉?

其答人之書, 儘有委折. 有一族親情厚者, 以《類編》事, 將欲疏辨, 貽書勸

---

130) 其 : 底本에는 "書"로 되어 있다. 《御製皇極編》에 근거하여 수정하였다.

131) 書 : 底本에는 "其"로 되어 있다. 《御製皇極編》에 근거하여 수정하였다.

132) 帖 : 底本에는 "拈"으로 되어 있다. 《御製皇極編》에 근거하여 수정하였다.

133) 學 : 底本에는 없다. 《御製皇極編》에 근거하여 보충하였다.

134) 辨 : 底本에는 "辦"으로 되어 있다. 《御製皇極編》에 근거하여 수정하였다. 이하 동일 사례에 대해서는 별도의 校勘記를 달지 않는다.

問, 故略以無辨之意, 有所規勉. 何嘗有一毫偏着於蠻觸相爭之場, 有所左右也? 欲以此爲汚衊儒賢之資斧, 吁! 亦慘矣. 果有禮說一二端, 疑義問答之事, 而幷列於講確之中也. 時論之執言者, 專在於《庸》·《學》兩書, 而儒相初無參涉於此事, 胄亨等所謂'不知背朱子爲可駭'云者, 何所據而發也? 不料聖明之世, 終使兩朝禮遇之儒賢[135], 橫受無限醜辱, 此而不置之, 不爲嚴防, 則醜正之輩, 必將接足而起."

答曰："胄亨等藏頭之說, 不甚明白, 故不爲提論, 今覽爾等之疏, 誠駭異. 洪胄亨特命停擧."

大司憲鄭澔【掌令鄭必東·持平尹鳳朝】等請還收洪胄亨停擧之命, 上不聽.

○ 秋, 慶尙·全羅道儒生郭景斗等疏略曰："崔錫鼎之書僭猥悖謬, 一見可知, 而列於講確參證者, 至數十人之多, 豈非世道之變哉? 判府事尹拯自任者如何, 聖朝之禮遇者如何, 士林之尊仰者如何, 而乃於背異朱子之書, 名列講確之第三, 不可不明辨者也.

拯之祖故大司諫煌, 嘗在仁祖朝上書, 請斬錫鼎祖故相臣鳴吉, 則此豈通問講書之間耶? 況拯之父贈參議宣擧, 嘗撰《家禮源流》, 自附於朱子遺旨, 拯豈舍其家學, 相與講確於背[136]朱子之論乎? 館儒朴弼琦等, 自稱爲儒相辨誣, 惟以力戰公議爲能事, 至若儒相之講確與否, 曾無一言片辭, 以明其心, 不亦可笑之甚乎? 使弼琦等果欲推尊儒相, 則先明其元無講學, 然後可以有辭於後世.

前參奉姜錫朋, 將欲伸辨其不參講學之實, 書問於儒相, 則其答曰'諸賢驚動, 無乃懲於西溪耶? 彼所以爲讒, 前後一般, 黨人之所爲也'. 西溪卽朴世堂之號也. 《思辨[137]錄》之一背朱子, 聖明之所燭, 辭而闢之, 何與於黨論? 而今

135) 賢 : 底本에는 "臣"으로 되어 있다. 《御製皇極編》에 근거하여 수정하였다.
136) 背 : 底本에서는 알아 볼 수 없다. 《御製皇極編》에 근거하여 보충하였다.
137) 辨 : 底本에는 "辦"으로 되어 있다. 《御製皇極編》에 근거하여 수정하였다.

乃攻斥錫鼎之僞書[138]者, 同謂之一般黨人, 此果至公無黨之心乎? 洪胄亨之停擧, 臺閣爭之, 可見公議, 而曾未釐啓, 遽爾停止, 臣等不勝慨然也."

答曰 : "尹判府事養德山林, 夙負重望, 爾等何敢恣意譏詆? 昔年'不以儒臣待之'之言, 乘此機會, 必欲更售, 予決不墮其術中. 噫! 論議[139]無益於國事, 雖在廷之臣, 好論議之人, 予甚不取也."

◯ 玉堂【副校理洪禹瑞·副修撰李澤·修撰李喬岳】箚略曰 : "郭景斗疏批, '不以儒臣待之'云者, 乃故相臣金壽恒·閔鼎重之所建白也. 今於數十年之後, 因一儒疏, 至以'乘此機會, 必欲更售'等語, 無端追提, 不少顧惜, 雖出於慰藉儒相之地, 獨不有歉於追念二臣, 終始禮遇之義乎?"

召對入侍, 上曰 : "玉堂箚誠駭然矣. 郭景斗之疏極其奸邪, 玉堂之右鄕儒·斥批旨, 極爲無狀矣. 世道日下, 黨習漸痼, 人君裁抑之不暇, 其可從而崇奬之乎? 仁·孝兩朝, 痛斥黨議, 處分嚴正, 故臣下罔或放恣. 予雖柔弱, 玉堂何敢若是? 陳箚諸臣, 並削黜."

承旨金興慶曰 : "若覽箚子下款, 則儒臣本意, 豈不照燭乎?" 上嗚咽嘖舌曰 : "論議之弊, 必將亡國矣." 興慶曰 : "諸臣豈敢以論議勸導君上乎? 削黜之罰還收何如?" 上曰 : "仁·孝兩朝, 臺啓之涉於黨論, 雖經年閱歲, 不爲允從. 今此所論, 專出於黨論." 興慶曰 : "玉堂非救郭景斗, 疏批以'昔年「不以儒臣待之」之言[140], 必欲更售'爲敎. 景斗疏中, 旣無此等語, 而忽然追提, 辭旨嚴截, 玉堂陳箚, 蓋由於此." 上曰 : "何敢救解乎? 宜請遠竄, 而有此還收之請, 承旨罷職."

---

138) 書 : 底本에는 "言"으로 되어 있다.《御製皇極編》에 근거하여 수정하였다.

139) 論議 : 底本에는 "議論"으로 되어 있다.《御製皇極編》에 근거하여 수정하였다. 이하 동일 사례에 대해서는 별도의 校勘記를 달지 않는다.

140) 言 : 底本에는 없다.《御製皇極編》에 근거하여 보충하였다.

○ **秋**, 生員李泰宇[141]疏略曰："頃者冑亨之投疏, 擧世喧藉, 皆以謂'出自鄭澔', 天日之明, 覰破鬼蜮之情, 澔之巧計, 迄可休矣. 乃遣其子, 誘致景斗, 率置其家, 製給其疏本, 詬辱儒相, 乃請還收冑亨之罰. 澔之譸張, 幻弄之狀, 聖明洞照無餘矣.

且太學公薦一遵朝家之定式, 圈點之際, 僉議純同, 而臺章卒發, 目之以不公. 有人書問於發論臺官, 則答云'副學之意', 副學卽澔也. 館儒旣被其斥, 不得不相率捲堂, 澔之承命, 到泮村[142]也, 不問捲堂之由, 創出三百年所無之規, 別錄李柱明等暗呈之所懷, 捲堂儒生之所懷, 拒斥不錄. 而幸賴聖明, 累勤開諭, 諸生不敢撕捱, 黽勉還入.

澔又憤其計不成, 留連泮村, 聚會柱明等, 情跡秘詭. 其後齋任以柱明等之初無異議於公薦, 暗呈所懷, 壞亂泮規論罰, 則柱明等六七人, 凌辱於齋會之中, 奪取罰紙, 手自裂破, 若將毆打, 齋任不欲與無賴輩相較, 卽爲起出, 則澔也不問是非, 勒遞齋任, 仍爲停擧. 以其侄女夫姜啓溥, 及欺罔天聽之金在魯等, 相繼移差, 擧措悖亂, 多士奔避, 無異兵燹.

立脚之稍異者, 澔旣盡排矣, 持論之稍正者, 澔旣盡逐矣, 猶且不足, 若冑亨·景斗, 混沌未鑿, 一丁不識之類, 何處得來, 侵奪儒賢? 殿下有意於淸朝廷而靖太學, 則如澔者投畀遠裔, 可也."

答曰："今觀爾等之疏, 澔之指嗾鄕儒, 詬辱儒賢, 起鬧賢關, 肆行兇臆之狀, 萬萬痛惋, 極邊遠竄. 洪冑亨·郭景斗等, 受人陰嗾, 誣辱儒賢, 極邊定配. 身居論思之地者, 右鄕儒而斥批旨, 欲使予聽黨論, 而莫敢違拂, 如此而國不亡乎? 予實痛心, 爾等發此正論, 予甚嘉敬."

甲午四十年秋, 館儒黃尙老等疏略曰："得見崔錫鼎代諸生撰祭判府事

---

141) 泰宇 : 底本에는 "宇泰"로 되어 있다.《肅宗實錄 36年 潤7月 5日》기사에 근거하여 수정하였다.

142) 村 : 底本에는 없다.《肅宗實錄 36年 潤7月 5日》기사에 의거하여 보충하였다.

尹拯之文, 有曰 : '家讎既深, 國恥未雪, 非曰「果忘[143]」, 庶矣歸潔. 豈如夫人, 騖外徇名, 空言不躬[144], 高論無成? 云云.' 其意以爲國恥後惟終身自廢, 與世不相關者, 爲合於義, 而乃以擔當世務, 討復爲事者, 反謂之'騖外徇名'. 夫擔當者, 非時烈而誰也? 臣等自不覺裂眥腐心也.

嗚呼! 孝廟勵薪膽之志, 招時烈於草野之中, 其所密勿經營者, 一則曰'復讎雪恥', 二則曰'復讎雪恥'. 然則孝廟之志, 卽時烈之志也, 時烈之事, 卽孝廟之事也. 今以時烈爲[145]騖外徇[146]名, 則其於孝廟, 將爲何如也? 蓋其排斥大義, 自有來脈, 無怪乎此人之此言也.

又聞當初諸生借文於他人, 來示錫鼎, 則錫鼎以其不誣時烈之故, 使之勿用, 遂自撰出. 及其傳播, 士論齊憤, 則錫鼎不得掩諱, 乃曰'吾取他文[147]數本, 推移成篇'云, 可見窘迫之甚.

又以'虛憍忮伎, 色厲邦聞'等語, 譏斥時烈, 噫! 亦慘矣. 臣等不暇多辨, 而獨其'騖外'·'空言'云者, 不特時烈之受誣而已. 曩時奸兇加禍時烈, 臚列構誣, 何所不極, 而亦未敢誣其秉執之大義者, 當有所顧忌, 錫鼎之無嚴, 殆有甚矣."

上答以不當推上於朝廷.

○ 館儒李英輔等又疏論祭文之誣詆, 答以私誄文字非關公朝, 決不當罪.

乙未四十一年春, 廣興主簿兪相基疏略曰 : "臣於癸巳年間, 待罪龍潭縣令時, 左議政李頤命以臣祖父副學棨所著《家禮源流》書, 因筵敎送[148]于全羅

---

143) 忘 : 底本에는 "亡"으로 되어 있다. 《御製皇極編》에 근거하여 수정하였다.

144) 躬 : 底本에는 "窮"으로 되어 있다. 《御製皇極編》에 근거하여 수정하였다.

145) 爲 : 底本에는 없다. 《御製皇極編》에 근거하여 보충하였다.

146) 徇 : 底本에는 "詢"으로 되어 있다. 《御製皇極編》에 근거하여 수정하였다.

147) 文 : 底本에는 "人"으로 되어 있다. 《御製皇極編》에 근거하여 수정하였다.

148) 送 : 底本에는 "選"으로 되어 있다. 《御製皇極編》에 근거하여 수정하였다. 이하 동일 사례에 대해서는 별도의 校勘記를 달지 않는다.

監營, 令臣校正開刊. 而適臣罷歸, 誠恐此事未就, 無以奉揚榮寵, 乃以家力私自營辦[149], 刊事已畢, 謹此隨疏投進. 仍念臣祖於是書, 實用十分工夫, 身歿後五十餘年, 尙在故篋, 今蒙聖明, 因大臣之言, 特命刊行, 謹百拜敬進于宸嚴之下."

【先是兪棨與尹宣擧, 許以道義之交, 契好不凡, 遂共輯《家禮源流》. 書成而兩人旣歿, 棨孫相基, 至是始印出, 而專以爲:"其祖之所獨編, 而尹則無與焉." 又以爲:"其祖以元本托之於門人尹拯使之删潤, 而拯因作其家之書." 鄭澔·權尙夏, 又跋編尾, 澔則曰:"先生是書用功深, 而不幸付托非其人, 乃反專諱實狀, 此甚無謂." 尙夏則曰:"先生編輯此書, 美村無不參助之端, 晩歲屬之門人[150]尹拯, 而今尹乃曰'不記師敎之有無', 用此蘇·張手段." 又以"邢七狼狽, 本來伎倆"等語, 極意斥尹矣. 美村, 宣擧號也.】上報聞, 而以跋文詆斥儒賢, 特罷澔職.

○ 湖南儒生柳奎等疏略曰:"先正臣文敬公尹宣擧, 壬午年間, 與故副學兪棨, 朝夕相從, 取《家禮》一帙, 演繹編摩, 以大文爲綱, 以註爲目, 古經文字謂之'源', 唐·宋以下及我東儒賢謂之'流', 名之曰'《家禮源流》', 宣擧又作小序.

蓋宣擧與棨交筆互寫者, 凡三百六十五節, 二百五十節宣擧筆也, 一百九節卽棨筆也. 草本手跡俱在拯家, 焉可誣也? 要皆兩臣共纂, 故宣擧撰棨行狀, 有'纂成《源流》'之語, 此出於謙己歸美之意也. 文正公宋時烈所撰宣擧及棨[151]墓文, 皆稱道此事, 同修共編之狀於此皎然矣.

今相基若欲刊行, 則當以其祖與宣擧共編之狀, 上聞于朝, 以請入錄. 而今乃全[152]沒事實, 有若其祖之獨編, 而瞞囑於左相李頤命, 已非常情之所可測. 相基歷見酉峯【尹拯別號】, 以大臣請刊《源流》事爲言, 因借酉峰藏本, 蓋相基賫示頤命者, 只是四卷故也. 拯問筵說云何, 則答以未能詳聞, 此其意以筵說全

149) 辦 : 底本에는 "辨"으로 되어 있다. 《御製皇極編》에 근거하여 수정하였다.
150) 門人 : 底本에는 "人門"으로 되어 있다. 《御製皇極編》에 근거하여 수정하였다.
151) 棨 : 底本에는 없다. 《御製皇極編》에 근거하여 보충하였다.
152) 全 : 底本에는 "專"으로 되어 있다. 《御製皇極編》에 근거하여 수정하였다.

沒共編之事, 故有此含糊, 情態可惡. 未幾得見筵說所請刊者, 只擧市南【榮號】爲言, 仍問于筵奏之大臣, 大臣卽拯之至親也.

其答曰 : '此書始見於戊午年間, 心常不忘, 而其時不知爲他家書也. 頃日兪公佐【相基】携書來見, 侄問之, 則答云 : 「美村先生, 果不無講定者, 而以美丈所撰吾祖行狀見之, 則可知其全出於吾祖也.」云[153]. 故[154]陳達筵席, 不能廣問, 有此難處之端, 深愧妄作.'

行敎【尹拯子也】以其書草送示於相基, 則公肆恚怒, 猝以悖語答之, 醜詆之言, 至及於[155]拯. 拯, 棨之門人也, 棨臨歿時, 以相基爲托, 相基[156]時[157]年纔十四, 撫育提撕, 恩愛篤至. 及見書語悖謬, 謂'是後生不能通知二祖事', 諄諄告戒, 則相基之言, 愈往愈悖, 乃曰 : '立綱分目皆是吾祖筆, 至於小註始有互書.'

拯據實明其不然, 則相基又曰 : '刀割之餘, 全無眞面目.' 此則修潤之時, 或增補, 或刪節, 故執此爲言. 拯以爲 : '冊則雖無眞面目, 筆則自有眞手蹟, 雖欲刪削,《家禮》大文, 其可刪削乎?'云爾, 則相基窘遁, 拖說曰 : '雖是老先生之筆, 終不爲共編之證.'

與或人書, 醜詆宣擧作序之事, 曰'此藍田 呂氏之罪人也', 自爲註解曰'呂氏說, 見毋勦說註'. 噫! 相基亦人耳, 何忍以此等無倫之說, 萠諸心而發諸口耶?

且戊戌後, 宣擧修潤之時, 拯亦任其寫役, 故棨聞而勖之以卒業, 相基因以爲棨獨編, 而拯受托之證. 且棨臨歿時, 以書告訣于宣擧及文擧, 尾及於拯及摶, 而其中有'所以[158]奉托, 雖死後必聞'之語. 蓋兩家情同骨肉, 故身死後凡事, 有所托屬, 如上所云[159], 以'相基相托', 卽其一事耳. 相基拈出'奉托'二字,

153) 云 : 底本에는 "故"로 되어 있다. 《御製皇極編》에 근거하여 수정하였다.
154) 故 : 底本에는 "云"로 되어 있다. 《御製皇極編》에 근거하여 수정하였다.
155) 於 : 底本에는 없다. 《御製皇極編》에 근거하여 보충하였다.
156) 相基 : 底本에는 없다. 《明齋年譜》에 근거하여 보충하였다.
157) 時 : 底本에는 없다. 《明齋年譜》에 근거하여 보충하였다.
158) 以 : 底本에는 없다. 《明齋年譜》에 근거하여 보충하였다.
159) 云 : 底本에는 그 뒤에 "耳"가 더 있다. 《明齋年譜》에 근거하여 삭제하였다.

强爲奉托《源流》之證審, 如是則拯之從昆季, 皆受是書之托耶?

蓋相基以添補之名, 專歸於拯, 修潤之實, 必欲全沒, 其爲計極爲巧密. 受人指揮, 趍合時議, 又求與大賢背馳之人, 以求序跋之文, 作爲公案, 其亦巧矣. 今澔被罰, 相基烏可獨免? 權尙夏所撰小序, 有曰'用此蘇·張手段', 又曰'邢七狼狽'. 如澔偏愎, 不足怒也, 獨怪旌招之士, 乃復如此蘇·張·邢七之喩, 視澔跋文, 不啻倍蓰, 一去一存, 臣切惑焉."

又以尙夏所撰宋之碑文中, 有斥拯釀成己巳禍等語, 力辨[160]其誣. 上以尊賢之誠, 深庸嘉尙, 《源流》曲折, 始得詳悉, 答之.

○ 獻納李弦論救鄭澔, 詆斥柳奎, 因爲引避, 大司諫李觀命亦爲引避.

○ 修撰魚有龜·正言金在魯·八路[161]儒生朴光世等·泮儒尹志逑, 皆疏辨奎等之誣欺. 上答以柳奎等疏本爲先正辨誣而發, 不必罪斥矣.

○ 前主簿兪相基疏略曰："臣祖自早歲已有禮書工夫, 始名'《家禮集解》', 故掌令鄭瀁謄去, 其本尙在於正郎鄭洊家. 其曰'《源流》'者, 後來所改也. 癸未年間, 臣祖始與宣擧【不書姓·職.】作隣, 更加修正而猶未盡詳.

戊戌還朝時, 托於尹拯, 其冬臣祖答拯書曰：'《源流》始工, 尤喜. 着力成就, 俾令未死前, 得以寓目, 幸甚.' 同日答宣擧書, 而不及《源流》. 兩書俱在, 故知此書之托於[162]拯而非托於宣擧也.

癸巳, 拯答臣書曰：'其時非先生下托, 只以先人就本冊有添補, 而不肖任書寫之役, 故仰稟修正之意於先生, 而勖其卒業者也.' 噫! 臣祖書中, 旣責其成就, 又冀未死寓目, 此豈特喜聞其書寫之稟而發之語哉? 又況同日各書於其

---

160) 辨：底本에는 "辦"으로 되어 있다. 《御製皇極編》에 근거하여 수정하였다.
161) 路：底本에는 "世"로 되어 있다. 《御製皇極編》에 근거하여 수정하였다.
162) 於：底本에는 없다. 《御製皇極編》에 근거하여 보충하였다.

父子, 而何以捨[163]修正之執友, 獨及於執役之少年耶?

臣祖死時臣年十四, 記臣祖力疾, 及作[164]訣書於諸親友, 仁卿【拯之字也[165].】·子上【摶之字也.】·諸從前, 氣短不能遍及, 所以奉托者, 雖死後, 必聞之矣. 臣以臣祖臨歿之言, 參之於訣書, 知其所托者,《源流》之修潤也. 拯答臣書曰 : '所謂「奉托」之言, 鄙人終不能[166]記得[167].' 今柳奎等之言曰 : '所托身後凡事也.' 拯所不知, 奎何以知之哉?

先正臣宋時烈撰臣祖墓表曰 : '公所著《家禮源流》·《麗史提綱》, 藏于家.' 云, 尤信此書之爲臣祖所專也. 宣擧抵故參判李廷夔曰 : '《家禮源流》非定本, 就正於座下, 可也. 轉覽於人, 則非兪正言意也.' 兪正言卽臣父命胤也. 臣父以未及修潤, 不欲徑出, 故宣擧之言意如此, 豈非一大明證耶? 宣擧手筆宛然, 恨未及質之於生前也.

宋·尹兩家之隙, 世所共知, 今乃據宋爲證, 諺所謂[168]'急來[169]抱佛脚'者也. 臣入京見大臣, 告以欲刊力綿之意, 果爲陳請於朝矣. 臣又見尹拯請其修潤之後本, 則卽出其增修之本與之, 未幾還奪.

辛巳, 拯答臣叔父命興書曰 : '《家禮源流》在此中者, 後來添刪修改者也.' 癸巳, 抵大臣書曰 : '先人與市翁手書初本, 尙在此中.' 是何昔無而今有乎? 奎等所謂'二百·一百'云者, 本出拯之意, 苟以筆之多寡爲書輕重, 則李惟泰亦當居共編之一矣."

判府事李濡入侍時[170], 上曰 : "私家文字, 非[171]朝家預知[172], 而因此一事,

---

163) 捨 : 底本에는 "舍"로 되어 있다.《御製皇極編》에 근거하여 수정하였다.

164) 作 : 底本에는 없다.《御製皇極編》에 근거하여 보충하였다.

165) 仁卿 … 拯之字也 : 底本에는 "拯之字也, 仁卿"으로 되어 있다.《御製皇極編》에 근거하여 수정하였다.

166) 能 : 底本에는 "得"으로 되어 있다.《御製皇極編》에 근거하여 수정하였다.

167) 得 : 底本에는 "能"으로 되어 있다.《御製皇極編》에 근거하여 수정하였다.

168) 謂 : 底本에는 없다.《御製皇極編》에 근거하여 보충하였다.

169) 急來 : 底本에는 그 뒤에 "謂"가 더 있다.《御製皇極編》에 근거하여 삭제하였다.

170) 侍時 : 底本에는 "時侍"로 되어 있다.《御製皇極編》에 근거하여 수정하였다.

彼攻此, 此攻彼, 主客相爭, 紛拏轉甚, 一節加於一節, 將無止泊之所, 此後事關《源流》者, 勿捧入."

○ 儒生朴光世等因《源流》事疏斥尹拯, 儒生柳太垣等又疏斥光世. 館儒尹鳳五等施罰於柳奎及太垣, 承旨吳命恒陳疏救之.

○ 正言趙尚[173]健·獻納趙鳴鳳疏論尹拯, 上特命遞差. 承旨李縡乃獨啓營救, 上斥之以護黨. 承旨李喬岳·洪好人等, 請還收"護黨"二字, 上不聽. 玉堂【校理洪錫輔·修撰魚有龜】亦箚救, 不聽.

○ 正言趙尚健疏陳"父師輕重"之說, 上嚴批責之. 諫臣處置請出, 上以醜詆先正特遞. 承旨李縡·李喬岳等·校理洪錫輔等, 力爲營救, 左議政金昌集·大司成閔鎭遠, 又疏辨之, 皆不聽.

○ 四學儒生尹得和等·太學生金純行等, 皆疏斥尹拯, 上嚴責之.

○ 判府事李畬箚論 : "前[174]後聖教, 執着一邊, 以是定爲國是, 師生之倫, 將自此而廢矣." 上答以"義理明白, 予甚感歎".

○ 掌令黃爾章·獻納朴熙晉等請竄鄭澔及趙尚健. 副提學柳鳳輝·應教鄭栻箚陳斯文是非, 仍斥權尚夏請罷職, 上皆從之. 副校理洪啓迪疏救之, 上斥之. 判府事李畬·左議政金昌集等, 迭陳疏救, 上不從. 畬等出城待罪, 大司諫

171) 非 : 底本에는 그 뒤에 "當"이 더 있다. 《御製皇極編》에 근거하여 삭제하였다.
172) 預知 : 底本에는 없다. 《御製皇極編》에 근거하여 보충하였다.
173) 尙 : 底本에는 없다. 《御製皇極編》에 근거하여 보충하였다.
174) 前 : 底本에는 그 뒤에 "前"이 더 있다. 《御製皇極編》에 근거하여 삭제하였다.

李世最·司諫李廷濟·正言金始㷜·持平洪禹行等, 合辭請罷李畬等職, 上允之.

館學生李著定等疏論擬書之悖慢, 上下嚴批. 著定等捲堂, 書呈所懷, 復伸前說. 承文正字金弘錫, 將盡罰疏儒, 發通四館. 姜樸等以誣辱宋時烈之言, 添入於罰目中, 正言宋眞明請摘出答通首發者罷職. 上以爲: "答通中, '告廟'·'王法'等語, 極爲駭惋, 特命遠配." 弘錫以樸等醜言悖說, 狼藉簡中, 不可同院, 呈狀[175]自明.

正字姜綸·姜必慶等, 又呈狀發弘錫反覆[176]之態, 正言金啓煥以鬩附尊賢之議, 欲售挾雜之意, 請罷綸等職. 掌令權世恒疏論: "姜樸所攻, 卽擬書所攻也, 彼祖述擬書者, 反罪姜樸之論, 其可以服人心乎?"

上命入〈辛酉擬書〉·宋時烈所撰尹宣擧墓文. 下敎曰: "今玆擬書詳加披覽, 辭意果多操切, 墓文中元無辱及尹宣擧之事, 則一種云云之說, 自歸爽實." 因命前[177]後伸辨宋時烈被罪儒生幷解罰.

175) 狀 : 底本에는 그 뒤에 "發"이 더 있다. 《御製皇極編》에 근거하여 삭제하였다.
176) 覆 : 底本에는 "復"으로 되어 있다. 《御製皇極編》에 근거하여 수정하였다.
177) 前 : 底本에는 그 뒤에 "前"이 더 있다. 《御製皇極編》에 근거하여 삭제하였다.

皇極編 卷之八

老少

丙申四十二年春, 泮儒吳命尹等爲尹拯陳疏辨誣. 上下敎曰："昔年下敎在擬書·墓文未見之前, 今日處分, 在擬書·墓文旣見之後. 予心一悟, 是非自明, 吳命尹等掇拾醜正之論, 略無顧藉之意, 爲先停擧." 更因臺啓, 定配.

○ 京畿儒生申球疏論尹宣擧文集中與人書札, 有譏議孝廟之罪. 上命取入[1]本集下覽, 敎曰："今覽其本集, 與儒疏所云不同, 予已知其不可輕論. 申球雖甚駭惋, 不施譴罰, 亦有所執矣."

○ 上從左議政金昌集之箚請命禁尹拯先正之稱, 還收贈諡·建院之命.

丁酉四十三年春, 承旨金普澤疏請削奪尹宣擧父子官職[2], 上答以正合予意, 並命追奪. 持平金鎭商疏請毁去尹宣擧書院及文集板, 上不許.

○ **秋**, 左議政李頤命以藥房提調入侍, 上屛去承史, 使之獨對. 俄而上下備忘, 有令東宮聽政之命. 於是外議紛紜, 皆以獨對爲咎, 臺臣【朴聖輅·趙鳴謙】疏陳獨對之旣非前例, 且關後弊, 仍劾其承旨·史官之溺職.

頤命陳疏自暴略曰："昨日諫官疏以獨對事, 責臣疎率, 又謂'君臣胥失'. 綠

1) 入 : 底本에는 "叉"로 되어 있다. 《御製皇極編》에 근거하여 수정하였다.

2) 官爵 : 底本에는 "宦職"으로 되어 있다. 《御製皇極編》에 근거하여 수정하였다.

臣無狀. 上以貽累於聖德, 下以移罪於他人, 臣誠惶駭. 伊日詣闕之後, 中官來傳聖教, 俾臣先入. 臣謂承宣[3]曰: '此異常規, 承旨·史官不可不隨我而入.' 臣則在前, 趁到中庭, 顧後無人, 始覺承旨·史官見阻閤門, 不得入侍. 而黼座[4]不遠, 催臣上殿, 臣惝怳趦趄而不敢還出.

曲拜之後, 先請召入承旨·史官, 聖諭乃引孝廟朝事[5], 再三教以進前. 臣悚惕踧蹙, 語每更端, 輒申其請, 終蒙許可. 蓋歷代君臣相接之禮, 類多簡易, 其光明嚴正, 未有若我朝者. 而今至臣身, 擺脫常典, 且關後弊, 諫官之責臣是矣. 何以自解?" 上答以獨對之規, 非今斯今, 安心勿辭.

◯ 世子陳疏辭聽政之命, 上答曰: "近日事處分正而是非明, 可以不惑於百世也. 事關斯文, 顧不重哉? 故特言之. 予志汝遵, 莫之或撓."

◯ 領府事尹趾完以老病久處鄕, 至是擔舁上京, 疏陳所懷略曰: "臣伏聞筵教, 有及東宮者, 老臣不死, 乃聞此語, 心膽戰掉, 直欲碎首丹墀, 而不可得. 惟我東宮睿質天成, 承事聖后, 至孝無間, 歡侍·服喪之節, 臣僚多目擊而感泣者. 中遭變故, 無一毫微形於外. 斂德三十年, 一國莫不延頸願死, 豈意今日乃有此事?

自古衰末之世, 陰邪不逞之徒, 孽芽其間, 敗人家國. 昔在甲戌, 大臣南九萬曲意隄防, 竭誠調護, 誠以宗社安危, 亶在於此. 今九萬已矣, 只有篤老垂死之一微臣, 而地望輕淺, 不能鎭伏人心. 言念及此, 心骨俱寒."

又曰: "獨對之擧上下交失, 殿下安可以相臣爲私人, 相臣亦何可爲人主私臣? 宜其中外驚惑, 國言喧嘩. 乞下明命, 使一國臣庶曉然知聖心無間, 國本永固."

---

3) 宣: 底本에는 "旨"로 되어 있다. 《肅宗實錄 43年 7月 24日》 기사에 근거하여 수정하였다.
4) 座: 底本에는 "坐"로 되어 있다. 《肅宗實錄 43年 7月 24日》 기사에 근거하여 수정하였다.
5) 事: 底本에는 없다. 《御製皇極編》에 근거하여 보충하였다.

上答曰："予病至此, 變通之外, 無他道理. 使世子聽政之敎, 予先發口, 而大臣奉承, 與祖宗朝故事, 自然相符. 其時未聞有爭之者, 今以不爭責大臣, 予所未解也. 至於獨對, 非今創行, 而卿指斥左揆, 語意非常. 特下備忘, 明白開釋, 而卿至有復下之請, 尤有所未解."

○ 左議政李頤命辭疏略曰："至於獨對之命出於倉卒, 旣非臣夢寐之所可及, 亦非臣慫慂而成者. 若使臣毅然不承命, 固辭於閤門之外, 可謂善處事矣. 蒼黃顚倒, 不及爲臣謀, 致此噂沓. 孝廟嘗[6]有此擧, 其時已有違言, 况於今世乎? 況當臣身乎? 但未聞其時以'私人'·'私臣'疑及上下. 其爲人臣者得此題目, 不膏斧鑕[7], 當屛四裔."

上答曰："噫! 獨對古亦有之, 而未聞以私人·私臣勒加惡名, 如今日者. 況獨對時, 卿之竭誠匡救, 可質神明, 則大臣之言, 豈非卿之至寃乎?"

○ 備忘記："領府事尹趾完以篤疾之人, 汲汲入京, 有若國家安危迫在呼吸者然, 擧措旣極異常. 至於左揆, 則直以'私臣'一筆句斷, 驅之於罔測之科, 是誠何心?"

○ 司直李大成疏論獨對之失, 上以危險責之.

○ 司果李世德原情略曰："今之脅持拯而詆毁拯者, 一則曰'〈辛酉擬書〉, 出於墓文之不滿意', 一則曰'墓文無辱, 而遽至於相絶'. 噫! 自有墓文·擬書倂入之命, 拈出此二件事, 斷以爲師生相絶之案, 將欲硬定是非. 然而墓文自一事也, 擬書自一事也, 相絶自一事也. 條件各異, 事蹟照在, 一加按覆, 可以立辨矣.

---

6) 嘗：底本에는 "常"으로 되어 있다.《肅宗實錄 43年 8月 5日》 기사에 근거하여 수정하였다.
7) 鑕：底本에는 "礩"로 되어 있다.《御製皇極編》에 근거하여 수정하였다.

夫拯之於時烈相絶, 實由於末梢書札謬辱其親之狼藉, 則此何有干於墓文? 而言者乃置末稍之謬辱, 必稱墓文之無辱, 以證相絶之無義, 此誠可笑也. 蓋時烈所撰墓文, 潛蓄不平, 顯示疎外, 拯之不慊於意者, 誠人子之常情也. 雖係私事, 而以公心觀之, 其果無可疑者乎?

時烈之於宣擧, 其平昔許與何如也, 身後之贊揚何如也? 而及見宣擧〈己酉擬書〉之後, 追加慍怒, 不平之言, 屢形於書牘, 而俄而碑文出, 則全沒實狀, 頓與祭文中'日星'·'砥柱'之喩, 如出異手. 其末稍之語, 全然借重於文純公 朴世采所著行狀, 乃曰:'狀德之文, 茫然不知所以措辭也.' 其銘曰'我述不作', 顯有不欲犯手之色. 拯怪其命意之不誠, 以書質之, 則時烈乃答之曰:'吾仰和叔【朴世采字也.】, 如喬岳.' 其言似若藉重於世采者. 而至其答世采也, 則曰:'山岳之說, 執事用於用處, 故愚也僭借而用之.'云. 蓋世采所撰行狀以'嚴嚴喬岳'等語讚宣擧, 故時烈潛懷不悅, 畢竟自露其嘲訕之迹也.

且丙辰棘中時烈先自許改, 而厥後只改數字曰'依和叔所籤'. 至戊午春又令更送, 而亦只點化句字曰'依來示撰定'. 至復曰:'弱不敵强而改之.' 其前後擧措與辭意, 實非常情之所可及也. 拯於此, 安得[8]晏然於心, 而亦安得不疑其用意之異常耶? 此非拯之蔽於己私而然也. 雖世采之見, 亦常不然, 其抵時烈書所謂'抑揚反覆, 其說愈多, 而人心愈不服'者此也.

蓋宣擧之時烈一生規切之語, 勤勤懇懇, 亶出於一片赤心. 其所謂'善《易》者, 不言《易》'·'先聲後實'等語, 無不切中時烈之疵病. 若其〈己酉擬書〉, 則尤多觸犯忌諱者, 時烈之所以蓄怒於生前之砭言, 逞憾於死後之遺札, 亦豈恒情之所可測者哉?

蓋其書切中己病, 無可自解, 以此起事, 無以取勝. 於是提尹鑴事, 而迤及江都事, 以爲齮齕[9]宣擧之資, 以拯之不拒鑴奠, 執以爲言. 而抵書於世采曰:'草廬【李惟泰之號】言:「驪尹聞美村【尹宣擧之號】絶之之言, 大恚曰:『吾先已不

---

8) 得:底本에는 그 뒤에 "不"이 더 있다. 《御製皇極編》에 근거하여 삭제하였다.
9) 齮齕:底本에는 "齕齮"로 되어 있다. 《御製皇極編》에 근거하여 수정하였다.

屑, 而黽勉相從. 云云.』」無乃其家病此欲爲彌縫保合之計耶? 云云.' 而於'先已不屑[10]'之上, 傍書'於江都事'四字, 旣書而還抹之, 抹之而使之見, 此又時烈用意處也.

時烈初見鑴, 抵書於宋浚吉曰 : '行到三山見尹鍞【鑴初名】, 與之論學, 吾輩學問, 眞可笑也.' 時烈之當初稱譽鑴者如此, 而至癸巳年間, 時烈與宣擧, 會于黃山, 始斥鑴以異端. 蓋以鑴《中庸》分節, 不遵朱子章句故也. 宣擧曰 : '此固鑴之年少過越所致, 包容責誨, 導之以善, 君子愛人之道也.' 其後四年丙申, 鑴爲諮議, 還納告身, 則時烈奬之曰 : '今之伯夷也.'

戊戌, 時烈之掌銓也, 擢鑴爲進善, 超[11]躐八資, 有違政例而見遞, 則時烈於榻前啓曰'此等人當以格外用之'. 仍請還除進善. 又己亥春, 鑴以山訟事辭職, 則時烈以爲'不可以訟者待徵士', 特請不査而直決. 宣擧以爲此大害於事理, 以書規責時烈. 以此見之, 癸巳以後, 時烈之事事曲爲鑴地者如此, 惡在其以異端斥絶哉?

及夫禮訟[12]以後, 鑴以'卑主貳宗'之說攻斥, 時烈以鑴爲將殺己, 始與鑴爲敵讎. 宣擧以疾之已甚亂也[13]之意, 戒時烈, 毋使杜鑴自新之路. 又作書責鑴, 前後書皆載本集, 可考而知也. 鑴見末稍書, 怒而不答, 宣擧遂不復以友道待鑴, 不與之往還者, 殆且十年.

及宣擧歿, 鑴送子致奠, 拯以爲'先人之於鑴, 友道雖絶, 而曾於喪故, 不廢例問. 今於喪後, 以舊誼來弔, 固無不受之義', 遂不拒絶. 時烈執此一話頭, 遂以爲旣絶復交之證.

噫! 自禮訟以來, 鑴之齮齕時烈, 極矣, 時烈之所以攻斥鑴者, 不有餘力. 宣擧則斥之雖嚴, 不至如時烈之已甚者, 正以此出於公心, 而彼由於私怨也. 時

10) 不屑 : 底本에는 "屑不"로 되어 있다.《御製皇極編》에 근거하여 수정하였다.

11) 超 : 底本에는 "迢"로 되어 있다.《御製皇極編》에 근거하여 수정하였다.

12) 禮訟 : 底本에는 "訟禮"로 되어 있다.《御製皇極編》에 근거하여 수정하였다.

13) 亂也 : 底本에는 "也亂"으로 되어 있다.《御製皇極編》에 근거하여 수정하였다.

烈後來, 欲諱斥鑴之由於禮訟, 乃捨禮訟事, 而追罪其改註《中庸》, 有若己之絶鑴, 在於禮訟以前·改註以後者然, 乃曰 : '鑴也訾侮朱夫子, 則不待行凶作惡, 而一毛一髮[14]無非罪逆. 云云.'

噫! 陞擢扶奬, 靡不用極者, 旣在於[15]黃山酬酢屢年之後, 則行凶作惡之前, 其果視以一毛一髮, 無非罪逆耶? 其徒李翔等, 欲諱擢鑴之事, 又謂'時烈之擢鑴, 由於宣擧之力勸'. 噫! 苟視以一毛一髮, 無非罪逆, 則其可以儕友之勸, 而超[16]擢扶奬, 乃至此耶? '格外用之'之請, 實在於擬望後三日, 則此其宣擧之勸耶? '今之伯夷'之褒, '直決山訟'之請, 亦可以諉之於宣擧耶?

且宣擧之歿, 在於己酉, 則未及見甲寅以後之鑴矣, 宣擧之斥鑴, 縱不如時烈之已甚, 何足爲宣擧之累耶? 己亥以前, 時烈與鑴交好, 與宣擧彼此何間? 而自謂'己則忘身斥鑴, 而欲治宣擧, 以《春秋》「先治」之律者', 其果成說乎? 豈非所謂〈己酉擬書〉重觸其怒而然歟?

時烈亦自知鑴事之不足累宣擧, 則欲以江都事爲詬辱之資, 輒[17]又托之於鑴說, 插入四字, 以爲造謗之基址. 後來'俘虜'·'忍人'等說, 莫非從此演出, 其所用意, 吁! 亦危且險矣. 江都事[18]顚末[19], 備載於向年故掌令羅良佐之疏, 則聖上或已洞燭矣.

時烈初祭宣擧之文, 發明江都不死之義, 而曰 : '中經大亂, 非欲瓦全. 文山倉卒, 腦不闕年. 且在觀志, 身不敢專.' 又自序《三學士[20]傳》, 而有曰 : '江都則自仙源【金尙容號】金相國以下十[21]餘人, 其他所在委命表著者, 不可勝數. 且如潔身不汙, 以守其志, 如尹宣擧諸賢, 事雖不同, 而同[22]歸於一段, 皆不可遺

14) 一髮 : 底本에는 "髮一"로 되어 있다. 《御製皇極編》에 근거하여 수정하였다.
15) 於 : 底本에는 없다. 《御製皇極編》에 근거하여 보충하였다.
16) 超 : 底本에는 "迢"로 되어 있다. 《御製皇極編》에 근거하여 수정하였다.
17) 輒 : 底本에는 "輒"으로 되어 있다. 《御製皇極編》에 근거하여 수정하였다.
18) 事 : 底本에는 없다. 《御製皇極編》에 근거하여 보충하였다.
19) 末 : 底本에는 그 뒤에 "事"가 더 있다. 《御製皇極編》에 근거하여 삭제하였다.
20) 士 : 底本에는 없다. 《御製皇極編》에 근거하여 보충하였다.
21) 下十 : 底本에는 "十下"로 되어 있다. 《御製皇極編》에 근거하여 수정하였다.

也.' 不以江都事爲宣擧之累者可知矣.

同是一事也, 同是一人也, 而極言贊美於情義未替之前, 用意訾摘於擬書傳示之後, 前後言論, 判若二人. 而猶不敢無端自倡, 乃引鑴事, 而拖引之, 粧點一事, 做成兩訾. 又托之於鑴言之, 而惟泰傳之, 使瑕累歸於宣擧, 而言根歸於他人.

所謂'於江都事'四字, 初不書之者, 以鑴初無是言故也. 追後傍書者, 欲以此憑藉而凌辱之也. 旣書還抹者, 以其實非言, 故猶不敢肆然書之也. 抹之[23]而使之見者, 必欲以此訾摘, 故猶不全沒之也. 世采亦以旣書還抹, 抹而可見之狀, 書報於拯, 則蓋亦覷破其用意處也.

厥後時烈言行施措之間, 率多可以使人規見其心術者, 而至惟泰禮說事而愈益綻露. 蓋惟泰嘗以礪山 南姓人田畓攘占, 有所規切, 而時烈因此大恚, 遂成嫌隙矣. 及至丙辰年間, 拯往候時烈於長鬐棘中, 則時烈曰'草廬禮說見之否?' 答曰 : '庚子年旁枝達幹之說見之矣.' 曰 : '非也. 乃甲寅秋所爲也. 大抵頓變前說, 宋尙敏大駭而來示之. 少輩則以爲變說求免, 而吾則以爲可發一笑也.' 仍令其孫疇錫, 搜諸几案. 旣[24]而曰 : '宋生還爲持去, 君歸路, 可以覓見.'

拯還到懷德, 訪尙敏, 索見禮說, 則時烈孫淳錫在座, 出諸其囊中而示之. 旣見殊無變說處, 拯抵書時烈, 以明禮說之無變. 俄而惟泰之謗, 喧騰一世. 惟泰之姪子頲[25], 來見拯曰 : '〈甲寅禮說〉, 曾已往覆於宋相, 有所點改.' 仍示往覆之書. 拯不勝訝惑, 復作質疑, 則時烈有答書, 向日李蓍定疏中所載是也.

其書有曰 : '聞此兄言「某論禮之誤, 可死云云」, 愚謂 : 「此必以爲當初論禮, 極言不諱, 其勢[26]當死云, 而傳者轉語之誤耳.」 又聞此兄作說頓異於前

---

22) 而同 : 底本에는 "同而"로 되어 있다. 《御製皇極編》에 근거하여 수정하였다.

23) 之 : 底本에는 없다. 《御製皇極編》에 근거하여 보충하였다.

24) 旣 : 底本에는 "已"로 되어 있다. 《御製皇極編》에 근거하여 수정하였다.

25) 頲 : 底本에는 "頳"으로 되어 있다. 《肅宗實錄補闕正誤 43年 9月 2日》 기사에 근거하여 수정하였다.

26) 勢 : 底本에는 "書"로 되어 있다. 《宋子大全》에 근거하여 수정하였다.

見. 既[27]而李廈卿來說[28]「曾拜某丈於松京路上, 則言論可異云」, 雖不信聽, 不能無訝. 故於子仁【尹拯字也.】枉顧之日, 奉要覓[29]見其新說矣. 及承回示, 則自信前日相信之不謬也.' 又曰:'甲寅秋往復之云, 誠有之[30], 間有以鄙意添刪者, 其全篇自好無害. 云云.'

蓋其辭意泛然看過, 則似若'初說變改'之云, 得於傳聞, 未曾目睹, 而本不大段致疑者然, 而若以時烈當初宋生來云之說, 及搜諸几案之事, 參互考之, 則其言之互相矛盾, 自歸[31]破綻[32]之狀, 昭不可掩矣. 故拯又作書質之, 時烈無語可答, 答書但云:'所詢草廬事, 略陳其不敢詳之意矣. 此等事儘悠悠耳.' 蓋至此而時烈之欲陷惟泰造言誹謗之跡, 畢露無餘, 而此亦拯致疑本源之一端[33]耳. 朴世采甲子疏所謂'因事叩質, 未得開釋'者, 指此等說事也.

及至庚申以後, 未免胡亂出來, 而表裏勳戚, 把攬朝權, 言論事爲無一不出於[34]忮求. 平生講劘之友, 無一全保, 向者尊仰之人, 太半乖離. 拯之所以憂歎痛惜於時烈者, 轉加一節矣. 拯之心以爲:'師者平生所尊仰而依歸者也, 今胡爲而至此極也? 先人在世, 嘗以諍友自處, 隨失隨規, 未嘗以聽納之不弘, 少替忠告之誠. 今吾之所以看得者若是深切, 而不一明顯諫, 以救其敗, 自同於畏威附勢, 承奉將順者流, 則是不但不忠於長者, 實亦有負於先志.' 於是乎作爲一書, 畢攄哀忱, 所謂'〈辛酉擬書〉'是已.

蓋此一着亶出於背城借一之計也. 倘或因是而有所開悟, 則此固大幸也. 雖或不幸, 而益見疑怒, 遂遭斥絶, 固將杜門自廢, 終身不見人面而死. 世之訾毁者, 乃或疑其出於挾憾, 而此豈知拯之本心者哉? 惟世采知之, 故以碑文·擬

27) 既 : 底本에는 "已"로 되어 있다. 《宋子大全》에 근거하여 수정하였다.
28) 來說 : 底本에는 없다. 《御製皇極編》에 근거하여 보충하였다.
29) 覓 : 底本에는 "覽"으로 되어 있다. 《御製皇極編》에 근거하여 수정하였다.
30) 之 : 底本에는 없다. 《宋子大全》에 근거하여 보충하였다.
31) 歸 : 底本에는 없다. 《御製皇極編》에 근거하여 보충하였다.
32) 綻 : 底本에는 그 뒤에 "歸"가 더 있다. 《御製皇極編》에 근거하여 삭제하였다.
33) 端 : 底本에는 "段"으로 되어 있다. 《御製皇極編》에 근거하여 수정하였다.
34) 於 : 底本에는 없다. 《御製皇極編》에 근거하여 보충하였다.

書, 分作二件事. 甲子疏有曰 : '以臣宿聞, 雖有所謂墓文撰述之端, 固難晏然者, 而然其實狀初不[35]係於是矣. 拯間嘗仍事叩質於時烈, 未得其開釋, 自後遂成抑鬱, 每欲作[36]長書, 並效平日爲師之誠意. 云云.'

書成之後, 約會世采於山寺, 聯枕三夜, 罄盡衷蘊, 反復論確. 拯有比干一言而死之言, 而世采引王蠋退耕之事以挽之. 拯以爲 : '函丈已老矣, 如或一朝奄忽, 積此耿耿, 呑不復宣, 終爲歿身之恨矣.' 世采曰 : '兄之誠意, 弟豈不知? 但忠言未易相入, 事端易至層激, 末梢之憂, 恐作朝廷之風波. 兄遯處山林, 無異室中之處子, 而一朝自我起事, 以致世道之紛鬧, 豈非不幸之甚者乎?' 世采甲子疏所謂'臣非不知其出於疑, 則當問之意. 而恐或夤緣觸激, 致傷大體, 相見時止之, 不啻再三'者, 此也.

適時烈外孫權以鋌來訪, 拯以爲以鋌, 旣非外人. 且言端旣發, 不容含嘿, 遂言其書不敢送之意, 仍拈出書中大意而言之. 以鋌以此傳達於時烈, 則時烈大生恚恨, 遂謂'拯與己相絶', 辭說紛紜. 世采聞而疑惑, 書問委折, 拯不欲煩之於書札, 初不肯答, 至於屢問, 然後始答之.

其書遂爲時烈孫爲世采婿者所竊去, 時烈之怒, 轉加一層. 時烈門人崔愼之疏出矣, 金壽恒·閔鼎重筵奏之事發矣. 彼皆以拯之不直送其書[37], 而私與世采酬酢, 爲詬辱之資斧. 噫! 拯之於[38]世采, 道義相許, 情志相通, 而世采亦嘗詳知時烈本末, 實與拯同其憂慨, 則將進諫書, 先與相確, 捨世采而誰也?

且其王霸·義利之說, 旣與以鋌有所酬酢, 而業已轉聞於時烈, 則因世采之屢叩, 略報委折, 事理誠然. 而猶不卽對, 至於累問, 始爲略報, 其愼重之過·惻怛之至, 幷可見也. 故世采甲子疏曰 : '聞因人先致大意於時烈. 臣又惜其大涉輕率, 以書相問當時辭意, 以其因人先致之說, 反復曉喩, 且使量示處義之

---

35) 不 : 底本에는 없다. 《御製皇極編》에 근거하여 보충하였다.
36) 作 : 底本에는 없다. 《御製皇極編》에 근거하여 보충하였다.
37) 其書 : 底本에는 "書其"로 되어 있다. 《御製皇極編》에 근거하여 수정하였다.
38) 於 : 底本에는 "與"로 되어 있다. 《御製皇極編》에 근거하여 수정하였다.

方[39], 本末條理, 各有其由.'云. 以此觀之, 則拯之本意, 非出於陰相譏議, 尤可明矣. 若其情之不得不異於前者, 亦自別事也.

蓋木川之事, 倡說於積漸嫌怒之餘, 而畢竟往復, 終露其捏撰之跡, '忍人'之說, 騰播於向後睽乖之際, 而自實其言, 益肆醜悖之語矣. 請[40]以兩事顚末詳陳焉. 蓋湖人俎豆宣擧累年之後, 時烈言於李翔曰 : '木川通文中, 有「江都俘虜, 不合享祠」之語.' 使翔覈出, 以翔時爲院長故也. 蓋當初木川通文中元無是語, 湖中人士, 了無傳說者, 先發於時烈之口. 拯意或時烈門人中有造言者, 而時烈聞而傳說之, 心甚訝菀, 欲爲書問之際, 時烈門下諸人已有質問者, 時烈左托右諉[41], 終無歸宿.

拯抵時烈書曰 : '李翔奉問, 則以是言根爲出於柳壽芳, 木川人奉問, 則便以造言自當, 有書於[42]此中, 則以爲問許璜則可知, 泰仲【宋時烈子基泰字也.】奉稟, 則以爲問諸草廬云. 如是則迷亂之心, 雖或無疑, 何可得也? 云云.' 所謂木川人卽尹寀[43]也, 蓋寀初聞此言於時烈在謫之時. 故及其辭說大播之後, 質問言根於時烈, 則答曰 : '吾於鄭載嵩事, 得造言之謗, 今於尼城事, 又爲造言之人. 云云.' 噫! 向日蓍定上疏引許瀰之疏, 而曰 : '其父璜, 歷過尹寀家, 見尼城院儒通文適到, 而諸邑中木川之下, 有「江都俘虜, 不合享祠」八字云.' 果如其疏, 則是固寀之所目覩, 而寀反以此問於時烈[44]者, 何也?

且時烈言於寀曰 : '「俘」字下爲何字耶?' 寀曰 : '必是「虜」字也', 時烈曰 : '此「奴」字也.' 旣以沃川人通文, 詆辱宣擧以'奴'字書之. 若使時烈果聞於寀, 則又何以[45]知寀所不知之'奴'字耶? 且時烈抵拯[46]書曰 : '日前所從聞之人,

39) 之方 : 底本에는 "方之"로 되어 있다. 《御製皇極編》에 근거하여 수정하였다.

40) 請 : 底本에는 이 앞에 "身"이 더 있다. 《肅宗實錄補闕正誤 43年 9月 2日》 기사에 근거하여 삭제하였다.

41) 諉 : 底本에는 "誘"로 되어 있다. 《御製皇極編》에 근거하여 보충하였다.

42) 於 : 底本에는 없다. 《御製皇極編》에 근거하여 보충하였다.

43) 寀 : 底本에는 "来"로 되어 있다. 《御製皇極編》에 근거하여 수정하였다. 이하 동일사례에 대해서는 별도의 校勘記를 달지 않는다.

44) 時烈 : 底本에는 "自當"으로 되어 있다. 《御製皇極編》에 근거하여 수정하였다.

憂恐徊徨, 則言根自有歸所, 故便卽自當.'云. 若果眞有所從聞之人, 則此不過卽所見而傳說於時烈者也, 又何有憂恐徊徨之事[47]乎? 設使眞有憂恐徊徨之人, 豈有爲其人自當之理乎?

基泰一日與拯聯枕, 言及此事曰 : '渠奉稟於其父, 則答曰「聞諸草廬」. 云云.' 拯卽曰 : '先人院享[48]在甲寅冬, 而其後草廬與函丈, 無相會之時, 恐君誤聞也.' 基泰蓋已歸, 傳此言於時烈, 自知其言之歸於破綻, 答拯之書, 但曰 : '來書使兒子讀之, 至「聞[49]諸草廬」一款, 兒子大驚曰「元無此事」云云.' 所謂'元無此事'云者, 其指基泰不曾傳說於拯耶? 抑指時烈本不聞於惟泰而言之其子耶? 何其語意之糢糊也?

向年尹世顯疏則復以爲 : '時烈自京歸路逢李惟泰於道, 同宿而傳之.' 由此觀之, 則可知'聞諸草廬'之說, 果出時烈之口, '兒子大驚'之說, 益見窘遁之甚也. 且時烈抵拯書曰 : '木川事, 勿論其事之虛實·其言之有無, 蓋欲翔勿與互鄕人[50]相[51]從, 出於尊尙先丈之意云.' 而其後時烈書札·章疏中醜辱之說, 有甚於木川云云之說, 則其所謂'出於尊尙之意'者, 果安在哉? 其用意揑撰, 觸處破綻, 至於此極, 而欲使人不疑, 其可得乎?

至於'忍人'之說, 則其視木川[52]說尤惜. 蓋時烈言於門生子弟曰 : '金尙書益熙生時, 以尹宣擧爲忍人. 云云.' 蓋其語意以拯之母李氏以江都殉節事, 謂非出於自決, 而以宣擧爲殘忍薄行人也. 拯聞而痛心, 抵書時烈有所質問, 則時烈答曰 : '金尙書不但曰「忍人」而已. 蓋傷其同氣不得從容就盡, 而謂出於

45) 何以 : 底本에는 "以何"로 되어 있다. 《御製皇極編》에 근거하여 수정하였다.
46) 拯 : 底本에는 없다. 《肅宗實錄補闕正誤 43年 9月 2日》 기사에 근거하여 보충하였다.
47) 事 : 底本에는 없다. 《御製皇極編》에 근거하여 보충하였다.
48) 享 : 底本에는 "亨"으로 되어 있다. 《御製皇極編》에 근거하여 수정하였다.
49) 聞 : 底本에는 "問"으로 되어 있다. 전남대학교 중앙도서관 소장 《皇極編》(청구기호 : OC 2A5 황18ㅈ, 이하 '전남대본 《皇極編》'이라 칭한다)에 근거하여 수정하였다.
50) 人 : 底本에는 "相"으로 되어 있다. 《御製皇極編》에 근거하여 수정하였다.
51) 相 : 底本에는 "人"으로 되어 있다. 《御製皇極編》에 근거하여 수정하였다.
52) 木川 : 底本에는 "川木"으로 되어 있다. 《御製皇極編》에 근거하여 수정하였다.

先丈倡之也. 云云.' 所謂'同氣', 卽益熙之弟益謙也. 所謂'不得從容就盡'者, 蓋謂益謙爲宣擧所驅迫而死[53], 非出於素定也. 此非但誣宣擧也, 並與益謙·益熙而誣之也. 世安有已無欲死之心而爲人所驅迫而死之也? 亦安有以同氣之舍生取義爲被迫於人而反咎人者也? 此必無之事也.

拯又以書辨之曰 : '拯雖冥頑, 豈忍無故發此說也? 年前已聞門下之有此說, 而近又聞令季及門下諸人到處騰口, 辭說罔極, 安得不一訴於門下耶? 金丈曾[54]於癸巳秋訪先人, 言及當時事, 爲言先人引咎不仕之太[55]過, 而哀其同氣之不幸, 其至情可見矣. 噫! 殺身成仁, 一家義烈炳炳, 則死者固無怨悔於冥冥, 生者亦豈有尤人之意?

金丈於先人, 眞有不但曰「忍人」之意, 則是怨之深·斥之甚也, 又安有手登薦剡, 以欺吾君; 時加存訊, 以欺其心之理哉? 前日則只以門下之輕易傳說爲悶矣. 今此下敎, 則便有因其言而[56]實其事之意, 人子悶迫之情, 於此更加一節矣. 到此地頭, 亦不得不沫[57]血飮泣, 一暴窮天之冤. 嗚呼! 痛哉!

不肖於此時齒已九歲. 雖極迷昧無他省識, 而猶記先妣自決之時, 先人則不在家中, 至今追思, 歷歷如昨日. 人子見此, 而尙延喘息於人世, 豈非命之至頑耶? 雖使金丈而在, 亦未必以己不目覩之事, 身質傳聞之說. 況今金丈歿後幾年, 無端引播其說, 以爲疵謗之口實, 不但爲不肖之至冤極痛而已, 抑恐於門下盛德所損非細也. 先妣處義明白, 不肖之尙今瞭然於心目, 而中夜泣血者也. 苟有一毫微晦之端, 則雖人子爲親之至情, 何敢抵書, 以欺天地鬼神乎? 云云.'

時烈又答書曰 : '金尙書之異觀, 非愚之所敢知, 問諸水濱, 可也. 亦豈非復

---

53) 死 : 底本에는 없다. 《御製皇極編》에 근거하여 보충하였다.

54) 丈曾 : 底本에는 "曾丈"으로 되어 있다. 《御製皇極編》에 근거하여 수정하였다.

55) 太 : 底本에는 "大"로 되어 있다. 《肅宗實錄補闕正誤 43年 9月 2日》 기사에 근거하여 수정하였다.

56) 而 : 底本에는 없다. 《御製皇極編》에 근거하여 보충하였다.

57) 沫 : 底本에는 "抹"로 되어 있다. 《御製皇極編》에 근거하여 수정하였다.

吳下 阿蒙之[58]意耶? 云云.'

拯之苦心籲冤, 一字一涕, 有足以感豚魚·泣鬼神者. 使時烈苟有一分惻隱之心, 則所當怵然驚惕, 少戢其詬辱之心, 而乃忍以無倫悖理之言, 益肆醜詈. 卽此一事觀之, 可以知平生矣, 故世采抵拯書曰'尤翁'云云. 祗見其吝於與善·薄於故舊而已, 豈足以損幽光之萬一也哉? 又抵書時烈曰 : '一擧而辱人之兩尊, 壞平生朋友之義, 傷[59]孝子罔極之情, 此在門下, 非爲盛德事.' 世采之於時烈, 姻義交好, 非不篤至, 猶且索言如此, 則其不直時烈, 亦可知矣. 自此拯之於時烈無事於絶而自絶矣.

及至于丁卯, 時烈又忍以'先鑴伏誅'之說, 肆然筆之於奏御之文, 則誣辱之說, 聖鑑亦自照察矣. 昨年筵席所敎'其父受辱, 其子豈可安而受之'者, 誠萬古不易之定論. 然則其所以相絶者, 其果由於墓文乎? 亦果出於擬書乎?

噫! 矣身今日所陳, 引擧事實, 鑿鑿明白, 其自〈己酉擬書〉事以下, 至世采甲子疏, 卽時烈所以醜辱拯之父母[60], 而拯之不得不絶於時烈之顚末也. 請就前後疏章中, 譖言巧說, 以惑亂聖聽者, 爲殿下略辨其一二.

蓋當前春, 殿下方主'父師輕重之義', 故李畬揣知無輕重之說不能見售, 乃先爲婉辭而曰'固當先父子而後師生也', 以順上旨. 繼又巧爲辭說, 深文密構, 以爲己之意, 非謂父師無輕重, 而全以拯處義不明爲咎.

噫! 本源之病昭著難掩, 而忠諫不入, 情志先阻. 然猶至誠悱惻, 冀其悔改, 雖書不能達, 疑不能質, 而太息瞻顧, 不能自已. 洎乎辱及其兩親, 始乃有數書質問, 眞是沫血飮泣, 直布衷曲之言. 及其終不悛改, 誣辱愈悖, 則自歸於相絶. 而旣絶之後, 擬書之藁, 終身不出口, 不道其人之長短, 則其所處義者至矣. 以此謂之背師, 是可忍也?

其箚又曰 : '豈有一文字前後之間, 其人賢否判作天淵之理乎? 若曰「拯之

---

58) 蒙之 : 底本에는 없다. 《御製皇極編》에 근거하여 보충하였다.

59) 傷 : 底本에는 없다. 《御製皇極編》에 근거하여 보충하였다.

60) 母 : 底本에는 "每"로 되어 있다. 《御製皇極編》에 근거하여 수정하였다.

所見, 本自如此」, 則旣往父事者何心? 又欲必得一言之重, 以爲其親不朽之圖者何意?' 不特奮言若是, 構捏之徒, 每曰'四十年從遜, 曾無一言違拂, 墓文前後, 其人賢否, 何遽頓變?'云, 誠極可笑.

宣擧在時, 至誠責善於時烈, 無事不言, 無言不盡, 拯於其時, 又何以疊床乎? 及其宣擧歿, 拯卒喪未幾, 而甲寅之禍作矣. 時烈南遷北謫, 死亡無日, 擧其旣往之事而規切之, 豈其時哉?

然拯獻替之誠, 則固未嘗暫忘也. 〈己酉書〉宣擧之所未送, 而拯必爲之袖示者, 固出於望其遷改之至意. 及忠不見諒, 言不見採, 而本源之疑, 於是乎滋甚. 逮至庚申再入, 無復可言而〈擬書〉遂作矣. 此皆鑿鑿有根據, '四十年, 無違拂'云者, 其果成說乎? 況其心術之呈露尤在晚節, 則前後之異觀判若天淵, 豈拯之過乎? 今若咎拯以見事不早, 則未爲不可, 所以當初服事之故, 致詰於後來本源之疑, 則此正童騃之見, 誠不滿一笑也.

其箚又曰: '托以論學者公心也, 不平者私情也. 臣未知數十年函丈之席, 所講者何事[61], 曾不及此, 何乃於情義旣乖之後, 始爲此言也. 云云.' 噫! 論學莫先於心術, 而拯之致疑於時烈者, 正在心術, 則專論本源, 自不得不爾也. 特以前則認爲氣質之病, 後則乃見其心術[62]之慝, 而其所見其心術者, 適在於情義乖離之際故耳. 此何足費辭論辨也?

至於金昌集前春[63]之疏, 始則[64]全以父師無輕重爲說, 自以爲踵述其父之遺意, 敢以無面入廟等說, 肆然筆之於章疏. 及至臺臣引渠戊寅疏中, 所謂'臣父豈不知父師輕重'之語, 以詰其反背父旨, 則自知理屈, 無以爲辭. 及其追辨之疏, 拖移其說, 欲自解脫, 乃曰: '如使〈擬書〉早出, 臣父所以責拯者, 豈止於如彼而已乎? 云云.' 隱然若渠之所以斥拯, 在於旣見〈擬書〉之後, 故前後之

61) 事: 底本에는 "辭"로 되어 있다. 《御製皇極編》에 근거하여 수정하였다.
62) 心術: 底本에는 "術心"으로 되어 있다. 《御製皇極編》에 근거하여 수정하였다.
63) 前春: 底本에는 "春前"으로 되어 있다. 《御製皇極編》에 근거하여 수정하였다.
64) 則: 底本에는 "以"로 되어 있다. 《御製皇極編》에 근거하여 수정하였다.

言, 不得不異者然.

噫! 當初所爭, 惟在於父師之無輕重與有輕重而已, 則〈辛酉書〉之見不見, 本不關涉於斯矣. 況其前春疏在於〈辛酉書〉未出之前, 則何能逆料其辭意之深峻, 而先創無輕重之說, 以自貳於其父哉? 昌集急於護黨, 銳於毒正, 而不暇顧其言之背馳於其父. 及其竄遁之後, 又從而爲之辭[65], 人之無狀, 乃至於此耶?

其疏又曰 : '甲子未絶[66]之書, 猶且請改墓文曰「幽明受賜, 疑結俱解, 只在門下一言之間而已」. 其[67]人如彼[68]無狀, 則其一言之賜, 安得爲幽明之受也? 其所疑結皆在本源心術之上, 則又安得遽解於文字筆削之間乎? 其所慍憾不平, 多在墓文之不厭其欲, 斷可知矣. 云云.' 使人驟觀, 眞若中間事端皆由於墓文, 而末稍睽乖之後, 猶不免請改者然, 聖明之致疑於拯, 亦無怪矣. 但拯之數次往復請改墓文, 乃在戊午[69]以前, 而其後七年之間, 則絶口不復言矣.

若其甲子書, 則自是別事. 蓋其時時烈語窮於木川事, 乃曰 : '言者徒歸誣罔, 而聽者以爲矯飾. 以故絶意於復爲高明, 露此悃愊, 只有抱此入地, 以俟百世公論而已.' 拯怪其言之終無明白, 悶其事之將歸黰黯, 乃復抵書曰 : '旣以昏昧之見識, 蔽於悶迫之私情, 凡所疑惑, 豈皆得正? 若蒙門下, 追惟舊誼, 俯察人情, 平心舒究, 曲加哀憐, 則幽明受賜, 疑結俱解, 在門下一言之間耳, 何有待百世之事? 云云.' 卽此觀之, 彼此往復的有所指, 其於墓文萬不干涉. 而昌集闖然插入'請改墓文'四字, 頓變本旨, 指東證西, 其所用意誠極巧慘矣.

至於致垕疏, 絶悖尤甚. 其曰 : '當凶黨之構殺時烈也, 凡所勒成罪案都不出拯書中意旨, 脉絡歸趣無不的然相合.' 噫! 言至於此[70], 又何足[71]較也? 然此

---

65) 之辭 : 底本에는 "辭之"로 되어 있다. 《御製皇極編》에 근거하여 수정하였다.
66) 未絶 : 底本에는 "未終"으로 되어 있다. 《夢窩集 卷之七 辭左議政再箚》에 근거하여 수정하였다.
67) 已其 : 底本에는 "其已"로 되어 있다. 《御製皇極編》에 근거하여 수정하였다.
68) 如彼 : 底本에는 "彼如"로 되어 있다. 《御製皇極編》에 근거하여 수정하였다.
69) 午 : 底本에는 "年"으로 되어 있다. 《御製皇極編》에 근거하여 수정하였다.

非致垕之言, 乃時烈之言也. 時烈慍憾之心, 常蓄於中, 將死之言忿懥益甚. 其抵人書, 有曰'今番事由於拯父子, 何疑?'. 噫噫! 甚矣. 宣擧之歿在於己巳前二十年, 而時烈忍爲此言, 略無愧怍, 則致垕輩襲其餘沫, 益肆誣悖, 亦何足誅乎?

其疏又曰 : '墓文無詆辱之語, 則十數年所藉口而爲說者, 全無着落, 故變而爲本源之說, 有若拯見其不是而絶之也. 云云.' 此不過渠輩亦知時烈末梢誣辱拯兩親之爲大段醜悖, 在拯之道不容不絶. 故諱此一事, 專提墓文·〈擬書〉兩款, 而自唱自和, 勒謂'爲[72]拯申辨[73]者, 屢屈累變, 遷就而爲說', 其亦可笑而不足辨也.

其疏又曰 : '世道累變, 禍機將迫, 則陰決自貳師門之計.' 噫! 庚申之際, 化理維新, 禍機之作, 初無兆眹之可見. 而況其時時烈位望隆重, 權威燀爀, 少有崖異, 輒受齮齕. 使拯苟有計較禍福之心[74], 則惟當迎合, 苟容之不暇, 何可預憂未兆之禍, 徑取立至之患哉?

其疏又曰 : '禮說事, 業已痛辨於李蓍定之疏, 無足更辨. 許璜生存, 而木川之事, 言根明白, 金壽澤陳疏, 而「忍人」·「水濱」之說自有歸宿.' 噫! 蓍定疏中所載者, 只是時烈[75]遁辭自明之說, 而若其先後往復書之節節破綻者, 蓍定不曾提及. 故矣身旣以悉陳於左, 倘蒙殿下略賜省覽[76], 則時烈造言之跡, 蓍定欺罔之狀, 自可立辨矣.

且蓍定輩之所執, 以爲左契以證木川說[77]之非誣者, 乃許璜之生存也, 然此亦有不成說者. 若使當初言根果出於璜, 則時烈自明之言, 只擧一璜足矣. 或

---

70) 於此 : 底本에는 "此於"로 되어 있다. 《御製皇極編》에 근거하여 수정하였다.
71) 何足 : 底本에는 "足何"로 되어 있다. 《御製皇極編》에 근거하여 수정하였다.
72) 爲 : 底本에는 없다. 《御製皇極編》에 근거하여 보충하였다.
73) 辨 : 底本에는 "辦"으로 되어 있다. 《御製皇極編》에 근거하여 수정하였다.
74) 心 : 底本에는 없다. 《御製皇極編》에 근거하여 보충하였다.
75) 時烈 : 底本에는 없다. 《御製皇極編》에 근거하여 보충하였다.
76) 省覽 : 底本에는 "覽省"으로 되어 있다. 《御製皇極編》에 근거하여 수정하였다.
77) 說 : 底本에는 없다. 《御製皇極編》에 근거하여 보충하였다.

諉[78]於柳壽芳, 或托於李惟泰, 又引而自當者何也? 且璜旣稱時烈之門徒, 又自謂與拯相親, 則方時烈之左右推托, 無以自解之時, 何不一邊明言以辨其師之疑謗? 前後數十年間, 嘿嘿緘結, 而及今時移事往之後, 乃使其子投疏乎? 然則璜之到今自當, 出於受人意旨, 而非其實狀者, 灼然可知. 璜雖生存, 何益於爲時烈辨明乎?

至於普澤之疏, 以爲其祖萬增, 親聽於其曾祖益熙, 以證時烈所言之不誣. 夫以君子忠孝之道論之, 子傳父言, 宜不可致疑於誣罔. 而揆諸事理, 抑有萬萬不然者, 未知益熙'忍人'之云, 在何時. 若曰[79]'經亂之初', 則萬增時在襁褓, 何由親聽而省識? 若曰'萬增稍長之後,' 則益熙薦宣擧在壬辰, 一邊斥以忍人, 一邊薦之 君父, 寧有是理?

若以時烈之言, 果出於非復阿蒙之意, 則又有大不然者. 夫與其潔, 不保其往者, 正爲一時蔽惑, 始迷終覺者道耳. 若所謂'忍人'云者, 人理都喪, 大質已虧, 不當在許其自新之列. 一被此目, 便作棄人. 若是而曰'擬之於阿蒙刮目', 則不倫甚矣. 由是論之, 使益熙旣曰'忍人'而又復登薦剡, 則是益熙不免爲自欺而欺君也. 使益熙初無是語, 則萬增之到今質言者, 不免爲誣親而媚人也, 誠非矣身之所可知也.

且普澤疏中辨故參判李選書質時烈事, 而曰 : '選本與臣曾祖離多會少, 臣曾祖之有此言, 而選未參聞, 無足怪也.' 此亦有可以立辨者. 選之書, 若曰'曾無所聞'云爾, 則'離多會少'之云, 容或成說. 選書旣曰'與鄙聞[80]不同, 何以有此言耶?'云爾, 則可知其果有所聞於益熙, 而致訝於時烈[81]傳說之謬也. 時烈於此, 雖不以造言自服, 而模糊答之曰'若如來示, 愚亦不敢自是'. 時烈之所不敢自是者, 而普澤反欲實之, 吁! 亦異矣.

---

78) 諉 : 底本에는 "誘"로 되어 있다. 《御製皇極編》에 근거하여 수정하였다.
79) 曰 : 底本에는 없다. 《御製皇極編》에 근거하여 보충하였다.
80) 聞 : 底本에는 "意"로 되어 있다. 《御製皇極編》에 근거하여 수정하였다.
81) 時烈 : 底本에는 없다. 《御製皇極編》에 근거하여 보충하였다.

嚮者蓍定, 則自知選之言一出, 時烈之窘遁益彰, 故乃欲全諱其事, 而敢以'孰傳'爲言. 普澤則知其終不可掩諱, 艱難做出'離多會少'四字, 以爲漫漶實狀之計, 適見其欲巧反拙[82], 自相矛盾也. 致垕所謂'自有歸宿'者, 何不據而發?

而致垕疏, 又拈〈辛酉擬書〉中輟不送, 及'發怒擬書'·'辱及兩親', 兩項說, 以爲逕庭之證, 而亦有可以一言打破者. 〈擬書〉全文, 雖不能寄送, 而一篇要語, 不出於'義利雙行, 王覇並用'八字. 而旣而因人先致, 時烈憤恚, 亶在於此, 則謂之'發怒於〈擬書〉'者, 其果差爽乎?

其疏又曰 : '使其弟推作〈懷驪事[83]本末〉一通, 其所逞毒尤不忍言云.' 蓋此書旣出於推之手, 則本不關涉於其兄. 況推之處地與兄自別, 其於時烈, 元無顧藉之義. 自立己見, 隨意箚錄, 何待稟令於其兄乎? 此輩[84]之視拯如讐, 必欲陷害, 百般吹覓, 靡計不用, 卒至訐揚其弟之私記, 歸咎於拯. 而始則着一'使'字, 有若拯敎諭者然[85], 末乃以'泚筆書成'等語肆然勒斷, 有若拯身親爲之者, 不暇顧其言之首尾乖舛. 曾謂'以是而可以掩人耳目耶?'.

此而不足, 又於泮中所懷, 扡引羅良佐所記《明村【良佐別號】雜錄》以爲 : '其所臚列無非人理之所必無者, 言下必引人以證之. 其曰「《酉峯【尹拯別號】私記》」者, 拯之言也, 其曰「《農窩【尹推別號】雜記》」者, 推之言也. 云云.' 噫! 此皆誣罔之言也.

夫良佐此錄, 皆出於目覩耳聞, 其所證援儘有多人, 而獨未有引拯爲言者. 此固一世之[86]所共覩者, 則未知[87]此輩之言, 何據而發也. 況拯與時烈相絕之後, 一未嘗向人語及時烈, 良佐雖欲引以爲證, 何可得乎? 至於《農窩雜記》與良佐《雜錄》本不相干, 而乃爲輯成一書, 有若拯托之良佐, 混書於《雜錄》, 以

82) 拙 : 底本에는 그 뒤에 "之"가 더 있다. 《御製皇極編》에 근거하여 삭제하였다.
83) 事 : 底本에는 없다. 《農隱遺稿》에 근거하여 보충하였다.
84) 此輩 : 底本에는 "輩此"로 되어 있다. 《御製皇極編》에 근거하여 수정하였다.
85) 者然 : 底本에는 "然者"로 되어 있다. 《御製皇極編》에 근거하여 수정하였다.
86) 之 : 底本에는 없다. 《御製皇極編》에 근거하여 보충하였다.
87) 未知 : 底本에는 없다. 《御製皇極編》에 근거하여 보충하였다.

彰時烈之過失者然, 其所用意, 吁! 亦巧且慘矣.

且疏又曰 : '緘口於彛倫斁絶之日.' 噫! 當己巳變故之初, 則錮廢之餘, 未有除命[88], 雖欲進言得乎? 及庚午除職之後, 又豈可言之時乎? 然其疏中所提朴泰輔事, 雖若爲私憾而發, 乃其深意實出於痛念國事. 詳其語意, 哀痛惻怛, 雖無指斥之辭, 亦可見其篤至之忠懇, 則拯之苦心精義, 豈致垕輩所能識哉?

至於己巳起廢, '令[89]拯愧死'云者, 尤極可笑也. 此皆傳襲時烈文中'拯乃騫騰'之餘套, 而一切榮辱本不與於固守東岡之士, 則惟彼黨人一時陽慕, 顧何損益於拯之道德哉? 如此迷騃之見, 眞不滿一哂也.

矣身請就昌集向來箚中九條而辨之. 昌集箚中有曰 : '杜擧之事何如, 而「無忘在莒」, 其可借喩之乎? 康王之言不悖, 而所謂「刺謬」, 是眞斥鑴者乎?' 噫! '杜擧'之喩, 正所謂斷章取義, 以寓不忘規警之意而已. 前後章疏之辨此者, 固已昭晣無餘, 則《凱風》'寒泉'之證, 足以塞讒者之口, 而昌集猶復餙非, 斷斷不已, 至以'古人文字, 避忌[90]之疎密'爲言. 殿下試問昌集曰 : '「瀜洩」二字之出處, 何如?' 而尙可取用於贊壼闈之文, 則其爲可忌, 視杜擧, 孰輕孰重耶? 昌集於此, 少可自反, 則必不忍爲此說矣.

且以康王之說爲悖者, 蓋以其言出賊鑴之口, 而第念國家丙子之禍, 實天地翻覆之際, 故當日名臣之說及亂離者, 亦有比擬於汴京之變者. 文正公臣金尙憲祭兄文中, 不嫌其筆之於書, 則今以不斥鑴言勒爲宣擧之罪者, 其果成說乎?

昌集箚又曰 : '他日奚爲不可出口, 而惟當今日則敢言乎? 他人言之有何不可, 而必曰「同患難者言之無害」乎?' 夫在莒之厄·河北之難, 正爲桓公·光武而言之, 不當爲孝公·明帝而言之也. 此理甚明, 此非所謂'當今日敢言'者耶?

至若江都變故, 實爲國家之深恥, 當時一種之論, 謂當忌諱不言, 而以宣擧

88) 命 : 底本에는 "名"으로 되어 있다. 《御製皇極編》에 근거하여 수정하였다.
89) 令 : 底本에는 "生"으로 되어 있다. 《肅宗實錄 42年 12月 29日》 기사에 근거하여 수정하였다.
90) 忌 : 底本에는 "己"로 되어 있다. 《御製皇極編》에 근거하여 수정하였다.

每每提起爲非. 故宣擧因其言而解之以爲：'在他人, 則容有不可言, 而惟我君臣實同患難, 以同患難之人, 而追提患難中事, 以贊復雪之大志者, 有何所害云爾?' 宣擧之意, 豈不較然易知? 而謂'有他意, 挾雜於其間', 誠不知其何說也.

又曰：'向非聖朝之能權, 則果有當死之義, 若非大君之尊貴, 則實有可慙之累歟?' 蓋因宣擧與人書中有'大聖人達權處變, 實有師文王之義, 豈可與匹夫同條之?'云, 而演出己意·變亂本志者也.

所謂'達權'固有說焉. 夫遇事之常而盡其道者謂之'經', 當事之變而達其宜者謂之'權', 則聖祖江都之事, 非所謂當事之變耶? 經權固無優劣輕重, 而非聖不可與權, 自有明訓. 宣擧之以'達權'贊聖德, 而以'師文王'爲言者, 正所以明聖祖處義, 初無毫髮之可疑者. 而若如昌集之言, 以當死不死爲權, 則是乃漢儒反經之論, 而非所謂聖人之道者也.

昌集又曰：'不死江都之由, 所不敢索言者, 何也?' 此則宣擧日記中語, 而昌集截斷首尾皺合成說者也. 蓋宣擧辭疏, 每以'不死江都'爲言, 而當時諸人問其意之所存, 且意其當有避忌. 故宣擧旣以'今日敢言, 他日不可出口', 答權次仁之問. 而其後與朴躍起相見也, 亦曰'辭疏之意, 則泛應之以士友皆死, 獨生可愧'之意, 歸以自記之曰：'躍起之問, 與次仁同意歟? 余之本意, 不敢索言.'

蓋謂契分有親疎, 叩問有淺深, 索言於次仁者, 不敢索言於躍起云爾. 本文尙存, 一覽可瞭. 昌集見其着一'敢'字, 遂於本文刪去中間許多語句, 直以'不敢索言'四字, 接之於'不死江都'之下, 眞所謂欲巧而反拙者也.

昌集箚中有曰：'孝思吐舌, 有何可驚而[91]然哉? 其姨兄所謂「指斥」者, 亦出於構誣哉?' 夫以江都事爲當忌諱而不敢言者, 非但鑴說爲然. 一時過愼之論類, 不免如是, 故宣擧一例斥之以'今與余意剌謬'者, 正以他人, 則以提起江都事爲有挨逼於聖朝, 而宣擧則謂無挨逼也. 然則宣擧之意, 非以爲雖有嫌而不可不言, 正謂其初無可嫌也. 如彼兩人之云, 直是見得不到, 自相驚疑者也, 本無與宣擧, 則今欲以是而誣成宣擧之罪案, 不亦可笑之甚耶?

91) 而：底本에는 이 아래 "云"이 더 있다.《夢窩集 卷7 出城疏[八疏]》에 근거하여 삭제하였다.

且以時烈抵宣擧書觀之, 則有曰 : '「無忘江都」四字看來, 不覺起立. 果能明此義理, 則勝似他人十年啓沃之功. 第未知渡漢意思, 果能如湖·海時否. 云云.' 觀其語意, 蓋以'無忘在莒'之戒, 作告君之弟一義, 而或慮有所避忌, 不勝盡草野狂戇之言. 然則鑴之止令勿言, 時烈之慮其不言, 其意雖異, 而以爲有嫌則一也. 今若以'刺謬'二字, 謂之'斥鑴不嚴'而罪宣擧, 則時烈之意, 其有嫌而猶欲其盡言者, 將何以加其罪耶?

凡此九條, 昌集極意捃摭, 巧爲羅織, 自以爲操切宣擧, 更無餘地, 而乍加點檢, 無不破綻, 人之見之, 如見肺肝. 蓋當球疏之始出也, 聖上亦嘗以爲 : '尹宣擧文集, 予取入覽, 則與鄕儒疏不同', 又謂之'未見近似於儒疏, 則何可以誣毁之目, 直驅之於罔測之科? 云云'.

故昌集亦不忍以宣擧爲眞以爲誣聖祖也. 始則曰 : '宣擧本心, 非出於誣聖祖.' 又曰 : '此何足[92]爲朝家所追論?' 又以球言爲'深刻', 斥以'怪鬼輩'. 又曰 : '臣之箚只請毁板, 不欲追罪, 非以宣擧爲故欲誣毁也.' 雖其語意纖非成貝[93], 由淺[94]入深, 甚至分疏子光之事·拖引蔡確之詩, 以售其眩惑之計.

其言固已無倫, 而猶不直驅於誣聖祖之科, 似若有[95]調停之意者, 誠以聖聰難可掩也·公議亦可畏也. 及今聖上漸入其說, 其板旣以毁矣, 其人又已罪矣, 則乃反曰 : '宣擧逼上之語, 用意至深, 實非一時偶然顚錯之比.' 又曰 : '擬律輕重, 亦當付之公議.' 至謂之'爲先王誅[96]無禮'.

噫! 同是一言一事, 而何前則曰'本心非出於誣毁', 而於後則曰'用意至深'; 何前則'欲爲之調停', 而於後則'付之一戚臣', 而有若局外之傍觀乎?

蓋殿下始嘗知其無誣毁之實, 而屢發於疏章之批, 故彼構誣者, 猶不敢直以此題目, 猝然加之. 及其層節漸加, 罪案已成, 前局已了, 而輿情咸憤, 國言喧

92) 足 : 底本에는 없다. 《御製皇極編》에 근거하여 보충하였다.
93) 貝 : 底本에는 "則"으로 되어 있다. 《御製皇極編》에 근거하여 수정하였다.
94) 淺 : 底本에는 "賤"으로 되어 있다. 《御製皇極編》에 근거하여 수정하였다.
95) 若有 : 底本에는 "有若"으로 되어 있다. 《御製皇極編》에 근거하여 수정하였다.
96) 誅 : 底本에는 "誠"으로 되어 있다. 《夢窩集》에 근거하여 수정하였다.

騰. 原任大臣之疏出, 而惇·光之斥, 無以自解, 則始乃曰'今日用罰似過重', 又曰'處分出於嚴懲', 則卽以歸之於聖衷之獨斷. 而又以'安能挺身干預?'等語, 遊辭閃幻, 爲自[97]己掉脫之計, 其意所在, 聖上豈不下燭, 而一向優假, 坐受其簸弄? 重爲聖上惜之.

夫今之所以尊時烈者, 則曰'法朱子也'·'明大義也'·'忠孝廟也'. 其所以斥宣舉, 則曰'背朱子也'·'毁大義也'·'掩己累也'. 而其曰'掩己累'者, 卽所謂'誣聖祖'之語本也. 噫! 時烈所以法朱子者, 果何事也? 矣身請就其一二事最著而言之.

向在丁卯年間, 聖上嘗遣史官, 索取孝廟御札於時烈, 時烈以爲'御札在權尙夏家', 乃使史官迤往取去. 其時儒臣李徵明抵書時烈規其事體之未安. 而李選·金壽恒諸人亦皆駭歎, 則時烈抵書於人曰 : '史官之勸送黃江者, 只爲賚進御札, 而危迫之言噂沓不已. 至於擇之【李選字】諸人, 亦不見諒. 不但擇之諸人, 恒相【金壽恒】家亦然. 此雖老耄, 亦嘗讀朱子書, 亦豈無所見而然也? 云云.' 噫! 時烈旣自以爲'讀朱子書而有所見', 則一種無識之輩, 孰不以爲誠然, 而矣身未知朱子之擅役王人, 果見何書耶.

且時烈之於我孝廟, 每自擬於朱子之於宋 孝宗, 故方其撰孝廟挽章也, 欲步朱子 皇陵挽韵, 而以故府使金益廉能詩, 故欲倩其手, 至以手札求得之. 及其'宇宙懷深恥, 風塵有暗傷'之句, 爲一世之所膾炙, 則遂乃掠爲己作, 而自謂得意之句, 筆之於人家詩集中, 刊行於世.

噫! 今人於親戚知舊之間, 情義稍存, 則身後挽誄, 必親自爲之, 以盡其情. 時烈之於我孝廟平日契遇如何, 而倩人題挽, 已極不誠, 從而掠美自誇, 言之無怍. 未知朱子之挽宋 孝宗, 亦果有近似於時烈此事者耶.

且癸丑年間, 因陵寢事, 時論多有歸咎於時烈者, 則時烈抵書時相金壽興以自明. 其書頭辭全用朱子抵李誠父[98]書句語, 至於數行之多. 而繼之曰 : '國家不幸, 陵寢之事奄興. 伏念庚子以後, 聖上親自奉審之時, 不爲改封, 因補罅

97) 爲自 : 底本에는 "自爲"로 되어 있다. 《御製皇極編》에 근거하여 수정하였다.
98) 父 : 底本에는 "文"으로 되어 있다. 《御製皇極編》에 근거하여 수정하였다.

隙, 實出聖斷, 而諸臣惟諾而已. 至於今日, 乃無一毫自反之意, 專罪群臣.'

又曰 : '庚子以後, 聖上[99]連以違豫, 廢闕[100]展陵, 溫泉則逐年行幸, 不能無疑於議者之心也. 庚子以後, 若有親審之擧, 則豈有今日之事? 亦未聞有自反之語, 恐於聖德有慊也. 今日論者, 皆以爲「如用水原, 寧有此事?」, 此事果由於卜地不審, 則賤臣雖萬被誅戮, 實有[101]所甘心矣.'

至其末端, 乃復引朱子〈山陵議狀〉, 而繼之曰 : '當如朱子說求之, 不拘遠近. 當初聖意[102]以弘濟洞爲遠不用, 果如是則又有說焉. 雖寧陵之近, 不能展省, 則與濟洞何異? 云云.'

矣身未知朱子議山陵也, 亦有此等辭氣耶? 噫! 彼輩所謂'法朱子'者, 不過傳會朱子之語, 假借朱子之事. 而以上所陳數條而觀之, 其用意之矯誕·遣辭之妄率, 殆令人掩耳, 而欲走若是而謂之'法朱子', 其亦無嚴矣.

嗚呼! 惟我孝廟十年薪膽, 銳意刷恥, 中道薨殂, 大志未伸. 志士·忠臣莫不茹恨含痛, 不忘追報之意. 況如時烈蒙恩特深·受任最隆, 則篤棐嗣王, 勉卒大業, 此其職責. 而乃曰'我不受永安之詔', 不待大葬, 徑出國門.

伊時宋浚吉訝其去之太[103]速, 挽之甚勤, 宣擧則貽書責之. 方聖祖眷遇之日, 自比於魚水之契, 及其賓天之後, 頓忘忠報之義. 若是而謂之'忠於孝廟', 矣身未知何說也.

至於鳳威之疏, 尤不成說. 蓋其所論'《家禮源流》事', 不一其端, 而執爲欛柄者, 意在於所謂《集解》, 此有一言可辨者. 當初相基, 只就山泉互書之本, 欲分主客, 强[104]爲立綱分目, 皆是我祖筆之說. 而終亦自知首尾互寫之蹟不可掩諱, 則又復創出《集解》之說, 以爲'林川謫居時所編者', 有若眞有最初本之名

99) 聖上 : 底本에는 없다. 《御製皇極編》에 근거하여 보충하였다.
100) 闕 : 底本에는 "閣"으로 되어 있다. 《宋子大全拾遺》에 근거하여 수정하였다.
101) 有 : 底本에는 없다. 《御製皇極編》에 근거하여 보충하였다.
102) 意 ; 底本에는 "德"으로 되어 있다. 《御製皇極編》에 근거하여 수정하였다.
103) 太 : 底本에는 "大"로 되어 있다. 《御製皇極編》에 근거하여 수정하였다.
104) 强 : 底本에는 "欲"으로 되어 있다. 《御製皇極編》에 근거하여 수정하였다.

以《集解》者然, 山泉互書之本, 則歸之於後來傳謄. 果如其說, 則何不於屢書往復之際, 早提《集解》爲證, 而及至理屈之後, 相基未徹之疏, 尙夏自明之輩, 始乃突然創出耶?

宣學所撰文忠公 兪棨行狀以《源流》爲山泉所編, 而林川所編只擧《麗史提綱》. 此若爽實, 則棨子命胤等, 何不據實請改而存之不疑耶? 如曰'草創在於林川, 添刪在於山泉, 故歸重山泉'云者, 前後二本, 宜有詳略, 而《源流》·《集解》, 無一字之加減, 何也?

且以鄭瀁家所藏謄出於棨之手書初本, 則其本宜[105]藏於相基家, 而今無之者何耶? 彼輩亦知無手書本之爲大段窘蹙, 則又曰'《王朝禮》草本一冊藏在相基家', 此本之有無, 雖未可知, 而設令有之, 其可執一冊, 指謂全書之艸本耶?

其疏又曰 : '拯門人亦藏一本, 蓋其祖先從遊於棨, 故有此謄本矣. 裏面書以《集解》, 紙墨漫滅, 前面書以《源流》. 紙色稍新明, 是改粧者也. 云云.' 其以門人爲言者, 欲明其證援之非私人也. 其以'漫滅'·'改粧'爲言者, 欲歸之於用意掩遮之科也. 其泛稱門人而不言姓名者, 欲使人不得的知明辨, 以爲惑亂人聽之計也. 其意誠巧密, 而適足以自露其肝肺也.

其疏又以宣擧所錄先正臣李珥'從上達處入'之語, 指謂'比之於蘇氏之學禪', 此固不足費辭以辨, 只擧本文首尾, 自可瞭然. 其本文曰 : '生·栗兩先生氣質不同, 故成德亦異. 想其氣像, 恐如河南兩程子.' 又曰 : '栗谷先從上達處入, 故學之無可依據, 牛溪之一一循蹈規矩, 學之有跡, 正如程子之論顔·孟.' 又曰 : '程子之學與[106]蘇學並行於世, 至於朱子而大定, 知德者鮮矣.'

其意蓋指一種異趣之自托於學, 而攻兩賢之道者發也, 詳其語意, 脈絡自別. 旣曰'與顔·孟·兩程相似', 而又比之於與程門背馳之蘇學, 喪性者之所不爲. 今鳳威等截去論'顔·孟'以上多少語句, 拈出別若'蘇學'二字, 勒謂之譏貶

105) 本宜 : 底本에는 "宜本"으로 되어 있다. 《御製皇極編》에 근거하여 수정하였다.
106) 與 : 底本에는 없다. 《御製皇極編》에 근거하여 보충하였다.

李珥, 其所白地構捏, 皆此類也.

且其疏中敢請撤去院享, 尤極萬萬痛惋. 聖明之直命稟處, 亦甚訝惑. 而此則該曹未及覆奏, 姑未暇辨論也. 且如《源流》序·跋·時烈墓表之構捏亡師, 俱極絶悖無倫. 其餘儒章·宰疏·臺避·堂箚之恣意誣詆, 罔有紀極, 亦與昌集前後箚意之自相矛盾, 公肆[107]欺罔, 不一而足, 可辨者多, 而以其文辭之支蔓, 恐煩靜攝中睿覽, 今不敢逐一盡辨."【世德爲師訟冤, 擊登聞鼓, 就理.】

庚子四十六年六月, 肅宗薨, 世子卽位.

○ 秋, 正言徐宗燮疏略曰: "殿下自聽政時, 淵默爲主, 甲乙論辨, 或欠可否, 是臣鄰所常悶鬱. 而雖發言之際, 若不出口, 故臣僚之昵侍者, 有聽瑩之患, 其不幾於罔攸稟令耶? 臣願渙發德音, 明白賜教. 諸臣疏批, 或與疏辭有不相副者, 所關不細, 亦願大小章疏, 詳貫始末, 然後賜答, 則群下之幸也."

又曰: "朴泰春等負犯至重, 則嗣服之初首先給牒, 未免輕宥. 前參判李光佐, 大行候班, 一不進參, 侍藥設廳, 略不變動. 雖諉以情勢, 而元無自廢之義, 旣膺敦匠之命, 何不於仙馭未賓之前, 一番親承起居, 少伸臣子之情乎?"

上答曰: "憂愛之忱, 深庸嘉歎. 李光佐處義無據, 罷職."

○ 龍仁幼學趙重遇疏略曰: "'母以子貴', 《春秋》大義. 殿下嗣登大位, 而所生之親尙闕名號, 寂寞窮閭, 祠屋蕭條, 其何以尊國體而伸至情哉? 先王陟[108]降之靈, 必不咈於今日之擧. 《璿源譜略》'禧嬪'二字, 未嘗刪去, 豈非先大王微意 存於其間乎?" 乃斥大臣·三司之不言.

承旨洪致中【權熀·韓重熙·洪啓迪·尹錫[109]來】等啓曰: "趙重遇稱名人, 來呈一

---

107) 肆 : 底本에는 "私"로 되어 있다. 《御製皇極編》에 근거하여 수정하였다.

108) 陟 : 底本에는 "涉"으로 되어 있다. 《御製皇極編》에 근거하여 수정하였다.

109) 錫 : 底本에는 "陽"으로 되어 있다. 《景宗實錄 卽位年 7月 21日》 기사에 근거하여 수정하였다.

疏, 以'母以子貴'爲言, 敢曰'陟降弗咈', 又曰'微意存於其間'. 是豈今日臣子所忍發口者哉? 丙戌備忘以'御史書啓中敢書爵號', 因命罷職, 聖意所在, 昭如日星. 仙寢未冷, 陰邪之輩欲呈眩惑之計, 若不痛斥, 恐有慊於遵先之道矣."

備忘記："趙重遇何敢以誣妄[110]之言, 若是肆然? 不可不痛斥, 邊遠定配."

【是日洪致中方呈告而入參, 左副宋成明方詣闕聞院啓, 請急陳章.】

執義趙聖復·掌令朴弼正啓論重遇矯誣之罪, 請嚴刑鞫問, 不允. 大司諫[111]趙觀彬疏論重遇眩惑之罪, 因斥宋成明知機規避之跡. 上答以處分已定.

○ 都承旨洪致中疏略曰："李光佐以退處之人, 無自就朝班之道, 城外闕下, 承聞起居, 禮紓分伸. 今乃逆疑心蹟, 此果平恕之道乎? 朝論分岐, 言議過中, 此誠近來之痼弊矣." 大司諫趙觀彬避啓曰："昨筵都承旨洪致中以宋成明事伸白, 至以[112]'彼此訾摘'等語非斥云. 噫! 自有黨論, 吹覓伐異, 自是痼弊. 不但知申病之, 臣亦病之, 以此題目猝然加之, 何也?" 仍請遞職, 並例批.

○ 獻納洪禹傳啓曰："校理洪廷弼於重遇疏, 惟當嚴斥, 而乃反過引徑出, 顯示愧謝之意, 隱然有和[113]附之跡, 情態可惡, 請罷職."

○ 刑曹啓曰："趙重遇旣允臺啓矣, 究問其指嗾人朴慶洙·李受漸·尹天[114]運等, 並照律定罪."

○ 承旨金一鏡疏略曰："臣曾劾李禎翊逼尊之罪, 反罵詆訐, 萬萬痛駭. 夫所謂'深憂過慮', 果爲誰乎? 禎翊乃以'市恩邀福'與'深憂過慮'對待爲辭, 指逼

110) 妄：底本에는 "忘"으로 되어 있다. 《御製皇極編》에 근거하여 수정하였다.
111) 諫：底本에는 "請"으로 되어 있다. 《御製皇極編》에 근거하여 수정하였다.
112) 以：底本에는 "有"로 되어 있다. 《御製皇極編》에 근거하여 수정하였다.
113) 和：底本에는 "知"로 되어 있다. 《御製皇極編》에 근거하여 수정하였다.
114) 天：底本에는 "大"로 되어 있다. 《御製皇極編》에 근거하여 수정하였다.

之罪, 輿情共憤. 且謂'凶潛嘗有所藉口於臣之言'. 噫嘻! 潛疏之供, 顧何有彷彿於臣之啓語, 而禎翊乃敢白地自做, 依俙閃出. 丁酉黃髮之疏, 禎翊之罪尤著, 苟有嚴畏之心, 蹙伏俟罪之不暇, 而益肆誣悖, 首擧臣名, 以及乎潛, 若是乎放恣無忌也."

上初以"凶人之疏, 何必深嫌"爲答, 因承旨黃璿微稟, "凶人之疏"四字改以"旣往之事."

○ 持平鄭宅河啓曰："金一鏡言議爲淸流所棄, 至於反詈李禎翊之疏, 用意危險, 便同急書. 先大王答禎翊疏曰'逼尊之說, 殊甚不韙, 今玆牽復, 予意可知'. 今一鏡不有先朝處分, 直驅人於惡[115]逆, 請罷職." 不允.

○ 儒生申璿等五十餘人, 因淸州儒生權世衡等, 不參於辛巳獄辨伸之疏, 突入校宮, 揭榜[116]齋[117]中, 亂打首僕, 墨削掌議尹志述於《靑衿錄》.

○ 承旨宋成明疏略曰："新錄定奪之時, 輒曰'玉堂無人'. 噫! 才彦林立, 無他罪過, 而公然束閣, 視之若無, 駭怪莫甚. 參錄後, 未一經者, 不特數人, 局面互換, 用舍偏係, 把弄公器, 縱恣無忌, 未有若此之甚.

趙尙健·金相玉所遭, 決無可出之勢, 而相好者必欲勉出, 前後差除, 不出兩人, 未知此外無一箇可以備數於瀛錄耶? 或無開釋之旨, 而勒以榻前下敎張皇書出, 或有禁推之命, 而終無擧行之事, 臣竊痛之.

且聞前承旨金一鏡疏批之下, 入直承旨, 密招司謁, 微稟請改, 竊戒吏胥秘之勿泄. 出納之地, 封駁·徼還, 則有之矣, 若許擧措, 實未之聞, 伊日承宣, 宜令譴罷." 上答依施.

115) 惡 : 底本에는 "遻"으로 되어 있다. 《御製皇極編》에 근거하여 수정하였다.
116) 榜 : 底本에는 "謗"으로 되어 있다. 《御製皇極編》에 근거하여 수정하였다.
117) 齋 : 底本에는 "齊"로 되어 있다. 《御製皇極編》에 근거하여 수정하였다.

承旨趙鳴鳳·權熀啓曰："宋成明論黃璿事, 尤極巧慘. 伊時批下, 璿與伴僚議稟, 卽承改下之批, 則其非暗昧秘諱, 孰不知? 乃曰'密招'·'勿泄', 噫! 是何言也?" 仍請還寢.

◯ 右議政李健命箚略曰："宋成明因瀛館事, 張皇挌摭, 語意慘刻, 直驅諸臣於把弄縱恣之科, 看來毛骨俱悚. 臣之前後筵奏, 率多參涉, 則論其負犯, 臣實爲首." 上答以別無所嫌.

◯ 承旨尹陽來疏略曰："宋成明以榻敎書出, 大加憾怒, 始下'勒'字, 結以'無禮', 讀之未半, 體栗[118]心悼. 噫! 館錄成敗, 此輩命脈, 百般沮戲, 靡策不用. 而下敎書出, 旣有前例, 故大臣以勉出兩儒臣陳達, 臣以下敎申飭之之意仰白書出. 今成明蓄怨於上旨之違其意望, 歸咎於下敎之循例書出, 世道人心, 吁! 可怕也."

正言金龍慶疏畧曰："殿下沈靜而或歉分曉, 寬仁而却欠明斷. 引接之際, 諸臣進言, 而若不關聽, 畢竟發落, 只'依允'二字, 竊恐罔攸稟令, 國事將日非矣. 宋成明疏, 一篇精神都在排擊銓地·敲撼廟堂, 必欲空朝廷而後已, 批旨曲從, 臣不勝慨然. 宜[119]施譴罰, 以明好惡."

上答曰："宋成明疏殊極謬戾, 罷職."

◯ 領議政金昌集箚略曰："宋成明疏出, 而罪狀狼藉. 堂錄自先朝有成命, 而金東弼巧計沮敗. 臣嘗慨然陳白, 成明恐其或成, 又襲東弼餘智, 捨此則無以傾朝廷而逞胸臆故也. 金一鏡事, 臺論雖停, 無行之理, 故敢請變通, 有何利害而恨之至此也?" 上答曰："有何掛齒? 勿待罪."

獻納宋必恒疏略曰："宋成明疏無異急書, 毒手所及, 無復完人, 臣毛骨俱

---

118) 栗：底本에는 "悚"으로 되어 있다.《御製皇極編》에 근거하여 수정하였다.
119) 宜：底本에는 "依"로 되어 있다.《御製皇極編》에 근거하여 수정하였다.

悚, 不能再看也. 成明之失意怏怏, 思一得間, 久矣, 何足深責? 館職請敍, 指難勝屈[120], 則何獨於兩臣者作怪事, 便爲撓奪銓地之一資斧耶? 出納之地, 徼還·微稟, 職耳. 今乃深文巧詆, 驅人罪罟, 黃璿之無罪枉罹, 尙靳反汗. 伏願並因前旨, 待大臣之道, 允宜痛斥誣沮之言, 開釋勉出."

◯ 獻納宋必恒·正言金槹發啓, 請前承旨宋成明削奪.

◯ 奏請上使判府事李頣命到平壤疏略曰："誌文撰進, 物情不滿, 請命移授[121]誌文於他人." 答曰："詢于廟堂, 極意刪改."

太學掌議尹志述捲堂後, 書陳所懷略曰："伏見判府事李頣命所撰幽宮之誌, 則於辛巳事沒而不書, 於丙申事微婉其辭. 夫辛巳之變暗密難測, 而先大王快恢乾斷, 明示典刑, 處分之嚴正·志慮之深遠, 求之簡冊, 亦所罕見. 丙申事, 則淑人心·正士趍之功, 可以建天地而不悖.

頣命乃於白首之年, 顧瞻利害, 費盡機巧, 忘先王之恩, 藉讒賊之口, 此豈人臣所可忍爲? 而又敢以諱親之說自爲義理, 有若殿下眞有可諱之親, 臣子自有當諱之義者然. 噫! 此何言也?[122]

殿下嗣登寶位, 爲社稷生民之[123]主, 則殿下之不敢復有私親, 義理至明. 況辛巳處分出於先王爲國家萬世慮, 聖志所存炳如日星, 則殿下之不敢復以他意存於淵衷, 道理當然. 而相臣傅會經訓, 文致奸言, 要以誣一世耳目. 伏願殿下亟命他大臣痛快說去, 無令盛德大業終至剝蝕, 則實國家之大幸."

正言金槹繼請幽宮之誌, 亟命都監, 急速擧行, 上曰："依啓."

120) 屈 : 底本에는 "掘"로 되어 있다. 《御製皇極編》에 근거하여 수정하였다.
121) 授 : 底本에는 "受"로 되어 있다. 《景宗實錄 卽位年 8月 8日》 기사에 근거하여 수정하였다.
122) 殿下眞有可諱之親 …… 此何言也 : 底本에는 없다. 《御製皇極編》에 근거하여 보충하였다.
123) 之 : 底本에는 없다. 《景宗實錄 卽位年 9月 7日》 기사에 근거하여 보충하였다.

○ 獻納宋必恒啓略曰："尹志述所懷, 不勝驚悚, 到今提論, 終涉重大." 答曰："誌文, 大臣撰述, 而已無闕漏. 尹志述以毒手之質, 沮戲大事, 搆捏元老·相臣, 語及私親, 造意陰險. 邊遠定配." 承旨趙鳴鳳·韓重熙請還入宋必恒之啓, 更下批旨, 答以處分已定. 執義洪禹傳·修撰兪拓基·正言金橒等, 幷以志述所懷引嫌, 仍救志述, 上不聽.

○ 正言金龍慶疏論槐院柳得章, 以罪死人赫然之孫, 濫入圈中, 請改圈, 請寢尹志述定配之命. 上答曰："尹志述凌藉大臣, 則還收之請, 未知得當." 領議政金昌集於筵中, 亦請還收, 四學儒生趙徵等陳疏伸救, 泮儒連日捲堂. 同知事李宜顯引先朝故事, 請還收前命, 仍爲勸入.

傳曰："屢日空齋, 事體未安. 竄配之命, 還寢可也."

○ 冬, 判府事趙泰耉入侍, 論斥志述全昧忌諱之罪. 正言趙最壽疏略曰："嗣服之後, 苟或有爲私親過隆之擧, 則以死爭之, 未爲不可, 而誌文一款, 爲君父諱親, 乃臣子之義. 志述何人, 敢欲暴揚, 以增我殿下傷痛之私懷者, 已是不忍. 若'眞有可諱'等語, 勒令君父自絶其所生之恩. 若是無嚴, 豈不萬萬切痛? 臣謂宜施島配, 以正王章. 兩司·諸臣交章營救, 國子堂上憑藉勸入, 脅勒操切, 無嚴極矣. 宜幷罷職.

禎翊負犯重大, 而金一鏡旣被反詈, 則疏辨在所不已. 初批嚴正, 承宣從中請改, 臺臣承風, 擊去公論, 莫不爲駭, 宜加譴罷. 噫! 當此威權下移, 主勢孤危之日, 宋成明之言可謂切至, 而群咻衆怒, 縱肆甚矣."

上答曰："侵詆大臣, 語欠和平, 予未知其得當."

○ 玉堂申昉箚略曰："正言趙最壽全出於眩惑聰聽, 網打朝臣之計, 而不加嚴斥, 反下溫批, 臣不勝慨然憂歎. 噫! 此輩自在先朝, 蓄怨含恚, 必欲一逞久矣. 若不嚴加斥絶, 明示好惡, 則朝廷無一日之安, 而危亡隨之矣."

司諫趙鳴謙·正言洪龍祚啓請趙最壽削黜, 上只命罷職.

館學儒生等以趙最壽疏語捲堂, 書進所懷. 傳曰"更爲勸入."

◯ 京畿道儒生金行進等【二十人】疏略曰："賊臣志逑所懷看來, 毛骨俱悚, 實不欲與此賊俱生. 殿下嗣位後, 則道理事體與前自別, 今日臣子, 若知天倫之重· 分義之嚴, 豈無顧藉之心? 而志逑乃敢曰'殿下不敢有私親', 似此義理, 出何傳記? 殿下之所以追報私親, 臣子之所以仰體聖情, 宜亦有其道. 而志逑乃敢曰'殿下無可諱之親, 臣子無可諱之義', 噫! 亦甚矣. 其將使殿下子孫皆惡言相加, 無可諱避, 然後[124]快於心歟? 此賊偃息覆載之間, 則環東土數千里, 將入於禽獸之域矣, 伏願亟正邦刑."

忠淸道幼學洪瀗等相繼請罪, 靈光儒生金無黨疏救志逑. 持平鄭宅河·執義洪禹傳·大司成黃龜河·掌令李重協·校理趙尙健等, 亦連章伸救志逑.

◯ 掌令任洞論金行進·洪瀗和應之罪, 仍請承旨捧納之失. 京畿·忠淸道儒生趙台明等陳疏, 請亟正賊臣敞之徒·弟洞誣辱多士之罪.

◯ 掌令朴弼正啓曰："一自國有大憾, 不逞之徒欲售眩惑之計, 乘機跳踉, 固已駭痛. 前承旨柳重茂白首之年, 承人指使, 投[125]進一疏, 憯毒陰險. 卒哭才[126]罷, 讒書卽上, 必欲疑惑聰聽·網打朝紳, 請命削黜." 不從.

◯ 承旨李眞儉疏略曰："不幸近日, 人心陷溺, 欲售嘗試之計, 趙重遇·尹志逑, 卽其所使者也. 彼重遇者托恩而悖義, 妄揣天意, 伺釁闖發, 萬萬痛切. 彼志逑者, 其凶悖無倫之言, 是可忍耶? 必使殿下絶所生之恩, 後方快於心, 此正

124) 後：底本에는 "然"으로 되어 있다.《御製皇極編》에 근거하여 수정하였다.
125) 投：底本에는 "救"로 되어 있다.《御製皇極編》에 근거하여 수정하였다.
126) 才：底本에는 "讒"으로 되어 있다.《御製皇極編》에 근거하여 수정하였다.

殿下益[127]加嚴防處也.

今日廷臣又從極力伸救, 徒知志述, 而不知君父, 此何心述? 臣以爲快正志述辱君之罪, 仍治黨與伸救者, 以嚴方來焉. 彼金樟者身居法從, 無異志述, 挺身伸救, 至以'可尙'等語加之, 縱恣無忌, 莫此爲甚. 趙最壽一疏辭嚴義正, 臺啓迎擊, 其習切痛, 至於任泂事尤所痛惋.

行進·瀗之疏, 意雖挾雜, 其辭則只是論志述事, 與重遇, 條貫不同, 喉司不得擅劾, 事理固然, 今日乃白地成罪, 已極無狀. 況頃年賊敞疏不道之語, 衆口傳播, 其叔弘望恐禍及己, 陳章首實. 雖以血黨不敢掩覆, 急請投畀, 其負犯之彰著, 可見.

且臣於丁酉獨對時事, 入侍大臣不待承史, 已非光明底道理. 旣曰'匡救', 則不可謂必無是事, 到今四年之間, 莫不以此爲大臣之罪. 而臣則以爲遽然獨對爲可罪, 入對後事, 不欲抑勒深罪. 第大臣之上箚請[128]六萬餘銀貨, 將用於何處? 至於誌文事, 始則不欲斥言者, 蓋出諱親之意, 末乃在道封章, 自作物議. 請改文字者, 似若啓志述今日之事[129]者然, 人之訝惑, 烏得免乎?

至若新錄, 閭巷嗤點, 作爲笑囮. 而且其主點者春澤之弟, 而被點者又是春澤之弟·益勳之孫. 其他濫竽亦不無其人, 錄體怪駭, 所當登時削改, 不可一刻苟存."

答曰 : "瀛選, 公論旣完, 而因襲柳重茂謬妄之言, 隨加物色, 不遺餘力, 未知其穩當. 李頤命之斷斷無他, 前後忠勤, 可勝言喩, 費辭侵斥, 甚無謂也."

時行都堂錄, 領相金昌集·大提學李觀命·吏議金雲澤取十五人.【少論得參者只四人, 金鎭商卽益勳之孫也.】

○ 右議政趙泰耉箚略曰 : "得見北使知會文字, 以爲'例遣致祭之外, 特選

---

127) 益 : 底本에는 "蓋"로 되어 있다. 《御製皇極編》에 근거하여 수정하였다.

128) 請 : 底本에는 없다. 《御製皇極編》에 근거하여 보충하였다.

129) 事 : 底本에는 "志"로 되어 있다. 《景宗實錄 卽位年 12月 28日》 기사에 근거하여 수정하였다.

近[130]御大臣咭之.' 又有'相見世子幷弟及子侄, 見後急回被旨. 云云.' 其意不可測. 上國之弔列國, 幷及於弟子之爲陪臣者, 古無是焉. 上國行之爲失禮, 陪臣受之冒嫌. 彼雖不可責之, 以禮義, 今王子·諸宗, 豈敢安於此哉?"

○ 迎接都監啓曰 : "勑使稱以'皇旨', 要見國王弟子侄及宗室事爲言. 譯官依臣等指揮, 以國王姑無儲嗣, 王弟二人, 一則身故, 一則疾病沈篤, 不得運動, 宗室則元無近族云. 又曰'王弟雖病, 必欲相見. 王弟何嬪宮所生, 娶某氏爲婦, 詳細錄出'. 譯官以爲'前所[131]未有之事, 決不可奉行'云, 則勑使答以'領議政仰稟上旨, 以不可奉行之意作爲文字以示, 然後俺等當復路'. 譯官縷縷爭執, 終不回聽, 日勢已晩, 令廟堂急速稟處, 如何?"

○ 趙泰耉[132]箚略曰 : "迎接都監及備局啓辭, 皆云'勑使稱皇旨, 要見國王弟子侄及宗室, 而備局書示王子某嬪出, 娶某氏'. 噫噫! 此何擧措也? 竊見偕來承旨韓世良, 政院小報中皇旨謄本, 則末端只云'這表章傳於朝鮮國王, 妻子侄均諭'而已. 何嘗有'弟宗室'等語, 何嘗有'王子某嬪出, 娶某氏'之文耶? 客使與都監·備局所云'皇旨', 據何旨而然耶? 何不以皇旨中所無, 據理逆塞耶? 臣實仰屋長歎, 直欲無聞也." 禮曹參判朴泰恒疏請首譯爲先嚴囚極刑.

○ 領議政金昌集·左議政李健命箚略曰 : "夫王弟·侄要見之說, 始出於儐臣狀聞, 而似難回聽, 姑欲待其到館處之矣. 彼又發端, 臣等亦知其決不可從. 而至於'某嬪出·娶某氏'之言, 比諸請見, 無甚關重, 而彼方以'若不奉行, 則不詣闕, 卽復路'爲言, 不宜一味揮斥以惹事端. 今乃不諒事情, 並與其已彌縫之本事, 而圇圇說去, 臣誠莫曉其所以."

---

130) 近 : 底本에는 "侍"로 되어 있다. 《御製皇極編》에 근거하여 수정하였다.
131) 前所 : 底本에는 "所前"으로 되어 있다. 《御製皇極編》에 근거하여 수정하였다.
132) 耉 : 底本에는 없다. 《御製皇極編》에 근거하여 보충하였다.

答曰："右揆箚辭, 斷斷無他, 於卿少無所嫌矣." 右議政趙泰耈疏略曰："厥後得見皇旨, 然後始知自初操縱者太半非出於皇旨. 而彼乃憑藉'均諭'二字, 有此無理之擧, 豈不痛哉? 旣非皇旨, 則宗戚多少, 某出某娶, 勿論關重與否, 寧有公然書示之理哉? 臣莫曉其所以." 上優批答之.

○ 忠淸道幼學李夢寅等疏略曰："帝王家變怪, 如殿下所遭者, 未聞便絶其天性之親. 而及至辛巳之變, 如敵·奎瑞·禎翊輩交投凶書, 逼尊傷恩之說無所不至. 今玆請討志述之論, 萬口同辭, 政院退却, 何其肆然也? 如韓世良·鄭亨益·尹陽來, 靡然從之, 甘與志述同歸一套, 胡至此極?

矧今弔慰冊封俱無消息, 而金昌集與北使往復說話之後, 臣民疑懼, 有若何樣禍機迫在朝夕. 噫! 獨對大臣偸去六萬貨, 起承宣之訝惑, 當國首相書給一張紙, 致右相之驚慮, 今日人心, 安得不波蕩乎?"

兵曹却之, 夢寅率其二人持斫刀, 直入闕中, 又呈疏概曰："昌集之無將, 實是國人皆曰'可殺', 自非昌集之鷹犬, 孰不同憤? 而騎省·喉院之臣只知有昌集, 不知有君父, 如此討復之疏一切壅蔽. 苟長此習, 雖弑父與君, 何所不至? 爲先騎省, 喉院之不識君父·操切天聽之罪, 亟正以懲後來事."【兵參尹慤在直退却, 兵判崔錫恒亦言"凶險之疏, 不可捧入"云.】兵曹以"欄入"草記, 囚禁.

○ 領議政金昌集箚略曰："僚相箚, 已不勝危怖, 而鄕儒繼起, 亦以此事臚列, 萬萬凶險. 莫非臣遲回不去, 坐犯衆怒而然也." 答以'不必介懷'.

○ 保寧儒生金弘慶等陳疏請斬尹志述.

○ 承旨朴彙登疏言："殿下欲誅尹志述而爲群下所撓奪, 宋成明·趙最壽之因臺啓特罷, 皆不得自由, 所謂'主勢下移, 操切上躬'者, 誠非虛語矣."

○ 啓覆入侍, 左議政李健命啓曰 : "李夢寅等疏專斥領相, 語意凶悖, 騎省不卽捧入, 則夢寅率其徒黨, 持[133]剉刀突入闕門. 至禁川橋, 恣意作挐, 衛卒不能禁, 此誠曾所未聞之變怪. 騎省請治, 蓋以此也, 原疏親覽後, 明白處分, 好矣." 上命入.

政院啓曰 : "李夢寅疏送吏催來, 則托以燒火, 終不入送. 其疏下安重烈稱以改書來呈, 雖非原本, 捧入乎?" 傳曰 : "依爲之."

三覆入侍, 左議政李健命曰[134] : "李夢寅原疏方外或有見之者, 其非初疏, 判然無疑. 成命之下, 恣意變幻, 誠極痛惡. 其改呈欺瞞之狀, 發爲問目, 嚴覈處之, 可矣." 上曰 : "依爲之."

○ 臘月歲抄睦來善·李玄逸·李鳳徵等, 並命職牒還給. 承旨兪崇·李正臣·鄭亨益·掌令朴弼正等, 力請還寢. 上不從.

133) 持 : 底本에는 "特"으로 되어 있다. 《御製皇極編》에 근거하여 수정하였다.
134) 曰 : 底本에는 없다. 《御製皇極編》에 근거하여 보충하였다.

皇極編 卷之九

老少

辛丑景宗元年春, 正言金萬胄疏略曰："不靖之徒稱以儒疏, 迭出嘗試, 至於行進·夢寅·濬[1]而極矣. 承旨李眞儉今又乘隙間發, 大臣·三司諸臣, 無一完人, 若不嚴譴無以鎭定矣."

○ 判府事李頤命還到義州, 因尹志述及李眞儉疏上章待罪, 上慰諭之. 兼執義朴聖輅疏略曰："李眞儉疏萬萬駭怖, '用於何處'之說帶得禍心, 莫曉其故也. 副使李肇亦疏言'行中需用, 無以成樣'. 臣亦參涉商論, 理難晏然矣." 上幷命勿辭入來.

○ 修撰金民澤疏言："攻斥新錄爲一機關, 始謂'苟錄', 繼曰'濫充'. 李眞儉疏踵請改錄, 噂沓迭出, 結束漸緊, 擧臣亡兄, 構捏多矣." 仍乞解職, 不許.

○ 掌令洪龍祚陳疏以爲："朴彙登·李眞儉之疏陰險絶悖, 無非嫁禍之計." 持平魚有龍·正言李聖龍, 以李眞儉追提獨對時事, 言犯先朝, 請命投畀. 上答曰"臺論已發, 不必疊床."

○ 刑曹啓曰："幼學李夢寅·沈得佑·趙瑩等原情內'東漢 梁冀欲殺李固·杜喬, 弟子郭亮, 左提章鉞, 右秉斧鑕, 詣闕上書, 未聞以持兵詣闕構成罪案,

1) 濬：底本에는 없다. 《御製皇極編》에 근거하여 보충하였다.

則梁冀所不忍爲, 今相臣忍爲之耶? 此疏都是向君血心, 則何有變幻之理乎? 云云.' 情態極惡, 請加刑推得情."

傳曰："除刑議處."【李夢寅 三水充軍, 沈得佑·趙瑩分配於關東.】

○ 承旨金始煥以慶科不遠請解丙申疏儒之罰.

大司成金雲澤疏略曰："疏儒林象極·吳命尹等誣辱先正, 遣辭凶悖. 己亥年解罰時, 四十餘人解罰, 而至於象極·命尹罪名甚重, 不容混同, 故本館草記置之. 今承宣肆然陳達, 臣竊駭惑. 請寢解罰之命[2]." 上不從.

○ 承旨金始煥疏略曰："得見金雲澤疏, 則不勝駭歎. 百代山仰之儒宗, 橫被萬古所無之惡名, 始則奸基作俑, 中焉賊球闖出, 末又相臣祖述之, 稱以爲聖祖辨誣, 自任其功, 造意設計, 正如子光舊事同一手段. 伊時聖批, 至有'未見其近似於儒疏, 何可直驅於罔測'等敎, 此則淵鑑之明, 固已燭破其鬼蜮情態.

而吳命尹·林象極倡率同志之士, 奮不顧身, 或出於尊賢衛道之誠, 或出於扶正斥[3]讒之義[4], 未知所坐者何事? 己亥慶科只解嶺儒之罰者, 自先朝乙丙疏儒認爲已解, 故不爲擧論, 則雲澤所謂'本館草記'之說, 未知其何據也."

上答曰："已諭於大司成之批矣."

○ 大司成金雲澤疏曰："臣取見本館己亥草記, 則林象極等【李相采·梁命夏·徐宗遜·吳命尹·李弘躋·趙銃·柳太恒·權弼衡·李升運】以罪關斯文, 不爲解罰, 其所謂'自先朝認爲已解'云者, 已非實狀. 而至以臣疏中'草記'之說謂無所據, 未知本館謄錄之外, 始煥別有所知耶?" 上答以不必深嫌.

---

2) 命：底本에는 "名"으로 되어 있다. 《御製皇極編》에 근거하여 수정하였다.
3) 斥：底本에는 "辨"으로 되어 있다. 《景宗實錄 1年 3月 9日》 기사에 근거하여 수정하였다.
4) 義：底本에는 "意"로 되어 있다. 《景宗實錄 1年 3月 9日》 기사에 근거하여 수정하였다.

○ 領議政金昌集箚論金始煥之疏, "尤極陰狡, 苟有一分顧藉聖祖·聖考之心, 何敢爲乘機變亂之計乎?" 始煥疏辨曰 : "相臣符同賊球, 釀成士禍, 不料聖明之世, 有此老猾巨慝也. 前後負犯, 國人切齒, 而尙今偃息於輦下. 臣雖疲劣, 不欲與悖倫蔑義之一相臣, 呶呶競辨也." 上以侵逼相臣責之.

○ 正言李聖龍·修撰洪鉉輔等極論金始煥公肆欺瞞·構陷大臣之罪, 請命遠竄, 上只命罷職.

○ 持平李廷熽疏略曰 : "擔當盡瘁者只是領相而已, 亦願盡誠勉出, 與共國事. 判府事李頤命萬里歸來, 遽遭罔極之讒, 何幸聖明洞察斥絶奸語! 而第還納公貨, 事歸虛妄, 尙不施反坐之律, 陳暴之疏, 已過五旬, 尙未承批, 彷徨城外, 進退路阻, 乞速賜批. 殊方同事之人, 去就宜同, 而曾無一言辨白, 致使大臣獨受誣捏, 而揚揚近密, 處義[5]無據.

向者右議政趙泰耉, 聞北使之請見諸宗, 直走家僮, 投上一疏, 有若非常之變迫在呼吸者然, 其擧措之遑忙, 有非常情之所測. 所謂'陪臣受之爲冒嫌', '王子諸宗亦豈敢安[6]於此?'云者, 尤極危險.

蓋彼人之請見, 只是均諭[7]之意, 則'冒嫌'等說, 果何指的? '豈敢安[8]'三字帶得甚間之意, 如使大臣苟有一毫追念疇昔之意, 則其果忍此耶? 及夫國言喧藉, 十手共指, 則又覓出'孝友'二字, 反[9]以'只[10]有一弟, 益篤親愛'等說【泰耉歲末箚, 有勉戒語.】, 無端陳聒, 舂而簸之, 難掩手脚之呈露, 誠不忍正視也."

---

5) 義 : 底本에는 "議"로 되어 있다. 《御製皇極編》에 근거하여 수정하였다.
6) 安 : 底本에는 없다. 《御製皇極編》에 근거하여 보충하였다.
7) 諭 : 底本에는 "輸"로 되어 있다. 《御製皇極編》에 근거하여 수정하였다.
8) 敢安 : 底本에는 "安敢"으로 되어 있다. 《景宗實錄 1年 3月 10日》 기사에 근거하여 수정하였다.
9) 反 : 底本에는 "乃"로 되어 있다. 《景宗實錄 1年 3月 10日》 기사에 근거하여 수정하였다.
10) 只 : 底本에는 "上"로 되어 있다. 《景宗實錄 1年 3月 10日》 기사에 근거하여 수정하였다.

上答曰："右相斷斷無他, 已諭於兩大臣箚批, 爾胡不諒?"

○ 領議政金昌集疏略曰："夫以滓穢僭妄之人爲百世之宗儒, 則臣安免於罔測之科? 臣自謂'爲聖祖辨誣', 而明明聖考亦嘗許之以此. 不意今日始煥, 乃以爲關宗社之罪也, 臣實羞與之爭辨也."

○ 右議政趙泰耈疏辨李廷熽之斥. 上諭以疏闊之論不足介懷.

○ 承旨李世謹疏救金始煥, 乃斥李廷熽. 廷熽避略曰："大臣疏怒臣之覰破心術, 極口噴薄, 誠不勝駭然. 一則曰'冒嫌', 二則曰'豈敢安[11]', 一節深於一節, 苟有人心者, 何忍濡舌於此等文字? 新服之初, 何無一言及於'孝友', 乃於國言喧騰之後, 始覓出'親愛'二字耶? 辭苟意艱, 欲揜彌彰, 此正所謂如見肺肝, 究其本情, 誠甚可哀."

○ 獻納趙聖復疏論金始煥之罪. 掌令蔡膺福疏略曰："金始煥假托[12]儒罰, 攙及丙申事, 一篇主意, 專在於變亂先朝之斷案, 挺身突出, 極意粧撰. 至以'百代儒宗, 橫被誣衊'等語, 肆然投疏, 構成大臣之罪, 卽一變書也. '愚弄殿下'四字, 尤萬萬痛惋, 以殿下赫臨之明受其愚弄, 則當爲何如主耶?"

○ 掌令李浣疏略曰："臺啓請討, 儒臣陳疏, 可見公議之齊憤. 始煥負犯, 罷職太寬, 承宣之疏乃謂之'慰安大臣', 顯有陰護之態, 臣實痛之."

○ 常參, 執義宋必恒等論金始煥之罪, 定配泰仁.

---

11) 敢安 : 底本에는 "安敢"으로 되어 있다. 《御製皇極編》에 근거하여 수정하였다.
12) 托 : 底本에는 없다. 《御製皇極編》에 근거하여 보충하였다.

○ **夏**, 校理趙文命疏曰 : "善醫病者, 先治其受傷之本; 善醫國者, 先治其受病之源. 苟求今日國家受病之源, 則惟朋黨是已. 自古亡國之事非一, 而莫烈於朋黨之禍. 禍於漢·禍於宋, 曁我皇明, 卒至生民塗炭, 社稷丘墟而後已, 豈非有國者明鑒乎?

殿下之國甚病矣, 譬如人, 心腹臟腑無一不病, 血脉支體無處不傷, 死亡凜凜, 對病求藥, 起死回生之術, 莫如打破朋黨. 朋黨之害不一, 而大者有五, 曰是非不眞也·用人不廣也·紀綱不立也·言路不開也·廉恥都喪也. 蓋皆死症也, 有一於此, 足以亡國, 救之之道, 不過曰'皇建其有極'.

奚謂是非不眞? 自有黨論以來, 甲是乙非, 乙是甲非, 所是也以一善揜百過, 所非也以微眚棄大德, 不問道理, 惟以角勝爲務. 及至今日, 義理晦塞, 人心陷溺, 皆以彼此所爭專爲得失之機關, 一進一退, 輾轉層激. 甚至於各自藉重一時之王言, 弁棄經訓, 創揭新說, 勒斷國是, 箝制衆口.

言之者先立標幟, 通塞以威之, 詬辱以脅之, 故人莫不望風靡然, 間有稍知自好者, 不過不入推助中而已. 其餘則色目一定, 更不得出入, 一箇塗轍中, 一唱百和, 强名之曰'此眞是也'·'此眞非也'. 所謂'眞是'·'眞非', 自有定質, 夫豈背公死黨·雷同苟合者, 所可硬定哉? 是非之天, 人孰無之, 見聞所蔽, 氣習所痼, 鮮有不失其本心, 抑揚如天淵, 幻亂如朱紫, 言議矯激, 風俗乖敗, 時異而日不同.

奚謂用人之不廣? 自有黨論以來, 分割門戶, 進退出入·取捨銓衡之際, 不問其人之善否, 只計言議之異同. 及至今日, 一室之內視同化外, 公器之重攬爲私物, 不顧非議[13], 專用一邊. 向來配對雙執[14]之規, 固可駭, 而今之陞擢者, 不是板聯之親, 率多出入[15]其門之人.

臺閣之上, 或恐異己之參錯, 物色排擬, 俱有妙理, 奬噓扶拭, 皆從約束中出.

---

13) 議 : 底本에는 "義"로 되어 있다. 《御製皇極編》에 근거하여 수정하였다.

14) 執 : 底本에는 "越"로 되어 있다. 《景宗實錄 1年 5月 5日》 기사에 근거하여 수정하였다.

15) 入 : 底本에는 없다. 《御製皇極編》에 근거하여 보충하였다.

故一二巨室柄用者之外, 一切庸品常調, 爲鷹爲犬之徒, 類多橫騖於要津, 文學才華蔚有民望者, 未免棲遑田野, 枯死丘壑.

噫! 人物之生固自渺然, 雖俱收幷畜, 渾融通用, 猶患不足, 乃於其中三分五裂, 棄其九而用其一. 朱子所謂'以蜀之小, 於其中又自分彼此如兩國然'者, 不幸近之矣. 彼自解者曰'邪正旣判, 用舍不得不然', 何言之妄也? 彼此黨與, 幾半一國, 此邊幾皆君子乎, 彼邊幾皆小人乎?

究其論議之本領, 則過中失當, 無彼此也, 論其立心之偏陂, 則吹覓傾軋, 同一套也. 人地才望, 則俱不無可用者矣, 若其迭進之際, 迹其得失而考其多寡, 則或有此勝於彼者. 然要非關係亂逆·干犯倫紀如向時之人, 則不害爲一般士類耳.

貪榮嗜利之輩, 務欲自專寵祿[16], 惟恐他人之攫取, 則遂强爲名目, 以邪正相命, 必欲擧半國之人歸之罔測之科. 其排抑異己·自私名器之計則得矣, 獨不念誣世欺君之惡·妨賢病國之罪, 畢竟有歸耶? 擧措之際, 民心向背係焉, 規模氣象, 日趍於亂亡之域, 臣切慨之.

奚謂紀綱不立? 自有黨論以來, 愛憎僻而私欲勝, 倖門開而公道絶; 賞罰不明, 好惡失正; 百隷怠惰, 國体不尊. 及至今日, 上不能通攝, 下無所懲畏. 邑民之於守宰, 卽有君臣之分, 而肆然毆打; 盜賊行於白晝, 或張軍兵之威, 而恣行殺掠. 居臺閣者, 有難處之事, 則偃臥違牌; 參宰列者, 有可避之機, 則呈告紛紜.

世稱儒相, 一武夫而呼如小兒; 國之大臣, 非合啓而叱若奴隷. 關節公行, 干囑成風, 一利之得, 千人碎頭; 一罪之加, 百計圖免. 皁隷至微賤也, 而大臣至爲求乞; 廉問至嚴秘也, 而修啓私相往復, 上不能令下, 下不肯聽上, 變怪百出, 莫可收拾, 未有若此而國不亡者.

奚謂言路不開? 自有黨論以來, 當國者類樂於自用, 憚於周詢, 喜人佞己而惡人議己, 肆號令於上, 使人不敢言其長短. 及至今日, 人心磯激, 私意膠固, 好勝之心自已蔽之於[17]前, 而强隣勁敵左右窺覘, 則得失之心又有以撼之於

16) 祿 : 底本에는 "錄"으로 되어 있다. 《御製皇極編》에 근거하여 수정하였다.

後也. 故一倍團束, 有若戒嚴, 或有指斥之言發於局外之人, 則目之曰'傾軋也'·'壞亂也', 露刃[18]而逐之, 叢失而擬之, 猶恐其或闖然而入也. 甚至於疏章勿捧之規創之, 而仍因憑藉, 沮格成風.

臣恐此路不閉, 則後雖有赤心憂國·讜言忠謀者, 亦無自入焉, 此固爲亡國之第一兆[19]. 萬一小人當權, 襲用此套, 則今日諸公安知不恨悟於他日乎? 攻之者, 安保其一從天理中流出? 而自當局者言之, 果能粹然無一毫可議者乎? 但當公聽反省, 有改無勉而已. 言者之言, 雖或出於'傾軋'·'壞亂', 而在我不害爲他山之石·頂門之鍼矣. 今也壅遏阻搪之不足, 幷與官師相規而廢之, 此豈非大可寒心者乎?

奚謂廉恥都喪? 自有黨論以來, 禮讓漸壞, 傾奪成風, 進退所關·得失所在, 鮮不撓奪. 及至今日, 擧世如狂[20], 横目[21]營營, 方其未得也, 東窺[22]西伺, 闖機乘時, 利在於激感上意, 則上意是要; 利在於撓撼當路, 則當路是攻, 凡可以得之者靡不用極. 方其患失之也, 左[23]拳右[24]踢, 前攔後遮, 利在媚悅君上, 則癰痔是吮; 利在壅蔽聰明, 則言路是塞, 凡可以不失者靡[25]不用極. 熙熙穰穰, 只知有得失, 不知有士大夫廉隅一節矣. 噫! 患得者小人也, 患失者亦非小人乎[26]? 揣摩經營, 必欲攘取者, 固非美習, 而冒沒盤礴, 略無畏憚者, 亦可謂好事乎? 臣竊爲之代羞.

嗚呼! 是非勒定而公議鬱, 用舍太偏[27]而賢路閉塞, 紀綱不立而主威不能伸

---

17) 於 : 底本에는 없다. 《御製皇極編》에 근거하여 보충하였다.
18) 刃 : 底本에는 "忍"으로 되어 있다. 《御製皇極編》에 근거하여 수정하였다.
19) 兆 : 底本에는 "機"로 되어 있다. 《御製皇極編》에 근거하여 수정하였다.
20) 狂 : 底本에는 "在"로 되어 있다. 《御製皇極編》에 근거하여 수정하였다.
21) 目 : 底本에는 "日"로 되어 있다. 《御製皇極編》에 근거하여 수정하였다.
22) 窺 : 底本에는 "規"로 되어 있다. 《御製皇極編》에 근거하여 수정하였다.
23) 左 : 底本에는 "右"로 되어 있다. 《御製皇極編》에 근거하여 수정하였다.
24) 右 : 底本에는 "左"로 되어 있다. 《御製皇極編》에 근거하여 수정하였다.
25) 靡 : 底本에는 "磨"로 되어 있다. 《御製皇極編》에 근거하여 수정하였다.
26) 乎 : 底本에는 "也"로 되어 있다. 《御製皇極編》에 근거하여 수정하였다.
27) 而公議鬱, 用舍太偏 : 底本에는 없다. 《景宗實錄 1年 5月 5日》 기사에 근거하여 보충하였다.

於下, 言路不開而下情不能通於上, 廉恥之都喪而一世之風化大壞. 五者皆害政[28]之大蠹·病國之根柢也. 嗚呼! 今之爲朋黨者, 皆非三百年喬木世家乎? 粤自乃祖, 代受國恩, 况今國有大慽, 嗣君新立[29], 土崩之危迫在朝夕, 所當以同舟遇風爲心.

且置前日所爭, 視如開闢前事, 姑以實心做去, 措國家於泰山之安, 然後論議或可張也, 恩怨或[30]可修也. 諺曰'無揚可角[31]', 今日事[32]不幸近是, 而猶此各守偏激之心, 不思休戚之義, 坐視其必危而莫之救也, 其亦不仁甚矣.

噫! 朋黨之禍, 古豈無之? 然蓋皆賢士顚倒, 其分絶然, 若漢之南·北部·宋之元祐·熙豐是也. 在上者如非桓·靈之儒弱·徽·欽之昏暗, 則辨別至易, 進退不難. 惟今之黨則不然. 善惡優劣, 無甚同異; 陰陽黑白, 無甚分別, 擧一黨盡用, 未必皆賢; 擧一黨盡棄, 未必皆惡. 將不得已參用兩邊, 務爲[33]均平, 則范忠宣調停之論, 又未免爲苟且之歸, 終莫如建極之道.

殿下必以大公至善之心, 極建于上, 勿論彼此惟賢是取, 然後申之以同心同德之義, 戒之以黨同伐異之習, 公平者進以勸, 乖亂者斥以懲, 使彼此之間, 肝膈相照, 私意盡去, 公道大行.

先正臣文純公 朴世采, 以消朋黨爲矯世之頭腦, 故癸亥萬言之疏·甲戌四本之箚, 惓惓致意. 至其戒朋黨敎文, 尤明白懇惻, 有足以感豚魚·泣鬼神. 臣深知此事爲亡國之厲階, 玆敢流涕而言. 倘以臣疏下朝堂, 仍降明旨, 頒告中外, 使上下臣庶曉然知上意之所在, 則將不日而有於變之休矣."

---

28) 害政 : 底本에는 "言議"로 되어 있다. 《景宗實錄 1年 5月 5日》 기사에 근거하여 수정하였다.

29) 立 : 底本에는 "位"로 되어 있다. 《御製皇極編》에 근거하여 수정하였다.

30) 或 : 底本에는 없다. 《御製皇極編》에 근거하여 보충하였다.

31) 揚可角 : 底本에는 "場不用"으로 되어 있다. 《鶴巖集 論朋黨疏 辛丑五月初五日》에 근거하여 수정하였다.

32) 事 : 底本에는 없다. 《御製皇極編》에 근거하여 보충하였다.

33) 務爲 : 底本에는 없다. 《景宗實錄 1年 5月 5日》 기사에 근거하여 보충하였다.

○ 疏決入侍時, 判義禁崔錫恒曰："金始煥平日所懷如此, 故只欲無隱而已. 新服之初, 不用則置之而已, 何可待之以流竄乎?" 左議政李健命曰："判義禁所陳非矣, 不可遽放." 領議政金昌集曰："趙文命疏大體好, 而我朝論議之岐異已過百年, 自列聖終不能去也. 爲國之道不可不辨邪正·明是非, 不辨不明, 則尤爲大亂之道. 此疏令廟堂稟處, 而別無可以覆奏者耳.

左議政李健命曰："文命之論, 不過一場空說話, 其中嗣君新立, 彼此棄所爭, 做實事之意, 極好. 儒臣果能革舊圖新, 精白一心, 則可補世道. 殿下以此戒飭臣僚, 則孰敢不仰承乎?" 掌令宋道涵曰："金始煥前後之疏俱極凶悖, 罔非好私黨而禍士類, 心術萬萬切痛. 而崔錫恒游辭救解, 其蔑公循私之狀殊極駭然. 請命重推." 上依啓.

○ 掌令宋道涵疏略曰："向來得罪名義之類, 乘機闖發, 經營揣摩, 壞亂朝廷. 凡厥大小臣僚無不迎其鋒, 李眞儉急於構陷, 以臣子不忍發口之言, 乃敢肆然說道. 又以萬不近似之語, 欲驅大臣於罔測之科, 原其心跡, 極爲兇險. 宜從院啓, 亟命投畀."

○ 領議政金昌集引見時, 啓曰："國事罔極, 諸臣袖手恝視. 崔奎瑞自在先朝, 已久退野, 鄭澔·權愭·李晩成·金興慶·李光佐諸人, 無意造朝. 洪致中省掃未還, 李縡還出舊莊, 居在輦下, 不樂供仕者亦有之. 願下備忘收召."

上曰："依爲之."

○ 修撰徐命均疏略曰："丙申堂錄先臣實主之, 其後錄中人忽倡格例不備之說, 終至改錄, 以成三百年所無之擧, 罔非朋黨爲祟. 而亦由於殿下一任其恣睢, 而莫之恤也." 上諭以往事, 不必追提.

○ **秋**, 掌令朴致遠疏略曰："吏判崔錫恒久掌西銓, 厚招人言, 疑謗狼藉,尙此蹲冒, 東銓移拜, 尤出意外. 年前秉銓也, 恣意行私, 取捨偏係, 除目一播, 物情大駭, 宜速遞改也. 判府事李頤命一心憂國, 而李眞儉之白地誣捏, 宜伏陷人之律, 而臺啓爭執, 尙不允許. 願允眞儉之啓, 俾大臣造朝." 上答曰:"齮齕東銓之[34]長, 予甚歎惜. 至於共國元老, 情志未孚, 莫回遐心, 予甚慚忸." 致遠引避, 玉堂李重協等以爲"乖激", 處置請遞. 正言李廷熽疏論其不當遞, 上責之.

○ 獻納徐命均疏略曰:"臣實不欲廁迹於臺閣者, 黨目旣分, 好惡各異, 取舍之偏, 固無彼此, 而未嘗見放肆無忌如今日甚也. 至於三司望, 率多趍合之輩, 不問其門地·名望如何, 言議乖悖固不足責. 而朴致遠之論銓長, 揑虛構罪, 逆阻其出仕之路, 空地粧撰, 敢欲藉口於先朝之處分, 可謂無嚴之甚矣. 此等之論, 宜加懲戢, 亟賜斥罷, 明示是非焉."

○ 執義趙聖復疏略曰:"諫臣盛論朋黨之弊, 此臣所嘗憂歎者也. 一邊未必盡君子, 一邊未必盡小人, 徒拘色目, 專任一邊, 則固不免不廣之失. 而今若俱收幷畜, 責其保合, 則勢不相容, 壞亂朝廷. 殿下果能着力於'公明剛果'四字, 洞察賢否以爲取捨之本, 至於先朝已定之大是非·大處分, 嚴降明旨, 俾無敢復議. 朴致遠之論斥銓長, 臣亦不以爲公, 而諫臣方斥人以狙擊銓地, 又自陷於推助之科, 因此一人之事, 醜詆混及於諸臺, 臣竊惜之也."

上答曰:"朴致遠事, 予實惡之."

○ 副校理趙文命疏略曰:"臣猥上一疏, 上以'去朋黨'三字勉我殿下, 下以患得失之論規切同朝矣. 四朔居外, 歸見朝象, 則但有朴致遠迎擊銓長之疏, 可謂無所不至矣. 噫! 朋黨之禍, 古豈無之, 而人心世道一至於此, 以臣大迂闊之言議, 決不可行乎今之世矣."

---

34) 之 : 底本에는 없다. 《御製皇極編》에 근거하여 보충하였다.

○ 獻納徐命均疏略曰："臺閣之上承望成風, 至于朴致遠而極矣, 心甚駭惋, 略有論斥憲臣·儒臣之疏, 譏斥備至. 蓋進退之權專在銓地, 故或恐異己之參錯, 銓長除命之下, 必欲擊逐, 慫恿致遠, 爲此駭悖之擧. 其中自好者莫不譁然, 處置儒臣, 强置落科, 外示公議. 若其兩司之猥雜, 世皆指目, 憲臣亦豈不知? 當之者當, 自知之, 何至多臺擧懷不安耶?"

○ 正言李廷熽啓曰："獻納徐命均疏, 一篇精神, 專在於乖亂朝廷, 用意不美, 莫此爲甚, 請罷職." 不允.

○ 校理趙文命疏略曰："納言之疏, 其憂慨之言, 視臣前後疏, 其意一也. 噫! 臺臣所以罪納言者, 專欲敲撼銓地, 永作鐵案, 其眩聽箝口之計誠妙矣. 納言, 平日持論和平, 不喜乖激, 通朝所知, 臺臣亦豈不知? 而急於除去, 信口凌辱, 其亦困矣." 上答曰："納言之言未爲不可, 臺言予實病之."

○ 正言李廷熽疏略曰："豫建儲位爲急先務. 今我主上殿下春秋鼎盛, 尙無嗣繼, 不徒中外臣民恤恤然隱憂永嘆而已. 竊想我慈聖巨創哀疚之中, 必以此憂念, 我先王在天之靈, 亦必眷顧而悶鬱矣. 況祖宗曾有已行之令典, 豈非今日之所當遵奉乎? 伏願殿下, 上稟慈聖, 下議大臣, 卽定[35]宗社之大策[36], 以係億兆之顒望, 則我國家億萬年無疆之休, 實基於此." 答曰："疏辭, 議大臣稟處."

賓廳啓曰："正言李廷熽疏, 有稟處之命, 臣等來詣賓廳, 而玆事至重, 且原任大臣·六曹·政府西壁·判尹·三司長官牌招, 以爲入對稟定之地, 何如?" 傳曰"允".【判府事金宇杭[37]·吏判崔錫恒·禮判宋相琦牌不進.】

35) 定 : 底本에는 없다. 《御製皇極編》에 근거하여 보충하였다.
36) 策 : 底本에는 "責"으로 되어 있다. 《景宗實錄 1年 8月 20日》 기사에 근거하여 수정하였다.
37) 杭 : 底本에는 "顚"으로 되어 있다. 《御製皇極編》에 근거하여 수정하였다.

○ 請對入侍時, 領議政金昌集曰：“臺臣之言乃宗社大計, 卽今國勢·人心波蕩, 而聖上春秋鼎盛, 尙無儲嗣, 宗社之憂莫大於此, 凡有血氣者, 孰無是憂嘆? 臣忝在大臣, 尙不能仰請者, 只緣事體至重, 至今囁嚅矣. 臺臣以大臣之不言爲咎, 臣誠難免不職之責矣. 諸臣皆入侍, 下詢決定, 何如?”

判府事趙泰采曰：“社稷大計莫重於建儲, 自古人君若無螽斯之慶, 則自下請以建之者, 有之. 宋 仁宗春秋不至畹晩, 而諫臣范鎭累疏請之, 其時大臣文彦博等力贊定策矣. 聖上春秋鼎盛, 而尙無嗣續, 群情之缺望, 爲何如哉? 臺言旣發之後, 不可一時遲延, 深唯國計, 亟賜處分, 則豈非國家億萬年無疆之休乎?”

左議政李健命曰：“建儲有國重事, 必須早定, 然後國勢鞏固, 人心可係, 而尙無螽斯之慶, 群下之憂慮不可勝言. 祖宗之靈亦必眷顧, 而慈聖下敎, 雖在哀疚之中, 其爲宗社慮深矣. 臺臣之言出於爲國大計, 不宜一刻遲緩, 不計深夜, 相率仰請, 必須早定大計, 幸甚.”

戶曹判書閔鎭遠·工曹判書李觀命·刑曹判書李宜顯·承旨趙榮福·副校理申昉等, 皆請亟賜允從. 上曰“允從矣”. 大臣諸臣僉曰：“此宗社無疆之福也.” 昌集曰：“臺臣疏中‘祖宗已行之令典’, 似指恭靖大王時事, 聖上不可不仰稟慈旨, 而如此大處分, 必得手筆而出示之, 然後可以奉行. 臣等當退出閤門外, 恭竢處分矣.” 上曰“當依爲之”. 健命曰：“如此莫大之事, 不可不仰稟於慈聖, 雖已夜深, 必親受慈聖筆跡, 後召臣等. 而臣亦當親受, 請退出閤門而待之.” 上曰“依爲之”.

罷漏後, 承傳色出, 言入侍樂善堂.【《初從說》云：“罷漏後, 口傳啓曰[38]‘夜已深矣, 伏想仰稟慈聖, 且以聖上不寧之候, 達夜不得就寢, 必有憂慮之心. 云云’. 命入侍.”】

諸臣卽爲趍入. 昌集進曰“果爲稟旨於慈聖乎?” 上曰“唯”. 健命曰“必奉覩慈殿手札, 然後可以奉行矣”. 上指案上封紙曰“在此矣”. 昌集開見, 一則寫“延礽君”三字, 一則小紙, 慈聖敎也.

---

38) 曰：底本에는 없다.《御製皇極編》에 근거하여 보충하였다.

健命展, 讀畢, 昌集曰："此宗社無疆之福也." 史官翻書諺敎曰："孝宗大王血脈·先大王骨肉, 只有主上與延礽君而已, 有何他意乎? 予意如此, 下敎于大臣, 宜矣." 諸臣皆涕泣曰"承此下敎, 不勝悲感矣". 健命曰"承旨以傳旨書出乎?" 上曰"唯."

榮福將書傳旨, 顧大臣曰"以某號書之乎?" 健命進曰："恭靖大王登極後, 冊封太宗爲世子, 而古史則歷代帝王之弟爲嗣, 皆稱'太弟'. 臣等倉卒未能決定, 退出, 博考典禮而仰稟. 慈殿先以儲嗣書出, 恐宜矣." 上曰 "唯."

榮福乃書傳敎曰"延礽君【御諱】爲儲嗣". 昌集以所下二紙還納于上前. 榮福以禮曺, 凡干節目依例擧行之意, 仰稟, 上曰"唯."

○ 延礽君疏略曰："臣愚騃不肖比數, 是爵已踰涯分, 尋常愧惧, 千萬意外, 遽下萬萬不敢當之命, 臣心膽俱墜, 驚惶泣涕, 不知置身之所也. 噫! 雖微官末職, 量其才分, 有所不堪者, 則猶懼敗事獲戾, 臣是何人, 而[39]是何[40]等位也? 年歲洊飢, 憂虞溢目, 尤非臣所可承當者.

臣之性情, 本自疎闊, 惟以徒守己分, 安於聖世, 心常自劃. 臣之衷悃非但天地神明可質, 先大王陟降之靈, 抑所俯燭, 聖明在上, 焉敢誣也? 席藁號泣, 惟望天意之悔悟. 伏願仰稟慈聖, 亟收成命, 毋使不肖之身重陷大戾, 則臣雖死之日, 惟生之年, 而實爲宗社·臣民之幸也. 言出肝膈, 不能自已, 臨疏泣血, 不知所云."

答曰："豫建儲[41]嗣, 所以重社稷. 噫嘻! 予以不穀, 已過立年, 尙無嗣續, 又有奇疾, 憂念國事, 無計可施. 玆以仰稟慈聖, 俯從群下之情, 委以儲貳之重, 小心翼翼, 勤勤孜孜, 以副國人之顒望." 傳曰："承旨傳諭." 王世第三疏固辭. 上答以"已悉於昨批, 無庸更辭, 以安予心".【皆遣承旨宣諭.】

---

39) 臣是何人而：底本에는 없다.《御製皇極編》에 근거하여 보충하였다.

40) 何：底本에는 그 뒤에 "臣"이 더 있다.《御製皇極編》에 근거하여 삭제하였다.

41) 建儲：底本에는 "健諸"로 되어 있다.《御製皇極編》에 근거하여 수정하였다.

○ 司直柳鳳輝疏曰："伏聞正言李廷熽疏請建儲, 聖批以議大臣稟處爲答, 臣聞不勝驚惶憂惑矣. 翌朝始聞大臣卽與諸宰入對, 以亟從臺言爲請, 仍請慈聖得手筆下敎, 退留閤門, 夜深後, 又以玆事不容淹延, 更召承宣仰達, 及其更對, 處分已定云.

有國建儲, 何等重大, 而時任大臣之在江外不遠之地者, 邈然不知, 原任卿宰之初招不進者, 亦不更招, 猝遽忙急, 略無顧念國體底意, 臣未知此何擧措也. 臣世受國恩[42], 致位宰列, 數十年出入近密, 當此之時, 其何敢畏鈇鉞之誅, 默然無一言, 以負我先王與殿下?

再聘中壼僅數年, 嘗藥憂遑, 仍居諒闇之中, 嗣續有無姑無可論. 而殿下寶算方盛, 中壼年纔踰笄, 日後螽斯之慶, 此固擧國臣民之所顒望. 或者兩宮有疾患, 妨[43]於誕育, 在保護之地者固當竭誠醫藥, 靡不用極, 而未聞有念及於此者. 乃於卽祚之元年, 猝有此擧, 其故何哉?

殿下嗣服方周歲矣, 臣民今方拭目於新化之初, 則臺疏所謂'國勢岌業, 人心渙散'者, 未知何據而發. 而設有如其言者, 當軸大臣所宜博訪廷議, 從容陳白, 使中外曉然知其爲某緣某由. 而今乃不然, 始使如廷熽之痴獃無識者草草疏請, 有若嘗試者然. 及得'稟處'二字之敎, 乃於更皷已深之後, 登對力請, 必準乃已, 與廷熽和應之狀, 有不可掩矣.

至若事之不可不仰稟慈聖者, 則亦當以[44]稟定之意仰達, 而退以[45]俟下敎, 事體卽然. 而旣請入稟, 旋請出宣, 再請之啓至謂'不可淹延', 便同使令, 殆近催督, 此眞可謂無人臣禮者耳.

曾在殿下之誕生也, 仁顯王后久無嗣續. 伊時立嗣非不急矣, 前席下詢之際, 諸臣以'姑觀數年, 正宮無斯男之慶, 而王子年長, 則有司自當建請之不暇'

---

42) 受國恩 : 底本에는 없다. 《御製皇極編》에 근거하여 보충하였다.

43) 妨 : 底本에는 "訪"으로 되어 있다. 《御製皇極編》에 근거하여 수정하였다.

44) 以 : 底本에는 없다. 《御製皇極編》에 근거하여 수정하였다.

45) 以 : 底本에는 없다. 《御製皇極編》에 근거하여 수정하였다.

爲言, 當日臣子, 夫豈有他意乎? 蓋所以重國本而尊國體也.

人臣事君之道, 自當如此, 而今則忙忙急急, 有若不容差過時刻者然, 半夜嚴廬, 一請再請, 使莫重莫大之擧終至於草草之歸, 國體太輕, 殆不成樣; 人心疑惑, 久而靡定, 臣誠莫曉何以至此也. 雖其成命已下, 毋容更議, 大臣及入對諸臣愚弄迫脅之罪, 不可不明正. 而殿下之廷無一人言之者, 玆敢不避越俎之嫌, 冒死而陳之."

右承旨韓重熙請對, 入侍時, 大臣·三司諸臣幷牌招.

傳曰 : "先大王以日月之明, 深慮予之無嗣矣. 到今予之疾恙漸加, 無望斯男, 敬承付托之重, 晝夜憂悶, 不遑寧處. 百爾思惟之極, 昨日臺疏, 無非爲宗社定國本, 正合先王之盛慮及予憂嘆之志, 故仰稟慈聖則曰'孝宗大王血脈, 先大王骨肉, 只有予與延礽君', 不出乎此也.

慈教至切, 不覺涕泗. 噫! 予有一分嗣續之望, 則有何此敎乎? 旣定儲嗣, 實是宗社無疆之福, 抑亦予之所大望也. 柳鳳輝之疏出於千萬意慮之外, 而語涉狂妄, 此何人斯, 何如是乎? 不可置之, 卿等論以啓達."

閤門外, 大臣·三司【領議政金昌集·左議政李健命·大司憲洪啓迪·大司諫兪崇·司諫申晳·掌令宋道涵·正言李聖龍·校理申昉】合辭啓曰 : "司直柳鳳輝敢以國家大計歸之於草率之科, 驅臣等於罔測之科, 只當泥首請罪, 而伏承聖敎, 十行綸音, 罔非爲宗社·憂國本之至意.

噫! 殿下嗣續之憂, 不但殿下憂之, 先王之所深慮, 慈聖之所下敎, 今日臺疏之建請, 諸臣之力贊, 亦已晩矣. 有何忙急之失, 而鳳輝之言乃至於此也? '愚弄脅迫'等語蓋出於聲罪諸臣, 網打朝著之計. 而信如斯言, 臣等固不勝誅, 以人主之尊爲群下所愚弄脅迫, 果何如也? 名位已定, 神人有托, 而若曰'愚弄脅迫, 成此大計', 則惟我春邸之心安乎否乎?

噫! 成命一下, 萬姓延頸, 擧國含生之類莫不欽忭, 佇見寶曆無疆之休. 彼鳳輝抑何心腸, 獨自驚惶憂惑, 內懷不滿, 顯有搖動國本之意? 其無上不道之罪彰露無餘, 若不嚴加懲討, 則亂臣賊子必將接跡而起. 請設鞫嚴問, 以正王法."

答曰“依啓.”

○ 王世弟冊禮都監都提調趙泰耈引疾乞遞, 上許之.

○ 備忘記：“國是已定後, 柳鳳輝妄上疏章, 極其謬戾, 似當嚴處, 而鞫問過[46]當, 參酌極邊遠竄.”

○ 大司憲洪啓迪·掌令宋道涵啓曰：“日昨莫大之擧, 吏曹判書崔錫恒·禮曹判書宋相琦, 俱爲違牌, 幷請罷職.”

○ 大臣·三司請對入侍【大司憲洪啓迪·執義洪龍祚·掌令宋道涵·李浣·大司諫兪崇·正言李聖龍·校理申昉】, 合啓極論柳鳳輝之罪, 請寢邊竄之命, 依前設鞫以正國法, 依啓. 大司諫兪崇請趙最壽削黜, 徐命均罷職, 依啓.

王世弟疏略曰：“昨伏見柳鳳輝疏, 語極危險, 毛骨俱悚, 心膽如墜. 此又臣難冒之一段.” 答曰：“國家莫大之事旣已完定, 而明其柳鳳輝之罪狀, 則狂妄之說, 有何介懷? 如此之時, 如此之人, 何代無之? 少無不安之端, 上念宗社, 下副國人之顒望, 更勿控辭, 以安予心.”

○ 政院啓曰：“右議政趙泰耈使錄事直呈箚子, 而箚頭, 職姓名不書, 雖違常格, 大臣箚, 有難還送, 不得已捧入.”

箚略曰：“伏聞柳鳳輝陳疏, 至有設鞫之擧, 何至於是耶? 國有大慶·處分已定之後, 有此進言, 誠可謂謬妄, 而其心則出於爲國之赤忱, 而斷斷無他. 故相臣李敬輿, 當孝廟承儲之日, 力主守[47]經之論, 其時雖被竄逐, 而孝廟卽祚, 首先登庸, 卒爲名相. 何嘗以一時爭論, 而有所鞫問之事乎?

---

46) 過：底本에는 없다. 《御製皇極編》에 근거하여 보충하였다.
47) 主守：底本에는 “守主”로 되어 있다. 전남대본 《皇極編》에 근거하여 수정하였다.

今日之忠殿下者, 後必盡忠於儲君. 設令其言雖甚狂妄, 爲國陳忠, 遽命鞫治, 豈不大有損於聖朝容諫之道乎? 導人主而撲殺言者, 恐非聖世之美事."

上答曰: "今觀卿箚, 果知其設鞫之過當. 以此故例議于大臣稟處, 卿其安心勿慮." 左議政李健命箚曰: "趙泰耉箚奬鳳輝以出於忠赤, 驅臣等於撲殺言者, 已不勝危怖. 況其所引臣先祖故事, 又有所萬萬痛心者. 告君之辭不當若是誣罔, 臣切痛之."

○ 三司【申晳嫌遞, 餘上同.】伏閤啓曰: "右議政趙泰耉罔念沐浴之義, 徒懷容護之計, 投進一箚, 旨意叵測, 誣引乙酉·戊辰之事, 欺罔聖聰, 左袒兇逆, 噫嘻! 可勝痛哉? 乙酉事, 則聖祖[48]所詢, 在儲位未建之時, 戊辰事, 則亦與今日事, 大不相襯. 向來疏辭中'冒嫌'二字, 已極非常, 今又營救凶賊, 自不覺其肝肺之盡露, 不可不明正其罪, 請爲先削黜." 不從.

○ 兩司以判府事金宇杭, 會議時病不赴召, 請罪罷職.

○ 鞫廳問事郎廳尹淳·鄭錫五, 稱病, 拿囚.

○ 上命柳鳳輝鞫問與否收議於大臣. 領議政金昌集以爲[49]"俯察擧國憤痛之情, 無或撓於庇護之言", 李健命以已陳箚不獻議, 金宇杭·趙泰采[50]病不收議. 傳曰: "柳鳳輝之言如是狂妄, 鞫問徑斃, 則其罪不施. 且東宮必有不安之節, 依前備忘, 遠竄." 政院以三司合啓方張, 不得捧傳旨.

---

48) 祖 : 底本에는 "朝"로 되어 있다. 전남대본《皇極編》에 근거하여 수정하였다.
49) 爲 : 底本에는 없다.《御製皇極編》에 근거하여 보충하였다.
50) 采 : 底本에는 "耉"로 되어 있다.《承政院日記 景宗 1年 8月 25日》기사에 근거하여 수정하였다.

◯ 三司詣閤再啓, 大臣及三品以上·三司請對, 傳曰"所懷書入".

◯ 賓廳·三司連日請討柳鳳輝.

◯ 館學儒生李混等疏略曰："乍提獨對, 欲售甚間之陰謀, 厚誣封典, 揑造危亂之巧讒者, 眞儉也; '冒嫌'二字, 顯挑禍機者, 泰耉也; 銜口發憤, 自不覺歸於惡逆者, 鳳輝也. 伏願亟正鳳輝之罪, 兼治眞儉·泰耉之罪, 小雪神人久鬱之憤."

◯ 輔德朴師益【弼善李重協·兼弼善申晳·兼文學申昉·說書黃梓】等, 承旨李箕翊【趙榮福·韓重熙·南道揆】等, 臨昌君 焜等, 館學儒生金時鼎等連疏, 請鳳輝之罪.

◯ 王世弟疏略曰："'危險'二字不過行語間所陳, 臣之一言添爲柳鳳輝之罪案, 搢紳·章甫相繼力爭, 此臣不安之端."

上答曰："前疏中'危險'二字, 不必深惡鳳輝事, 予已知之, 故賓廳·三司之請, 終不允從矣. 疏辭正合予意, 亦出於好生之道, 可不留意?"

◯ 獻納李箕鎭·館學生金聖澤等·金鐵根等連疏, 請鳳輝之罪, 大臣·三司伏閤屢日, 上皆不從.

◯ 正言李聖龍啓曰："江原監司金演, 當賓廳齊會之日, 偃然在家, 忠淸監司李世瑾爲人怪毒, 心術回僻[51], 請並罷職." 又論統禦使申光夏之罪, 皆不允.

◯ 館學儒生鄭亨復等疏, 請兩宋從享.

---

51) 僻 : 底本에는 "辟"으로 되어 있다. 《御製皇極編》에 근거하여 수정하였다.

○ 冬, 執義趙聖復疏略曰 : “王世弟生長深宮, 未嘗經意於當世之務. 臣嘗閱《政院日記》, 先朝丁丑年間引對臣隣之際, 與殿下傍侍參聞, 教習國事, 殿下於其時尙在沖年, 猶且云然. 今日東宮年貌壯盛, 倍於殿下當年, 則明習庶政, 尤豈非當務之急耶? 倘於臣僚引接之時·政令裁決之間, 輒引世弟, 使之侍側參聽[52], 以爲隨事訓習之方, 則其必明練於世務, 而有補於國事矣. 伏願殿下, 仰稟慈旨而進退焉.” 答以所陳好矣, 可不留意.

仍下備忘曰 : “予有奇疾, 十餘年來差復無期, 乃先朝之軫念, 酬應萬機誠難矣. 往在丁酉, 有聽政之命, 則靜攝中, 爲其[53]調便耳, 至於予躬, 他不暇顧. 及自登極以來夙夜憂懼, 近日病勢尤爲沈痼, 酬應亦難, 政事多滯, 言念國事, 心懷采增. 今世弟年長英明, 若使聽政, 則國事[54]可[55]有依托, 予將安意調養, 大小政令幷令世弟裁斷焉.”

初更承旨李箕翊·南道揆·應教申晳·校理李重協請對入侍, 力陳聽政之不可, 因論趙聖復之謬妄無識, 請罷職. 左參贊崔錫恒請對入侍. 錫恒曰 : “自古帝王家, 或有如許處分, 而皆出於春秋壽耇, 或在位已久, 或篤疾積年, 萬不得已. 而今我殿下, 春秋才過三十, 在位未滿一年, 以疾病則問安之批, 每以無事爲教, 無此三件事, 而卽位元年猝下批教, 抑何故也?”

承旨李箕翊仍陳東宮涕泣罔措之事. 錫恒曰 : “中外人心, 若聞此奇, 必將驚駭, 莫可鎭定, 伏望卽收成命, 以定人心.” 上曰 : “重臣縷縷陳達, 依施焉.” 承旨還納備忘, 時已五更二點矣.

○ 左議政李健命箚曰 : “伏聞世弟聽政之命, 不勝驚愕, 進詣闕外, 欲與宰臣先到者, 請對力陳, 俄聞因重臣所達, 還收, 臣轉憂爲欣, 只切頌祝而已. 雖

---

52) 聽 : 底本에는 “政”으로 되어 있다. 《景宗實錄 1年 10月 10日》 기사에 근거하여 수정하였다.
53) 其 : 底本에는 없다. 《御製皇極編》에 근거하여 보충하였다.
54) 事 : 底本에는 없다. 《御製皇極編》에 근거하여 보충하였다.
55) 可 : 底本에는 없다. 《景宗實錄 1年 10月 10日》 기사에 근거하여 보충하였다.

急遽之際, 一重臣之深夜請對, 有異常規, 政院之遽爾啓稟, 未免率爾. 所言出於匡救,處分終歸至當, 而後弊所關, 不可置之. 當該承旨, 宜加警責." 答曰:"箚辭體念, 下款事, 依施."

◯ 戶曹判書趙泰億請待, 時都承旨洪啓迪同入.【因左相箚, 政院只有都承旨.】泰億力陳聽政之敎萬萬失當. 因曰:"此何等重事, 而時任當率百官請對, 而恬然退坐, 袖手傍觀, 乃於成命還收之後, 左相及金在魯始到闕外, 仍以還歸云, 此何道理? 李肇追到, 喉司終始阻搪, 使不得入來, 喉司之臣不可無責. 且聖復之罪, 玉堂只請其罷職, 聖復之罪, 豈止於罷職?

當此國有大事之日, 大小諸臣, 無一人詣闕爭難, 倫常絶矣, 分義蔑矣. 時任大臣·三司諸臣竝加譴罪, 然後可以爲國矣. 臣職非言責, 何敢發此言, 而廷臣無一人言者, 臣何敢畏死而不言乎?"

又請聖復遠地屛竄. 都承旨洪啓迪亦請聖復之罪, 而仍斥泰億挾雜抉摘之意, 互相詆毁於上前矣.

◯ 司直李光佐陳疏以爲:"聖復疏入屢日, 大臣·三司無一人論罪者, 臣節掃地矣. 願明其罪." 上答曰:"趙聖復事, 誤認援例之致."

◯ 司直【朴弼正·朴致遠】疏論聖復包[56]藏禍心, 請施屛竄之典, 兩司【持平李瑜·柳復明·司諫魚有龍·正言愼無逸】合辭趙聖復絶島圍籬, 依啓.

李瑜等啓略曰:"居出納之任者, 受人指揮, 深夜啓稟請對, 及至大臣之到闕外, 終不啓請, 事甚駭異. 請當該承旨罷職." 依啓.

魚有龍等啓曰:"趙泰億請對時, 大臣·諸臣遍加構誣, 用意巧慘. 乘機跳踉之狀, 萬萬駭惋, 請罷職." 不允.

---

56) 包:底本에는 "苞"로 되어 있다.《御製皇極編》에 근거하여 수정하였다.

○[57] 左議政李健命陳箚請寢領議政金昌集許休之命. 又曰："天啓聖衷, 不終日而反汗, 則中外群情自可妥帖. 而乃於事過之後, 或箚或疏, 紛紛迭起, 如恐不及者, 實出於藉重傾陷之計【指趙泰億[58]·李光佐也.】, 臣竊痛之."

○ 刑曹參判李肇疏略曰："臣聞旣在最晩, 及到待漏院, 大臣·三司無一人至者. 出納之地亦不許臣入對, 今日國事無復餘地, 臣誠慨惋[59]."

○ 清恩君 韓配夏疏請趙聖復亟正王法.

○ 副司直朴泰恒【沈壽賢·金一鏡·柳重茂·朴彙登·李眞望·李眞儒·李明誼·尹聖時·金濰·柳綎·金始炯·呂善長·李匡輔·尹晋·李景說·李廣道·曺命敎·黃晸·金岱·尹會·尹東衡·趙遠命·徐宗廈·權益寬·柳萬重·鄭楷. 或云"尹游, 非一鏡也".】等聯名疏略曰："半夜禁中, 尺紙卒降, 而大臣熟睡, 三司寂默, 倘非一重臣力爭擧措之罔極, 將復如何? 其心所在路人所知. 且念此事決非痴騃一聖復所自辦, 其經營揣摩, 內畜無君之心, 外售嘗試之計, 不復知有天地之常經·君臣之大綱. 又聞一大臣, 至以重臣之深夜請對, 顯有不快[60]之色. 大臣如此, 其他可知. 彛倫之斁絶, 義理之晦塞, 胡至此極? 如聖復犯分悖義者, 快正王法, 高枕傍觀, 投章反攻之兩相, 職在三司, 默然不言者, 竝施譴罰."

司果韓世良疏略曰："伏見趙聖復疏, '天無二日, 地無二王', 此北[61]面殿下之庭者[62], 何敢以此等語發之口哉? 爲人臣子, 而敢懷陰移天位之計, 其罪安得容於覆載之間哉? 向者儲位請建時, 似指恭靖時事, 而末後一事, 猶未免國

---

57) ○ : 底本에는 없다. 《御製皇極編》에 근거하여 보충하였다.
58) 億 : 底本에는 "耉"로 되어 있다. 《御製皇極編》에 근거하여 수정하였다.
59) 慨 : 底本에는 "晩"으로 되어 있다. 《御製皇極編》에 근거하여 수정하였다.
60) 快 : 底本에는 "決"로 되어 있다. 《御製皇極編》에 근거하여 수정하였다.
61) 北 : 底本에는 "此"로 되어 있다. 《御製皇極編》에 근거하여 수정하였다.
62) 者 : 底本에는 없다. 《御製皇極編》에 근거하여 보충하였다.

人之疑惑, 豈意聖復踵此嘗試之疏?"

◯ 判府事趙泰采箚曰 : "乃者, 李光佐混加[63]構斥, 危險可知, 此何人心? 乞賜斥退."

◯ 禮曹判書李㙫疏略曰 : "趙聖復事, 輿情共駭, 懲討斯嚴, 而只緣殿下玄默太過, 人無忌憚, 以至於此矣. 抑又慨然者, 昨夜事其可泛緩遲待, 而今以夜中獨入爲過, 至罪承宣, 則且恐自此壅蔽患成, 國不爲國, 豈不寒心哉?"

◯ 政院【都承旨洪啓迪·承旨韓重熙·安重弼·兪崇】啓曰 : "朴泰恒等聯名疏, 意專在於構陷諸臣, 乖亂朝廷. 有曰'大臣熟睡, 三司寂默', 又曰'其心所在路人所知'. 日昨備忘在於深更, 大臣·諸臣驚惶奔走, 將請對, 而重臣不待齊會, 獨先入對. 今乃勒歸諸臣於袖手傍觀之科, 是誠何心? 深夜蒼黃, 或入或未[64]及入, 事勢適然, 而如得奇貨, 構罪罔極, 便一急書. 韓世良之疏或曰'天無二日, 地無二王[65],' 或曰'敢懷陰移天位之計'. 此等語句俱極凶悖, 所謂'末後一事', 果指何事, '國人疑惑', 果有何說? 臣實痛之."

◯ 司直洪萬朝【沈檀·李徵龜·權珪·李泰龜·李麟[66]徵·崔敬中·李禎·李寅錫·申弼賢·金始慶·李仁復·金始鑌·尹就履·成儁·成任·鄭雲柱·趙以進·李萬休·鄭來周·金廷潤·張后相·姜必慶·申潊·權宏·申弼誨·鄭行五·姜必愼·李重煥·洪尙容·權護·朴壽仁·洪尙寅[67]·南壽彦·睦天壽·尹

63) 加 : 底本에는 "如"로 되어 있다. 《御製皇極編》에 근거하여 수정하였다.

64) 未 : 底本에는 그 뒤에 "入"이 더 있다. 《御製皇極編》에 근거하여 삭제하였다.

65) 王 : 底本에는 "主"로 되어 있다. 《御製皇極編》에 근거하여 수정하였다.

66) 麟 : 底本에는 "獜"으로 되어 있다. 《承政院日記 景宗 1年 10月 15日》 기사에 근거하여 수정하였다.

67) 洪尙寅 : 底本에는 그 뒤에 "申𧃍"이 더 있다. 실록 등 주요 관찬사료에서 해당 인물을 찾을 수 없어 삭제하였다.

就咸·李光湜·吳瑞鍾·吳光運·姜樸·沈宵賢·李憙】等疏略曰："聖復之罪, 雖因塞責之計, 略施投畀之典. 若不嚴鞫得情以正王法, 則不知何樣迫脅之言踵發於幾人之口." 又曰："身爲大臣者彷徨道路, 袖手傍觀, 此與聖復同一心腸, 亦願竝施重律, 以懲忘君負國之罪."

◯ 大臣·兩司請對, 傳曰："所懷書入." 合啓曰："世良疏語之凶悖, 不勝驚愕痛惋, 請絶島圍籬." 持平李瑜等曰："憑藉聲罪, 網打朝廷, 況其'路人所知'等語便同急書. 請朴泰恒等削黜." 左議政李健命啓請韓世良拿問嚴覈, 復伸領相休致還寢之意. 答曰："趙聖復既正荐棘之典. 韓世良疏語, 予亦不快矣." 仍命還入領相箚批, "安心勿辭", 改下.

◯ 持平李瑜·正言愼無逸等啓略曰："錫恒乘諸臣之未及齊到, 忙急登筵, 要顯自家獨辦之迹, 情態巧密, 何可掩乎? 泰億以該司之官, 無端請對於事過之後, 泰恒等繼起投疏. 世良之疏尤極凶悖, 試觀此輩, 果出於爲國之心耶? 伏願廓揮乾斷, 明正其罪." 持平柳復明·司諫魚有龍等繼論乘機傾軋之弊, 請嚴加痛斥, 以絶躑躅之漸.

◯ 上特下傳諭于右相, 遣史官偕來. 都承旨洪啓迪請還收傳諭.

◯ 上命時原任大臣·三司二品來會賓廳, 特下備忘記："予之病根日漸層加, 痊可無期. 故早定儲位者, 實欲代理矣, 以此稟于慈聖久矣, 而冊禮才過, 故未果矣. 今者諸臣不知予之本意, 有若因臺疏而發者然, 相繼論爭[68]紛紜, 故姑爲還收, 以示本意, 以正趙聖復妄率之擧也. 若公事積滯, 則酬應實爲切迫, 一依再昨備忘擧行, 以全調攝之道."

大臣及二品以上·三司來詣閤外, 請對, 傳曰："當初引見非難, 若非酬酢之

68) 爭 : 底本에는 "事"로 되어 있다. 《御製皇極編》에 근거하여 수정하였다.

甚難, 何不聽施乎? 勿復更煩, 所懷書入." 政院請對, 大臣以承傳色再啓請對, 竝不許.

領議政金昌集【趙泰采·李健命·姜鋧·閔鎭遠·任堕·李宜顯·黃一夏·尹就商·韓配夏·李肇·金演·尹慤·李光佐·李埰·李秉常·金在魯·李森·吳重周·李暉·柳[69]就章】等以決不敢承命, 書納所懷.

承旨韓重熙【安重弼·兪崇】等·三司【執義金槹·司諫魚有龍·應教申晳·掌令朴致遠·李廷熽·校理李重協·持平李瑜·柳復明·正言愼無逸】等幷陳所懷.

護軍沈壽賢【疏錄與朴疏同, 金一鏡·梁聖揆·朴弼夢·沈珙·李普昱·金始煒·金東弼·趙最壽·朴徵賓·趙趾彬添入.】等聯名陳疏, 請還收備忘記.

判府事金宇杭·司果鄭錫三·前監司尹陽來等·前牧使李衡佐等·知敦寧李鎭龜等·及刑曹參議李仁復等, 皆陳疏爭之.

賓廳·政院·三司, 連三日爭啓, 前牧使柳逑等·館學儒生任選等·輔德兪拓基·兼弼善申晳·司書尹淳·兼司書徐命均·兼說書趙顯命等, 相繼陳疏.

○ 司直權珪【三十人】等疏略曰: "嗚呼! 皇天豈欲亂亡我國家耶? 祖宗豈不眷佑我宗祊耶? 殿下安得爲此言也, 春宮安得受此命耶? 殿下雖曰'是予本意', 而殿下之非本意, 一國臣民皆知之矣. 殿下何爲此激惱之敎, 以實賊臣之言耶?"

政院啓曰: "司直權珪投進一疏, 而首以'皇天豈欲亂我之國家?'爲言, 又曰'非殿下之本意', 言之凶慘, 胡至此極? 誣及聖躬之罪, 甚於世良; 危逼國本之計, 浮於鳳輝, 所當嚴鞫."

○ 三司請權珪拿問嚴鞫, 世良一體拿鞫.

69) 柳 : 底本에는 "尹"으로 되어 있다. 《承政院日記 景宗 1年 10月 13日》 기사에 근거하여 수정하였다.

○ 司諫[70]魚有龍等啓曰："洪萬朝等疏語下款, 以大臣箚論承宣, 極意構捏, 投合一邊, 情狀痛駭. 請[71]削黜."

○ 大司憲李喜朝·生員李長壽等[72]·李萬升等·閔通洙等·郡守鄭重萬等·生員李顯謨等·司直李泰龜, 或聯疏或各疏, 請還收成命, 因論聖復.

生員尹得衡等·翊衛[73]李挺[74]英等·館學儒生洪銓輔等·忠義奉鶴周等疏, 請還寢代理之命.

○ 世弟又陳疏固辭, 上慰諭不許.

○ 賓廳·三司·政院連日爭之, 上皆不從. 又下敎曰："卿等之至誠已知矣, 予之病勢, 若可[75]酬應, 何至於此? 近來火症漸升, 一日之內頻發, 故將至於使左右考例擧行之境, 若如是則豈可以爲國乎? 左右可乎, 世弟可乎? 卿等深思, 與我兄弟, 分苦分痛, 一以調便予病, 一以扶將亡之國."

領議政金昌集·領府事李頤命·判府事趙泰采·左議政李健命聯箚曰："臣等俱以無狀, 過蒙先朝天地之大恩, 常欲粉骨摩身, 以報殿下. 近日忽有此非常之擧, 其欲竭誠匡輔, 以副群生之望者, 庸有極哉？而伏閤四日, 不但不賜允兪[76], 請對六七, 牢拒愈甚, 終不得一瞻淸光, 只恨誠意淺薄, 不能感回天心, 臣等之罪, 萬死猶輕. 夜下批旨, 奉讀未半, 心膽俱墜, 驚惶震越, 莫知所以仰對也.

---

70) 諫：底本에는 "諌"로 되어 있다.《御製皇極編》에 근거하여 수정하였다.
71) 請：底本에는 없다.《御製皇極編》에 근거하여 보충하였다.
72) 等：底本에는 없다.《御製皇極編》에 근거하여 보충하였다.
73) 衛：底本에는 그 뒤에 "等"이 더 있다.《御製皇極編》에 근거하여 삭제하였다.
74) 挺：底本에는 "廷"으로 되어 있다.《御製皇極編》에 근거하여 수정하였다.
75) 可：底本에는 "何"로 되어 있다.《御製皇極編》에 근거하여 수정하였다.
76) 兪：底本에는 "諭"로 되어 있다.《御製皇極編》에 근거하여 수정하였다.

第伏念當初備忘中'大小國事竝令裁斷'之敎, 實有國以來所未見之事, 中外臣庶之驚惑憂惶正在於此, 臣等雖萬被誅戮, 決不敢奉承. 至於丁酉事, 自是先朝裁定, 且有節目之區別, 其視'竝令裁斷'之命, 不啻有間. 況此聖敎出於至誠惻怛, 則爲殿下臣子者, 亦安敢以輕遽爲拘, 一倂違拒, 以傷我殿下之心哉? 伏乞聖明, 亟令有司, 只依丁酉節目擧行, 不勝幸甚."

○ 右議政趙泰耈方在城外, 聞聯箚之報, 入城來到訓局直房, 使錄事送言于時任曰"將何以處之?" 領·左相答以"丁酉節目擧行之意俄已陳箚. 此外無他道理矣". 泰耈直往宣仁門內, 以入城, 請對之意送言于政院. 政院答以臺啓方張之時, 不可循例啓稟, 相持往復之際, 司謁口傳下敎曰"聞右相入來云, 卽爲入對". 三司及時任大臣請對人, 竝隨入.

領議政金昌集【左議政李健命·領府事李頤命·右議政趙泰耈·戶曹判書[77]閔鎭遠·左參贊崔錫恒·判敦寧宋相琦·兵曹判書李晩成·工曹判書李觀命·禮曹判書李宜顯·吏曹判書權尙游·淸恩君韓配夏·司直李光佐·江華留守李台佐·司直李正臣·吏曹參判李秉常·兵曹參判金在魯·江原監司金演·刑曹參判李肇·禮曹參判李埰·承旨洪啓迪·趙榮福·安重弼·兪崇·韓重熙·應敎申晳·校理李重協·司諫魚有龍·掌令朴致遠·持平柳復明·正言愼無逸·黃梓·兼春秋金克謙·翰林朴師聖·假[78]官朴浚】等入侍進修堂.

昌集曰: "臣等誠意淺薄, 不能感回, 臣等之罪萬戮猶輕. 昨批尤爲罔極, 未知何以爲之, 而朝與諸大臣陳箚, 姑未承批矣. 聞在外大臣之請對, 臣等亦隨入, 不能力爭, 萬死無惜." 頤命曰: "意外非常之敎, 中外驚惶, 屢日伏閤, 請對不許. 昨日下敎尤不忍聞, 竊欲封還傳敎, 更欲稟達, 姑罷庭請矣."

健命曰: "意外非常之敎, 孰不憂惶? 臣等屢請入侍, 終始牢拒, 抑鬱之中, 又聞下敎, 心膽戰慄, 若輾轉層加, 則恐有難言之憂. '竝令裁斷'之敎, 前所未聞之事, 故敢引先朝丁酉事, 遂陳一箚. 今殿下未周一年, 且無形現疾恙, 則'大小

77) 判書 : 底本에는 "參判"으로 되어 있다. 《御製皇極編》에 근거하여 수정하였다.
78) 假 : 底本에는 "獄"으로 되어 있다. 《御製皇極編》에 근거하여 수정하였다.

政令並令裁決'之敎, 非卒然擧行之事, 姑以其時節目擧行之意陳箚矣."

泰耉曰 : "臣方遭臺彈, 退處鄕曲, 前後特敎, 以'抛棄前事, 快滌時態, 幡然入城, 以安將亡之國'爲敎. 臣五內如焚, 非不知廉隅之不可放倒, 而義不顧私, 冒沒進身. 今日又聞大臣欲停庭請, 臣不勝崩迫震駭, 欲以生死必爭之義敢來請對, 此非臣之言, 乃國人之言.

殿下以火熱升降, 難於裁決萬機, 有此謝務之意, 此有大不然者. 火熱乍升之時, 則姑停酬應, 以便調息, 志慮淸明之時, 物來順應, 則似無難事. 國家非殿下之國家, 寧考之付託·神人之依歸, 何如也? 春秋鼎盛, 政宜勵精圖治, 仰慰祖宗之靈, 何爲此萬萬不可行之擧耶?

自有此敎, 擧國波蕩, 東宮涕泣呼籲, 引接官僚咽不成聲, 中外莫不感泣, 以殿下丁酉心事, 何不念及於東宮情境耶? 亟收成命, 以安春宮之心, 以慰臣民之望." 因泣下被面.

鎭遠曰 : "殿下姑觀前頭, 以醫藥多般治療, 何爲此[79]非常之敎耶? 臣等屢日驚惶罔措, 何可盡達?" 錫恒曰 : "昨日庭請批答, 三更末始下, 而有驚心之[80]敎, 諸大臣詢問意見. 臣以至重至大之事, 雖經月閱歲, 未準請之前, 萬無停止之理爲答, 諸臣所見不無異同. 大臣以姑爲退去, 陳箚待罪, 更請入侍爲定矣, 臣來詣藥房, 得見聯箚, 則以丁酉節目爲辭. 臣誠驚惑, 莫曉其故, 略構短疏, 呈于政院, 則無端退却, 今幸登對, 敢陳所懷. 伏望前後備忘一幷還收, 以安國事, 以定人心."

光佐曰 : "臣六年病處江郊, 久未[81]從官, 忽聞非常之敎, 不勝震驚, 來參庭請. 昨夕下敎尤不忍聞, 自古人君, 孰無疾病, 以病謝事, 往牒所無. 此事不待兩言, 而決只在一轉移之間, 前後備忘記還收, 幸甚."

權尙游·金演[82]·李肇等, 相繼力請. 健命曰 : "昨日批下之後, 與二品相議,

---

79) 此 : 底本에는 없다. 《御製皇極編》에 근거하여 보충하였다.

80) 之 : 底本에는 없다. 《御製皇極編》에 근거하여 보충하였다.

81) 久未 : 底本에는 "未久"로 되어 있다. 《御製皇極編》에 근거하여 수정하였다.

則或以乙酉年諸大臣獻議爲言. 曾於乙酉先大王玉候違豫, 難於酬應, 故有非常之敎, 百僚庭請, 久不允從. 故相臣尹趾完以依文宗故事擧行之意, 送言於其時大臣, 皆以爲然[83], 未及陳稟, 幸允庭請, 故仍以停之. 人臣事君之義, 固當如是矣. 臣忝在大臣之後, 遭此意外之擧, 屢日力爭, 旣不得請, 未知前頭至於何境. 遂以區別節目, 依丁酉事擧行之意上箚, 實出於不得已也. 今幸獲近耿光, 若許收還, 則不勝萬幸."

錫恒曰 : "先朝乙酉冬, 忽降非常之敎, 其時因大臣·三司之伏閤, 終至回天, 豈非殿下之所當法乎?" 在魯曰"聽政與禪傳, 異矣". 頤命曰 : "乙酉事非今日可擬. 昨日備忘並爲還收." 昌集曰 : "錫恒輒以傳禪爲言, 不亦危怖乎? 殿下若不還收,[84] 則危悖之說將無所不至, 臣等不能回天之罪, 將無以自解." 錫恒曰 : "凡援例古事, 取其大義而已. 臣則只取反汗成命爲今日可法. 設或有差殊, 有何大段所傷?"

配夏曰 : "東宮虞仲之德, 何安此敎乎?" 宜顯等諸人及三司諸臣, 各陳還收之意, 昌集及頤命, 以未得還收, 引罪縷縷.

泰耉曰 : "兩大臣輕先引咎, 不亦過乎?" 昌集曰 : "'左右·東宮可乎?'之敎, 一倍驚惶. 到此地頭, 更無他計, 敢爲萬不獲已之擧. 唯願快許還收, 然後波蕩之人心可以鎭定矣." 上曰"唯". 昌集曰"忙急入來之際, 備忘忘未持入". 卽遣史官使之持入備忘二度·批答一張, 跪納于上. 大臣以下, 皆稱萬幸.

臨退, 洪啓迪曰 : "今因右相·政院·三司·大臣·諸臣得以同入, 交口力爭, 還收成命, 不勝幸甚. 右相入來[85], 旣無政院之稟, 殿下何以知之乎? 朝者右相自宣仁門入來, 招院吏, 使之請對, 諸僚相議, 答以合啓批答尙未下, 請對決不可稟云, 則右相又送言曰'被論冒入, 係吾廉隅, 而方帶相職, 欲爲請對, 則政院

82) 演 : 底本에는 "㴩"으로 되어 있다. 《御製皇極編》에 근거하여 수정하였다.

83) 然 : 底本에는 없다. 《御製皇極編》에 근거하여 보충하였다.

84) 昌集曰 …… 殿下若不還收 : 底本에는 없다. 《御製皇極編》에 근거하여 보충하였다.

85) 入來 : 底本에는 없다. 《御製皇極編》에 근거하여 수정하였다.

何可不稟乎?'

本院又將據例斥退之際, 司謁揮汗急來曰'右議政·三司·政院引見'云. 臣問'右相入來, 自上何以知之?'云, 則司謁答以'不知', 臣不敢知殿下何從而聞右相之入來耶? 雖閭巷之人, 外言不入, 內言不出, 然後可以齊家, 爲國之道, 豈可使內外無防, 私徑傍開乎? 此實前古未聞之事, 其入告之人不可不摘發論罪, 請明白下敎."

榮福曰:"此乃司謁之罪也." 三司齊進曰:"此非小事, 關繫甚重, 明白下敎, 然後方可爲國矣." 晳曰:"臣與右相有親嫌, 玆事關繫甚重, 其入來與否, 殿下何以[86]聞之耶?" 崇曰:"殿下待臣隣當一視, 而大臣諸臣連日叫閤, 不許入對, 今於右相, 特使引見, 顯有厚薄之異, 不勝訝惑矣." 上皆無發落矣.

兩司合啓:"削黜罪人趙泰耉, 偃然着公服, 自宣仁門突入云, 雖未知其意之何居, 而當此討罪之日, 擅入闕中, 略無顧忌, 古今天下安有如許變怪乎? 請先遠竄." 答以勿煩.

掌令朴致遠啓曰:"傳禪與代理絶然有異, 而崔錫恒筵前陳達之時, 輒以今日代理之命, 指爲乙酉傳禪之事. 其心所在誠不可測, 請削黜." 答以勿煩.

司諫魚有龍啓曰:"今者大臣未知自何私逕, 微稟入來, 此路一開, 則北門之變無以隄防. 當該承傳色·司謁, 竝拿鞫嚴問." 上曰:"依啓."

又合啓略曰:"當該承傳色·司謁, 雖已拿鞫, 趙泰耉之平日交通, 昭不可掩. 聖朝卜相之[87]及於宦官·宮妾知名之人, 失政之大者. 請拿覈嚴斷."

○ 掌令朴致遠等啓略曰:"朴泰恒之罪, 當初勘律, 實出嚴懲之意. 持平柳復明猝生阿附之計, 暗改已勘之律, 潛書同僚之名, 簡通堂后, 臺體乖敗, 情迹[88]黯黮, 請削版. 再昨趙泰耉之寅緣宦寺, 潛圖進見, 而一種不逞之徒, 影從

86) 以 : 底本에는 없다. 《御製皇極編》에 근거하여 수정하였다.
87) 之 : 底本에는 없다. 《御製皇極編》에 근거하여 보충하였다.
88) 情迹 : 底本에는 없다. 《御製皇極編》에 근거하여 보충하였다.

其後. 自宣仁門同入者, 金演·李肇及其外和應突入之人, 一幷削黜."

◯ 刑曹參議李仁復疏略曰："日昨非常之敎, 爲臣子者固當力請, 期於還收, 而廷班忽撤於二日之內. 大臣合辭陳箚, 亟令節目擧行, 乃曰'不敢違拒以傷聖心', 肆然以區別節目間事, 欲爲了當之計, 臣竊痛之."

政院【承旨上同.】啓曰："李仁復疏侵及大臣, 語意甚緊. 臺諫方論洪萬朝削黜, 則仁復以其疏下, 俟罪不暇, 而肆然陳疏, 欲售傾陷之計. 此疏還給, 此後此[89]等疏勿爲捧入[90], 何如?" 傳曰"允".

◯ 禁府以內官崔泓·司謁金千[91]錫發明, 請拿問金景杓. 傳曰："伊日閤門外, 有喧嘩前導之聲, 故問之, 則右相入來云, 予始知其由而下敎. 此非自下微稟之事, 承傳色·內官及司謁, 元無論罪之事, 置之."

◯ 政院啓曰："忠淸檢覈官李承源時獘疏, 到院, 而其曰：'聖復之爲此言, 孰使之然也?' 其遣辭陰譎, 用意叵測. 又多誤字, 大違常規, 還給重推, 何如?" 傳曰"允".

◯ 黃海監司李埰陳疏論時獘, 略曰："前參贊崔錫恒獨先入對, 果何罪也? 右議政趙泰耉之由東闕, 只緣危病凜綴, 取行步之稍近. 宣仁亦是時御正門, 雖不病者由此出入, 從古何限, 乃欲以是構罪乎? 其時委折殿下旣明白下敎, 則可以洞[92]然矣, 猶欲藉口而甘心, 片刻之間, 自黜而竄, 明日自竄而鞫, 又明日自鞫而復竄, 惟意所欲.

---

89) 此：底本에는 없다.《御製皇極編》에 근거하여 보충하였다.
90) 入：底本에는 없다. 용례에 따라 보충하였다.
91) 千：底本에는 "天"으로 되어 있다.《景宗實錄 1年 10月 18日》기사에 근거하여 수정하였다.
92) 洞：底本에는 "同"으로 되어 있다.《御製皇極編》에 근거하여 수정하였다.

嗚呼! 君父猝降非常之教, 竭誠挽回, 吾身之不能, 而他人能之, 常例之不爲, 而破格爲之, 亦足爲事過後相慶之資, 乃反抑勒操持, 臣誠慨然."

政院啓曰："李墢疏[93]罔非黨同伐異, 用意叵測. 頃日既有此等疏勿捧之命, 敢啓." 傳曰"入之". 答曰："時事之慨惋, 實由涼德不明, 夫復何言?"

◯ 執義李重協以爲[94]"藩臣疏詆, 勢難晏然", 陳疏辭職. 答曰："以予之涼德不明, 無君無嚴之論發於意外. 未知宦妾知名之人, 除拜幾人耶?"【蓋以合啓中語, 今始下教.】

◯ 副提學洪啓迪疏略曰："李墢疏, 不勝危怖. 蓋自崔錫恒獨先入對, 一邊之言, 每以諸臣之未及同入爲話柄, 臣實痛之. 庭請, 大臣日請入對, 而終不許, 泰耉之赴闕, 引見徑下, 使先朝禮遇之大臣, 徒困讒說, 莫暴忠愛, 此何景色?"

上答曰："於卿別無所嫌."

◯ 江華留守李台佐疏略曰："臣於前月十五, 聞百僚合籲, 十六晚抵城裏. 翌曉庭請已停, 方欲瀝血籲天之際, 右相且將請對, 臣遂與數三卿宰同詣漏局, 求對矣. 不意叵測之言猝發於箚·啓. 所謂'漏局', 闕中路邊, 大臣·諸臣歇泊之所, 何以曰'僻處'乎? 準例請對, 衆目咸覩, 何以曰'詭秘'乎? 同謀者何謀, 和應者何說? 突入者, 何爲交通之日? 尤極駭悖."

◯ 持平李倚天避辭曰："泰耉潛圖進見之跡, 錫恒巧譎眩惑之計, 十目俱覩, 情迹難掩, 則今墢游辭分釋. 且泰耉與鳳輝, 二而一者也, 墢嘗同參請討鳳輝之啓, 今於泰耉獨爲伸救者, 無乃自效於其黨耶? 江華留守李台佐之疏, 與墢疏符同, 罔非營護之言, 臣不欲對辨, 而受困則大矣. 請遞臣職."

93) 疏：底本에는 그 뒤에 "疏"가 더 있다.《御製皇極編》에 근거하여 삭제하였다.

94) 爲：底本에는 없다.《御製皇極編》에 근거하여 보충하였다.

○ 淸恩君韓配夏疏略曰："自有此事或對或疏, 皆出憂愛之誠, 有何可惡? 而今日劾一人, 明日論一人, 同時構罪者數三十人, 言念時事, 不覺痛哭."

○ 掌令朴致遠啓曰："一種不逞之徒乘機闖發, 網打朝紳, 李仁復唱之於前, 李埰和之於後, 伸救被論之人極口奬詡, 甘心死黨之習有不[95]忍正視. 卽者韓配夏踵其餘套, 投進一疏, 政院雖已退却, 疏語兇慘殆有甚焉. 請[96]韓配夏·李仁復·李埰竝罷職."

○ 都承旨李正臣疏略曰："主勢孤於上, 黨與成於下, 喉司專務壅遏, 臺閣惟事擊逐. 日昨聖明之別諭於右相也, 再度沮遏, 此何心腸? 右相請對, 急於匡救, 他不暇顧, 欲陳衷悃, 則極力阻搪. 苟非殿下聞而召之, 大臣安得進見乎?

前判書崔奎瑞瀝血陳章, 到院輒退, 參贊崔錫恒, 當停請之日, 慨然陳䟽, 終至不捧, 藩臣之䟽, 語涉時諱, 則措辭退却, 此輩之縱恣無忌, 胡至此極? 日者非常之敎, 一重臣請對, 反汗, 則削黜之請反出於臺閣, 備忘之下, 右相扶病匡救, 感回天聽, 而終以'交通宦寺'勒成罪案, 君臣分義至此滅絶.

前持平柳復明慷慨爭執, 而故據他事直請削版, 前參判朴泰恒等請討聖復, 而一竝竄出, 使異己之人無或接迹, 莫敢誰何, 臣誠痛之."

承旨趙榮福·李挺周·趙鳴謙等俱疏辨曰："李正臣以韓配夏疏不捧, 聲罪喉院, 不遺餘力. 配夏之一篇主意專在於伸救被論之人·誣毁在廷之臣, 語極危險, 吁! 亦異矣."

○ 持平徐宗伋疏略曰："一自趙聖復䟽出, 不逞之徒視若奇貨, 斷斷不已, 必欲空朝廷·禍人國而後已, 殿下輒加寬貸, 斥絶不嚴. 韓配夏·李仁復輩敢窺淺深, 接踵投匭, 而造意陰險, 遣辭絶悖, 又莫如李正臣極口粧撰, 網打朝紳,

95) 不：底本에는 없다.《御製皇極編》에 근거하여 보충하였다.
96) 請：底本에는 없다.《御製皇極編》에 근거하여 보충하였다.

身在宰列, 營護近習之言, 顯誦於口頭, 阿媚之態有不忍正視.

聖復之疏雖極妄悖, 三司方論, 則姑無待於冗散之人, 而[97]朴弼正·朴致遠俱以軍銜, 挺身聯疏, 擧措顚妄, 辭意謬戾. 彼乘時攘臂者固不足責, 惜乎! 平日自謂'不昧是非之天'者, 亦不免同歸一套, 宜有警責也."

上命還給其疏, 政院覆逆入啓.

◯ 前承旨金一鏡【李眞儒·李明誼·朴弼夢·尹聖時·徐宗廈·鄭楷】等聯名[98]疏略曰: "嗚呼! 向日之事尙忍言哉? 宗祉罔極, 臣民罔極, 臣子之情固當如何? 而伏閤庭籲塞責而止三日者, 其可忍乎? 矧又聯名上箚任自裁定, 或曰'臣子安敢以輕遽[99]爲拘?', 或曰'亟命有司擧行', 是豈人臣所敢筆之書而告其君者哉? 其與聖復表裏之狀, 灼然可見. 而[100]'亟命'云者, 不容徐遲之意, 時刻間, 事將叵測, 倘微自外新入之大臣, 忘軀命殉[101]社稷, 國之爲國有未所料也.

竊觀甲戌之論己巳大臣半日庭請之罪曰'造·訒·仁弘 無以加焉'. 噫! 半日三日, 是百步·五十步也. 己巳諸臣尙斥以造·訒·仁弘, 則今日彼輩固難逭冀·顯·莽·操之誅, 其可赦乎? 殿下卽位初元, 未有形現之疾, 凡我在廷之臣服事殿下, 歲月幾何? 尙忍捨殿下於今日者[102], 未知於汝心安乎? 向來輿情波蕩, 咸指彼相曰'此眞逆也, 胡乃捨吾王也?' 噫! 四凶之罪, 固難戴頭於覆載之間也.

臣等誠有憤惋於心者, 彼輩私黨之論聖復疏, 有曰'內懷「吾君不能」之心'. 噫噫! 痛矣. 夫臨朝淵默, 固聖德之沉凝寡言, 而發於絲綸, 則旨意含弘, 字句嚴密, 雖典謨誥訓, 不是過也.

---

97) 而 : 底本에는 없다. 《御製皇極編》에 근거하여 보충하였다.
98) 聯名 : 底本에는 없다. 《御製皇極編》에 근거하여 보충하였다.
99) 遽 : 底本에는 "據"로 되어 있다. 《御製皇極編》에 근거하여 수정하였다.
100) 灼然可見而 : 底本에는 없다. 《御製皇極編》에 근거하여 보충하였다.
101) 殉 : 底本에는 "循"으로 되어 있다. 《景宗實錄 1年 12月 6日》 기사에 근거하여 수정하였다.
102) 者 : 底本에는 없다. 《御製皇極編》에 근거하여 보충하였다.

臣等死罪, 妄謂殿下於'仁·明·武'三字, '武'字[103)]似或有歉. 竊覸殿下誠有不紐權綱, 徒事因循之病也, 彼輩慢而易之, 侵侮之習逐月漸長, 脅制之計鎭日至甚, 權柄旣移于下, 威福不在於上. 賊復先嘗, 凶箚繼[104)]上, 此由於'吾君不能, 而謂我誰何?'之意也. 彼四人者, 一毛一髮, 罔非國恩, 忘先王·負殿下一至於此, 婦孺莫不唾罵, 國人皆曰'可殺', 何殿下過加寬恕, 尙置之巖廊之上哉?

嗚呼! 天下之惡莫過於逆, 自古首犯其惡者必食君厚祿, 位在極品之人, 蓋非一朝一夕之故, 請泝源而論之. 惟我先大王, 甲戌之初特下備忘, '强臣凶孽, 有動搖國本, 繩以逆律', 蓋慮不悅於元良者, 或有其人. 又有一二元老苦心長慮, 爲調護之道, 則彼類之視若仇讎, 自辛巳以來指斥尤甚.

任敞·朴奎瑞·成奎憲·朴尙初, 換面迭興, 恣口逞凶, 及夫禎翊之疏出, 而軋[105)]逼敲撼不啻狼藉. 後及至丁酉李頤命獨對, 則請招諸相, 欲詢可否, 苟究其情, 誠有難測. 若夫代攝天職, 而[106)]告太廟, 則昌集力爲沮遏者, 或恐事體漸就[107)]嚴重, 其勢難動故耳. 寔賴先大王止慈之德, 人無間焉, 而百里輿病, 亦有一介黃髮之效忠, 保有今日. 逮我殿下嗣登寶位, 妖賊志述逼辱聖躬, 無復人理, 昌集輩群起和之, 末減薄讉猶不獲施.

昌集以召還引退諸臣爲請, 而至曰'謂殿下不足與有爲也'云, 遣辭絶悖胡至此極? 聖復則彼輩指揮使令中一者也, 嘗試之謀潛售, 非常之敎遂降. 彼輩揣摩固已爛熟, 力爭回天元非本情. 身居大臣之列, 而國有罔極之擧, 則病不敢言矣, 駕不得俟矣, 昌集也[108)], 左足不窺[109)]於戶外; 健命也, 緩驅僅止於闕下.

或假托於休致之請, 偃蹇進箚, 而國家處分曾無片語, 或恚恨於[110)]請收聖

---

103) 武字 : 底本에는 없다. 《景宗實錄 1年 12月 6日》 기사에 근거하여 보충하였다.
104) 繼 : 底本에는 "啓"로 되어 있다. 《御製皇極編》에 근거하여 수정하였다.
105) 軋 : 底本에는 "輒"으로 되어 있다. 《御製皇極編》에 근거하여 수정하였다.
106) 而 : 底本에는 다음에 "處"가 더 있다. 《御製皇極編》에 근거하여 삭제하였다.
107) 漸就 : 底本에는 없다. 《御製皇極編》에 근거하여 보충하였다.
108) 也 : 底本에는 없다. 《御製皇極編》에 근거하여 보충하였다.
109) 窺 : 底本에는 "規"로 되어 있다. 《御製皇極編》에 근거하여 수정하였다.
110) 於 : 底本에는 없다. 《御製皇極編》에 근거하여 보충하였다.

敎, 露章顯攻, 其於聖復之罪狀未有半辭之及, 如是而尙可掩其心迹乎? 及夫昌集許免也, 則健命·泰采與夫三司群醜, 或箚或疏, 而健命又肆然請對, 經夜於淸禁之中, 書納所懷, 必復黨魁之位.

噫! 賊臣引年而使之釋病[111], 則何其悶迫之至此; 明主無端而遽爾謝事, 則何其恝視之若彼也? 噫! 聖復職居臺垣, 四凶位列鼎席; 疏以試之, 箚以結之, 撑肚凶計, 非出於愚而無知; 肆口凶言, 不由於微而無識, 論其情犯, 萬萬凶悖.

嗚呼! 昌集故領相壽恒之子也. 壽恒臨絶之戒, '力避權要'四字, 蓋當善言之日, 誠有隱痛於中, 他人尙悲, 昌集恬然罔念, 冒居勻軸, 貪權樂勢. 渠亦人子, 不孝旣若是, 爲臣不忠固其所也.

頤命乃以師命之弟也, 包藏禍心積有年所, 俟罪江郊, 怨毒尤憯, 遙執朝權, 排布甚密. 頃因召命, 遂進一疏, 而只引己私, 不爲主憂, 入城翌日, 卽辦[112]是箚.

泰采本以患得失之鄙夫, 忘恩負義, 惟利是趍, 乘機投合, 情態狡黠, 卒與昌集·健命, 爛熳同歸.

健命賦情暗曲, 處心回慝, 傳法於師命之妖邪·頤命之兇猾, 昌集之惡, 與之相濟; 泰采之姦, 聚而爲助, 病國害民, 特其細故, 犯分悖義, 便作能事.

四凶勢成, 百邪影從, 爪牙腹心, 狐[113]伏近密, 左右前後無非相國之人, 其視黼扆殆若弁髦, 今日國勢危且急矣. 噫! '殛四凶而天下咸服', 殿下何不取於大舜乎? 唉! 彼聖復自是鷹犬, 荐棘之典, 失刑雖甚, 元惡大憝息偃自在, 可謂聖復之寃也.

臣等又聞宰臣李光佐諸人, 在庭請之班, 聞遽停之議, 抗辭爭之, 頤命辭氣相加, 泰采從傍誑誘, 昌集雖不得已佯出明日庭班之命, 聚首搆箚, 趁曉投呈, 又以停請分布於各司. 噫! 渠輩奸腸, 已有成算, 而公議難抑, 若將勉從, 甫及

---

111) 病 : 底本에는 "柄"으로 되어 있다. 《御製皇極編》에 근거하여 수정하였다.
112) 辦 : 底本에는 "辨"으로 되어 있다. 《御製皇極編》에 근거하여 수정하였다.
113) 狐 : 底本에는 "孤"로 되어 있다. 《御製皇極編》에 근거하여 수정하였다.

退散, 旋卽變幻, 造意之陰巧, 用計之詐譎, 殆不忍正視也.

右相趙泰耉忽聞庭班之撤, 急到闕下, 送錄事于四相, 團會之所言, 其不可遽撤, 俾卽更設. 彼輩遂以箚本投示, 謂'俺於此外, 無他道理, 惟執事隨意爲之'. 右揆於是進詣禁扃之內, 使政院稟[114]旨求對, 承旨及兩司之官承望四凶之風旨, 一邊沮尼, 一邊劾擊, 宣室特召, 天啓明斷. 昌集與健命蒼黃窘步, 跳踉顚蹶, 景狀駭怪, 走卒指笑, 吏胥代羞.

噫! 渠輩屢日請對, 一命終靳, 是聖上俯燭其不以誠懇故也. 況班已撤矣, 箚已入矣, 肝肺畢露, 作孼難逭, 若聞右揆之賜對, 固當駢首於金吾, 席藁惶蹙, 恭俟斧鉞. 更擧何顔, 浼然於香案之前哉? 當其在閤門之外也.

有一宰臣言停請之非, 昌集則曰'吾不忠', 健命則曰'吾無狀'. 不忠·無狀渠亦自知, 而初拒右揆, 如有所執, 至是伏罪, 似若乞哀, 情狀之絶痛又何如哉? 嗚呼! 齊籲之路旣阻, 箚請之事將行, 顧瞻王室, 岌岌殆哉! 身佩安危之大臣祗欲進死一步, 則渠輩獨不汗面愧心乎? 況復一近耿光於咫尺之天, 幸承兪音於崩迫之際, 苟非凶逆, 孰不聳怍? 居臺閣者, 敢以'有何陰機'等語勒成重案, 直請竄鞫.

噫! 勖我明辟, 復總萬機, 而'陰機'二字, 其意安在? 噫! '安敢違逆'之說, 四凶倡之; '有何陰機'之言, 群奸和之, 怏怏忿忿於前旨之命還, 目之以'締結'·'交通', 公肆誣衊, 直欲代勘. 嗚呼! 竊觀歷代, 世値衰叔, 板援宮掖, 密開蹊徑者有之; 締結閹豎, 潛行貨賂者有之. 讀史至此, 未嘗不痛恨, 今我聖世, 豈意彷佛於斯? 而彼輩遽以黯黮題目形諸文字, 略無顧憚, 其心凶且憯矣.

竊聞春宮, 倉卒深夜, 忽承聖敎, 驚惶震惕, 涕泗汎瀾, 宮僚莫不贊歎. 今此四凶忝在保傅之職, 不思奉承慰安之道, 非惟殿下之逆臣, 實春宮之罪人.

噫! 汲引私人, 別居要路, 嚴旨朝降, 薦剡暮登, 進退黜陟, 惟渠所欲, 特殿下徒擁虛器耳. 玆故無嚴·無倫·無君等, 峻批絡繹而下, 視若尋常, 全無畏忌. 至於啓迪, 眞是晋朝之充·鳳, 挾助巨猾, 召募凶徒, 殿下股肱割而裁之, 殿下

114) 稟 : 底本에는 그 뒤에 "所"가 더 있다. 《御製皇極編》에 근거하여 삭제하였다.

羽翼剪而去之. 嗚呼! 前夜之反汗賴於重臣, 伊日之繳還由於右揆, 殿下之倚仗惟此一二臣, 而請竄請黜, 惟恐不及, 凡諸[115]爲殿下殫誠竭忠者一倂請罪, 必欲令殿下孤立乃已.

不知渠輩將欲何爲, 君臣分義至嚴且重, 一有蹉跌, 惡逆之名有不得辭者, 或滅族於當世, 或戮魄於朽壤. 況彼輩不臣之志一節孔彰, 無君之惡萬目難掩, 三綱之冠·五倫之首, 其亦滅絶靡餘, 實天地之所不容, 神人之所共憤, 縱殿下仁恕寬大, 亦不可終始私庇也.

伏願殿下特降明旨, 亟擧常刑, 賊復及四凶首惡一以三尺斷之, 喉院·三司無君之罪, 竝加懲討, 使亂賊不敢復作·忠赤得以自勵. 臣等目見四凶得肆胸臆, 相與悲憤, 寧欲擧笏擊顙, 登時請討, 豈敢少緩? 而彼輩負犯旣重, 惟恐臣等之議其後, 羿彀急張, 蜚弩齊發三十, 薦紳半夜擊逐, 臣等退屛私次, 只自腐心. 環顧朝廷, 曾無一義士爲君父討亂賊, 臣等嘗忝侍從, 安敢畏禍自阻, 不爲之明目張膽乎?

噫! 賊魁昌集躬處元輔, 氣焰薰天, 勢力驅人, 惟其頤指; 將領進退, 惟視趍舍. 聖上許免, 便是已退之臣, 私黨請仍, 豈無獨愧之心? 賊操所謂'誠恐離兵, 爲人所禍'者, 固是昌集之實情也. 今日國勢之傾危, 正在於昌集之不釋權, 而不在於昌集之釋權也.

居銓地者率是吮舐[116]於昌集·健命之門, 蟣蝨雜種引置三司[117], 殿下於崇也, 責之以'是非黜陟[118], 人主[119]之所諒也'云爾, 則渠敢首擬於薇院長官, 於協也, 斷之以'無君·無嚴·無倫'之重科, 則渠敢新通於玉堂東壁, 角勝君父, 務樹黨與, 尙何以寅協之道責之於彼輩乎? 臣等忠憤自激, 不欲與此賊共戴一天, 流涕痛哭, 齊聲叫閽矣."【一鏡疏下, 初則搢紳幾數十人, 及疏草出, 皆割名自出云.】

115) 諸 : 底本에는 없다. 《御製皇極編》에 근거하여 보충하였다.
116) 舐 : 底本에는 "詆"로 되어 있다. 《御製皇極編》에 근거하여 수정하였다.
117) 司 : 底本에는 그 뒤에 "於"가 더 있다. 《御製皇極編》에 근거하여 삭제하였다.
118) 陟 : 底本에는 "涉"으로 되어 있다. 《御製皇極編》에 근거하여 수정하였다.
119) 主 : 底本에는 그 뒤에 "人"이 더 있다. 《御製皇極編》에 근거하여 삭제하였다.

政院以金一鏡等疏語凶慘, 措辭入啓. 備忘記 : "金一鏡之疏皆進言, 則喉司阻搪, 敢陳啓辭, 參啓承旨並罷職."【承旨申思喆·李喬岳·趙榮福·李挺周·金濟謙·趙鳴謙】

○ 備忘記 : "嗣位之後, 觀朝廷之所爲, 小無輔國家之事, 如此奸邪之輩, 與共國事則宗社危矣. 爲先三司諸臣一並門外黜送."

○ 答金一鏡等疏曰 : "應旨進言, 予甚嘉納. 而侵詆大臣, 殊欠和平."

○ 傳曰 : "三司不容暫曠, 朴弼夢持平·尹㝚[120]校理·李明誼獻納·李眞儒正言, 並除授."

○ 傳曰 : "吏曹判書權尙游·參判李秉常罷職, 沈檀判書·金一鏡參判, 除授."

○ 傳曰 : "前訓將奸凶, 陰懷不測, 門外黜送,【訓將, 李弘述.】領敦寧魚有龜兼察."

○ 傳曰 : "近密不可暫曠, 李正臣承旨除授, 兵判李晩成改差, 崔錫恒除授."

○ 傳曰 : "承旨李挺周, 欲觀渠心腸, 牌招則入來, 極其無嚴. 姑先削去仕版, 金濟謙亦爲罷職."

○ 備忘記 : "在外吏曹參議改差, 李世瑾除授, 禮曹判書李宜顯代前參判

120) 㝚 : 底本에는 "涎"으로 되어 있다. 《御製皇極編》에 근거하여 수정하였다.

李光佐除授, 戶曹判書閔鎭遠代前參判金演除授, 刑曹判書洪致中代前參判李肇除授, 梁聖揆大司諫, 李濟掌令, 並除授."

◯ 領敦寧魚有龜受符後, 詣賓廳, 書入所懷, 盛言一鏡之疏構誣罔極, 萬萬凶悖, 四大臣陳箚非有他意. 仍論沈檀之衰殘·一鏡之輕淺, 不宜銓任.

答以"予志已決".

◯ 門黜三司.【申晳·申昉·徐宗爕·趙文命·李箕鎭·金鎭商·李喜朝·趙榮世·李倚天·徐宗伋·黃龜河·魚有龍·鄭宅河·李晩成·成震齡·南世珍·蔡膺福】

◯ 尹就商爲訓將, 李世瑾在外, 代徐命均爲吏曹參議. 金東弼修撰, 尹淳校理, 並除授.

◯ 備忘記:"摠戎使尹慤門黜, 洪啓迪締結朋比, 黑山島圍籬."

◯ 三司【掌令李濟·持平朴弼夢·大司諫梁聖揆·獻納李明誼·校理尹㝚】合啓【措語與一鏡疏同.】請領議政金昌集·領府事李頤命, 並絶島安置, 判府事趙泰采遠竄, 左議政李健命待回還荐棘事, 不允. 前啓趙泰耉·柳鳳輝·韓世良·權珪事, 並停.

◯ 掌令李濟等所啓, 請安置罪人聖復設鞫嚴問事, 不允. 前啓朴泰恒·崔錫恒事並停.

◯ 備忘記:"予雖不德, 小有敬君之心, 何敢以'卜相於宦妾知名之人'等語發論耶? 其時首發人拿鞫, 嚴問言根, 參啓人, 竝定配."【前司諫魚有龍·前掌令[121]朴致遠·持平李倚天】傳曰:"李重協箚中有'締結'等語, 一體拿鞫."

121) 前掌令:底本에는 없다.《御製皇極編》에 근거하여 보충하였다.

○ 政事, 吏曹判書沈檀·參判金一鏡開政, 大司憲李肇·掌令鄭雲柱·持平尹聖時·正言鄭來周·徐宗廈·執義洪廷弼·副應教權詹·修撰沈珙·司書權益寬·吏曹佐郞尹琔·同義禁金一鏡·刑曹參議金始煥.

○ 右議政趙泰耉入侍, 請擢用尹就商, 論銓官之被斥於國舅而突入開政, 己巳半日庭請人子孫權重經擬望之失. 又言乾斷廓揮, 朝著淸明, 而趙泰采, 從弟之親, 被此罪名, 深[122]引惶恐之意. 又請李眞儉·李眞望·金始煥之調用. 又曰："己巳黨積年見枳者, 擬望三司, 推考吏堂."

○ 持平尹聖時疏論趙聖復及金昌集等四人之罪, 仍請沈檀改正.

○ 禁府以柳鳳輝定配單子, 傳曰："事在已往, 置之可也."

○ 備忘記："昨年尹志術憑藉改撰誌文, 造意陰險, 誣辱私親之狀, 渠之書進所懷, 情節畢露無餘, 亟正邦刑." 判義禁閔鎭遠·知義禁李觀命·同義禁金一鏡再牌不進, 政院以正刑當急擧行而無禁堂, 仰稟改差, 判義禁洪萬朝·知事韓配夏·同知李台佐·趙泰億除授.

○ 吏曹參議徐命均疏略曰："向時得罪倫紀, 見枳公議之人, 任自通擬, 略無顧忌. 如臣者性偏而不容廁跡於其間, 仰人口吻, 力弱而又不能抵敵, 終不敢苟冒矣."

○ 正言徐宗廈啓曰："請李宇恒遠竄. 四相臣庭請詢問之際, 合辭惟諸人【判書閔鎭遠·李觀命·李晩成·李宜顯·參贊申銋·任堕·權尙游·平監趙道彬·司直兪集一】及當日伏閤三司, 削黜[123]." 依啓.【現告申晳·李廷熽·朴致遠·李瑜·愼無逸·黃梓】

---

122) 深 : 《御製皇極編》에는 "略"으로 되어 있다.

○[124] 右議政趙泰耉箚請尹志述貸死, 不許.

○ 吏曹參議徐命均疏陳尹志述正刑之命出於群情之外. 又曰："嗣服以來淵默太過, 式至今日睿斷赫然, 而中批除拜, 不如僉議公擧."

○ 政院啓曰："罪人趙聖復究問傳旨啓下矣. 臺諫方以設鞫爲請, 究問與設鞫, 輕重自別, 何以爲之?" 傳曰："設鞫嚴問."

○ 持平尹聖時【或云朴弼夢.】啓請洪啓迪極邊遠竄, 右相請對阻擋承旨並削黜, 聖復發配時往見資送者閔鎭遠, 遠竄. 依啓.

○ 獻納李明誼等所啓, 徐宗伋營護賊復, 而反斥朴弼正等, 請施島配. 依啓.

○ 禁府啓："尹志述正刑命下之後, 都事李志洵·李度遠·閔鎭鉉三人, 大書不仕, 李碩臣·權瑢二人稱病, 並拿問定罪."

○ 兩司入侍時, 司諫李眞[125]儒啓曰："向來群凶滿朝, 伏想聖上不肯與凶臣相面, 久未臨講, 固其宜也. 今則朝著肅淸, 講筵頻開, 宜也."

○ 傳曰："志述之凶悖, 何可一刻偃息? 渠之所懷, 豈有代述之理? 斯速擧行."

○ 兩司入侍時, 持平朴弼夢·獻納李明誼力請金昌集等之罪, 上曰"依啓".

---

123) 削黜 : 底本에는 "黜削"으로 되어 있다. 《御製皇極編》에 근거하여 수정하였다.
124) ○ : 底本에는 없다. 《御製皇極編》에 근거하여 보충하였다.
125) 眞 : 底本에는 "鎭"으로 되어 있다. 《御製皇極編》에 근거하여 수정하였다.

司諫李眞儒啓曰："李弘述附麗昌集, 陸玄稱名人, 曉解術數, 久作昌集之密客, 及至釁生叛去, 弘述受昌集之密嗾, 塞口亂杖, 終至撲殺, 跡涉叵測, 國人疑之. 旣黜之後, 軍餉錢二百兩·米五十石載去, 鳥銃錢二千兩·軍色錢五百兩·木十六同[126]·紬二同·苧布二同, 稱以[127]移送新營, 餉米六百石·焰硝[128]價錢六百兩, 稱以庫子無面, 私人所貸, 亦爲[129]蕩減, 輸送其家, 請拿鞫嚴覈. 前承旨金濟謙極邊遠竄, 黃璿遠竄." 並依啓.

○ 禁府尹志述結案拒逆, 草記, 傳曰："情狀尤爲絶痛, 亟速擧行."【知事韓配夏欲直請行刑, 判義禁洪萬朝以三百年所無之例爭之, 有此草記.】

○ 掌令李濟啓曰："趙泰采雖在大臣之列[130], 旣不久當匀軸, 負犯似或有間於三凶. 末梢聯箚亦不無首從之別, 故臣果減等矣. 物議非斥云, 請命遞斥."

○ 禁府金昌集 巨濟·李頤命 南海·趙泰采 珍島, 並圍籬, 金濟謙竄蔚山.

○ 司諫李眞儒所啓, 禮曹參判李絳, 請削黜, 尹慤與權相謂有戚誼, 昏夜出入, 情狀奸惡, 請遠竄, 刑曹參判李裕民, 請削版, 並依啓.

○ 持平尹聖時等所啓, 前承旨李楨翊, 請極邊遠竄, 妖賊志述王法難逃, 而徐命均創爲原恕之論, 以藉凶黨之口, 請罷職, 幼學李喜之, 卽師命之子, 與進士兪[131]宅基·前佐郎沈尙吉·宗廟直長洪義人輩, 締結綢繆, 昏夜往來, 閉門

---

126) 木十六同 :《景宗實錄 1年 12月 12日》 기사에는 "綿布六同"으로 되어 있다.
127) 稱以 : 底本에는 없다.《景宗實錄 1年 12月 12日》 기사에 근거하여 보충하였다.
128) 焰硝 : 底本에는 없다.《景宗實錄 1年 12月 12日》 기사에 근거하여 보충하였다.
129) 庫子 …… 亦爲 : 底本에는 없다.《景宗實錄 1年 12月 12日》 기사에 근거하여 보충하였다.
130) 列 : 底本에는 "例"로 되어 있다.《御製皇極編》에 근거하여 수정하였다.
131) 兪 : 底本에는 "柳"로 되어 있다.《景宗實錄 1年 12月 15日》 기사에 근거하여 수정하였다.

諱客, 國言喧藉, 請並遠竄, 依啓.

◯ 江華留守權㥳陳疏辭職, 許遞.

◯ 持平尹聖時論李晚成之罪, 請極邊遠竄, 依啓.

◯ 禁府尹志術終不承款, 依判下行刑.

◯ 傳曰 : "追惟趙重愚之枉死, 不覺惡怩于心. 忠義未布, 豈不痛哉? 特爲贈職 致祭." 玉堂【沈珙】箚論不可, 答以"窺予之淺深, 未安". 政院【柳重茂·沈樘·南就明】請從堂箚, 答以留意. 金一鏡疏論重遇之不可贈官賜祭, 都承旨李正臣疏請還寢成命, 校理尹淳·掌令李濟·司諫李眞儒相繼疏請還寢.

◯ 判敦寧宋相琦陳疏辭職, 蓋以庭請議罷詢問時, 合辭唯諾, 自首也.

◯ 開城留守金在魯陳疏辭職.【亦以庭請時宰臣也.】

◯ 持平朴弼夢所啓, 宋成明·柳重茂·李眞儉·金始煥·趙最壽等言事之疏, 俱出爲國盡忠, 而或疏或啓, 終必除去而後已, 請前後三司之論啓陳疏人, 並削奪, 隨參人, 並罷職.【削奪現告洪龍祚·李聖龍·金棹·金萬胄·金龍慶·宋必恒·朴弼正·申昉·洪鉉輔, 罷職現告蔡膺福·李浣·宋道涵·李廷熽·愼無逸·趙尙絅·兪崇·申晳·權𥛚.】

黃海兵使金時泰·副摠管柳就章以權凶鷹犬, 預受密約, 凶謀秘計, 無不勇赴, 千摠梁益標最爲權凶爪牙, 並請邊遠定配. 洪州牧使洪致中, 卽被權凶之吹噓, 濫躋上卿之崇班, 請削黜, 司直李埰結姻凶黨, 見棄淸議, 柳鳳輝之請鞫, 挺身入參, 請削奪, 並依啓, 李埰事, 不允.

○ 備忘記："內官張世相·高鳳獻·宋尚郁爲人奸譎, 不可置在近侍. 並邊遠定配.

○ 十二月二十二日夜, 東宮下令春坊入直及玉堂之兼帶宮僚·桂坊入直人, 並入侍于誠正閤. 令曰："一二閹豎敢生除去吾身之計, 至於阻搪問寢視膳之路, 吾欲告上而趦趄不敢矣. 慈聖教以'吾病不能往見大殿, 汝何不入告?'爲教, 故余卽泣涕入告事狀. 大朝卽命拿推, 旋又還收, 余更爲陳達蒙允矣. 意外有不敢聞之嚴教, 將欲出閤辭位矣."

輔德金東弼·司書權益寬等, 力陳不可出閤之意. 於是承旨·玉堂·兵曹·摠府入直堂上, 幷詣閤請對, 以"閹豎阻塞東宮, 將謀不測之變"陳達, 請治其大逆不道之罪. 上曰"依啓".

○【考異. 兵曹參判[132]李台佐·摠管趙泰億求對, 不得, 翌日, 始與大臣·三司同入云.】大臣·三司請對入侍.【領議政趙泰耇·右議政崔錫恒·戶曹判書金演·禮曹判書李肇·工曹判書韓配夏·吏曹判書沈檀·兵曹參判李台佐·戶曹參判趙泰億·吏曹參判金一鏡·訓練大將尹就商·都承旨李正臣·左承旨柳重茂·右承旨朴彙登·右副承旨李仁復·同副承旨沈榁·司諫李眞儒·掌令李濟·獻納李明誼·持平朴弼夢·校理尹㝚·尹淳·修撰沈[133]珙】

趙泰耇曰："昨夜東宮以閹豎事下令, 不勝罔極. 此實莫大之變, 不可不嚴鞫正法." 沈檀曰："世弟下令, '旣有除去吾身'之敎, 則係是大逆. 臣意不必鞫問, 亟爲正法, 宜矣." 大臣·諸臣皆以其言爲是, 不待設鞫, 卽爲行刑之意, 交口力請. 上曰"摘發正法, 可也". 傳曰："承傳色文有道·長番內官朴尚儉等, 動搖國本, 大逆不道, 不待時處斬事, 下禁府."

○ 大妃殿諺書下敎曰："孝廟子孫, 先王血屬, 只大殿與延礽[134]君而已, 以

---

132) 參判 : 底本에는 "判書"로 되어 있다. 《御製皇極編》에 근거하여 수정하였다.
133) 沈 : 底本에는 "洪"으로 되어 있다. 《御製皇極編》에 근거하여 수정하였다.

先王遺敎冊立延礽, 而兩宮和協矣. 不幸中官[135]及內人交構兩間, 世弟將陷不測之科. 無寧依[136]先王所授爵號, 依其願使之出外, 千萬千萬." 領議政趙泰耉·右議政崔錫恒以爲"此非傳外之敎", 卽爲封還, 啓曰："大殿旣賜處分, 自內亦以'和平'二字, 諄諄下敎, 千萬伏望. 內官旣承正法之敎, 內人則自內直爲出付有司, 依律正刑, 伏望."

慈殿又以諺書下敎曰："'東宮儲嗣', 已有先大王手書, 故以諺書布之矣. 今番庭僚竄鞫之擧, 專出於內官朴尙儉·文有道, 大殿尙宮內人石烈·必貞等, 締結交通, 幾至國危致. 予與東宮孤危之狀, 萬萬絶痛."【考異. 慈殿下[137]諺書二度於藥房, 而領議政以諺書下敎未安之意, 再三陳達, 只飜謄一度, 故一度不傳於外云.】

兩司【司諫以下上同.】合啓尙儉·有道設鞫事, 請金昌集·李頤命·李健命按律處斷, 趙泰采 濟州圍籬.

○ 領府事金宇杭疏略曰："今此天怒震疊, 威罰太甚; 竄黜相繼, 爬櫛日甚. 若此不已, 臣恐殿下之國空無人矣. 自有黨論以來, 未有如是之嚴急慘刻者, 蘇軾有言曰：'屠殺牛羊, 刳臠魚鼈, 食者甚美, 死者甚苦.' 殿下深居九重, '殺'[138]與'鞫'兩字言之甚易, 死者甚慘. 況四大臣俱是先朝簡拔, 勤勞王室亦已多矣, 何忍置之死地, 莫之恤焉乎? 且於三司鞫問之命, 竊有慨然者. 夫鞫問言事之臣, 前古所未有, 三百年來未聞有鞫問言官者. 誠以傷國體·杜言路故也."

○ 大司諫梁聖揆·司諫李眞儒·掌令李濟·持平尹聖時等以爲："昨日兩宦及兩宮人亟正邦刑事發啓, 而外議以不請鞫問, 徑請正刑, 有所非斥, 引避辭

---

134) 礽 : 底本에는 "仍"으로 되어 있다. 《御製皇極編》에 근거하여 수정하였다. 이하 동일사례에 대해서는 별도의 校勘記를 달지 않는다.

135) 官 : 底本에는 "宮"으로 되어 있다. 《御製皇極編》에 근거하여 수정하였다.

136) 依 : 底本에는 없다. 《御製皇極編》에 근거하여 보충하였다.

137) 下 : 底本에는 없다. 《御製皇極編》에 근거하여 보충하였다.

138) 殺 : 底本에는 "殿"으로 되어 있다. 《御製皇極編》에 근거하여 수정하였다.

職."

◯ 校理尹淳疏略曰："大臣以鞫治發端, 而尾陳之言以爲'春宮旣以「除去吾身」下令', 豈[139]有虛實可問之端? 當直斬. 如癸亥反正後, 群凶·宮人一倂勘斷之計, 亦因慈聖有'凶悖'之敎, 更無可訊故耳. 倉卒之間, 爲主[140]尤嚴之論, 不覺失法之歸."

◯ 兵曹判書宋相琦疏略曰："得聞慈敎中有'締結宮人及宦寺者, 依律處置'之敎, 而賓廳啓辭, 則'宮人締結宦寺', 與慈敎本旨有異, 其在道理, 果何如也? 昨朝慈敎, 旣以宮人指名書下, 則誠不可一刻偃息, 而啓辭蒙允於昨日, 就囚乃在於翌日, 一逆徑斃, 金吾顯有緩急之意, 臣竊慨然."

司直李箕翊【李秉常·申思喆·李敏英·李聖肇·朴聖輅·鄭亨益·李喬岳·李聖龍·金取魯·朴師益·李挺周·尹心衡】等疏略曰："賊宦嚴加訊問, 締結和應之狀明白覈出, 宜使中外曉然, 而不待鉤問, 徑施刑戮, 則糾結幽闇之跡不盡彰露, 卽速設鞫, 斷不可已.

春宮下敎指擧宦豎, 則在宮僚之道, 急稟大朝, 以請嚴治, 而反以'不使知'之等語, 遊辭仰對, 其無驚動之意, 可知. 慈聖初敎, 大臣格而封還, 拿逮逆豎, 何等嚴急, 而有司奉行, 極其緩忽, 致令兩宮人次第自斃, 竊不勝痛心也."

承旨柳重茂·朴彙登疏辨緩急之斥, 都承旨李正臣·承旨李仁復·沈槿等, 亦皆陳疏辨暴.

◯ 司果柳復明疏略曰："竊觀諸臣聞非常之變, 小無驚動之意, 顯有周遮之態, 金吾則不思亟討逆豎之道, 先行趙聖復鞫問之坐, 其心所在, 誠不可掩. 一宮人徑斃之後, 始乃捉囚其一, 而旋又自死於獄中, 國人之疑惑容有已乎?

---

139) 豈：底本에는 "旣"로 되어 있다. 《御製皇極編》에 근거하여 수정하였다.
140) 主：底本에는 "言"으로 되어 있다. 《御製皇極編》에 근거하여 수정하였다.

三司之臣, 則始請直爲正刑, 惟恐端緖之或露, 兩婢徑斃之後, 泛以設鞫爲請, 苟有保護之心, 何忍爲此?"

○ 領議政趙泰耉箚略曰 : "慈聖諺教辭旨之間, 關涉東宮, 非臣子所敢聞者, 敢效繳還之義. 少[141]頃聖之敎又下, 以宮人·宦侍凶悖之說, 依律處置爲敎. 臣令史官飜出, 示禁中之卿宰數人·玉堂·春坊, 後封緘着署而還入. 實狀如斯, 斷斷血忱, 天日臨照, 何意人言回測.

宋相琦之疏曰'賓啓與慈敎有異', 此何言也? 爲人臣者, 何敢增損一字, 自陷不道之罪哉? 隱然巧飾, 自不覺其矯誣慈旨之歸, 吁! 亦憯矣. 李箕翊等疏, 以慈聖初敎之封還, 又爲臣罪, 所謂'不患無辭', 何足多辨也? 古之大臣, 遇此等事, 必以勿令外知, 爲處變之第一義, 今之人, 以不得聞爲誣人之奇貨, 甚矣, 古道之難行也! 柳復明之疏, 專事抑勒, 其所謂'無驚動'·'顯周遮'之說, 何所據而發也?"

○ 掌令李濟等所啓請聖復亟寢還發配之命, 金雲澤·民澤[142]·祖澤等, 以春澤之弟, 踵習凶謀, 與李頤命之子器之[143]·春澤妻男李天紀·趙爾重之子洽·李立身之孫德峻·李光漢之子崇祚·李行昌之孫正植·尹休耕·邢儀賓·趙松·金盛節·李秀節·錢仁佐·安龜瑞等, 昏夜屯聚, 情狀綢繆, 竝邊遠定配.

○ 司諫李眞儒等所啓, 石烈未及就拿而自裁, 必貞則拿囚後殞斃, 請禁府都事拿問定罪.

○ 備忘記 : "兩宦之罪予所洞知, 更無可問之事, 斯速結案正法."

---

141) 少 : 底本에는 "小"로 되어 있다. 《御製皇極編》에 근거하여 수정하였다.
142) 民澤 : 底本에는 없다. 《御製皇極編》에 근거하여 보충하였다.
143) 之 : 底本에는 없다. 《御製皇極編》에 근거하여 보충하였다.

○ 領府事金宇杭箚曰："謀害東宮, 何等惡逆, 不爲設鞫嚴問其情節, 則失刑莫甚, 亟命嚴覈, 按法." 司諫李眞儒疏請閹宦嚴刑, 期於得情, 正言尹聖時·獻納李明誼等請內官·宮女嚴鞫得情. 答以"無可問之事, 依傳敎擧行".

○ 左尹黃一夏疏略曰："春宮之下令宮僚, 慈殿之降札藥院, 蓋緣禍迫, 斯須危蹙切迫, 而宮官則請其不使外人知, 大臣則秘其所下封書, 擧措已非常情之可測. 而賓廳之啓旣曰'締結'云爾, 則此非一二宦婢獨辦, 設鞫究得情斷不可已, 職在三司者, 豈不知此? 直請正刑已乖常例, 及其物情沸騰, 妖婢致斃, 憑問無階之後, 始請設鞫, 臣子分義掃地盡矣."

○ 司諫李眞儒·持平尹聖時【正言徐宗廈·持平朴弼夢】等啓略曰："柳復明之乘機捃摭, 欲售嫁禍之計. 今日廷臣莫非願忠儲君者, 復明獨自許以爲東宮盡忠, 驅諸臣於罔測之地, 此豈渠之本心哉?" 吏曹參判金一鏡·掌令李濟·獻納李明誼等, 亦皆疏辨柳復明之言.

○ 前參議趙尙絅【金礪·朴弼正·鄭匡濟·申處洙·柳應煥·成大烈】等陳疏【辭意與柳復明同.】持平朴弼夢論宋相琦矯誣慈旨·構陷廷臣之狀, 請極邊遠竄.

○ 軍資主簿李志逵【金相勛·洪禹翰·李顯祿·元命龜·洪禹濟·李準·申思永·宋相曾·張震煥·宋必煥·安球144)·閔思誠·李顯允·尹得莘·尹楷·具鼎勳·趙榮145)祐·趙尙遂·李義鎭·申思說146)·朴奎文·李昌年·鄭道東·吳胤周·申思迪·李淨·尹鳳輝·金愼行·李垌·李世瑍·李思悌·李瀹·趙尙協·洪禹諧·趙尙綱·朴泰錫·宋必熙·李秉泰諸人】等疏請鉤得締結情迹, 快正王法.

---

144) 球：《承政院日記 景宗 2年 2月 2日》에는 "綵"로 되어 있다.
145) 榮：底本에는 없다. 《御製皇極編》에 근거하여 보충하였다.
146) 說：底本에는 "烈"로 되어 있다. 전남대본 《皇極編》에 근거하여 수정하였다.

○ 兩司請對入侍時,【司諫李眞儒·正言徐宗廈·持平尹聖時·承旨柳重茂】吏曹參判金一鏡曰："今彼輩乃敢以罔測之言, 章奏紛紜, 則快施嚴鞫之典, 宜杜無限之後言矣." 諸臣相繼陳請, 上許之.

○ 領議政趙泰耉箚辨宋相琦·黃一夏之誣, 且曰："柳鳳輝·韓世良, 曾無片言半辭仰及春宮, 斷斷血忱只在於尊朝廷·斥無禮, 而衆怒齊[147]發, 必欲撲殺, 國人莫不悲憐, 願一見面. 今臣之薦此兩臣者, 實出於爲儲君之赤心也. 古人有言曰[148]'父母所愛, 亦愛之[149]', 況國之元良, 宗社之所托重, 臣民之所仰望, 其所以友愛保護者, 宜無所不用其誠. 願殿下軫湛樂之情, 念匕鬯之重, 推以誠意, 一其恩愛, 則豈不爲宗社之福乎?"

147) 齊：底本에는 없다.《御製皇極編》에 근거하여 보충하였다.
148) 曰：底本에는 없다.《御製皇極編》에 근거하여 보충하였다.
149) 之：底本에는 이 아래에 "伏"이 더 있다. 전남대본《황극편》에 근거하여 삭제하였다.

찾아보기

ㄱ

_ ㄴ

_ ㄷ

_ ㅁ

_ ㅂ

_ㅇ

역주 |

김용흠

서울대학교 국사학과 학사, 연세대학교 대학원 문학석사·박사
현 연세대학교 국학연구원 연구교수

주요논저 | 《조선후기 정치사 연구 Ⅰ - 인조대 정치론의 분화와 변통론》(2006), 《조선후기 실학과 다산 정약용》(2020), 《목민고·목민대방》(역주, 2012), 《형감》(공역, 2019), 《대백록》(공역, 2020), 《당의통략》(역주, 2020), 《동남소사》(공역, 2021), 《수문록 1》(공역, 2021), 《수문록 2》(공역, 2022), 《황극편 1》(공역, 2022), 〈조선의 정치에서 무엇을 볼 것인가 - 탕평론·탕평책·탕평정치〉(2016), 〈조선후기 노론 당론서와 당론의 특징 - 《형감(衡鑑)》을 중심으로〉(2016), 〈《경세유표》를 통해서 본 복지국가의 전통〉(2017), 〈晩靜堂 徐宗泰의 정치 활동과 탕평론〉(2020)

원재린

성균관대학교 사학과 학사, 연세대학교 대학원 문학석사·박사
현 연세대학교 국학연구원 연구교수

주요논저 | 《조선후기 성호학파의 학풍연구》(2002), 《임관정요》(역주, 2012), 《동소만록》(역주, 2017), 《형감》(공역, 2019), 《대백록》(공역, 2020), 《동남소사》(공역, 2021), 《수문록 1》(공역, 2021), 《수문록 2》(공역, 2022), 《황극편 1》(공역, 2022), 〈조선후기 남인당론서 편찬의 제 특징〉(2016), 〈성호사설과 당쟁사 이해〉(2018)

김정신

덕성여자대학교 사학과 학사, 연세대학교 대학원 문학석사·박사
현 연세대학교 국학연구원 연구교수

주요논저 | 《형감》(공역, 2019), 《대백록》(공역, 2020), 《동남소사》(공역, 2021), 《수문록 1》(공역, 2021), 《수문록 2》(공역, 2022), 《황극편 1》(공역, 2022), 〈주희의 묘수론과 종묘제 개혁론〉(2015), 〈기축옥사와 조선후기 서인 당론의 구성·전개·분열〉(2016), 〈16~7세기 조선 학계의 중국 사상사 이해와 중국문헌〉(2018)

황극편皇極編 **3 번역과 주해**

김용흠·원재린·김정신 역주

초판 1쇄 발행 2023년 3월 27일

펴낸이 오일주
펴낸곳 도서출판 혜안

등록번호 제22-471호
등록일자 1993년 7월 30일

주소 04052 서울시 마포구 와우산로 35길 3(서교동) 102호
전화 02-3141-3711~2 / **팩스** 02-3141-3710
이메일 hyeanpub@hanmail.net

ISBN 978-89-8494-674-3 93910

값 38,000 원